# 2012
# 北京广播影视年鉴
# Beijing guangboyingshinianjian

《北京广播影视年鉴》编辑委员会 编

中国广播电视出版社
CHINA RADIO & TELEVISION PUBLISHING HOUSE

图书在版编目（CIP）数据

北京广播影视年鉴. 2012 / 《北京广播影视年鉴》编辑委员会编. -- 北京 : 中国广播电视出版社, 2012.12
ISBN 978-7-5043-6753-2

Ⅰ. ①北… Ⅱ. ①北… Ⅲ. ①广播事业－北京市－2012－年鉴②电影事业－北京市－2012－年鉴③电视事业－北京市－2012－年鉴 Ⅳ. ①G229.271-54②J992-54

中国版本图书馆CIP数据核字(2012)第287294号

# 2012北京广播影视年鉴

（2005年创刊）

《北京广播影视年鉴》编辑委员会 编

责任编辑　林曦
装帧设计　一北工作室

出版发行　中国广播电视出版社
电　　话　010-86093580　010-86093583
社　　址　北京市西城区真武庙二条9号
邮　　编　100045
网　　址　www.crtp.com.cn
电子信箱　crtp8@sina.com

经　　销　全国各地新华书店
印　　刷　廊坊市精彩印刷有限公司

开　　本　787毫米×1092毫米　1/16
字　　数　658（千）字
印　　张　34.75
版　　次　2012年12月第1版　2012年12月第1次印刷

书　　号　ISBN 978-7-5043-6753-2
定　　价　128.00元

# 编　辑　说　明

一、《北京广播影视年鉴》是一部综合性资料工具书和史料文献的大型年刊，由北京市广播电影电视局主持编纂，北京广播电视台、北京人民广播电台、北京电视台、中国电影博物馆、各区县文化委员会、各区县广电中心等协助编纂。

二、本年鉴全面反映北京市广播影视的基本情况和发展变化，客观记录上一年全市广播影视业各方面的新情况、新变化。特殊事项，在前后年份上有所延伸。

三、本年鉴以马克思列宁主义、毛泽东思想、邓小平理论、“三个代表”重要思想为指导，认真贯彻落实科学发展观，坚持实事求是的编辑方针，贯彻“贴近实际，贴近生活，贴近群众”的宣传原则，为广播影视从业人员、教学科研人员、决策管理人员以及社会各界了解和研究北京市广播影视提供可靠信息。

四、本年鉴自2005年起，每年编印一卷。2012年版为第八卷，全书共有18个栏目：图片、特载、专项纪事、概况、产业发展、广播电视覆盖、频率频道·节目栏目、新媒体与网络传播、科技发展、电影、电视剧、书报刊出版、受众调查、组织机构、获奖作品、经验、统计、大事记。

五、本年鉴采用规范语体文，行文力求朴实、简洁、通畅，以记述文章体裁为主体。

六、本年鉴计量单位按照1984年2月27日公布的《中华人民共和国法定计量单位》执行。

七、本年鉴统计数字以统计部门公布的为准。统计部门缺遗的数字，以各单位的为准。

八、本年鉴稿件由各单位、各部门确定专人（特约编辑）撰写（特殊约稿除外），经各单位、各部门主要领导审核盖章后提交，最后由年鉴编委会总审。

九、本年鉴的编辑工作得到各撰稿单位、部门及各方面的热情关怀和大力支持，在此深表感谢。由于水平有限，对本书的疏漏之处与不足，恳请各界批评指正，以利于今后改进。

北京市广播电影电视局史志办（本刊编辑部）
联系电话：010-85013332　　2012年10月

# 编辑委员会

牛爱忠　北京市海淀区新闻中心主任
谷　卫　北京市丰台区广播电视中心主任
魏志安　北京市石景山区广播电视中心主任
宋　奇　北京市门头沟区广播电视中心主任
李中华　北京市房山区广播电视中心主任
李岭涛　北京市大兴区广播电视中心主任
王志刚　北京市通州区广播电视中心主任
黄海鹏　北京市顺义区广播电视中心主任
刘义华　北京市平谷区广播电视中心主任
刘晓红　北京市怀柔区广播电视中心主任
刘晓梅　北京市昌平区广播电视中心主任
孙明朝　北京市密云县广播电视中心主任
郭东亮　北京市延庆县广播电视中心主任
王长田　北京光线传媒有限公司总裁
王忠军　华谊兄弟传媒股份有限公司董事长
刘燕铭　海润影视制作有限公司董事局主席
腾　站　金英马影视文化股份有限公司总经理
王正华　北京京都世纪文化发展有限公司总经理
丁　芯　北京鑫宝源影视投资有限公司总经理
李　明　北京小马奔腾影视文化发展有限公司董事长
肖　岗　北京艺德环球文化艺术有限公司总裁

# 主编　副主编

**主　　编：** 洪　兵　北京市广播电影电视局巡视员
**常务副主编：** 马广胜　北京市广播电影电视局史志办主任
**副 主 编：** 张常珊　北京广播电视台办公室主任
孙　巍　北京人民广播电台总编室主任
冯　平　北京电视台史志办主任
王廷富　北京市广播电影电视局史志办高级编辑（特聘）

# 编辑部编辑与特约编辑

**编辑部编辑：** 段燕燕　北京市广播电影电视局史志办责任编辑
闫姝行　北京市广播电影电视局史志办责任编辑
张　雯　北京市广播电影电视局史志办特约编辑
刘书峰　北京市广播电影电视局史志办特约撰稿

**特约编辑：**

苗本长　北京市广播电影电视局办公室(安全监管办公室)副调研员
吴　彤　北京市广播电影电视局政策法规处副调研员
李真然　北京市广播电影电视局宣管处干部
韩云杰　北京市广播电影电视局电影管理处干部
钟立红　北京市广播电影电视局传媒机构管理处副调研员
王　乐　北京市广播电影电视局网络视听节目管理处干部
申国政　北京市广播电影电视局科技处副调研员
张秋生　北京市广播电影电视局计划财务处副处长

杨志平　北京市广播电影电视局组织人事处干部
路　梅　北京市广播电影电视局机关党委干部
郑　兵　北京市广播电影电视局工会干部
冯　颢　北京市监察局驻北京市广播电影电视局监察处干部
车　静　北京市广播电影电视局离退休人员管理中心副主任
孙　双　北京市广播电影电视局后勤服务中心干部
田杰鹏　北京市广播电影电视局信息中心干部
马　丽　北京市广播电视监测中心干部
檀鲁敏　北京音像资料馆（研究中心）干部
马晓宇　北京市广播影视作品审查中心干部
张　莉　北京市广播电视学会干部
邢　焱　北京电影协会
刘　洋　中国电影博物馆研究部干部
李　剑　北京广播电视台办公室副主任
史博华　北京人民广播电台网络信息中心台史办主任
刘　莹　北京人民广播电台总编室主任助理兼宣管科科长
唐晓燕　北京电视台史志办编辑
魏向东　北京电视台史志办编辑
刘　敏　北京紫禁城影业有限责任公司办公室主任
梁一雯　北京歌华文化集团党委办公室宣传主管
王晓芳　北京歌华有线电视网络公司办公室干部
吕　妍　北京电视艺术中心有限公司干部
马晓晨　北京中北电视艺术中心有限公司办公室
杨　林　北京广播电视报社办公室干部
郝振林　北京音像公司办公室干部
赵丽艳　北京瑞特影音贸易公司办公室主任
孙　云　北京广播电视台服务中心办公室干部
郑向英　北京北广传媒数字电视有限公司干部
闫育军　北京北广传媒移动电视有限公司办公室副主任
杨兴辰　北京北广传媒影视有限公司办公室干部
童丽娟　北京北广传媒城市电视有限公司办公室干部
杨　磊　北京北广传媒地铁电视有限公司办公室主任
朱智成　鼎视数字电视传媒有限公司办公室干部
彭穗新　北京北广置业有限公司办公室主任
张　宁　北京中广传播有限公司干部
吴洁莎　北京市东城区文化委员会干部
周爱平　北京市西城区文化委员会主任科员
李雪梅　北京市朝阳区文化委员会干部
李广敏　北京市海淀区文化委员会干部
王　蕊　北京市丰台区文化委员会干部
张桂霞　北京市石景山区文化委员会主任科员
张　晨　北京市门头沟区文化委员会干部
白　杨　北京市房山区文化委员会干部
李晓雷　北京市大兴区文化委员会干部
邱　巍　北京市通州区文化委员会干部
刘金莲　北京市顺义区文化委员会干部
刘东盈　北京市平谷区文化委员会科员
梁　祎　北京市怀柔区文化委员会科员
白玉峰　北京市昌平区文化委员会办公室副主任
康连兴　北京市密云县文化委员会文化市场指导科科长
刘满利　北京市延庆县文化委员会政办室副主任
郑　浩　北京经济技术开发区社会发展局
邱　阳　北京市朝阳区广播电视新闻中心总编室
刘丹丹　北京市海淀区新闻中心办公室干部
张欣悦　北京市丰台区广播电视中心干部
张　凡　北京市石景山区广播电视中心干部
高艳蕊　北京市门头沟区广播电视中心办公室干部
莘德艺　北京市房山区广播电视中心总编室主任
王长余　北京市大兴区广播电视中心研发培训部主任
张娟娟　北京市通州区广播电视中心办公室副主任
白京川　北京市顺义区广播电视中心办公室干部
朱京平　北京市平谷区广播电视中心办公室主任
王　纲　北京市昌平区广播电视中心副主任
王少南　北京市怀柔区广播电视中心办公室
石晓访　北京市密云县广播电视中心总编室主任
高景祎　北京市延庆县广播电视中心办公室副主任
徐　丹　光线传媒有限公司
姜　朋　华谊兄弟传媒股份有限公司
王存林　海润影视制作有限公司
李俊宏　北京金英马影视文化公司
焦云飞　北京鑫宝源影视投资有限公司
饶　军　北京京都世纪文化发展有限公司
何　鹰　北京小马奔腾影视文化发展有限公司
魏　兰　北京艺德环球文化艺术有限公司

# 2011北京市广播影视数字

## 机构

市级广播电台1座，电视台1座，区县广播电台9座，电视台10座，近郊电视播出平台4个；全市持有广播电视节目制作经营许可证机构1330个。

## 人员

全市广播影视从业人员市级30805人，区县级1687人。

## 覆盖

广播综合人口覆盖率100%，电视综合人口覆盖率100%。

## 网络

有线广播电视网络干线总长16.39万公里，
其中光缆3.96万公里，电缆干线12.43万公里，
有线广播电视用户475.92万户，
其中数字电视345.48万户，高清交互用户272.34万户。

## 资　产

总资产571亿元，增加值70.1亿元。

## 创　收

广播影视创收185.9亿元，其中广告收入79.6亿元，电影票房收入13.5亿元。

## 节　目

全年制作广播节目11.82万小时；全年制作电视节目10.01万小时。

## 电视剧

全年制作电视剧87部，2721集。

## 动画片

全年制作动画片20部，962集，1.12万分钟。

## 电　影

全年北京地区生产影片306余部，电影放映97.31万场。

2011年4月23日，中共中央政治局委员、北京市委书记刘淇（前排左二），中共中央政治局委员、中央书记处书记、中宣部部长刘云山（前排左三），中宣部副部长、国家广电总局局长蔡赴朝（前排左一），北京市长郭金龙（前排左四），中宣部副部长孙志军（前排右五），文化部副部长赵少华（前排右四）出席第一届北京国际电影季开幕式。

2011年10月29日，中共中央政治局委员、中央书记处书记、中宣部部长刘云山（右二）到北京电视台调研“走转改”活动开展情况。

2011年8月24日，中共中央政治局委员、中央书记处书记、中宣部部长刘云山（左二），中宣部副部长、国家广电总局局长蔡赴朝（右一）在第二十届北京国际广播电影电视设备展览会上，听取歌华有线公司展示的“歌华飞视”等网络传输业务介绍。

2011年6月30日，北京紫禁城影业公司拍摄的电影《杨善洲》在人民大会堂举行盛大首映仪式。中共中央政治局委员、中央书记处书记、中组部部长李源潮，中宣部副部长、国家广电总局局长蔡赴朝，中共北京市委常委、宣传部长、副市长鲁炜等与剧组主创人员及杨善洲家属合影。

2011年4月24日，中宣部副部长、国家广电总局局长、北京国际电影季组委会主席蔡赴朝（左），北京市市长、北京国际电影季组委会主席郭金龙（右）出席第一届北京国际电影季·国际电影节主席论坛。

2011年5月10日，中宣部副部长、国家广电总局局长蔡赴朝（前右二）到云南省施甸县外景地看望北京紫禁城影业公司电影《杨善洲》剧组全体演职人员。

2011年8月24日，中宣部副部长、国家广电总局局长蔡赴朝（右三），国家广电总局副局长张海涛（右一）在第二十届北京国际广播电影电视设备展览会上参观北京广播电视台整体展台。

2011年7月22日，北京市人大常委会主任杜德印（右五），北京市人大常委会副主任赵凤山（左五），北京市人大常委会秘书长唐龙（右三）到北京电视台调研。

2011年6月19日，北京市委副书记、北京市政协主席王安顺（右二）等到中华世纪坛检查北京广播电视台所属北京歌华文化发展集团承办的“一切为了人民——北京市纪念中国共产党成立90周年展览”布展情况。

2011年11月18日，由北京市纪委、市委宣传部主办，中国电影博物馆承办的“风清气正扬宗旨——北京市反腐倡廉教育影像展览”开展。市委常委、纪委书记叶青纯（左），市委常委、宣传部长、副市长鲁炜（右）为展览揭幕。

2011年3月1日，北京人民广播电台城市服务管理广播开播6周年，北京市副市长刘敬民（前左二）到北京电台调研。

2011年4月22日晚，北京市委常委、宣传部部长、副市长鲁炜（右二）到第一届北京国际电影季指挥调度中心看望工作人员。

2011年4月2日下午，北京市委常委、宣传部部长、副市长鲁炜（前左三）到北京人民广播电台调研。图为鲁炜在北京新闻发稿室向工作人员了解情况。

2011年7月12日，北京市委常委、宣传部部长、副市长鲁炜（右）到歌华大厦调研。

2011年7月12日，北京市委常委、宣传部部长、副市长鲁炜（左）到北京北广传媒地铁电视公司调研。

（领导关怀图片：由北京市广播影视相关单位提供）

2011年1月6日，北京市广电局局长李春良在京城百家影院建成和新建影院补贴发放暨第一届北京国际电影季合作院线签约仪式上颁发纪念证书。

2011年10月27日，北京市广电局党组副书记、副局长杨淑琴在 2011年秋季（第九届）首都电视节目推介会暨影视产业发展论坛上致辞。

2011年7月28日，北京市广电局党组成员、副局长臧增祥在北京中广传播CMMB“睛彩北京”频道开播新闻发布会上致辞。

2011年4月26日，北京市广电局党组成员、副局长庞微主持第一届北京国际电影季电影项目洽商签约仪式。

2011年4月5日，北京市广电局副局长杨培丽（左一）率团参展戛纳电视节。

↑ 2011年12月30日，北京市广电局党组成员、驻局纪检组组长王立平在党风廉政建设责任制专项检查汇报会上报告工作。

↑ 2011年11月11日，北京市广电局党组成员、副局长丁百之在第六届中国北京国际文化创意产业博览会广播电影电视论坛上致辞。

↑ 2011年4月18日，北京市广电局党组成员、副局长王霞（左）到怀柔区检查广播电视工作。

↑ 2011年12月23日，北京市广电局党组成员、总工程师何桂芝（中）在局转播站年终总结会上讲话。

↑ 2011年11月11日，北京市广电局党组成员、副巡视员宋春华（右）在第六届中国北京国际文化创意产业博览会广播电影电视论坛上接待来宾。

↑ 2011年11月24日，北京市广电局巡视员洪兵在北京市优秀广播电视节目表彰暨宣传管理工作会上讲话。

↑ 2011年11月10日，北京银行支持文化创意产业发展暨银企战略合作签字仪式举行。

↑ 2011年11月24日，2011年北京市优秀广播电视节目表彰暨宣传管理工作会召开。

↑ 2011年3月18日，2011年春季首都电视节目推介会专项推介会召开。

↑ 2011年10月27日，2011年秋季（第九届）首都电视节目推介会开幕式暨影视产业发展论坛召开。

↑ 2011年11月24日，北京市广电局影视审查委员会工作会议召开。

↑ 2011年8月17日，北京市广电局召开区县电影发展与管理工作座谈会。

↑ 2011年4月，北京市广电局组团参展戛纳电视节。图为参展人员在交易洽谈。

↑ 2011年12月，北京市广电局组团参展新加坡电视节。图为参展人员在交易洽谈。

↑ 2011年3月，北京市广电局组织WAP网站视听节目传播监管系统项目初验。

↑ 2011年9月1日，北京市广电局综合业务服务平台上线应用工作部署会召开。

↑ 2011年12月28日，北京市直播卫星公共服务工程任务部署会召开。

↑ 2011年4月21日，2011年北京市整治非法卫星电视接收设施工作会召开。

↑ 2011年1月12日，北京市广电局区县广播电视技术维护评比会议召开。

↑ 2011年4月27日，北京市广电局高清交互机顶盒推广(密云)工作研究会召开。

↑ 2011年11月21日，北京市广电局安全播出指挥调度应急演练会议召开。

↑ 安全播出指挥调度应急演练现场。

↑ 2011年12月23日，北京市广电局转播站年终工作总结会召开。

↑ 2011年5月27日，北京市广播电视监测中心举行消防安全培训及演练活动。

## 行业管理

↑ 2011年12月14日，首都影视产业联盟第一次会员大会召开。

↑ 2011年12月13日，首都影院联盟暨北京电影协会第一次会员大会召开。

↑ 2011年3月，北京市广播电视学会召开优秀广播电视节目评选会。

↑ 2011年9月1日，北京市广电局“专家走基层”活动到密云。密云县广电中心特别聘请于知峰（左二）、张晓爱（左三）两位专家为长期业务顾问。

↑ 2011年7月14日，第二轮《北京志广播电视志》编纂工作启动大会暨联合编委会召开。

↑ 2011年1月20日，2011《北京广播影视年鉴》工作会议召开。

（行业管理图片：由北京市广电局处室、直属单位提供）

## 第一届北京国际电影季成功举办

由国家广播电影电视总局和北京市人民政府主办，国家广播电影电视总局电影管理局和北京市广播电影电视局承办的第一届北京国际电影季，以“融汇国内国际电影资源，搭建展示交流交易平台”为主旨，以“国际性、专业性、创新性和高端化、市场化”为定位，于2011年4月23日至28日在北京举办，吸引了700多家中外电影机构、2000多位中外嘉宾和首都各界人士约十万人次的广泛参与，取得了圆满成功。

↑ 21名国际电影节主席出席第一届北京国际电影季“开幕式”。

↑ 第一届北京国际电影季形象大使国际影星成龙、章子怡。

↑ 2011年3月15日，第一届北京国际电影季形象大使发布会举行。

↑ 第一届北京国际电影季“开幕式”盛大文艺演出。

↑ 334家中外电影机构在京洽商并举行签约仪式。

## 电影季

↑ 第一届北京国际电影季举办“国际电影节主席论坛”活动。

← 第一届北京国际电影季举办“中外著名导演对话”活动。

↑ 第一届北京国际“电影季电影音乐会”在人民大会堂举办，由意大利电影交响乐团演奏中外电影名曲。

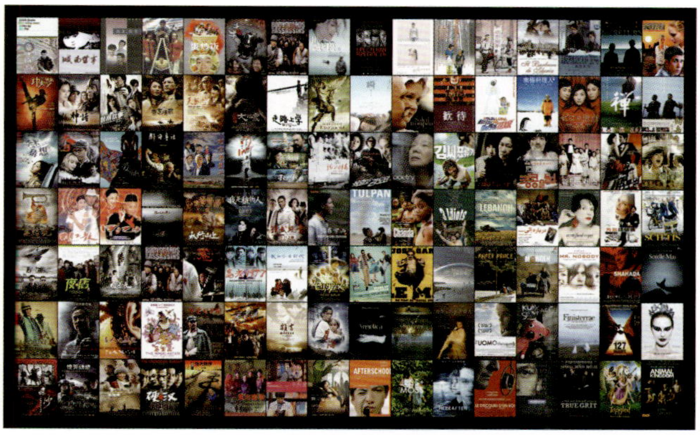

↑ 42个国家和地区的优秀电影在“北京展映”上映。

↑ 第一届北京国际电影季“闭幕式”现场。

（电影季图片：由北京市广电局电影处提供）

2011年6月17日，北京广播电视台党委书记刘志远在“寻找最美乡村教师”活动启动仪式上致辞。

2011年7月12日，北京市委宣传部副部长张淼(右)到北广传媒地铁电视公司调研。

2011年12月13日，北京广播电视台台长兼北京电视台台长王晓东在北京电视台未来发展论坛上讲话。

2011年4月12日，北京广播电视台常务副台长兼北京电台台长汪良在第五届 “听众喜爱的主持人” 评选活动新闻发布会上讲话。

2011年11月24日，北京广播电视台副台长陆莹在北京市优秀广播电视节目表彰会上讲话。

## 市级广电

2011年，北京市纪念建党90周年展览“一针一线绣誓词”活动绣制的红旗由承办单位歌华集团永久珍藏，北京广播电视台副台长兼歌华集团董事长王建琪接旗。

2011年9月29日，北京广播电视台纪委书记王伟(右二)到台服务中心检查消防工作。

2011年1月20日，北京广播电视台副台长兼歌华有线公司董事长郭章鹏(左四)、公司总经理卢东涛(右二)与丰台区长崔鹏（右一)参加方庄高清交互数字电视推广启动仪式。

2011年9月30日，北京广播电视台副台长苏仁先（中）到北广传媒城市电视发射塔机房检查工作。

2011年9月23日，北京电台总编辑席伟航(右一)与河北省阜平县副县长赵杰共同为北京电台援建的马兰小学爱心食堂揭牌。

2011年4月20日，北京电视台总编辑赵多佳(右二)率记者在东城区进行“走、转、改”调研。

2011年3月8日，2011年北京广播电视台工作会议召开。

2011年3月9日，2011年度北京广播电视台影视工作创新与发展研讨会召开。

2011年12月13日，2011年北京广播电视台工作务虚会召开。

2011年11月10日，北京广播电视台整体展台亮相第六届中国北京国际文化创意产业博览会。

2011年11月10日，北京广播电视台党委书记刘志远(左一)、北京电视台总编辑赵多佳(左三)在检查北京电视台整体展台布展情况。

2011年7月28日，北京中广传播公司举行手机电视“睛彩北京频道”开播新闻发布会。

2011年8月10日，北京北广传媒地铁电视公司召开试播1周年座谈会。

2011年5月22日，北京广播电视台承办的北京国际数独大奖赛取得成功，图为获奖者合影。

2011年8月，北京北广传媒影视公司举行电视剧《风车》首播新闻发布会。

2011年11月，北京北广传媒影视公司投拍的电视剧《买房夫妻》拍摄现场。

（市级广电综合图片：由北京广播电视台及直属单位提供）

# RBC 北京人民广播电台

2011年4月12日，北京人民广播电台第五届“听众喜爱的主持人”大型评选活动在北京广播大厦举行新闻发布会，台长汪良（左四）等台领导出席会议并解答问题。

**北京电台9套无线广播节目：**

新闻广播（AM828/FM100.6/有线调频90.4）
城市服务管理广播（AM1026/FM107.3 有线调频91.9）
故事广播（AM603/有线调频89.1）
体育广播（FM102.5）
音乐广播（FM97.4/有线调频94.6）
文艺广播（FM87.6/有线调频93.8）
交通广播（FM103.9/有线调频95.6）
外语广播（AM774/有线调频97.8）
爱家广播（AM927/有线调频92.7）

2011年2月25日，由北京电台等多家媒体共同主办的“第六届原创新春祝福短信大赛”颁奖典礼举行。图为北京电台总编辑席伟航（前左二）为获奖者颁奖。

2011年9月7日，北京电台常务副台长王秋带队到平谷区大华山镇大峪子村采访桃农。

2011年8月13日，北京电台第五届“听众喜爱的主持人”颁奖会举行，16名主持人荣获“听众喜爱的最佳主持人”称号，20名主持人荣获“听众喜爱的优秀主持人”称号。

↑ 2011年12月28日，北京电台新闻广播举行“2011北京榜样”颁奖典礼，北京市委宣传部副部长陈冬（右二）参加颁奖。

↑ 2011年4月至6月，北京电台新闻广播推出大型采访活动《品伟人诗词，走革命之路》，派出7路30名记者寻访历史足迹，纪念中国共产党成立90周年。

↑ 2011年8月4日，北京电台交通广播主持人在“同站一班岗”活动中体验交通民警和交通协管员的工作艰辛。

↑ 2011年8月26日，北京突降大雨，北京电台新闻广播记者赶到积水抢险现场采访。

↑ 2011年9月21日，北京电台音乐广播编辑为“走转改”基层联络点——通州区教委退休教师合唱团做专业指导。

↑ 2011年6月23日，北京电台音乐广播推出红歌嘹亮——纪念中国共产党成立90周年大型演唱会。

↑ 2011年2月1日，北京电台推出“广播达人，为爱加油”春节大联欢活动，图为社区居民参加民间才艺海选。

↑ 2011年11月，北京电台设在第六届中国北京国际文化创意产业博览会的直播间吸引了大量观众。

↑ 2011年8月22日，北京广播网成立10周年论坛召开，互联网管理者、学者、业界精英参会。

↑ 2011年7月25日至12月17日，北京电台体育广播推出“京都球侠·北京第一届球迷喜爱的三大球运动员”评选活动。

↑ 2011年11月27日，北京电台城市服务管理广播举办第五届“魅力社区”颁奖典礼。

↑ 2011年冬，北京电台交通广播推出系列活动“身边的温暖故事”，图为交通广播主持人与残障儿童在中国少年儿童出版社阅读体验大世界。

2011年1月至6月29日，北京电台故事广播推出的“家有党员——大型故事征集活动”。

2011年4月27日，北京电台“第二届爱家宝宝童趣故事会”评选活动启动。

2011年4月至6月，由北京电台文艺广播及全国113家电台组成的环球旅游广播联盟共同主办的“首届环球旅游热力榜——2011我最想去的地方”大型旅游票选活动举行。

2011年9月17日，北京电台外语广播举办第3届北京百校少儿外语大赛。

2011年1月25日，北京电台“广播三下乡，年货送农家”活动在延庆县井庄镇王木营村举行。

2011年“七一”前夕，北京电台推出“美丽马兰 歌声嘹亮”帮扶革命老区系列公益活动，图为河北省阜平县马兰小学75名学生到北京天安门参观留影。

（市级广电广播图片：由北京电台提供）

2011年11月16日，北京电视台公共·新闻频道、财经频道、生活频道迁入新台址播出。图为台长王晓东（前左二）等台领导在新台址播出现场。

2011年11月16日，北京电视台举行苏州街台址机房停止使用仪式。图为台长王晓东(右三)、总编辑赵多佳(右四)、常务副台长窦晓东(左三)、副台长邵宣堂(左二)等台领导在苏州街台址机房合影。

## 北京电视台12个频道：

BTV北京卫视
BTV文艺
BTV科教
BTV影视
BTV财经
BTV体育
BTV生活
BTV青少
BTV公共·新闻
BTV卡酷动画卫视
BTV北京电视台纪实高清频道
BTV国际长城平台北京电视台国际频道
（北美/亚洲/欧洲/加拿大）

2011年7月17日，2011年度中国播音主持“金话筒奖”颁奖典礼在北京电视台BTV大剧院举行。

2011年11月20日，北京电视台举行首届“观众喜爱的主持人”大型评选晚会。春妮等10人荣获“观众喜爱的十佳主持人”奖，桑朝晖等20人荣获“观众喜爱的优秀主持人”奖。

2011年12月8日，首届华北五省区市省级电视台联席会议在京举行。北京电视台与天津、河北、山西、内蒙古电视台签订《华北五省区市省级电视台战略合作框架协议》。

2011年8月25日，北京电视台总编辑赵多佳（右一）率春晚剧组赴平谷区采风。

2011年8月31日至9月2日，北京电视台党委副书记、常务副台长窦晓东（右二）带领记者走进首钢京唐公司，深入基层，对一线职工进行全程跟踪采访。

2011年5月3日，北京电视台纪念建党90周年红色旅游系列活动启动仪式《红色地图》特别报道开播仪式。

2011年12月13日，北京电视台与时尚传媒集团共同举办2011中国时尚大典活动现场。

↑ 从2011年开始，北京卫视《身边》栏目改版为50分钟大型演播室访谈类节目，受到观众欢迎。

↑ 2011年改版播出的专题服务栏目《第三调解室》“点亮智慧人生”受到观众欢迎。

↑ 2011年7月19日，北京电视台组织“海沙节”观众俱乐部开展亲子活动。

↑ 2011年10月6日，自行车赛转播中。

↑ 2011年8月16日，北京电视台记者报道全国大学生运动会。

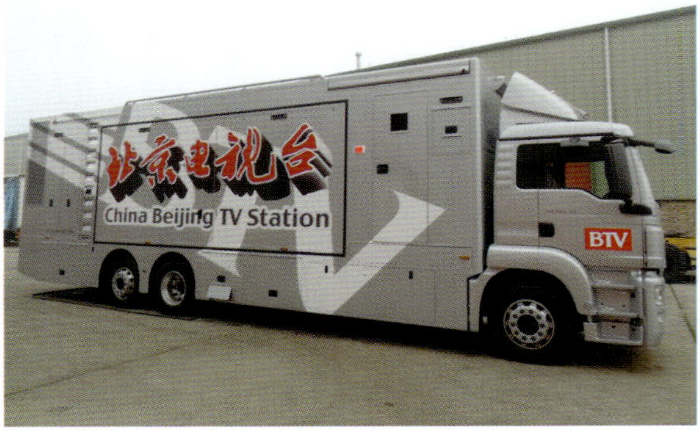


↑ 2011年北京电视台引进的亚洲第一辆世界最先进的3D转播车，已录制多期《养生堂》、《身边》等3D立体电视节目。

2011年北京电视台《2011北京电视台春节联欢晚会》在播出。

2011年1月12 日，北京电视台以“牵手世界，欢动五洲——美丽北京欢迎您”为主题的2011年BTV《环球春晚》录制完成。

2011年1月9日，北京电视台录制播出《首都政法系统第七届“人民满意的政法干警(单位)”揭晓暨春节联欢晚会》。

2011年9月28日，北京电视台录制《感动——北京文明引导行动十周年》活动晚会。

2011年1月12日，北京电视台录制播出最美的乡村主题晚会——《美丽乡村》。

2011年7月1日，北京电视台录制的北京市庆祝中国共产党成立90周年主题晚会——“党在百姓心中”在播出。

（市级广电电视图片：由北京电视台提供）

## 北京北广传媒数字电视有限公司
Beijing All Media and Culture Digital TV Co.,Ltd

2011年12月20日，北京市慈善协会常务副会长朱蓉先（左）向北京北广传媒数字电视有限公司总经理何公明颁发新闻报道突出贡献奖锦旗。

办有数字电视频道11套
集成音频广播节目16套
每个频道每日24小时循环播出

付费电视及广播
《京视剧场》、《爱家购物》、《动感音乐》、《车迷频道》、《考试在线》、《优优宝贝》、《四海钓鱼》、《弈坛春秋》、《环球旅游》、《新 娱 乐》、《置　　业》、《戏曲广播》、《爱家广播》

图文信息平台：
《北京之窗》设“公益北京”、“首都政务”和“生活资讯”系列节目和5个图文栏目

2011年7月18日，数字电视演播室导播间 《彩趣》栏目录制现场。

2011年11月22日，数字电视《彩票收藏》栏目拍摄现场。

2011年，数字电视公司播出人员在坚守岗位。

北京移动电视

## 移动电视每天播出17小时

年内改版播出的节目栏目有：
《整点播报》、《移动直通车》、
《环球财讯》、《财经快车》、
《剧情推动力》、《北京空气质量播报》、
《绿动北京》、《畅行北京》、
《百姓就业》、《数说北京》、
《96310》、《一路同行》、《教育纵横》、
《国家大剧院》、《环球影讯》、
《演艺罗盘》、《全球娱乐通》、等20余个，
实现“资讯性、新闻性、服务性、娱乐性”
于一体

↑ 2011年12月1日，北广传媒移动电视公司三年发展规划研讨会召开。

↑ 2011年6月14日，移动电视公司与地铁电视公司举行合作签约仪式。

↑ 2011年，北京市公交车大批换装启用新屏移动电视。

↑ 2011年4月15日，由移动电视公司牵头的移动电视分会“出租车智能互动云端系统”项目研讨会在北京召开。

CityTV 城市电视

2011年8月17日，北京北广传媒城市电视公司与中国光华基金会签署媒体公益联盟战略合作框架协议。

城市电视每天播出17小时

年内改版播出的节目栏目有：
《城市播报》、《图片新闻》
《体育新闻》、《演艺罗盘》
《书香北京》、《城市之家》
《百姓就业》、《教育新闻》
《城市院线》、《环球财讯》
《我的工会我的家》、《中歌榜》
《消防小提示》、《廉政公益片》
《96310纪事》、《文明礼仪宣传片》
等20余个，实现“资讯性、新闻性、服务性、娱乐性”于一体

2011年11月25日，城市电视公司召开频道改版及品牌宣传研讨会，图为与会人员合影。

2011年4月8日，城市电视公司召开中汇大屏招商会。

坐落在北京东二环商务圈东四十条桥的“中汇大屏” 正在播出。

2011年1月18日，北京北广传媒地铁电视公司召开年度工作会。

2011年6月21日，地铁1、2号线地铁电视及PIS系统项目建设总结会召开。

地铁电视

地铁电视每天播出18.5小时

年内改版播出的节目栏目有：

《新闻地铁报》、《法治进行时》、《路况播报》、《移动直通车》、《美食0换乘》、《中歌榜》、《潮流现场》、《国家大剧院》、《光影随行》、《环球影讯》、《微电影》、《美丽俏佳人》、《超级访问》、《音乐风云榜》、《娱乐现场》、《影视风云榜》、《最佳现场》、《梦想孵化器》、《小羊肖恩》、《剧情推动力》、《请您欣赏》、《环球财讯》、《十分开心》、《新华A股收评》、《军情解码》、《生活一点通》等

地铁电视记者在采访。

地铁电视播控平台。

TOP V 鼎视传媒

2011年3月23日，鼎视数字电视传媒有限公司展台亮相中国国际广播电视信息网络展览会，扩大鼎视节目包销售影响力。

↑ 20多家省级广电网络及全国各地近50家地、市、县级有线电视网络公司客户参观鼎视展台并洽谈合作业务。

↑ 北京广播电视台副台长苏仁先（左四）等到鼎视展台指导工作。

## 鼎视上星传输的节目：

“鼎视多”节目包、“鼎视家和”节目包、“鼎视风尚”节目包、“鼎视单选 频道”和“鼎视自选套餐”，包含《四海钓鱼》、《收藏天下》、《证券资讯》、《家庭健康》《时代家居》、《时代美食》、《时代出行》《时代风尚》、《碟　市》、《职业指南》《家庭理财》、《车　迷》、《读　书》《新 娱 乐》、《环球旅游》、《人　物》《考试在线》、《快乐宠物》、《优优宝贝》《财富天下》、《家　政》、《电子体育》《数码时代》、《中国气象》、《百姓健康》等25个数字付费频道，还为《快乐购物》《央广购物》、《优 购 物》、《时尚购物》《风尚购物》、《家有购物》、《家家购物》《环球购物》等8个频道提供集成传输及发行

传输5套高清卫视节目：
北京卫视、湖南卫视、深圳卫视、广东卫视、黑龙江卫视。

传输范围：
已在全国196个区域落地销售。

↑ 2011年7月28日，“睛彩北京”频道试播。

↑ 品种多样的CMMB手机

北京中广传播有限公司
China Broadcasting BeiJing Co.,Ltd

北京中广传播公司与北京移动合作营销发展手机电视37.39万户，“睛彩中国”单向终端用户约12万户。转播CCTV-1、CCTV-5、CCTV-新闻、BTV卫视、“睛彩电影”、“睛彩天下”6个频道，自办“睛彩北京”综合频道。“睛彩北京”每天播出18小时，开设有《睛彩城事》、《天天体育》、《这里是北京》、《睛彩天下》《睛彩生活》、《睛彩文艺》、《首都经济》《天下财富》、《开心一刻》、《睛彩金声》等21个核心栏目。

2011年，北京人民广播电台DAB节目多媒体广播共设15档节目，每天早6点至24点播出。备受群众关注的栏目有：《行走天下》、《城市零距离》、《1039都市调查组》、《中国歌曲排行榜》、《演艺群英会》、《1039交通服务热线》、《今夜私语时》、《爱家帮你忙》、《欢乐英雄》、《在音乐上》、《汽车天下》《大话体育》等。

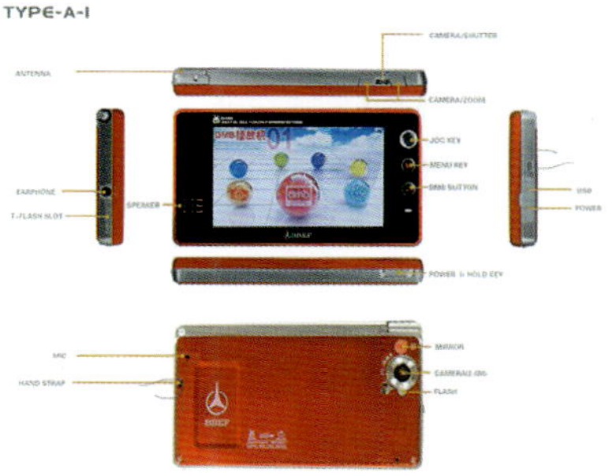


↑ DAB媒体机

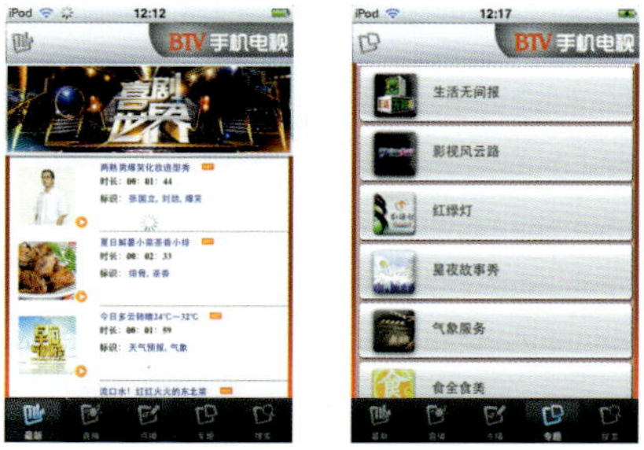

↑ BTV手机电视页面

北京电视台BTV手机电视：

经营产品主要包括与移动运营商及牌照方合作的视频业务、自有平台的手机视频业务以及信息服务业务三块。运营商业务在移动、联通、电信等平台上的手机视频业务主要有直播、点播、生活服务等频道，直播包括北京电视台10套现有的电视节目，点播则包括影视、娱乐、新闻、体育、音乐、财经、动漫、生活、法治、综艺10个分类。

（市级广电新媒体图片：由北京广播电视台所属单位提供）

歌华有线
BGCTV

2011年，歌华有线公司敷设光缆达3.96万公里，电缆24万公里（其中干线12.43万公里），已形成覆盖全市16个区县，可承载视频、语音、数据的超大型信息化基础网络，成为北京地区全程、全网、全业务的综合信息服务提供商。网内传输模拟电视节目50余套、数字电视节目164套（其中高清电视节目15套）、数字广播节目16套和多种交互数字电视应用服务。有线电视注册用户近475.92万户，同比增长28万户；数字电视用户345.48万户，高清交互用户272.34万户，个人宽带用户16万户。实现营业收入18.97亿元，实现净利润2.79亿元.

↑ 2011年1月14日，北京歌华有线电视网络股份有限公司2011年工作会议召开。

↑ 2011年11月9日，北京市政府办公厅副主任吴大仓（中）到通州区高清交互机顶盒推广现场调研，北京市广电局纪检组长王立平（右二）、总工程师何桂芝（左一）、歌华有线公司董事长郭章鹏（右一）等陪同调研。

↑ 2011年5月4日，国务院三网融合工作协调小组联合调研组到歌华有线公司进行调研，北京市广电局、市通管局、市发改委、市经信委、市财政局有关领导陪同调研。

↑ 2011年5月10日，北京歌华有线电视网络股份有限公司和中国移动通信集团北京有限公司签署战略合作协议。

# 网 络 传 输

2011年2月25日，北京歌华有线电视网络股份有限公司举行营业厅建设年启动大会，歌华有线公司董事长郭章鹏（后左）、总经理卢东涛（后右）按动启动球。

2011年8月8日，北京歌华有线电视网络股份有限公司与华为公司签署“三网融合”战略合作协议。

2011年9月14日，北京市人大常委会教科文卫体办公室组织市人大代表到歌华有线公司调研。

2011年2月14日，韩国CJ（希杰）集团中国本社总裁朴根太一行到歌华有线公司访问，北京市委宣传部副部长张淼，歌华有线公司董事长郭章鹏、总经理卢东涛等接待来访，双方就家庭购物等电视业务合作进行交流。

2011年7月20日，全市16个区（县）委宣传部长、广电中心主任到歌华有线公司参观座谈。

2011年7月29日，北京歌华有线电视网络股份有限公司召开半年工作会暨三网融合动员大会。

2011年9月20日，北京歌华有线电视网络股份有限公司与NagraVison公司及SMAD TV公司联合举办主题为“三网融合时代数字电视一体机”研讨会。

2011年9月28日，北京歌华有线电视网络股份有限公司与上海文广互动电视有限公司签署战略合作协议。

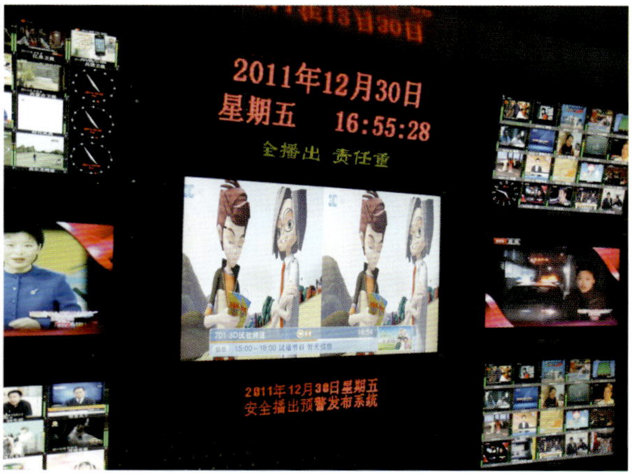


2011年12月30日，北京歌华有线电视网络股份有限公司完成“3D试验频道”落地试播工作。

2011年8月25日，歌华有线高清交互数字电视平台中的“颐和园”栏目正式上线。

## 网络传输

↑ 2011年6月29日，大兴区一小区完成高清交互推广工程，一批领到高清交互机顶盒的居民。

↑ 2011年4月16日，顺义石园南区高清交互机顶盒推广现场。

↑ 北京歌华有线电视网络股份有限公司总前端机房，工作人员在坚守值班。

↑ 2011年8月5日，歌华有线所属北京视宽新创有线信息工程公司进行作业的实操演示。

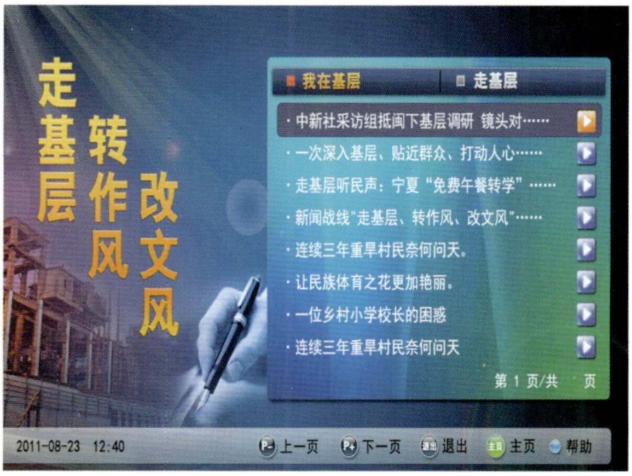


↑ 2011年9月20日，歌华有线高清交互平台“走基层”专题首页。

↑ 2011年8月29日，富邦歌华暨家有购物运营合作启动仪式在北京富邦歌华影棚举行。

（网络传输图片：由北京歌华有线电视网络股份有限公司提供）

中国电影博物馆
CHINA NATIONAL FILM MUSEUM

2011年6月9日，全国政协“北京地区博物馆建设与发展”调研组到中国电影博物馆调研。

2011年2月24日，“中国电影诞生105周年暨中国电影博物馆成立5周年纪念会”举行，纪念会向李前宽、于洋等颁发“2006—2010中国电影博物馆公益事业突出贡献”证章。

2011年6月17日，委内瑞拉导演罗曼·查邦德等一行5人到中国电影博物馆参观。

2011年7月23日，中国电影博物馆迎来第200万名观众。

## 影视场馆

2011年11月26日，“2011中国（北京）电影学术年会”在中国电影博物馆举行开幕式暨高峰研讨活动。

2011年12月16—18日，由中国电影博物馆和中国广播艺术团(中国电影乐团)共同主办的“电影让音乐更美”——中国电影博物馆第五届青年论坛之青年电影音乐人论坛活动现场。

2011年9月17日，中国电影博物馆举行首届北京国际科技电影周开幕式。

2011年8月16日，著名电影表演艺术家田华出席中国电影博物馆举办的纪念建党90周年——全国少儿电影才艺展示活动颁奖典礼。

2011年5月22日，“历史反思与人性关怀——黄健中作品研讨兼论第四代导演的贡献”研讨会在中国电影博物馆召开。

2011年1月11日，由清华大学新闻与传播学院和英国诺丁汉大学主办，中国电影博物馆和英国研究理事会共同协办的“新技术 · 新美学 · 新体验 · 新市场——3D时代的影视艺术国际研讨会”召开。

2011年2月27日，中国电影博物馆“电影大讲堂”举办“2011年中国电影展望”讲座，邀请北京大学艺术学院教授李道新担任主讲。

2011年9月4日，中国电影博物馆举办的《在党的旗帜下——中国优秀军事题材影片巡回展》在中国长城博物馆开展。

2011年9月17日，中国电影博物馆召开中国电影博物馆“十二五发展规划调研”专家座谈会。

2011年6月4日，中国电影博物馆会员走进北京济慈之家孤残盲童社会福利院举办的公益爱心之旅活动。

## 影视场馆

2011年2月28日，中国电影博物馆召开“第四届干部理论研讨会”。

2011年6月—11月，中国电影博物馆举办“纪念建党90年，经典电影大家看”电影进社区公益服务活动，为社区居民免费放映影片。

2011年9月9日—13日，中国电影博物馆举办“庆中秋露天电影招待专场”活动，为群众免费放电影。

2011年5月—10月，中国电影博物馆举办“影博公益之旅：奥莱电影放映季”主体推介活动，在北京赛特奥莱购物中心为观众免费放电影。

《影博影响》（中国电影博物馆馆刊）是中国电影博物馆主办的一份独具特色的电影类综合性内部刊物。

（影视场馆图片：由中国电影博物馆提供）

歌华集团
BEIJING GEHUA CULTURAL DEVELOPMENT GROUP
北京歌华文化发展集团

2011年，北京歌华文化发展集团成功承办“北京市纪念中国共产党成立90周年展览”、“2011年北京国际设计周暨首届北京国际设计三年展”等重大文化会展项目，接待国内外观众近500万人次。以春节、清明、端午、中秋等传统节日为契机，连续多年举办“你好！北京”新年系列文化节活动，搭建了文化发展交流新平台。全年实现经营收入4.9亿元，利润2500万元。

2011年6月26日，北京歌华文化发展集团承办的“一切为了人民——北京市纪念中国共产党成立90周年展览”在中华世纪坛隆重开幕。

2011年6月26日，参观纪念建党90周年展览的小学生填写“向党说句心里话”卡片。

2011年6月30日至8月20日，由中国艺术摄影学会和北京歌华文化发展集团联合主办的“我眼中的祖国”大学生摄影展在中华世纪坛举办。

2011年10月8日至11月6日，由北京歌华文化发展集团中华世纪坛世界艺术馆等单位共同主办的“大道之行——纪念辛亥革命一百周年影像展”举办。

↑ 2011年9月26日，北京歌华文化发展集团承办的“2011北京国际设计周暨首届北京国际设计三年展”隆重开幕。

↑ 2011年9月28日，“2011北京国际设计周北京设计论坛”在人民大会堂金色大厅举办。

↑ 2011年4月5日，由中华世纪坛管理中心、中华世纪坛艺术基金会主办的“纪念文化先贤”活动举行，北京广播电视台副台长兼歌华集团董事长王建琪(左)出席揭幕仪式。

↑ “2011北京国际设计周”举办的设计之旅活动。

↑ 2011年7月15日至9月15日，由中华世纪坛世界艺术馆等单位主办的“重返巴洛克——那不勒斯的黄金时代绘画展”在中华世纪坛世界艺术馆举办。

2011年12月1日，北京歌华文化发展集团职工合唱团参加央视CCTV“歌声与微笑”栏目录制。

2011年3月9日至12日，由北京歌华莱恩文化体育发展有限公司主办的“老鹰乐队（Eagles）”演唱会分别在上海、北京成功举办。

2011年4月6日至8日，由北京歌华莱恩文化体育发展有限公司主办的“鲍勃·迪伦”演唱会分别在北京、上海成功举办。

2011年4月30日至5月1日，由平谷区主办、北京广播电视台协办、歌华集团承办的“2011中国乐谷·北京国际流行音乐季”在北京渔阳国际滑雪场举办。

2011年7月26日至28日，由北京歌华莱恩文化体育发展有限公司主办的“卡百利乐队”（中文又称“小红莓”）世界巡回演唱会分别在上海、北京成功举办。

## 歌华文化

2011年12月31日，北京2012“你好北京”新年系列活动。

2011年4月25日，由北京歌华中体文化体育发展公司承办的第26届世界大运会圣火采集仪式活动在清华大学举办。

2011年8月8日至21日，北京奥运城市文化节组委会、北京市文化局、北京市社会建设工作办公室、北京广播电视台、中华世纪坛管理中心主办“北京节拍”文化广场活动。

2011年8月8日至21日，北京歌华文化发展集团承办“2011年第二届北京奥运城市体育文化节——全民健身广场活动”。

2011年3月19日，北京歌华文化发展集团歌华时代桥公司为CBA全明星篮球赛提供志愿者服务。

（歌华文化图片：由北京歌华文化发展集团提供）

↑ 北京紫禁城影业公司、云南电影集团公司、央视电影频道联合出品的电影《杨善洲》海报。

↑ 央视电影频道、北京紫禁城影业公司、北京华源顺通国际文化交流公司、华夏电影发行公司联合出品的电影《惊沙》剧照。

北京紫禁城影业公司、兴隆环球集团公司、星美(北京)影业公司、北京和禾和文化传媒公司、天铭嘉业文化传媒公司、成都传媒集团先锋影视公司联合出品的电影《最爱》海报。→

↑ 北京紫禁城影业公司、英皇星艺（北京）文化发展公司、株式会社富士电视台联合出品的电影《隐婚男女》海报。

北京紫禁城影业公司、天津华唐文化传媒公司、北京奇新世纪影视文化传播公司、浙江世纪风采文化传播公司、昆明博奥投融资担保公司联合出品的电影《堵车》剧照。→

泰吉世纪（北京）文化传播公司、北京紫禁城影业公司、天津华唐文化传媒公司等联合出品的电影《倩女幽魂》海报。

北京紫禁城影业公司摄制出品的电影《大路朝天》海报。

北京小马奔腾影业公司、北京美丽春天文化传播公司、北京果然影视文化公司制作出品的电影《将爱情进行到底》海报。

北京小马奔腾影业有限公司摄制出品的电影《追梦3DN》海报。

华谊兄弟传媒、福斯国际制作、福斯国际制作（大中华）、骄阳电影联合摄制出品的电影《全球热恋》海报。

上海天娱传媒、华谊兄弟传媒、天马电影(香港)、北京美都博雅文化传媒、湖南天娱影视联合摄制出品的电影《开心魔法》海报。

华谊兄弟传媒公司、老夫子控股、博美电影制作联合出品的电影动画片《老夫子之小水虎传奇》剧照。

华谊兄弟传媒、原子映象(台湾)、富兰克林文创创业投资(台湾)、汤臣国际娱乐发行（香港）联合出品的电影《星空》剧照。

2011年10月19日，华谊兄弟等投拍的史诗巨作——电影《温故1942》举行开机发布会，同时举办影片介绍图片展，主创人员冯小刚、张国立、徐帆等出席。

华谊兄弟传媒、上海电影(集团)、天津电视台等联合出品的电影《风声》海报。

北京海润影业公司、上海凯羿影视公司、福建恒业电影公司、建西岸传媒公司联合出品的电影《公主的诱惑》剧照。

北京海润影业公司出品的电影《毒战》海报。

北京海润影业公司、华夏电影发行公司、北京三祥国际文化传播公司、重庆广播电视集团（总台）、大洋百货联合出品的电影《与妻书》海报。

电影《与妻书》剧照。

北京光线影业公司、安徽广播电视台、天马电影出品（香港）有限公司联合出品的电影《最强囍事》海报。

银都机构公司、寰宇娱乐公司(中国香港)、北京光线影业公司联合出品的电影《B+侦探》海报。

北京光线影业公司、西安曲江影视投资(集团)公司、西安曲江文化产业风险投资公司联合出品的电影《夺命心跳》海报。

北京光线影业公司、精英制作公司（中国香港）、安徽广播电视台联合出品的电影《画壁》海报。

山西电影制片厂、寰宇娱乐公司（中国香港）、北京光线影业公司、广州市英明文化传播公司联合出品，北京光线影业公司发行的电影《梦游》海报。

北京星光国际传媒公司、北大星光集团公司、江苏幸福蓝海影业公司、武汉常阳国际传媒公司联合出品，北京光线影业公司发行的电影《鸿门宴》海报。

2011年8月3日，光线传媒在深圳深交所创业板挂牌上市。光线传媒董事长兼总经理王长田在挂牌仪式上回答提问。

北京中侨联文化交流中心、八一电影制片厂、华夏电影发行公司联合出品的电影《守望天山》剧照。

包头青山区委、中国兵器工业集团公司、北京中视远图影视传媒公司联合出品的电影《吴运铎》剧照。

北京电视艺术中心有限公司、上海电视传媒有限公司、东阳市花儿影视文化有限公司联合出品的76集长篇电视连续剧《甄嬛传》海报。

北京瓯越文化传媒公司、北京电视艺术中心有限公司联合出品的30集电视连续剧《刀出鞘》海报。

重庆市委宣传部、重庆广播电视集团、重庆诗仙太白酒业（集团）有限公司、北京电视艺术中心有限公司联合出品的30集电视连续剧《川东游击队》剧照。

北京广电影视传媒有限公司、北京电视艺术中心有限公司联合出品的30集电视连续剧《房战》海报。

北京电视艺术中心有限公司、北京西影汉唐传媒公司等出品的40集电视连续剧《女人帮》海报。

北京中北电视艺术中心有限公司摄制的39集电视连续剧《南国有佳人》海报。

北京鑫宝源影视投资有限公司、上海宝宏影视文化传媒有限公司联合摄制的30集电视连续剧《男人帮》海报。

北京京都世纪文化发展有限公司摄制的41集电视连续剧《西施秘史》海报。

北京广播电视台、北京电视台、北广传媒影视有限公司、浙江燕风影视制作有限公司联合出品的34集电视连续剧《买房夫妻》剧照。

浩安（北京）影视文化传媒有限公司、北京紫禁城影业有限责任公司联合出品的36集电视连续剧《错婚》剧照。

北京紫禁城影业有限责任公司、北京霸王龙文化传播有限公司、北京儒意欣欣影业投资有限公司、成都传媒集团先锋影视有限公司联合出品的24集电视连续剧《李春天的春天》剧照。

北京电视台、北京紫禁城影业有限责任公司、北京博瑞龙腾文化传播有限公司联合出品的33集电视连续剧《人是铁饭是钢》剧照。

北京丰联影业投资有限公司、辽宁广播电视台、北京紫禁城影业有限公司、华视影视投资有限公司联合出品的32集电视连续剧《天道人道》海报。

上海电视传媒有限公司、中国国安文化传媒投资有限公司、北京紫禁城影业有限公司、宁波广播影视艺术中心联合出品的30集电视连续剧《双城生活》剧照。

华谊兄弟传媒股份有限公司、浙江华谊兄弟影业投资有限公司、峨眉电影制片厂、峨眉电影集团联合出品的44集电视连续剧《川西剿匪记》海报。

北京华谊兄弟娱乐投资有限公司出品的32集电视连续剧《最后一枪》剧照。

浙江华谊兄弟影业投资有限公司出品的32集电视连续剧《蝴蝶行动》剧照。

华谊兄弟传媒股份有限公司、浙江华谊兄弟影业投资有限公司联合出品的34集电视连续剧《夫妻那些事》剧照。

北京华谊兄弟娱乐投资有限公司出品的30集电视连续剧《追逃》剧照。

海润影视制作公司出品的26集电视连续剧《卜案》海报。

2011年10月18日，海润影视制作公司、云南润视荣光影视制作公司摄制的40集电视连续剧《木府风云》在云南丽江木府开机。

海润影视制作公司、贵州电视台、贵州创娱文化传媒公司联合出品的36集电视连续剧《铁血使命》剧照。

海润影视制作公司、云南润视荣光影视制作公司出品的40集电视连续剧《木府风云》海报。

海润影视制作公司出品的30集电视连续剧《惊雷行动》剧照。

海润影视制作公司、江苏海润影视制作公司联合出品的28集电视连续剧《雪狼谷》海报。

海润影视制作公司出品的28集电视连续剧《战雷神》海报。

贵州电视台、贵州创娱文化传媒公司、海润影视制作公司联合出品的35集电视连续剧《英雄使命》海报。

海润影视制作公司出品的32集电视连续剧《戎装女人》剧照。

海润影视制作公司出品的35集电视连续剧《游击兵工厂》剧照。

海润影视制作公司、河北演艺音像出版公司、北京家赫兄妹影视制作公司、河北保力之士影视文化公司联合出品的长篇电视连续剧《和婆婆一起出嫁》海报。

海润影视制作公司、中天龙（北京）影视文化公司、北京博文美林文化传媒公司联合出品的30集电视连续剧《我和我的经济适用男》海报。

海润影视制作公司、东方灏国际文化传媒(北京)公司、大连五洲影视公司联合出品的长篇电视连续剧《橄榄树》海报。

← 北京金英马影视文化股份公司、金好凤影视、成都广播电视台联合出品的32集电视连续剧《肉中刺》海报。

← 北京金英马影视文化股份公司等联合出品的38集电视连续剧《真爱谎言》海报。

↑ 北京金英马影视文化股份公司等联合出品的30集电视连续剧《大地情深》剧照。

↑ 重庆重视传媒有限公司、北京金英马影视文化股份公司等联合出品的26集电视连续剧《幻影》海报。

北京金英马影视文化股份公司、厦门金好凤影视文化有限公司联合出品的36集电视连续剧《从军记》剧照。→

（影视艺术图片：由北京市影视制作相关单位提供）

2011年5月，朝阳区广播电视新闻中心干部下基层服务群众。

2011年5月，朝阳区广播电视新闻中心记者在“长征路”上少数民族地区采访。

2011年5月，朝阳区广播电视新闻中心记者现场报道区政法委组织系统优秀党、团员“重走长征路”活动。

2011年11月25日，朝阳区广播电视新闻中心《社区生活》周刊举办4周年读者座谈会。

2011年度朝阳区广播电视新闻中心年终总结会。

↑ 2011年11月11日，海淀区人大常委会主任周来生(前右一)、常务副主任王纪表(前右二)、副主任蔡长敏(左一)到区新闻中心调研。

↑ 2011年1月14日，海淀区新闻中心召开2011年工作务虚会。

↑ 2011年9月19日，海淀区委巡视组到区新闻中心检查工作。

↑ 2011年11月21日，海淀区政协调研组到区新闻中心调研。

↑ 2011年7月26日，海淀区广电中心领导一行到区新闻中心参观座谈。

↑ 2011年1月27日，海淀区新闻中心举行新春联欢会欢庆新的一年。

2011年3月22日，丰台区委常委、宣传部长顾晓园（左一）到丰台广电中心调研。

2011年3月24日，丰台区广电中心召开2011年度相关委办局关于“开局之年，共话发展”主题通联工作会。

2011年8月26日，北京市广电局到丰台区广电中心调研视察机顶盒推广工作。

2011年7月7日，丰台区广电中心记者在中华世界坛建党90周年晚会拍摄现场。

2011年9月21日，丰台区广电中心记者在长辛店大枣园采访。

2011年12月29日，石景山区广电中心举办纪念石景山有线电视开播20周年座谈会。

2011年6月29日，石景山区广电中心全力以赴做好石景山区庆祝建党90周年电视晚会的摄制与播出。

2011年9月18日，石景山区广电中心主办的“我是明星”——石景山区首届《百姓明星》歌曲、戏曲电视大奖赛现场。

2011年3月5日，石景山区广电中心配合中央电视台“两会动车组”开进石景山区老山街道，在《新闻直播间》栏目进行直播报道。

2011年11月21日，在石景山区广电中心精心策划下，中央电视台《对话》栏目开进石景山广电中心演播大厅录制节目。

2011年3月26日，门头沟区广电中心召开2011年工作会。

2011年1月31日，门头沟区区委书记刘云广（左二）到区广电中心调研。

2011年8月31日，门头沟区新任区委书记韩子荣（右中）到区广电中心调研。

2011年9月10日，门头沟区广电中心记者在第二届国际山地徒步大会现场进行采访。

2011年7月，门头沟区广电中心举办高清设备学习培训班。

↑ 2011年2月1日，房山区区委书记刘伟（右二）等领导到区广电中心慰问。

↑ 2011年12月11日，房山区区长祁红（左）、区人大常委主任史全富（右）启动房山城乡数字广播平台。

↑ 2011年12月11日，房山区区委常委、宣传部长赵佳琛(右)，区人大常委会副主任刘顺林（左）为数字广播平台闫村机房揭牌。

↑ 2011年1月，房山区广电中心记者在房山区党代会会场采访。

↑ 2011年1月，房山区广电中心记者在政协房山区第六届委员会第六次会议现场采访。

↑ 2011年8月，房山区广电中心记者在长阳音乐节现场制作节目。

大兴区电视台节目主持人集体工作→合影。

↑2011年3月18日，《北京市区县高清电视建设指导方案》编制工作会在大兴区广电中心召开。

↑2011年11月，大兴区广电中心记者深入群众家中采访。

↑2011年11月，大兴区广电中心记者深入菜农大棚采访。

↑2011年4月1日，大兴区广电中心开展义务植树活动。

2011年1月，通州区委书记王云峰（右一）、区委常委宣传部长张秀余（右二）、副区长刘淑华（右三）到区广电中心调研。

2011年12月，通州区区长岳鹏（左一）到区广电中心调研。

2011年2月26日，通州电视台《周末大舞台》电视歌手大奖赛决赛现场。

2011年7月，通州电视台《看通州》栏目记者深入基层采访。

2011年12月，通州电视台记者在通州区“两会”作现场报道。

2011年1月，通州电视台拍摄大拜年专题片。

2011年11月18日，北京市广电局局长李春良一行与顺义区广电中心职工共赴顺义区大孙各庄镇小塘村慰问帮扶。

2011年5月，国际广播电视记者研修班学员到顺义区广电中心参观。

2011年6月7日，顺义区广电中心派出专门报道组全方位报道第20届燕京啤酒节。

2012年1月，顺义区广电中心《国学动漫城》栏目组织“践行北京精神，弘扬中华美德”感恩主题活动，图为孩子为母亲洗脚。

2011年6月，顺义区广电中心龙舟队在北京市第三届端午文化节龙舟比赛中奋勇争先。

↑ 2011年2月1日，平谷区委常委、宣传部长闫维洪（左三）到区广电中心慰问。

↑ 2011年10月27日，新任平谷区委常委、宣传部长韦小玉（右一）到区广电中心调研。

↑ 2011年6月14日，平谷区广电中心主持人主持（录播）平谷区纪念建党90周年“党旗指引我前进”演讲比赛。

↑ 2011年5月26日，平谷区广电中心“视点”栏目记者在“走转改”活动中采访果农。

↑ 2011年2月17日，平谷区广电中心记者在采访“秧歌进城大拜年”活动。

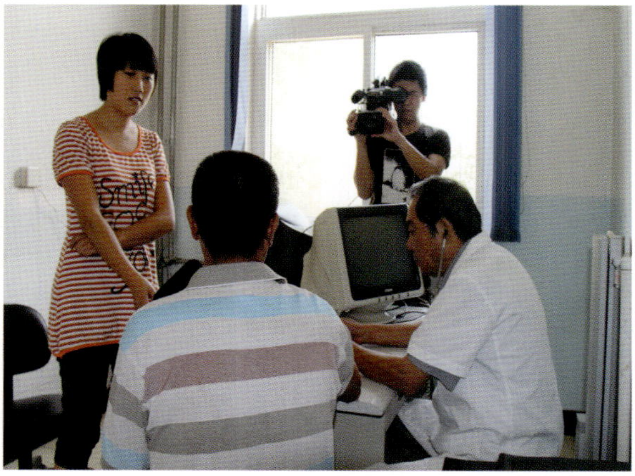

↑ 2011年8月29日，平谷区广电中心记者在马昌营镇采访基层乡镇工作。

2011年8月8日，怀柔区委书记张建东（一排左三）到区广电中心调研。→

↑ 2011年1月17日，怀柔电台直播节目主持人进行插播演练。

↑ 2011年1月11日，怀柔区广电中心电视栏目《怀柔人口》开播。

↑ 2011年9月30日，怀柔区广电中心新办专题栏目《怀柔环境》在播出。

↑ 2011年3月19日，怀柔区广电中心电视专题栏目《时代女性》开播。

2011年9月26日，昌平区委常委、宣传部长余俊生（一排右三）一行到昌平区广电中心调研指导工作。

2011年2月16日，昌平区广电中心举办广播电视采编人员业务培训。

2011年10月28日，昌平区广电中心举办百集大型主题系列片《昌平红色记忆》座谈会。

2011年11月7日，昌平区广电中心召开工作总结表彰大会。

2011年11月9日，昌平区委宣传部在广电中心大演播室举办庆祝第十二届中国记者节表彰大会，图为广电中心全体人员合唱《心愿》。

2011年12月30日，密云县县长王海臣（左五），密云县县委常委、宣传部长徐芳（左四）与县广电中心部分领导班子成员合影。

↑ 2011年10月23日，密云县广电中心记者在县大城子镇采访。

↑ 2011年11月1日，密云电台数字化改造工程竣工暨广播节目全面改版开播仪式现场。

↑ 2011年12月，密云县广电中心记者采访县政协会议。

↑ 2011年12月，密云县广电中心记者在密云县第十五届人代会现场采访。

2011年2月，延庆县县委副书记郭振清、副县长赵志萍等领导慰问延庆县广电中心全体干部职工。

延庆县广电中心记者在现场报道“放歌长城献给党”——延庆县庆祝建党90周年大型演唱会暨全国鼓舞展演活动。

2011年6月，延庆县广电中心记者在首届国际自行车骑游大赛现场采访。

2011年7月，延庆县广电中心邀请中央电视台记者叶小林为职工授课。

2011年11月10日，延庆县广电中心和新闻中心举办庆祝第十二届中国记者节。

（区县广电图片：由各区县广电单位提供）

2011年6月24日，北京市广电局召开纪念建党90周年暨七一表彰大会。

2011年11月16日，北京市广电局召开学习贯彻党的十七届六中全会精神报告会。

2011年6月17日，北京市广电局召开“学党史、颂党恩、跟党走”座谈会。

2011年1月13日，北京市广电局召开机关党委、纪委“两”委会。

2011年5月19日，北京市广电局在《没有共产党就没有新中国》纪念馆开展主题教育活动。

## 队伍建设

2011年5月，北京市广电局机关党委组织党员参加井冈山红色革命教育活动。

2011年6月18日，北京市广电局后勤中心党支部和计财处党支部联合开展党日活动，赴门头沟斋堂川平西抗日根据地纪念馆。

2011年8月2日，国家广播电视安全播出中心和北京市广播电视监测中心联合开展“安播、责任、奉献”党日活动。

2011年9月15日，北京市广电局举办“青春跟党走”——学习胡锦涛同志“七一”重要讲话青年培训班。

2011年7月22日，北京市广播影视作品审查中心邀请国家广电总局原副总编黄勇为职工培训，讲授广播影视改革与发展课程。

2011年10月18日，北京市广电局监察处、信息中心、监测中心联合开展“学习三人行”活动。

↑ 2011年6月21日，北京广播电视台召开纪念建党90周年暨表彰大会。

↑ 2011年12月9日，北京广播电视台召开2011年领导班子和领导干部述职述廉会。

↑ 2011年4月28日，共青团北京广播电视台召开第一次代表大会。

↑ 2011年9月2日，北京广播电视台召开群众路线教育暨“走转改”活动推进会。

↑ 2011年7月，北京广播电视台全体员工赴井冈山开展红色之旅教育。

↑ 2011年7月25日，北京广播电视台服务中心组织党员到中华世纪坛参观“一切为了人民——北京市纪念中国共产党成立90周年展览”。

## 队伍建设

2011年6月22日，北京电台组织台领导和部门负责人参观北京市廉政教育基地。

2011年6月23日，北京电台召开纪念建党90周年大会表彰先进党员和优秀党组织。

2011年10月13日，北京电台召开领导干部理论学习座谈会。

2011年9月14日，北京电台举办2011年度采编播人员培训班。

2011年12月6日至7日，北京电台举办青年干部培训班。

2011年6月15日，北京电视台召开庆祝中国共产党成立90周年大会。

2011年4月20日，北京电视台召开第六次团代会。

2011年1月27日，北京电视台召开2011年工作会议表彰先进部门和个人。

2011年6月16日，北京电视台召开2011年度新聘、续聘科级干部大会。

2011年10月，北京电视台举办2011年新入台员工培训班。

↑ 2011年7月1日，北京歌华文化发展集团召开“开展创先争优活动暨表彰大会”。

↑ 2011年6月29日，北京歌华有线电视网络公司召开建党90周年表彰大会。

↑ 2011年7月1日，北广传媒数字电视公司党支部开展全体党员捐款活动。

↑ 2011年3月12日，北京歌华有线电视网络公司组织团员开展教育活动。

↑ 2011年6月2日，北广传媒移动电视公司党支部在怀柔区杨宋镇耿辛庄村党支部建立城乡共建联系点。

↑ 2011年7月25日，北广传媒地铁电视公司组织职工到中华世纪坛参观“一切为了人民——北京市纪念中国共产党成立90周年展览”。

↑ 2011年7月4日，海淀区新闻中心召开“七一”表彰大会。

↑ 2011年10月28日，丰台区广电中心召开党员大会，选举出席区第十一次党代会代表。

↑ 2011年4月22日，石景山区广电中心全体职工为患病职工王忠捐款。

↑ 2011年7月22日，门头沟区广电中心党支部参观京西山区中共第一党支部旧址。

↑ 2011年11月15日，房山区广电中心与北京电视台转传部、经营管理部党支部开展交流活动。

↑ 2011年3月31日，大兴区广电中心举行“做一个优秀广电人，做一个优秀共产党员”演讲比赛。

## 队伍建设

2011年5月14日，朝阳区广电新闻中心干部职工参加“千名干部下基层”活动。

2011年7月1日，顺义区广电中心在中华世纪坛举办“绿港党旗红”主题党日活动纪念建党90周年。

2011年6月26日，通州区电视台举办“难忘诗会”纪念建党90周年。

2011年6月25日，昌平区广电中心在内蒙古赤峰举行新党员入党仪式、老党员重温入党誓词活动。

2011年7月22日，怀柔区广电中心举办党史党建知识竞赛。

2011年6月30日，密云县广电中心召开庆祝建党90周年暨创先争优表彰大会。

（队伍建设图片：由市、区县广电系统相关单位提供）

↑ 2011年1月24日，北京市广电局举办职工新春联欢会。

↑ 2011年11月23日，北京市广电局工会组织职工开展“健步走”活动。

↑ 2011年1月26日，北京电台举办职工春节晚会。

↑ 2011年4月，北京电台工会举办职工拔河比赛。

↑ 2011年5月，北京电视台举办年度职工乒乓球团体赛。

↑ 2011年11月，北京电视台举办年度职工羽毛球团体赛。

## 文体活动

2011年6月28日，北京市广播电视台服务中心职工参加北京广播电视台职工“红歌”汇演比赛。

2011年6月25日，北京歌华文化发展集团举办第一届书画联谊会。

2011年12月21日，北广传媒数字电视有限公司《福彩公益行》节目组织爱心雨花演出团到通州区光荣院进行新春慰问演出。

2011年6月5日，北广传媒移动电视公司组织全体员工进行户外拓展训练。

2011年6月28日，北广传媒城市电视公司工会组织员工参加北京广播电视台职工“红歌”汇演比赛。

2011年5月7日，北广传媒地铁电视公司组队参加北京广播电视台羽毛球比赛。

2011年1月27日，海淀区新闻中心举办职工新春联谊会。→

↑ 2011年4月，昌平区广电中心开展“春天里——娱乐健身活动月”活动。

↑ 2011年11月4日，丰台区广电中心党、团员参加“魅力丰台体验游”活动。

↑ 2011年7月24日，大兴区广电中心职工开展素质拓展活动。

↑ 2011年4月19日，房山区广电中心干部职工参加广播操比赛。

2011年6月17日，通州区广电中心干部职工参加红歌会以纪念建党90周年。

↑ 2011年7月20日，平谷区广电中心举行趣味活动比赛。

↑ 2011年1月21日，怀柔区广电中心职工参加拔河比赛。

↑ 2011年9月9日，延庆县广电中心举办趣味运动会。

↑ 2011年6月23日，密云县财政局和密云县广电中心联合举行庆祝建党90周年文艺活动。

（文体活动图片：由市、区县广电系统相关单位提供）

↑ 2011年，北京市广电局和北京广播电视台后勤部门组织广电系统职工进行植树。

↑ 2011年，北京广播电视台服务中心餐饮部在制作午餐面食。

↑ 2011年，北京广播电视台服务中心餐饮部在赶制中秋月饼。

↑ 2011年，北京电台办公室为市人大、政协两会报道组全力做好后勤保障。

↑ 2011年，北京电视台行政部车队为一线记者用车保驾护航。

↑ 2011年，北京歌华文化设施有限公司员工在布置歌华大厦春节装饰。

（后勤工作图片：由广播影视相关单位提供）

# 目 录

## 特 载



## 专项纪事



## 概 况

## 产业发展



## 广播电视覆盖



## 频率频道·节目栏目

## 新媒体传播

## 科技发展



## 电 影



## 电视剧

## 书报刊出版



## 受众调查

## 组织机构

## 获奖作品

## 经 验

## 统　计



## 大事记



## 索引

# 特 载

2012/《北京广播影视年鉴》

——记录行业情况　服务业内和社会——

# 北京市“十二五”时期广播影视发展规划（摘要）

“十二五”时期，是推动中国特色社会主义文化大发展大繁荣、建设社会主义文化强国的关键阶段，也是实施“人文北京、科技北京、绿色北京”战略、建设社会主义先进文化之都和中国特色世界城市的重要战略机遇期。为进一步推动北京广播影视又好又快发展，促进首都文化大发展大繁荣，为北京经济和社会发展发挥积极作用，特制定本规划。

## 一、北京广播影视发展现状

### （一）“十一五”期间取得的成就

“十一五”以来，北京广播影视改革发展取得了突出成绩，为建设繁荣、和谐、文明、宜居的首善之区提供了良好的舆论氛围和强大的精神动力。

北京广播影视的整体实力和综合竞争力进一步增强。截止到2010年年底，北京广播影视系统共开办9个市级开路模拟广播、16个有线调频广播、13个数字音频广播、9套区县级开路广播，开办12套市级电视节目、14套区县级电视节目（9套开路），开办1套移动电视节目、1套城市电视节目，自办11套有线数字付费电视节目、2套有线数字付费广播节目，利用卫星集成传输了33套付费电视频道、5个高清卫视频道。资产总额达到445.3亿元，是“十五”末的2.4倍。社会影视节目制作单位1238家，比2005年增加983家，增长了385.5%。持证视听节目服务网站126家，比2005年增加114家，增长了9.5倍。电影院线13条，影院102家，银幕510块，座位10.25万个。投资38.45亿元，兴建了中国电影博物馆、北京广播大厦、北京电视台新址，总面积达29.0325万平方米。

舆论引导能力不断提高，宣传任务圆满完成。牢牢把握正确舆论导向，出色完成了党的“十七大”、奥运会（残奥会）、改革开放30周年、新中国成立60周年、世博会等重大活动的宣传报道任务；出色完成了南方冰雪灾害、“5·12” 汶川地震赈灾、抗击甲型H1N1流感等一系列突发自然灾害与公共事件的报道任务，宣传引导水平有效提升。

安全播出体系不断健全，保障能力明显提升。成立了安全播出调度中心，制定和完善了《北京市广播电视安全播出应急预案》及各专项应急预案，建立了较为完备的广播电视节目监测网、安全播出指挥调度体系和互联网视听节目监测网，为全市16个区县和经济技术开发区广播电视安全播出管理部门和播出单位统一配置了预警接收终端，实现了全市范围预警和指挥调度信息的快速发布，安全播出体系进一步完善。

公共服务体系不断完善，重点工程成效显著。广播电视“村村通”工程提前完成“十一五”规划任务。有线电视光缆线路长达2.3万公里、电缆线路长达24万公里，通达全市所有行政村。5座高山无线转播站的建成，使北京新闻广播人口覆盖率从84%提高到了97.8%。加载数字音频广播(DAB)系统工程，使山区农村收听广播由1

套增加到13套。电影公益放映活动深受欢迎，乡镇配置流动放映设备331套，农村数字影厅配置数字放映设备3897套；仅2010年就放映公益电影48.13万场，超额完成政府办实事任务。

广播影视创作更加繁荣，精品佳作不断涌现。“十一五”期间，共出品电影1000多部，位居全国首位；电视剧267部8408集，比“十五”增加了84部3451集；生产动画片71部3.24万分钟。

产业发展格局逐步明晰，产业效益日益凸显。“十一五”期间，北京广播影视创收总额达478亿元，是“十五”的3倍。电影票房收入由2005年的2.3亿元增加到2010年的11.81亿元，年均增长37.6%。新兴媒体发展迅猛，新媒体业态格局逐步形成。国家动画产业基地、中国北京星光电视节目制作基地、怀柔影视基地相继建立，影视产业集聚效应明显。华谊兄弟传媒股份有限公司、搜房网等相继上市，进入资本市场。一个集广告经营、网络传输、影视节目制作交易、电影发行放映、新媒体业务、增值服务于一体，门类齐全、相互促进、协调发展的产业格局初具规模。

对外交流合作不断加强，国际影响力不断提高。北京人民广播电台与美国、英国、日本等国家的十几家主流媒体建立了节目交流与合作关系。北京电视台国际频道全面进入长城美国平台、亚洲平台、欧洲平台、加拿大平台、拉美平台和东南亚平台，收视率位居前列；北京电视台还与美国纽约中文卫视、斯克拉教育电视网等多家电视媒体开展合作，为其提供节目。

体制机制改革不断深化，管理职能更加明确。原北京市广播电视局更名为北京市广播电影电视局，完成电影管理职能划转，新增网络视听节目管理职能，产业促进、安全监管职责进一步明确；加挂信息网络视听节目传播监管中心和广播电视安全播出调度中心牌子，行业监管职能进一步扩展完善。建立政务大厅，转变政府办事方式，行政许可审批程序更加公开透明便捷。组建北京广播电视台，首都广播影视资源进一步整合优化，整体实力明显增强。

广播影视高新技术作用显著，事业产业快速发展。北京电视台的卫视频道、文艺频道实现高、标清同播。有线电视数字网络传输158套标清电视节目、14套高清电视节目、16套数字广播节目，节目内容更加丰富。有线电视数字化转换进展顺利，推广数字电视用户276.79万户，其中高清交互数字电视用户达到133.01万户、有线宽带用户11.2万户。拥有2.4万块车载移动电视终端，1.2万块城市电视终端，1.18万块地铁电视终端。初步建立了市、区县广播影视媒体资产管理共享交换平台。三网融合试点工作全面启动。

人才队伍建设不断加强，能力素质不断提高。五年间，引进广播影视优秀人才19人。投入经费4000多万元，举办各类培训班936期，参训人员达10万多人次。有12760人次参加广播电视编辑记者、播音员主持人资格考试，5147人获得合格证书；有103名从业人员取得广电播音系列专业技术资格证书；有27人被列为市宣传系统“四个一批”人才。

（二）面临的形势与存在的问题

“十二五”时期是深入贯彻落实科学发展观、全面建设小康社会的关键时期，也是广播影视全面推进改革创新、实现大发展大繁荣的战略机遇期。“人文北京、科技北京、绿色北京”发展战略，发挥文化中心作用、建设中国特色社会主义先进文化之都和建设中国特色世界城市目标的提出，对广播影视发展提出了更高需求；三网融合的逐步推进与新媒体的发展，也将在体制、机制、内容、载体等多个方面为北京广播影视发展创造更为广阔的空间。

与此同时，北京广播影视业的数量与质量、规模和效益还存在着一定程度的不协调、不充分、不完善、不健全的问题，产业集中度低，市场竞争力不强，产业链不完整，具有较大影响力的影视文化品牌和产品还比较缺乏，在塑造、展现北京现代文明的城市形象、文化魅力与人文特色方面，距离全国文化中心所应具备的文化软实力、竞争力、影响力还有着较大差距。

北京广播影视发展既面临着难得的发展机遇，也面临着激烈的竞争态势与挑战。

## 二、指导思想与发展目标

### （一）指导思想

以邓小平理论和“三个代表”重要思想为指导，深入贯彻实践科学发展观，坚持社会主义先进文化前进方向，以科学发展为主题，以建设社会主义核心价值体系为根本任务，以满足人民群众精神文化需求为出发点和落脚点，以改革创新为动力，以转变广播影视发展方式为主线，以高度的文化自觉和文化自信，全面落实党和国家有关促进社会主义文化大发展大繁荣的一系列方针政策，实施文化创新、科技创新“双轮驱动”战略，推动北京广播影视事业产业协调发展、两翼齐飞，实现北京广播影视又好又快发展。

### （二）发展目标

依据“人文北京、科技北京、绿色北京”发展战略，按照建设中国特色社会主义先进文化之都和中国特色世界城市要求，突出“世界城市·开放包容”的文化风范，体现“东方文化·和谐共存”的文化气质，彰显“国家首都·高端引领”的文化追求，努力打造“东方影视之都”，力争将北京建设成为亚洲地区规模最大、实力最强、在世界具有重要影响的影视制作、传播和交易中心，实现首都广播影视全面、协调、可持续发展。“十二五”期间，将着力推进六大平台建设。

1．推进广播影视融资服务平台建设，建立健全影视文化发展的融资机制。

2．推进广播影视交流交易平台建设，搭建影视作品向产品转化的桥梁。

3．推进广播影视企业集聚平台建设，发挥首都广播影视高地的引领作用。

4．推进广播影视公共服务平台建设，不断提升城乡公共服务均等化水平。

5．推进广播影视走出去平台建设，构建广播影视产品和服务走出去的新格局。

6．推进广播影视人才汇聚平台建设，创建影视人才展示智慧才能的舞台。

## 三、主要任务

### （一）坚持正确宣传导向，增强舆论引导水平

坚持团结稳定鼓劲、正面宣传为主的方针，牢牢把握正确的舆论导向。做好重大主题宣传、典型报道、社会热点和难点问题的舆论引导，提高舆论引导的及时性、权威性和公信力、影响力。坚持 “三贴近”原则，深入开展“走、转、改”活动，创新宣传方式与手段，构建富有成效的舆论引导格局，增强宣传的吸引力、传播力。

加强对北京人民广播电台、北京电视台、北京歌华有线电视网络股份有限公司、北京歌华文化发展集团的支持，促进国有和国有控股大型文化单位核心竞争力的提升，发挥主流媒体阵地作用。积极发展移动多媒体广播电视、网络广播电视、公共视听载体等新兴媒体业务，进一步促进IPTV、手机电视、互联网电视的规范发展，积极占领新兴传播阵地。鼓励支持北京广播电视台依托自身资源和优势，发展网络广播电视台，积极占领网络舆论宣传阵地，延伸传播领域。

（二）落实安全监管责任，健全安全播出保障机制

充分利用科技手段，开展对广播电视播出系统、传输系统的升级改造，不断提高播出、传输系统的可靠性、安全性和稳定性。

充分应用先进技术手段，构筑覆盖中波广播、调频广播、有线电视、地面无线电视、卫星广播电视、IPTV和手机电视等全方位立体监测网络，实现对不同播出形态的广播影视内容传播、传输效果全面有效的监测监管。

进一步完善安全播出质量管理体系，在全市广电系统全面推进安全播出质量管理体系的实施，提升安全播出科学管理水平，持续改进安全播出管理能力。

（三）深化体制机制改革，提高行业管理效能

完善广播影视行政许可配套制度，优化行政审批工作流程。严格执行广播影视法律法规，依法做好广播影视行政许可事项审批等工作，使行政许可日趋规范化。完善广播影视作品审查与节目监管机制，做好影视剧本的审查、备案工作。加强对新媒体管理的研究，切实做好信息网络视听节目和公共场所视听载体播放节目的监管。

重点做好对上星综合频道、电视剧和娱乐类节目等方面的管理，完善管理预警机制、反馈机制和责任追究机制，及时发现和纠正广播影视节目中的不良倾向。探索建立推动广播影视集聚区发展、区县广电事业发展和广电行业监管领导协调工作机制。完善广电设施、基建以及电影院等场所的安全防范措施，强化责任意识，采取强有力的措施，加大行业安全监管力度，确保行业生产安全。

（四）加强科学统筹规划，完善广播影视公共服务体系

按照“公益性、基本性、均等性、便利性”的要求，加大公共广播影视建设投入，逐步完善覆盖城乡、结构合理、功能健全、实用高效的广播影视公共服务体系。

认真做好直播卫星工程建设，进一步提升广播电视“村村通”、“户户通”工程质量，巩固农村广播电视无线覆盖成果。推进农村有线电视数字化，加快城乡有线电视双向网改造。积极做好农村有线广播“村村响”建设工作。推进农村数字电影放映工程，加强乡镇电影放映厅管理维护，创新流动放映与固定放映相结合的放映机制；建立完善电影公益放映财政分级保障机制，推动公益放映规范化、制度化、长效化。

建立完善公益性广播影视内容生产与播映的扶持奖励机制，加大对现实题材、农村题材、老年题材、青少年题材、北京题材作品的扶持力度，加大对科教片、纪录片的扶持与奖励力度，丰富电影公益放映的片源，增加新片数量。

（五）推动广播影视与科技融合，提升新技术应用水平

围绕三网融合新业务，创新发展广播电视新业态，推动技术先进、传输快捷、覆盖广泛的现代广播电视传播体系的构建。进一步提升北京广播电视数字化、网络化、高清化水平，提高新闻信息原创率、首发率、落地率。

加快下一代广播电视网（NGB）建设，有效发挥广播、电视、网络新媒体综合传播平台作用，推动建立互联互通、分发交换的网络化广播电视节目资源库，构建适应多种媒体需要的节目集成播控平台。

积极推进高清交互数字电视应用工程建设，加快北京电视台高清化制播集成系统建设，建设完成北京电视中心二期工程，力争到2015年实现所有频道高标清同播。

加快提升广播影视数字化制播水平与影院数字化建设进程。大力推广数字技术

在广播影视产品制作、播映、存储以及产业融合发展等方面的应用。进一步促进IPTV、手机电视、网络广播电视、3D电视规范有序发展。

（六）促进产业结构优化，推动广播影视产业全面发展

积极培育影视龙头骨干企业，支持更多符合条件的广播影视企业进入资本市场。重点扶持北京广播电视台建设与发展，使其成长为具有较大影响力与较强经营创收能力的大型广播影视传媒机构。加大对民营影视企业的支持力度，努力打造具有较强市场竞争力、文化传播力、效益创造力的北京广播影视骨干企业。

继续做好北京国际电影节的举办工作，努力将北京国际电影节打造成为国内一流、亚洲领先的世界文化品牌。进一步促进广播影视作品的交流交易，继续加强广告经营与管理，积极发展电视购物。

进一步推进中国（北京）国际影视交流中心、中国北京网络视听产业基地、中国电视博物馆、北京市广播电影电视监管大楼项目建设，加快影视集聚区的建设发展，发挥影视集聚区的功能作用。不断完善中国（怀柔）影视制作基地的配套设施和功能，将其打造成为世界一流的影视城。借助海淀、通州、石景山等国家动画产业基地，提升影视动画的核心竞争力。鼓励支持中国北京星光电视节目制作基地园区发展，构筑国内一流的电视内容生产高地与全国电视节目交易平台。

不断加强新媒体与传统媒体的融合。着力发展IPTV、手机电视、车载电视、楼宇电视、地铁电视和户外大屏幕电视等新媒体、新业态，积极提供互联网接入、网上付费电视、网络视频点播、电子政务、电子商务、远程医疗、远程教育等网络服务。

（七）大力实施精品战略，促进内容生产繁荣发展

坚持社会主义先进文化的前进方向，坚决抵制庸俗、低俗、媚俗之风，重视影视产品的社会效果，唱响主旋律，提倡多样化，通过艺术创新，增强影视作品的时代感和吸引力。

打造专业化频率、频道，推出一批能够产生较大影响的品牌栏目和节目，发挥广播电视引领风尚、教育人民、服务社会、推动发展的作用。实施精品战略，建立公开、公平、公正的评奖机制，鼓励支持原创和重大题材电影、电视剧等作品的创作生产，推出更多无愧于时代、无愧于历史、无愧于人民、具有北京特色的广播影视精品。

（八）推进网络视听新媒体发展，积极抢占舆论新阵地

鼓励支持重点网站发展网络新技术、新业态，占领网络信息传播制高点。严把网络视听节目许可准入关，实施网络内容建设工程，强化视频网站落实节目内容“三审制”，建立微电影、网络剧审查播出制度。引导视频网站和网民制作上传宣传弘扬百姓身边的真善美、健康向上的视频节目，营造良好的网络文化环境。

增强对视频网站生产视听节目的法规政策引导和行业监管力度，完善网络视听节目传播监管机制，重点查处淫秽、低俗、暴力、侵权、盗版等违法违规行为，优化网络视听节目环境，规范传播秩序。

（九）推动广播影视走出去，加快提升国际传播能力

开展多渠道、多形式、多层次、影视文化交流，通过系列化、规模化、主题化的推介，传播具有中国文化魅力的影视精品。加强对出口型广播影视文化产品的创作、制作、译制与包装等环节的扶持，鼓励支持具有中华民族特色的电影、电视剧、纪录片、

动画片等产品进军国际文化市场。

积极扶持北京广播电视台开办英语频率与频道，拓展国际传播渠道。支持影视企业通过节目定制、合拍及涉外节目版权贸易等形式，与国外媒体广泛合作。鼓励支持国有和民营广播影视企业到海外通过并购等方式建立播出机构，开拓国际市场。

充分利用好国内国际影视节展，以此为交流交易平台，有重点、有针对性、有目标地开展北京影视产品的对外推介。不断创新对外宣传方式方法，运用好现有资源实现中华文化“走出去”，不断提升海外市场份额。

（十）树立科学的人才观，抓好广播影视人才队伍建设

加大干部选拔任用力度，逐步使竞争上岗工作常态化、制度化；加大干部实践锻炼力度，把多岗位、交流任职等作为锻炼的重要方式，不断提高干部的实际工作能力。

深入开展“三项学习”教育活动，提高从业人员职业素质。继续实施“四个一批”人才培养工程，实施中青年人才培养“百人工程”基础建设。加大名编辑、名记者、名评论员、名播音员、名主持人培养力度，加强广播电视编辑记者、播音员主持人资格管理，进一步完善准入退出机制。

适应广播影视产业发展的要求，加强复合型人才培养，着力造就一支讲政治、懂业务、会经营、善管理以及适应新技术发展需求的广播影视人才队伍。特别重视培养熟悉国际传播规律、掌握对外宣传策略和技巧的国际传播人才，不断强化其综合素质和开拓国际国内市场的能力。

**四、保障措施**

（一）加大改革创新力度，着力构建广播影视科学发展的体制机制

通过政府主导、增加投入，增强活力、改善服务，发展公益性文化事业，提升公共服务能力。创新体制、转换机制、面向市场、壮大实力，稳妥推进各项改革，进一步满足群众多方面、多层次、多样性文化需求，着力构建充满活力、更有效率、更加开放的有利于广播影视科学发展的体制机制。

（二）加强党的组织建设，为实现广播影视科学发展目标提供保障

继续搞好创先争优活动，增强党的意识、宗旨意识、执政意识、大局意识、责任意识。推进学习型党组织建设，加强和改进党组中心组、领导干部和党员的学习教育。加强党的基层组织建设，选好配强党组织领导班子。深入开展精神文明创建活动，促进文明机关、文明单位建设。严格执行党风廉政建设责任制，加强廉政教育，切实做到廉洁从政，依法行政。

（三）顺应时代发展要求，提升广播影视依法行政依法管理的能力

健全广播电视节目审查与播出的各项管理机制，完善影视剧本备案与影片审查制度。加强对新媒体的监管。建立健全广播影视制作机构的退出机制。根据广播影视发展需要，研究制定有利于推动广播影视建设发展的法规制度。

（四）加大政策支持力度，不断完善促进广播影视发展的保障机制

研究制定符合北京广播影视行业特点的信贷支持政策，建立以政府投入为主、社会资本参与的多元化投资体系；积极寻求多种融资办法，采取合作合资等方式加大对广播影视建设发展的投入。研究设立影视奖励专项资金，完善奖励机制。

（五）重视扶持业内力量，建立推动广播影视业繁荣发展联动机制

成立首都影视产业联盟，凝聚北京地区丰富的影视资源，通过科学化、规范化、市场化的运行机制形成新的发展合力，提升首都影视产业核心竞争力，促进

首都影视产业繁荣发展。成立首都影院联盟，服务影院建设，繁荣电影市场，促进首都放映资源的优化配置和行业的快速发展。继续发挥好北京市电影协会、北京市广播电视学会、首都广播电视节目制作业协会、北京影视动画协会、首都网络视听节目行业协会在理论研究、行业自律维权、办展参展等方面的重要作用，合力推动广播影视事业产业发展。

（北京市广播电影电视局政策法规处提供）

# 专项纪事

2012/《北京广播影视年鉴》

——记录行业情况　服务业内和社会——

# 第一届北京国际电影季成功举办

由国家广播电影电视总局和北京市人民政府主办，国家广播电影电视总局电影管理局和北京市广播电影电视局承办的第一届北京国际电影季，以“融汇国内国际电影资源，搭建展示交流交易平台”为主旨，以“国际性、专业性、创新性”和“高端化、市场化”为定位，于2011年4月23日至28日在北京举办。第一届北京国际电影季吸引了700多家中外电影机构、2000多位中外嘉宾和首都各界人士约10万人次的广泛参与，取得了圆满成功。

活动精彩纷呈，社会反响热烈。4月23日，第一届北京国际电影季开幕式在国家大剧院隆重举行，130多位中外电影导演、明星和国际电影节主席亮相红地毯。开幕式表彰了10部“2010年度电影走出去工作表现突出影片”，文艺节目大气恢弘，洋溢着京风京韵和中国文化魅力。电影音乐会邀请意大利电影交响乐团在人民大会堂演出，乐团的精彩演奏和国内外五位著名歌唱家演唱的电影主题曲，引起现场1.2万名观众的共鸣。闭幕式与第18届北京大学生电影节颁奖典礼合并举行，颁发了“电影看世界”纪录片征集优秀作品，3000人参加了闭幕盛典。

电影展映佳片云集，各界观影积极踊跃。电影展映活动是群众参与度广、社会影响力大的一项主体活动。电影季组委会办公室和承办单位共征集了57个国家和地区的852部影片，选出42个国家和地区的近230部精品佳作，于4月20日至29日在北京的20家影院放映429场，设立了12个展映单元，专题举办了民族电影展，举办了6场首映礼和聋哑儿童手语电影公益活动，首都观众2万人次观看了展映影片。

电影季洽商成果显著，创造电影节展新纪录。电影季举办期间，共有来自世界各地的334家电影机构、860多位业内人士参加洽商活动，有10个项目在洽商活动中签约，签约总额达到27.94亿元人民币，创下国内电影节展交易额的最高纪录，另有200多个项目达成意向；纳入北京国际电影季活动的第十五届“北京放映”活动中，有来自20多个国家和地区的150位国际电影片商对62部国产影片进行了选购，10多部影片达成意向；中欧电影合拍项目洽谈会共有具备合作前景的30个项目参加，10多个项目达成合作意向。

电影论坛高端权威，专业共识精辟前瞻。国际电影节主席论坛第一次齐聚21位世界各大电影节主席，各位电影节主席审视和探讨举办电影节的意义和方法，对于推动国际电影交流与合作、共创共赢与发展形成基本共识；“中外著名导演对话”论坛云集了8位中外著名导演，对电影创作规律进行了深度探讨；中欧电影合作之路论坛由11位国际著名制片人、导演、高级官员和律师，围绕“共享机遇、共赢未来”的主题进行深度交流，搭建了中国电影走向世界的平台；在北京电影学院举办的4场专业讲座，邀请了7位国际知名电影技术专家，对3D动画、视觉效果、声音技术、化妆造型等专题做了精彩讲授。“电影魅力，北京论坛”吸引了4000多位业内外嘉宾和人士全程聆听。

相关活动内容丰富，营造浓郁社会氛围。众多相关活动也是第一届北京国际电影季重要的组成部分。“电影看世界”纪录片（短片）征集活动，收到12个国家和地区的64家机构送选影片414部，人文内涵丰富；从26组作品中推选出一组三套海报作为官方海报，从100余件作品中推选出风车造型标志作为电影季标志，推选出成龙、章子怡为本届电影季形象大使，营造了社会各界关注、支持、参与电影季的良好氛围；电影设备藏品展充分反映了北京作为中国电影发祥地的历史进程以及与电影的渊源；第18届北京大学生电影节、北京青少年公益电影节、北京民族电影展纳入北京国际电影季，在原有基础上融入了整体设计和统一风格，扩大了群众参与度。

新闻宣传强势有力，媒体报道积极热烈。第一届北京国际电影季在宣传报道上呈现出中外媒体高度关注、宣传报道强势有力、社会影响广泛深远的特点。筹办期间，组委会办公室组织了7次新闻发布活动，在电视媒体播出了多期专题节目和两版形象宣传片，在全市影院张贴了电影季海报、角旗、灯箱广告，在活动主场区、西单民族大世界等地投放了电影季广告，在城市道路安装了1493组电影季道旗，在北京四大主流报纸刊发了两期电影季公告，扩大了国内外对北京国际电影季的关注度和认知度。举办期间，共有25个国家和地区的179家媒体、495名记者采访报道第一届北京国际电影季，先后播出、刊发新闻报道3000余条（篇），印发了6期、9万份电影季官方日报专刊（daily news）和视觉风格统一的总会刊和17册分会刊。中央主要新闻媒体、北京市重点媒体以及其他国内媒体给予充分报道，境外主流媒体进行了持续报道。

第一届北京国际电影季呈现出四个鲜明特色：高端起步、深度融汇、开放兼容、务实创新，创造了北京电影文化活动的多项第一：第一次邀请众多国内外电影界著名人士齐聚北京，第一次有21名国际著名电影节主席齐聚北京，第一次有8位中外著名导演展开高端对话，第一次有334家中外电影机构在京洽商，第一次在北京展映42个国家和地区的优秀电影，第一次把中央和北京市的电影优势资源进行深度整合。

在第一届北京国际电影季期间，中外著名电影人相约北京、畅谈电影，让4月的北京群星闪耀、璀璨生辉；中外电影经典在这里焕发光彩、交相辉映，给首都奉上了一道道光影盛宴；海内外300多家电影机构在这里洽谈合作、共享商机，书写了中外电影交流、交易新篇章；不同国度、不同语言、不同肤色、不同文化的人们在这里加深了解、增进友谊，共同创造了电影季的精彩。电影季让北京电影、中国电影分享了世界电影的经验与智慧，促进了中国电影更好地融入国际、走向世界。

第一届北京国际电影季取得了丰硕成果和广泛影响。在六天的时间里，通过北京国际电影季这一中外电影交流、合作、发展的高端化、专业化平台，为世界打开了一扇了解和欣赏中国电影文化的窗口，为各国电影人搭建了广阔的交流合作平台，为广大电影爱好者提供了丰富多彩的视听盛宴，为北京中国特色世界城市建设注入了新鲜、强劲的动力。

（北京市广播电影电视局电影管理处）

# 首都影视产业联盟成立

2011年12月17日，首都影视产业联盟成立。

北京广播影视产业是首都文化的重要组成部分，北京广播影视的多项指标均走在全国前列。首都影视产业联盟作为社会团体，既是政府和影视企业之间的桥梁和纽带，也是服务影视企业的综合服务平台，在未来的工作中，首都影视产业联盟将坚持秉承“反映诉求、规范行为、提供服务、促进发展，为构建社会主义和谐社会首善之区、打造社会主义先进文化之都、建设具有重大国际影响力的文化中心作贡献”的宗旨，密切联系会员，及时反映会员诉求，维护会员权益，接受会员监督，真正使会员单位感受到家的温暖、家的力量。

截至2011年10月底，北京市持有广播电视节目制作经营许可证的机构1247家，2011年新增241家；持有信息网络传播视听节目许可证的单位131家，2011年新增5家；共制作电视剧57部1833集；动画片15部706集8590分钟；审查国产影片100部。北京市有线数字电视用户数为336.49万户，高清交互数字电视用户为250.66万户。

首都影视产业联盟成立后，将推出如下举措：

扶持影视精品创作生产。联盟将在政策资金的支持下，加大对影视精品创作生产的扶持力度，初步考虑成立专门的专家评审机制，从剧本创作源头抓起，加强对重点影视剧创作生产全方位地支持。

培育影视骨干企业和名人名家。联盟将加大对人才引进、培养、使用的支持力度；采取签约制、工作室等方式创新用人方式；借助北京媒体资源广泛的特点，帮助名编剧、名导演、名演员推介其艺术成就，提升其专业声望与影响力，为影视人才创造好的发展环境。打造多家百亿级影视骨干企业。

健全影视企业的融资机制。联盟将深化与金融机构的对接，在之前与北京银行签订战略合作协议等工作的基础上，进一步研究探讨扩大金融支持合作单位、合作范围和支持条件，畅通企业信贷渠道。同时，联盟还将鼓励、支持首都影视企业融资上市，从行业管理的角度对影视企业上市融资给予大力支持。

打造影视交流、交易平台。联盟将通过北京国际电影季、北京国际文化创意产业博览会、影视推介会等宣传推介活动，对影视企业和重点项目进行宣传推广。

推动影视产品“走出去”。联盟将为影视产品交流交易提供平台服务，为影视企业和产品“走出去”提供强有力的支持。比如，鼓励优秀的影视作品参加国际影视节目展等活动，为其提供展位租赁费、影视剧翻译费、宣传费等。此外，联盟将鼓励影视企业收购国外主流电视台，在境外开办电视频道。

（北京市广播电影电视局产业促进处）

# 首都影院联盟成立

2011年12月17日，首都影院联盟成立。影院联盟力求在推介优秀影片，推动影院建设，规范电影放映市场等方面发挥更大的作用，创造更好的服务环境，不断提升影院服务水准，让观众享受到更高品质的精神文化生活。

截至2011年10月底，北京市共有电影院线15条，电影院117家，银幕609块，IMAX巨幕5块，座位11.32万个。全年放映78.87万场，比去年同期增长34.77%；观影2514.47万人次，比去年同期增长17.3%。北京人均拥有银幕数，位居全国首位。

影视联盟成立后，将通过对资金的引导，在远郊区县以及人员密集、影院相对较少的城区加大影院投资和建设，完善北京影院整体布局，让市民享受到便捷的观影服务。通过对各种优惠政策的完善，让更多百姓走进影院，从而建立适应全国文化中心建设发展需要的、符合人民群众日益增长的精神文化需求的电影放映公共文化服务体系。具体举措是：

积极推介优秀影片。在政府的领导和支持下，加大对优秀影片的宣传推介力度，积极排映国产优秀影片，提高优秀影片的放映率和观影率。

建立影院信息平台。协调完善各影院的信息系统，建立影院联盟的信息平台，推动影院与联盟的信息系统连接，加强信息资源共享和咨询服务提供。

开展低价观影活动。继续推动和开展观影日及各种半价观影活动，积极探索和推进老人观影、少儿观影等优惠措施，坚持开展多种多样的电影惠民活动，让更多的首都群众享受现代电影文化成果。

改善设施完善服务。加强影院设施建设和维护，及时更换和升级放映及音响设备，为观众创造优质的观影条件和美好环境。加强人员培训和服务规范，不断提高影院人员的业务素质和服务水平，为群众观影提供健康、良好的服务。

研讨制定经营放映规则。当前，北京的影院规模已经基本形成，经营放映的竞争趋势已经显现。联盟将尽快研讨制定经营放映规则，规范放映市场行为，积极探索特色经营、综合经营之路，坚持守法经营，防止恶性竞争。

（北京市广播电影电视局电影管理处）

# 北京市广播影视“走出去”工程取得新成绩

2011年，北京市广播影视系统大力推进文化“走出去”工程，鼓励和支持广播影视机构采取并购或收购的方式进入国外主流媒体市场；精办广播电视对外宣传节目，不断扩大国际穿透力和影响力；积极创办并主动参与海外广播影视节展，开拓广播影视对外宣传阵地，并取得了良好的效果。

**一、坚持“走出去”与“请进来”相结合，拓展广播影视节目外宣渠道**

2011年，北京地区有18个广播影视企业被列为国家文化出品重点企业，43个广播影视项目被列为国家文化出品重点项目，分别占全国比重的30.5%和47.3%。市广播电影电视局组织16家影视制作机构赴戛纳电视节参展，参展电视剧30部、1132集；纪录片12部、18集；动画片2部、104集；电视栏目1个；电影3部。各参展公司纷纷拿出自己的拳头产品推介到国外影视市场，7家公司共实现交易额209.48万美元，达成合作意向金额为1010.48万美元。北京电视台于2011年12月参加了在新加坡滨海湾金沙会展中心举办的“第12届2011ATF亚洲电视论坛暨亚洲影视节目交易展”，把一批优质电视节目推向了海外市场。

为了打造高端化、国际化交流合作新平台，2011年4月，国家广播电影电视总局和北京市政府主办、国家广电总局电影局和市广播电影电视局承办了“第一届北京国际电影季”，42个国家和地区近230部电影佳作参展，在20家影院放映429场，吸引2万多人次观看；334家电影机构、860多位业内人士参加电影交易洽谈，签约总额达27.94亿元人民币，并有200多个项目达成意向，创下国内电影节展交易金额最高纪录。北京广播电视台于2011年5月成功举办了“2011北京国际数独大奖赛”，来自19个国家和地区的54名世界数独顶级高手参加了比赛。此次大赛是世界数独大赛史上规模最大、参赛水平最高、奖项设置最多的一次，特别是北京电视台录播大赛决赛在数独大赛史上尚属首次，树立了北京广播电视台在国内外电视界的良好形象。

**二、精心办好广播电视外宣节目，扩大国际辐射力和影响力**

北京人民广播电台努力办好外语广播节目，为海外听众和在京外国人提供资讯和信息服务。精心录制的《中国新闻》、《今日北京》、《城市链接》等特色节目，在美国、加拿大、韩国等境外广播媒体播出。2011年4月20日至29日，北京人民广播电台派出赴台湾中央广播电台、台中全国广播、高雄大众广播电台的工作小组，就未来与台湾广播界节目合作以及新闻从业人员业务交流问题进行深入交谈。根据此次会谈成果，北京电台外语广播策划录制了《北京美食料理》和《北京走透透》两档节目在台湾地区播出。北京电视台频道在长城美国平台、长城亚洲平台、长城欧洲平台、长城加拿大平台、长城拉美平台、长城东南亚平台和长城澳大利亚平台播出各类电视节目。全年外宣节目首播时长共计2372.5小时，重播时长8760小时，宣传片时长360小时。制作英语新闻70条，在美国联邦公共广播公司MHZ电视台等境外电视机构播出。与俏佳人传播公司合作，将《天下收藏》栏目发行给美国ICN电视联播网；将《四海漫游》发行到马来西亚、文莱等国的电视机构播出。与海外IPTV运营商麒麟电视、ITV、汉雅星空合作，把33档节目传播到北美地区。2011年，北京电视台还首次直接参与举办了境外大型国际活动——第62届札幌雪雕节，与日本北海道放送（HBC）联合企划、共同出资建成天坛大型雪雕，在完成电视节目国际合作的基础上，充分展示了“魅力北京”的文化旅游交流主题和北京的悠久历史、灿烂文化，开创了媒体外宣新途径。北京中北电视艺术中心有限公司积极开拓国际文化市场，古装电视剧《大唐女巡按》（36集）、《南国有佳人》与东盟十国和台湾、香港地区签订播出合同，实现收入37.54万美元。

**三、切实加强外宣管理，努力搭建与境外媒体交流合作平台**

切实加强对境外人员（含港、澳、台人员）参与国内广播电视节目制作的管理。2011年，共有186批次、756人次经批准参与了国内广播电视节目制作，其中，拍摄电视剧62部、149人次。

在引进广播电视节目的管理中，严格遵照有关规定，严格履行报批手续，共引进电视剧30集，电影10部。

支持和鼓励民营广播影视节目公司在海外建立广播电视台，扩大广播电视节目外宣阵地。中阿经典国际文化传媒（北京）有限公司2010年成立后，提出在约旦（阿曼）全资设立开播CATV国际主体电视台，从事影视动漫制作发行、国际电视台投资、新媒体数字人才培养、教育等经营项目。对于该项目的申请和实施，北京市广播电影电视局很快就完成了相关审核工作，已报国家广电总局审批。

（北京市广播电影电视局宣管处、
电视台媒体管理部北京广播）

## 北京市“三网融合”试点工作取得实质性进展

2010年6月30日，国务院批准北京市与其他11个地区（城市）作为国家“三网融合”第一批试点。北京市委市政府高度重视“三网融合”试点工作，有关领导多次作出重要批示，要求北京市“三网融合”试点工作要按照国务院《三网融合试点方案》的要求，抓好试点工作，稳妥、扎实推进。

**一、加快基础设施建设，为开展“三网融合”业务创造良好的基础条件**

2009年，北京市开始大力实施高清交互数字电视应用工程，其中高清交互前端平台、运营支撑平台、业务传输机房和双向网络改造等高清交互基础设施建设是该项工程的重要部分之一。2011年北京市有线电视网络光缆3.96万公里、电缆（含分配网）24万公里，管道近3000公里，骨干级机房40个，汇聚层级机房200多个，光缆已通达所有行政村。在2010年已完成城市220万户双向网络建设的基础之上，启动了远郊区县双向网络改造工作，2011年年底，完成全市320万户双向网络建设，实现了城六区和远郊区县中心城镇双向网络的基本覆盖。

**二、实施高清交互工程，创新广播电视在“三网融合”中的新型服务业态**

高清交互数字电视是“三网融合”的亮点，高清交互数字电视应用工程是“三网融合”的基础性工作。北京市委市政府将高清交互数字电视应用工程列为折子工程，将推广高清交互机顶盒列为市政府为民办实事项目。2011年，北京电视台已播出3套高清节目，是全国省级电视台中开播高清套数最多的城市；北京歌华有线网内共传输14套高清频道，是全国传输高清节目套数最多的城市；2011年，北京市推广高清交互用户已累计272.34余万户，是全国高清交互数字电视用户拥有量最多的城市。北京市统计局统计中心调查结果显示，所有被访市民中，98.1%的人表示自己从高清交互机顶盒推广工程中得到了实惠，69%的被访市民认为高清交互数字电视使他们的精神和文化生活更加丰富。

**三、广电电信合作创新，积极探索“三网融合”新业务新模式**

随着“三网融合”的不断深入，广电与电信行业加强互补与合作日益成为发展潮流。北京歌华有线公司与北京移动公司经过深入地研究与协商，于2011年5月10日签署了战略合作协议，双方发挥各自的优势和特点，资源共享，在遵守国家有关法律法规的前提下，在互为产品代理、资源互补、资源共享等方面展开合作，迈出了北京市试点企业探索跨行业合作的第一步。歌华有线公司推出无线宽带电视业务“歌华飞视”，通过采取有线传输与无线覆盖相结合的技术手段，面向高清交互机顶盒家庭与公共场所无线接收的电脑、iPad、智能手机提供服务，在个人用户服务体系上构建了和电信运营商合作的业务对接基础，为广电与电信开创了网络互通、业务关联、用户共享的合作新模式。同时，歌华有线公司与华为技术有限公司签署了战略合作协议，通过合作，发挥各自优势，共同推动技术发展与人才培养，形成优势集成与互补，共同推动“三网融合”可持续发展，实现互利共赢。

**四、政府研究扶持政策，共同推进北京市“三网融合”试点工作**

市协调小组办公室积极落实市领导指示精神，同市发改委、市经信委、市财政局、市通管局等协调小组成员单位积极沟通并充分讨论，将“三网融合”工作任务分解后，起草了《北京市关于推进“三网融合”的实施办法》及《北京市“三网融合”试点实施方案任务分工》，征求协调小组成员单位意见后，反复讨论修改，已形成送审稿报送北京市“三网融合”协调小组。市发改委会同市政府有关部门共同编制了《北京市关于加快培育和发展战略性新兴产业的实施意见》，已于2011年7月以市委市政府名义正式发布。

（北京市广播电影电视局科技处）

# 北京市广电局深入开展“走转改”活动

2011年8月，在全国新闻战线上深入开展“走基层、转作风、改文风”活动以后，北京市广播电影电视局采取“学文件制定措施，走基层深入调研，转作风规范制度，写专评巩固效果，重结合促进提高”的办法，在“快”字上见行动，在“实”字上求深入，在“广”字上造影响，在“严”字上显作风，深入开展了“走转改”活动。2011年，共编发《“走转改”活动信息专报》26期、培训4次、下基层调研11次、召开行业部署会议6次。其中，领导送温暖4次、提供技术服务7次、辅导培训6次、深入基层调研4次，将“走基层”落到实处。

领导干部下基层。2011年11月18日，市广电局党组成员和技术服务专家组成员到顺义区大孙各庄镇小塘村开展“走转改”、“一助一”城乡共建活动。在小塘村，市广电局负责同志与村镇干部和农民群众围坐在一起，认真听取农村干部群众对收听收看广播影视的意见和建议。面对农民群众的新需求、新期待，市广电局表示，要加强对农民节目制作，切实丰富农村广播电视节目和电影放映片目，尽快开展农村公益电影放映员培训，继续抓好有线广播、有线电视的建设和服务，进一步提升农村广播影视公共服务水平。在活动现场，市广电局、顺义广电中心将一批电影电视剧精品和收音机送给小塘村，并恳请村干部和广大农民群众继续关注北京广播影视事业发展，与广电部门共同携手，利用广播影视传播知识、弘扬美德，促进农村文化建设和政治、经济、社会建设协调发展。

在贯彻落实“走、转、改”活动中，市广电局李春良、杨淑琴、臧增祥、庞微、杨培丽、王立平、丁百之、王霞、何桂芝、宋春华、洪兵等负责同志，还分别前往怀柔、丰台、密云、昌平、顺义、门头沟和海淀等区县调研，深入了解农村广播影视发展情况，帮助解决实际困难。

组织专家到基层。为帮助区县广电中心编辑记者开拓眼界，增强节目制作能力，提升节目制作水平，市广电局于9月1日上午到密云广电中心开展“请专家下基层”活动，邀请北京市新闻工作者协会原主席、北京广播电视学会原会长于知峰，北京广播电视学会会长、北京影视艺术家协会副主席张晓爱，对密云电台电视台编辑记者以及乡镇、街道记者站信息员共100余人进行了新闻业务基础知识培训。在培训班上，两位专家结合自己的从业经验，给编辑记者上了一堂精彩的业务课，并对当地记者采写的新闻作品进行了认真点评，组织参训人员观摩了北京电视台制作的优秀电视节目。大家纷纷表示，要立足岗位，练好基本功，创作出更多的精品节目。

自“走、转、改”活动开展以来，市广电局“请专家下基层”活动已开展6次，邀请12位知名专家、教授，分赴延庆、昌平、密云、平谷、大兴等区县广播电视中心，讲解广播电视宣传管理经验、新闻采编知识、节目栏目改革趋势和创新创优思路，受到基层一线工作人员的欢迎。

技术服务进基层。12月7日，市广电局党组成员、总工程师何桂芝与国家广电总局广播科学研究院、广播电视设备厂专家前往门头沟区对无线覆盖情况进行调研。在门头沟斋堂地区，调研组了解到该区目前没有广播电视无线发射系统，区广电中心提出了亟待建立与门头沟区社会经济发展相适应的无线广播电视体系的需求。随后，调研组又实地查看了斋堂广播发射机房、监控机房设备运行情况和当地广播电视无线覆盖情况，掌握了门头沟地区广播电视发展及全市公共广播电视覆盖一体化的第一手资料，并和区广电中心工作人员及有关专家一起研究门头沟区广播电视无线覆盖技术方案与构想以及山区广播电视无线覆盖建设的问题。

为更好地“下基层”、“接地气”，市广电局建立了以房山、延庆、怀柔、密云、平谷五个转播站为基础的基层联系点。从8月份开始，先后七次深入远郊区县，通过实地走访、召开座谈会、听取汇报等形式，了解影响和制约无线广播发展的突出问题，倾听区县广电中心和当地农民的意见建议，制定改进措施。为推进区县电视台频道高清化建设，提升全市广播影视数字化网络化整体水平，组织广电行业专家和部分区县广电中心技术骨干，结合区县电视台发展实际，制定了《关于加快区县广电中心高清建设的指导意见》和《北京市区县电视台高清网络化建设指导方案》，为区县电视台高清网络化建设提供了技术保障。

深入调研帮基层。11月1日下午，市广电局组织收听收看中心专家组成员，到北京电视台青少频道《谁在说》栏目组进行调研。调研座谈会围绕《谁在说》栏目如何巩固亮点、提升看点、突出创新点、创造经典这一主题展开讨论。座谈会持续了近4个小时，对《谁在说》栏目组在今后节目筹办过程中可能遇到的困难和问题，从导向、思维、方法、架构、理念等方面提供了较为专业的支持和帮助。

此类调研活动自“走、转、改”活动开展以来，共进行了4次，内容涉及广播、电视以及网络和新媒体等，为在新的历史时期、新的视听环境、新的传播理念等形势下，解决广播电视监管问题进行了有益的探讨，创造了宝贵经验。

（北京市广播电影电视局宣管处）

# 北京电台“走转改”深入开展

北京人民广播电台在“走基层、转作风、改文风”活动中，按照“领导带头、全员参与、知行合一、突出实践”的原则，在全台上下全面部署，深入开展“走转改”活动，涌现出大量来自基层的高质量报道，受到广泛好评。

**一、提要求、做实事、谈体会三步走**

北京电台把“走、转、改”活动的过程和工作结果，完善梳理，建立了一条龙的机制：前面提要求，然后做实事，最后谈体会，形成“走、转、改”三步走。

（一）提要求，明确“走转改”的目标和意义。

领导小组动员教育，使深入基层、贴近群众、转变作风文风的意义深入人心。

2011年8月29日，北京电台举行“走基层、转作风、改文风”活动启动仪式，汪良台长做动员讲话，席伟航总编辑就深入开展“走转改”活动提出具体要求。会后，各专业广播、各支部纷纷部署本部门的“走转改”实践活动，并发出倡议书。

9月中旬，电台举办2011年全体采编播人员培训班，台长汪良做了动员讲话，中华全国新闻工作者协会党组书记翟惠生在培训班上做了“关于群众路线教育”的报告，中宣部舆情局副局长孙瑜做了“关于当前意识形态领域的情况报告”。

10月13日下午，北京电台举行领导干部理论学习座谈会，市委常委、统战部长牛有成同志就“领导干部如何下基层，更好地发挥广播电台舆论引导能力”做了理论学习讲座。市委宣传部副巡视员吕钦和电台70多名领导干部参加了座谈会。

对“走、转、改”实践活动和报道的目标要心中有数，每篇报道如何采写、如何落笔、如何刊播要有标准。

北京电台要求各专业广播在重点节目开设专栏，鼓励记者走进基层，了解民意，掌握鲜活的新闻素材，写出打动人心的新闻作品。把开展走基层采访实践活动与日常报道结合起来，让“走群众路线”体现在日常新闻报道实践中。

各专业广播在进行“走转改”活动时，如新闻广播的“行走永定河”、“大柏老村的猪司令”，城市服务管理广播的“供暖第一天”，交通广播的“降雪第一天交通运行”等，都会由负责人提出具体要求，集思广益策划，调研采访对象，拟好采访提纲，选好采访角度等，分工协作，反复润色，务求完善。

（二）做实事，为基层解难题和开展调查性报道两手抓，两手都要硬。

北京电台及下属的专业广播纷纷确定了自身的基层联系点，其中，电台在位于太行山区的河北省阜平县城南庄镇马兰村建立北京电台基层联系点，各专业广播也都根据自身情况，在农村、厂矿、企业、社区等地区确定固定联系点。总分结合，领导带头。以结对子、定点帮扶、双向互动等活动为具体内容，进一步增进与群众的感情、拉近同群众的距离。2011年，北京电台及所属专业广播、广播网共确定基层联系点22个。参加“走、转、改”实践活动的领导、记者、编辑、主持人等共620人次。

作为广播，实践“走转改”活动的重要体现就在于日常的报道工作中。自“走转改”活动开展以来，新闻广播在《北京新闻》中开办“记者走基层”“记者一线体验行动”“现场直击”三个专栏，城市服务管理广播在《七点早新闻》、《沟通在线》、《市民热线》、《中国财经60分》等节目中开设了专栏“我们在基层”，在《中国财经60分》开设专栏“走京郊　看变化　促发展”，在《市民热线》开设专栏“热线生活故事”；文艺广播在《早安北京》等节目开设专栏“文艺广播走基层纪实报道”、“北京文化风景线”，故事广播在《故事大全》等节目开设“走基层——百姓身边”专栏；总编室在《广播之友》开办专栏“记者走基层　我们在行动”；体育广播在《雄鸡唱晓》、《喜鹊登枝》、《金戈铁马》节目中开设专栏“来自基层的声音——体育广播走基层、转作风、改文风专题报道”；音乐广播在《974信息网》开设“一线出击”专栏；交通广播在《1039新闻早报》、《交通新闻》、《交通新闻热线》、《新闻直通车》等栏目开设“1039走一线”专栏。2011年，全台共开设专栏13个，发稿817篇。文风力求“短、新、实”。

（三）谈体会，自我激励与制度激励并重。

增强互相交流与沟通。电台内部刊物《宣传业务》发布“走转改”专刊，将全员“走转改”的精神风貌和心得体会及时在全台传播交流，巩固和扩大“走转改”的成绩。电台还发挥内网作用，持续编发“走转改”简报，及时收集整理活动开展情况、特色做法、经验成效等信息，形成交流。

新闻、城市服务管理等专业广播以及广播网每月会对“走转改”的报道专题讲评，鼓励创优。同时，采编人员面对面交流心得也成了常态。

考核向“走、转、改”倾斜。北京电台将采编播人员“走转改”的次数、报道篇目、心得体会等作为其年度业务考核的重要评分标准，在评定奖励等方面予以体现。例如，新闻广播专门制定了《“走转改”优秀新闻报道评选办法》，每月一次对“走、转、改”的优秀报道进行评奖。在评奖标准上，要求在采访方式上真正体现“走、转、改”精神，有调查，有体验，有观察。

12月份评选出“走基层、转作风、改文风”活动先进个人15人，“走、转、改”优秀新闻作品获得者33人。

**二、在基层联系点的帮扶上，注重给当地带来实际效果**

（一）集体和个人、走出去和请进来——两相结合帮扶马兰。

电台和河北省马兰小学结对子活动具体进行中，电台采取了集体帮扶和个人帮扶相结合、走出去和请进来相结合的原则，充分发挥了各个部门和每名员工的主观能动性。

援建“爱心食堂”。马兰小学大部分学生每天需步行十几里山路到学校上学，午饭常常是干粮加咸菜。北京电台决定出资6万元，采买炊具和餐具，并聘请厨师，为学校修建一座食堂，让学生们中午都能吃上合口的热饭。经过近一个月的紧张建设，2011年9月23日，北京电台援建马兰小学的“北京电台爱心食堂”正式建成，向马兰小学捐赠的10台电脑电视一体机也送达学校。

员工必须“四个做到”。电台要求参与活动的电台员工每年都要“按时保量”地完成好“四个做到”的帮扶任务。具体内容包括：做到每年赠送不少于12本（套）的课外读物、音像图书，用以开阔山区孩子们的视野和眼界；做到每年资助孩子500元的“爱心午餐”费用；做到每年至少访问一次马兰，到孩子家中做一次家访，实地探察体验孩子成长环境，增进双方感情；做到时刻关心孩子们的教育成长，每月至少通一次关爱电话（或书信），做一次深度沟通，及时了解他们的学习和生活状况，在精神上给予孩子关怀和鼓励。

走出去和请进来相结合。8月12日至15日，北京电台邀请75名马兰小学学生来京与电台主持人举行“一帮一”结对子活动，正式拉开了活动的序幕。所有参加结对子的主持人放弃两天的休息时间，带着马兰小学的学生参观天安门广场、“鸟巢”、科技馆、天文馆，观看儿童剧，参加第五届“听众喜爱的主持人”评选活动颁奖典礼和直播节目等。在短时间里，许多主持人带孩子们买书、买文具学习用品，带孩子们看电影、看话剧、逛动物园，教孩子们照相、摄影，与孩子们建立起了友谊和感情。

（二）依靠“三下乡”品牌，传承“走转改”精神。

“广播三下乡、年货送农家”是北京电台推进农村精神文明建设的重要项目。从2007年至今，北京电台将延庆县井庄镇作为定点服务对象，紧紧围绕农村和农民的实际需要谋划和开展“三下乡”活动，切实解决农民群众的实际问题。五年来，北京电台累计投入50万元，不仅为当地的军烈属、劳动模范和困难家庭送去了米、面、油、熟食、小家电等丰厚的年货，还为乡亲们上农村合作医疗保险，出资改造饮用水管道，购置太阳能热水器，表演文艺节目，把收音机、卫生小药箱和各类书刊宣传资料带到村里，进一步加大送优秀精神文化产品下乡、送科学知识和实用技术下乡、送卫生知识和医疗服务下乡的力度。

（三）发挥优势，从一点一滴做起。

开展“走转改”活动以来，北京电台网络信息中心将平谷区大华山镇大峪子村、永外马连道街道、丰台云冈乡作为基层联络点，安排蹲点帮扶调研。

广播网发挥自身网络技术优势，积极为基层联络点建立网站，利用新媒体做好宣传，向更多的人介绍联系点的详情，让更多人了解最基层的干部，把这些真实感人的故事传播出去。北京广播网选派技术人员为大峪子村创建网站，提供网络支持，派专人负责指导网站内容的日常维护，村书记刘艳亮异常兴奋，“这可是我几年来一直未完成的心愿，今天终于实现了。”

爱家广播以妇女儿童作为主要收听群，在“走转改”活动中，他们非常关注基层这一群体的生活状态，领导和记者来到“星星雨教育研究所”，深入接触自闭症的孩子和家长，体验老师们的日常教学工作。2011年年底，爱家广播专门为孩子们带来了一批故事光盘，作为给孩子们的礼物。

“走、转、改”活动一开始，北京体育广播将朝阳区十八里店中学朗跃青少足球俱乐部确定为基层联络点。这个学校的学生多数都是来京务工人员子弟，条件普遍不好。冬季来临，考虑到俱乐部的小队员需要暖和的冬装御寒，体育广播联合合作伙伴鸿星尔克，冒着雪后的湿寒，向俱乐部的小球员们赠送40套适宜体育训练活动的冬衣，这为正在训练的孩子们带来了无尽的快乐。

“通州区教委退休教师合唱团”是音乐广播的基层联络点。音乐广播在与合唱团负责人及团员的多次调研中，了解了他们目前的状况和需要，建立了合作的几大方向。首先，以“通州区教委退休教师合唱团”为核心，辐射相关活动及团体，深入基层报道群众音乐文化生活；其次，根据合唱团实际需要，为合唱团提供专业指挥、声乐、表演等方面的指导，提高合唱团的业务水平。再次，音乐广播安排采编播人员全员参加合唱团活动，与合唱团合作参加基层演出。根据帮扶计划，音乐广播首席编辑冯健和基层联络人许鹏等采编播人员坚持每周三上午过去担任合唱团的指挥和指导工作，风雨无阻。“走、转、改”活动增进了音乐广播同基层群众的联系，加深了感情，让很多潜在的听众成了忠实的听众。

新闻广播建立古北口联系点之后，进行了全面的策划。结合其特点精心安排选题，推出了系列报道，主题涉及古北口历史文化、古建筑保护、民俗旅游、农家乐发展、农产品及手工艺开发等方面。这一系列报道的推出很快收到了实效。去年“十一”黄金周期间，古北口游客接待人数大幅增长。2011年，全村共有民俗旅游户82户，带动村民就业198人，接待游客将近10万人次。

**三、记者脚下沾有多少泥土，听众在报道中都能听得到**

“走基层、转作风、改文风”活动开展以来，电台切实转变采访作风，切实改进报道文风。

（一）注重结合百姓的关切点

北京新闻广播先后推出了“破解猪肉价格迷局”、“行走永定河”、“北京文化市场调查”、“地铁站外路难行”，城市服务管理广播推出“走京郊、看变化、促发展”、“关注食品安全”、“垃圾分类齐步走”、“和务工人员在一起”；北京故事广播推出“外交官走进《故事恳谈会》”等系列报道，这些报道从民生角度出发，反映百姓关注热点，回答百姓关注的问题，客观实在，不回避问题，从建设性角度提出建议。

如8月27日，北京电台总编辑席伟航带领新闻广播记者，乘坐S2线市郊铁路前往延庆，此行的主要采访任务是走访农村养猪户，从养殖源头了解肉价高的原因。为了完成系列报道“破解猪肉价格迷局”，除了延庆，采访小组还走访了北京郊区和河北十余家大大小小的养猪场。为了了解猪肉流通链条的价格形成过程，采访小组深入菜市场、猪肉批发市场、屠宰场，对猪肉的价格形成过程进行了全面的采访。记者深入基层、深入一线的做法赢得了采访对象的信任，向我们透露了很多鲜为人知的信息，也使这组系列报道更为扎实、客观、可信。

而为了完成系列报道“行走永定河”，在电台总编辑席伟航、副总编辑陈晓海等领导的带领下，新闻广播30多名记者徒步永定河北京段，从官厅水库开始，途经门头沟、房山、石景山，一直走到了丰台区永定河畔建设中的园博园，历时一个月。系列报道通过科学考察、实地走访，运用广泛的采访、丰富的背景资料和现场音响，真实再现了永定河的旧貌新颜，及其带给沿线居民的发展新机遇，由此展现出北京在永定河沿线治理中的卓越表现和深远意义，让听众感受到新北京的发展风貌。节目播出后，引起良好的社会反响。听众反映，通过节目了解到了母亲河的巨变，更感受到了北京的务实作风和发展新貌。特别是一些老年听众反映，节目唤起了他们对儿时的记忆，记者一边行走一边采访的过程，仿佛把他们带到了永定河畔。永定河研究会的专业人士也表示，永定河沿线存在诸多不确定的记录，节目通过实地采访，使许多问题得到考证，节目对沿河历史文化的梳理和记录，也是一笔宝贵资料。

（二）注重培养记者从采访到制作全过程的扎实态度。

“走、转、改”活动开始时恰逢北京雨季，防汛是当时报道的重点。以前遇有大雨，我们的报道主要是关注路况，及时报道降雨和积水对道路的影响。但对于防汛抢险队员的工作，以及他们是如何排除险情保障城市运行的，记者报道甚少。结合“走转改”活动，跑水务、防汛内容的新闻广播记者陆健转换报道思路。记者了解到，每次下大雨，全市有2000多名防汛抢险队员都在积水路段进行抢险，泡在冰冷的雨水中，尽最大努力排水抢险。自8月份开始，陆健多次到现场采访防汛情况，哪块儿有积水断路就往哪儿跑。8月26日早上，北京突降大雨，东三环十里河桥积水断路。得到消息后陆健马上去现场。当时东三环北向南的方向已经完全断路，开车是根本没法到现场的。她先坐地铁到劲松站，然后在大雨中徒步走了两公里，一直走到十里河桥。当时整个桥区一片汪洋，从桥下站着的抢险人员的情况看，积水已经没到他们的腰部，她必须趟过一米多深的积水去采访。当时桥两侧也有很多急着上班的人，但是没有一个人敢趟水过去。因为水下是什么情况，大家都没底。但不过去就了解不到一手情况，而且整点新闻在等着她做连线，报道最新的抢险情况。很多市民也在等着听路什么时候能开通。记者就涉水过桥，一直从8点多采访到11点，直到积水排完，道路通了。其间做了几次连线，发布最新的抢险情况，在第一时间报道了道路恢复通行的消息。

（北京电台）

# 北京电视台“走转改”活动效果明显

2011年8月9日，中宣部等五部门对全国新闻战线广泛深入开展“走基层、转作风、改文风”活动进行动员部署后，北京电视台高度重视，累计召开动员会、学习会、报告会、研讨会等300余场，建立基层联系点或开展基层蹲点活动近380个（次），编辑、记者、主持人等3000余人次深入基层调研、采访，各频道开设相关专栏、板块30个，采访、制作、播发相关报道（节目）400余条（期），为群众办实事、办好事和解决实际问题150余件。从全台从业人员和社会各界的反映来看，北京电视台开展“走基层、转作风、改文风”活动取得明显成效。

## 一、深入学习，提高认识

为了提高全台采编人员和广大职工对“走、转、改”的认识，回答好“为了谁、依靠谁、我是谁”的问题，北京电视台组织全台职工反复学习胡锦涛总书记“七一”重要讲话、中央领导同志关于践行党的群众路线的重要论述、中宣部和市委宣传部开展“走基层、转作风、改文风”活动的文件，并召开了“走基层、转作风、改文风”活动报告会，邀请全国优秀新闻工作者、《人民日报》知名记者赵亚辉为全台编辑记者讲授从事新闻工作的经验和心得体会，参加人员500余人。同时，还面向全台从业人员开展了“我最难忘的……——群众在我心中”主题征文活动，收到征文193篇，内容涉及采访经历、节目制作过程、活动组织等，许多征文情真意切，充满感情。

此外，还在台内网开设了“走基层、转作风、改文风”活动专页，及时发布重要信息和学习材料，开设采访手记、照片、互动等专题，为广大从业人员提供交流思想的平台，得到大家积极响应，专页点击量达6000多人次。通过一系列学习和教育活动，广大采编播人员对“走转改”活动的重要意义认识更加明确，行动更加自觉，体会更加深刻。

**二、深入基层，转变作风**

在开展学习教育活动的同时，北京电视台立即着手建立基层联系点制度，开展编辑、记者、主持人蹲点采访活动和管理技术人员服务一线活动。卫视节目中心将《身边》栏目演播室搬到基层，推出了“身边行”系列报道，在田间地头与观众开展交流互动。新闻节目中心先后开展了两批记者基层蹲点采访活动，中心领导和记者、主持人、摄像等分成多个小组，陆续前往农村、企业、学校等开展蹲点采访，与基层劳动者同生活、同劳动，体验他们的工作过程。文艺节目中心围绕2012年北京电视台春节晚会节目创作，深入农村、企业、部队、厂矿、学校和文艺院团，开展以采访、采风为主要内容的“两采”活动，积累基层文艺素材，倾听群众收视需要。科教节目中心结合自身频道定位，确定了宏志中学、丰台公安分局、朝阳区管庄社区服务站等21个基层联系点，定期安排节目拍摄录制。影视剧中心确定海淀区中关村街道办事处为基层联系点，组织召开观众座谈会，深入了解社区观众对影视剧的收视需求。财经节目中心确定密云县为固定的基层联系点，加强与其新闻信息的交流合作。生活节目中心《7日7频道》栏目将北京公交集团确定为联系点，对首都公交发展给予重点关注。青少年节目中心《最强阵容》、《军情解码》等六个栏目组深入首汽集团、三元南郊农场等地开展节目创作，了解观众需求，拉近了与群众的距离。动画节目中心开展“卡酷相伴，快乐同行”系列活动，主要面向北京市各中小学，听取观众对动画节目的建议与需求。纪实高清频道深入青海玉树地区进行风光片拍摄，结合频道定位和自身优势，支援玉树灾后重建。办公室前往北京市政法民声热线12345和中国联通北京分公司，学习兄弟单位通讯网络建设和通讯服务工作经验。总工程师办公室赶赴门头沟广电中心、怀柔广电中心，开展基层调研和技术交流。人事部、总编室、计划财务部先后到与北京电视台合作开展实习基地建设的中国传媒大学、中国人民大学、清华大学等，了解本台重点岗位潜在的专业人才培养情况，探索实习基地建设的有效途径。

**三、领导带头，全员参与**

在“走基层、转作风、改文风”活动中，北京电视台领导班子成员带头下基层调研，开展采访报道活动，有力推动了活动的开展。

8月30日至9月8日，台领导班子成员

集中一段时间，与一线记者、主持人、服务保障人员一起，开展了首批基层蹲点采访活动，体验社会生活，深化思想认识，增进群众感情。党委书记、台长王晓东于9月7日至8日前往密云水库和密云县冯家峪镇西庄子村，与新闻节目中心记者一同采访农村产业结构调整和生态涵养区建设情况，体验农村群众生产生活。党委副书记、总编辑赵多佳在前往平谷区一家乐器厂进行采访、采风，为2012年北京电视台春节晚会收集基层鲜活素材后，又于8月30日和9月1日分别前往延庆县永庆镇和门头沟区，指导北京卫视《身边》节目录制，采访门头沟区改革发展情况。党委副书记、常务副台长窦晓东于8月31日至9月1日前往位于河北曹妃甸的首钢京唐公司，与新闻节目中心记者一同体验首钢工人的工作和生活，采访报道有关新闻。

在台领导的带领下，党委办公室、总编室、人事部等台“走基层、转作风、改文风”活动办公室成员部门以及其他中心、部、室也积极推进基层走访活动，形成了全员参与的工作格局。

**四、开办专栏，服务群众**

“走、转、改”活动开展以来，北京电视台在北京卫视、科教频道、财经频道、体育频道、新闻频道等先后开设专栏，对开展“走基层、转作风、改文风”活动成效进行全面展现，反映基层群众生活工作的新风貌。

卫视节目中心推出的《身边行》系列报道以每集1分钟的短片形式，呈现出各行各业劳动者的工作场景和精神状态。新闻节目中心分别在《北京新闻》、《晚间新闻报道》等重点新闻栏目中推出《我在基层》、《我们在现场》、《采访者说》、《12345需求与反馈》、《说句心里话》等专栏或特别报道，以纪实报道、体验式采访等方式，展现首都建设者辛勤工作的过程和朴实敬业的精神，帮助群众解决实际问题。科教节目中心《法治进行时》栏目开设《一线追踪》专栏，前往公安系统各基层派出所采访，挖掘一线素材，播出反映一线干警工作、生活的特别节目。财经节目中心《首都经济报道》栏目推出《触摸北京——走基层》专栏，每周播出两集，集中反映首都各行业劳动群众的故事，聚焦百姓关注的热点问题。体育节目中心在《天天体育》栏目中组织开展“体育主播走一线，关注基层体育工作者”系列报道，加强对基层体育采访线索的挖掘。中秋、国庆“两节”期间，北京电视台各节目中心围绕活动，推出了一批富于艺术性、体现思想性、来自于群众的专题报道或栏目，得到了普遍好评。

在采访过程中，广大编辑、记者、主持人真正深入基层一线，把镜头对准老百姓，努力提高新闻宣传工作的亲和力和群众性，为群众办实事、办好事。为了把乌兰伊力风电场检修工的艰苦工作拍得生动感人，报道组远赴内蒙古的中俄边境附近，与检修工共同生活三天，还不顾危险，爬上了22层高的风能发电塔进行拍摄。为了切身体验地铁探伤工一丝不苟的工作精神，报道组从晚上11点到次日凌晨4点，在黑漆漆的隧道里工作了几乎一夜。为了做好对“农超对接”的送菜工和高速路收费员的采访，报道组凌晨4点多走到田间地头和高速路收费站，报道他们节日期间的工作场景。在朝阳区王四营政策房建设工地，新闻主播贺贝奇为了能够真实记录建筑工人的工作状态，早上7点就赶到施工现场，换上工作服，戴上安全帽，拜山东来京的抹灰工梁传启为师，从推混凝土干起，堵漏、刷墙、抹地面，和工人们一起工作了一整天。

**五、教育员工，收获感悟**

随着活动的深入开展，许多编辑、记者、主持人、管理保障岗位工作人员分别通过撰写采访手记、工作报告、互动留言等方式表达参与活动的体会。在提交的158篇采访手记中，一段段鲜活的基层采访经历，一幅幅生动的群众生活场景，一次次刻骨铭心的工作体验通过文字活灵活现地展示出来。

一名主持人在参与报道后写下："'源头有活鱼，基层天地阔'，真正有价值的新闻是记者用脚在基层一步一步走出来的。"一名记者采访后写道："这次拍摄再次坚定了我努力在一线寻找'最美的风景、最好的新闻'的新闻理想。"8月26日清晨，北京突降大雨并伴随着强阵雨和雷电，新闻节目中心记者李莲和摄像吴迪火速赶往易积水的十里河桥。桥下的水没过了记者的膝盖，为了让排水畅通，记者和抢险队员一起双腿跪在水里，用手一点点地把沉重的抽水管捋顺。经过六个小时零十分钟的紧张抢险，积水基本被排空，道路恢复了通行。记者在采访后，深情地写下了《雨中体验真情绽放，生动的报道源于基层》的采访手记，抒发了作为新闻工作者对社会、对人民火热的情怀。

大家纷纷表示，参与"走基层、转作风、改文风"活动，是深化认识、端正态度、荡涤心灵的过程，受到了一次深刻的马克思主义新闻观教育，一场生动的群众路线教育，要把"走基层、转作风、改文风"的要求贯穿于新闻职业生涯的始终，树立责任意识、宗旨意识、服务意识，办群众喜爱的节目，做有益于人民的新闻人。

**六、建章立制，长效推进**

按照上级要求，北京电视台"走基层、转作风、改文风"活动将长效机制建设摆在重要位置，不断推动该活动的制度化、常态化。根据活动开展情况和广大干部职工的思想实际，10月，台党委结合学习贯彻党的十七届六中全会精神，研究制定了涉及5个方面、14项内容的北京电视台深化"走转改"活动具体措施，对节目生产、员工培训、信息沟通、基层蹲点、激励约束等常态化"走转改"工作作出安排。

为鼓励记者主持人深入一线，深入基层，采制出生动感人、反映群众心声、反映党和政府中心工作的报道，新闻节目中心在《新闻节目考评细则》中，制定了向基层报道倾斜的考评机制，节目考评合理拉开分值差距，提高基层报道的考评打分。该中心《我在基层》专栏目前播出104期，每期均得到好评，考核倾斜力度前所未有。文艺节目中心、影视剧中心分别建立了定期组织召开观众座谈会制度，推动与观众的沟通交流常态化。科教节目中心法治类节目与有关公安司法机关合作建立"蹲点制"、"坐班制"，明确记者在公安司法机关蹲点、坐班的要求，实现对重大法治事件第一时间作出反应。财经节目中心与密云县广播电视中心签署"走、转、改"工作协作书，建立双方合作定期深入密云县村镇蹲点采访的工作机制，确定了有效的沟通渠道。

在"走基层、转作风、改文风"活动开展期间，北京电视台在广泛调研的基础上，初步确立了新的节目考评体系，提出了"首善媒体，大美品质"的发展目标。与以往相比，新的节目考评体系将更加注重节目品位和受众评价，更加注重节目产品与社会生活和群众需求的关系，突出了把社会效益放在第一位的鲜明导向。该体系经过测试调整，于2012年正式施行，进一步在全台内容生产工作中以制度来体现和落实"走基层、转作风、改文风"的要求。

**七、社会关注，群众好评**

北京电视台开展"走基层、转作风、改文风"活动及相关宣传报道工作得到了上级领导和社会各界的高度关注和充分肯定。9月13日，中共中央政治局委员、中央书记处书记、中宣部部长刘云山同志在新闻战线"走基层、转作风、改文风"活动座谈会上对北京电视台《我在基层》专栏报道进行点评，给予了表扬。10月29日，刘云山同志亲临北京电视台视察“走转改”活动开展情况，提出了“新闻立台、人民至上、内容为王、创新制胜”的要求。市委常委、宣传部长、副市长鲁炜同志分别对卫视节目中心、新闻节目中心有关工作和报道给予充分肯定。中宣部《新闻阅评》、国家广播电影电视总局《收听收看》多次对北京台“走转改”节目进行专题点评，提出表扬。此外，市委宣传部《新闻阅评》、市广播电影电视局《收听收看》和《人民日报》、《北京日报》、《北京晚报》、《北京青年报》、北京人民广播电台、千龙网等中央和市属媒体多次对北京电视台开展“走基层、转作风、改文风”活动情况进行报道和评论。市委宣传部《宣传系统工作简报》、《北京市新闻理论文艺战线广泛深入开展“走基层、转作风、改文风”活动简报》等也对北京电视台相关工作给予密切关注，刊发了多篇信息。

广大观众对本台近期的基层报道和相关节目给予了高度评价。北京电视台BTV在线网站、96168服务热线等陆续收到观众来电，对“走基层、转作风、改文风”活动开展以来树立的荧屏新风予以表扬。

（北京电视台）

## 北京电台纪念建党90周年宣传彰显五大特色

2011年是中国共产党成立90周年。北京电台本着提早策划、深入基层、突出特色、整合资源的原则，九个专业广播和北京广播网，通过组织大型采访报道和品牌活动、开设专栏、专题节目、专题网页等多种形式，广泛开展纪念建党90周年宣传报道工作。从2011年1月1日开始到6月30日，各专业广播共开设专栏52个，播出录音报道205篇，专题295篇，访谈节目365期，消息2000余篇，现场连线166个。北京电台纪念建党90周年宣传体现以下几个特色：

**一、提早动手，精心策划，严密组织重大报道和重大宣传**

北京电台从2010年10月开始就多次讨论纪念建党90周年宣传报道方案，确定了以新闻广播为龙头，整合各专业广播资源，形成点面结合、重点突出、全频率参与的强势宣传格局。2010年4月，音乐广播率先承办了“唱响中国——群众最喜爱的新创作歌曲”北京赛区的作品征集工作，最终报送的3首歌曲入围10首优秀歌曲，获全国选拔最好成绩。从2011年1月开始，六项具有广播特色的大型采访报道和大型征集评选活动相继推出：故事广播“家有党员”大型故事征集活动、交通广播大型跨国采访报道——“寻找红色档案”、新闻广播大型采访活动“品伟人诗词，走革命之路”、音乐广播“红歌嘹亮”之旅采风活动、文艺广播创作广播剧《没有共产党就没有新中国》。6月，北京电台九个专业广播共同推出了“美丽马兰　歌声嘹亮”系列宣传及帮扶革命老区马兰村公益行动。这样一批独具特色的大型宣传活动，有组织、有节奏、大规模地开展起来，使北京电台建党90周年宣传逐渐升温，形成宣传高潮。

**二、重点频率、重点栏目、重点时段开设专栏，形成合力**

北京电台9个专业广播结合自身定位，发挥各自优势，推出了一批特色鲜明的专栏。新闻广播的《红旗飘飘》、《伟大历程》、《党史故事》，城市服务管理广播的《党史上的今天》等16档节目重温党的光辉历史；新闻广播《党在百姓心中》、《听父辈讲那过去的事》，城市服务管理广播《美好的回忆》，外语广播《我的中国缘》等7档节目歌颂党的丰功伟绩；新闻广播《我们的党组织》，城市服务管理广播《社区里的共产党员》，交通广播《星火相传——我身边的红色故事》，文艺广播《我是共产党员》，故事广播《女警察系列访谈——身边的警花》，爱家广播《难忘的入党经历》等16档节目讲述基层党组织战斗堡垒作用和优秀共产党员先锋模范风采。这些节目从不同侧面宣传90年来中国共产党团结带领全国各族人民战胜各种艰难险阻、谱写中华民族自强不息壮丽凯歌的光辉历程和成功经验。

**三、改进报道方式，创新报道手段，提升报道效果**

作为贯穿全年报道的中心工作，如何使建党90周年报道中的成就报道不陈旧，人物宣传有新意，我台在报道方式和报道手段上，积极探索，使宣传报道入情入理，入耳入心。

**1. 深入基层，关注百姓，挖掘普通党员中的先进典型。**原中共北京市委书记处书记邓拓和北京电台第一任台长丁一岚之女邓小岚，是一名年逾六旬的普通党员。2004年至今的8年时间里，数十次往返京冀两地之间，为革命老区马兰村的革命后代——马兰小学的孩子们带去音乐与艺术的启蒙教育，帮助村民改造厕所、修建垃圾焚烧井，帮村里搞起了红色旅游，她的事迹通过互联网感染了全国人民。

北京电台从2008年就开始一直跟踪报道，“七一”前夕推出了“美丽马兰 歌声嘹亮”系列宣传及公益行动，通过全频率、多角度地宣传把这个与北京电台有着不解之缘的普通共产党员的感人事迹推向了公众。同时，制定了一整套“圆马兰孩子音乐梦，为老区人民办实事”的一揽子帮扶计划。2011年6月21日至26日组织了“寻梦北京‘七一’行”。通过精心安排，来自河北省阜平县革命老区马兰小乐队的孩子们在京参加了看升旗、游北海、观“鸟巢”等活动。特别是孩子们在音乐广播举办的“红歌嘹亮——纪念中国共产党成立90周年演唱会”上闪亮登场，唱出马兰歌声的梦想。演唱会现场气氛十分热烈，网络视频收看更是异常火暴，同时在线峰值人数达2000余人；北京广播网、新浪微博转帖15000余次、评论600余条。听众发帖表示：“北京电台将视角深入身边普通党员的平凡故事，这次活动帮助孩子圆了一个音乐梦，切实为老区办实事，充分体现出北京电台高度的社会责任感。”“一位革命后代、普通共产党员关心老区建设并做出成绩，表明中国共产党人的优良传统将代代相传。”

**2.从细节入手，契合时代精神，成就报道做出新闻亮点。**新闻广播在《北京新闻》节目中开设了“我们的党组织”专栏，对记者提出了报道要有党组织活动现场、有生动的故事和细节、有群众的评价和看法，同时党组织本身要有特色的要求。记者深入本市基层党支部，通过体验式跟踪采访为老主题注入了新内容。

爱家广播的“红透半边天——我们身边的女共产党员”、城市服务管理广播“社区里的党员故事”专栏、故事广播系列专访——“党的好儿女”、文艺广播 “我是共产党员”系列专题，都是从细微处展现共产党员的精神风貌。

**3. 挖掘地域优势，做出北京特色。**新闻广播推出的“七一”特别节目——《听父辈讲那过去的事儿》受到听众的热捧。听众纷纷通过电话、网络、短信盛赞该节目：“难得请到这么多革命家的后人讲述他们的故事，不唱高调，真实感人！”“有独家史料价值，让听众感觉非常新鲜。”

8集系列节目《听父辈讲那过去的事儿》，充分考虑了北京的地域性，通过李大钊、朱德、任弼时、方志敏、彭真、马骏、赵凡、阎又文八位曾在北京工作过的革命先辈的后人的讲述，以最贴近、最温暖的视角追忆老一辈革命家的光辉足迹和家国情怀。

交通广播《红色起点》、城市服务管理广播的《寻访当年地下党》、《共产党在京活动大事记、人物记》等节目都充分利用北京地缘优势邀请专家、学者讲述中国共产党建立前后的历史故事，从故居、故人、故事的角度展示革命先辈寻找救国之路的艰苦探索。

**4．表现手法上大胆创新，严肃的主题，辅以浓厚的文学色彩。**新闻广播的大型系列采访活动——“品伟人诗词，走革命之路”，以毛泽东的13首诗词为线索，以这位伟人革命生涯中所经历的与“党的发展”密切相关的重要地点、重要事件为切入点，角度独特，有新意。为了进一步增强节目的可听性，在创作手法上进行了大胆的尝试。通过记者实地采访、专家讲述、名家吟诵，将新闻、历史、文学、艺术巧妙自然地结合为一体，创造出20集可听性极强，以艺术的手法表现党史主题的具有开拓性的新闻作品。

**5．用史料还原历史人物，使报道更真实、生动、感人。**交通广播的大型采访报道——“寻找红色档案”，将报道年代圈定在1921年之前的历史。交通广播报道团队从欧亚7国带回了大量的档案资料，经过梳理，交通广播将报道定位为14集“红色探索”广播纪录片，“以档案为线索、以人物为主体、以时间为脉络”给大家讲故事。通过这些故事，展现出一个世纪前马克思主义思想传入中国，在中国大地生根、发芽，产生出中国最早的共产主义组织，创建了中国共产党，带领中国人民走向胜利的光辉历程。听众在“听故事”时，听到了很多从未听到的珍贵历史音响，例如：“伦敦蒙难记”一篇，运用了孙中山1924年在广州一次演讲时的讲话录音，虽然音质不够清晰，但听众听完后，表示“这是伟人声音的真实纪录，印证中国民主革命的一段历史，听来震撼，让人敬仰！”

**6．优秀的文艺作品激发爱党爱国的热情。**歌曲《没有共产党就没有新中国》被誉为“共产党之歌”。文艺广播创作、录制的两集广播剧《没有共产党就没有新中国》根据歌曲作者曹火星的经历，以一个青年的成长到一首歌的诞生，表现共产党在民族危亡时刻的中流砥柱作用。到2011年年底，文艺广播已播出了16部近600余集纪念建党90年的小说、评书作品；200余段曲艺、故事作品。

**7．以外国人的视角展示中国共产党的良好形象。**作为首都媒体，报道好国际友人对我党的积极评价也是建党90周年宣传的重要内容。外语广播推出了8集系列访谈节目“我的中国缘”，通过8位历届北京市“长城友谊奖”的获奖外国友人讲述他们在北京的生活体验，他们与中国的情缘，以外国人的视角展示中国共产党的良好形象。

**四、发挥台网共做优势，多媒体立体化传播**

北京广播网调动网络及音视频报道力量，对全台相关活动给予及时、有力的网络配合。截至7月4日，北京广播网纪念建党90周年专题点击量达到14.8万人次，专题中刊发原创图片188组、原创音频360组、视频46组。北京广播网在本次报道中采用多媒体手段、大力推荐电台原创内容。整合了各专业广播的相关活动以及节目内容，在网络上以“红旗飘飘”、“伟大历程”、“红歌嘹亮”等专栏的形式呈现。

**五、广泛动员社会各方面力量积极参与，努力营造生动活泼的宣传报道氛围**

在建党90周年的宣传中，北京电台通过开展征集群众喜闻乐见的故事、征文等活动，让社会各界关注广播，参与广播，享受广播带来的快乐。故事广播组织的“家有党员”大型故事征集活动，通过家庭成员的视角描述身边的共产党员。爱家广播推出特别策划“难忘的入党经历”，通过不同年龄听众讲述自己入党前后的故事，共同感受中国共产党作为一个政党、一种信仰，对个人命运的影响和改变。城市服务管理广播的《美好的回忆》，《新广播报》的“党的声音在我心中”征文也都为广大听众提供了参与广播的窗口。

（北京电台）

# 北京电视台纪念建党90周年宣传效果显著

北京电视台庆祝中国共产党成立90周年宣传，以“幸福中国　最美北京”为主题，以两场直播、一个活动、两个系列报道、四部专题片、多部红色主旋律电视剧构架纪念建党90周年的主体宣传，并辅以近20个特别节目、11场晚会配合宣传。整体宣传活动，统筹安排，重点突出，进行有序，亮点频现。

**一、两场直播**

《中国速度》——京沪高铁开通大型直播。6月30日，北京电视台公共·新闻频道与BTV在线对京沪高铁开通进行6个半小时直播。此次直播以运营的首列京沪高铁列车为主线，在沿线共设置北京南站、沧州站、济南站、曲阜站等14个直播点，并在首列高铁列车上设置直播点进行实时连线。直播过程中，本台传送系统共测试联通了18路外来信号，采用2级切换方式，从总控机房交替切出6路信号给350平米新闻演播室。直播采用了大量信号传输的新技术、新手段，顺利完成北京2个、外地5个共7个直播点的信号回传及技术支持工作。在演播室部分实现了多项创新，灵活运用了在线包装技术，将三维虚拟技术引入演播室，使站台、站房得以立体呈现。直播还实时引入了网友的微博，反映高铁开通之后网友的喜悦之情。

“心心相印”——庆祝中国共产党成立90周年大型直播。7月1日，北京电视台卫视高标清频道、公共·新闻频道、纪实高清频道并机推出了“心心相印”——庆祝中国共产党成立90周年18小时大型直播节目。北京广播电视台移动电视、城市电视、地铁电视等4万多个户外电视屏也同时直播。这次大型直播呈现五大亮点：

一是全球连线。通过与新华社合作，在全球5大洲12个国家地区12个地点设立全球报道点，反映世界各国政要、国际组织、国际舆论对中国共产党的历史、现实和当代中国的评价。二是航拍北京。直播中，使用航拍技术，将如诗如画的首都美景、改革发展的辉煌成就从空中视角精彩呈现，记录幸福的中国，展现最美的北京。三是插播专题。直播中特别插播了5个小时的新闻专题节目，全景展现在中华世纪坛举办的《一切为了人民——北京市纪念中国共产党成立90周年》大型展览的精彩内容，使观众通过荧屏“参观”了《一切为了人民》的展览。 四是系列报道。直播中的《名记者北京行》板块，着眼于北京“十二五规划”，以五位中国新闻领域最高奖项“范长江新闻奖”获得者走北京、看北京、说北京的体验式新闻报道，展示北京发展全景、新景、前景。五是主题晚会。《党在百姓心中》晚会，以宣讲活动选出的优秀故事为主要线索，形象化、视觉化地表现党在百姓心中的主题。

**二、一个活动**

北京电视台与共青团北京市委、北京儿童艺术剧院合力打造的大型文化活动《星火相传》共分三大部分：“一校一首歌”校园主题歌咏活动；儿童剧《红孩子》“六一”巡演活动；首都百万青少年“永远跟党走”大型青春歌会。《红孩子》于5月28日至6月3日在BTV大剧院连演5场。校园歌咏活动实况录像于7月1日至7月3日在青少频道播出。

**三、两个献礼系列**

《红色地图》系列报道，选取中国共产党90年革命历程中，在北京的斗争、建设和改革发展各时期的代表性的历史遗迹、历史事件、著名人物故事、革命活动遗迹等，生动地再现党为民族复兴而进行的探索和奋斗，歌颂党的丰功伟绩。节目于5月4日开播，在北京卫视和公共·新闻频道的五档新闻栏目中播出，共90集，每集时长5分钟左右。

《我的中国心》系列报道以回国创业的杰出海外人才为主人公，报道他们回国创业的经历，从侧面体现我党领导下的中国吸引力与日俱增，为世界城市建设营造良好舆论氛围。节目6月10日起在北京卫视和公共·新闻频道的《北京新闻》栏目中播出，共10集，每集时长5分钟。

**四、四部专题纪录片**

5集党史纪录片《少年中国》，通过呈现早期共产党青年才俊成长中的困惑以及实践的选择，激励现代青年树立正确的人生观、价值观。该片共5集，每集30分钟，于7月3日起在北京卫视22:30首播。

8集电视文艺纪实片《国风》，全面展现中国现代曲艺的绵延历程，折射出党的文艺方针对民族文艺的传承、保护、促进和发展所起到的巨大作用。该片共8集，每集30分钟，于6月22日至6月29日在文艺频道21:25首播。

12集专题片《为你而歌》(第九部)，是北京电视台和市委组织部合作推出的专题节目，节目主要讲述北京市优秀共产党员的先进事迹。该片共14集，每集12分钟，于6月20日在北京卫视18:13首播。

10集大型电视纪录片《笔墨春秋》，通过文学的视角反映中华民族的奋斗史和命运抉择历程，证明中国人民在中国共产党领导下的“中国道路”，是历史必然选择。该片共10集，每集30分钟，于7月7日开始在北京卫视22:30播出。

**五、七部红色经典电视剧**

北京电视台精选出由中宣部和国家广电总局推荐的红色经典电视剧《雪花那个飘》、《师傅》、《中国1945》、《智者无敌》、《侦察记》、《我的父亲是“板凳”》、《大时代》等，在北京卫视和影视频道集中展播。

**六、十个频道制作特别节目**

北京卫视《BTV秀场》推出6期特别节目《家国情长相忆》，邀请革命先烈的后人以及已故国家领导人身边的工作人员做客演播室，以他们最贴近也是最温暖的视角追忆伟大革命先烈们崇高的人格魅力。此外，北京电视台文艺频道、科教频道、财经频道、体育频道、生活频道、青少频道、公共·新闻频道、卡酷动画频道等近20个栏目均推出了特别节目。北京电视台还与相关机关单位合作，录制了各类主题晚会、歌会11场，分别安排在相关频道播出。

庆祝建党90周年宣传受到社会各界广泛关注，各级领导、专家学者、广大观众都给予了高度评价。大型直播报道“心心相印”在播出过程中就有观众打来电话说“拍得真好，在这么美丽的地方有我们的家，我们还有什么不知足的！”有专家认为，“电视直播并不鲜见，但在纪念中国共产党成立90周年之际，像‘心心相印’这样体现‘全球坐标、全国视野、全景展现’的电视直播节目在全国省级卫视中是唯一一家。”

“心心相印”大型直播播出后，受到了中宣部、国家广电总局、北京市委宣传部等上级部门领导的表扬。当天，市委常委、宣传部部长、副市长鲁炜同志就转来刘云山同志的表扬，高度评价了这次大型直播行动。

中宣部新闻阅评组以“北京卫视庆祝建党90周年宣传彰显特色”为题，对北京电视台精心策划推出的新闻、专题、文艺等节目给予高度评价，认为“北京电视台怀着对党的无比热爱，创出了一批高质量的为党的90华诞献礼节目。特别是7月1日长达18小时的大型直播‘心心相印’，策划精准、激情四射、‘京味’十足、规模空前，全面、系统、生动地再现了在党的领导下首都北京经历的历史巨变。”

国家广电总局《收听收看日报》认为：为隆重庆祝中国共产党成立90周年，北京电视台举全台之力，充分利用自身资源优势，自去年起精心策划，提前部署，积极开展庆祝建党90周年的内容生产和宣传报道工作，全面展示中国共产党发展的光辉历程和伟大成就，宣传声势浩大。

（北京电视台）

# 北京电视台首届“观众喜爱的主持人”大型评选活动成功举办

北京电视台首届“观众喜爱的主持人”大型评选活动颁奖典礼，于2011年11月20日在北京电视台大剧院隆重举行。经百姓票选和社会调查综合排名，10位北京电视台“观众喜爱的十佳主持人”和20位“观众喜爱的优秀主持人”荣获嘉奖，这标志着这场历时四个月、本年度北京电视台最重要的品牌宣传活动圆满收官。

2011年7月7日，为增强北京电视台的核心竞争力，扩大BTV主持人社会影响力，增强主持人作为新闻工作者的社会责任感和使命感，北京电视台正式启动了首届“观众喜爱的主持人”大型评选活动，同时展开“感恩社会、服务北京”的公益新闻行动和“建立BTV温暖教室”公益爱心计划。来自北京电视台9个节目中心的65名主持人全面贯彻和践行“心悦百姓、行为民生”的宗旨和主题，全方位打造BTV主持人“具有崇高社会责任感的首都新闻工作者”的公益形象。

活动举办期间，为响应当下全国新闻战线火热开展的“走基层、转作风、改文风”的主题教育活动，主持人们走下荧屏，走近新闻现场、走向一线、走向观众，把心交给观众，将触角真正延伸到社会各个层面，感受时代的脉搏、生活的律动、百姓的需要。整个评选活动将“分享、融合、幸福、温暖”注入活动的细节当中。主持人身体力行，以公众人物的传播优势，倡导全社会关爱打工子女、参与公益活动。他们第一时间走到了社会基层中，关注百姓生活，服务首都市民，传播人间真情，号召社会大众凝聚爱心，播撒希望，社会影响积极深远。

在两个月的投票期内组委会共收到有效选票83万张，以投票或现场参与方式参加到活动中的观众超过百万。

在11月20日举行的颁奖晚会上，最终评出春妮、徐滔、栗坤、王旭东、田歌、李向显、阿龙、高燕、曹一楠、贺贝奇10名“观众喜爱的十佳主持人”和桑朝晖、文燕、悦悦、向真、刘婧、蔡紫、乐文、魏翊东、王业、杨硕、陈晨、罗旭、王小佳、聂一菁、彩虹、范红军、谭江海、长盛、姜华、马迟共20名“观众喜爱的优秀主持人”。

作为2011年度北京电视台最为重要的主持人品牌宣传活动之一，此次评选活动有以下特点：

**一、活动主题明确，立意深远。主持人走进基层，走进观众。全方位打造BTV主持人“具有崇高社会责任感的首都新闻工作者”的公益形象**

“心悦百姓　行为民生”的活动主题，65名参评主持人结合全国新闻战线火热开展的“三项学习教育”和“走基层、转作风、改文风”活动，走下荧屏，走近新闻现场、走向一线、贴近观众。活动期间，总编室统筹策划，九个节目中心通力配合，同步开展公益新闻行动和公益爱心计划及大型地面宣传日活动，为主持人创造了与观众们“面对面沟通，心与心交流”的机会，这也是近年来北京电视台首次大规模集体组织主持人以团队形式走下荧屏和观众进行直接交流与互动。参选主持人深深感受到了来自观众的厚爱和主持人这份职业带来的感动。

评选期间共举办了17场主题公益活动，30所打工子弟学校的400多名学生从中受益，增长了知识，开阔了眼界。“BTV温暖教室”公益爱心计划启动后，主持人利用各种方式发动社会力量进行募集活动，目前第一批9间“BTV温暖教室”已落成并挂牌，BTV主持人的爱心将在这里延续。

**二、评选过程公正、透明，结果加权产生，杜绝负面影响**

为了保证评选的公平、公正、公开，本届评选活动完全严格依据台编委会制定通过的《北京电视台“观众喜爱的主持人”评选活动评选办法》开展评选工作，并在网络投票平台上启用了迄今为止在国内众多媒体举办的各类选秀、评选活动中最为严格的投票系统。

本届评选以观众直接投票占60%权重系数、观众调查投票占40%权重系数，两者数据相加后得出的综合分数，确定为参选主持人的最终结果。评选组委会对网络、电话、纸质三种投票方式形成的数据进行电脑甄别排查，并进行人工电话的反打核实工作，严格剔除无效选票。

北京东方公证处对评选活动全程及评选结果进行了公证。

**三、全台各部门聚合力量，通力配合，整合传播方案，保证了活动的社会传播力度和影响力**

全台各节目中心紧密贴合频道特点，活动丰富多彩，亮点突出。特别是体育节目中心，创意新颖，组织得力，主持人积极参与，取得了良好反响。办公室、计财部、广告部、网络信息编辑室、行政部、保卫部等职能部室和制作部、动力部等技术部门大力支持，为活动的开展做好保障。

在历时四个月的活动中，总编室制作并统筹安排了各频道宣传片的高频次播放，《电视先锋榜》跟踪记录了所有活动和主持人的收获，并在连续16期节目中全景呈现；“BTV在线”推出直播访谈节目《走进100》，让参评主持人与网友分享他们的台前幕后和成长故事；《北京广播电视报》订制了八个版面的特刊展现参选人风采；《北京广播电视周刊》以每期六个版面的力度推广活动；北京人民广播电台，北广传媒移动电视、地铁电视等媒体以较高频次播放评选活动宣传片；独家合作网站——腾讯微博也给予了活动最大的推广力度，配合我台输送的各类新闻素材制作公益专题页，并根据不同的活动进程安排，协调不同的网络推广位做热点推荐；另外《北京日报》、《北京晚报》等首都重要平面媒体都分别以较大篇幅对本次活动进行了报道；新浪、搜狐、千龙、凤凰、新华、网易等各大门户网站也纷纷进行追踪或链接报道。形成了有影响力的品牌宣传效果。

本次颁奖晚会紧紧围绕“心悦百姓 行为民生”这一主题，并根据主题线索精心选取了特定颁奖群体，他们是来自基层的采访对象、是经常给节目提供线索的热心观众、是公益行动的帮扶对象、是主持人艺术人生的引路人、是那些在平凡岗位上做出不平凡事业的普通人。

晚会上由获奖主持人娓娓讲述的故事，道出了这个特殊职业的神圣责任和担当，同时也揭示出BTV主持人的追求与情怀。主持人通过电视这一媒介，帮助人们改变生活和命运，改变社会环境和氛围，而观众也在此见证这主持人的成长，为主持人社会责任感的培养提供了强大的力量。

由参评主持人募集援建的“BTV温暖教室”也于晚会结束环节中呈现在舞台之上。2011年已有九座“BTV温暖教室”在九个区县打工子弟学校建成并挂牌。晚会在所有获奖主持人共同唱响代表心声的《最好的未来》落下帷幕，这首歌也表明BTV主持人今后将以此作为公益活动的开展基地，把关爱行动延续下去的决心。

（北京电视台）

# 260万高清交互数字电视推广任务圆满完成

2011年11月12日，北京歌华有线电视网络股份有限公司累计完成高清交互数字电视机顶盒推广260.18万户，其中2011年完成130万户，圆满完成了市政府交办的三年内推广260万高清交互数字电视机顶盒的任务。

北京市委、市政府高度重视高清推广工作，列入2010年和2011年市政府为民办实事项目，市委宣传部领导多次批示，并召开会议部署工作，做到了“五个到位”：一是宣传到位。利用广播、电视、宣传海报等进行宣传，让用户了解这项惠民工程及高清电视的发展前景。二是监管到位。市广电局成立了由局长任组长的监管小组，下设由科技处、办公室、法规处、计财处、监察处组成的监管办公室，共同做好监管工作；出台了《高清交互数字电视建设项目管理暂行办法》。监管小组现场调研，督促落实，监管办公室适时召开会议，研究解决推广中的问题；建立了与相关委办局、各区（县）的联络机制，每季度召开会议，协调解决问题，安排下季度推广实施计划；监察处全程监督机顶盒采购工作；聘请会计师事务所跟踪审计。三是监察到位。监察处将高清交互数字电视项目列为效能监察项目，对歌华有线公司进行行政效能监督检查。四是监督到位。邀请市人大代表、政协委员调研、监督全市高清推广工作。五是解决问题到位。监管小组与居委会、用户座谈了解需求，与歌华有线公司共商解决办法。

北京歌华有线电视网络股份有限公司作为项目实施单位，举公司之力，上下齐心，克服了各种困难，圆满完成市委市政府交办的任务。

一是集中力量做好双向网改、机房扩容等工作，打牢高清交互推广的硬件基础。2011年，已经完成双向网改造320万户，网络建设配套光缆工程共敷设2143.9公里，配套管道建设226.5沟公里，购买北信基础管道704.2沟公里。特别是投入了大量人力物力财力，集中进行了10个远郊分公司的机房、网络改造，从而确保了远郊高清交互数推工作的顺利进行。

二是全力保障机顶盒供应。2011年，歌华有线公司先后完成了第一批40万台、第二批50万台和第三批40万台高清交互机顶盒采购招标工作，确保了全年机顶盒保质保量供应。

三是采取多种有效措施保障安装到位。在宣传方面，对所有居民小区用户通过“电话、短信、海报、通知、上门”等立体宣传方式，进行广泛的宣传推广，树立了政府“为民办实事”工程形象。在安装方面，组建了近2000人的安装队伍，成立了机顶盒安装质量检查小组，加快了安装速度，确保了安装质量。

四是提高服务质量。为满足高清交互

推广服务需求，公司客服中心96196座席增至450个，电话受理人员从300人增加到600余人，并新增了交互式语音应答系统和网上报修系统。为确保服务质量，公司还启动了“营业厅建设年”活动，在城区新建改建三个营业厅，完善公司服务质量评价体系，聘请专业公司对营业厅服务进行暗访，加强对服务质量的监督和考核。

高清交互数字电视的推广，极大地丰富了首都市民的精神文化生活。已提供了160余套数字电视节目（其中高清频道14套）、1万余小时的视频点播节目、7000首卡拉OK、34个频道的时移回看、“电视支付（银行缴费）”、社区资讯等几十种便民应用服务，满足了群众多层次、多样化的信息与文化需求，受到用户广泛好评。据北京市统计信息咨询中心调查显示，被访用户对推广高清交互数字电视的支持率为95.8%。

高清交互数字电视的推广，带动了相关企业的发展。高清交互项目的实施，带动了一批以中关村科技园区企业为主的相关企业的共同发展。在项目建设采购中，北京企业采购份额占到总采购金额的84.4%。项目的实施还带动了高清电视机的消费，根据第三方调研公司入户调查统计显示，高清交互机顶盒推广对北京市高清电视机消费市场的直接、间接拉动比例合计达42.5%。

高清交互数字电视的推广，提升了首都信息化水平。通过高清交互数字电视平台中的政府便民服务、社区服务、互动娱乐等应用，使北京市民在全国乃至世界率先享受到了高清交互数字电视的普及性服务，从而提高了首都社会信息化应用水平和城市竞争力。作为政府信息发布平台和便民服务窗口，高清交互数字电视已经成为政府与百姓沟通的桥梁纽带，拉近了政府与百姓的距离。目前，北京高清交互数字电视用户数超过全国其他三网融合试点城市高清交互数字电视用户数的总和，高清交互数字电视正日渐成为首都的一张城市名片。

（北京市广播电影电视局科技处、北京歌华有线电视网络股份有限公司）

# 北京市网络视听管理不断加强

2011年，北京市广播电影电视局认真贯彻落实党和国家关于互联网管理的有关方针政策及国家广电总局的工作要求，依据《互联网视听节目服务管理规定》，从我市实际情况出发，以“提升管理、强化服务、净化网络环境”为主要工作思路，通过多种措施，深入推进网络视听节目服务行业管理，努力营造健康文明的网络文化环境。主要工作：

**一、积极组织网络媒体完成了重大活动、重大事件和重大主题的宣传工作任务**

积极组织本市持证视听节目服务网站完成了重大活动、重大事件和重大主题宣传工作任务。各网站精心组织策划了建党90周年、辛亥革命100周年以及党的十七届六中全会的网上宣传，开办了一系列主题鲜明、内容丰富的专题专栏，开展了各具特色、生动活泼、参与广泛的网上互动活动，取得了良好的社会反响。如：北京电视台网站推出“心心相印”大型直播节目，受到网络媒体的广泛关注，中华网、千龙网、凤凰网、新浪、搜狐、腾讯等网络媒体都在直播前对北京电视台“心心相印”的直播消息进行了转载；北京广播网充分发挥台网融合优势，集中做好北京电台各专业广播建党

90周年活动报道，仅三天专题报道点击量就达到14.8万人次，专题中刊发原创图片188组、原创音频360个、视频46个；千龙网在人民大会堂对中宣部和北京市委联合举办的“党在百姓心中专场报告会”进行了图文及视频的直播，全程两个小时，现场点击率超过50万；新浪网以“信仰的力量”为专题的报道，突出在建党90周年过程中党员的先锋模范作用，点击量超过3500万，网友留言超过7万条；优酷网与团中央中国共青团网共同举办以“奋斗的记忆——寻访永不褪色的红色峥嵘”为主题的视频征集活动，征集到网友的视频优秀作品800多个；乐视网直播报道央视“七一”晚会，节目点播视频累计超过50万次等。

**二、加强日常监管**

（一）对有轻微违规行为的网站，及时通知立即删除，对节目内容屡次违规或无证运营的网站，进行诫勉谈话，限期整改；对传播淫秽色情和低俗有害信息视听节目网站，协调市文化市场行政执法总队坚决予以查处，情节严重的，已提请市通管局予以关闭。全年共删除违规视听信息728条，与违规视听网站相关负责人进行诫勉谈话18次。

（二）加强重大节日和敏感期的网络视听节目监管工作。完善《敏感日期间网络视听节目服务安全保障和重大事件处置工作应急预案》，有效应对网络突发事件，较好完成了两会重要会议、“五一”、“国庆”等重大节日和敏感特殊时期网上舆论引导、信息安全和维稳保障任务。

（三）与市公安局、市通信管理局、市文化行政执法总队和市版权局相关管理部门建立联席会制度。通过座谈会、会商会和联席会等形式，通报工作情况，及时研究解决工作推进中的难点问题。

（四）进一步加强社会监督员队伍建设，使监看员的工作任务更加明确，监看范围更加全面，同时邀请专家就版权管理、内容审核等方面进行专题授课，较好地提高了监看员的监看能力和水平，继续开展公众举报奖励活动。全年查处违规持证视听网站2家，查处无证视听网站40家，提交市通信管理局关闭违规无证视听网站12家。

（五）开展了“保护知识产权，打击侵权盗版”专项行动，提请市通信管理局关闭了侵权盗版问题比较严重的“纳米盘”网站。与市版权局和市通管局就整治违法侵权网站建立长效协调机制联合发文，开展专项联合约谈和查处活动。开展了打击非法“网络共享”设备产品及“网络共享”网站专项行动，共查处各类非法“网络共享”设备100余件，删除网上非法“网络共享”设备信息7万余条，印制宣传材料2.4万张。

**三、进一步完善管理措施**

与市版权局、市通信管理局等部门建立快速联合反应机制，并下发《关于建立打击网络侵权盗版行为快速反应机制的意见》、《关于不得擅自从事互联网机顶盒业务的通知》和《北京市广播电影电视局关于加强互联网传播新闻类视听节目管理的通知》等五个通知，特别要求凡存在违规问题或视听业务不能正常开展的持证单位，要立即自行整改。

**四、加大培训力度，创新培训方式**

全年举办编审高管人员培训班两次，近500人参加培训。与北京市委讲师团“宣讲家”网站合作，制作面向持证网站从业人员特别是编审人员的《网编大讲堂》视频光盘，全年12期。举办局网络评论员和网络监督志愿者培训班2次，受训人员80人次。举办信息网络视听节目社会监督员培训班30人参加。

**五、成立行业分会**

与北京市文联共同发起成立了北京电视艺术家协会网络视听节目服务行业分会（简称“网络视听节目服务行业分会”），70余家持证视听节目服务网站申请成为首批会员。

**六、积极组织视听新媒体开展“走转改”活动**

一是与网络视听节目服务行业分会合作策划以“身边的感动”为主题的视听新媒体“走、转、改”系列活动方案。二是于9月23日组织全市首批29家持证视听节目服务网站节目负责人，深入基层，走访参观了北京燕京啤酒集团公司和北京现代汽车制造厂。三是于9月30日到北京电视台，围绕如何推动传统媒体与新媒体融合等问题进行调研。BTV在线、北京广播网负责同志参加了调研。

**七、充分利用新媒体，加强正面舆论引导**

组织网站在视频首页显著位置，统一推出了“弘扬中华优秀传统文化、践行北京精神”的网上宣传活动。各网站在视频首页显著位置，统一推出了“弘扬中华优秀传统文化、践行北京精神”宣传标识，并以此为主题，推出相应视频栏目、节目。这项活动一经推出，社会反响良好。如酷6网“爱心频道”上线当天，点击量93万，吸引网友评论381条。

同时，联合北京电视艺术家协会网络视听节目服务行业分会，在市属131家持证视听网站推出了《身边的感动》网络视听作品征集评选活动，并于11月22日正式启动。鲁炜部长对《身边的感动》活动做出批示，给予充分肯定。

**八、深入网站，开展工作调研**

针对网站管理、视听节目审核、网络自制剧、网络身份管理、网络视听产业发展以及网站经营情况等经常深入网站进行工作调研，了解情况，听取意见，推进工作。并于2011年12月初到四川、广东考察学习了网络视听新媒体的监管和传统媒体与新媒体融合等方面的好做法、好经验，进一步开阔了思路，为全市进一步提高网络视听新媒体的监管水平起到了促进作用。

（北京市广播电影电视局网络视听节目管处）

# 北京市广播电视安全播出开创新局面

2011年，北京市广播电视系统以确保庆祝建党90周年安全播出为重点，认真贯彻落实《广播电视安全播出管理规定》及实施细则。各播出、传输单位安全播出情况良好，停播率北京电台下降15%，北京电视台下降5%，歌华有线总前端、移动电视、数字电视停播率为0，圆满完成了全年安全播出任务。

一、全面开展质量管理体系建设，认真落实62号令及实施细则。2010年市广电局将ISO9001质量管理体系引入安全播出管理中，将广电总局62号令落实在安全播出质量管理体系各项要求和程序中。在市广电局和北京人民广播电台、北京电视台、歌华有线公司、移动电视公司等单位建立了安全播出质量管理体系，并于2011年开始实施。全市所有播出、传输单位，包括14个区县广电中心，全部完成了安全播出质量管理体系建设，使广播电视安全播出管理工作向正规化迈进了坚实的一步。

2011年，市广电局还组织检查小组对全市广播电视节目播出、传输单位的安全播出质量管理体系运行进行了全面检查，及时发现问题，解决问题。

二、理清安全播出管理体系，明确北京广播电视台职责。针对北京市广电体制变化情况，就安全播出管理体系涉及的日常管理、事故处置、报告制度等方方面面工作流程进行逐项梳理，明确职责，制定工作流程，并认真落实，不断完善。每月由市广电局会同北京广播电视台共同召开市属单位安全播出例会，每季度由市广电局组织召开全市单位安全播出例会，传达总局例会精神，通报各单位播出情况，分析监测数据，提出预警信息。坚持重要保障期前开展安全播出检查，加强对安全播出监管，确保了全年各个重要保障期的安全播出。

三、修订安全播出应急预案，开展应急演练。按照市政府完善应急预案的有关要求，根据北京市广电体制的变化，开展了修订完善安全播出应急预案工作，并委托东方正通国际减灾与应急管理研究院协助市广电局规范化地编制应急预案。同时还按照全国“两会”安保工作的要求，编制完成了全国“两会”有线电视保障方案。

市广电局还根据全年工作计划，完成了六次全市性专项演练，其中，两次是指挥调度桌面推演，两次无线非法插播应急演练，一次有线非法插播应急演练，一次是远郊转播站事故处置应急演练。

四、完善监测机制，提高安全播出监测能力。市广电局监测中心加强管理，规范工作流程，认真梳理和细化监测岗位职责，强化岗位责任意识，执行上岗考核制度，结合绩效工资分配方案，制订有效的监测工作奖惩措施。完善值班手册，修订值班员操作规程和应急预案。每月召开监测工作会，对安全播出事故的判定、报告、短信发布等处置流程进行分析和交流，并将会议内容形成纪要，以总结和积累工作经验，进一步完善和统一事故处理方法，提高应急处置的及时性和有效性，不断提高监测工作质量，建立更加高效的监测工作机制。

五、开展广播电视相关信息系统信息安全等级保护工作。按照广电总局和公安部有关要求，市广电局部署在全市广播电视单位开展等级保护定级工作，举办了培训班，邀请广电总局和市公安局专家对广播电视相关信息系统等级保护进行培训。与市公安局组成联合检查组，对北京电台、北京电视台和歌华有线公司的等级保护工作进行了检查，并提出了整改建议。

六、加强培训工作，组织开展技术能手竞赛活动。加强安全播出管理体系培训，举办培训班，邀请中质协质量保证中心专家讲课，对安全播出风险识别、风险评估和风险预防以及如何开展安全播出管理体系内部审核进行了培训。按照广电总局2011年度技术能手竞赛要求，在广播中心和电视中心系统开展了技术培训，举办了北京市广播电视技术能手竞赛，评选出北京市广播中心和电视中心系统技术能手23名，推选优秀选手参加了广电总局技术能手竞赛。

（北京市广播电影电视局科技处）

# 广播电视“村村通”工程取得重大进展

2011年，北京市郊区农村广播电视“村村通”工程，在原来基本实现“村村通、户户通、长期通”的基础上，又取得新的重大进展。

一是村村通有线广播圆满完成。2011年京郊农村广播电视“村村通”工作的任务之一是在昌平、门头沟、密云、延庆4个区县7个乡镇195个村实施村村通有线广播建设。这项工作分别列入市政府折子工程、新农村建设折子工程、“人文北京”行动计划折子工程和市宣传思想工作折子工程。

年初，市广播电影电视局组织“村村通”工作专家组、技术小组对“村村通”设备采购、技术方案等进行把关并编制招标文件。经过公开招标，于4月12日、5月16日分别与设备中标商签定了设备政府采购合同，完成了设备政府采购工作。6月22日，召开了村村通有线广播工作第二阶段动员部署会，与相关区县签订了《2011年北京市广播电视“村村通”工程建设责任书》，下发了《工程进度统计表》，明确了职责任务，提出了具体要求。施工期间，市广电局组织“村村通”技术小组深入一线进行指导协调，加强安全管理，规范施工工艺，及时解决施工中的困难和问题。10月底前全部完工，11月中旬组织了抽查验收，合格率100%。

二是高标准做好直播卫星公共服务工作。2011年9月4日，中宣部、国家广电总局在宁夏召开了全国直播卫星公共服务试点工作经验交流会，对在有线电视网未通达的农村地区开展直播卫星公共服务工作进行了部署。会后市广电局迅速行动，结合北京市工作实际，成立领导小组，研究制定实施方案，召开动员会，对直播卫星公共服务工作提出明确目标和要求。

经过一个多月入户调查，北京市直播卫星用户需求涉及门头沟、怀柔、房山、平谷、密云、延庆等6个区县4500户山区农户和国有林区场站职工户。10月份及时向市财政局申请了财政资金，12月初进行了设备的公开招标采购工作。2012年1月20日，经过市、区县相关部门和中标厂商的共同努力，北京市直播卫星公共服务工程基本完成，分布在门头沟、房山、平谷、怀柔、延庆、密云等6个区县39个乡镇23个行政村、231个自然村的4500户山区农户和国有林场职工用户如期装上了直播卫星设备,赶在春节之前免费收看到了信号稳定、图像清晰的57套电视节目，在全国率先完成了中央部署的利用直播卫星开展农村公共文化惠民工程任务，实现了广播电视由“村村通”向“户户通”转变。

（北京市广播电影电视局传媒机构管理处）

# 北京市行政村公共广播信号无线覆盖工程基本完成

为进一步完善农村广播电视公共文化服务，解决全市2.2%的人收听不到、收听不好北京新闻广播的问题，市广电局在2010年完成房山、平谷、怀柔、密云、延庆五座广播电视转播站并加装数字广播发射系统的基础上，争取市财政投资4600余万元，在门头沟、房山、大兴、昌平、平谷、顺义、通州、怀柔、延庆、密云十个区县，通过建立570个行政村小功率发射站的方式，基本实现了全市北京新闻广播无线覆盖。

一、各级领导高度重视。市委市政府领导非常重视远郊区县山区农村广播电视覆盖的建设问题，时任市委常委、宣传部长、副市长蔡赴朝批复了市广电局提出的建设方案，并指示要加大力度，抓紧抓好北京新闻广播的无线覆盖问题。建设初期，各区县委宣传部领导都特别重视这项建设，指示区县广电中心密切配合，竭力协作完成建设任务。

二、严密组织实施。首先广泛开展调研。市广电局在2009年下半年就着手对全市行政村的北京新闻广播无线覆盖情况进行调研，并委托国家广电总局广播科学研究院对全市无线覆盖情况进行了测试。测试结果显示：北京新闻广播（北京人民广播电台第一套节目）的人口覆盖率为97.8%，有2.2%约27万人收听不到北京新闻广播，这部分人基本分布在远郊山区，居住分散且地处大山深处。市广电局根据测试结果并经多方论证，提出不再建设新的发射台站，采取多点小功率（小调频）无线发射补点覆盖的方式，力求做到立足村镇、设备简约、维护方便，实现广播电视无线基本覆盖。其次科学组织施工建设。按照市发改委对政府投资项目的有关工程建设要求，严格履行工程建设程序，积极协调有关环保、民航、无委等部门，责成区县广电中心指导建设单位落实实施方案。通过市广电局、区县广电中心、中标公司、歌华有线、有关村镇等单位共同努力，工程于2010年11月18日正始开工，2011年9月30日完成了工程所有项目建设，并进行了验收。

三、社会反响良好。北京新闻广播远郊区县无线补点覆盖建设及一并进行的扩大北京城市服务管理广播收听广播无线覆盖建设，在很大程度上满足了北京市远郊区县特别是深山区农民的收听广播需求，标志着北京市广播电视“村村通”工程又向前迈出了坚实的一步，对促进农村经济发展和社会进步，全面实现小康社会，满足农民群众日益增长的精神文化和资讯信息需求，具有积极意义，也切切实实为农民办了一件深得人心的实事。因而，受到京郊边远山区农民的热情称赞。

（北京市广播电影电视局科技处）

## 社会影视制作机构进一步发展壮大

北京市作为国家政治、文化中心，拥有多家中央、直辖市、区县级广播电视播出机构以及数量庞大的民营广播影视节目制作经营机构,同时又有133家播出视听节目网站。广播电视、视听节目制作经营机构数量众多，节目产量庞大，节目类型多样，内容发行到全国各地乃至海外市场，播出平台跨越传统广播电视和各类新兴媒体。截至2011年年底，共审批批准1330家北京市委广播影视制作机构，其中业绩审核合格的1184家，注册资金119.98亿元，从业人数近3万人。2011年生产广播电视节目460万分钟（含广播节目，不含电影、电视剧。其中广播节目40万分钟），比2010年的300万分钟增加了53% 。

北京市属广播电视节目制作经营机构资本多元化，共有民营企业、国有独资企业、国有控股企业、国有参股企业、事业单位和集体所有企业等六种机构性质。其中，民营企业1095家，占92.48%，比上一年的90.99%又有所增加。

民营广播影视节目制作机构业务形态丰富，大体分为以下几类：

一是以生产、发行影视剧为主的机构。这些机构正在成为比较成熟的市场主体，并不断壮大。他们一般都自主在全国发行自制剧，也代理发行其他机构的产品，或由其他机构发行本机构的产品。2011年,制作、发行影视剧的机构共380家。

二是以生产广播电视栏目、专题片、纪录片为主的机构。这类机构主要是为电台、电视台的频道栏目制作节目，同一档节目还可以发行到其他电台、电视台播出。节目产品主要是娱乐类、生活类、教育类、法制类、财经类等。此类机构一般均与广播电台、电视台建立了紧密的长期合作关系。为付费电视频道制作节目的公司相对稳定，有的合同期长达10年。随着国家关于鼓励生产纪录片政策的出台，以及中央电视台纪录频道、北京电视台高清纪实频道正式开播，专门从事制作纪录片的公司得到进一步发展。2011年以生产广播电视栏目、专题片、纪录片为主的机构共320家左右,其中，制作广播节目的14家。

三是以生产电视动画片为主的机构。这类机构出品原创动画作品，除直接经济效益外，还开发衍生产品。品牌与形象授权业务涉及文具、箱包、食品、图书、音像等多个领域。2011年涉及制作发行电视动画片的机构有22家。

四是以新媒体为传播平台的视听机构。这类机构主要是自制栏目、讲座、报告等在拥有的或合作的视频网站播出。2011年一些机构制作了网络微电影、网络剧、短片在网站播出。有的网站制作搭建播出3D视听节目网站。有的制作动画短片、视频贺卡、改编DV节目，在3G手机和其他移动媒体终端播出。2011年以新媒体为传播平台的视听机构74家。

五是以生产制作宣传片为主的机构。这类机构主要与为政府各部门、相关单位客户合作，依靠特定项目生存发展，有的就是因某个项目而专门成立的公司，大部分业务较少。

六是相关配套机构。这类机构主要提供制作片头片花、译制配音、撰稿以及供点播系统节目转换、设备租赁等服务。2011年有两家提供租赁设备，两家提供后期制作，一家提供点播节目制作，一家开展动画片配音业务，一家为电影院线定制生产4D节目。

从播出平台看，北京市制作的电视节目主要在电视台播出，其次是在互联网站、手持终端以及户外大屏、楼宇电视、移动电视等公共视听载体上播出。在133家视听网站中，有64家自制视听节目并播出。

（北京市广播电影电视局传媒机构管理处）

# 2011年首都电视节目推介会暨影视产业发展论坛在京成功举办

2011年10月26日至28日，由北京市广电局、怀柔区政府联合主办的2011年秋季（第九届）首都电视节目推介会暨影视产业发展论坛在北京举办。推介会由开幕式、商务活动、专项推介、论坛和招待酒会五个活动单元组成，商务活动和专题论坛是主要内容单元。整个推介活动以“客房商务区”、“专项推介会”、“影视节目展示长廊”、“商务俱乐部”、“冠名公益活动”、“看片会”、“发布会”等独具特色的交易模式展开。全国160多家影视制作机构的310余部约9000集电视剧通过推介会推向市场。其中新剧200余部，约占剧目总数的75%，涵盖古代、近代、现代、当代、现实、生活情感、革命军事、武侠动作等主要电视剧题材类型，规模、数量再创历史新高。以中央电视台为代表的81家国内主流电视台，以搜狐、腾讯、网易为代表的20家新媒体，以泰国中文电视台、韩国首尔电视节目为代表的27家海外电视节目播出机构的代表参加推介会。

“影视产业发展论坛”由中国移动研究院首席科学家杨景、清华大学新闻与传播学院教授赵曙光主讲，以“全媒体时代电视内容产业的机遇和选择”为主题，针对当前新媒体的迅速发展和电视节目传播形态的根本变革，造成电视节目受众结构和收视习惯发生相应变化的新格局，前瞻性地研究电视节目制作产业，科学分析新形势下如何转变创作思路和生产形态，不断推进首都影视业创新发展，为打造东方影视之都注入强大动力。国家广电总局电视剧司、北京市委宣传部、北京市广播电影电视局、怀柔区人民政府、首都电视节目制作业协会等领导参加会议并讲话。参加本次论坛听众达1200多人。

（北京市广播电影电视局宣传管理处）

# “京产”电视剧数量始终保持全国第一

北京电视剧产业发展有着无可比拟的地域资源、文化资源、人才资源、科技资源优势，有着得天独厚的发展条件。“京产”电视剧数量长期以来始终居于全国各省区市首位。2011年，首都电视剧创作生产自觉遵循精神文明建设规律、艺术创作规律和大众接受规律，坚持“二为”方向和“双百”方针，“京产”电视剧数量再创历史新高。2011年，全市获得广电总局备案公示的电视剧252部剧，8159集，占全国公示剧目的24.2%；全年在市广电局审查通过并获得国产电视剧发行许可证的剧目共计75部2381集。经市广电局初审，由国家广电总局终审发证的剧目共计12部340集，京产电视剧共计87部2721集，同比增幅28%，占到了全国总产量的19%。题材比例为：现实题材剧目共计52部1538集，分别占总部数、集数的60%、56%，其中，当代题材共计48部1411集，分别占总部数、集数的55%、51%；现代题材共计4部127集，分别占总部、集数的5%、5%。历史题材剧目共计36部1214集，分别占总部数、集数的40%、44%，其中，近代题材共计28部915集，分别占总部数、集数的32%、33%；古代题材共计8部299集，分别占总部数、集数的8%、11%。

（北京市广播电影电视局宣传管理处）

# 概 况

# 北京市广播影视概况

## 一、基本情况

2011年，全市拥有市级广播和电视台各一座，市级数字付费、公交移动、城市楼宇、地铁移动、手机电视、户外大屏幕电视以及DAB、RBC数字广播等多个新媒体，拥有区县级（远郊）广播电台9座、电视台10座，近郊广播电视站4座。

全市持有广播电视节目制作经营许可证机构1330家，网络视听网站133家。全市广电行业从业人员3.08万人，经营创收达185.9亿元，同比增长20.3%，其中广告创收79.6亿元，同比增长29.7%；电影票房收入13.5亿元，同比增长14.3%。资产总额571亿元。

北京人民广播电台办有9套无线广播节目，日播出189.8小时；移动多媒体广播（DAB）播出17套广播节目和6套电视节目；北京电视台办有12套电视节目，其中4套为无线、8套为有线，日播出254.8小时；办有移动电视节目1套，日播出17小时，终端屏幕1.15万块；办有城市楼宇电视节目1套，日播出17小时，终端屏幕8400块；办有地铁电视节目1套，日播出17小时，终端屏幕1.5万块；办有数字电视付费频道11套，每个频道每日24小时循环播出；付费频道在全国落地销售区域196个，覆盖用户8113万户。广播电视有线传输网集成数字广播电视节目164套、数字广播节目16套；有线网络总长16.39万公里，其中光缆干线3.96万公里、电缆干线12.43万公里；有线电视注册用户数475.92万户，其中：高清交互数字电视用户272.34万户。京产电视剧87部2721集；京产动画片20部962集1.12万分钟；京产故事影片306部。电影院线16条，电影院118家，银幕617块，IMAX巨幕5块，座位11.44万个。全年电影放映97.31万场，观影3206.11万人次。

## 二、宣传工作情况

1. 圆满完成年度宣传报道任务。全市广播电视播出机构坚持正确舆论导向，深入开展“走、转、改”活动，通过新闻、访谈、直播、转播、图片、视频、手机WAP、微博等形式，围绕国家和首都中心工作，精心组织各项宣传战役，紧扣主题主线、加强热点难点问题的舆论引导，圆满完成了全国和北京市“两会”、纪念建党90周年、辛亥革命100周年、党的十七届六中全会、北京精神等一系列宣传报道任务，为首都工作大局营造了良好舆论氛围。北京电台、北京电视台和北广传媒移动电视、城市电视、地铁电视、手机电视、北京广播电视台党建频道等新兴媒体充分发挥自身优势，开设专栏专题134个，采取实地采访、现场直播、制作专题片（纪录片）、举办文艺晚会等多种形式，形成了新闻宣传的高潮。特别是在庆祝建党90周年期间，北京电台共开设专栏52个，完成访谈节目365期，播出录音报道、专题报道500篇；北京电视台完成“红色地图”、“我的中国心”、“京沪高铁大直播”，北京卫视频道、公共·新闻频道与移动电视、城市电视、地铁电视和北京广播电视台党建频道在7月1日首次全天并机直播特别节目《心心相印》。在纪念辛亥革命100周年期间，北京电台各频率相继推出《知识开讲》系列访谈节目，播出辛亥革命题材的文艺作品和外国学者谈辛亥革命等节目，与广州广播电视台、南京电台联合推出大型直播节目《世纪回响》，北京电视台制作播出了大型历史纪录片《辛亥》，在社会引起强烈反响。在做好热点难点问题的引导上，北京电台、北京电视台等主要媒体围绕就医、就业、就学、住房、物价等问题，推出了《市民对话一把手》、《城市与社区》、《问城时间》、《12315需求与反馈》等十余个专栏专题，起到解读政策，解疑释惑的作用。京郊各区县广电中心加大宣传报道力度，开辟新的专栏，制作播出了《区县风采》、《火红的旗帜》、《身边的感动》、《记者镇街行》等一批新闻和专题节目，受到人们的好评。

2．广播影视艺术进一步繁荣发展。以迎接建党90周年、纪念辛亥革命100周年创作为重点，加强剧本策划和资金扶持力度，积极推动弘扬社会主义核心价值观及反映当代、原创、北京题材的优秀影视剧的创作，全年生产《杨善洲》等电影306部，《风车》等电视剧87部2721集，动画片《星游记》等20部962集1.12万分钟。《唐山大地震》等11部影片荣获第14届电影华表奖；《我是特种兵》等9部电视剧荣获第28届飞天奖；《第一书记》等4部电影和《黎明之前》等10部电视剧荣获2010年度北京市优秀影视剧奖；动画片《星游记》在首尔国际动漫节上获最佳创意大奖。北京电台《稀土为何卖了“白菜价”》和北京电视台《吴玉禄和他的“孩子们”》荣获第二十一届中国新闻奖。北京电台《英雄儿女》、北京电视台《文物安全会开成了“瞌睡”会》、昌平广电中心《阳春白雪的故事》等9个广播电视节目荣获2009—2010年度中国广播影视大奖；北京电台《莫让垄断形成腐败“黑洞”》、怀柔广电中心《给工程占地拆迁工作支个招儿》、北京电视台《北京法官再度捐献骨髓、京沪两市上演爱的故事》、朝阳广电中心《1分06秒的记忆》等12个广播电视节目荣获2009—2010年度中国广播影视提名奖。全市267个广播电视节目栏目荣获北京市广播影视奖，由区县广电机构制作的23部作品在纪念建党90周年优秀广播电视节目评比活动中获奖。全市广播电视节目栏目总体水平明显提高，在全国的传播力、影响力得到明显提升。

3．开创高端化国际交流合作新平台。坚持“走出去”与“请进来”相结合，拓展广播影视节目外宣渠道。北京地区全年有18个广播影视企业被列为国家文化出品重点企业，43个广播影视项目被列为国家文化出品重点项目，占全国比重分别为30.5%和47.3%。北京市广电局组织16家影视制作机构赴戛纳电视节参展，参展电视剧30部、1132集；纪录片12部、18集；动画片2部、104集；电视栏目1个；电影3部。7家公司实现交易额209.48万美元，达成合作意向金额为1010.48万美元。北京电视台率团参展新加坡《第12届2011ATF亚洲电视论坛暨亚洲影视节目交易展》，把一批优质电视节目推向了海外市场。第一届北京国际电影季举办成功，42个国家和地区近230部电影佳作参展，在20家影院放映429场，吸引2万多人次观看；334家电影机构、860多位业内人士参加电影交易洽谈，签约总额达27.94亿元人民币，并有200多个项目达成意向，创下国内电影节展交易额最高纪录。北京广播电视台举办“2011北京国际数独大奖赛” 获得成功，来自19个国家和地区的54名世界数独高手参赛，为该赛史上规模最大、参赛水平最高、奖项设置最多的一次，树立了北京广播电视台在国内外电视界的良好形象。精心办好外宣节目成效显著，北京电台录制的《中国新闻》、《今日北京》、《城市链接》等节目在联合国、美国、加拿大、韩国等境外广播媒体播出，《北京美食料理》和《北京走透透》两档节目在台湾地区播出；北京电视台频道在长城美国平台、长城亚洲平台、长城欧洲平台、长城加拿大平台、长城拉美平台、长城东南亚平台和长城澳大利亚平台播出各类电视节目；全年外宣节目首播时长共计2372.5小时，重播时长8760小时，宣传片360小时；制作英语新闻70

条，在美国联邦公共广播公司MHZ电视台等境外电视机构播出；与俏佳人传播公司合作，将《天下收藏》栏目发行给美国ICN电视联播网；将《四海漫游》发行到马来西亚、文莱等国的电视机构播出。与海外IPTV运营商麒麟电视、ITV、汉雅星空合作，把33档节目传播到北美地区；还首次直接参与举办了境外大型国际活动——第62届札幌雪雕节，与日本北海道放送（HBC）联合企划共同出资建成天坛大型雪雕，在完成电视节目国际合作的基础上，开创了媒体外宣新途径，扩大了国际辐射力和影响力。北京中北电视艺术中心有限公司积极开拓国际文化市场，古装电视剧《大唐女巡按》（36集）、《南国有佳人》与东盟十国和台湾、香港地区签订播出合同，实现收入37.54万美元。加强境外人员（含港、澳、台人员）参与国内广播电视节目制作的管理，共批准186批次、756人次；引进广播电视节目严格履行报批手续，共引进电视剧30集，电影10部；支持民营企业中阿经典国际文化传媒（北京）有限公司在约旦（阿曼）全资设立开播CATV国际主体电视台，从事影视动漫制作发行、国际电视台投资、新媒体数字人才培养教育等经营项目。

**三、事业产业发展情况**

1．加快数字化、网络化、高清化进程。落实文化创新、科技创新“双轮驱动”战略，北京电视台实现三个高清频道节目播出，完成歌华有线电视双向网络改造320万户和130万户高清交互机顶盒推广任务，全市有线电视注册用户达475.92万户，入户率95.9%，其中高清交互数字电视用户已达272.34万户，成为全国高清交互数字电视用户最多的城市。据北京市统计局用户调查显示，98.1%的被访市民高度肯定高清交互机顶盒推广工程，60.4%的被访市民认为精神和文化生活更加丰富，61.5%的被访市民在使用高清电视机，同比增加了24.3%。协调专项经费支持区县新闻节目高清化建设，区县广电高清化建设得到较大幅度改善。积极参与国家广电总局3D频道试播。歌华有线与北京移动签署了战略合作协议，推动北京IPTV集成播控平台和监管平台建设，迈出了“三网融合”发展的重要一步。全市广电系统42个项目、节目荣获国家广电总局科技创新和金鹿、金帆奖，4名技术人员获得技术能手称号。广播电视监测中心建设的“宾馆饭店视频点播监管系统”和“互联网视听信息传播监管平台”项目荣获第五届“王选新闻科学技术奖”。

2．加快公共服务体系建设。圆满完成“有线广播村村响建设”、“全面推进三网融合试点”等24项为民办实事的惠民工程任务。在全市基本完成广播电视“村村通”、“户户通”的基础上，继续实施完成昌平、门头沟、密云、延庆4个区县7个乡镇195个村的有线广播村村响建设，并在全国率先完成门头沟、房山、平谷、怀柔、密云、延庆6个区县和国有林场4300余户直播卫星工程建设。全部完成10个区县570个行政村的广播信号无线覆盖工程，实现了全市行政村北京新闻广播的基本覆盖。完成并投入使用全国首家市区两级播出机构互连互通的广播影视媒体资产管理共享交换平台建设，提高了新闻节目时效性。加大农村公益电影放映工作指导和管理力度，出台《公益电影管理办法》，推出主题电影展映年和“电影周末场”等特色放映活动。全年共放映公益电影24.45万场，观影人次达1142.3万人，公益放映整体水平继续位居全国前列。

3．转变发展方式加速产业发展。组建成立首都影视产业联盟和首都影院联盟，127家广播影视企业和105家影院成为首批会员单位，通过政策引导、资金支持、搭建交流交易平台等方式，进一步集聚首都广播影视资源优势，推进广播影视精品创作和交流交易。加大对电影发展的支持力度，调整完善了《北京市关于加快电影产业发展的实施意见》。组织300余家企业参加第六届中国北京国际文化创意产业博览会，现场签约24.53亿元,同比增长8倍多。成功举办2011年首都春秋两季电视节目推介会，有效地扩大了电视剧、动画片的交易量，实现可预见交易成果44.4亿元。不断调整完善广告价格体系和销售体系，深度挖掘广告资源，扩大广告创收渠道，实现广告收入历史新高。截至2011年年底，全市广告创收79.6亿元，比去年增长29.7%。积极支持骨干企业上市融资，光线传媒在深圳交易所创业板成功上市，当日募集资金达14.38亿元。全市有9家视听网站、1家网络传输公司和2家广播影视节目制作企业分别进入国内外资本市场，并有多家影视企业也已进入上市流程，位居全国首位。搭建文化会展交流新平台，成功承办“2011年北京国际设计周暨设计三年展”、“2011年中国乐谷·北京国际流行音乐季”等重大文化会展项目，接待国内外观众370万人次，取得了良好的社会效益和经济效益。据统计，2011年全市广播影视创收总收入185.9亿元，同比增长20.3%，电影票房收入13.5亿元，比去年同期增加1.7亿元，增长14.3%，占全国票房收入的10.3%，位居全国城市第一。

**四、行业管理情况**

1．强化依法行政。深入开展抵制低俗之风专项行动，重点加强娱乐节目和广告治理，制定出台《北京市加强上星综合频道节目管理的实施意见》。全年审查电影136部、电影剧本217部、电视剧110部3563集、动画片24部1738集1.36万分钟。编发《收听收看报告》113期、《广播电视网络舆情参考》45期，连续四年荣获全国广播电视收听收看工作先进单位称号。深入开展专项治理活动，全年参与组织开展各类专项行动153次。建立完善互联网传播新闻类视听节目监管机制，查处无证网站40家。严把行政许可入口关，依法注销412家广播影视持证单位。继续推进政府信息公开工作，主动公开政府信息589件，办理依申请公开2件。全年受理行政许可事项2177件，有效提升了政府部门行政管理和行业服务的能力和水平。

2．实现安全播出和安全监管。修订完善安全播出应急预案，组织开展全市范围安全播出应急演练，防范非法信号插播。组织开展全市广播电视相关信息系统的等级保护定级工作，停播率总体下降，其中北京电台下降15%，北京电视台下降5%，歌华有线总前端、移动电视、数字电视的停播率为0。加大广播电视监测及互联网等信息网络视听节目监听监看工作力度，对全市15套广播节目、129套电视节目监测876万小时，及时发现处置播出及传输异态，确保了广播电视的安全播出。重视做好影院的安全防范，首次组织开展影院应急处置演练活动。对广播电视设施保护、地下有限空间、架空线、广播电视转播站等环节提出针对性的安全责任要求。

（马广胜　李剑　吴彤）

# 北京市广播电影电视局概况

北京市广播电影电视局是负责本市广播电影电视事业管理工作的市政府直属机构，成立于1979年9月，原称北京市广播事业局，1984年5月改为北京市广播电视局，2009年2月根据中共中央、国务院批准的北京市人民政府机构改革方案和《北京市人民政府关于机构设置的通知》（京政发〔2009〕2号），设立北京市广播电影电视局（简称市广电局）。

2011年，全市广播影视战线深入贯彻落实科学发展观，在舆论引导、体制改革、内容生产、公共服务、安全播出、产业促进等方面取得显著成绩。

**一、坚持正确舆论导向，唱响时代主旋律**

按照国家广电总局和市委宣传部的统一部署，紧紧围绕国家和首都中心工作，积极统筹市属和区县、传统和新兴媒体精心组织新闻宣传战役，紧扣主题主线、加强热点难点问题的舆论引导，加强正面宣传，唱响主旋律、打好主动仗，圆满完成了全国和北京市“两会”、纪念建党90周年、辛亥革命100周年、党的十七届六中全会、“北京精神”等一系列宣传报道任务，为首都工作大局营造了良好舆论氛围。健全突发事件新闻宣传报道机制，妥善处理复杂敏感社会热点、难点问题，科学解疑释惑、有效凝聚共识，做到了“唱得响、讲得清、贴得近、管得住。”

深入开展“走、转、改”活动，统一部署、组织指导全市制作播出机构、影视创作者深入基层、深入生活，制作播出了一批感人至深、面向基层“接地气”的广播影视节目，转变作风、改进文风取得实效。北京广播电视台和各区县广电中心始终坚持守土有责、守土尽责，加大宣传管理和新闻报道力度。“我在基层——记者区县行”、“温暖一家亲”公益行动、“来自基层的报道”、“记者走基层”等一批节目栏目受到各方广泛好评。

**二、坚持精品推优机制，繁荣创作和生产**

以迎接建党90周年、纪念辛亥革命100周年创作为重点，从剧本策划抓起，强化项目指导和资金扶持力度，积极推动弘扬社会主义核心价值观及反映当代、原创、北京题材的优秀影视剧的创作生产。全年创作生产《杨善洲》等电影306部；《风车》等电视剧87部2721集；《星游记》等动画片20部962集1.12万分钟。完成电影剧本备案745部，占全国53.8%；电视剧备案252部8159集，占全国24.2%和24.4%；动画片备案27部3.51万分钟，占全国4.8%和7.7%。

电影《唐山大地震》等11部影片荣获第14届电影华表奖；《我是特种兵》等9部电视剧荣获第28届飞天奖。《第一书记》等4部电影和《黎明之前》等10部电视剧荣获2010年度北京市优秀影视剧奖；动画片《星游记》在首尔国际动漫节上获最佳创意大奖。北京电台《稀土为何卖了“白菜价”》和北京电视台《吴玉禄和他的“孩子们”》荣获第二十一届中国新闻奖。北京电台《英雄儿女》、北京电视台《文物安全会开成了“瞌睡”会》、昌平广电中心《阳春白雪的故事》等9个广播电视节目荣获2009—2010年度中国广播影视大奖；北京电台《莫让垄断形成腐败“黑洞”》、怀柔广电中心《给工程占地拆迁工作支个招儿》、北京电视台《北京法官再度捐献骨髓、京沪两市上演爱的故事》、朝阳广电中心《1分06秒的记忆》等12个广播电视节目荣获2009—2010年度中国广播影视提名奖。全市267个广播电视节目栏目荣获北京市广播影视奖，由区县广电机构制作的23部作品在纪念建党90周年优秀广播电视节目评比活动中获奖。全市广播电视节目栏目总体水平明显提高，在全国的传播力、影响力得到明显提升。

**三、坚持推进惠民工程，加快公共服务体系建设**

圆满完成市委市政府《全面推进三网融合试点》、《办好首届北京国际电影季》等24项为民办实事和折子工程任务，受到各级党委、政府的充分肯定。在全市基本完成广播电视“村村通”、“户户通”的基础上，继续实施完成了昌平、门头沟、密云、延庆4个区县7个乡镇195个村的有线广播村村响建设；按照中宣部和广电总局统一部署，春节前在全国率先完成了门头沟、房山、平谷、怀柔、密云、延庆6个区县和国有林场4300余户直播卫星工程建设。全市10个区县570个行政村的公共广播信号无线覆盖工程建设全部完成，实现了全市行政村北京新闻广播的基本覆盖。提前完成市政府办实事项目130万户高清交互机顶盒的年度推广任务，全市有线电视注册用户达475.92万户，入户率95.9%，其中高清交互数字电视用户已达272.34万户，成为全国高清交互数字电视用户最多的城市。建设完成并投入使用全国首家市区两级播出机构互连互通的广播影视媒体资产管理共享交换平台，提高了新闻节目的时效性。

加大农村公益电影放映工作指导和管理力度，建立完善相关制度，出台了《公益电影管理办法》。各区县文委切实加强公益电影放映工作的组织管理，推出主题电影展映年和“电影周末场”等特色放映活动。全年共放映公益电影24.45万场，观影人次达1433.4万人，公益放映整体水平继续位居全国前列。

**四、坚持强化依法行政，提升社会管理和服务能力**

坚持一手抓改革发展、一手抓科学管理，不断提高管理水平。深入开展抵制低俗之风专项行动，重点加强娱乐节目和广告治理，制定出台《我市加强上星综合频道节目管理的实施意见》。全年审查电影138部、电影剧本217部、电视剧110部3563集、动画片24部1738集1.36万分钟。编发《收听收看报告》113期、《广播电视网络舆情参考》45期，连续四年荣获全国广播电视收听收看工作先进单位称号。深入开展专项治理活动，全年参与组织开展各类专项行动153次，收缴各类非法“网络共享”设备产品222件、删除网上非法“网络共享”设备信息7万余条。建立完善了互联网传播新闻类视听节目管理快速联合反应机制和网络视听监管机制，查处无证网站40家、提交关闭无证网站12家，查处持证违规网站2家，删除违规视听信息728条。

**五、坚持转变发展方式，加速产业发展**

在市委宣传部指导下，组建成立了首都影视产业联盟和首都影院联盟，127家广播影视企业和105家影院成为首批会员单位，联盟将在政府主导下，通过政策引导、资金支持、搭建交流交易平台等方式，进一步集聚首都广播影视资源优势，推进广播影视精品创作和交流交易，进一步增强首都广播影视整体实力。进一步加大对电影发展的支持力度，调整完善了《北京市关于加快电影产业发展的实施意见》。推动影院建设快速发展和多厅影院合理布局，给予9家新建影院2450万元的补贴资金。组织300余家市属广播影视企业参加第六届中国北京国际文化创意产业博览会，现场签约24.53亿元，同比增长8倍多；成功举办2011年首都春秋两季电视节目推介会，实现可预见交易成果44.4亿元。积极支持骨干企业上市融资，光线传媒在深圳交易所创业板成功上市，当日募集资金达14.38亿元。全市已有9家视听网站、1家网络传输公司和2家广播影视节目制作企业分别进入国内外资本市场，并有多家影视企业也已进入上市流程，位居全国首位。

据统计，2011年全市广播影视创收总收入185.9亿元，同比增长20.3%，其中广告创收79.6亿元，同比增长29.7%；电影票房收入13.5亿元，比去年同期增加1.7亿元，增长了14.3%，占全国票房收入的10.3%，位居全国城市第一。全市已有1330家广播电视节目制作经营许可证机构，133家网络视听网站，16条电影院线、118家影院、银幕617块、座位11.44万个、IMAX巨幕5块，移动电视显示屏2.4万块、城市电视屏幕终端8440台、地铁电视终端显示屏1.5万块、中国移动多媒体广播（CMMB）北京地区新增用户69万户，北京广播影视产业发展态势良好。

**六、坚持文化科技创新，加快数字化、网络化、高清化进程**

落实文化创新、科技创新“双轮驱动”战略，加快推进首都信息化建设水平，北京电视台实现了三个高清频道节目播出，完成歌华有线电视双向网络改造320万户和260万户高清交互机顶盒推广任务，极大丰富了首都市民的精神文化生活，成为政府与百姓沟通的桥梁和纽带。据市统计局用户调查显示，98.1%的被访市民高度肯定高清交互机顶盒推广工程，60.4%的被访市民认为精神和文化生活更加丰富了，61.5%的被访市民在使用高清电视机，同比增加了24.3%。协调专项经费支持区县新闻节目高清化建设，区县广电高清化建设得到较大幅度改善。积极参与了国家广电总局3D频道试播。着力推进“三网融合”试点工作，歌华有线公司与北京移动签署了战略合作协议，积极推动北京IPTV集成播控平台和监管平台建设，迈出了“三网融合”发展的重要一步，受到国务院“三网融合”工作安全评估专家组充分肯定。

全市广电系统42个项目、节目荣获广电总局科技创新和金鹿、金帆奖，4名技术人员获得广电总局技术能手称号。广播电视监测中心建设的“宾馆饭店视频点播监管系统”和“互联网视听信息传播监管平台”项目荣获第五届“王选新闻科学技术奖”。

**七、坚持强化安全意识，实现安全播出和安全监管**

加强安全播出规范化管理，全面做好安全播出保障工作。通过梳理安全播出管理工作流程，修订完善安全播出应急预案，组织开展全市范围安全播出应急演练，防范非法信号插播，组织开展全市广播电视相关信息系统的等级保护定级工作，圆满完成全市播出传输单位的安全播出质量管理体系建设，圆满完成了春节、全国“两会”、纪念建党90周年等重要保障期安全播出任务，停播率总体下降，北京电台下降15%，北京电视台下降5%，歌华有线总前端、移动电视公司、数字电视公司的停播率为0。

加大广播电视监测及互联网等信息网络视听节目监听监看工作力度，对全市15套广播节目、129套电视节目监测876万小时，确保了重要播出保障期间的安全播出。

牢固树立政治意识、大局意识、责任意识、阵地意识，逐级签订安全责任书，圆满完成《首都综治责任书》、《平安北京责任书》、《烟花爆竹管理责任书》等各项任务。重视做好影院的安全防范，加大影院安全生产监管力度，组织开展首次影院应急处置演练活动。对广播电视设施保护、地下有限空间、架空线、广播电视转播站、电影院等环节提出针对性的安全责任要求。

**八、坚持走出去方针，搭建高端化、国际化交流合作新平台**

成功举办第一届北京国际电影季，开设六大主体活动，42个国家和地区近230部电影佳作，在20家影院放映429场，吸引2万多人次观看；334家电影机构、860多位业内人士参加电影洽商，签约总额达27.94亿元人民币，并有200多个项目达成意向，创下国内电影节展交易额最高纪录。北京国际电影季在国内外产生巨大影响，成为北京广播影视建设东方影视之都的标志性活动，是北京建设世界城市的一项重大品牌活动，也是“十二五”开局之年北京的一项重要文化盛事。

认真做好广播影视走出去，精办广播电视外宣节目，长城平台北京电视台频道节目收视排名位居各频道之首，外宣节目首播时长达2372.5小时，回放时长达8760小时，宣传片360小时。北京电视台精心创办的“环球春晚”，在欧洲、东南亚等多个国家和地区同步播出。北京电台外语广播充分借助网络电台优势加大对驻京外国友人的宣传力度，并实现与上百家英文网站的互动链接。

鼓励支持广播影视机构走出去，有多家机构采取并购、收购等方式进入国外主流媒体市场，进一步拓展了广播影视走出去工作渠道。组织首都16家影视制作机构赴戛纳电视节参展，实现交易金额209.48万美元，达成合作意向金额1010.48万美元。此外，北京地区有18个广播影视企业被列为国家文化出口重点企业，43个广播影视项目被列为国家文化出品重点项目，分别占全国比重30.5%和47.3%。

**九、坚持人才兴业战略，壮大广播影视队伍**

遵循广播影视发展规律和人才成长规律，落实“四个一批”人才培养工程，增强广播影视职业化人才需求。制定出台《局加强干部教育培训管理实施办法》，优化培训内容和形式；北京电视台推进“台校合作”模式，与北京大学等七所高校共建实习基地，吸引优秀毕业生来台实习；北京电台大力推进企业文化建设，编辑出版《往事如歌——北京人民广播电台企业文化故事》，深入开展“读故事、品人生，做电台优秀传人”教育。各区县也结合实际推出人才培养计划。据统计，共举办各类培训班277个，培训17177人次。圆满完成2640名广播电视编辑记者、播音员主持人的资格考试工作，并着手探索建立准入退出机制。

为首都广播影视人才队伍提供多方面支持与服务，局专门安排著名编剧赴境外集体采风学习，与重点影视机构负责人建立沟通机制，主动听取他们对行业发展的意见和建议；北京电视台先后选派27人前往专业院校及权威培训机构，培育重点领域的业务带头人。

认真落实市委组织部下发的《关于全面推行干部任免票决制的意见》，进一步加大干部选拔力度，百余名同志先后走上各级领导岗位。根据三网融合、北京国际电影季等新增工作职能和重点工作任务要求，协调核增了行政编制，通过社会公开招考、引进优秀人才、安置接收干部等多种途径，进一步优化广电系统人才结构，并积极探索与专业院校开办广播影视高等职业技术教育，着手培养一定规模的适应影视产业发展需要的中级专业人才，为广播影视发展积蓄力量。

**十、坚持党的理想信念教育，营造事业发展的良好氛围**

以开展建党90周年评比表彰活动为契机，认真学习贯彻十七届六中全会精神，深入开展“三项学习教育”和“走、转、改”活动，围绕实施“领航工程”、“聚力工程”、“先锋工程”，认真组织开展“创先争优”和创建“学习型”党组织建设活动，有力促进思想政治建设和工作作风转变，为事业长远发展提供了重要保障。

坚持领导干部上党课制度，领导班子主要负责人带头学理论、上党课，促进了全行业的思想理论建设。重视发挥典型带动示范作用，进一步强化了组织建设和党员教育。继续推进学习“三人行”活动，建立局内党员群众监督员队伍，努力提升政风行风建设水平。着力推进惩防体系建设，制定印发《党风廉政建设组织协调工作制度》、《廉政风险防范管理工作实施方案》、《关于廉政风险防范管理工作体系建设的意见》等一批规章制度，强化教育监督。积极开展廉政风险防范管理“回头看”工作，进一步强化“一岗双责”，层层签订党风廉政建设责任书，着重对第一届北京国际电影季、130万台高清机顶盒推广等重大活动项目和政府办实事项目实施全程跟踪监督和审计。

（北京市广播电影电视局办公室）

# 北京市广播电影电视局工会概况

北京市广播电影电视局工会成立于2006年9月。

2011年主要工作：

**一、积极组织开展系列活动，喜迎建党90周年**

1．以建党90周年为契机，印发《纪念建党90周年党史知识问答》。

2．组织干部职工积极开展读书学习活动，以征文、座谈、演讲等形式强化学习效果。

3．组织开展“庆祝建党90周年优秀摄影作品展”，共收到作品115幅，评选出一、二、三等奖及优秀奖并颁发获奖证书。

4．举办“红歌飞扬献给党”歌咏比赛。

**二、切实发挥服务职能，为干部职工送温暖、送文化、送健康**

为每位会员提前送生日祝福及蛋糕券，对生病职工及时进行慰问，对有亲属去世的三名职工第一时间送去问候和抚恤金，并帮扶家庭困难的职工；开展元旦、春节、国庆节日“送温暖”活动；向发放《女性健康教育》系列小册子；推广普及第九套广播操活动；组织职工参加市直机关第四届“和谐杯”乒乓球比赛。

**三、围绕中心“创先争优”，增强队伍凝聚力建功“十二五”**

开展北京国际电影季知识问答活动；成功举办2011年新春联欢会；结合“走转改”将工会“创新争优”情况在《劳动午报》进行宣传。

**四、加强工会自身建设，提高工会工作科学化水平**

定期召开工会两委工作会议，完成工会财务预决算；完成组织机构代码年审；组织参加全国广电系统工会、女工干部培训班；赴上海、浙江、湖南兄弟单位调研学习；完成工会统计年报调查工作并上报市总工会。

**五、规范工会经费的管和用，做好经费审查工作**

**六、秉承踏实的工作作风，认真做好职工保险工作**

（北京市广播电影电视局工会）

# 北京市广播电影电视局<br>离退休人员管理服务中心概况

北京市广播电影电视局离退休管理服务中心成立于2000年11月，前身为北京市广播电视局老干部活动站。2009年3月31日，更名为北京市广播电影电视局离退休管理服务中心。主要职责是：1.负责离退人员的日常管理和服务工作；2.负责离退人员的政治学习和思想教育工作；3.负责离退人员政治待遇、生活待遇的落实及协调工作；4.负责组织离退人员开展各种文化体育活动和其他有关工作。

2011年主要工作：

**一、认真落实政治待遇**

及时向离退人员传达有关文件和重要会议精神，通报有关重要情况；坚持经常征求离退人员意见与建议，并加强思想交流与沟通；组织了纪念建党90周年系列活动；认真处理来信来访,进一步保持了离退人员队伍的稳定。

二、努力落实生活待遇

协调局有关部门及时为离退人员增加生活补贴、报销医药费、组织年度体检、保障看病及活动用车，及时看望生病住院的人员。为离休干部配发“小帮手”手机，组织年度休疗，解决部分离退人员实际困难，消除离退人员的后顾之忧。

三、积极组织文体活动

组织棋牌比赛、书画摄影展、参观休疗、垂钓郊游、戏曲演唱等活动,较好地丰富了离退人员晚年的精神文化生活。

四、充分发挥老同志作用

积极引导离退人员关心国家大事，鼓励大家发挥余热，为单位、为社会多作贡献。

(北京市广播电影电视局离退人员管理服务中心)

# 北京市广播电影电视局后勤服务中心概况

北京市广播电影电视局后勤服务中心成立于2006年8月，前身为北京市广播电视局机关后勤服务部。

主要职责：指导全局各单位安保、消防工作的开展，建立健全安保、消防工作制度；对全局的房管、房改工作进行政策指导、咨询、落实；负责车辆的管理、调配以及全局交通安全管理；负责机关的政府采购和固定资产管理；负责机关医疗、绿化、印刷、办公用品等日常服务管理。2011年主要工作：

一、安全保卫

在春节、两会等重要节假日、重大活动期间对建外大楼进行多次安全检查，并印发《关于加强春节两会期间安全工作的通知》；对证件识别系统进行更新改造；更换2011年度临时出入证、年度会客证及办理工作证、出门证等共计520余个，发放新工作证卡套近300个；安排相关单位车辆进入停车场相关事宜70批次；完成建外大楼电视监控系统改造。

二、房管房改

安装政务大厅和局办公楼卷帘门、防盗门；对主楼会议室进行空调通风改造；对礼士路老干部活动中心房屋进行修缮；为第一届电影季组委会调整办公用房；完成政务大厅增加电话语音自动咨询服务工作，办理电话移机34部，新增6部；填写局机关《北京市公共机构用能情况调查问卷》、汇总全局系统公共机构用能数据。

三、车辆管理

与局驾驶员签订交通安全责任书；印发局“公车治理办法”，对超标车辆情况统计上报并按时完成初步治理；做好“两会”期间的交通安全教育及车辆服务保障；召开“局系统交通安全培训会”。

四、综合服务

组织完成对局机关及所属事业的固定资产实物盘点工作，处置核销局机关固定资产163件；完成“小金库”自查自纠工作；对临时聘用人员管理方式进行调整，转变了工资支付方式；完成上半年办公用品及耗材的发放，办公设备维修维护500件次；完成全局在职人员、离退休人员分批次体检工作；按照“北京市级公费医疗人员全部并入职工医疗保险”的文件要求，完成局机关人员社保卡发放。

(北京市广播电影电视局后勤服务中心)

# 北京市广播电影电视局信息中心概况

北京市广播电影电视局信息中心组建于2006年下半年，正式成立于2007年1月18日，同时加挂北京电视共用天线管理服务中心。主要职责：承担本市有线电视、共用天线以及地面接收卫星电视节目新建工程的检验检测工作，负责本系统信息化建设工作，承担局机关电子政务、网络运行的技术保障工作。2011年的主要工作：

**一、编制实施“十二五”规划，加快局电子政务建设步伐**

于2010年年底着手编制北京市广电局政务信息化“十二五”规划，在进行近百人次的访谈调研后，2011年3月份形成初稿，经专家论证，审核通过。

**二、抓好重点项目建设，促进业务信息资源整合共享**

1．优化局网站公共服务平台。走访市工商局信息中心、市新闻出版局信息中心，针对局网站存在的薄弱环节进行调研取经，并专门邀请“首都之窗”相关专家传授经验。优化了网站的公共服务平台，围绕“信息公开、便民服务和政民互动”打造特色栏目，使网站成为公众获取电影电视广播咨询动态的主要渠道、广电企业进行在线事务办理的通道、公众和企业与市广电局进行交流互动的平台。

2．搭建局内综合业务服务平台。整合局业务信息系统，实施集约化建设，局内综合业务服务平台（一期）于2011年上线运行，达到信息资源共享。

3．开发建设党务公开系统。承担在局门户网站和局域网以及触摸屏建设开发党务公开信息平台的工作，一个月时间圆满完成触摸屏、局门户网站、局内网三个平台的信息系统建设开发工作。

**三、重视安全运行维护，确保信息系统安全稳定**

委托国内知名安全服务企业进行信息系统安全风险评估工作。通过评估，提出整体的安全规划建议，为后续建设提供参考和依据，确保计算机机房物理环境和信息系统的整体安全性和可靠性。

**四、开展课题调研撰写，提升干部队伍业务研究能力**

到市文化局、市工商局、市新闻出版局和湖南省广电局、四川省广电局、国家广电总局走访调研，探讨如何进一步发挥电子政务在广播影视产业发展中的服务保障作用。

**五、加强软件正版化检查整改，提高全局干部使用正版软件的自觉性**

为贯彻落实《国务院办公厅关于进一步做好政府机关使用正版软件工作的通知》，对全局办公软件、操作系统、杀毒软件进行了彻底检查，并对办公软件的不足进行及时补充。在市版权局的指导下，出资30多万元，购买100多套正版办公软件，软件正版化率达到100%。

**六、做好电子政务培训，提高全局干部信息化应用能力**

聘请电子政务专家授课，讲解北京市电子政务的整体现状和发展趋势，提高局干部的信息技术能力。

**七、抓好网站年度考评和电子政务绩效考核，提升电子政务应用水平**

对现有网站进行了服务、功能等方面的扩充，对电子政务建设方面存在的问题进行整改和完善，对网站管理工作和电子政务绩效工作进行了自查和总结。

**八、加强支部建设，进一步深化创先争优活动**

与机关党委、监测中心共同组织开展“国旗在我心中飘扬”的党日活动；与纪检监察处到“大兴反腐倡廉警示教育基地”参观学习；组织全体党员干部深入一线技术单位北京天融信科技有限公司，开展实地观摩学习、考察活动。

（北京市广播电影电视局信息中心）

# 北京市广播电视监测中心概况

北京市广播电视监测中心成立于2006年，前身为北京广播电视技术监测台。加挂北京市广播电影电视局信息网络视听节目监管中心和北京市广播电视安全播出调度中心的牌子。

主要职责：负责对本市广播电台、电视台以及有线电视网络的播出、传送及运行情况进行监测；负责本市互联网传播视听节目的监测工作；受北京市广播电影电视局委托，承办有关广播电视节目安全播出调度指令的发布、安全信息预警，承担广播电视节目传播突发事件处置的技术保障工作；承担本市广播电视无线覆盖转播站的相关服务与管理工作。

2011年主要工作：

**一、保障广播电视安全播出，各项职能认真落实**

（一）确保重大节日、活动的安全播出

年内，对15套（44路）广播信号，共计监测317202.96小时。对16个站点129套（912路）电视信号，共计监测8444333.52小时。发现并及时提醒各播出机构发生的广播电视播出异常情况473起，通过预警信息平台收发预警信息共计4632条。

（二）安全播出应急演练

会同局科技处先后在丰台、延庆组织开展防范非法有线电视信号插播应急演练和防范非法无线广播电视信号插播应急演练，并采用桌面推演方式，分别组织电台、电视台、歌华有线及五个区县转播站开展广播电视安全播出指挥调度应急演练。

（三）网站视听节目监管工作

依靠技术手段配合行政管理部门，全面开展互联网等信息网络视听节目内容的审查监听监看工作，对发现的疑似违规节目及时上报局网管处。

（四）技术验收及测试工作

1．根据新建商品住宅小区有线广播电视网络工程验收工作要求，安排专人对工程申报资料进行认真审查并参与现场验收测试工作，完成《有线广播电视网络工程验收（委托验收测试）》项目公开招标工作，参与并对验收测试工作进行现场监督。截至12月底，共抽验36个工程项目，抽验率为27%，并对其中9个经检验施工工艺不合格的有线电视工程现场下达整改通知。

2．对顺义、平谷、怀柔、通州、房山、大兴、延庆、昌平、密云九个区县电视发射机技术指标进行了测试，整理汇总测试数据，出具测试报告，为行政管理部门的安全播出管理决策提供了准确依据，为有关部门了解掌握发射机运行工作状态、改善广播电视信号传输和覆盖质量、改善收听收看效果提供了可靠数据。

**二、不断加强技术手段，稳步开展项目建设及报奖工作**

先后完成《无线转播站监测监控系统》、《高清及鼎视平台电视监测系统》、《远郊区县无线转播站DAB监测》系统项目建设，并全面开展系统项目软件和信息安全测评工作。中心“宾馆饭店视频点播监管系统”、“互联网视听信息传播监管平台”项目分别荣获第五届“王选新闻科学技术奖”二等奖、三等奖，“宾馆饭店视频点播监管系统”荣获2011年度北京市广播电影电视局科技创新奖（工程技术奖）一等奖。

**三、强化安全生产意识**

认真开展消防安全宣传教育和培训工作，及时清理办公区域杂物、更换消防设备，开展消防安全演练和消防知识讲座。

**四、规范财政预算管理，严格执行各项财务工作**

规范执行《有线广播电视网络工程验收（委托验收测试）》、《中心系统技术维护服务》、《模拟广播电视监测系统技术维护服务》、《高清及鼎视平台电视监测系统网络租赁费》项目的采购立项及公开招标工作，确保财政预算资金使用的支出合理、执行严谨。

**五、全面开展培训调研工作，提高人员业务水平**

制定2011年干部教育培训计划及国内考察调研计划，组织人员参加行政能力及专业技术培训累计约76人次，并陆续开展有线数字电视监测新技术、广播电视频谱监测新技术、广播电视监测系统新技术、IPTV监管工作等调研课题，安排人员前往广东、福建、宁夏、湖南等地广电部门开展调研。

**六、调整内设机构，开展岗位竞聘，加强正规化建设**

年内相继完成内设机构调整、科级管理岗位和专业技术岗位竞聘及人员定岗后的绩效工资方案制定工作。

**七、贯彻落实党风廉政建设，积极推进党务工作**

先后与局机关党委、信息中心党支部共同组织开展“国旗在我心中飘扬”活动，与平谷区山东庄镇鱼子山村开展了“创先争优结对共建”活动，举办“红歌飞扬献给党”歌咏比赛，与国家广电总局安全播出调度中心党总支在房山区霞云岭乡堂上村和白草畔共同举办以“安播·责任·奉献”等主题党日活动。年内，中心党支部被评为市直机关优秀党支部及市广电局先进基层党组织。

**八、通过ISO9001质量管理再认证，积极推进质量管理工作的全面开展**

2008年通过ISO9001质量管理体系认证后，2011年，进一步完善各项管理制度、修订质量管理手册，连续三年完成ISO9001质量管理再认证工作。

（北京市广播电视监测中心）

## 北京音像资料馆（北京广播电影电视研究中心）概况

北京音像资料馆成立于1987年，主要从事音像资料译制、收藏、观摩、制作等工作。2008年9月加挂“北京广播电视研究中心”的牌子。主要职责是承担本市广播电视方面的政策研究和重点课题的研究工作，承担有关音像资料的收集、整理、研究以及挖掘和补救工作。2009年9月“北京广播电视研究中心”更名为“北京广播电影电视研究中心”。编印有信息周刊、研究月刊和年度研究成果汇编等刊物。

2011年主要工作：

**一、研究工作**

编辑印发“三刊一书”。完成约48期《信息参考周刊》，约600条信息；完成12

期《北京广播影视研究》月刊；完成《北京广播影视研究文集2011》一书，稿件总数约63篇、67万多字，比上年多出一倍。

协助局政策法规处完成《北京广播影视产业发展现状与对策专题调研课题》工作。完成了主报告及五份子报告的撰写工作以及"政策汇编"的编撰工作。

协助局宣传管理处完成《北京市广播电视节目公共服务建设专项调研课题》。

与局传媒机构管理处合作完成《北京宾馆、饭店接收北京电视台各频道节目情况调研课题》。

**二、资料工作**

完成"北京广播影视音像资料数据库应用开发项目"申报，获得市财政及市文创办专项资金支持150余万，用于资料内容建设和媒资系统扩容。

完成30余次的工作会议的拍摄工作，制作DVD光盘共30张，拍摄照片共2502张，已进行分类整理和留存；审看、标引2010年上载编目音像资料1000小时；完成2011年上载和编目工作1000小时。

向市残联、教委、老龄委及市对口援建单位捐赠《声屏华彩》241套。

**三、队伍建设**

完成领导班子、各部（室）负责人及各工作岗位年度述职、考核，评出3名优秀工作者。

2011年3月完成事业单位岗位设置方案，8月进行科级岗位竞聘上岗工作，经严格的资格审查、演讲答辩及民主考核，正式聘任1名科级干部；12月开展专业技术岗位竞聘上岗工作，3名职工评为中级职称；11月启动社会公开招聘工作，最终招录5人。

制定《北京音像资料馆（研究中心）党支部开展创先争优活动实施方案》，完成廉政准则学习和自查工作。2名预备党员转为正式党员，3名发展对象接收为预备党员。完成党支部换届选举。党团支部携全体党员及青年团员赴昌平区"北京农民之子文化发展中心"慰问打工子弟，开展"践行北京精神，牵手打工子弟献爱心"主题活动。1名职工参加市委宣传部组织建党90周年演讲比赛并加入宣讲团。

**四、成功承办一次大型活动**

竞标第六届中国（北京）国际文化创意产业博览会广播电影电视论坛。论坛在中华世纪坛举办，各界400余人出席，取得成功。

**五、行政后勤工作**

建章立制，12月完成《北京音像资料馆"三重一大"集体决策制度议事规则》、《北京音像资料馆请销假制度》、《北京音像资料馆学习制度》、《北京音像资料馆信息报送制度》四项制度修订。完成工会预决算和审计、部门决算、服务业统计年报、广播电视统计年报统计等工作。

（北京音像资料馆/北京广播电影电视研究中心）

# 北京市广播影视作品审查中心概况

北京市广播影视作品审查中心成立于2006年，由前北京市电视节目供片中心改建而成。主要职责：承担组织北京地区新出品及引进的广播影视节目（电影、电视剧、动画片、引进剧、剧本）内容的审查、复审工作，收集、加工、整理广播影视作品各类信息以及有关公益性宣传资料片，建立和维护影视作品数据档案库。另外，承担北京市广播电视学会秘书处日常工作，北京市广播电视编辑记者、播音员主持人资格考试和影视节展选片等任务。

2011年主要工作：

**一、履行影视作品审查职能任务**

2011年，组织专家共审查电影144部，审读电影剧本217部；审查电视剧110部3563集，审读电视剧剧本26部685集；审查动画片24部1738集13602.9分钟，审读动画片剧本1部3集；审查引进电视剧3部44集、引进电视节目2部17集、引进电影10部(占引进电视剧名额)。整体数量较去年同期有较大幅度增长。

**二、完成局里委托的工作任务**

1. 完成北京市广播电视学会秘书处日常工作，及完成学会更名换届大会的文件的起草工作和换届审计，并在市社团办进行换届更名申请。组织了由局主办、北京市广播电视学承办的2010年度“北京广播影视奖”评奖工作。评奖共收到送评作品358件，广播电视类作品总时长达175多小时。经评选委员会6次集中的审听、审看和评议，共评出广播电视新闻、社教、文艺、播音主持和报刊获奖节目（稿件）209个，其中获一等奖39个，二等奖56个，三等奖95个，优秀栏目19个。经评委会评选和推荐，向“北京新闻奖”推荐参评作品45件，向“中国新闻奖”推荐参评作品7件，向“中国广播影视大奖”推荐作品23件。

开展了6批“送专家下基层”活动，受到延庆、昌平、密云、平谷、大兴等区县广播电视中心的欢迎；组织8个区县广播电视中心宣传管理干部和采编播人员赴湖北调研全国对农宣传名牌栏目《垄上行》，并形成调研成果；为配合全市“走转改影视创作会”，编辑制作影视汇报片，得到局领导和与会人员的好评。

2. 组织编辑记者、播音主持人资格考试。顺利完成“2011年度全国广播电视编辑记者、播音员主持人资格考试”（北京考区）组织工作。为1000多人现场录入信息2万余条，审核确认考生2640人，其中编辑记者2082人，播音员主持人558人；中央在京单位考生占28.30%，北京电视台考生占26.48%，北京人民广播电台考生占8.79%，新媒体考生占3.52%，区县及外省市考生占7.46%。应届毕业生考生占9.20%，其他人员考生占16.25%。共设置4个考点、87个考场，考试规模为全国第二。

3. 完成第一届北京国际电影季中外展映选片工作。1～4月，聘请七种外语影视专家和组织电影审委共2172人次，分几十个组经过初选、复选和终核，从54个国家和地区652部电影中选出160部参加展映，并三次抽调人员进入电影季组委会3个部门工作，6人获组委会表彰。

第一届电影季闭幕后，经方案论证、代理谈判和项目审批，完成将北京国际电影季LOGO注册的申报受理工作。

**三、继续抓好队伍建设和行政后勤工作**

1.加强思想教育，组织学习胡锦涛总书记在纪念建党90周年大会上的讲话和十七届六中全会精神，继续与大兴区砂子营村结对共建，赠送图书音像精品丰富农民文化生活；党支部被评为局先进基层党组织。

2.加强制度建设，完善并严格执行中心议事制度、公开制度、财务补充制度和廉政风险防范制度。

3.注重发展党员，关心职工生活，新培养两名年轻同志成为入党积极分子。

4.微调工作职能，关停影视信息网站和影视名人档案拍摄，加强影视审查资料数据库建设和影视审查工作片制作。

5.完成人事、财务、资产、文秘、安保等行政后勤管理工作。

（北京市广播影视作品审查中心）

# 北京海外广播影视交流中心概况

北京海外广播影视交流中心成立于1993年2月20日，北京市地方广播电视社团组织。宗旨是：充分利用北京作为中国首都和文化中心之优势，联合北京广播影视界的对外宣传和交流，发展、繁荣北京的广播影视业，为首都经济建设服务。

2011年，继续发挥海外交流中心的桥梁和纽带作用，联合会员单位，组织业内技术骨干前往境外进行相关业务考察、交流、学习，从多角度拓展北京广播影视交流的渠道；与会员单位一起参与组织“第一届国际电影季”活动，举办大型国际会展、论坛等多种交流活动。

（北京海外广播影视交流中心）

# 北京市广播电视学会概况

北京市广播电视学会成立于1987年7月15日，是北京市地方广播电视学术团体，社团组织，主管单位是北京市广播电影电视局。学会现为第五届理事会。

2011年主要工作：

**一、学术研究**

《北京广播影视》学刊常设有“特稿”、“人物专访”、“特别报道”、“媒介管理”、“名家视点”和“传媒科技”等近十个专栏，每期约刊登稿件25篇，行业信息20余条，总字数在9万至10万字左右，配发照片约70幅。2011年全年《北京广播影视》共编印12期，稿件300余篇，照片800余张，总字数百万余字。为纪念建党90周年，《北京广播影视》开展了征文活动，开设了“我身边的共产党员”和“唱支山歌给党听”两个专栏分别刊登。全年刊登征文30多篇，约6万字。

**二、评选、推选和表彰优秀节目与作品**

1．评选优秀作品。2010年度北京市优秀广播电视节目评选工作历时两个半月，在各会员单位推荐上来的近500个作品中，评选出节目和技术类获奖作品267个，其中广播电视节目类作品196个，技术类作品59个，报刊类作品12个。在获奖作品中，经学会推荐，45个作品获得“北京新闻奖”，8件获得中国广播影视大奖，12件获得中国广播影视大奖提名奖，2件获得中国新闻奖。学会秘书处在总结以往成功经验的基础上，广泛征求意见，改进方式方法，完善评选章程和细则。

2．完成优秀作品推荐上报工作。按时完成中广协会及其他部门组织的各类评奖的初评工作，严格评奖程序，保证推荐作品质量，并将评选结果按时送达中广协会及相关部门。包括：“第二十届北京新闻奖”、“2009—2010年度中国广播影视大奖”、“第二十一届中国新闻奖”、“中国国际广播新闻奖”等。协助市广电局宣传管理处完成“第五届北京市优秀科普作品奖”的评选与报送工作，组织各会员单位完成北京市社科联2011年重点学术活动资助项目以及中国广播电视协会2011年度学术理论研究项目申报等工作。

**三、组织专家下基层等活动**

受局委托继续组织“送专家下基层”活动，根据各区县广电中心在日常培训工作中需要解决的问题，由学会秘书处负责约请有关专家到区县中心授课。全年走访了延庆、密云、平谷、昌平、大兴五个广电中心，授课6次，约请专家十余人次，听课人数达到2000多人次，授课内容主要涉及到新闻写作、新闻摄像、广播电视节目评析等。

**四、组织会员单位到国内外进行研讨、交流**

1. 组织各区县广电中心赴湖北调研名牌对农电视栏目。为了贯彻落实“走基层、转作风、改文风”活动的精神，2011年8月15日至18日，学会受局委托组织平谷、昌平、密云、朝阳、通州、房山、大兴、顺义等八个区县广播电视中心的负责宣传和采编播一线人员十多人，赴湖北省调研全国对农名牌电视栏目《垄上行》的开办情况，观看了湖北广电局《垄上行》介绍专题片，与湖北省广电局宣管处、节目收看中心和湖北广电学会座谈，学习品牌建设的经验，提高对农宣传的认识。

2.赴俄、芬、瑞洽商影视业务合作。在俄罗斯首都莫斯科与广播电视欧亚学院院长如辛等进行座谈；在芬兰首都赫尔辛基与芬兰影视发展促进会和芬兰音像出口公司的CEO Petra.Thema女士进行会谈；在瑞典走访SVT电视台，与少儿节目新闻总管伊丽莎白女士进行友好会谈。介绍了北京广播影视蓬勃发展的大好局面，宣传北京国际电影季、北京电视剧交易等大型活动，商讨影视剧、动画片和纪录片的拍摄、展映、电视节目制作、新媒体节目生产和互派代表参加各种节展以及节目交流事宜等。

**五、联合举办短新闻写作竞赛活动**

5月19日至11月7日，与北京市新闻学会、北京市新闻工作者协会、《新闻与写作》杂志三家单位联合举办短新闻写作竞赛活动。活动最终评出获奖作品50件，其中一等奖10件（含广播、电视各2件），二等奖15件（含广播、电视各2件），三等奖25件（含广播、电视各1件）。

**六、筹备学会换届工作**

根据市民政局有关社会团体管理的相关规定，北京市广播电视学会第五届理事会四年任期已满，拟召开换届大会，并在换届大会上同时更名为“北京市广播影视协会”。年内，已完成换届大会的各项筹备工作，包括新的协会章程、候选人名单、工作报告稿等。

**七、完成“全国广播电视编辑记者、播音员主持人资格考试”（北京地区）考务工作**（详见作品审查中心概况）

（北京市广播电视学会）

# 北京电影协会概况

北京电影协会是在北京市电影发行放映协会的基础上组建而成，于2011年12月13日正式成立，上级业务指导机关为北京市广播电影电视局。

按照协会章程的规定，北京电影协会的宗旨是：遵守宪法、法律、法规和国家政策，遵守社会道德准则。充分发挥政府与行业之间的桥梁和纽带作用，推动北京电影业的繁荣发展，通过制定行业规范、维护会员的合法权益，实行行业自律，进行业务研究、信息交流、专业培训等活动，为北京电影行业的发展创造良好的环境，促进北京电影行业健康、规范、稳定的发展。

**北京电影协会的主要职能为：**

（一）宣传、执行相关法律法规和政策；

（二）制定行业行为规范，协调行业发展与经营，发挥行业监督与自律作用；

（三）承担政府委托的行业管理职能，

承办政府主管部门委托的工作事项；

（四）开展调查研究，及时搜集、整理、汇总各种行业信息，为会员提供咨询服务；

（五）向政府提出工作建议，促进行业发展和环境改善；

（六）举办与本行业相关的各种活动，组织推荐、表彰和奖励在电影事业发展中有突出贡献的单位和个人；

（七）积极为会员提供业务指导和服务，维护会员合法权益；

（八）积极推动行业内相关标准的制定和普及，做好星级评定、技术级别考核、信息交流、专业培训等工作；

（九）积极创造条件，组织会员开展对外交流和行业联系。

在北京电影协会成立大会上，会员单位代表选举出首届协会的理事会、监事会。由理事会、监事会选举了会长、副会长、秘书长、监事长。共选出理事47名、监事7名。截至2011年年底，共有176家北京的电影制作、发行、放映单位成为协会会员。

（北京电影协会）

# 中国电影博物馆概况

中国电影博物馆是经国务院批准，国家广播电影电视总局和北京市人民政府共同建设的大型公共文化设施，是目前世界上最大的国家级电影专业博物馆，是纪念中国电影诞生100周年的标志性建筑，是展示中国电影百年发展历程、博览电影科技、传播电影文化和进行学术研究交流的艺术殿堂，是爱国主义教育基地和科普教育基地。

2011年主要工作：

2011年，中国电影博物馆接待观众总数近60万人次，组织参与各项活动近200场。全年为观众讲解2330场，总服务人数4万多人次。举办临时展览18个，参与人数达120余万人次。电影放映总场次5268场，观影27万余人次。举办“社会大课堂”活动30期，参与人数6254人次。举办“电影大讲堂”活动20期，参与人数3852人次。

**一、抓住成长期任务特点，以构建“扩大电影影响”和“推动影响电影”的服务平台为目标开展工作。**

（一）专题活动丰富多彩

举办“中国电影诞生105周年暨中国电影博物馆成立5周年纪念会”。表彰了李前宽、于洋、刘建中、陆兆亨、钟嘉禄，并向他们颁发了“2006—2010中国电影博物馆公益事业突出贡献”证章；向秦怡等86人颁发了“2006—2010中国电影博物馆公益事业贡献纪念”证章。举办“风清气正扬宗旨——北京市反腐倡廉教育影像展览”。11月18日，由中共北京市纪委、市委宣传部主办，中国电影博物馆承办的“风清气正扬宗旨——北京市反腐倡廉教育影像展览”开展，市委常委、纪委书记叶青纯，市委常委、宣传部部长、副市长鲁炜，中央纪委宣教室副主任杨小平、市纪委副书记王海平和电影演员娜仁花等参加了影像展的开幕仪式。举办“第一届北京国际电影季”活动形象大使推选和官方海报征集、“中国电影博物馆第五届青年论坛”、“纪念建党90周年——全国少年儿童电影才艺展示活动”、“新技术·新美学·新体验·新市场——3D时代的影视艺术国际研讨会”，与中央新影集团合作推出“庆祝中国共产党建党90周年——新影集团十年优秀作品展映活动”，与北京科学技术协会共同主办“首届北京国际科技电影周系列活动”。推出节日文化活动，营造欢乐祥和的节日气氛。举办“新春嘉年华系列活动”、“浓情忆端午——影博端午节”主题活动、“庆中秋露天电影招待专场”，音乐展示欣赏国庆演出专场等一系列活动。举办“电影音乐展示欣赏”活动。以塑造精品、打造品牌为宗旨，精心策划“唱响幸福 歌颂党恩”——纪念中国共产党成立90周年音乐展示欣赏专场活动。继续组织会员活动，扩充会员沙龙的观众服务数量，以会员为主的影迷服务体系拉动散客。重点推出会员服务升级，举办“中国电影博物馆之夜”影迷回馈活动、“会员观影沙龙”及“跟随电影去旅行”等活动。会员累计近2万人，会员到馆观影比例连续占到全馆观影总数的四成以上。

（二）积极开展公益活动

完成“露天电影放映季”、“纪念建党90年，经典电影大家看”电影进社区活动和“奥莱电影放映季”活动。以电影放映为基础，配合展览宣传，举办公益影展7次，公益影展观影团活动4次。邀请导演张弛、黄健中、郑洞天、王星羽、顾筠、黄丹等影人，与大学生、会员和现场观众一起交流。还特别针对小朋友举办“和小伙伴们一起看电影”之“我爱童牛奖”系列影展、优秀儿童电影展映系列活动之“与小英雄相约在暑期”系列影展。

（三）电影放映继续创优

完善各方面硬件设施，获得国家广电总局颁发的“五星级电影院”资质。与北京科学技术协会共同主办首届北京国际科技电影周系列活动。独家、免费放映来自美国、比利时的《大峡谷漂流》、《神秘的尼罗河》等五部巨幕科技电影，带动市民参与科学、体验科学、品味科学、享受科学。作为第一届北京国际电影季主体活动“北京展映”的20家影院之一，展映了建国60周年献礼片《大河》、世博献礼片《海上传奇》、台湾电影《第36个故事》、美国巨幕纪录电影《大峡谷》和获得奥斯卡最佳女主角奖的影片《黑天鹅》等十余部电影。同时，启动《影人·影响》系列展，对在中国影坛上作出过重要贡献的影人，进行电影作品专题展映、捐赠品展示、作品研讨、影人与观众互动等，向观众多角度地介绍中国杰出电影人为中国电影事业作出的卓越成就和对社会产生的深远影响。

（四）社会教育点面结合

“电影大讲堂”内容更加丰富。邀请陈山、李道新、郑洞天、苏牧、高峰等专家学者和业内人士，对中国电影2011年发展动态、大制作电影的过去与未来、创作现状等进行概述和点评，向参与讲座的观众展示中国电影成长图景。“社会大课堂”活动精彩多样。围绕“建党90周年，看红色电影、受革命传统教育”、“重温电影中的红色记忆”等主题开展主旋律影片专题教育活动；以“歌颂祖国、诵读经典、弘扬文化、传承文明”为主题举办清明文化活动；以“社会大课堂”牵手计划为主的电影放映车进校园活动走进密云、怀柔、平谷、延庆、门头沟、昌平、房山等七个远郊区县的山区校园和打工子弟学校以及河北省怀来县定州营小学，关注弱势群体，扩大“社会大课堂”服务覆盖面。

（五）广泛征集电影藏品

继续开展抢救性征集、采访老影人口述历史等工作，采访于蓝、宋杰、李俊、李文化等近20位老影人，录制视频或音频，并征集电影物品。全年从近20家业界机构和影人征集电影物品2185件套（2786件），馆藏电影物品累计达到9150件套（32587件）。拟定藏品鉴选办法，启动展厅藏品复制工作。举办“记忆电影珍藏”捐赠物品展，促进征集成果向社会效益的转化。

（六）学术交流提升影响

11月26日至27日，举办以“全媒体传播视野下的电影生态”为主题的2011中国（北京）电影学术年会。年会邀请市委相关领导，中影集团等国有电影机构，华谊、文化中国等民营电影机构，水晶石等电影技术公司，李前宽、翟俊杰等知名影人，尹鸿、胡智锋等专家学者以及国外电影人代表参加年会的开幕式及高峰研讨，对“电影市场生态”、“电影创作走向”、“电影技术前沿”、“电影人才培养”等议题做出了精彩的发言，并邀请中国艺术研究院、中国电影艺术研究中心、北京大学、中国传媒大学、北京电影学院等机构的专家学者、业界人士和高校师生围绕“全媒体传播背景下的电影生产与创作走向”和“全媒体语境下的中国电影市场与观众需求”两大议题展开专题学术研讨。

申报两项省部级课题并获准立项；完成《3D电影发展趋势研究》、《首都居民电影消费行为研究》两项省部级课题；完成《2003—2010中国电影市场走向研究报告》、《中国电影博物馆“十二五”业务发展构想报告》、《中国电影博物馆公共文化服务效果评估方法研究报告》、《博物馆基金会运行模式研究报告》、《2011年度馆观众满意度调查报告》等重点课题。进一步突出观众研究特色，对《建党伟业》、《辛亥革命》、《变形金刚3》、《功夫熊猫2》等17部新上映的国内外影片开展专题调研，分别形成数据报告并在《影博·影响》上刊发。

《影博·影响》达到新水平。策划“电影中的人生”、电影与公益、电影与科技等一系列特色栏目；贯彻“第一落点”要求，报道上海电影节、“金鸡”“百花”电影节等业界重大活动，组织黄会林、尹鸿、刘戈三等电影界专家就电影热点问题发表观点；积极响应全国新闻战线“走基层、转作风、改文风”活动，深入密云山区采访基层放映员付德顺；采访李前宽、于敏、黄建新等三十位影人和专家学者，报道《龙门飞甲》、《将爱情进行到底》等影片，并特别关注《秋之白华》、《钱学森》、《辛亥革命》、《英雄喋血》等庆祝建党90周年和辛亥革命100周年影片的创作动态。

**二、坚持以“安全第一、预防为主、综合治理”为工作方针，确保设备设施安全，达到“零事故、零投诉”的安全服务工作目标**

全国两会期间通过周密部署，排查隐患、查找风险点，全面检查所负责区域和管辖的重要设备；领导带头坚持24小时值班制度，做到对外接待、内部运转零失误，保证安全有序。制定《中国电影博物馆治安保卫和消防安全责任书》。先后邀请东坝消防中队与北京市防火中心的老师对全馆员工进行了消防培训，组织全馆员工进行消防安全知识考试，提升了员工安全意识。

做好设备设施保障，对空调系统、给排水系统、消防水系统、弱电系统进行排查改造，加强展厅和影院设备维修及管理，确保了中国电影博物馆的正常营运。

加大节约用能管理和检查力度对已投入运行的节电设备设施运行和使用情况进行检查，充分发挥其节电效果，合理控制设备运行时间，尤其是根据室外气温合理调整空调（采暖）系统运行时间，力求减少设备的空载耗电。

**三、完善细节，不断提升工作效能，内部管理工作稳步发展**

落实作业指导书，以痕迹化管理为工作重点。通过“有据可依、有据可查”的工作方式，制定了管理制度汇总表。初步汇总、梳理了全馆各类制度236项。

深化事业单位人事改革，努力做到“人岗相宜，用当其时，人尽其才”。分别与干部、员工续签“聘用合同”和“岗位合同”。

加强对后备干部和优秀年轻干部的培养。根据《党政领导干部选拔任用工作条例》要求，在全馆范围内进行竞争上岗干部选拔工作。继续深化职称制度改革，进一步规范职称评审工作。加强中国电影博物馆英语人才培养。参加北京市宣传系统及文化创意企业2012年应届毕业生双选会工作。积极配合市委考核领导小组对中国电影博物馆2011年领导班子和领导干部进行的任期综合考核工作。

（中国电影博物馆）

# 北京广播电视台概况

北京广播电视台成立于2010年5月31日，是在原北京北广传媒集团、北京人民广播电台、北京电视台的基础上组建而成的市委、市政府直属事业单位。

2011年，全台以邓小平理论和“三个代表”重要思想为指导，深入贯彻落实科学发展观，坚持正确舆论导向，确保播出传输安全，加快改革发展步伐，全台职工15102人，全台资产总额达到277.6亿元，实现营业总收入93.47亿元。其中，广告收入45.35亿元，上缴税金7.03亿元。

**一、全面加强党的建设，提高科学发展水平**

台党委共组织中心组理论学习活动17次、810人次参加。各单位中心组理论学习活动参加人数达5467人次，有13200人次参加各类教育实践活动，制定印发规范性文件21个。深入开展“先进基层党组织、优秀共产党员、优秀党务工作者、党建工作创新项目”、“十佳员工”评选表彰活动和思想政治工作考核评比。召开北京广播电视台工会全体会员大会和共青团北京广播电视台第一次代表大会。全年新发展党员114人、转正81人，培训入党积极分子182名。

深入开展“创先争优”活动、“走基层、转作风、改文风”活动和“岗位创佳绩”活动，结合新闻宣传、节目制作、播出传输、文艺创作、文化会展、演出服务等工作实际，大力实施领航工程、聚力工程和先锋工程，广泛开展“结对”共建、建立基层联系点等教育实践活动，坚持群众路线，引导广大党员干部深入基层、贴近群众，认真回答好“为了谁、依靠谁、我是谁”的问题。

**二、新闻宣传导向正确，舆论引导及时准确**

围绕党和国家的重大活动、重要会议、重大事件和市委市政府的重要部署，充分发挥广播、电视、报纸、杂志和新兴媒体的传播优势，通过新闻、访谈、直播、转播、图片、网络视频、手机WAP、微博等形式，唱响时代主旋律。北京电台、北京电视台和北广传媒移动电视、城市电视、地铁电视、中广传播新媒体等公司及北京广播电视台党建频道围绕迎接学习宣传贯彻党的十七届六中全会、全国和北京市“两会”等重要会议、庆祝建党90周年、纪念辛亥革命100周年、庆祝新中国成立62周年和四川汶川地震灾后恢复重建3周年等重大活动，发挥自身优势，采取实地采访、现场直播、制作专题片（纪录片）、举办文艺晚会等纪念的形式，形成新闻宣传的高潮。在“三项学习教育”和“走基层、转作风、改文风”活动中，北京电台、北京电视台推出了“开局之年走一线”等大型公益活动，得到中央和市委领导批示的肯定和社会各界的广泛好评。北京电台、北京电视台围绕就医、就业、就学、住房、物价等关系到广大人民群众切实利益的社会热点难点问题，主动设置议题，解读政策，解疑释惑，通达社情民意，弘扬社会正气；实施了春运和暴雨极端天气大型直播等报道活动，第一时间报道全市各级各部门保障城市运行工作开展的情况。移动电视、城市电视、地铁电视等新兴媒体及时发布提示信息，为市委市政府有效实施城市运行应急管理和市民出行提供服务参考。

**三、坚持正确创作导向，文艺精品力作迭出**

（一）重大题材广播影视作品的创作生产取得丰硕成果

围绕庆祝建党90周年、辛亥革命100周年、迎接党的十七届六中全会胜利召开等重大活动和传统节目，全台共制作广播作品15部、电视纪录（实）片5部45集、参与拍摄电影8部、拍摄制作电视剧10部共266集、制作播出广播特别节目4个、电视文艺晚会31台。

（二）影视剧创作生产实现经济和社会效益的有机统一

北京电视艺术中心有限公司、北京中北电视艺术中心有限公司、北京北广传媒影视公司电视剧签订销售影视合同1.484亿元，实现收入1.1524亿元；北京歌华文化发展集团和北京紫禁城影业公司分别参与拍摄的电影《建党伟业》、《杨善洲》共取得5.117亿元的票房收入。

（三）在国内外重大优秀广播影视作品评奖中屡获大奖

全台共有136人次、71（140集）部作品获得省部级以上奖项，5部作品获得国际影视奖。北京电视台出品的动画片《星游记》（52集）获第十五届首尔国际动漫节（SICAF2011）动画作品类最佳创新奖。在2011年莫斯科国际侦探影视节上，北京中北电视艺术中心有限公司拍摄的电视剧《内线》（32集）获电视剧特别大奖。北京电台制作的《路——关注山区儿童》获第十八届中国国际广告节中国公益广告黄河奖银奖，《说唱迎国庆Rap度中秋》及《保护环境——我们能做什么》获铜奖，北京卡酷动画卫视制作的《2011BTV动画春晚之章鱼哥预“爆”系列宣传片》获国际电视包装行业最高奖——“Promax&BDA全球奖”2011年度少儿节目宣传类金奖。

**四、会展演艺亮点纷呈，社会影响不断扩大**

（一）重大主题展览唱响了时代主旋律

北京歌华文化发展集团圆满承办《一切为了人民——北京市纪念中国共产党成立90周年》大型主题展览。刘淇、郭金龙、杜德印、王安顺等市领导出席开幕式。在为期两个月的展览期间，共接待国内外观众59万人次。在中华世纪坛举办“百年系列之辛亥革命100周年”系列活动，受到中外观众的欢迎，取得良好的社会效益。

（二）搭建北京文化发展交流新平台

北京歌华文化发展集团成功承办“2011年北京国际设计周暨首届北京国际设计三年展”、“首届北京国际电影季”、“2011中国乐谷　北京国际流行音乐季”等重大文化会展项目，接待国内外观众370万人次。

（三）继续扩大社会影响力

北京歌华文化发展集团以春节、清明、端午、中秋等传统节日为契机，连续多年举办“你好！北京”新年系列文化节等系列品牌文化活动，深入挖掘民族传统节日文化内涵。成功举办美国民谣之父鲍勃·迪伦、“老鹰乐队”等国际知名艺术家和艺术团体在中国的巡回演唱会等活动及展览，搭建中外文化交流和传播新平台。

**五、加强安全生产管理，播出传输安全稳定**

（一）加大播出传输系统建设力度

北京电台加强播出、网络、传输发射系

统建设，完成外语广播网络播出机房、文艺广播、城市服务管理广播直播机房升级改造和气象局直播机房制作、播出系统更新，所有播出通路运行技术指标均达到甲级标准，完成调频广播“村村通”无线覆盖和数字广播“村村通”无线覆盖工程。北京电视台完成总控矩阵、分控矩阵、播出传输系统和中央电视塔数字电视发射系统、监视系统的改造；完成新老台址光缆路由铺设工程，在老台址搭建远程节目上载系统；搭建独立的代播传送系统，修改播出系统软件中的BUG，完善系统流程，将自主研发的标清智能监控系统接入标清播出系统，确保了节目的安全播出。移动电视公司完成单频网发射机同步测试和单频网道路信号覆盖测试工作，完成终端升级换型和公交移动电视声音自动调节系统建设。城市电视公司加强与业主方的合作，确保了户外大屏幕和楼宇电视稳定播出。数字电视公司加快推进播出系统升级建设，实现播出“零事故、零差错”。地铁电视公司加强信号覆盖工程、PIS系统项目建设和终端巡查维护工作，提高播出的清晰度、稳定性和安全性。中广传播公司建成全市大功率单频网站点18个，重点区域小功率直放站点336个，扩大了信号覆盖范围，提高了收看效果。

（二）加快推进有线传输系统平台建设

北京歌华有线电视网络股份有限公司建立完善安全责任体系，稳步推进高清交互应用工程。截至年底，全市有线电视注册用户476万户，数字电视用户345万户，高清交互用户260万户，个人宽带用户16万户，有线电视传输节目达到164套。网络基础设施“双向网”改造工程累计完成320万户，新完成架空线入地工程796沟公里自建、购买管道1043沟公里，完成新建住宅网络验收205处、12万多户、28万端，完成有线数字广播“村村通”和直播卫星“户户通”任务。加快高清交互新媒体平台建设，新增“歌华-SITV高清”、“新华财经”、“天天影视”等视频栏目，在线视频超过1万小时；新增“颐和园”、“电视杂志”、“文娱票务”、“党史上的今天”等应用服务项目，应用项目累计达到22项；回看录制频道累计34套。“歌华点播”每日播放23.5万次，“回看与时移”每日播放112万次，满足市民多样化、个性化收听收视的需求。

（三）安全播出传输措施落实

各播出传输单位在重要会议、重大活动和传统节假日期间，集中开展安全生产大检查。做好办公区的灭鼠、灭蟑工作；遵守消防各项规定；加强重要部位、重点区域保卫工作；维护水、电、气和动力设施；全面落实人防、技防、物防措施；认真做好矛盾纠纷排查调处；执行24小时领导带班和值班制度；加强与属地部门、单位的协调配合和沟通联系；执行《北京市突发事件信息管理办法》，实行突发事件每日零报告制度。

## 六、主动应对市场变化，经营创收业绩突出

（一）加大广告市场开发营销力度

截至年底，全台实现广告经营收入45.35亿元，同比增长了7.15%，广告收入实现新的突破。北京电台实现广告收入8.62亿元，同比增长21.1%；北京电视台实现广告收入32.5亿元；歌华有线公司积极探索和开拓广告经营业务；移动电视公司实现营业收入9909万元；城市电视公司实现营业收入3613万元；地铁电视公司实现营业收入7798万元。

（二）努力增强企业经营创收能力

全台各企业单位积极应对市场竞争，开拓新的经营发展项目，全年实现经营收入39.9亿元。北京电台加强对北京广播公司所属11家子公司的经营管理，实现经营收入6.66亿元。北京电视台5家台属一级企业创收3.88亿元，实现利润1371万元，净资产收益率为2%。北京歌华文化发展集团实现经营收入4.23亿元，利润2500万元；歌华有线公司实

现营业收入18.97亿元、净利润2.79亿元。各影视制作单位累计实现经营收入7492万元。其中，北艺中心实现经营收入666万元；中北中心实现经营收入2180万元；影视公司实现营业收入2794万元；数字电视公司实现经营收入3665万元。瑞特公司实现主营业务收入1.13亿元；鼎视公司实现营业收入1.71亿元；中广传播实现营业收入215万元。北京广播电视报社全年经营总收入1499万元，北京音像公司累计出版发行各类音像制品200余种近4万套，实现经营收入333万元。

（三）夯实可持续经营发展基础

各单位加大对新项目、新产品的开发，推出一批新的项目和产品。北京电台加快推进易通1039新媒体机进出租车，实施《动感音乐》数字频道全国落地。北京电视台与内蒙古电视台签订战略合作协议，独家代理内蒙古电视台所有版权节目的电视媒体发行；与天津、河北、内蒙古电视台及山西广播电视台签订《华北五省区市省级电视台战略合作框架协议》，在节目生产、技术合作、版权交易、人才流动等方面开展深层次合作。北京歌华文化发展集团文化保税区项目、歌华院线项目、歌华文化产业基金项目推进顺利。北京歌华有线与北京电视台、上海文广等单位合作开展内容点播服务；与七家知名电视机生产商合作开发高清交互大卡一体机。北艺中心、中北中心、影视公司做好影视剧本储备，做到上市销售一批、拍摄制作一批、准备拍摄一批。

**七、大力推进改革创新，发展活力日益彰显**

（一）深化管理体制机制改革取得新进展

按照“提高认识、完善制度、健全机制、理顺体制”的原则，加快推进可经营资产剥离，完成北广传媒集团有限责任公司的组建工作，完成鼎视传媒有限责任公司股权转让工作、北广传媒手机电视公司注销清算工作，理顺股权关系；召开鼎视数字电视传媒有限公司上市融资论证会，推动上市融资各项准备工作的开展；完成鼎视公司、数字电视公司股权结构调整工作。认真贯彻落实中办发[2011]19号文件精神，启动《北京广播电视报》、《北京电视周刊》等非时政类报刊转企、改制工作；完成2010年度绩效考核和财务审计工作。北京电视台按照事企分开、管办分离的原则，加强对台属五家一级企业经营性国有资产的监督管理。歌华有线公司成立战略咨询委员会、投资管理有限公司，加强对外投资管理，降低投资风险；成立歌华有线技术公司，推动新技术、新产品研发和推广。

（二）加快推进创新发展取得新突破

全台积极推进新媒体节目制播中心、北京市应急管理科普教育中心、智能交通云媒体建设，成立北京广播电视台网络视听节目调查研究中心。北京电台推出全国首个支持多路广播节目混排、自定义节目播放时间和节目内容适时更新的菠萝网络电台；开发的二代“听立方”终端和推送式广播系统取得国家技术专利，荣获2010年度全国广电系统科技创新项目一等奖。北京电视台确定“首善媒体、大美品质”的战略目标，对11个频道的定位、品牌目标、专业化发展方向进行梳理，推进频道专业化建设；在全国率先建立了以品质为核心的节目考评体系；每年投入2000万元举办“电视节目创意季”活动，广泛征集节目创意；认真贯彻落实国家广电总局《关于进一步加强电视上星综合频道节目管理的意见》，北京卫视先后完成两次整体改版。歌华有线公司与台湾富邦集团合资成立富邦歌华有限公司，推出数字化电视购物商业运营模式；完成对亦庄华开有线投权收购等工作，第三次入选“中国文化企业30强”。北京广播电视报、北京广播电视台党建频道完成整体改版。移动电视公司与新华社合作推出《环球财讯》，中广传播公司推出“晴彩北京”频道，发展能力得到进一步增强。

（二）“三网融合”试点工作取得新成效

北京电视台投资1亿多元，完成IPTV集成播控分平台与中央总平台的对接以及国家广电总局、市广电局监测中心的连接，并通过了广电总局的验收，实现了总平台与分平台、分平台与分发网络光纤链路的联通；IPTV播出内容准备工作基本就序，可以向用户终端提供100路以上的直播频道、2万小时的点播节目，同时可以提供包括电视购物、电视阅读、体感游戏、卡拉OK等多种增值服务；申请成立北京网络广播电视台，抓紧实施产地保障和机房建设；积极与北京联通公司研究解决IPTV合作模式、业务流程设计、用户端、计费管理等问题。歌华有线公司积极探索“三网融合”新业态，开发面向智能移动终端的“歌华飞视”业务，面向集团用户的“政融通”、“商融通”融合信息服务项目和面向有线、无线网络的“物联网”应用；全面加强对外合作工作，与中国移动北京公司签署战略合作协议，深化家庭无线业务、歌华飞视业务、多屏融合等业务合作，完成了网元租赁、互为代理、互联网平台互联等合作；与华为技术有限公司在NGB、云计算与物联网应用等方面开展“三网融合”战略合作，“三网融合”试点工作进展顺利。移动电视公司与北京易华录信息技术股份有限公司“基于‘三网融合’的智能互动云端系统”开展合作，把出租车终端打造成易于操作、公益性强、可扩展的综合信息服务应用平台。

## 八、广泛开展对外宣传，树立展示良好形象

（一）全面塑造良好社会形象

通过大型活动展示风采，全台成功举办“2011北京国际数独大奖赛”、“寻找最美乡村教师”大型公益活动、“首届国际体育舞蹈大赛”、“2011中国乐谷北京国际流行音乐季”等重大活动。北京电台“美丽马兰歌声嘹亮”公益活动、“畅行中国——文明交通在行动”百城百台大联播、第四届“赢在创意”大赛、第五届“听众喜爱的主持人”评选活动等。北京电视台承办2011年度中国播音主持“金话筒奖”颁奖晚会、第一届“观众喜爱的主持人”评选活动、第三届“北京海洋沙滩狂欢节”、“2011北京·视界——城市动漫设计大赛”等大型活动。移动电视公司参与举办“首届环球旅游热力榜”、“绿色出行文明交通”等活动。

（二）全面提升品牌影响力

全台积极参展第七届中国(深圳)国际文化产业博览交易会、第二十届中国广播电影电视设备展览会、第六届中国北京国际文化创意产业博览会、第十一届四川电视节、第十四届上海国际电影节、首届北京国际电影季和第64届戛纳国际电影节等国内外重要广播影视展（节），取得了良好的品牌集聚效应。积极推进北京广播电视台官方网站建设，搭建无国界对外宣传新阵地。组织北京广播电视台基础视觉识别标识的社会征集评选活动，通过召开新闻发布会，发布征集公告，邀请新闻媒体予以深入报道。

（三）积极实施广播影视“走出去”战略

北京电台精心录制《中国新闻》、《今日北京》、《城市链接》等一批特色节目，在联合国、美国、加拿大、韩国等境外广播媒体播出；与台湾省台中市广播电台合作，实现在台湾地区的落地。北京电视台首次参与境外大型国际活动——第62届札幌雪雕节，与北海道放送(HBC)联合企划共同出资建成天坛大型雪雕，展示“魅力北京”的文化旅游交流主题和北京的悠久历史、灿烂文化；外宣节目已实现在长城的亚洲、欧洲、拉美、东南亚、美国、加拿大、澳大利亚等平

台落地，其中33档节目覆盖北美地区，实现首播2372.5小时，重播8760小时。中北电视艺术中心有限公司积极开拓国际文化市场，古装电视剧《大唐女巡按》（36集）、《南国有佳人》与东盟十国和台湾、香港地区签订播出销售合同，实现收入37.54万美元。

**九、加快人才队伍建设，提供有力人才支撑**

（一）全面加强领导班子建设

调整充实包括北京电台、北京电视台、北京歌华文化发展集团、北京歌华有线中层领导和各相关企业单位的董事长、董事和监事68人次，领导干部结构得到优化；举办董、监事培训班，全台累计完成各类经营管理人员培训2947人次；选派121名处级以上和企业经营管理干部赴境外学习培训和考察交流，提高业务和经营管理能力。各单位加大了民主推荐、公开选拔和竞争上岗选拔干部力度，北京电台完成7名试用期处级干部的考察任命，组织新闻台台长竞争上岗；北京电视台在加大竞争性选拔中层干部工作上，实行党委讨论决定中层干部票决制和差额票决办法，已经累计票决干部37人次，实现了中层干部选拔全过程公开透明。

（二）全面打造高素质人才队伍

大力实施“四个一批”人才建设，全年累计培训专业技术人员20693人次。北京电台举办2011年“广播新声代”主持人大赛，面向全国选拔广播人才；对35名新职工进行入职培训并赴井冈山进行为期44天的实践锻炼；举办业务和专业技术培训55期7622人次。北京电视台推进“台校合作”，与北京大学等7所高校共建实习基地；严格执行“凡录必考”原则，为23个部门引进人员166名；通过公开竞聘93人走上科组长和制片人岗位；积极推进“首席制”和“行政文秘员”、“人力资源管理员”“财务资产管理员”的试点工作；为选送6名优秀主持人开辟特殊人才通道，选送68名科级干部和业务骨干赴境外培训，选派27人到专业院校培训，打造重点领域业务带头人；举办业务和专业技术培训47期3348人次。歌华有线公司构建培训交流机制，选派11名业务骨干到市委宣传部、北京电视台和北京移动公司交流学习，举办业务专题培训33期3800人次。全台共有46人次入选全国和全市宣传系统“四个一批”人才工程。

（三）全面加强职业道德建设和作风建设

认真贯彻落实中宣部的要求和市委宣传部的部署，制定《北京广播电视台关于深入开展“走基层、转作风、改文风”活动的实施方案》，以北京电台、北京电视台为主体，以采编播人员为重点，集中开展“走基层、转作风、改文风”活动。据不完全统计，全台共有3200人次参加了“走、转、改”专题培训，3700多人次深入基层调研、采访，建立基层联系点406余个，开设“走、转、改”专栏52个，刊播稿件1492篇。北京电台向捐资援建的和田希望小学赠送了维汉双语图书、体育用品和乐器，为马兰小学建起了爱心食堂等。北京电视台“自带干粮”走基层，不给群众添麻烦；向密云县冯家峪镇西庄子村三位老党员捐款10万元，解决他们的生活困难。据统计，北京电视台在“走、转、改”活动中，共为群众办实事、办好事和解决实际问题150余件次。刘云山同志在北京电视台调研时，对北京电视台“走、转、改”活动给予了充分肯定。“走、转、改”活动正在从“走基层”走向“在基层”，长效机制基本建立，有力地推动了广大新闻工作者的职业精神和职业道德建设。

（北京广播电视台办公室）

# 北京人民广播电台概况

北京人民广播电台（以下简称北京电台）成立于1949年2月2日，最初称北平新华广播电台、北平人民广播电台、北平新华广播电台第二台、北京市人民广播电台，1951年3月11日，改为北京人民广播电台，是北京市属的重要新闻机构之一，英文缩写为“RBC”。

北京电台拥有9套开路模拟广播、15套有线调频广播、17套数字音频广播，试验播出4套数字视频广播、2个数据服务频道，16套有线数字广播和1个动感音乐数字电视频道。建有12个数字化直播机房、20个数字化录制机房，9套专业级演播室视频系统和世界一流的播控中心，在节目制作、存储、播出、传输等环节，全部实现数字化、网络化，办公自动化已逐步在全台范围内普及。北京电台每天播音347小时，其中无线播出189.8小时。总发射功率227.9千瓦，与国内20多家省级电台以及美国、英国、加拿大、澳大利亚、新加坡、日本等国家的十几家主流媒体建立了长期节目交流与合作关系。北京电台还辖有全资国有的北京广播公司。2001年8月22日，创办北京广播网。2004年3月24日《音乐周刊》创刊。2006年1月9日，《新广播》报创刊。2006年6月16日，青檬网络电台正式开播。2006年9月6日，北京电台DAB移动多媒体广播正式开播。2008年4月30日，北京外语广播网络电台开播。2010年6月8日，北京电台频道“RBC综合频道”开播。2011年8月22日，北京广播网菠萝台上线。北京电台已形成广播、网络、报纸、杂志互补的多媒体传播格局。

2011年，在激烈的市场竞争中，北京电台在北京广播市场份额约占70%，广播日到达率和人均收听时间（包括有线和无线频率）不断攀升，平均日到达率最高为54%，人均收听最高达159.2分钟。

## 一、把握正确舆论导向，新闻宣传亮点突出

大力宣传北京市“十二五”规划，继续启动大型系列直播访谈节目《市民对话一把手》，以“新五年、新规划、新期待”为主题，邀请17位委办局一把手和14位区县长走进直播间，共收到听众热线和短信1248条，群众反映问题转办给各委办局336件。深入贯彻落实十七届六中全会精神，加强文化体制改革宣传。围绕北京市文化领域发展建设，北京电台各个专业广播开办各具特色的系列专题和访谈节目，北京广播网精心制作了专题“推动北京文化大发展大繁荣”，重点突出独家音视频资源。加强三项学习教育，深入开展“走、转、改”活动。电台领导带队深入基层，采写报道。截至年底，各专业广播共开办“走、转、改”专栏13个，共发稿774篇。参加“走、转、改”实践活动的领导、记者、编辑、主持人等共610人次。北京广播网也推出了“走、转、改”网络专题，以图片、文字、音频、视频等多种手段随时刊发九台一网开展此项活动的相关报道。已经刊发图片报道63组（约380张），音频和文字报道323篇，视频9个，微博近40条。策划推出“美丽马兰 歌声嘹亮”系列宣传及公益行动，制定一揽子计划帮扶革命老区马兰村，用实践为“走基层、转作风、改文风”做了最好的诠释。活动开展以来社会各界反响强烈，中宣部新闻局《新闻阅评》以专刊形式给予肯定。

在突发事件报道中做好正确舆论引导

和城市服务工作。2011年夏季多雨，各专业广播积极做好雨天预案，记者快速出动，实时发布雨情、路况及权威部门信息，发挥了广播媒体快速灵活的优势。7月24日北京市委常委、宣传部长、副市长鲁炜冒雨来到电台，代表市委市政府看望慰问在暴雨天气参与现场报道的电台员工。

开展品牌活动，增强节目竞争实力，对外宣传工作水平持续提升。北京电台持续开展名牌栏目评选、优秀节目评选、节目招标评标会等多种活动，为选拔优秀节目、保证节目质量打下坚实基础。每年两次对全台播音员主持人进行资质审核。举办第五届“听众喜爱的主持人”大型评选活动、多媒体移动视听“春晚”、“第六届原创新春短信大赛”、《2011北京榜样》大型百姓人物评选活动、2011年度北京流行音乐典礼、首届“环球旅游热力榜——2011我最想去的地方”大型票选活动、第五届（2011年度）魅力社区评选活动、首届（2011年度）球迷喜爱的三大球运动员评选、第三届北京百校少年儿童外语艺术大赛、“歌声与微笑”第六届北京高校青春歌会、“文明交通·绿色出行”——北京交通广播开播18周年台庆晚会、首届中国健康女性爱家论坛。开展“广播三下乡 年货送农家”活动、抗日战争纪念馆馆歌征集活动、“交通安全公益广告创意演播大赛”、第八届路德日暨警营开放活动、“听广播 话生活——党的声音在我心中”征文活动。承办“寻找最美乡村教师”大型系列公益活动、2009—2010年度中国广播影视大奖广播电视节目奖终评会。协办“互联网与社会：挑战、转型与发展”国际会议等。形式多样的品牌活动，有力提升了北京电台社会知名度和影响力。积极搭建富有北京特色的文化平台，为海外听众和在京外国人提供服务。外语广播录制的《中国新闻》、《今日北京》、《城市链接》等节目已经在联合国、美国、加拿大、韩国等国家和地区广播媒体中播出。2011年，外语广播实现了节目在台湾地区落地。

2011年新闻宣传取得丰硕成果：一件作品荣获中国新闻奖二等奖；五个节目（栏目）获2009—2010年度中国广播影视大奖广播电视节目奖；一件作品和一名个人荣获全国广播“金话筒”奖；两件作品获得“2010年度全国少儿节目精品”称号；21件作品（栏目）荣获北京新闻奖；5人获得北京市优秀新闻工作者荣誉称号；69件作品（栏目）被评为北京市优秀广播电视节目。北京交通广播荣获“全国工人先锋号”称号；北京城市服务管理广播荣获“北京市工人先锋号”称号。

**二、锐意进取开拓创新，新媒体成为发展新亮点**

2011年8月22日，北京广播网菠萝台（bolo.rbc.cn）上线。菠萝台拥有庞大的音频资料库，囊括电台全部16套广播频率的600余档直播、回放节目，成为全国首个支持多路广播节目混排、自定义播放时间、内容时时更新的网络电台。年底，菠萝台上线四个月，已有3226位菠萝蜜（菠萝台用户）建立1702个菠萝台，总收听量达9.1万次，频道点击量超过320万次。北京广播网在宣传策划、新闻报道、活动推广等方面全面参与各专业广播内容生产，以“网络专题”形式配合各专业广播做好新闻宣传，继续推进台网互动。2011年北京广播网的世界网站平均排名在3800位左右。北京广播网、问城网、1039交广网已构成北京电台互联网发展的三足鼎立，菠萝台、青檬网络电台、外语广播网络电台快速发展，完成台网互动的战略布局。北京电台下属的悦龙数字广播公司开发出二代“听立方”终端，同时开发的推送式广播系统正式取得国家技术专利，获“国家广电总局2010年度科技创新奖一等奖”、“北京市广电局2010年度科技创新奖一等奖”、终端在“北京国际广播电影电视设备展”上荣获产品奖。交广传媒有限公司自主研发的“易通1039新媒体机及业务运行系统”也荣获了“国家广电总局2010年度科技创新奖一等奖”，DAB已敲定进入出租车相关事宜。交广公司积极开拓新媒体衍生业务，申请预付费卡发行与受理牌照，已经通过央行北京分支机构的审核并进行公示。注重前瞻性研究，广播发展研究中心将广播与新媒体的融合作为本年度重点课题，在新媒体研究方面渐成体系。

**三、重视技术升级改造，确保优质安全播出**

以科技创新努力打造优质传播平台。对录制、播出、网络、传输、发射等系统进行改造升级，完成外语广播网络播出机房安装，文艺广播、城市服务管理广播直播机房改造及气象局直播机房制作播出系统的升级。完成音频制作软件指纹认证系统开发，并开始试运行；根据台内需求，新版采编平台增加外网远程访问功能，添加手机版等功能，为外出记者及时发稿提供了便利。积极配合市广电局，完成调频广播“村村通”无线覆盖项目验收及数字广播“村村通”无线覆盖工程，协助组织北京地区2011年度广播录音技术质量奖评审会等，圆满完成上级交给的各项任务。全力保障节目播出安全。加强对相关人员安全播出技术培训，为主控、播出、网络、发射等各技术环节提供24小时保障。2011年每季度测试所有播出通路运行技术指标，均达到甲级标准。确保9套开路广播节目以及15套有线调频广播和16套数字广播安全播出，全年纳入安全播出管理的累计播出时间共计62629小时。

**四、广告管理坚持高水平，产业经营推出新举措**

广告收入再创新高。北京电台采取推出套播广告、提高广告时段饱和度等灵活适用的广告销售策略，加大市场开发和客户服务力度，确保了广告收入较大幅度增长。2011年广告收入达到8.62亿元，比2010年多创收1.5亿，同比增长21.1%。总收入达到10.98亿元，总资产达19.5亿元，同比增长约6.38%。

广告管理规范有力。坚持做到依法经营，严格执行国家有关法律法规，进一步规范广告合同，加大广告监听力度和频次，严把广告审查关。注重加强广告从业人员队伍建设，提升人员的综合素质特别是依法开展广告业务的意识和能力。经市工商局统计，2011年北京电台是北京市违规率最低的媒体之一。在第十八届中国国际广告节中国公益广告黄河奖评选活动中，北京电台选送的广告荣获一个银奖，两个铜奖。在第三届优秀广播广告作品评析活动中，电台共有14条广播广告作品获奖，其中商业类、公益类和形象类分别获得1个一等奖，1个制作单项奖。

产业经营形势喜人。2011年，北京广播公司及其所属的11家子公司在电台产业整体战略布局框架内精细化经营和管理，亮点频现，圆满地完成了年初制定的各项工作任务，确保了北京电台产业的持续健康快速发展，实现营业收入5.05亿元，净资产增长率达到6%，完成国有资产的保值增值。

**五、规章制度日臻完善，内部管理高效规范**

内部管理工作更加规范。围绕全台总体发展目标，加强数据服务、节目研发、信息收集、课题研究等工作，进一步完善ISO9001质量管理体系和全台各项规章制度，使各项工作流程的标准化程度不断提高，体系运行有效。人事管理工作扎实。严格规范人员招录、人员调配、职称评审、首席评选、大学生来台实习等程序，继续完善岗位设置和薪酬管理。全年组织多层次、多种类员工培训，不断提高人员的综合素质。重视离退休干部员工的慰问、服务工作，返聘符合条件的退休人员发挥余热，有力促进了退休和内退干部管理服务工作。广泛开展各类文化体育活动以及为职工过工龄生日、组织慰问等，对获得全国和北京市各类奖项的141个集体和个人给予表彰、宣传和奖励，激发了干部职工的工作热情。严格落实涉密保密等各项安全保卫制度措施，确保了全年电台安全稳定无事故。

**六、积极投身公益事业，社会影响力不断扩大**

积极参与各类社会公益事业，在抗震救灾、捐资助学、扶危济贫、公益宣传等方面作出了应有的贡献。多年来，先后捐资400多万元创办、援建了河北省武邑县北京的士希望小学、北京电台新疆和田希望小学等6所小学。2011年启动 “美丽马兰歌声嘹亮”——北京电台主持人与革命老区马兰小学生“一帮一”结对子公益行动。各专业广播充分利用自身社会影响力，策划和组织多项社会公益活动，如交通广播联合其他媒体提出“安全有道、行车有德”的口号，发起设立了北京市首个“路德日”，倡导和谐交通、文明出行等。由新闻广播发起并联合北京绿化基金会、内蒙古多伦县人民政府共同开展的“治多伦一亩沙地、还北京一片蓝天”大型环保公益活动，历时八年共募集捐款600多万元，飞播种草8万多亩、种植乔灌木两万多亩，效果显著，反响强烈，乔、灌、草“三位一体”的综合治理模式也为我国全民绿化事业的发展探索出一条新路。该项活动先后荣获“首都精神文明建设最佳活动”奖和“北京奥运会残奥会特别荣誉奖”。

北京电台持续关注和支持社会公益事业，受到各级政府和各界群众的好评，先后荣获“全国‘五一’劳动奖状”、“北京市建设学习型党组织工作示范点”等多项殊荣。1997年至2011年连续14次被评为“首都文明单位标兵”，2005年、2008年、2011年连续荣获“全国文明单位”称号。

**七、抓好党风廉政建设，扎实推进党建和思想政治工作**

加强领导班子自身建设，坚持把思想政治建设摆在首位，认真落实党委中心组理论学习制度，严格执行民主集中制原则，认真落实“三重一大”制度，坚持集体研究重大决策、重要干部任免、重要项目安排和大额度资金的使用。扎实开展群众路线教育活动，台领导班子坚持边整边改，带头深入基层体验生活、采访报道，得到了干部职工和广大听众的认可。推进党风廉政建设。制定下发《2011年反腐倡廉工作要点》，采取内网开设廉政建设专栏、举办报告会、组织领导干部参观市廉政教育基地等方式，抓好反腐倡廉教育。以迎接、庆祝中国共产党成立90周年为契机，全台集中组织3次党课。充分发挥工会、团委两个群众组织的作用，通过改善职工健身场所、举办春节联欢会和“红歌会”、探望生病生育职工等多种方式，积极为干部职工办实事、送温暖，增强了内部凝聚力，促进了和谐电台建设。

**八、对外交流工作持续推进，知名度、美誉度大幅提升**

随着北京电台各项事业持续健康发展，国内外各行业到北京电台参观学习交流的数量大幅提升。2011年，先后有国家广电总局、北京市政府和市政协、比利时企业联合会、深圳广电集团、江苏电台、湖南电台、河北电台、海峡两岸传媒专业大学生考察团等国内外政府机构、社会团体和媒体共90批次一千余人到北京电台参观交流。

（北京人民广播电台）

# 北京电视台概况

北京电视台成立于1979年5月16日，是北京市属的重要新闻机构之一，英文缩写“BTV”。

北京电视台已开办12个频道节目，其中3个无线频道，7个有线频道，1个高清频道，1个外宣频道，每天播出254.8小时。无线频道总发射功率70千瓦。BTV北京除覆盖北京市外，还通过卫星在全国各省会城市及200多个地级城市落地播出，覆盖人口已突破8亿。

2011年，北京电视台紧紧围绕全市中心工作，牢牢把握正确导向，以科学发展为主题，以内容生产为核心，以改革调整为基调，着力提升舆论引导能力和宣传水平，着力推动高清建设和媒体融合，着力完善各项工作制度和管理措施，着力推进队伍建设和人才培养，着力构建和谐进取的办台环境，努力建设与首都地位相称的一流电视台，各项工作取得新的成绩。

**一、明确节目发展战略和频道定位，舆论引导力和社会影响力全面提升**

开创性地提出“首善媒体、大美品质”节目发展战略和核心价值，明晰频道品牌定位，重塑专业化频道格局。努力“追求媒体品质，成就品质媒体”，对全台各个频道的理念、定位、品牌目标等进行全面梳理，去除同质化内容，提升节目品质，推进精品生产，实施精品立台，收到明显成效。

整合频道资源，实现4个频道呼号变更。在2011年年初实现新闻与公共、青少与海外频道的机构内部整合、明确北京卫视节目中心主体地位之后，四季度经国家广电总局批准，实现4个频道的呼号变更，正式启用BTV新闻、BTV青年、BTV北京卫视、BTV卡酷少儿的频道呼号。

坚持新闻立台，唱响时代强音，高质量完成各项重大宣传报道任务。以《北京新闻》为主的各档新闻节目，不断创新报道形式，圆满完成庆祝建党90周年、十七届六中全会、辛亥百年、“走、转、改”活动等重大宣传报道任务。精心策划推出《温暖一家亲》、《幸福绽放——走近幸福的劳动者》、《开局之年走一线》、《心心相印——庆祝建党90周年直播节目》、《我在基层》、《12345需求与反馈》等一系列重大直播、主题报道及专栏、专题片，有力发挥主流媒体的社会影响力。通过专题片、宣传片、人物访谈等多种形式，浓墨重彩、生动深入地宣传北京精神，形成强大舆论声势。进一步完善新闻直播应急机制，出色完成“7·24”大雨直播等报道任务，彰显了在重大突发事件面前主流媒体的舆论引导力。全力打造新闻评论栏目带，推出《锐》系列等互动性主流评论栏目，获得了良好社会反响。圆满完成2011年援建拉萨、玉树、和田的前方驻站报道任务，受到当地党委和政府的充分肯定。向中央电视台报送新闻6000余条，被中央电视台综合频道和新闻频道采用播出1200多条，《新闻联播》播出95条，在全国省级电视台中名列前茅。

凸显新闻和文化品质，北京卫视综合排名和品牌影响力进一步提升。北京卫视锐意改革，勇创一流，着力打造晚间品牌文化栏目带，推出《北京观察》、《好人故事》、《倾听》、《大戏看北京》等新栏目，挖掘首都文化资源，强化频道文化属性；坚持新闻立台，重播《北京新闻》，增设《本周锐评》、《下周锐议》，加大新闻评论力度；

重点培育早中晚三大“栏目带”，《养生堂》、《档案》、《身边》已成长为全国性精品栏目典范；实施“内容为王”战略，北京卫视成为省级卫视中自办品牌栏目播出量最多的频道，并在2011年创造连续两周市场份额位列省级卫视第一的突破性成绩。

勇于探索创新，荧屏亮点频出。在深入开展“走、转、改”活动中，涌现出一批好栏目、好作品，电视荧屏令人耳目一新，清风扑面，各频道开设专栏（板块）30个，采访、制作、播发相关报道（节目）约400条（期），获得中央和市委有关领导的充分肯定。9月13日，在中宣部新闻战线“走、转、改”活动座谈会上，刘云山同志表扬9月11日《北京新闻》播出的《说句心里话：用双手“抹”出家的根基》报道：这样的新闻来自基层，来自一线，非常鲜活，非常感人，有现场感，让观众动情。《温暖一家亲》大型春节记者关爱公益行动，彰显媒体社会责任，刘淇同志2月14日批示：北京电视台工作不断创新，出了不少亮点。坚持贴近群众的大方向，再创新佳绩。《幸福绽放》等一批反映好人好事的电视节目，首次推出“台领导与编辑、记者走一线”大型新闻行动，采访足迹遍布全市14个区县，播发16篇重点报道。创新重大主题报道，庆祝中国共产党成立90周年实现18小时大型直播《心心相印》采用全新技术手段，成功跨地区直播京沪高铁全线通车。创意策划播出《辛亥》、《笔墨春秋》、《少年中国》、《国风》、《启蒙的艺术》等纪录片精品，凸显重大历史题材专题片创作实力。首次推出历时12小时的《2012BTV新年环球大直播》，六个境外摄制组、五个直播组与十余个境外媒体合作，全景展现了世界各地喜迎新年的盛况，在全国省级电视台跨年节目大战中独树一帜。

文艺节目中心着力打造品牌晚会。全年制作主春晚、网络春晚、中秋晚会、《“党在百姓心中”“七一”晚会》等近50场风格多样的文艺晚会，晚会数量创历史新高，制作水平进一步提升。科教节目中心着力强化“科教”气质和“大教育”理念，重点打造以《法治进行时》为龙头的午间法治时段、傍晚健康科学时段和晚间人文时段。推出了《笔墨春秋》、《为你而歌》（第九部）等有分量的专题片，向“高品位、优品质、大品牌”的专业频道方向迈进。影视剧中心确立精品影视文化战略，围绕纪念建党90周年、辛亥革命100周年等，推出《钢铁年代》、《风声传奇》、《永不磨灭的番号》、《护国军魂》等优秀国产电视剧，展现了“大戏看北京”的理念追求。财经节目中心努力打造“大财经”高端媒体平台，重点培育王府井品牌节直播、《中国经济新春论坛》、“北京影响力”评选等大型品牌活动，扩大了在财经领域的话语空间。体育节目中心充分挖掘赛事资源，播出以英超、中超为代表的国内外品牌赛事，辅以《天天体育》、《足球100分》、《体育议起来》等新闻、专栏、评论节目，增强规模化报道优势。生活节目中心精心策划、强化管理，进一步提升了《生活面对面》、《7日7频道》、《食全食美》等品牌栏目的社会影响力，连续三年成功举办《中国时尚大典》，在社会上赢得良好口碑。青少·海外节目中心用青年受众喜闻乐见的方式进行主流传播，《军情解码》、《书香北京》、《北京青年》等栏目成为新兴品牌。动画节目中心努力搭建中国动漫和少儿节目第一传播平台，以“原创动画故事+真人节目+互动”的全新模式创新动画春晚形式。频道收视份额在全国动画卫视中保持第一，继续领跑全国少儿电视媒体。纪实高清频道实现全新改版，发起建立全国地方台纪录片联盟，筹划推出“红色经典”优秀纪录片展映活动，探索开展3D节目制作实践。

推进文化“走出去”工程，国际传播力明显提升。节目在覆盖七个国家和地区的长城平台播出，全年外宣节目首播时长共计

2372.5小时，重播时长共计8760小时，宣传片时长共计360小时。制作英语新闻70条，在美国联邦公共广播公司MHz电视台等境外电视台播出，其中八条英语新闻在CNN《世界报道》栏目播出，并通过CNN设在facebook上的平台，登录境外主流社交网站。与俏佳人传播公司合作，将《天下收藏》栏目发行给美国ICN电视联播网；将《四海漫游》发行到马来西亚、文莱等国；与海外IPTV运营商麒麟电视、ITV、汉雅星空合作，把33档节目传播到北美地区。

**二、鼓励内容创新，节目生产向多元化、精品化迈进**

首次举办“电视节目创意季”。全台共152件创意作品参评，19件作品获得优秀创意奖，5个方案被采用，借此建立了一年两季进行节目创意征选和创新实践的常态机制。

创立以“品质”为核心的节目考评体系。确立“首善媒体、大美品质”的节目发展总目标，并将其具体分解为“社会责任、品牌价值、文化品质、专业品质”等可测量指标，建立了“台——频道——栏目”垂直延伸、相互关联的评价体系，获得国家广电总局的肯定。

播音员、主持人品牌建设进一步加强。成功举办首届北京电视台“观众喜爱的主持人”评选活动，历时四个月，共收到观众选票83万余张，参与人数超过100万，为培养名牌主持人，激励主持人敬业奉献，增强我台主持人影响力作出了有益的尝试。

内容生产成果丰硕，节目精品屡获大奖。2011年北京电视台节目在各类社会评奖中共获156个奖项。其中，国家级大奖17项。

**三、实现全年安全生产播出目标，高清化建设稳步推进**

圆满完成安全生产播出任务。2011年，全台节目后期制作量约达130万小时，特技制作近4万秒，演播室录像、录播、直播约4万小时，剧院演出近50场次，约2000小时，转播车直播、录播共计约700场次，总制作效益额近3亿元。14个频道播出总时长10万余小时，较2010年同期增长了7%。年停播率0.51秒/百小时，约为国家广电总局62号令规定的一级电视中心标准停播率的1/10，与2010年同期相比下降61.7%。

高清化进程稳步推进。完成高清项目一期工程的验收任务及二期工程“高清综合制作网”、“远程节目上载模块”、“高清新闻网改造”的搭建、调试和启用，新闻频道高标清同播的技术准备工作就绪。

不断完善技术管理制度。组织召开全台技术工作会议，研究制订技术发展目标规划，梳理细化技术流程，制定出台《北京电视台制作部技术管理框架》、《北京电视台安全播出奖评审办法（试行）》、《北京电视台信息网络管理部工作手册汇编》等多项管理制度。

加强技术改造升级。财经、生活、新闻三个频道播出系统顺利迁至新台址，实现所有频道集中在大北窑新台址一地播出的规划目标。搭建独立的北京卫视高标清频道代播传送系统，实现了BTV北京卫视频道检修不停播。完成了播出系统总控矩阵、苏州街台址800平方米演播室灯光等多项技术设备升级改造。积极跟踪高新技术成果应用，参与中国3D电视试验频道相关工作，形成每周7小时3D电视节目的生产能力。在天安门大屏幕播出内容的制作中成功运用4K技术，得到市委市政府的肯定。

荣获多项技术大奖。2011年，北京电视台技术工作在各类社会评奖中共获64个奖项，其中国家级奖项14个。

**四、完善管理手段，发展环境进一步优化**

建章立制，管理工作更加严格规范。不断完善保障安全生产的制度体系，相继制定实施了《北京电视台非常规节目编播管理规定》、《北京电视台所属部门和职工利用互联网公共信息平台的管理规定》、《北京电视台网络报道守则》、《关于加强北京电视台实名微博信息管理的通知》、《北京电视台印章管理规定（试行）》、《北京电视台合同管理规定（试行）》等39项全台性工作制度。切实加强财务监督和审计工作，建立年度审计制度，推动审计工作常态化、制度化；加强对各类招投标的监督审计，逐步建立更加严格规范的财务管理监督体系。完成全台资产清查工作，盘实了资产，制定改进措施。加强对规章制度的落实和各项工作的监督检查，保证台里重大决策、重要工作部署件件有回音，事事有着落。

信息沟通交流更加及时有效。进一步推动台务公开，建立每月台情通报制度。完善落实职工代表座谈会制度，畅通了台内交流渠道。重视信息工作，信息报送水平进一步提升。2011年《北京信息》采用本台报送信息25条、《昨日市情》采用10条。圆满完成向《中国新闻年鉴》、《中国广播电视年鉴》、《北京年鉴》等年鉴志书的图文供稿任务。

区域和行业合作开创新局面。成功举办首届华北五省区市省级电视台联席会议，签署战略合作协议及2012年合作项目，首次提出打造中国电视版图中的“华北板块”概念；与《新京报》报社等媒体建立长期战略合作关系，在跨媒体、跨领域合作方面发挥了媒体示范作用。

**五、加快实施新媒体发展战略，积极筹建北京网络广播电视台**

北京网络广播电视台获得批复，实质性建设已经起步。北京电视台成立北京网络广播电视台筹备组，积极申请，扎实筹备，于2011年12月底获得国家广电总局正式批准，可开展包括时政类视听新闻节目首发服务在内的几乎全部互联网视听业务。并将北京网络广播电视台定位为：“政府在新媒体领域的喉舌，是新形态广播电视播出机构。”经充分论证，网络广播电视台选址在苏州街台址。整体技术方案通过了专家论证，完成了基建改造、技术工程建设、视觉形象系统等的招投标工作。组建了工作团队，各项基础性工作已经进入实质性推进阶段。

以IPTV为重点的“三网融合”试点工作扎实推进。按照国家广电总局、北京市“三网融合”协调小组要求，完成IPTV集成播控平台的建设，联通了光纤链路，在全国率先实现总分平台对接。规划了自由内容，制订了一系列管理流程，EPG开发趋于完善，IPTV随时可以上线播出。

**六、提升广告创收能力，拓展产业经营范围，全台经济实力进一步壮大**

夯实广告经营基础，挖掘广告增量空间。进一步完善广告价格和销售体系，加强客户服务，促进大客户增量投放。深度挖掘媒体资源，开发新客户及特殊合作项目，全台广告收入32.5亿元，超额完成1.5亿元，同比增收6.33%。

增强经营意识，拓展版权经营范围。依托核心内容资源，版权经营业务收入3056万元，利润总额662万元。其中，传统电视媒体版权销售额2098.77万元，较去年同期增长6.75%。新媒体版权销售额865.13万元，较去年同期增长60.72%，发行渠道达30家，覆盖所有主流视频网站。

规范企业管理，增强创收能力。在实现事企分开、管办分离的基础上，基本理顺了台属企业经营管理机制，企业创收能力进一步显现，五个一级企业创收3.88亿元。

**七、切实加强人才队伍建设，着力提升党建工作水平**

大力推行竞争性选拔任用干部工作机制，24名中层干部和93名科级干部、制片人分别通过竞争上岗程序走上领导岗位，选人用人的民主化科学化程度得到显著提高。完成对17名中层干部离任经济责任审计工作，切实查找和纠正干部行使权力过程中的突出问题。适应市场化发展要求，加强对企业领导班子的充实和完善。积极推进“台校合作”，充分依托与北京大学等七所高校共建实习基地，吸引优秀毕业生来台实习。规范人员招录使用方式，按照“凡进必考”的原则，招聘录用166名新员工和270余名高校实习生，组建BTV高校记者团，充实了发展力量。

积极推进“定岗、定编、定员”工作，完成全台岗位设计整体方案，为实现岗位管理奠定基础。加强从业人员管理制度建设，开发新型人力资源管理系统，形成临时用工管理“四联单”机制。深化收入分配制度改革，根据不同岗位的类型和特点，分别建立考核分配方式，有针对性地完善相关奖惩措施。调整提高效益工资基数，首次实施半年度动态业绩的考核奖励。

积极构建全员培训体系。先后选送68名优秀节目制片人和技术、职能部门科级干部、业务骨干，分赴英国、加拿大开展以“电视与新媒体”和“媒体管理最佳实践方法”为主题的培训活动，吸收了大量新的传媒发展理念。注重对专业人才的个性化培养，先后选派27人前往专业性院校或权威培训机构开展脱产培训，积极打造重点领域业务带头人。开展了为期一个月的新员工入职培训、频道值班员岗位培训，443人参加了编辑记者职业资格培训，对全台178名制片人实施岗位能力测试。

持续深入开展创先争优活动，党组织和党员队伍建设成效明显。围绕庆祝建党90周年，开展征文、表彰、党史学习、走访慰问等“十个一”系列活动。严格落实“三重一大”决策程序，加强台党委和台领导班子自身建设，召开46次党委扩大会和两次台领导班子专题民主生活会。首次开展党支部工作考核，对部门负责人强化“一岗双责”意识提出要求。全年发展党员45人，全台党员总数达到1327人。着力健全党风廉政建设工作机制，开展“加强台风建设，预防职务犯罪”主题教育活动和“小金库”、假发票专项治理工作。

（北京电视台 冯平）

# 北京歌华文化发展集团概况

北京歌华文化发展集团（以下简称歌华集团）成立于1997年12月，是北京市大型文化机构。

歌华集团实行“3+2”的发展战略模式，以“文化”、“传播”、“科技”三个产业平台，形成合力发展文化创意产业；以“资本”、“创新”为支撑平台，促进文化创意产业的发展。2011年实现经营收入4.23亿元，利润2500万元。

2011年重点工作：

**一、以产业重大项目带动集团跨越式发展**

文化保税区项目。歌华集团明确了“国家级文化贸易口岸”的定位、以服务“文化保税”为主要内容、建设“亚洲最大的文化产品集散中心”为目标的战略规划。在调研与规划的基础上，完成了项目总体方案和四个子平台的项目建议书和建筑的概念设计。在土地与建设方面，已取得了85亩工业用地和25亩商业金融用地的开发使用权。在融资与招商方面，争取到建设银行贷款1亿元，与国开行的贷款意向基本达成，争取意大利政府软贷的工作取得了阶段性成果。推广招商方面，与国内外艺术品经营、电影电视节目制作、动漫网游制作、图书经营、奢侈品销售等领域的企业达成了部分意向。

歌华院线项目。歌华集团完善了项目整体规划，形成了院线项目资本性运作的基本思路，提出并论证以演艺板块上市来推动院线项目的内容，完成了院线项目集散交易平台建设。初步形成了以文艺演出、艺术展览及艺术电影三线合一的院线集散交易功能；初步构建集演出、展览和艺术电影等为主的歌华院线节目展示交易中心。

**二、以重点项目提升文化服务，推动集团经营工作**

2011年，圆满完成重点项目、操作各类文化项目80个。

（一）重大项目特色鲜明

1．由集团承办的“一切为了人民——纪念中国共产党成立90周年展览”自6月26日开展，8月31日结束。组织接待参观团体共381，866人次、个人208，196人次，累计参观人数590，062人次。

2．由集团联手清华大学和北京工业设计促进中心共同承办北京国际设计周。活动由教育部、文化部、中国文联和北京市政府联合主办，以开幕式、北京设计论坛、主题展览、主宾城市、设计之旅、年度设计奖六大常设性内容为核心，凭借其国际化、专业化、大众化、市场化、品牌化的特点，成为北京市重要的文化品牌活动。在全市116个文化创意场所举办各类设计活动200余项，吸引观众350万人次，签订设计交易意向合同1.58亿元，带动设计消费2.1亿元。

3．协助承办第一届北京国际电影季。本届电影季于2011年4月23日至28日举办，囊括了影片展映、专业论坛、电影项目洽商、文化演出等多种形态，吸引了700多家中外电影机构、2000多位中外嘉宾和首都各界人士约10万人次的积极参与。其中“北京电影洽商”活动，吸引了300多家国内外电影机构，签约总额达到27.94亿元人民币，创下国内电影节展交易额的最高纪录。

4．歌华集团承办“2011中国乐谷·北京国际流行音乐季”。活动通过整合集团内部专业化公司和Live Nation的资源品牌优势，以天然回响音效的生态环境场地、“双子舞台”舞美设计、便利的交通环境、严密周到的安全保障，汇集了17支国内外知名艺人乐队，两天共接待观众4万多人，引起社会广泛关注，各类媒体报道300余次。

（二）品牌性项目形式多样、渠道多元

以“重返巴洛克——那不勒斯的黄金时代绘画展”、古典与唯美——西蒙基金会收藏雕塑、绘画展等为代表的经典展览，树立了世界艺术馆的良好品牌，尝试馆线项目运作模式，走出去“巡展”取得初步成效。以“你好！北京”新年系列文化活动、2011年“北京节拍”文化广场活动、清明节文化先贤纪念活动、诗意中国——第三届中秋国际原创诗会、“第二届北京奥运城市体育文化节”全民健身广场、世纪坛“百年系列”之辛亥革命100周年三项纪念活动等为代表的文化活动形成了歌华集团“继承传统、弘扬文化”传统节日的一系列品牌活动。以“鲍勃迪伦演唱会”、“老鹰乐队演唱会”、“卡百利演唱会”等为代表的国际顶尖艺人演出，使中国演出市场成功进入国际音乐巨星全球巡演体系中，有效提升了国内现场音乐演出的实用性、互动性和文化项目的可操作性。2011年歌华集团还参与承办了第三届英国(伦敦)万像国际华语电影节。

**三、文化设施实现科学定位和良性运营**

歌华集团强化文化物业设施经营管理，做好自有设施项目经营，设施经营收入逐年递增。中华世纪坛作为重要文化活动平台，以文化展演剧目集散平台（歌华院线）为基础，以世界艺术馆、当代艺术馆、雕塑艺术馆、数字艺术馆为主要内容支撑体系，全力打造中华世纪坛世界艺术中心。歌华大厦作为重要文化创意平台，以创意产品集散平台（文化艺术交易中心）为基础，以北京国际文化创意产业联盟、歌华设计艺术馆、北京国际设计师工作站等为主要内容支持体系，全力打造歌华创意设计中心。歌华开元大酒店作为传媒主题酒店，以影视节目集散平台为基础，以北京国际新闻中心、媒体酒廊、创意会馆等为主要内容支持体系，全力打造北京国际传媒交流中心。虎峰山庄、国际艺苑酒店等也承担着集团主业发展的基础平台任务，发挥出应有的地位和作用。

**四、切实推进企业文化建设**

（一）加强领导班子建设

建立了由董事长、党委书记、总经理组成的集团核心领导班子，推行董事会、党委、经营班子“三位一体”领导决策机制，理顺董事会、党委和经营班子工作职责和议事规则，完善配套制度和工作秩序，提高了班子的决策科学性，有效地形成互相监督约束机制，收到了初步成效。

（二）加强思想政治工作

集团党委以思政工作百分制考核为抓手，以开展创先争优主题活动为契机，夯实基层党建，认真加强党员干部的思想教育工作，带领全体职工围绕企业经营工作，创新性提出了“支部和项目结对”活动，把创先争优活动和企业经营工作紧密结合，此项工作被评为“北京市创新项目”。

（三）加强团队建设

歌华集团以“三四三”人才结构战略为指导，重点推进团队建设，进一步完备企业选人用人的机制。重点完善了集团各职能的三级管理体系。梳理各团队、各体系职能和岗位，基本形成企事业业务发展互补、相互依托的管理服务机制。从重大项目着手，尝试为各类人才引进和培养提供服务，不断拓宽人才培育和人才引入。

（四）践行北京精神，推进企业文化建设

集团党委在建设企业文化方面，坚持党工团形成合力，结合集团重点工作和重点项目，创建集团良好的工作氛围。工会进一步健全完善职工大会制度，落实了集团、中心、专业化公司三级职工大会制度，并进一步强化了职工大会预备会的时效性。

（北京歌华文化发展集团党办）

# 北京歌华有线电视网络股份有限公司概况

北京歌华有线电视网络股份有限公司(以下简称“歌华有线”)于1999年9月成立，2001年，在上海证券交易所上市（股票代码600037），成为全国首家有线电视网络上市公司。2002年在全国率先实现了“一市一网”。

“歌华有线”拥有15家分公司和5家子公司，连续三届入选全国文化企业30强。在北京市敷设光缆达3.96万公里，电缆24万公里，已形成覆盖全市16个区县，可承载视频、语音、数据的超大型信息化基础网络，成为北京地区全程、全网、全业务的综合信息服务提供商。网内传输模拟电视节目50余套、数字电视节目164套（其中高清电视节目15套）、数字广播节目16套和多种交互数字电视应用服务。2011年，实现营业收入18.97亿元，实现净利润2.79亿元。注册用户近476万户，同比增长28万户；数字电视用户345万户，高清交互用户超过260万户，个人宽带用户16万户。高清交互用户数量超过全国12个三网融合试点城市高清交互用户数量的总和。

2011年主要工作：

**一、圆满完成安全传输保障任务**

加强制度建设，落实责任制，组织进行了全网安全传输隐患排查整改工作，确保了春节、“两会”、建党90周年、国庆等重要保障期的传输安全；完善了网络信息安全组织体系及其相关制度建设；完善安全生产管理制度建设，强化内部安保和培训工作，圆满完成全年的安全传输和网络信息安全保障工作。

**二、启动制定战略发展规划**

制定“一网两平台”战略发展规划，确立“做优、做强、做大高清交互数字电视新媒体”核心战略，加快“由单一有线电视传输商向全业务综合服务提供商、由传统媒介向新型媒体”战略转型，力争用五年时间实现“再打造一个歌华有线公司”的战略目标。

**三、完成260万高清交互推广任务**

提前完成年度130万户高清交互推广任务，三年内累计完成260万高清交互数字电视机顶盒的工作任务。围绕高清交互项目，积极争取、改变单一来源采购方式，全力保障机顶盒供货；成立机顶盒安装质量检查小组，组建近2000人的安装队伍；启动非居民用户数字化工作，完成166个非居民用户单位的数字化工作。

**四、加快网络基础设施建设**

完成双向网改造320万户，实现城六区和远郊中心城镇双向网络的基本覆盖。完成5处机房购置工作，20余个机房的基础整备扩容和搬迁扩建工作，40余个机房的动力环境与供配电扩容改造工作。自建、购买管道1043沟公里并完成57条道路的架空线入地工作。推进新建住宅的网络验收工作，各区县共有205处新建住宅接入信号并办理《信号接入证明》。配合市广电局完成“村村通”工程，并按计划开展了直播卫星“户户通”工作。

**五、加快高清交互新媒体平台建设**

完成国内首个基于内容分发网络CDN的大型高清交互前端平台建设；完成家庭多媒体智能终端高清交互机顶盒的研发工作。完成IBOSS一期综合业务运营支撑平台建设、客服系统优化实施工程、VoIP集团语音业务计费系统建设和网上营业厅一期工程。高清交互内容平台，新增“新华财经”等多个视频栏目，在线视频超过1万小时（其中高清节目千余小时）；10月27日“歌华SiTV高清”节目包上线；“回看录制”累计达到34套，已上线应用22项。启动广告运营工作，引入第三方数据支持公司广告监测和监播系统。全年“歌华点播”总点播次数达到近6000万次，“回看与时移”总点播次数达2.7亿次。

**六、加强用户服务工作**

加强营业厅建设与管理，启动“营业厅建设年”活动；引进暗访机制；完成民主评议工作；对近千名基层营业厅人员进行服务技能培训。强化客服中心建设，继续增加客服坐席和客服人员规模；新增自助语音应答系统、短信报修系统和网上报修系统；开展“万户关怀”工作。提高运维服务水平，制定分公司维护体制改革方案；制定双向网络主动维护规程和配套考核标准；完善网管系统和主动维护派单系统；提高主动维护水平。加大培训工作力度，组织机顶盒安装规范、营业厅技能与服务规范、服务礼仪与技能等专题培训33期，共计4000余人次参加。

**七、积极拓展公司数据业务**

个人宽带业务推出4M产品，试点推出10M、30M高带宽产品。数据业务争取到北京市智能交通管理网、市委宣传部视频会议系统、北京农村商业银行生产网等建设项目，为北京平安保险公司、七天酒店、北京资源管理中心等单位提供了“三网融合”的系统化服务。数据业务已开通1.38万个用户接入点。

**八、全面加强对外合作**

与北京移动签署了战略合作协议，双方在基础设施、营业厅代理销售、产品捆绑营销、互联网平台对等互联、Wi-Fi部署及业务合作、多屏融合、歌华飞视业务等方面达成合作意向，各项合作领域均取得了积极进展。与华为技术有限公司签署了“三网融合”战略合作协议。双方将在NGB、云计算与物联网应用等方面开展技术合作，在“三网融合”与新媒体业务发展规划及市场拓展方面开展业务合作。与上海文广互动电视有限公司签署战略合作协议，通过资本合作纽带，依托各自资源优势，共同服务用户日益增长的个性化高清点播收视需求。与七家国内外知名电视机厂家签约合作，共同推广单向高清一体机，并合作研发、推广、销售下一代高清交互一体机。

**九、积极探索三网融合新业态**

“歌华飞视”业务自2011年6月开始试点，8月23日荣获第20届北京国际广播电影电视设备展览会应用大奖。12月23日与北京移动正式签署《飞视业务合作协议》，年内已上线75套广播电视节目，完成156个公共热点的网元安装工作。“三网融合”云服务平台（一期）等项目，向市科委申报的“‘三网融合’服务三农项目”获批。“物联网”应用与多个知名通信IT厂家、应用研发单位及终端制造单位合作，开展基于有线电视网的城市管理物联网应用业务。VoIP业务完成支持CM语音业务的软交换系统的建设和语音业务开通部署测试和有关技术准备工作。积极参与国家广电总局NGB工作组14个专题组的有关工作，与相关单位积极合作参与科技部下一代广播电视网（NGB）相关项目。

**十、努力提升运营管理水平**

完善公司治理，做好内控制度建设和信息披露等工作，完成内控制度手册的修订工作，连续第五年被评为治理样板企业。完成高清交互项目基础设施一期工程的稽查，2010年100万户推广任务的绩效评价和 2006年至2010年度机顶盒政府补助资金专项审计工作。积极推进规范的招标采购工作，公开招标84项，自主邀请招标15项。做好投融资管理工作，完成5个投资项目的立项。做好人力资源管理和干部队伍建设工作，修订了《部门职责汇编》，对第一批挂职干部进行了考核和选聘工作。做好机顶盒销售工作，销售高清交互机顶盒7000余台，标清机顶盒近5万台。做好技术管理工作，积极推进自主知识产权和科技创新奖的申报工作，获得多项专利和软件著作权。

（北京歌华有线电视网络股份有限公司）

# 北京电视艺术中心有限公司概况

原北京电视艺术中心是北京市属生产电视剧的专业艺术机构之一，成立于1982年9月。2010年8月4日转企改制，更名为北京电视艺术中心有限公司，主要从事集影视策划、制作、营销影视节目等业务。

中心从成立到2011年，共制作生产电视剧190余部，3028余集，译制片百余部千余集，还制作一大批专题片。多部优秀作品获得多个“金鹰奖”、“飞天奖”、“五个一工程”奖，并取得了连获全国大奖的四连冠佳绩。

2011年主要工作：

**一、生产经营情况**

拍摄完成正在后期制作的电视剧2部：一部是围绕城市里时下当红的群体——剩

女的生活展开的30集电视连续剧《女人帮》；一部是讲述北京猿人头盖骨遗失之谜的30集电视连续剧《刀出鞘》。已播出的电视剧2部：一部是以缅怀三峡地区为新中国建立而牺牲的革命前辈而创作的30集电视剧《川东游击队》，该剧是为中国共产党成立90周年的献礼片；一部是由同名网络小说改编的76集电视剧《甄嬛传》，该剧在各地播出后收视率一路走高。全年总收入为666万元。

**二、转企改制工作**

2011年4月，原北京电视艺术中心依据中宣部和市委宣传部关于文化体制改革的总体部署和要求，注销原事业法人，成立了北京电视艺术中心有限公司。

**三、加强廉政风险防范制度建设**

认真做好"两个延伸"，制定《北京电视艺术中心有限公司领导班子和职能部门深入开展廉政风险防范管理工作实施方案》。落实"三重一大"决策风险防控制度，公司所有重大事项决策、重要人事任免、重大项目安排和大额资金使用必须经领导班子集体讨论决定。建立健全廉政风险防范机制，以部门为单位，界定廉政风险范围，明确岗位职责，突出重要岗位，全面排查廉政风险点，共有5个部门查找风险点，制定有针对性的规章制度11个。

（北京电视艺术中心有限公司）

# 北京中北电视艺术中心有限公司概况

北京中北电视艺术中心有限公司是北京市属生产电视剧的专业艺术机构之一，成立于2003年7月，是由1995年成立的北京中北电视艺术中心转制重建，产业化改革试点单位之一，主要从事影视创作、策划、制作、营销等业务。

2011年主要工作：

**一、贯彻党的十七大精神，开创新局面**

1．重点抓好反映时代精神的主旋律作品《内线前传》和反映现实生活的作品《南国有佳人》的拍摄制作，不断提高影视剧的创作和制作质量。优秀剧目《内线》荣获"2011年莫斯科国际侦探影视节电视剧特别大奖"；2011年7月，《猎人笔记之谜》荣获第28届电视剧"飞天奖"提名荣誉奖，入选国家广电总局"2010年度中国电视剧选集"，8月荣获2010年度北京市广电局颁发的北京优秀电视剧奖。

2．改进工作作风，领导班子带头深入剧组调研解决实际问题，努力在文化创意产业中凝聚人气，寻求新的突破。

3．在推进学习型党组织建设中，采用灵活多样的学习方式注重抓好党员干部的理论学习。不断加强团队建设，在影视节目市场竞争中提升专业化水准。在北京广播电视台召开纪念建党90周年表彰大会上，杨群被评为优秀共产党员。

4．开展廉政风险防范管理，加大监管力度，编制了"职业化标准手册"，进一步完善人财物严密管理流程等一系列有效的管理措施。

**二、电视剧创作、经营销售再创佳绩**

拍摄完成的36集电视连续剧《大唐女巡按》和30集电视连续剧《南国有佳人》已完成对东盟、韩国、台湾、香港的外销工作。《内线》在俄罗斯荣获欧洲第六届共赢国际电视节大奖，国内播出也屡创收视佳绩。组织续集《内线前传》开机的拍摄。全年实现经营收入2180万元。

（北京中北电视艺术中心有限公司）

# 《北京广播电视报》报社概况

《北京广播电视报》报社成立于1988年9月，是北京市属广电系统的传媒机构。报社办有《北京广播电视报》系列周报、《北京电视》周刊、《北京房地产》杂志（月刊）；下辖北广报刊网及数字电视《置业频道》。

2011年主要工作：

**一、坚持正确的舆论导向，努力办好“二报一刊”**

报社主营媒体——《北京广播电视报》、《北京广播电视报·人物周刊》和《北京电视》周刊，坚持正确的舆论导向，根据市场形势变化，报社调整经营战略，艰苦拼搏，全年经营总收入1316万元，其中主营业务收入938万元，完成全年预算88%；其他收入378万元，完成全年预算200%；实际支出1554万元。由于严格管理费用支出，实际生产成本支出比预算下降12%；管理费用支出比预算下降3%。2011年“两报一刊”发行量有所下降，发行收入下降10%；广告收入下降10%。

（一）《北京广播电视报》的情况

1．再次改版，重新定位。2011年7月，《北京广播电视报》调整报道内容和版面，再次改版，改版确立为北京广播电视台及台属企事业服务，为打造名牌主持人、编辑、记者和名牌栏目服务，为听众、观众选择和认识广播电视节目服务的改版思路。改版后《北京广播电视报》从每期40版扩大为48版，加大广播电视节目推介版面，增加主持人、制作人的人物报道专版。为配合两台主持人评选活动，分别出版专刊，全面介绍参选主持人各方面的情况，刊登选票。报社派出五路记者，以“BTV今夜星光灿烂”为题发表大篇幅通讯。推出“7日视评”、“7日听评”专栏，对一周电视广播节目、现象进行深度评论，获得北京广播电视台及两台主要领导的认可和好评。

2．做好重点报道。推出“纪念建党90周年系列特别报道”，如：《红歌红人红故事》、《采访特型演员及观众，热议荧屏伟人——扮演领袖谁最像》等。在特色报道和深度报道上下工夫，如《除脏——名嘴、明星、受众谈广播电视抵制三俗》、《观众眼中的老片重拍》、《挑出相亲节目8大刺儿》等。关注广播电视节目的话题，如《听众观众向广播电视服务类节目提出十大帮忙要求——请离我们再近一点》、《两条烫手的热线——北京电台新闻热线、北京电视台新闻热线背后的故事》等。深化电视剧社会化延伸报道，如推出独家专题《如何让幸福敲你家门》，热议中老年人再婚话题。配合两台重点活动的重点报道，如在北京电视台首届“观众喜爱的主持人”大型评选活动中，策划推出《电视节目主持人应当什么样》系列访谈；纪实报道《电台主持人与革命老区马兰小学学生一帮一结对子公益活动——给老区孩子一个肩膀》等。为强化导听导视功能，增加《本周看点》版面。增加与《养生堂》、《食全食美》、《超级出租车》等栏目合作的专栏，增设特色版面——《养生·名人故事》。“开门办报”，相继设立“金色时光”、“总编辑信箱”、“收播连线”、“本报读者观点团”等专版及专栏。

（二）《北京广播电视报·人物周刊》的情况

《人物周刊》主动寻找与社会热点有关联的选题，如在钱学森诞辰百年时，推出对钱学森之子钱永刚的独家访谈。在明星娜仁花刚获影后时，推出对娜仁花的访谈。在建党90周年之际，推出“建党90周年系列访谈，以恩、情、缘为故事主线，报道了老一辈革命家非常感人的奋斗经历。为配合国庆60年宣传，推出“我们的国庆故事”专题报道，以对几代名人的专访。在母亲节时报道“三代明星忆母亲”，在“六一”节时报道“老明星的隔辈情”。在“八一”节时专访老播音员沈力、运动员郑海霞、歌唱家卞小贞，推出报道“当年我们穿上军装”。借热播电视剧的社会效应，推出以《风车》延续报道“明星、名人、百姓说大院生活”。

（三）《北京电视》周刊的情况

1．充分挖掘娱乐资源。从与娱乐公司到与明星、制片人、编导合作，从宣传明星到宣传电视剧，拓展创收资源和渠道。仅周刊封面的创收率占版率达到98%，封底创收占版率达到40%。利用周刊涂布新闻纸部分印刷效果好的特点，加大图片报道量，受到读者好评。

2．推出热点选题策划。如根据《师傅》、《雪花那个飘》、《老爸的筒子楼》、《风车》等电视剧，结合电视剧对社会现象进行报道。根据《家常菜》、《成家立业》等现代生活剧，推出结合观众身边生活的互动性报道。为配合建党90周年推出“北京电视台这样寻找红色足迹”重点报道。为落实“走、转、改”的精神，派记者与电视台记者一同走进军营，推出策划性的现场报道。为净化荧屏，推出“荧屏需要真、善、美”的话题性报道。周刊编辑部还与电视台记者一起为山区小学捐物品，亲自送到校方，并推出明星、主持人向乡村学生献爱心的专题报道。推出“北京文化三部曲”重点策划性报道，得到北京市报刊阅评组的表扬。

（四）开展“走转改”活动

认真落实关于在新闻战线开展“走基层、转作风、改文风”活动工作部署，成立“走、转、改”活动领导小组，出台实施方案。9月底，与东城区委永外街道工委宣传部就落实“走、转、改”活动，合作共建联系单位签署框架协议书，以永外街道作为报社走基层一线活动主要社区联系点，组织记者编辑和广告发行人员到社区开展蹲点调研和采访活动，收集、了解各社区居民在收听收看广播电视节目、订报意向和广告阅读等方面的意见和建议。策划了“走进寻常百姓家，大型采访调查活动”。两报一刊共开设“走、转、改”栏目16个，其中《北京广播电视报》开设走基层专版、边访边论、金色时光、家庭故事、社区故事、激情岁月和家庭相册等栏目。《北京电视》周刊开设走基层专版、边访边论、百姓家庭故事、家庭相册和百姓休闲生活等栏目。《人物周刊》开设走基层专版、蓝镜头、社区人物故事和新镜头等栏目。利用两报一刊共12期的出版空间，开辟了75块自采版、24块特约版进行了社会报道。其中独家报道总量达到了约26万字，独家拍摄并发表图片148张，发表文章140篇，记者走访百姓家庭达到128家。

（五）整合报社资源

全面整合3个编辑部及采编部门人力和报道线索资源，实现内容共享、资源共享、平台共享。

（六）广告与发行工作

净化版面，主动放弃一部分医药广告，重新设计报头，努力稳定巩固健康行业广告的优势和市场份额。进一步完善报刊文字资讯服务，使之成为报社增加收入的新来源。开发健康行业以外的广告市场，比如汽车、旅游、尾货市场等其他行业广告，尝试性地出版家居建材和旅游专刊。继续采取控制发行的方式，除委托北青报小红帽公司采取夹带方式代理《北京广播电视报》部分销售外，各报刊零售和订阅均以由邮局作为主渠道代理，发行量略低于去年水平，发行收入有所下降。在征订期间，加强与京报发行公司的合作，发行收入增长近10%，使两报一刊的订阅数与去年持平。

（北京广播电视报社）

# 北京音像公司概况

北京音像公司是北京广播电视台的全资子公司，公司始建于1979年，原称北京市广播电视服务公司。1985年7月，北京市广播电视服务公司与北京音像出版社合并成立北京音像公司。2006年5月，在全国出版行业中率先完成“事转企”体制改革，是具有音像制品出版发行、录音录像、节目复制、境外音像制品引进出版和影视节目制作、电视剧（乙级）拍摄等多种经营范围的国有企业。

三十多年来，公司始终以弘扬民族传统文化为宗旨，录制了上万小时的包括民族声乐、器乐、戏剧、曲艺、通俗歌曲、外语教学、少儿节目等方面的节目，出版、发行了上千品种的音像制品，拍摄了《姊妹行》、《军魂》、《康熙大帝》等多部电视连续剧，以及《成语故事》、《星星点灯》、《张灯结彩》等电视系列短剧和《雍和宫》、《孙中山在北京》、《侯宝林》等专题片，其中有些电视剧和专题片还远销海外，还多次获得国家和北京市颁发的奖项。

2011年，经营方面加强了对外合作，拓展业务，承揽完成多家大型企业和机关团体音像产品12550套的制作任务，首次中标承担了北京市广播电影电视局《2011年影视剧精品》1500套制作任务。《京剧百年音萃》被列为“2011年北京市出版工程”（音像出版物），《歌声回首六十年》、《侯宝林相声表演艺术》等7个音像出版物品种入选全国“农家书屋”重点出版物推荐目录。承接城市电视终端视屏修理和500平方米仓储业务。累计出版发行各类音像制品200余种近4万套，实现经营收入333万元。

（北京音像公司）

# 北京瑞特影音贸易公司概况

北京瑞特影音贸易公司成立于1993年，是全国最早成立的专业境外电视经营管理公司。主营业务为代理境外影视节目，兼营卫星电视和有线电视的工程业务，拥有HBO、CNN、STAR-MOVIES、SONY-AXN、凤凰电影等34套亚太6号卫星平台上的境外加扰卫星电视节目的北京地区独家代理权。

2011年主要工作：

根据国家广电总局颁布的《境外卫星电视频道落地管理办法》、《境外卫星电视接收服务管理办法》等有关规定，经过近3个月的努力，于5月5日领取了“卫星地面接收设施安装服务许可证”的正副本，管理服务水平向规范化又迈进了一步。国庆节前夕，协助中视卫星电视节目有限责任公司为接待酒店提供境外卫星电视信号的临时保障工作，圆满完成任务。全年主营业务收入1.13亿元，利润总额104.2万元。

（北京瑞特影音贸易公司）

# 北京广播电视台服务中心概况

北京广播电视台服务中心（原称北京广播电视服务中心、北京广播影视物业管理中心），是北京市广播影视系统后勤管理与服务的专业机构，成立于1990年12月。主要职责和任务是：办公用房管理、职工住房管理服务、绿化管理、大学生户口管理、供电、供暖、空调、通讯服务及办公区域环境卫生服务、职工餐饮服务、对外接待。工作区域为建外办公区、安乐林办公区、皂君庙办公区、丰台歌华有线总部基地办公区、酒仙桥宿舍区、礼士路宿舍区、东铁营宿舍区。拥有北京广视华融经贸中心、北京广播电视招待所、北京声屏苑培训中心3家企业。

2011年，北京广播电视台服务中心重点围绕安全、服务、管理、经营、创新等方面开展工作，确保了工作区域的后勤保障以及供电、供暖、供冷、消防监控、电话总机、保洁、职工食堂安全无事故，并圆满完成绿化基地年度植树任务。

（北京广播电视台服务中心）

# 北京北广传媒数字电视有限公司概况

北京北广传媒数字电视有限公司成立于2003年，定位于数字付费电视节目集成商，为数字电视用户提供视频、广播、数据业务等三大类服务。

视频服务：开播自办付费电视频道《京视剧场》、《爱家购物》、《动感音乐》、《车迷频道》、《考试在线》、《优优宝贝》、《四海钓鱼》、《弈坛春秋》、《环球旅游》、《新娱乐》、《置业》11套，数字音频广播频道2套，其中覆盖全国6套，覆盖北京5套，通过歌华有线网络平台每周上载的数字电视及广播节目指南共169套，每个频道每日24小时循环播出。优秀栏目有，“考试在线”频道的《高考易错题解析（2011版）》、《新概念英语精讲（第二册）》，“优优宝贝”频道的《谢宏真道理》，“置业”频道的《非常设计》，“环球旅游”频道的《画中话》，“车迷”频道的《名车档案》，“四海钓鱼”频道的《钓具博览汇》等栏目，受到观众的欢迎。

音频服务：开办戏曲广播、爱家广播等2套付费广播频道。同时，还集成付费音频广播节目16套。

数据服务：开办北京数字电视多媒体平台《北京之窗》。设置“公益北京”、“首都政务”和“生活资讯”三个电视系列节目和五个图文栏目。其中，“公益北京”系列节目中的公益项目专题栏目《爱心公益行》、公益人物访谈栏目《真情手递手》和大型电视互动活动《爱心雨花》老年才艺大赛赢得了电视观众的普遍好评。

2011年，承接的北京市科技计划项目《数字电视内容集成和分发系统研究平台》正式通过验收，在北京市广电局组织的科技创新奖项目评比中，荣获《科技成果应用与技术革新奖》一等奖。该平台已为《北京党建》节目面向“千龙网”在内的互联网提供直播及点播服务，并将为群众在网上实现购买彩票提供服务支持。运营的数字电视数据业务《北京之窗》，联合北京福彩、北京体彩、北京社区服务中心共同主办“‘爱心雨花’北京首届老年才艺大赛”，为老年人搭建一个在歌唱、舞蹈、戏曲、绝活等方面展示自我的舞台。全年实现经营收入3665万元。

（北京北广传媒数字电视有限公司）

# 北京北广传媒移动电视有限公司概况

北京北广传媒移动电视有限公司是北京市属开发运营广播电视新媒体的专门机构之一，成立于2003年8月，由北京北广传媒投资发展中心、北京电视产业发展集团、北京广播公司、北京歌华有线网络电视股份有限公司和北京歌华传播中心有限公司共同发起组建。

2003年7月9日，国家广电总局授予北京广播影视集团48频道的试验频率，开展地面数字电视试点。2004年2月14日国家广电总局正式批复同意集团在公交、地铁、轻轨、出租车等交通工具及其他公共场所试行开办移动电视节目,呼号为:北京移动电视。北京移动电视成为经国家广电总局批准的北京地区唯一一家运营地面移动数字电视的机构。

2011年，《绿色交通：还自行车路权》、《移动信息灯保护学生过街双保险》、《61条胡同安上了“文化标牌”》三条新闻获北京新闻奖三等奖；《体育连连看》、《食尚》、《玩转北京》等14个节目在“2010年度中国移动电视创优节目评选”中获得一、二、三等奖；移动电视还获得北京市纪念建党90周年宣传工作先进集体、2010年度技术维护先进单位、“爱心包裹”项目2011年度共同主办单位、2010年度技术维护先进单位、庆祝建党90周年网络作品征集活动特别贡献奖等。全年实现营业收入9909万元。

## 一、节目建设情况

1．圆满完成重点宣传报道工作。圆满完成全国两会、建党90周年、“七一”讲话、党的十七届六中全会等重大宣传报道任务，并深入开展“走基层、转作风、改文风”活动。制作播出《伟大历程 辉煌功绩》、《走基层，看国企》等大量优秀专题节目。同时，在突发事件中不断确立“城市应急媒体”、“城市预警平台”的媒体形象。

2．推出精品栏目。对原有各档自制节目进行整合，并尝试开办新栏目，推出《畅行北京》、《尚周刊》；实现《移动播报》全新改版，更名为《整点播报》。

3．拓宽合作节目。在节目上更加着重与北京电台、电视台、互联网合作，加强联动，积极探索新的合作模式。全年共上播18档新节目；全年共播放各类宣传片259部，其中自制宣传片33部。

## 二、提高公司知名度，努力提升品牌形象

1．活动策划及组织工作成效显著。圆满完成“为您而歌”——公交、地铁员工庆祝建党90周年红歌赛活动。策划执行首都职工素质建设工程党史知识问答活动，首个专属活动“纪念建党90周年党史问答活动”上线。举办“北京·奥运你和我”——纪念北京奥运成功举办三周年主题活动、第二届“食尚北京”美食季活动，以及开展“快乐零距离”、“绿色出行，文明交通”、“高处不胜喊，吼出我心声”及首届“中塔宝贝”大赛微博评选、“首届环球旅游热力榜”活动等。

2．加强跨媒体合作，实现全资源整合。与北京人民广播电台在活动、节目、短信业务等方面开展多层次宣传合作。与新浪微博合作，共同推出《新浪V车展》节目。

**三、安全工作常抓不懈，全力确保播出安全**

全年圆满完成重大节日和活动的播出、转播任务，全年公交频道安全播出6013小时，地铁电视频道安全播出6205小时；累计对三个发射机房共计维护巡检350多人次。启动国标单频网建设工作，包括：单频网发射机同步测试、单频网道路信号覆盖测试和发射机单机输出指标测试。测试范围覆盖六环以内的大多数道路，测试总里程达到2万多公里，实现欧国标同步播出。全年实现广告安全播出3617小时。

**四、继续升级换型，提升收听收视效果**

完成490套设备安装，完成1000辆新换装公交车相关设备的采购。由原来的10个监测点扩大到近30个，由上午监测拓展到下午、晚间的全天候监测。截至年底，公交终端总体完好率为97.75%。推出《北广传媒移动电视终端管理工作规范（试行）》，为推行ISO9001质量管理认证体系做了必要的准备。完成新建机房需求调查文稿和项目概算数据，成立新媒体制播中心项目小组，2011年11月底，完成网络前端的搬迁工作。

**五、完善基础性工作，注重可持续发展**

成立项目及内控组，加强对公司大项目的调查研究及推广开发，以及企业内部控制工作，对内部风险点再次进行排查。开展内部竞聘、外部招聘等系列工作。在扩展PPI对象、加强员工绩效提升与改进意识、统一思想认识等方面进行了改进。全年共举办培训项目74个，培训总课时3982小时。深入开展创先征优、群众路线及“走、转、改”活动，并与怀柔区杨宋镇耿辛庄村建立城乡共建点。移动电视党支部被评为“先进基层党组织”。

（北京北广传媒移动电视有限公司）

# 北京北广传媒影视有限公司概况

北京北广传媒影视有限公司成立于2003年12月，由北京北广传媒投资发展中心、北京电视产业发展集团、北京人民广播电台、北京歌华有线电视网络股份有限公司和北京歌华传播中心有限公司共同出资组建。公司拥有丰富的影视策划、制作、营销经验，独特的媒体优势和较强的投资、生产能力。在影视生产中坚持精品战略方针，注重节目质量，精心制作，不断推出影视精品。

公司成立八年来，共出品《苍天有眼》、《行走的鸡毛掸子》、《杨三姐告状》、《最后的王爷》、《爱了散了》、《雾柳镇》、《风车》、《五湖四海》等十余部近400集电视连续剧。这些作品受到专家好评和观众的喜爱，多部电视剧荣登国内电视台收视榜前列，在电视台和广大观众中享有较高的美誉度，初步形成了“北广传媒影视”的良好品牌。

2011年，在影视生产中进一步坚持精品战略方针，注重发挥人才优势，精心运作每一个项目。2月，38集电视连续剧《风车》完成后期制作并上星播出，许多专家学者、新闻界人士从专业角度给予较高的评价，该剧的销售收入创公司历史新高。2月9日，28集电视连续剧《五湖四海》关机，6月启动该剧的发行工作，与多省电视台和网络陆续签署合同。10月，34集电视连续剧《买房夫妻》在北京顺利开机。组织30集电视连续剧《风车2》、30集电视连续剧《二锅头传奇》等剧本的创作。全年实现营业收入2794万元。

（北京北广传媒影视有限公司）

# 北京北广传媒城市电视公司概况

北京北广传媒城市电视有限公司是北京市属开发运营电视新媒体的专门机构之一，成立于2004年12月15日，主要从事楼宇电视和户外大屏电视的经营管理。

城市电视建有楼宇电视联播网、户外大屏电视联播网。楼宇电视联播网采用先进的DVB-T数字电视地面广播技术进行传播，由中央电视塔统一发射无线信号，全网络终端同步接收，实时播放。电视节目主要包括新闻资讯、时事热点、时尚娱乐等，每天播出时间长达15小时。

截至2011年年末，楼宇电视信号已覆盖在六环以内以及顺义、通州、大兴、昌平等部分地区共十个城区县，4000余家单位，终端规模1万台左右。

城市电视每天从早7点至晚10点，连续播出15小时，汇集新闻、体育、财经、时尚、娱乐、公益、服务等众多栏目。在播栏目由两部分构成：自办栏目：《演艺罗盘》、《城市播报》、《书香北京》、《图片新闻》、《我的工会我的家》等；合作及引进栏目：《中国歌曲排行榜》、《财经快车》、《96310纪事》、《文化中国》、《体育新闻》、《美丽俏佳人》、《百姓就业》等。2011年实现营业收入3613万元。

2011年主要工作：

**一、围绕党和政府中心工作，做好新媒体的户外宣传工作**

1．完成对全国及北京市人大、政协会议的宣传报道。在北京市及全国两会期间，城市电视转播了开闭幕会，政府工作报告等重大重要会议7次；将新闻播报类栏目《城市播报》中分出一档作《两会新闻报道》共30期，利用L屏滚动字幕的形式同步报道，第一时间发布利民惠民政策。

2．对社会热点进行报道，发挥舆论引导作用。增强对热点时事的关注和及时报道，为观众提供实效参考。城市电视密切关注春运情况，紧密关注购车摇号事宜，关注公益环保活动，注重传统节日的文化传播。

3．集中宣传报道建党90周年。自5月中旬起，城市电视制作了大批建党90周年相关栏目。协助“首都职工素质建设工程”建党周年主题宣传活动，播放多版宣传片。积极安排播出纪念建党90周年宣传标语口号等。

4．做好对第十七届六中全会的宣传报道。在自制节目《城市播报》中，集成北京电视台关于党的十七届六中全会新闻；集成制作新闻专题片《发挥示范作用　建设文化中心》、《文化之都　魅力北京》10期滚动播出。

**二、加强技术保障，确保安全播出**

截至12月31日24时，小屏楼宇频道播出总时长为：5290小时，其中转播时长为407小时，总停播率为：0（秒/百小时）。户外大屏系统播出总时长为：40135小时，总转播时长为3145小时，总停播率为：0（秒/百小时）。中广传播“睛彩北京”频道播出总时长为：2724小时，其中转播时长为 196小时，总停播率为：0（秒/百小时）。大屏幕联播网IPTV直播系统采用中央广播电视塔的直通信号作为直播信号源，从而首先确保了直播信号源的可靠和稳定。

**三、中汇大屏建设完工，富力城项目正式签约**

中汇大屏于2月1日亮屏试运行，并成功完成广告招商。4月下旬，与富力地产业主方正式签署合作协议，富力广场大屏的建设将成为城市电视新的利润增长点。

**四、注重人才培养，大力开展纪念建党90周年系列主题教育活动**

启动部门经理竞聘，加强干部队伍建设。为不断健全公司人才培养机制，拓展员工职业发展通道，深入推进“四支人才队伍”建设，对公司中层干部进行了建司以来的首次民主测评，建立完善干部考评机制，对公司人才队伍建设起到良好的激励作用。在建党90周年之际，城市电视党支部为不断加强党员党性教育，努力提高党员政治素养，组织开展了一系列党员教育活动，如参观国家博物馆，观看献礼大片《建党伟业》，参观“西藏和平解放60周年成就展”，参观中华世纪坛“一切为了人民——北京市纪念中国共产党成立90周年展览”等。

（北京北广传媒城市电视有限公司）

# 鼎视数字电视传媒有限公司

鼎视数字电视传媒有限公司成立于2005年12月8日，由北京北广传媒数字电视有限公司、山东广播电视台、安徽广播电视台、天津时代天创传媒发展有限公司、央广传媒发展总公司共同投资组建，是全国性数字付费电视集成运营机构。

公司负责经营全国性数字付费电视集成、传输、营销和发行业务，自2006年起向全国数字电视观众提供付费频道、视频点播等顶级视频节目与服务。2009年9月通过国家广电总局考察、验收，为北京、湖南、广州、深圳、黑龙江等五家高清卫视提供集成传输、加密服务，并于2010年成为国家广电总局指定的高清卫视异地加密服务单位之一。

2011年，继续扩大付费电视节目落地区域，加大市场推广力度，尝试建立有效的销售网络，共集成传输33套数字标清、5套高清卫视节目。集成传输频道的总量规模在全国四家同类公司继续排名第二。节目产品已在196个区域落地销售，覆盖有线数字电视用户8113.21万户，约占全国现有有线数字电视用户数的76%；部分电视购物频道在81个地区落地和清流播出，覆盖有线数字电视用户5130.5万户。主营业务收入1.71亿元，净利润849万元。

（鼎视数字电视传媒有限公司）

# 北京北广传媒地铁电视有限公司概况

北京北广传媒地铁电视有限公司成立于2007年，由北京北广传媒移动电视有限公司和北京市地铁运营有限公司共同组建。

地铁电视节目播出时间与地铁运营时间同步，达18.5小时，主要是通过在北京市地铁运营有限公司目前具有运营权的地铁线路（地铁 1、2、5、8、10、13号线和八通线）上的列车车厢、站台和站厅内的1.08万块电视终端来接收、播放。地铁电视公司在歌华大厦投资建设了独立的节目播控中心，并独家经营地铁电视广告业务（包括地铁电视节目的策划、制作、代理、发布等）。

2011年实现营业收入7798万元。

主要工作：

**一、节目制作不断创新**

按照“短、平、快”的原则，地铁电视公司在原节目均为引进节目的基础上，增加集成、自制节目。地铁电视集成、自制节目已经占到播出节目的60%。全年顺利地完成了全国“两会”、北京“两会”的实时转播、京沪高铁、北京台的建党90周年直播活动和《北京市对大雨来临的应对方案》等等重大直播任务；又配合十七届六中全会的宣传，“北京精神”的推广，贯彻“走基层、转作风、改文风”等活动宣传做了大量的宣传报道工作。播出各类宣传片75部，共计7300多分钟。作为城市应急预警平台，2011年地铁电视为配合市政府、市交通委等部门，先后对于暴雨、雾天以及节假日的出行做了各种字幕提示，发布各种出行提示近70条。

**二、加强研发提高信号稳定性**

地铁电视对古城、太平湖车辆段、土桥车辆段等的信号进行补充覆盖；与地铁运营二分公司、三分公司分别签署了地铁1号线、2号线等列车车载电视系统委托维护维修协议；加强研发和日常巡视工作，与北京北广科技股份有限公司等设备厂商共同研发地铁车载专用双天线输入机顶盒、天线等，以多种手段和途径不断提高地铁电视信号的稳定性，该项目获得“国家高新技术”证书；在由市国资委、北京市企业联合会主办的“2011年第26届北京市企业管理现代化创新成果”评选活动中，地铁电视公司申报的“构筑地铁电视建设和发展的管理新模式”获得“第26届北京市企业管理现代化创新成果”一等奖；市委宣传部授予地铁电视公司“北京市纪念建党90周年宣传工作先进集体”称号。

（北京北广传媒地铁电视有限公司）

# 北京北广置业有限公司概况

北京北广置业有限公司成立于2006年12月15日，是由北京广播电视台和北京北广传媒投资发展中心共同出资组建。公司以开发北京影视城项目，整合北京广播电视台房地产资源，按照集影视制作、文化创新、艺术教育、文化商品交流、影视文化观光等为一体的多元化经营战略进行开发建设。北京影视城项目是北京市的重大文化产业项目，项目一期占地面积930亩，已经建成的项目包括中国电影博物馆、影视节目制作中心，已经开工建设的项目为北京影视城一期配套居住、公建项目（西方城市景区项目）。

2011年主要工作：

**一、解决农转工历史遗留问题**

根据农转工职工的要求，按照有关政策，协调补发了农转工职工调标津贴的差额和住房提租补贴等，做好农转工职工的稳定工作。

**二、修建围栏保护土地**

加强对影视城征地的保护，对征用土地进行界址点勘查和钉桩，对征用未建土地采用钢筋护栏进行围挡保护。

**三、签署新的合作项目**

由于与北京海天房地产开发有限公司的纠纷，北京影视城一期配套居住、公建项目停工多年。根据法院判决和工商行政管理部门的变更，经过谈判，于8月26日签署了《北京森润房地产开发有限公司股东合作协议》，北京影视城项目前期法律纠纷和历史遗留问题已基本解决。

（北京北广置业有限公司）

# 北京中广传播有限公司概况

北京中广传播有限公司由中广传播集团有限公司、北京广播电视台合资组建，国有股份制性质，承担移动多媒体广播项目（CMMB）在北京地区的建设和运营。

2011年，CMMB电视在北京地区已建成大功率单频网站点23处，包括市区14个、郊区县9个以及160余处室外小功率直放站和200余处室内小功率直放站点。五环路内信号覆盖率达到98%，郊区信号覆盖率达到78%。与北京移动合作营销发展手机电视37.39万户，发展“睛彩中国”单向终端用户约12万户。节目内容平台转播CCTV-1、CCTV-5、CCTV-新闻、BTV卫视、“睛彩电影”、“睛彩天下”6个频道，自办“睛彩北京”综合频道。“睛彩北京”综合频道于2011年7月28日试播，每天播出18小时，开设有《睛彩城事》、《天天体育》、《这里是北京》、《睛彩天下》、《睛彩生活》、《睛彩文艺》、《首都经济》、《天下财富》、《开心一刻》、《睛彩金声》等21个核心栏目。此外，该频道还直播重要的体育赛事和重大活动，运用专门制作的页面及时发送政府的应急信息，发挥政府应急广播的强大功能，满足随时随地收看的需求。全年实现营业收入215万元。

（北京中广传播有限公司）

# 北京紫禁城影业有限责任公司概况

北京紫禁城影业有限责任公司成立于1997年，是一家集影视策划、制作、营销于一体的大型专业影视制作公司。

北京紫禁城影业公司成立以来共摄制完成影片60余部、电视剧千余集。有《甲方乙方》、《不见不散》、《没完没了》、《谁说我不在乎》等商业影片，也有《离开雷锋的日子》、《张思德》、《生死牛玉儒》、《铁人》、《万家灯火》、《第一书记》、《杨善洲》等主旋律影片，均取得社会效益和经济效益的双丰收。公司成立十四年来，连续获得过“华表奖”、“‘五个一’工程奖”、“金鸡奖”、“百花奖”、“金鹰奖”、“百合奖”等多个国家级大奖，以及开罗、莫斯科、东京等国际电影节的大奖。

2011年，拍摄的电影有《杨善洲》、《惊沙》、《倩女幽魂》、《隐婚男女》、《最爱》、《堵车》、《大路朝天》等作品。其中电影《杨善洲》接受中组部领导交付的任务，在国家广电总局部署下，公司作为该电影的第一出品单位，与云南电影集团以及电影频道节目中心合作拍摄。5月1日正式在云南保山施甸县开机拍摄。影片从创作到拍摄得到了各方面领导的高度重视。中组部、中宣部领导多次批示，中央创先争优活动领导小组办公室、国家广电总局、北京市委宣传部等方面的领导也多次听取汇报，对创作工作提出具体要求。拍摄期间，蔡赴朝部长亲自前往拍摄地看望慰问剧组同志。影片经有关领导多次审看并于6月27日经李源潮、刘云山同志最后审查通过，获得很高的评价。

6月30日在人民大会堂如期举行了隆重的首映式，首映式由中组部、中宣部、中央创先争优活动领导小组办公室、国家广电总局、北京市委、云南省委联合主办。蔡赴朝、王秦丰、傅思和、鲁炜、张丕民等领导出席首映式。首映式前，李源潮同志专门接见了剧组主创代表和杨善洲的亲属与同事代表以及出品单位负责人，对影片的拍摄给予了充分肯定。根据国家广电总局电影局的统一安排和要求，这部影片由华夏电影发行公司和中影股份有限公司联合发行，紫禁城影业和云南电影集团协助。7月19日全国各院线正式上映，截至年底，已取得超过8000万元的票房成绩，并与四个地区签署院线外的版权销售合同，销售金额200余万元。

2011年，还摄制发行了电视连续剧《人是铁饭是钢》、《李春天的春天》、《双城生活》、《错婚》、《怪医文三块》、《天道人道》等作品。

（北京紫禁城影业有限责任公司）

# 北京市朝阳区广播电视新闻中心概况

朝阳区广播电视新闻中心成立于2003年6月，拥有《朝阳报》、朝阳有线电视和朝阳新闻网三个媒体平台。

2011年主要工作：

**一、树朝阳品牌，展朝阳形象，宣传工作围绕重点，聚焦亮点**

按照区委、区政府重点发展战略和中心工作部署，针对创建全国文明城区、纪念建党90年、“十一五”总结及“十二五”规划开局、朝阳区民生工作、北京CBD商务节等不同主题，策划、组织一系列的新闻宣传活动。全年共召开新闻发布会50场次，基本做到周周都有策划，周周有发布展示；在中央以及市属媒体上发稿量达2.5万余篇次。《人民日报》对朝阳区报道稿件共计15篇次。《北京日报》头版共报道朝阳区各类新闻稿件56篇次。

**二、宣传工作突出重点，服务大局，营造良好氛围**

围绕建党90周年、创建全国文明城区、区乡人大换届选举、商务节等全区中心工作，认真策划，精心制作。《朝阳报》、朝阳有线电视通过改版、开设专栏等多种形式努力为服务中心工作营造良好舆论氛围。朝阳有线电视自制节目时间15490分钟，其中朝阳新闻6385分钟，栏目时长8265分钟，临时专题片62部、840分钟。

1．宣传创建全国文明城区，展示创建惠民成果，提升文明意识。朝阳有线电视从5月1日起，对《朝阳新闻》全面改版，设立了《文明在行动》、《文明花开》、《文明探头》等七大板块，对创建工作重点、基层动态、典型事例、实事工程进行深入全方位报道。《朝阳报》从4月29日改版《文明创建专刊》到9月19日，共出刊59期，刊发文字约105万字，图片约500张。

2．庆祝建党90周年，展示朝阳发展成就，营造喜庆祥和氛围。朝阳有线电视通过《朝阳岁月》专栏，对建国以来朝阳区发生的重大历史事件进行报道。《凝聚党旗下，文明我争先》板块及时对全区80名优秀共产党员进行报道。《和谐在线》栏目针对“七一”党的生日，专门制作了以“我是党员”、“领头雁”、“凝聚”为主题的三期特别节目。《与法同行》等栏目紧密结合合办单位中心工作，力求实现节目的技术性和主旋律的有机结合。《朝阳报》开设了“凝聚党旗下”专栏，对全区各单位、各部门组织开展的党史知识竞赛、唱红歌、重走长征路、“五月鲜花”等庆祝中国共产党成立90周年的相关活动进行及时报道。在“七一”当天，《朝阳报》还将出版“《朝阳报》纪念中国共产党成立90周年珍藏版”。

3．换届选举宣传严谨严肃，为换届选举提供有力舆论保障。朝阳有线电视采取新闻、栏目、专题相互配合的方式，努力做到宣传立体交叉、不间断。《朝阳新闻》报道了五年成就、议案和提案落实、代表委员认真履职等情况；邀请人大新闻发言人做客《朝阳新闻》，详细解读相关政策；《和谐在线》策划四期节目，分别解读了本届人大、政协对人民代表大会制度、政治协商制度的贡献；播出了6集反映本届人大、政协工作的专题片，为换届选举工作提供了有力的舆论保障。

**三、强化服务意识，贴近基层，贴近群众，提升服务能力**

1．“走基层、转作风、改文风”，服务了受众，提升了自我形象。《朝阳报》策划了食品安全、为重残儿童送教上门、蔬菜直通车、千名干部下基层、缓解入托难、一刻钟便民服务圈、庆丰公园等系列选题；朝阳有线电视《朝阳新闻》推出“记者走一线”专栏，对突发事件、重点工程、特殊行业、典型人物进行全新风格的报道。其中首次推出的《朝阳应对强降雨》系列在中央电视台播出。

2．提供服务，“朝阳传媒进社区”活动品牌进一步强化。活动先后走进了朝外、太阳宫、建外、麦子店4个街乡进社区，每一次活动都持续三天以上。活动还重点围绕庆祝建党90周年、创建全国文明城区两大主题，以文艺演出、搭建文化长廊、慈善竞拍、模范墙展示等多种形式，宣传了各地区文明创建工作。

3．服务基层，提升服务能力，拓展服务领域。《朝阳报》与13个街乡和委办局合作办报，出版专版专刊140个。朝阳有线电视与13各部门合办了栏目，制作电视专题片62部。通过合作办报、办栏目进一步拓宽了中心的服务领域，提升了编辑记者能力，锻炼了采编队伍，取得了社会效益和经济效益的双丰收。

**四、正确处理突发事件，做到快速反应、有效处理、正面引导**

按照《朝阳区突发事件新闻应急处置制度》和“新闻应急处置工作流程”，针对区域内发生的各类突发性事件，基本做到快速反应、全面对接、有效处理，全年共处理43起。

**五、完善制度，保障工作有力，确保队伍稳定**

严格制度管理，完善了播出岗位、后期管理岗位等十多项规章制度，确保了电视节目不间断、高质量地播出。

**六、加强硬件建设，有效推进各项工作，形成发展的良好态势**

完成北京朝阳传媒影视技术服务中心进行大楼验收；完成影视制作设备的安装调试，正式投入运营；与鸣鹤传媒签定300万元合作协议；500平方米高清演播室陆续接待深圳卫视、湖南卫视、重庆卫视、河南卫视以及数字游戏频道等客户，与尚8文化创意园、718文化创意园、广播大厦、东方梅地亚等单位也形成良好的合作关系。

**七、加强党的建设工作，扎实推进、不断创新**

认真贯彻党的十七届五中、六中全会精神，以创先争优活动为主线，创建“五好”党支部为载体，积极开展主题实践活动。培训副处级以上领导干部 3人、支部书记4人、积极分子20人、内部各种教育培训90人。开展创先争优活动和新闻工作者三项教育活动，结合庆祝建党90周年，开展庆“七一”系列活动。认真落实党风廉政建设责任制，确保各项任务圆满完成。

（北京市朝阳区广播电视新闻中心）

# 北京市海淀区新闻中心概况

北京市海淀区新闻中心是在原海淀区广播电视中心和原《海淀报》报社改制的基础上，于2006年2月28日成立。下辖海淀区有线广播电视网络信息中心（加挂北京市海淀传媒中心牌子）。

2011年主要工作：

**一、业务工作**

1.报纸方面。《海淀报》和《城市周刊》两份报纸共出版240期，采写、刊发各类文章1.8万余篇，共计文字1100余万字，图片3200多张。

2.电视方面。新增《海淀文艺》、《健康海淀》、《海检播报》栏目。全年采编、播发海淀新闻近6000余条，编辑、播发国际国内新闻3500余条，多条新闻被市级以上电视台采用。制作并播出自办与合办专题栏目550期，拍摄各类新闻资料230多小时，制作各级各类汇报片50余部。安全播出各类节目8212小时（其中BTV—9播出1642小时，802播出6570小时），全年播出无事故。

3.网络方面。除保证报纸、电视内容每天实时上网之外，海淀在线每年还完成区政府网站《海淀要闻》等信息更新3000余条、首都之窗海淀区信息上载更新4000余条、海淀在线信息上载更新5800余条、区政府内网信息公开《海淀新闻》和《海淀报》1500余条。配合区委区政府以及有关单位完成各类会议、活动的全程录制42次，培训基层记者站、实习生241人次，接待各单位借阅、复制各类资料2000余人次，为区内各单位提供照片1000余张，复制音像资料4000余条。

**二、管理工作**

1.较好地坚持了各项会议制度，及时在内网公开会议内容，让员工及时了解中心的各项重要工作和举措，保证了各项决策的程序化、科学化和民主化。

2.根据工作需要和区委巡视组及各类检查组的要求，查漏补缺，进一步规范有关制度和工作流程。

3.调整了量化工资标准，提高了一线在编人员的待遇水平。

4.组织在北京电视台轮训，同人民大学新闻学院联合办“新闻理论和实践提高班”，组织相关负责人外出考察学习等。

5.通过各种方式招收人员11名，补充了新鲜血液。

**三、发展工作**

区委宣传部扶持近200万资金，中演播厅改造完成，大演播厅进入实质性操作阶段。报纸发行方式和数量上上了一个新台阶。联合摄制的30集电视连续剧《幸福未满》正式开拍。新闻的衍生品制作《海淀地理》正在同出版社协商。《唐家岭》资料收集工作基本完成。

**四、党建工作**

全面加强思想政治工作和组织作风建设，充分发挥党总支战斗堡垒作用和党员先锋模范作用，强化共青团、工会、妇联工作，撰写心得体会文章90多余篇，开展“党员献爱心工程、党员交心谈心工程、争当党员先锋岗工程、互帮互助工程”活动，在单位内部形成了一种“风正、气顺、心齐”的良好氛围。

（北京市海淀区新闻中心）

# 北京市丰台区广播电视中心概况

北京市丰台区广播电视中心前身是丰台区广播站，成立于1957年2月。2001年11月更名为丰台区广播电视中心。下辖北京市丰台区有线电视网络中心、丰台区广播电视服务部。

2011年，通过《丰台新闻》、《人大在线》、《政协视窗》、《清风苑》、《丰台警方》、《百姓与法》、《真情零距离》、《区县风采》等自办、合办栏目，从不同层面、不同视角、不同深度宣传报道区域经济建设、政治建设、社会建设、文化建设和环境建设等方面的情况，并在北京电视台公共新闻频道播出。丰台有线803数字频道，每天6:30至24:30，全天电视节目播出时长为18小时。

**一、围绕中心工作，充分发挥喉舌作用**

《丰台新闻》全年共播出3000余条新闻，比2010年增加200余条；新闻节目制作312期，总时长约7540分钟，比2010年同期增加约1000分钟；各栏目制作总时长1530分钟，比去年同期增加400多分钟；现场录制各类大型活动、文化演出和报告会46场，8189分钟，比去年增加18场，4900分钟；制作各类专题片30部，446分钟，比去年增加6部，154分钟，均再创历史新纪录。

圆满完成区“三会”宣传报道工作，深入开展纪念建党90周年宣传活动。《丰台新闻》开设《党史上的今天》和《纪念建党90周年》两档专栏，报道区各委办局、街乡镇共庆建党90周年各项活动；7月1日推出大型系列报道《追寻先辈足迹》，纪念先辈，不忘历史；圆满完成专题片《牢记使命　争当尖兵》、《“民情图”连起千万家》及“‘七一’主题党日活动”录制工作。全面反映丰台“十二五”时期建设发展蓝图，邀请部分委办局和21个街乡镇宣传负责人进行座谈，制作《开局之年，共话发展》系列报道。积极开展“走基层、转作风、改文风”活动，《丰台新闻》开设《来自基层的报道》板块。配合区总工会，制作播出“劳模风采”系列报道，对“劳动模范和优秀集体”的事迹统筹安排，进行重点报道。大力宣传丰台区阶段性重点工作，《丰台新闻》开设专栏及时报道园博会、世界种子大会筹建进展，丽泽金融商务区、科技园区、青龙湖文化会都和永定河生态发展带建设动态。

**二、加强频道建设，树立丰台窗口新形象**

1月1日《丰台新闻》全新改版，形式更加新颖，由原先每日15分钟增至25分钟，屏幕下方增加热点信息滚动字幕。大型系列报道《追寻先辈足迹》获“2011年区县广电中心纪念建党90周年优秀节目评比”电视类三等奖；配合安全生产月活动进行的宣传报道，被北京市安全生产委员会办公室授予年度优秀宣传报道奖；新闻《变废为宝　丰台区建立绿化植物废弃物处理站》荣获市广电局新闻类优秀作品二等奖；《丰台故事》栏目再次获北京市优秀广播电视节目优秀电视栏目奖；《牢记使命　争当尖兵》、《“民情图”连起千万家》、《党建工建同步推进　推动党建创新发展》三部专题片选送参加市级组织工作优秀电教片评比。全年，共引进文化、生活、法制类栏目14档，电视剧55部1460集。3月份，完成市广电系统一体媒资系统工程；5月份，完成385万元新闻前期高清设备采购及应用，逐步提升频道高清化水平。完成以“进一步发挥大屏幕电视系统的作用”为课题的调研论证。协助歌华有线完成推广高清交互数字电视机顶盒173896户任务。恢复制作部，完成专业人员招聘及新栏目策划包装工作；按照频道高标清同步播出和节目建设要求，解决500平米用房，集新闻、访谈、录播于一体。

**三、加大培训力度，队伍建设跨上新台阶**

1.立足本职，强化理论学习。“学党史，回顾党的光辉发展历程”等活动，并组织50余名党员参加市委宣传部组织的党建知识竞赛。制作的电视片《牢记使命　争当尖兵》被组织部推荐参加北京市党员教育电视片评比和北京市“我眼中的共产党员”DV大赛评比。在区委“双百”评选表彰工作，一名党员经组织推荐被丰台区委评为“群众身边的好党员”。

2.强基础，抓质量，大力提升业务技能。召开专题会议研究干部和专业技术人员教育培训，推荐提名四名同志参加挂职锻炼；全年投入十余万元资金采取“请进来、走出去”等方式对编辑记者进行培训；先后聘请中央电视台专业灯光师、北京电视台高级编辑等专家对中心编辑记者、技术人员培训指导；安排11人参加国家广电总局、中华广播影视交流协会、市广电局及中国传媒大学组织的专业培训。

**四、加强组织建设，党务行政工作稳步推进**

按照《中共丰台区委关于在全区深入推进党务公开的意见》规定要求，完成《中共丰台区广播电视中心党组深入推进党务公开实施方案》；结合中心党组成员变动情况，对廉政风险管理工作进行梳理调整，签定党风廉政风险责任制责任书。

（北京市丰台区广播电视中心）

# 北京市石景山区广播电视新闻中心概况

北京市石景山区广播电视新闻中心成立于2001年10月，前身是石景山区广播事业管理科、石景山区广播电视局，拥有石景山有线电视媒体平台。

2011年主要工作：

**一、宣传工作成效显著**

宣传工作紧紧围绕区委、区政府的工作中心和发展大局，坚持团结稳定鼓劲、正面宣传为主的方针，营造建党90周年、推动科学发展、促进社会和谐的浓厚氛围。全年《石景山新闻》共播发2110条，《午间新闻》播发801条。全年市级以上新闻媒体播发222条，中央电视台22条，北京电视台200条，其中《北京新闻》播发72条。促成关注首钢搬迁和区产业转型的节目在中央电视台《对话》栏目中播出。全年制作《石景山新闻》241期、《午间新闻》141期、《新闻盘点》44期、《走进演播室》42期、《百姓明星》38期、《区县风采》280期、庆祝建党90周年红色经典系列电影回顾《红色记忆》30期。其他涉及旅游、教育、人口、计生、城市管理、市政市容、社会治安等内容的社交类电视栏目，全年制作播出500余期。

1.抓重点，新闻宣传高潮迭起。对区党代会和区人大、政协“两会”的宣传报道，在新闻节目开设了《开局“十二五”》、《身边的幸福》、《换届选举》、《时代先锋》、《信念》、《与党旗对话》等新板块。制作播出基层党组织、优秀共产党员的典型事例二十多个。《红色电影展播》精选了从中国共产党成立至新中国成立前的三十部经典老电影与观众见面。《百姓明星》栏目紧跟“唱支山歌给党听”活动；举办石景山区庆祝建党90周年文艺晚会。

2.精选题，新闻宣传实现新突破。实现在中央电视台、北京电视台等市以上媒体的重要时段、名牌栏目多频次的报道。影响比较大的有：中央电视台新闻频道《新闻直播间》播发《首钢3000名职工将由社会安置》、《工业区将变身现代旅游区》，整点新闻播发《2011年企业新经济发展高层峰会在石景山区隆重召开》，《朝闻天下》播发《“手拉手心连心”京源学校小学部为玉树捐款送祝福》。制作的关注首钢搬迁和区产业转型节目“转型表情”在中央电视台《对话》栏目播出。据统计，在《北京新闻》头条播发区新闻8条，上提要的新闻18条；实现央视两次和北京台五次共七次直播。

3.专题片、大型文艺活动取得新成效。全年完成15部专题片。如：在区党代会和区人大、政协会上播出的政府五年工作专题片《跨越》、《参政议政——政协2010年工作巡礼》、《强军育才、融合发展》、《绿色教育在行动》等。全年录制《石景山区2011年军民春节联欢晚会》、北京军区的《新闻人物颁发奖晚会》、《颂歌献给党——北京注册会计师协会庆祝建党90周年文艺晚会》、《光辉的旗帜——石景山区庆祝建党90周年电视直播晚会》等17场文艺晚会。全年录制播出《百姓明星》节目38期；组织策划完成《百姓明星电视大奖赛》戏曲和歌曲两场晚会的现场直播，其中情景剧《大别山的呼唤》引起观众较大反响。

**二、事业发展取得新成绩**

1．产业创收保持稳步增长的好势头。坚持优质服务，积极开拓市场，全年实现总收入1958万元，同比增长17.2%。

2．加强804频道建设，新闻栏目信息量大，简捷明快；经济类栏目灵活多样，内容丰富；旅游、教育、人口与计生、城市管理、市政市容、法制等栏目，主旨明确，特色鲜明。精心研究节目的编排和设置，使自办节目内容更加丰富，广告时段更加科学合理。

3．安全播出实现无事故。全年实现安全播出17520小时。其中自办、引进节目10038小时，转播中央电视台182.5小时，北京电视台182.5小时，北京公共频道7117小时。顺利完成台湾街LED大屏的播出工作和远程多点控制改造，确保了大屏的远控安全播出。

4．高清网建设初见成效。按照市广电局“三年内区县实现制播存高清化”的工作要求，积极推进新闻高清制作网建设，投入230万元（其中：市广电局下拨130万，中心自筹100万元），用于购置高清设备和高清网改造。高清网已承担每天《石景山新闻》和《记者视线》栏目的编辑制作任务。

**三、重点强化班子和队伍建设**

组织党员干部业务学习培训达十余次，经过科级干部述职、竞聘、民主测评、组织考察、班子集体讨论等程序，完成第四轮中层干部竞聘上岗和全员双向选择工作。精神文明创建、城乡共建活动扎实开展，与老古城十万平社区结为共建对子，开展了共建双承诺活动。建立完善编委会制度，并修订完善《新闻内外宣制度》、《节目监审制度》、《安全播出制度》等。

（北京市石景山区广播电视新闻中心）

# 北京市门头沟区广播电视中心概况

北京市门头沟区广播电视中心的前身是门头沟区广播站，成立于1958年7月，2002年5月更名为区广播电视中心。

2011年，围绕区委区政府中心工作，始终坚持正面宣传为主，为推进生态新区建设，为“十二五”时期发展开好局、起好步提供有力的精神动力和舆论支持。

截至年底，《门头沟新闻》共播出3420条，在新闻节目中开辟《来自重点工程报道》、《关注改善民生全力推进棚户区改造》等专栏 22个，在中央电视台、北京电视台等市级以上媒体播出区新闻121条。拍摄完成电视专题片342部（期），其中《视点关注》150期。

**一、围绕全区中心工作，加强宣传力度**

在新闻节目中开设《回眸“十一五”展望“十二五”》专栏，《视点关注》栏目完成6期成就性报道，在重点工程建设、城乡环境整治、为民办实事项目、旧城改造、沟域经济、产业结构调整、棚户区改造等方面，营造了良好的舆论氛围。围绕拆拆迁工作，在新闻节目及《视点关注》栏目里加大对政策的解读，营造了和谐氛围。围绕建党90周年，在新闻节目中开设《创先争优，为党旗增辉》、《党史上的今天》、《争先创优，为党旗增辉》、《颂歌献给党》、《庆祝建党90周年，建设现代化生态新区》等栏目，共播出有关建党90周年专题报道新闻378余条，专题访谈栏目10多部，制作播出《红色记忆》系列专题片共6部，并制作系列宣传“七一”讲话的角标、口号，在电视台滚动播出。围绕品牌活动，开展宣传。在第二届北京国际山地徒步大会、环北京自行车赛、第七届北京市农运会等，充分利用《门头沟新闻》、《视点关注》栏目等形式，对三大赛事活动的筹备与举办进行持续跟踪报道。制作播出《十一次党代会专题报道》、《区十次党代会以来经济社会建设成就巡礼》、《党代会精神解读》、《视点关注》等访谈节目；开设《连线代表委员》、《宏图凝众志——两会专题报道》、《落实功能定位 推动科学发展——五年全区经济社会成就巡礼》等节目，制作14期《视点关注》特别节目。

**二、积极开展对外宣传**

积极与市级以上媒体联络沟通，开展全方位、多层次的对外宣传工作，大力挖掘具有地区特点、符合区域功能定位的特色新闻，适时向市级媒体选送电视外宣素材，全面完成电视外宣和广播外宣双百任务。电视新闻《告别千年采煤史 农民吃上生态饭》获北京市广播电视好新闻二等奖。

**三、夯实各项基础工作**

进一步完善安全播出管理制度。在春节、区两会、全国两会等重要、敏感时间节点多次建立和完善播出设备应急故障处理程序及上载应急办法等，保证了重大播出传输无事故。金羽翼文化传媒中心积极参与第二届北京国际山地徒步大会、北京市第七届农运会和环京自行车赛三项重要赛事活动的筹备和举办，完成招商引资、环境布置、电视直播、服务接待等一系列服务保障工作。硬件设施水平得到进一步提升，大、小演播室、审片室的升级改造工作完成，高清数字化升级工作稳步推进。

（北京市门头沟区广播电视中心）

# 北京市房山区广播电视中心概况

北京市房山区广播电视中心成立于2001年11月。前身由房山县广播站、房山县人民政府广播科、房山区广播电视局几经变革。拥有房山人民广播电台和房山电视台。

2011年主要工作：

**一、切实履行职能职责，推进广电事业持续发展**

1．开展“走基层、转作风、改文风”活动。根据房山区情和两台各栏目定位，播发大量生动感人、文风朴实的新闻作品，并推出一系列民生类、服务类专题节目。

2．宣传“十一五”时期取得的辉煌成就，解读“十二五”规划制定背景和目标、任务。陆续制作播出《我说这五年》、《跨越“十一五”》等挂牌节目，全面展现“十一五”时期全区经济社会发展取得的成就和经验。

3．以“三化两区”和“一区一城”建

设为宣传重点，分别推出“三敢精神助力三化两区”、“记者园区行”、“城市化经济发展战略”一系列主题报道和访谈报道和“全力推进长安汽车北京基地项目建设速度”、“云居寺文化景区建设全面启动”等重点新闻报道。

4．大力宣传全区纪念建党90周年的各项活动，策划推出《身边的感动》、《光辉的记忆》等重点栏目和“90.90！”、“红色飘扬”等一批反映全区成就性报道；拍摄制作十部党员电教片《光辉的旗帜》。

5．加大重点工作、重点工程建设的宣传，发挥媒体的舆论引导作用。在拆除违法建设工作的宣传报道中，采取多种宣传形式，对拆迁政策进行解读，并制作播出《依法拆除窦店基地内违法建设纪实》、《坚决拆除违法建设 确保重点工程建设》等多部新闻纪实性电视专题片。

**二、高标准严要求，全面推进广播电视建设工程**

1．房山区城乡数字广播信息平台一期建设工程如期进行。该项目被区政府列为为人民群众拟办的30件实事之一，涉及16个乡镇（街道）和390个村庄的建设任务，工程进展顺利。

2．房山电视台高清数字化改造项目稳步推进，完善了高清改造方案，投资130万元购置了一套新闻演播室摄录设备，使节目录制质量得到有效提升。

3．启动房山广电传媒网建设。以音频和视频为突出特点，构建中心网站多业务支撑平台，使广播、电视、网站三大媒体互为补充。

4．安全播出工作常抓不懈，高质量完成安全播出任务。对播控系统进行改造，增加播出二级存储系统，年内已投入使用。

5.全力推进文化创意产业——《“乐活”数字传播发展服务平台》项目的建设，已完成项目报告、资金预算、项目踏勘、专家评审等工作。

**三、产业经营求合力、整资源、各项效益实现新突破**

通过栏目个性化、节目精品化等策略打造品牌，对两台资源进行统筹规划，变分散经营为统筹经营，变分散营销为整合营销，使产业综合效益稳步提高，实现经营创收最大化。

**四、重视人才培养，加强队伍自身建设**

以“四个坚持”、“四个转变”为基础，提拔、交流、竞聘、培养了一批重品行、能力强、业务精、有潜力的干部队伍。

**五、强化党风廉政意识，树立广电良好形象**

坚持“一岗双责”，明确党风廉政建设责任，加大反腐倡廉的教育力度，营造风清气正的工作环境，同时健全规范各项制度，保障事业健康发展。

（北京市房山区广播电视中心）

## 北京市大兴区广播电视中心概况

北京市大兴区广播电视中心成立于2001年10月，前身是大兴区广播站、大兴县人民政府广播科、大兴县广播电视局。拥有大兴人民广播电台、大兴电视台、大兴手机台和中华兴网。

2011年，大兴区广电中心深入贯彻落实科学发展观，坚持“人本、创新、敏行、竞先”的经营理念，紧紧围绕“全面提升发展质量”这一主题，以“提升能力、增加手段、扩充阵地”为主线，深入推进“内容创新工程、理论研发工程、品牌塑造工程、事业保障工程”，各项工作取得显著成效。

## 一、宣传工作

1. 圆满完成重大宣传任务。较好地完成了区党代会、人代会、政协会“三会”宣传报道任务。完成万亩滨河公园开园、南海子公园二期工程建设、区生态建设报道等重点工程的宣传报道和资料拍摄任务，圆满完成第二十三届西瓜节、安定镇桑葚节等大型庆典活动系列新闻报道任务，完成国家和北京市各级领导来大兴调研等新闻报道任务，围绕“学习贯彻十七届六中全会精神”、“展望‘十二五’”、“建设学习型党组织”、“创先争优活动”等主题，多层次、大范围地开展主题宣传。

2. 配合区有关部门制作播出“《永远的旗帜》放歌大兴”庆祝建党90周年暨创先争优表彰大会、红歌汇演活动等大型歌唱比赛；推出《党旗飘飘》系列报道；围绕“新区建设我争先，大兴发展我奉献”的主题，宣传34个先进党组织和优秀党员的光辉事迹。

3. 深入开展“走转改”活动，用镜头记录一个个感人的瞬间。《大兴新闻》和《女子别动队》加大节假日新闻、夜采行为的报道力度，成立专门的报道组和评论组，进一步提升节目质量。

4. 广播节目互动性不断增强。各档节目充分运用QQ、QQ群、微博、飞信、贴吧等新媒体，打造节目互动性。《娱乐大排档》每天微博互动量达到50多条、贴吧达到30多条，微博最多达到163条，忠实听众常年跟随节目；《资讯BBS》每天设置话题，结合热点新闻和听众进行互动，提供资讯服务；《选我喜欢》节目直播中，QQ、微博、飞信互动每天达到60多人次，发布信息40条以上。7月23日，举行的听友见面会有100多名听众踊跃参与。

5. 将资讯频道定位和内容进行全新调整，增加了电视剧与娱乐节目的播出比重，每天播出时长达到18小时。

6.举办了“金秋大兴 美丽我家”手机拍大兴摄影大赛活动。通过大兴电台、大兴电视台、大兴手机台、中华兴网、大兴报等媒体对外发布参与信息，进一步扩大活动的知名度和覆盖面。

7.中华兴网全面改版。中华兴网启动与大兴报、开发区新闻中心的合作，实现新闻资源共享，突出重点新闻，丰富网站内容。增加了“大兴区情”等内容，提高服务能力，发布“美食征集令”，增加了大兴旅游景点，方便了居民的娱乐生活。网站已经能够为用户提供视频直播、点播、上传、搜索、分享等多项服务。

## 二、队伍建设

1. 开展岗位练兵，宣传部门每月比发稿数量、年度比获奖数量和档次，经营部门比个人年度创收总量，技术部门比熟练程度，服务部门比服务态度和服务质量，从而提高了宣传工作的整体质量。

2. 组织开展第三届论文竞赛活动，共收集论文55篇。

3. 高标准录取4名应届高校毕生，其中3名硕士生、1名博士生。面向全国高校播音主持专业招聘主持人，经过两轮试镜，确定引进5名电视节目主持人。

## 三、事业建设

1. 完成电视新闻直播项目，演播室进行改建，现已进入直播倒计时。媒体资产管理项目已经建成并通过验收、审计。

2. 推进广播电视与《大兴报》的融合，形成区内报纸、广播、电视、网络四大媒体“四驱联动、栏目互动、互为支撑、相得益彰”的新格局。建立和健全了宣传工作网络，建设大兴手机台项目，扩大媒体的覆盖能力。

3. 在千龙网设置《大兴·亦庄》板块，拓宽和延伸宣传大兴的平台；与京视传媒合作，在3GBTV上开辟大兴专区，10月26日试运行。

（北京市大兴区广播电视中心）

# 北京市通州区广播电视中心概况

北京市通州区广播电视中心成立于2001年10月。前身是通县广播站、通县人民政府广播科、通县广播电视局、通州区广播电视局。拥有通州人民广播电台和通州电视台。

2011年，通州区广播电视中心，坚持正确的舆论导向，宣传、贯彻、落实党的十七届六中全会精神，围绕区委、区政府的中心工作，宣传工作成效显著。电视台全年共播出新闻稿件2800多篇，电视新闻节目时长达4100多分钟，电台共播出新闻稿件3000多篇，电台新闻节目总时长3700多分钟。电台专题栏目共播出1560期，35160分钟，电视台专题节目共播出436期，17280分钟，全年还完成17部临时专题片的制作任务。

**一、加大宣传力度，喜迎建党90年华诞**

围绕“不朽航船 奋进通州”主题，制定九大系列宣传活动计划：《难忘》大型电视主题诗歌朗诵会，《旗帜的力量》大型党史文献纪录片，《唱支山歌给党听》百姓歌手红歌演唱会，《在党旗下》迎接建党90周年-看通州-系列特别节目-走近乡镇，《火红的旗帜》电视新闻系列报道，《不朽航船，奋进通州》电视专题节目展播，《不朽航船》通州电台党史知识专题栏目展播等系列节目，在整个建党90年宣传期内，通州电台、电视台共播出稿件上千篇，各类电视宣传短片三十多部。

**二、确保党代会、人代会和政协会“三会”宣传**

实施“关口前移、打提前量、采访注重平衡”，确定五个必须：每次会议之前当班编辑必须达到现场；第二天的会议、报道必须在前一天基本完成稿件和拍摄策划；会议前必须与人大或政协负责人进行沟通；会后必须立即审稿；每条新闻必须有现场同期。在“三会”宣传过程中，40多篇稿件没有出现任何纰漏，大量同期声和记者出镜报道，特别是对党代表、人大代表、政协委员的采访超过150多人次，充分发挥了电视媒体的优势，受到区领导的肯定。

**三、突出重点，大力宣传“十二五”规划**

通州电视台在《通州新闻》栏目中开办了《“十二五”开局走一线》系列报道板块，做到“五突出”：一是突出记者深入一线进行采访，报道的内容都是最基层在“十二五”开局之年的新进展；二是突出新闻现场感，系列报道基本没有运用资料画面，全部为新闻现场拍摄；三是突出“事件性”的新闻由头，体现新闻的时效性、新鲜感和贴近性；四是突出前瞻性，通过同期声采访、数字、图标、字幕的形式，结合采访的重点内容，把某个基层、某一领域“十二五”规划的精髓、亮点、特色、重点展示出来；五是突出评论性每篇结尾以记者感言的方式做评论，观点精炼。系列报道共播出12期，既关注了园区产业升级、电子商务发展、都市化现代农业、水务规划设计等新城建设的重点方面，也涉及了教育、医疗、流动人口管理、保障性住房建设等民生问题。

**四、落实“走转改”，大力宣传新城建设**

推出系列报道《“十二五”开局走一线》、《走基层看变化》在《通州新闻》播出，反映通州区五年来，经济社会各领域的变化，解读未来五年全区发展的战略目标。报道内容有小故事，大成就。通过基层真实的人和事，反映五年来的发展变化。题材新颖、有代表性。《走基层看变化》系列报道共播出十篇。

**五、推进网络媒体建设，“大运通州”即将正式上线**

经区长办公会决定，建立区委区政府主

导的网络媒体，年内，网络媒体设备已安装完成。

**六、高标准高质量注重设备更新，安全生产万无一失**

投入资金240万元，采购高清摄像机三部，对市局配发的媒体资源管理系统进行扩容；同时利用原有的基础骨干建成四个工作站的高清非线性编辑网络，形成中等规模的高清制作系统，完成向北京电视台传送高清电视节目的任务。扩容UPS供电系统由原来的40千瓦扩容至70千瓦，最大供电时间两个小时以上，确保电台、电视台播出和媒体资源管理系统用电。

继续完善人防、技防制度，全年实现安全播出零事故。电视综合频道共计完成安全播出4876.5小时，其中转播365小时，电视发射机全年总发射时间为5059.5小时；公共频道共计播出1642.5小时。调频广播全年共计播出6752.5小时，其中直播为520小时，调频发射机全年总发射时间为6843.5小时。

（北京市通州区广播电视中心）

# 北京市顺义区广播电视中心概况

北京市顺义区广播电视中心成立于2002年，前身是顺义县广播站、顺义县人民政府广播科、顺义区广播电视局。拥有顺义广播电台、顺义电视台、《顺义时讯》报社、视频网站、户外大屏五种媒体。

2011年主要工作：

**一、坚持导向，服务大局，圆满完成新闻宣传任务**

1.圆满完成庆祝建党90周年宣传报道任务。策划推出“一项活动、一部片子、一批栏目”。“一项活动”是中心在中华世纪坛主办的“绿港党旗红”主题党日活动。“一部片子”是中心制作的30分钟大型历史文献片《顺义脊梁》。“一批栏目”是电台、电视台开办的40集系列报道《党旗飘扬，顺义希望》；电视台制作的9集系列专题片《他为人民谋幸福》；时讯报社开辟的《经典回眸》、《我的入党故事》等栏目。这些栏目播出、刊发后，在社会各界引起强烈反响。

2.圆满完成“十二五规划”的宣传任务。制作的《回首“十一五”展望“十二五”》大型主题报道，全方位、多角度、大视野地宣传了“十一五”发展成就，深入总结顺义城乡改革发展经验，展示顺义城乡的巨大变化，同时利用四个媒体全面解读区“十二五”规划，为全区实现“打造临空经济区 建设世界空港城”的目标提供了精神动力和舆论氛围。

3. 圆满完成“打非”工作的宣传报道任务。电视台将顺义区打击非法违法生产经营和安全隐患整治大会制作成专题片，并刻制200份光盘发放到全区各基层单位；开办《坚决制止违法建设和非法生产经营》栏目。据统计，播出和刊发关于打非工作新闻共计540余条，四个专版，3万余字，采集音、视频素材1500余分钟。

4. 圆满完成“三会”的宣传报道任务。宣传报道提前谋划，多部门联动，确保了宣传保障工作“隆重、热烈、及时、准确”。利用转播车对三大会议开幕式进行录制、播出；运用大量现场采访、主持人口播、录音报道等形式呈现浓烈会场氛围，制作播出“三会”新闻300余条。顺义时讯在“三会”期间，推出四个专刊，第一时间送到了参会党代表、人大代表、政协委员手中。

5. 圆满完成“走、转、改”活动前期

启动工作。相继开设《顺义大地行》、《走基层》、《记者周记》等栏目，截至年底，累计播出、刊发新闻800余条、专题8期。

**二、精益求精，不断创新，媒体作用不断增强**

《顺义新闻》、《顺义时空》等栏目与时政和政策宣传紧密相联，着重报道在实现“打造临空经济区、建设世界空港城”的目标，成为发挥区域中心工作舆论主阵地。《国学动漫城》、《歌唱部落》等栏目通过寓教于乐的方式已成为传播文化、推动文明传播文化的重要平台。电台的直播栏目《越聊越开心》、《顺义时讯》四版的民生新闻、落实“走转改”的相关栏目等，注重与受众的互动。

**三、五网合一，多媒体传播体系初步建成，公共服务成效显著**

基本建成包括顺义人民广播电台、顺义电视台、顺义时讯、顺广传媒网站、户外大屏在内的多媒体传播体系，初步实现了从单一媒体向立体化多媒体的跨越，节目制播数字化水平逐步提升。综合业务网络在2011年被中国新闻技术工作者联合会评为“第五届王选新闻科学技术奖”二等奖。城乡有线广播共铺设管道359公里，近4000只低音柱音箱遍布全区18个镇400余个村以及城区90余条主干路。

**四、各项工作不断完善，科学发展步步为赢**

1．强化安全意识，确保和谐稳定。成立安全委员会，同时实行每日报告制度，坚持开展“日巡查、周检查、月督查”的安全管理办法。确保将安全隐患消除在萌芽状态。

2．以创先争优活动为抓手，党建工作取得突破。开展一系列丰富多彩的活动，设立党员承诺墙；邀请区党校吕冬冬教授前来授课，深化对《党章》、党史的认识和理解；开展“党员故事会”活动，以党员先烈事迹激发全员努力拼搏的工作热情。2011年，中心被区委评为顺义区党建工作先进单位。

3．打造学习型组织持续加强。组织不同形式的培训三十余次。邀请到了《人民日报》海外版高级编辑沈兴耕、中央电视台《新闻联播》主播郎永淳等各行业专家前来授课，扩展了全体职工的视野，提高了职业素养。

4．积极参与区内组织的各项活动。组织“党在我心中”演讲比赛活动，参加区乒乓球、篮球、健身操等体育赛事，均取得了优异成绩。参加市、区两级龙舟比赛，取得市级公开组第一名等多项荣誉。

（北京市顺义区广播电视中心）

# 北京市平谷广播电视中心概况

北京市平谷区广播电视中心前身是平谷县广播电视局，成立于1987年8月7日。2002年4月8日，新组建平谷区广播电视中心。拥有平谷人民广播电台和平谷电视台。

2011年，《平谷新闻》中播出消息各5872条，市级以上媒体发稿70篇，制作各类专题364期、专题片16部，录制大型活动实况32场次，现场直播3场次，自制“区县风采”25期。《山路》、《平谷大集开进农展馆市民买上放心货》、《农家子弟免费学提琴提琴之音奏响“中国乐谷”》荣获北京市优秀广播电视节目三等奖；《无障碍设施将进入1700户残疾家庭》、《残疾人的事业挂心间》荣获首都残疾人事业好新闻评选三等奖；纪念建党90周年系列节目分别荣获“2011年区县广电中心纪念建党90周年优秀节目评比”

广播类三等奖和电视类三等奖。中心分别荣获首都文明标兵单位、“平谷区创建国家卫生区工作突出贡献单位先进集体”等11项殊荣。

**一、强化舆论宣传，营造文明和谐社会环境**

1．开展庆祝建党90周年的宣传。在《平谷新闻》开设《党旗飘飘》、《庆祝建党90周年特别报道》、《创先争优推进四（五）谷建设》专栏，全方位、多角度宣传报道全区庆祝活动、优秀党员和先进党组织。各专题节目组在“七一”前后制作播出《纪念建党90周年特别节目》9期；现场直播《平谷区纪念建党90周年表彰大会暨 “颂歌献给伟大的党”文艺汇演》；6月16日，直播区委书记邱水平讲的党课。

2．开展“一区三化五谷”建设宣传。在《平谷新闻》开设《桃花音乐节特别报道》专栏，相继播出《2011 中国乐谷·国际流行音乐季今日隆重举行》等新闻90余条；先后制作《第六届乡村美食大赛》、《桃花节户外休闲健身大会》等节目12期，以配合桃花节活动的开展。

区委三届十二次全会后，电台、电视台播出《在科学发展、跨越发展中建设幸福平谷》等十余条新闻；播出《我区旅游业呈现良好发展态势》、《创造医疗服务环境为群众健康保驾护航》等十多条新闻，总结近年来为民办实事工程；播出《我区大力发展港口物流业》、《平谷区举行大华山旅游综合开发项目签约仪式》、《中国乐谷揽30亿大单提速音乐产业发展》等消息，多角度、多层次介绍了区重点项目、重点工程的进展情况。

3．关注民生的宣传。在《平谷新闻》中开设了“给力‘十一五’”和“乡镇亮点”两个子栏目，共播发新闻30余篇。在平谷新闻中开设《名师名校》栏目全年报道优秀教师300名，播出相关新闻90余条。全国助残日期间，先后播出了《我区召开2011年残疾人工作大会暨居家助残工作启动仪式》、《政府扶持残疾人，实现脱贫致富路》等关注、扶助残疾人的新闻二十余篇。在《平谷新闻》中开设《和谐拆迁》栏目，持续宣传拆迁政策、法律法规，安置房建设进度及拆迁好经验好做法，先后播出了《白各庄新村安置小区户型格局多样》、《夏各庄村民挑选安置房》等30余条新闻。配合全区环境秩序整治行动，开设《环境秩序整治春风行动》栏目，播出新闻80多条。配合公安部门“打四黑除四害”行动播出新闻十余条，播出公益广告二十天。

4．及时报道换届选举工作。平谷电台、电视台及时播出了《我区召开第四次党代表大会代表选举工作会》、《严肃换届纪律 确保换届顺利进行》等新闻二十多条。同时每天晚上两次播出换届选举纪律公益广告。

5．对“走基层、转作风、改文风”活动开展宣传。在《平谷新闻》开设“记者走基层”专栏节目，记者亲身走进平原、山区、厂矿、田间地头，将镜头对准普通民众，先后播出《刘秀的“提琴产业梦”》、《业余的文艺团队演出专业的精气神儿》等九条新闻。

**二、加强基础设施建设，确保播出安全**

投资70余万元更新电台音频制播数字化系统，增加了直播和延时功能；投入210万元，采购高清摄像机和高清非编设备，完成了与北京卫视频道高清数字设备的对接，解决了传送新闻设备不配套的问题；投资25万元购买全场录制电视设备，完成北京新闻广播补点覆盖工作，在全区96个行政村建起了转播点，使村民收听到清晰的北京新闻广播节目；配合市广电局完成了北京电台DAB发射机的回传监测系统建设；对中心部分机房进行装修改造，对影响安全播出的易损件进行升级和备份，增强了安全播出的可靠性。

完成办公楼五层机房独立电源改造，更换了导线，增加了配电箱；整改了电话线、网线等弱电系统；完成了演播大楼、电视发射塔机房、世纪广场大屏幕避雷工程；完成了景台山无线转播站设备设施的维修工作；完善了防非法插播、供电保障等七个应急预案；落实24小时值班制度，在重大节日、重要会议期间，增加重要部位的安全保卫人员，确保安全播出。

**三、注重管理培训，加强队伍建设**

开展“强化管理、整顿秩序”活动，邀请市广电局专家对110名新闻从业人员和记者站记者进行培训，对专业性强的岗位人员采取送出去，参加短期培训。技术人员参加高清设备原理学习、景台山转播站设备维护维修、机房设备维护等知识短期培训。派记者参加中国电视艺术家协会组织的编辑记者脱产培训班。

（北京市平谷区广播电视中心）

# 北京市怀柔区广播电视中心概况

北京市怀柔区广播电视中心成立于2001年9月，前身是怀柔县广播站、怀柔人民政府广播科、怀柔县广播电视局、怀柔区广播电视局。拥有怀柔人民广播电台和怀柔电视台。

2011年，紧密围绕全区中心工作，以制播建党90周年文献专题电视片《锦绣怀柔党旗红》、汤河口南山转播站硬件配套设施和附属道路建设及引水上山工程、大屏幕迁移与开播等工程为重点，着力提高舆论引导能力，推进节目创新，强化安全播出，促进公共服务等各项工作取得新进展。

**一、宣传工作**

1．宣传怀柔。电视台设有专题栏目14个，电台专题栏目23个。截至年底，电视台共制作播出《怀柔新闻》304期、新闻4093条，制作播出电视专题500多套。电台播出新闻321套、新闻4495条、专题880期、直播节目268期。两台在市级以上新闻媒体发稿148篇。其中，中央电视台播出了《用创意构建文化中心》、《红螺寺庙会吸引市民京郊过大年》、《怀柔助推水磨昆腔在国家大剧院上演》等新闻；北京电视台先后在《北京新闻》、《特别关注》等栏目中播出《北京雁栖湖生态示范区奠基》、《三年三大步　小灯笼走出大世界》、《幸福绽放——踏实劳动不甘人后是郊区农民的最大的幸福》等多条新闻。推出了以怀柔文化旅游为主要内容的多期专题系列报道。除此之外，在14个区县联办栏目《区县风采》，此栏目推出介绍怀柔风采节目22期。

创出品牌效应。在市级节目评选中，荣获《纪念建党90周年》优秀节目奖。编辑制作的《红色记忆》节目获广播类一等奖，《牛——蚯蚓——树，循环农业让农民受益》获电视新闻类一等奖和北京新闻奖三等奖。《锦绣怀柔党旗红》获得电视类二等奖，《怀柔好人》获电视社教类二等奖，电台的《草根DV爱好者传播怀柔风采》获广播新闻类二等奖。电视台新增《时代女性》、《怀柔人口》、《怀柔环境》三档专题节目。在《怀柔新闻》中增设“辉煌‘十一五’展望‘十二五’、“回眸‘十一五’——镇乡巡礼”、“新农村、新生活”《主播给您说节气》板块；《周日报道》增设“回眸‘十一五’——我这五年”板块，《文化怀柔》增设“活动推介”、“传统节日”板块。《健康有约》全面改版创新，增设“健康微点击”等板块。电台遵循“开门办广播”的理念，邀请教育专家、市民走进电台。

树立新闻立台理念。推出《提升优势　做强品牌——加快推进文化科技高端产业新区建设》系列报道。围绕区重点工程建设，开设专题报道，并配发新闻评论。同时做好区、镇乡换届选举、打非拆违和迎接国家卫生区复审等宣传工作。

建党90周年宣传。与区委组织部、宣传部等相关部门联手，制作纪念建党90周年10集系列专题电视片《锦绣怀柔党旗红》。电视台、电台各栏目根据自身特点，开办了“红色记忆”等栏目，开展了形式多样的纪念建党90周年宣传报道。

主题教育宣传。开展“走基层、转作风、改文风”主题实践活动，策划推出“走转改——一线见闻”系列报道，将话筒、镜头对准群众，全面反映基层群众工作生活和精神风采。围绕践行“北京精神”，结合市区重点工程、重要工作、重大节庆活动等，开设《做文明有礼的怀柔人》、《我们的节日》等专栏，形成主题，集中报道。

**二、安全播出**

完善《怀柔广播电视安全播出应急预案》、制定《摄像机管理规范》、《怀柔广播电视中心非编机房使用守则》和《安全播出奖罚责任制》；增加监控探头数量，对监控系统进行了全面升级；定期对机房前端、发射塔及播出机房等要害部位进行安全检查，确保节目制作系统安全和播出安全。

**三、基础设施**

投资272万元购置设备及相关器材，搭建高清综合网，实现与北京电视台高清设备接轨。对播出端至旦子山发射塔设施进行数字化改造。在怀柔区旦子山转播塔建设DAB（数字广播）机房，安装DAB、CMMB（手机电视）设备，在怀柔汤河口南山转播站新添16套数字广播节目。在怀柔区域内已开通手机电视，数字广播业务正在试运行中。在此基础上，完成四十多个行政村、一百余个自然村、1.2万多户“村村通”维修维护任务。建立62个小调频站点，完成62个村的小调频覆盖工程，解决怀柔大部分山区接收不到北京新闻广播和城市管理广播的问题。

**四、队伍建设**

以《走基层、转作风、改文风》主题实践活动为载体，以“树典型、扬正气、促发展”为依托，开展“学党史、颂党恩、跟党走”党史知识竞赛、“讲责任、抓落实、我为党旗添光彩”演讲比赛、“忆党史立足岗位尽职责讲廉洁助推‘五化’促发展”主题教育等活动。采取“请进来、走出去”的形式，加大业务培训力度。先后举办各类培训班四期，参加外出业务培训52人次。认真贯彻落实党风廉政建设责任制，层层签订党风廉政建设责任书。积极开展“创先争优”、“青春建功”、“巾帼建功”等主题实践活动，广泛组织“关爱职工”送温暖、捐款捐物、户外拓展、登山等文体活动。

（北京市怀柔区广播电视中心）

## 北京市昌平区广播电视中心概况

北京市昌平区广播电视中心成立于2001年10月。前身是昌平县广播站、昌平县人民政府广播科、昌平县广播电视局、昌平区广播电视局。拥有昌平人民广播电台、昌平电视台和昌平广播电视网（www.cprt.com.cn）。

2011年主要工作：

**一、努力强化宣传报道质量，不断提升新闻栏目品位**

突出重大活动的宣传报道。开办了《贯彻落实区委三届十一次、十二次、十三次会议精神》、《聚焦“十二五”》等系列报道，加强政策解读，并在报道内容及形式上增加了“数字两会”、“代表委员声音”、“两会民生热议”等新板块。围绕全区拆迁拆违工作，正确引导热点敏感问题，共播发相关新闻近200条。在区内重要节点期间，如小汤山温泉文化节、昌平区第十二届文化艺术节、2011年“春风送温暖 慈善济万家”、科普周、第二届十三陵旅游文化节等，唱响宣传主旋律；对重点工作，如“六五”普法、轨道交通昌平线运营等，加大宣传力度。

加大系列报道力度，打造品牌媒体。昌平新闻共播出《回眸2010》、《重点工程》等系列报道23个；部署落实五部委开展“走基层、转作风、改文风”活动，开办《记者镇街行》系列报道，鼓励记者走基层，以记者随笔、记者日记等小评论形式开办的专栏，加大为民服务的报道力度。

深入做好纪念建党90周年宣传工作。昌平电视台开辟《党史上的今天》专栏，策划了大型主题系列片《昌平红色记忆》，共拍摄完成102集，每集6分钟。昌平电台推出100集专题栏目——《昌平红色档案》，栏目紧紧围绕“追忆昌平峥嵘岁月、讲述昌平精彩瞬间、讴歌昌平丰功伟绩”的宣传主题。

加大安全工作宣传力度。电视以宣传以区委区政府安全工作为重心，及时向广大市民传达上级精神、反映基层情况、报道先进典型、曝光安全隐患。中心荣获北京市安全生产月优秀新闻报道奖。

宣传工作保质保量，屡获嘉奖。2010年11月1日至2011年10月15日，昌平电视台《昌平新闻》共播发稿件2412条，各类电视栏目共播出307期。广播电台全天播音15个半小时，近30档节目，共编辑播出4400期（组）。昌平电台新开播了七档节目，分别为《双城情歌》、《音乐风情之旅》、《金手指乐翻天》、《红色故事》、《景波说故事》、《在清华听演讲》、《电影值班夜》。昌平广播电视网站配合广播电视台，先后采集稿件1000余条。节目、栏目在市级以上评比中荣获各类奖项11项，其中：昌平电视台社教栏目《真情故事》连续三年获北京电视优秀栏目奖；专题片《阳春白雪的故事》获中国广播影视大奖电视节目提名奖、全国县级广播电视作品评析电视专题一等奖；《96岁老太排队9天为重孙入托报名》获北京广播影视奖新闻一等奖、全国县级广播电视作品评析电视新闻一等奖；主题系列片《昌平红色记忆》获市广电局庆祝建党90周年优秀广播电视节目一等奖、全国优秀科教节目三等奖；广播新闻《木厂村成为北京首个领取林权证的村庄》获得2010年度全国县级广播电视作品评析二等奖；广播栏目《与法同行》获北京广播影视优秀栏目奖。

**二、 以“保增长”为目标，推进广播影视产业发展**

以服务求发展、以质量求生存，紧紧抓住老客户，不断拓展新客户，标板广告、联办节目，实现合同总价款900余万元。共完成《时空关注》264期、《区县风采》8期、《周末21点》260期、《农民课堂》200余期、各类广告包装制作640余条，节目质量和制作效果得到了业务单位的认可和好评。

**三、创新技术，稳中求进，安全播出保障体系进一步完善**

高质量、高标准完成全年播出任务。实现“0中断”、“0插播”的目标。在年初昌平“两会”期间，实现了使用转播车在现场进行直播，首次完成现场直播任务。电视台安全播出12775小时；广播电台播出5840小时，其中转播中央新闻和报纸摘要节目每天0.5小时，共182.5小时；北京新闻每天22分钟，共133.8小时。

完成技术更新和设备维护改造工作。对演播室设备、转播车等进行定期检查。年内新增两台高标清兼容的非编设备；非编室增加P2采集一台，综合频道增加一套独立的字幕机设备。

**四、加强党的建设和队伍建设，为各项工作的顺利开展提供思想和组织保证**

落实党风廉政建设责任制，成立了党风廉政建设领导小组，在各工作环节查找风险点并制定出防范措施。

组织党员参加“昌平区纪念建党90周年党史知识竞赛答题”和“向党说句心里话——百万党员寄心语”活动，组织全体党员参观“辉煌历程——昌平区纪念中国共产党成立90周年图片展”，并观看电影《建党伟业》。在“七一”期间，组织新老党员赴内蒙古赤峰参观学习，开展重温入党誓词活动；组织开展“共产党员献爱心”捐款活动，据统计捐款共11300元；建立学习园地，制作学习专栏；坚持每周播放党员教育专题片。

通过公开招聘，引进技术人才，签订劳动合同，进一步充实了队伍。与中国传媒大学学生就业指导中心和研究生学院建立联系，经过面试、笔试、才艺展示等程序，择优录取了10人。通过公开选拔、民主推荐、组织考核，配齐领导班子成员，优化了班子结构。

邀请北京市火灾防治中心教官为中心干部职工进行消防知识讲座；在“安全生产月”期间举办用电安全知识培训；邀请市广电局和北京广播电视学会的领导、专家为媒体记者进行专题培训。

（北京市昌平区广播电视中心）

# 北京市密云县广播电视中心概况

北京市密云县广播电视中心成立于2001年，前身是密云县广播站、密云县人民政府广播科、密云县广播电视局。拥有密云人民广播电台、密云电视台和密云广播电视台网站。

2011年主要工作：

**一、基本情况**

密云电视台：首播19：30—21：00，重播为次日7：30—9：00和12：30—14：00，以自办新闻和专题节目为主。

密云人民广播电台：播出频率为94.1兆赫，节目播出时间为每天6：30—23：40，设有新闻节目、专题节目、服务节目和娱乐节目四大类。播出方式为无线调频广播，节目传播和覆盖半径40公里。

密云广播电视台网站：http://mytv.bjmy.gov.cn。主要上传《密云新闻》和其他专题节目，同时包括密云广播电视中心工作动态等内容。

**二、节目设置**

密云电视台：设有《密云新闻》、《经济一刻钟》、《事事关心》、《檀州大舞台》、《就业直通车》、《区县风采》等节目。

1.《密云新闻》每天播出20分钟，每年大约制作新闻7000余条。围绕县委、县政府中心工作，反映全县经济和社会发展，及时报道县内重点工作部署和重大活动，内聚人心，外树形象。

2.《经济一刻钟》是传统的经济类专题栏目，每周一期，每期15分钟。创办于1995年12月。系统展示经济发展成功经验，全面报道经济发展取得成果，助推密云经济发展，服务百姓生活，传播科技知识，推广致富信息，是栏目的宗旨。

3.《事事关心》是在2006年1月策划推

出的一档电视新闻杂志类栏目。栏目宗旨是“百姓关心的就是我们关注的”，围绕县委、县政府中心工作，为民办实事工程，解读政策，关注民生。

4.《檀州大舞台》服务文化建设，实施文化惠民。栏目本着弘扬文化传统、挖掘文化底蕴、展示大众才艺、丰富百姓生活的宗旨，以演播室、文化活动广场、田间、车间以及寻常百姓居所为表演舞台，把密云百姓的文化生活和密云浓郁的乡土民情、淳朴民风展示在荧屏上。

5.《区县风采》是和县旅游局合办的一档全新节目，于2011年2月28日开播。以宣传县旅游业为主，着力宣传打造民俗旅游新变化、新面貌。栏目采取14个郊区县同时播出的形式，由各区县广电中心合作，宣传区县经济社会发展、精神文明建设取得的丰硕成果以及风土人情、区县文化、旅游等。

6.《就业直通车》是和县人力资源社会保障局合办的一档周播专题类栏目，每周四晚播出。及时报道农民工就业、大学生就业、失业人员再就业、人才引进、社会保障等热点话题，传递就业信息，解读社保政策。

密云人民广播电台：开设《密云新闻》和《今日密云》等新闻和专题节目。每年播出广播新闻总长14600分钟，7800余条，专题节目稿件2500余篇，播出综艺娱乐和服务类节目1600余小时。

1.《密云新闻》节目为整点滚动播出，每次10分钟，每天12：00和18：00为首播，其余整点为重播。

2.广播电台还开设《今日密云》、《密云经济报道》、《三农有约》、《教育园地》、《身在异乡》、《空中俱乐部》、《最佳现场》、《平安伴你行》、《天下故事汇》、《我爱国粹》、《我的社区我的家》等专题节目，这些节目和栏目由北京广播电视学会多年从事广播节目策划与制作的专家进行了梳理和重新定位后，更加贴近群众、贴近实际、贴近生活。

**三、安全播出**

确保MYTV——1、MYTV——2两套电视节目和调频94.1兆赫一套广播节目的安全播出，同时，受北京市广播电影电视局委托，还要确保白土沟广播电视无线覆盖转播站的安全播出。

（北京市密云县广播电视中心）

# 北京市延庆县广播电视中心概况

北京市延庆县广播电视中心的前身是延庆县广播站，始建于1958年。2001年成立延庆县广播电视中心。拥有延庆人民广播电台、延庆电视台、延庆县电视转播站、延庆县广播电视记者站、北京市延庆县广播电视服务部。

延庆电视台自办节目有《延庆新闻》、《一周新闻综述》、《生活全方位》、《七彩连万家》、《生活气象》、《一路平安》、《妫川故事》等，延庆电台自办节目有《延庆新闻》、《生活导航》、《今日农村》、《快乐调频92.8》、《工商进万家》等。延庆广播电视网于2007年创建，网址：www.yanqingtv.com。

2011年，主要工作：

把握正确舆论导向。《延庆新闻》先后策划播出“回眸‘十一五’，展望‘十二五’”、“展望‘十二五’豪情绘蓝图”、“实现‘十二五’良好开局，建设绿色北京示范区”、“感动延庆评选展播”等一系列系列报道，并积极开展建党90周年、自行车骑游大会、环京赛等重大新闻事件的集中报道。圆满完成《延庆新春团拜会》、《感动延庆十大人物颁奖晚会》、放歌长城献给党等晚会的现场录制和后期制作任务。

特别在“端午文化节开幕”、“首届北京国际自行车骑游大会”、“放歌长城献给党”、“妫河森林公园开园”、“S2线新运营模式正式实施”、“环京赛”等大型活动和新闻事件报道中，制定周密细致的拍摄方案，十余台摄像机（包括首次使用大摇臂）全方位、多角度报道。“放歌长城献给党”在《北京新闻》头条播出的绝大部分镜头是由延庆台提供。

创新报道方式。注重在新闻的深度报道中运用故事化的创作手法，增强新闻的可视性和活力。同时新闻编播形式也进一步创新，在继续做好DV新闻的同时，设置固定的摄影图片展板块，丰富新闻播出内容，增强新闻宣传的影响力。发挥民生类专题节目《生活全方位》的宣传优势，组织、策划红色人物、绿色出行、记者牵手、爱在端午等主题宣传活动，切实帮助群众解决实际困难。

深入开展“走转改”活动。深入基层，采写现场新闻、一线新闻。从9月初开始，中心和新闻科负责人以及编辑分别带队，到部分乡镇村落、街道社区、供暖所、环卫处、交通队、学校、医院、敬老院等基层一线挖掘新闻线索，在《延庆新闻》中开设“记者走基层”板块，共搜集基层新闻选题60多个，在电台、电视台的《延庆新闻》中的《百姓直通车》专栏播出。与CCTV-7《今日农经》栏目联合，帮助农民打开销售渠道。如6月19日报道了销售旧县镇樱桃的事情，第一期节目播出后，就帮助农户销售了1000斤樱桃。

圆满完成各项任务。电台每日完成新闻、专题、社教、综艺、评书等9档节目的采制、每天滚动播出16个半小时，全年累计共播出各类稿件3000余篇。电视综合频道从8月26日起，实现滚动播出，《延庆新闻》由每晚播出增加到两次，其他栏目每晚增加一次。完成重大节日、重大活动的安全播出。完成电视制播存一体网络的扫尾工作，确保了节目制作和播出调试正常。装配一套高清摄像机、编辑机，实现与中央北京高清电视节目的有效对接。调频广播安装了UPS电源，保证在全县停电的情况下，应急直播四小时。为防止非法插播，对监测设备进行了维护和维修，并成功演练。完成防雷设施的安装工作和100.6兆赫调频的同频播出。

中心先后获得北京市安全生产月活动优秀新闻报道奖、北京市第五届“和谐杯”乒乓球比赛优秀报道奖、“五五”普法先进集体、北京广播影视信息工作嘉奖、北京市节水“百分赛两纲（两规划）协调工作优秀单位”、绿色文明科室集体奖，27人荣获市、县级个人奖励。

加强队伍建设，做好编外用工人员的日常管理、市县资金申请、年度审查等工作。创造性地开展读书评比、量化打分、流动标牌、表彰先进科室和个人等创建活动；加强学习培训，创建与办节目紧密结合，教育职工加强学习，提高自身素质和道德修养。活动受到学习组织办公室好评，被作为样板接收验收。落实廉政风险防控管理机制工作，建立内部的防范体系，制定廉政风险防范手册。

（北京市延庆县广播电视中心）

# 产业发展

2012/《北京广播影视年鉴》

——记录行业情况　服务业内和社会——

# 北京市广播影视产业发展情况

2011年秋季（第九届）首都电视节目
推介会暨影视产业发展论坛

2011年，北京市广播影视产业进一步发展繁荣。全市广播影视资产总额571亿元，同比增长28.2%。广播影视产业收入185.9亿元，同比增长20.3%。其中，广告创收79.6亿元，同比增长29.7%；节目销售收入28.83亿元，同比增长32.4%；网络收入21.7亿元，同比下降7.6%；电影票房收入13.5亿元，同比增长14.3%。北京广播电视台创收93.47亿元。其中，北京人民广播电台创收16.2亿元，同比增长62.3%；北京电视台创收38亿元，同比增长6.4%；北京北广传媒集团公司创收30.2亿元，同比增长6.4%。全市持有广播电视节目制作经营许可证机构1330家，比上一年增加364家。从业人员3.08万人，比上一年增加0.45万人。

## 一、广播电视节目交易情况

2011年，北京市广播电视节目交易市场日趋活跃，新项目、新产品不断推出，国内以及国外节目销售市场份额逐步扩大。北京人民广播电台开辟节目销售市场，全年共完成广播节目交易36万分钟，交易总额40.2万元。节目交易类型分小说故事、音乐、综艺娱乐、广播剧、戏曲、访谈等六大类。北京电视台进一步扩展版权经营范围和节目销售渠道。京视传媒节目销售渠道已覆盖辽宁、四川、内蒙古、上海、天津等22个省市区电视台以及大连、沈阳、成都、南京、石家庄等24家市级电视台；海外覆盖马来西亚、文莱等国家。新媒体发行渠道达到30家，覆盖所有主流视频网站，包括门户网站如新浪、搜狐、腾讯、网易；视频分享网站如优酷、土豆、酷6、56；直播网站如PPTV、PPS、UUSEE；广电类网站如百视通、华数、凤凰网、新华网；其他视频网站如奇艺、乐视、迅雷、风行、鸿波、激动、优朋普乐、263在线、CR。另外，北京电视台还把节目发行到海外IPTV运营商麒麟电视、ITV、汉雅星空等。

北京市广电局组团参展2011戛纳电视节

全年电视节目交易总额为2963.90万元，同比增长19%，其中，传统电视节目交易额2097.77万元，同比增长6.75%；新媒体版权交易额865.13万元，同比增60.72%。北京电视艺术中心有限公司、北京中北电视艺术中心有限公司、北广传媒影视公司、北京紫禁城影业公司等积极构建影视剧制作、出品、销售一条龙体系，做到了上市销售一批、拍摄制作一批、准备拍摄一批。

为了推动“首都电视节目推介会”平台建设，市广播电影电视局积极创新管理和服务方式，规范市场秩序，推进统一开放、竞争有序的市场体系建设。3月18日，春季首都电视节目推介会吸引了及全国各省市区的140多家电视节目制作公司、80多家电视剧播出机构、30多家新媒体公司和10多家海外电视节目播出机构参会，共计推出250部8143集电视剧，交易、合作金额为15亿元（含意向协议）。10月29日，秋季首都电视节目推介会，吸引了全国各省市区160多家电视节目制作公司、国内80多家电视剧播出机构、20多家新媒体公司和27家海外电视节目播出机构参会，共推出310部9000集电视剧，交易、合作金额约29.4亿元（含意向协议）。

## 二、电视剧生产经营情况

2011年，北京影视剧制作机构坚持“弘扬主旋律，提倡多样化”原则，坚持“二为”方向、“双百”方针和“三贴近”原则，坚持面向市场、面向生活，创作生产出了一批特色鲜明、类型多样、叫好又叫座的优秀电视剧，弘扬了社会主义核心价值观，促进了社会效益和经济效益的有机统一，较好地满足了人民群众多层次、多方面、多样化的精神文化需求。

这一年，北京影视制作机构共创作生产电视剧87部2721集，同比增幅28%，占到了全国总产量的19%。市广电局重点推出《风车》、《人到四十》、《咱家那些事》、《男人帮》、《护国军魂传奇》、《我的父亲是“板凳”》等一批优秀电视剧。在28届飞天奖评选中，北京共有9部作品入围，其中《我的青春谁做主》、《我是特种兵》荣获一等奖。纪念建党90周年期间，北京推出的《雪花那

电视剧《风车》全家福剧照

个飘》、《妈妈的罗曼史》、《我的父亲是“板凳”》、《天行健》、《大商城》、《80、90向前冲》等六部电视剧被国家广电总局列为庆祝中国共产党成立90周年优秀展播剧目，为建党90周年宣传活动营造了良好的氛围。另外，由北京出品的优秀电视剧《我是特种兵》、《咱家那些事》和《夏妍的秋天》分别在央视一套黄金时间播出。

《护国军魂传奇》剧照

北京市广电局在全面提高电视剧创作生产的数量和质量的同时，不断探索电视剧市场发展的一般规律，出台了一系列推优扶优政策。在政策和资金的双重扶持下，北京电视剧市场逐渐涌现出了一批品牌剧目和品牌企业。《咱家那些事》、《永不磨灭的番号》、《人到四十》、《我是特种兵》等一系列优秀剧目在全国创出了品牌，形成了影响。北京电视艺术中心的都市情感剧，海润影视制作有限公司、小马奔腾影视公司的军旅题材剧，北京鑫宝源影视投资有限公司的青春系列剧等已经成为当前广受电视播出机构热捧、全国电视制作同行竞相效仿的电视剧行业标杆，对推动国内电视剧市场的发展和国产电视剧制作水准的提升作出了积极的贡献。

## 三、动画片生产经营情况

2011年经市广电局同意备案的京产动画片27部35087分钟，分别各占全国的4.77%和7.13%。在29省市（含央视及中央直属）中，排名第五。完成国产电视动画片20部，11168分钟。

经北京市广播电影电视局推荐的七个动画、少儿节目作品获得了2010年度国家广电总局少儿精品发展专项资金及国产动画发展专项资金的奖励，奖金总额120万元。其中北京人民广播电台的《毛毛狗的故事口袋》和《爱星满天》分获特等奖和一等奖。北京电视台卡酷动画卫星频道获“优秀少儿频道、动画频道类”特等奖。北京卡酷传媒有限公司生产的52集科幻动画片《星游记》，在首尔国际动漫节上获最佳创意大奖，《我们小孩有力量》和《卡酷漫游记》分获“优秀国产动画片”二等奖和鼓励奖。北京浩昊科技发展有限公司生产的《文字国历险记——浩昊大闹无字城》和北京其欣然影视文化传播有限公司生产的《快乐小东西》，获“优秀国产动画片”三等奖。

52集科幻动画片《星游记》宣传画

## 四、广播电视广告创收情况

2011年，北京市广播影视系统在日趋激烈的广告市场竞争中，加大宣传推广和市场开发力度，不断调整和完善广告价格体系和销售体系，深度挖掘广告资源，扩大广告创收渠道，再创广告收入历史新高。

北京电台举行2011年度广告公司荣誉称号颁奖

2011年，全市广告创收79.6亿元，比2010年增长29.7%。北京人民广播电台面对严峻的竞争环境，不断提升广告经营管理水平，创新经营思路，推出新的创收举措，全台广告经营收入8.62亿元，同比增长21.1%；各项产业总收入10.98亿元，同比增长6.38%。在取得良好经济效益的同时，广告质量和社会效果也同步提升。在第十八届中国国际广告节中国公益广告“黄河奖”评选活动中，北京电台选送的广告获一个银奖、两个铜奖。在中国广播电视协会广告信息委员会举办的第三届优秀广告作品评选中，有14条广告获奖。北京电视台主动应对市场变化，加大广告市场开发力度，深度挖掘媒体资源，积极开展新的广告项目，吸引新客户200余家，实现广告收入1.3亿元。同时，还加强客户服务，促进大客户增量投放。首农集团（原三元集团）2011年在北京电视台投放广告4000多万元，增幅超过250%。蒙牛、伊利两大牛奶公司在北京电视台广告投放都超过1亿元。该台2011年广告总收入32.5亿元，同比增长6.3%，再创历史新高。北广传媒移动电视有限公司和北广传媒城市电视有限公司积极探索和开发广告经营业务，分别实现营业收入9909万元和3613万元。北广传媒地铁电视有限公司加大广告市场开发力度，实现营业收入7798万元。区县广播电视台的广告创收再上新台阶，累计总收入达到9200万元，同比增长4.5%。

## 五、有线电视网络建设情况

2011年，北京歌华有线电视网络股份有限公司有线电视注册用户近476万户，比去年同期增长28万户；公司数字电视用户345万户，高清交互用户260多万户，个人宽带用户16万户。高清交互用户数量超过全国12个三网融合试点城市高清交互用户数量的总和。

### （一）提前完成260万高清交互推广任务

根据北京市委市政府的总体部署，北京歌华有线电视网络股份有限公司通力协作，于2011年11月12日提前完成了本年度130万户高清交互推广任务，累计完成了三年内推广260万高清交互数字电视机顶盒的任务。目前，北京市已成为全国高清交互数字电视用户最多的城市。高清交互数字电视的推广，满足了用户日益增长的多层次、个性化精神文化生活需求，给用户带来了“从标清到高清、从单向到双向、从看电视到用电视”的新体验。

**（二）加快网络基础设施建设**

保质保量完成双向网络改造任务。截至2011年年底，歌华有线公司完成双向网改造320万户，实现了城六区和远郊中心城镇双向网络的基本覆盖。

加强机房和整备扩容建设。2011年，歌华有线公司完成五处机房购置工作；完成城区一个IDC机房、九个二级机房以及八个远郊中心机房的基础整备扩容建设工作；完成九个城区机房和两个分公司中心机房的搬迁、扩建工作；完成40余个机房的动力环境与供配电扩容改造工作。

做好架空缆线入地和管道建设。2011年，歌华有线公司自建、购买管道1043公里并完成57条道路的架空线入地工作。

推进新建住宅的网络验收工作。2011年，各区县共有205处新建住宅接入歌华有线公司信号并办理了《信号接入证明》，覆盖用户超过12万户。

**（三）加快高清交互新媒体平台建设**

顺应三网融合发展趋势，致力于将高清交互平台打造成为政府信息平台、文化共享平台、便民服务平台和用户娱乐平台，不断满足政府政务信息化需求和用户精神文化需求。

高清交互系统建设。公司完成了国内首个基于内容分发网络CDN的大型高清交互前端平台建设，视频点播VOD系统实现15万并发流，可支持超过300万的交互电视用户点播；完成了基于密集波分复用DWDM系统和路由交换机的视频流传输承载网络建设；完成了支持高清交互业务40余个机房的系统集成工作和IPQAM、CMTS接入系统建设工作；完成了家庭多媒体智能终端高清交互机顶盒的研发工作。

2011年9月28日，歌华有线公司与上海文广互动电视有限公司签署战略合作协议

综合业务运营支撑平台建设。完成了iBOSS一期建设工程，实现了模拟电视、单向数字电视、高清交互电视、个人宽带业务的融合支撑和视频点播与个人宽带等付费业务的组合营销；完成了客服系统一期项目的优化和二期项目的实施；完成了VoIP集团语音业务计费系统建设工作；完成了网上营业厅一期工程，初步实现了公司所有业务的自助服务功能；完善了电视营业厅一期项目的功能，实现了歌华SiTV高清付费点播业务的技术支撑。

高清交互内容平台建设。高清交互数字电视平台收转164套电视节目（包括14套高清节目），新增了“新华财经”等多个视频栏目，在线视频超过1万小时（其中高清节目千余小时）。10月27日，歌华有线公司与上海文广合作推出的“歌华SiTV高清”节目包上线，该节目包是歌华有线公司第一个面向用户市场收费的视频点播节目，是应对三网融合，主动开拓市场迈出的重要一步。“回看录制”中增加了收视率较高的频道，累计达到34套，已上线应用22项。数据统计显示，2011年“歌华点播”总点播次数达到近6千万次，“回看与时移”总点播次数达2.7亿次。

**（四）积极拓展数据业务**

个人宽带业务。截至2011年底，歌华有线公司个人宽带在线用户总数超过16万户，较2010年同期增长17%。

集团数据业务。面向政府机关、行业和家庭开展了多种数据增值业务和综合信息服务。争取到了北京市智能交通管理网、市委宣传部视频会议系统、北京农村商业银行生产网等建设项目；为北京平安保险公司、7天酒店、北京资源管理中心等单位提供了三网融合的系统化服务。2011年间，集团数据业务已开通1.38万个用户接入点。

## 六、文化会展演艺情况

会展和演艺是北京市广播影视行业主要组成部分。以北京歌华文化发展集团为主体，以举办承办文化主题展览展示活动为龙头，搭建起了文化交流发展平台，形成了一批在国内具有重要影响的文化品牌，为推动北京文化创意产业繁荣发展、加快世界城市建设作出了应有的贡献。

重大主题展览唱响时代主旋律。北京广播电视台所属北京歌华文化发展集团全力以赴做好《一切为了人民——北京市纪念中国共产党成立90周年》大型主题展览。这个展览全方位、多视角、立体式地展示了在中国共产党领导下，北京地方党的组织建设走过的不平凡的光辉历程，展示了全市各级党组织团结带领全市人民在经济建设、政治建设、文化建设、社会建设及生态文明建设上取得的光辉成就。在为期两个月的展览期间，共接待国内外观众59万人次，为庆祝中国共产党成立90周年献上了一份厚礼。此外，还举办了中华世纪坛“百年系列之辛亥革命100周年”系列活动，受到中外观众的欢迎，取得了良好的社会效益。

重大会展活动搭建北京文化发展交流新平台。2011年，北京歌华文化发展集团成功承办了“2011年北京国际设计周暨首届北京国际设计三年展”、“首届北京国际电影季”、“2011中国乐谷·北京国际流行音乐季”等重大文化会展项目，接待国内外观众370万人次，搭建了北京文化创意产业发展和中外文化交流交易新的重要平台。4月23日至28日举办的“首届北京国际电影季”吸引了700余家中外电影机构、2000多位中外嘉宾和首都各界人士10万人次参加，签约总额达27.94亿元人民币，创下国内电影节（展）交易最高纪录。

2011北京国际设计周暨
首届北京国际设计三年展隆重开幕

9月26日至10月17日举办的“2011年北京国际设计周暨首届北京国际设计三年展”，通过展览展示、论坛讲座、产品交易、参观体验等200余项活动，吸引了25个国家的200家设计机构、1800位国际一流设计师参与，接待国内外观众350多万人次，签订设计交易意向合同1.58亿元，设计商品与设计服务直接收入2.1亿元，带动生产和消费性投入1.7亿元，成为传播展示北京精神、推动北京文化创意产业发展、打造具有国际重要影响力文化中心城市的重要活动。此外，在4月30日至5月1日，举办的“2011中国乐谷·北京国际流行音乐季”，汇集国内外17支知名乐队参加演出，接待观众4万多人，成为北京新的文化品牌。

北京歌华文化发展集团深入挖掘民族传统节日文化内涵，弘扬和传承优秀传统文化，以春节、清明、端午、中秋等传统节日为契机，继续举办好“你好！北京”新年系列文化活动、“2011北京节拍”文化广场、清明节文化先贤纪念活动、“诗意中国——第三届中秋国际原创诗会”、“第二届北京奥运城市体育文化节”全民健身广场等系列品牌文化活动，参加活动人数超过50万人次。与此同时，积极搭建中外文化交流和传播新平台，通过市场运作、合作交流和参与承办等形式，大力推进中外文化交流，成功举办了美国民谣之父鲍勃·迪伦、“老鹰乐队”等国际知名艺术家和艺术团体在中国的巡回演唱会，举办了《重返巴洛克——那不勒斯的黄金时代绘画展》，参与承办了第三届英国(伦敦)万象国际华语电影节等一批国际经典影视、绘画、雕塑展，向打造国际知名文化服务供应商迈出新步伐。

（北京市广播电影电视局史志办、
北京广播电视台办公室）

# 广播电视覆盖

2012/《北京广播影视年鉴》

——记录行业情况　服务业内和社会——

# 北京人民广播电台节目覆盖情况

北京市广电局数字音频广播无线覆盖验收会

北京人民广播电台制作的16套广播节目，分别采用无线调频广播、无线中波调幅广播、无线数字音频广播DAB、卫星广播DVB-S、有线调频广播、有线数字广播DVB-C、互联网广播的方式播出。2011年，广播节目覆盖具体情况详见下表：

| 频道名称 | 播出参数 | | | | |
|---|---|---|---|---|---|
| | 无线广播 | | | 有线广播 | |
| | 中波 | 调频 | DAB | 有线调频 | 有线DVB-C |
| 新闻广播 | 828kHz | 100.6MHz | 新闻广播 | 90.4MHz | 301 |
| 城市服务管理广播 | 1026kHz | 107.3MHz | 城管广播 | 91.9MHz | 302 |
| 故事广播 | 603kHz | | 故事广播 | 89.1MHz | 303 |
| 体育广播 | | 102.5MHz | 体育广播 | | 304 |
| 交通广播 | | 103.9MHz | 交通广播 | 95.6MHz | 305 |
| 文艺广播 | | 87.6MHz | 文艺广播 | 93.8MHz | 306 |
| 音乐广播 | | 97.4MHz | 音乐广播 | 94.6MHz | 307 |
| 外语广播 | 774kHz | | 外语广播 | 97.8MHz | 311 |
| 爱家广播 | 927kHz | | 爱家广播 | 92.7MHz | 316 |
| 古典音乐广播 | | | 古典音乐 | 98.6MHz | 308 |
| 通俗音乐广播 | | | | 97.0MHz | 309 |
| 有线教学广播 | | | | 99.4MHz | 310 |
| 长书广播 | | | 长书广播 | 104.3MHz | 312 |
| 有线戏曲曲艺广播 | | | | 105.1MHz | 313 |
| 欢乐时光广播 | | | 欢乐时光 | 106.5MHz | 314 |
| 怀旧金曲广播 | | | 怀旧金曲 | 107.5MHz | 315 |
| 新闻广播和城市服务管理广播上星播出，播出平台参数为中星6B、C波段、垂直极化、频率3951MHz、符号率9520、纠错方式3/4、PID为1、音频ID为257、左声道为新闻广播节目、右声道为城市服务管理广播节目。 | | | | | |
| 互联网用户可以登录www.rbc.cn或www.rbc.com.cn在线实时收听全部16套广播节目 | | | | | |

**一、新闻广播、城市服务管理广播的无线覆盖效果改善**

2011年，北京市广电局投入5000多万元，组织实施了“行政村公共广播信号无线覆盖工程”。针对北京市边远山区等广播覆盖盲区，在门头沟区、房山区、大兴区、平谷区、通州区、顺义区、怀柔区、昌平区、密云县、延庆县等十个区县的570个行政村，新增了“北京新闻广播”调频100.6MHz、“城市服务管理广播”调频107.3MHz两套节目的小功率补点覆盖，结束了这些行政村长期收不到调频广播的历史。

**二、数字广播DAB的覆盖效果不断提升**

针对市区高大建筑物密集区域和郊区卫星城人口聚集地等调频广播覆盖效果不好的区域，新建并开通了广播大厦、房山城关、怀柔城关、密云城关、通州新城等五个数字广播DAB发射站点。至此，数字广播DAB同频覆盖网已经拥有15个发射站点，覆盖范围和接收质量远远好于调频广播，从市区到卫星城再到远郊山区信号覆盖无缝衔接，可同时解决17套广播节目、4套多媒体节目、1039公共信息服务以及推送式数字广播服务等多媒体数据业务的同步覆盖，真正实现信号城乡一体化覆盖，成为北京地区覆盖效果最好的无线广播覆盖系统。

**三、调频广播受到干扰的情况**

1. 非法电台的干扰。2011年，曾发生数次非法电台使用与北京电台节目相邻的频点，用各种手段违法发射广播信号，对北京电台正常广播造成严重干扰的情况。这些频点包括：与体育广播调频102.5MHz相邻的102.7MHz，与交通广播调频103.9MHz相邻的104.1MHz，与文艺广播调频87.6MHz相邻的87.4MHz。为此，北京电台总工办采取多种手段对非法电台进行监测定位，并报告北京市广电局、北京市无线电管理委员会及国家广电总局协助查处取缔，消除了干扰。

2. 周边电台违规干扰。与新闻广播调频100.6MHz相邻的100.3MHz，与交通广播调频103.9MHz相邻的103.6MHz，与文艺广播调频87.6MHz相邻的87.8MHz，与音乐广播调频97.4MHz相邻的97.2MHz等频点采用违规扩展覆盖范围和加大发射信号调制度的方式提升自身覆盖效果，造成对北京电台正常播出的干扰。为此，北京电台总工办跟踪监测，及时发现，尽快上报，避免播出受到侵害。

（北京电台总工办）

# 北京电视台卫视频道落地覆盖情况

2011年，北京电视台北京卫视落地实现了在青岛市、武汉市、长沙市、湖南省网、河北省网五个省市网的外省卫视群组进入前三位的目标。维护完成71个城市落地及补点落地（含35个中心城市），提升了北京卫视在10个城市的整体到达率。2011年新增24个地级城市落地，使地级城市总数达到266个，基本实现北京卫视全面覆盖地级城市的目标。实现了北京卫视在35个中心城市以及32个一线旅游城市总计696家四星、五星级酒店的落地。完成四星、五星级酒店35个城市覆盖约70%，32城市覆盖超过85%的既定目标。

2011年，北京电视台北京卫视高清频道新增6个中心城市和20个地级城市的落地，实现了高清频道在全国33个中心城市和92个地级城市的落地。

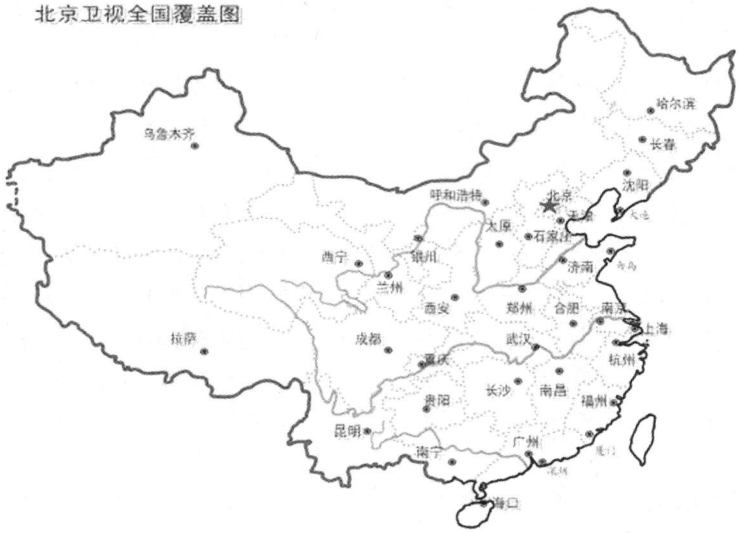


2011年北京卫视全国落地示意图

2011年，北京电视台卡酷少儿卫视新增海南省网、长春市网、哈尔滨市网、济南市网、昆明市网共五个省市网络落地，广东省网落地，实现了包括北京市在内的25个中心城市以及43个地级城市落地。

（北京电视台卫视节目中心）

# 北京歌华有线网络覆盖情况

2011年，北京歌华有线电视网络股份有限公司全力推进高清交互电视推广和三网融合试点工作，大力加强了城区和远郊区县新建、改造双向网络和其他基础设施建设的力度与进度。

2011年，城六区新开工双向网75万户，累计开工285万户。2011年，城六区完成双向网络改造35万户、远郊区县完成115万户双向网络改造，累计完成双向网建设320万户，实现了城六区和远郊中心城镇双向网络的基本覆盖。

完成管道建设1043沟公里，实现光缆入地851沟公里，累计完成光缆入地约5100沟公里。

完成光缆敷设2167公里，全市光缆总长约3.96万多公里，电缆总长24万多公里（其中电缆干线12.43万公里）。

完成五处机房购置工作；完成一个城区IDC机房、九个城区二级机房、八个远郊中心机房的基础整备扩容建设工作；完成九个城区机房和两个分公司中心机房的搬迁、扩建工作；完成40余个机房的动力环境与供配电扩容改造工作，完成17个传输机房的基础整备工作，拥有骨干传输机房40多个，汇聚层级传输机房200多个。

协助市广电局完成了2011年“村村通”工程。配合市广电局按计划开展了直播卫星“户户通”工作。

（北京歌华有线电视网络股份有限公司）

# 北京市广播电视村村通工程建设情况

北京市直播卫星公共服务工程部署会

## 一、“村村通”有线广播工作圆满完成

2011年，广播电视“村村通”工作的主要任务是在昌平、门头沟、密云、延庆4个区县7个乡镇195个村实施村村通有线广播建设。这项工作列入到市政府折子工程、新农村建设折子工程、“人文北京”行动计划折子工程、市宣传思想工作折子工程。

年初，北京市广播电影电视局组织“村村通”工作专家组、技术小组对“村村通”设备采购、技术方案等进行把关，编制招标文件。经过公开招标，4月12日、5月16日分别与设备中标商签定了设备政府采购合同，圆满地完成了设备政府采购工作。6月22日，召开了“村村通”有线广播工作第二阶段动员部署会，与相关区县签订了《2011年北京市广播电视村村通工程建设责任书》，下发了《工程进度统计表》，明确了职责任务，提出了具体要求。施工期间，组织“村村通”技术小组深入一线进行指导协调，加强安全管理，规范施工工艺，及时解决施工中的困难和问题。10月底前全部完工，11月中旬，组织了抽查验收，合格率到达100%。

## 二、高标准做好直播卫星公共服务工作

2011年9月4日，中宣部、国家广电总局在宁夏召开了《全国直播卫星公共服务试点工作经验交流会》，对在有线电视网未通达的农村地区开展直播卫星公共服务工作进行了部署。会后，北京市广播电影电视局结合全市工作实际，成立领导小组，研究制定实施方案，召开动员会，对直播卫星公共服务工作提出明确目标和要求。

一个多月的入户调查显示，全市直播卫星用户需求，涉及门头沟、怀柔、房山、平谷、密云、延庆等6个区县39个乡镇23个行政村231个自然村的4500户山区农户和国有林区场站职工。10月份，向北京市财政局申请财政资金，进行设备的公开招标采购工作。12月份，这项惠民工程基本完成，实现了广播电视由“村村通”向“户户通”的转变。

（北京市广播电影电视局传媒机构管理处）

# 北京地铁电视覆盖新情况

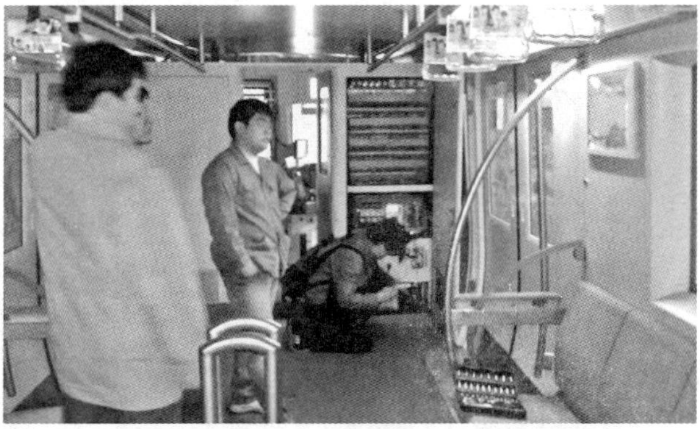

地铁电视公司员工在安装列车车载电视

2011年，北京北广传媒地铁电视有限公司继续加大地铁电视的建设力度，在原有线路1、2、13、5、10号线，八通线和奥运支线的基础上，又相继开通了亦庄线、昌平线、房山线和15号线四条线路。新增线路的列车车载电视终端数量达到3404块，站台站厅地铁电视终端数量达到4153块，因此地铁电视具有经营权的地铁线路上的列车车厢、站台站厅内的地铁电视终端屏，总量达到了1.5万块。此外，地铁电视公司还完成了八通线土桥车辆段车库场强覆盖、1号线古城车辆段车库场强补充覆盖、2号线太平湖车辆段车库场强补充覆盖 、1号线四惠至四惠东区间信号补强覆盖，这些工程让地铁电视信号的覆盖面得到了进一步的加强。

（北京北广传媒地铁电视有限公司）

# 延庆广播电视覆盖情况

延庆由于地理位置原因——八达岭山脉的阻隔，不能直接收到北京电视台发射的信号，必须靠卫星接收机接收卫星信号，或用光接收机接收延庆歌华有线分公司传送的有线信号，再通过发射机转播发射出去，老百姓才能收听收看到广播电视节目。延庆广播电视中心目前承担着转播CCTV-1、BTV-1、BTV-2、延庆-2（延庆-2节目播完后转播BTV-9的节目）等频道的转播发射任务和调频广播中央一套新闻节目、北京一套新闻节目，北京一套调频广播节目（100.6MHZ）的转播发射任务以及延庆1（综合频道）、延庆2（无线频道）、延庆3（影视频道）、延庆电台（92.8MHZ）节目的播出工作。凡未接入延庆有线的电视用户，均靠此收看广播电视节目，用户超过5万户。

现转播站发射三套电视节目：包括北京卫视24CH功率3kW；CCTV-7军事科技41CH功率1kW；延庆台30CH功率1kW。发射20套广播节目：包括中央人民广播电台第一套节目频率101.4MHz功率300W；北京人民广播电台新闻节目频率100.6MHz功率1kW；延庆广播电台节目频率98.8MHz功率1kW；DAB数字广播17套节目频率功率600W。无线转播站覆盖范围包括刘斌堡乡、四海镇、珍珠泉乡、千家店镇、旧县镇、永宁镇、大庄科乡等，约占全县面积的60%。

（延庆县广播电视中心）

# 频率频道·节目栏目

2012/《北京广播影视年鉴》

——记录行业情况　服务业内和社会——

# 频率频道介绍

## 北京人民广播电台频率一览表

| 频率名称 | 开办时间 | 播出时间 | 主要节目栏目设置 |
|---|---|---|---|
| 新闻广播<br>FM100.6<br>AM828 | 1993年<br>3月1日 | 0:00 — 24:00 | 《健康有约》、《新闻晨报》、《新闻热线》转播中央人民广播电台《新闻和报纸摘要》、《北京新闻》、《气象服务》、《新闻大视野》、《资讯早八点》、《整点快报》、《夹叙夹议》、《议政论坛》、《生态北京》、《警法在线》、《记者视线》、《话里话外》、《新闻天天谈》、《健康乐园》、《今日财经》、《大城小事》、《新闻2011》、转播中央电视台《新闻联播》、《纪实广播小说连播》、《新闻面对面》、《世界纵览》、《新闻故事》 |
| 城市服务管理广播<br>FM107.3<br>AM1026 | 2005年<br>3月1日 | 5:00 — 次日1:00 | 《健康加油站》、转播中央人民广播电台《新闻和报纸摘要》、《七点早新闻》、《市民热线》、《城市零距离》、《安全新干线》、《问城时间》、《京城帮帮团》、《沟通在线》、《茶余饭后话北京》、《老年之友》、《城市与社区》、《法制北京》、《中国财经60分》、《北京夜未眠》、《午夜文库》、《博览群星》 |
| 故事广播<br>AM603 | 2009年<br>1月1日 | 5:00 — 次日1:30 | 《健康晨曲》、《故事大全》、《知识开讲》、《阳光茶园》、《翔康健康快车》、《笑谈古今》、《纪实传奇》、《品读时分》、《读史有学问》、《长书天地》、《娱乐档案》、《人物空间》、《快读时刻》、《今晚拍案》、《故事悬谈会》、《读书俱乐部》、《夜相伴》、《评书大连播》 |

续 表

| 频率名称 | 开办时间 | 播出时间 | 主要节目栏目设置 |
| --- | --- | --- | --- |
| 体育广播 FM102.5 | 2002年1月1日 | 5:00—24:00 | 《健康绿洲》、《体育新世界-雄鸡唱晓》、《体坛那些事儿》、《完全体育手册》、《我爱广播操》、《花花体育》、《1025嘉年华》、《时尚玩家》、《体育新世界-喜鹊登枝》、《广播体操》、《百姓健康大讲堂》、《体育新闻》、《饭点儿说吃》、《体育新世界-金戈铁马》、《体坛夜话》、《星光体育》、《今夜私语时》 |
| 音乐广播 FM97.4 | 1993年1月23日 | 0:00—24:00 | 《美丽清晨》、《记忆的唱片》、转播中央人民广播电台《新闻和报纸摘要》、《先听为快》、《歌飞扬》、《边走边唱》、《全城都能点》、《永恒的魅力》、《古典也流行》、《欧美歌曲排行榜》、《午后大道东》、《全球华语歌曲排行榜》、《我的音乐生活》、《就听好歌不听话》、《中国歌曲排行榜》、《最调频》、《国家大剧院》、《男左女右》、《特别创意》 |
| 文艺广播 FM87.6 | 1994年4月1日 | 0:00—24:00 | 《午夜拍案惊奇》、《今晚我们说电影》、《天天向上》、《评书连播》、《养生之道》、转播中央人民广播电台《新闻和报纸摘要》、《空中笑林》、《早安北京》、《天下行》、《幽默集装箱》、《健康乐园》、《评书演义》、《笑语欢歌》、《快乐超级旅行》、《小说连播》、《音乐一线牵》、《新音乐风暴》、《娱乐72变》、《白话文艺》、《戏迷乐》、《开心茶馆》、《嘻哈杂货铺》、《吃喝玩乐大搜索》、《环球旅行家》、《爱星满天》、《876时尚秀》、《演艺群英会》、《说学逗唱》、《话说天下》、《广播剧场》、《武林天下》、《专题文艺》、《子夜柔情》 |

续 表

| 频率名称 | 开办时间 | 播出时间 | 主要节目栏目设置 |
|---|---|---|---|
| 交通广播 FM103.9 | 1993年12月18日 | 0:00 — 24:00 | 《谜幻时空》、《围脖私访记》、《1039环球音乐航班》、《娱乐大篷车》、《音乐旅途》、《一笑堂》、《激情岁月》、《1039新闻早报》、《交通新闻》、《警官出行提示》、《交通新闻热线》、《今日交通》、《一路畅通》、《欢乐正前方》、《汽车天下》、《警法时空》、《旅途》、《单聊那些事》、《百姓TAXI》、《长书连播》、《1039交通服务热线》、《音乐来了》、《行走天下》、《新闻直通车》、《1039都市调查组》、《蓝调北京》、《徐徐道来话北京》、《有我陪着你》 |
| 外语广播 AM774 | 2004年9月17日 | 6:00 — 24:00 | 《英语自助餐》、《留学时间》、《传承》、《传承(英文版)》、《职场有道》、《私房拷贝》、《感受北京》、《电影音乐往事》、《东京音乐广场》、《咚咚腔儿》、《环球30分》、《大家说英语》、《空中英语教室》、《英语PK台》、《张道真自学英语》、《每日一招说英语》、《城市节拍》、《名师在线》、《读书》 |
| 爱家广播 AM927 | 2009年1月18日 | 5:30 — 24:00 | 《任仁好爱范美丽》、《我和健康有个约会》、《健康喜来乐》、《快乐合家欢》、《宝贝计划》、《爱家帮你忙》、《男孩女孩》、《爱家故事连播》、《说那过去的事》、《家里家外》、《爱家静夜思》、《毛毛狗的故事口袋》 |

续 表

| 频率名称 | 开办时间 | 播出时间 | 主要节目栏目设置 |
|---|---|---|---|
| 有线<br>教学广播<br>FM99.4 | 2002年<br>1月1日 | 6:00 — 24:00 | 《现代汉语》(一)、《现代汉语》(二)、<br>《现代汉字学》、《现当代文学专题研究》、<br>《中国现当代文学名著选讲》、《古代汉语》、<br>《汉语专题2》、《比较文学概论》、<br>《美学专题》、《逻辑学》、《经济应用文写作》、<br>《外国文学》、《非言语交际》、《唐诗宋词选讲》、<br>《老年科学健身》、《老年心理》、<br>《中国古代文学》(上)、《中国古代文学》(下)、<br>《广告经营》、《中国近现代史》、<br>张道真《自学英语》(第一、二、三、四册)、<br>《每日一招说英语》(10分钟、25分钟)、<br>《空中英语教室》(初级版、中级版)、<br>《学英语话文明》、《英语300句》、<br>《日语300句》、《德语300句》、《法语300句》、<br>《俄语300句》、《法律知识讲座》、<br>《英语快行线》、《英语2008》 |
| 有线古典<br>音乐广播<br>FM98.6 | 2002年<br>5月1日 | 0:00 — 24:00 | 《钢琴世界》、《华夏神韵》、《CD博览》、<br>《POPS音乐》、《魅力演奏厅》、<br>《交响空间》、《歌舞剧场》 |
| 有线通俗<br>音乐广播<br>FM97.0 | 2002年<br>5月1日 | 0:00 — 24:00 | 《柔情主义》、《极限失真》、<br>《另类空间》、《Hot-Pop》、<br>《Rock八九十》、《老歌也疯狂》 |
| 有线长<br>书广播<br>FM104.3 | 2002年<br>5月 | 0:00 — 24:00 | 《广播剧欣赏》、《经典戏剧故事》、<br>《武林天下》、《言情小说》、《拍案惊奇》、<br>《小说连播》、《精品小说》、<br>《诺贝尔获奖小说》 |
| 有线戏曲<br>曲艺广播<br>FM105.1 | 2002年<br>5月 | 0:00 — 24:00 | 《长安大戏院》、《梨园金曲》、<br>《评剧大观园》、《戏剧空间》、<br>《电影录音剪辑》、《空中曲苑》、《地方戏》 |

续 表

| 频率名称 | 开办时间 | 播出时间 | 主要节目栏目设置 |
|---|---|---|---|
| 欢乐时光广播 FM106.5 | 2006年9月6日 | 6:00 — 24:00 | 《欢乐无限》、《纪实广播小说连播》、《幽默集装箱》、《娱乐大篷车》、《谜幻时空》、《百年笑声》、《欢乐故事》、《娱乐档案》 |
| 怀旧金曲广播 FM107.5 | 2006年9月6日 | 6:00 — 24:00 | 《经典走四方》、《旧单车老情歌》、《下一站的回味》、《金曲无终点》、《音乐在旅途》 |

## 北京电视台频道一览表

| 频道名称 | 开办时间 | 播出时间 | 主要节目栏目设置 |
|---|---|---|---|
| BTV北京卫视频道 | 1979年5月16日 | 6:00 — 次日6:00 | 《北京新闻》、《北京您早》、《特别关注》、《身边》、《养生堂》、《档案》、《天下收藏》、《北京观察》、《好人故事》、《倾听》、《大戏看北京》、《我的北京我的春晚》等 |
| BTV文艺频道 | 1988年12月30日 | 6:00 — 次日2:30 | 《每日文娱播报》、《笑动2011》、《天天影视圈》、《最佳现场》、《音乐风云榜》、《快乐今宵》、《文化快讯》、《百姓秀场》、《光荣绽放》、《影视风云路》、《有一说一》、《神州音话》、《星夜故事秀》、《你好先生》、《欢天戏地》等 |
| BTV科教频道 | 1999年12月27日（1993年11月1日教育频道） | 6:00 — 次日2:04 | 《法治进行时》、《大家说法》、《第三调解室》、《现场说法》、《健康北京》、《非常说名》、《非常接触》、《魅力科学》、《非常时空》、《非常记忆》、《非常故事汇》、《欢乐星期六》（《欢乐星期天》）、《晚晴》、《非常网络》、《科学实验室》、《非常夫妻》、《非常父母》、《非常向上》、《健康大智慧》、《警法目录》、《正在调解》、《正在破案》等 |

续 表

| 频道名称 | 开办时间 | 播出时间 | 主要节目栏目设置 |
| --- | --- | --- | --- |
| BTV影视频道 | 1992年5月4日 | 6:00 — 次日2:00 | 《BTV红星剧场》、《BTV午茶剧场》、《BTV炫剧场》、《BTV星月剧场》、《BTV黄金剧场》、《BTV英雄剧场》、《BTV都市剧场》、《BTV家和剧场》、《情景剧场》、《星光剧场》等 |
| BTV财经频道 | 2001年7月1日 | 6:00 — 次日1:40 | 《天下财经》、《首都经济报道》、《经济法眼》、《财富晚间道》、《成长在北京》、《数说北京》、《拍宝》、《天天理财》、《财经五连发》、《北京议事厅》、《超级访问》、《名人堂》、《问鼎世界》、《谁在影响我》、《财富大家谈》、《城市》等 |
| BTV体育频道 | 1986年12月30日 | 6:00 — 次日6:00 | 《体坛资讯》、《篮球风云路》、《天天体育》、《快乐健身一箩筐》、《足球100分》、《体坛荟萃》、《京彩时刻》、《BTV赛场》、《步步为赢》、《体育议起来》等 |
| BTV生活频道 | 1996年11月8日 | 6:00 — 次日2:00 | 《大城小事》、《食全食美》、《生活面对面》、《生活实验室》、《第7日》、《7日7频道》、《快乐生活一点通》、《生活广角》、《时尚装苑》、《生活大调查》、《我爱我车》、《生活无间报》、《咱爸咱妈的美好时代》、《生活+》、《健康生活》、《选择》、《魅力周末》、《超级出租车》、《你该怎么办》、《心灵密码》、《快乐周末》 |
| BTV青少频道 | 2002年1月1日 | 6:00 — 次日2:00 | 《SK状元榜》、《谁在说》、《军情解码》、《北京青年》、《书香北京》、《快乐起飞》、《动物乐园》、《最强阵容》、《探索》、《北京客》等 |

续 表

| 频道名称 | 开办时间 | 播出时间 | 主要节目栏目设置 |
|---|---|---|---|
| BTV公共新闻频道 | 2003年1月1日 | 6:00—次日2:00 | 《北京新闻》、《特别关注》、《北京您早》、《新闻热线》、《都市晚高峰》、《晚间新闻报道》、《新闻手语》、《锐观察》、《本周锐评》、《下周锐议》、《红绿灯》、《红绿灯——路况直播》、《红绿灯——平安行》、《这里是北京》、《在线e起来》、《京郊大地》、《四海漫游》、《新闻故事汇》、《消费观察》、《人才》、《都市阳光》等 |
| BTV卡酷卡酷动画卫视频道 | 2004年9月10日（原动画频道）卡酷动画卫视于2006年10月13日成立 | 6:00—次日2:00 | 《十分开心》、《闪天下》、《卡酷七色光》、《卡酷全卡通》、《漫话天下》、《宝贝星计划》、《动漫酷地带》等 |
| BTV纪实高清频道 | 2011年7月1日（2008年7月30日奥运高清频道） | 10:00—24:00 | 《经典系列》、《全景》、《口述》、《影事》、《国家大剧院》、《国产优秀纪录片》等 |
| BTV国际长城平台北京电视台国际频道 | 2004年10月1日 | 每天首播6.5小时（全天24小时轮播） | 策划并精选了多档优秀栏目，精心编排制作出国际感和时代感强，符合海外受众需求的对外报道节目，努力使北京电视台国际频道成为对外宣传北京良好形象的重要窗口。 |

## 北京北广传媒数字电视有限公司频道一览表

| 频道名称 | 开办时间 | 播出时间 | 主要节目栏目设置 |
|---|---|---|---|
| 京视剧场（有线） | 2003年9月1日 | 14:00首播12小时全天24小时轮播 | |
| 爱家购物（有线） | 2003年9月1日 | 24:00首播12小时全天24小时轮播 | 《健康桥》、《时尚轩》 |

续 表

| 频道名称 | 开办时间 | 播出时间 | 主要节目栏目设置 |
|---|---|---|---|
| 动感音乐（有线） | 2003年9月1日 | 21:00首播4小时<br>全天24小时轮播 | 《华语至尊地带》、《谁比我原创》 |
| 车迷频道（有线） | 2003年11月1日 | 21:00首播4小时<br>全天24小时轮播 | 《八卦车坛》、《风尚车都》 |
| 考试在线（有线） | 2003年11月1日 | 16:00首播8小时<br>全天24小时轮播 | 《学习法》、《高考易错题解析》 |
| 优优宝贝（有线） | 2004年1月1日 | 8:00首播6小时<br>全天24小时轮播 | 《第一宝贝》、《贝因美全球育儿资讯》 |
| 四海钓鱼（有线） | 2004年1月1日 | 21:00首播4小时<br>全天24小时轮播 | 《渔我同行》、《游钓天下》 |
| 弈坛春秋（有线） | 2005年3月18日 | 21:00首播4小时<br>全天24小时轮播 | 《美嘉围棋时间》、《尖峰对决》 |
| 环球旅游（有线） | 2005年4月8日 | 21:00首播4小时<br>全天24小时轮播 | 《魅力世界》、《环球览胜》 |
| 新娱乐（有线） | 2005年7月22日 | 17:30首播4小时<br>全天24小时轮播 | 《影视风云榜》、《音乐风云榜》 |
| 置业（有线） | 2005年7月28日 | 21:00首播4小时<br>全天24小时轮播 | 《楼市大盘点》、《完全装修手册》 |
| 戏曲广播（有线） | 2003年11月1日 | 全天 | 《梨园金曲》 |
| 爱家广播（有线） | 2003年11月1日 | 全天 | 《健康喜来乐》、《我和健康有个约会》 |
| 北京之窗主频道 | 2009年4月30日 | 全天 | “北京福彩”系列节目：<br>《福彩公益行》、《真情手递手》、<br>《彩票大擂台》、《彩讯及时通》、《彩趣》、<br>《彩票收藏》、《幸运福彩站》等<br>“生活资讯”系列节目：<br>《美食汇》、《玩乐集》、《影音速递》、<br>《演艺罗盘》、《时尚工厂》 |
| 北京之窗首都政务频道 | 2009年4月30日 | 全天 | 《政风行风》、《城市零距离》、<br>《数说北京》、《健康播报》、《百姓就业》 |
| 天气出行 | 2008年5月15日 | 全天 | 一周天气、国内城市、<br>国际城市、出行提示 |
| 美食特惠 | 2010年5月1日 | 全天 | 《美食汇》视频节目的同步图文刊播，<br>推荐热点餐厅，发布美食优惠资讯 |

续　表

| 频道名称 | 开办时间 | 播出时间 | 主要节目栏目设置 |
|---|---|---|---|
| 旅游精选 | 2010年5月1日 | 全天 | 《玩乐集》视频节目的同步图文刊播，介绍各大旅行社的优惠游玩路线和京城游玩项目 |
| 福彩开奖 | 2010年9月15日 | 全天 | 福彩公告、北京市福利彩票各个彩种开奖信息 |
| 收视指南 | 2011年2月18日 | 全天 | “北京福彩”系列节目介绍及收视提示 |

## 北京北广传媒移动电视有限公司频道一览表

| 频道名称 | 开办时间 | 播出时间 | 主要节目栏目设置 |
|---|---|---|---|
| 北广传媒移动电视 | 2004年5月28日 | 6：59—22：00 | 《整点播报》、《移动直通车》、《今天》、《每日文娱播报》、《这里是北京》、《法制进行时》、《红绿灯》、《环球财讯》、《财经快车》、《剧情推动力》、《北京空气质量播报》、《绿动北京》、《畅行北京》、《尚周刊》、《百姓就业》、《数说北京》、《96310》、《一路同行》、《悦读时间》、《移动拍客》、《国家大剧院》、《教育纵横》、《乐影磁场》、《环球影讯》、《百姓秀场》、《工会之窗》、《演艺罗盘》、《中歌榜》、《棒球周刊》、《美丽俏佳人》、《全球娱乐通》、《北播秀场》、《十分开心》 |

## 北京北广传媒城市电视有限公司频道一览表

| 频道名称 | 开办时间 | 播出时间 | 主要节目栏目设置 |
|---|---|---|---|
| 北广传媒城市电视 | 2005年8月1日 | 6：59—22：00 | 《城市播报》、《图片新闻》、《体育新闻》、《演艺罗盘》、《我的工会我的家》、《书香北京》、《城市之家》、《百姓就业》、《中歌榜》、《消防小提示》、《文明礼仪宣传片》、《廉政公益片》、《教育新闻》、《城市院线》、《环球财讯》、《96310纪事》等 |

## 北京北广传媒地铁电视有限公司频道一览表

| 频道名称 | 开办时间 | 播出时间 | 主要节目栏目设置 |
|---|---|---|---|
| 北广传媒地铁电视 | 2010年8月10日 | 5：00—23：30 | 《新闻地铁报》(一)、《新闻地铁报》(二)、《新闻地铁报》(三)、《法治进行时-地铁》、路况播报-《移动直通车》、《新闻地铁报-体育》、《美食0换乘》、《潮流现场》、《国家大剧院》、《光影随行》、《中歌榜》、《环球影讯》、《美丽俏佳人》、《超级访问》、《音乐风云榜》、《影视风云榜》、《娱乐现场》、《最佳现场》、《梦想孵化器》、《微电影》、《剧情推动力》、《小羊肖恩》、《请您欣赏》、《环球财讯》、《新华A股收评》、《生活一点通》、《十分开心》、《军情解码》 |

## 北京市朝阳区广播电视中心频率频道一览

| 频道名称 | 开办时间 | 播出时间 | 主要节目栏目设置 |
|---|---|---|---|
| BTV公共·新闻频道朝阳时段及朝阳有线801数字频道 | 2003年1月 | 首播19:30—21:00；重播次日7:30—9:00 12:30—14:00 | 《朝阳新闻》、《一周新闻综述》、《和谐在线》、《家庭赛乐赛》、《朝阳名师讲堂》、《人口视窗》、《聚焦电子城》、《地税你我他》、《迈向城市化》、《走进朝阳教育》、《郎咸平说》、《爱车空间》、《幸福2+1》、《同在蓝天下》、《陪你逛街》、《与法同行》等 |

## 北京市海淀区广播电视中心频道一览表

| 频道名称 | 开办时间 | 播出时间 | 主要节目栏目设置 |
|---|---|---|---|
| BTV公共·新闻频道海淀时段 | 2003年1月 | 首播19:30—21:00；重播次日7:30—9:00 12:30—14:00 | 《海淀新闻》、《海淀教育》、《城管视点》、《海淀1时间》、《红盾时空》、《文明新发现》、《人口与家庭》、《公共服务在身边》、《中国书画鉴赏》、《警方在线》、《青春防线》、《海检播报》、《陪你逛街》、《消费向导》、《海淀文艺》、《健康海淀》等 |

续 表

| 频道名称 | 开办时间 | 播出时间 | 主要节目栏目设置 |
|---|---|---|---|
| 数字802频道 | 2009年6月 | 6:30—24:30 | 《海淀新闻》、《海淀1时间》、《海淀教育》、《警方在线》、《健康海淀》、《文明新发现》、《中国书画鉴赏》、《青春防线》、《反腐启示录》、《法治中国》、《影视界》、《健康第一线》、《郎咸平说》、《环保前线》、《向尚看齐》、《海淀文艺》、《全民健身舞》等 |

## 北京市丰台区广播电视中心频道一览表

| 频道名称 | 开办时间 | 播出时间 | 主要节目栏目设置 |
|---|---|---|---|
| BTV公共·新闻频道丰台时段 | 2003年1月 | 首播19:30—21:00;重播次日7:30—9:00 12:30—14:00 | 《丰台新闻》、《聚焦丰台》、《人大在线》、《政协视窗》、《清风苑》、《丰台警方》、《百姓与法》、《丰台故事》、《成长的天空》、《真情零距离》、《医食同行》、《情系银龄》、《陪你逛街》等 |
| 803丰台数字频道 | 2009年11月 | 首播19:30—00:55 重播次日6:30—19:30 | 《丰台新闻》、《聚焦丰台》、《人大在线》、《政协视窗》、《清风苑》、《丰台警方》、《百姓与法》、《丰台故事》、《成长的天空》、《真情零距离》、《法治中国》、《乡村法制》、《影视剧场》、《移山》、《环保前线》、《金碟时尚》、《健康面对面》、《陪你逛街》等 |

## 北京市石景山区广播电视中心频道一览表

| 频道名称 | 开办时间 | 播出时间 | 主要节目栏目设置 |
|---|---|---|---|
| BTV公共·新闻频道石景山时段 | 2002年12月20日 | 首播19:30—21:00 重播次日7:30—9:00 12:30—14:00 | 《石景山新闻》、《记者视线》、《新闻盘点》、《生活与信息》、《走进演播室》、《艺海星光》、《教育新视线》、《法治聚焦》、《娱乐者》、《人口视窗》、《城管在身边》、《政协之窗》、《区县风采》 |

续 表

| 频道名称 | 开办时间 | 播出时间 | 主要节目栏目设置 |
|---|---|---|---|
| 804<br>石景山<br>数字频道 | 2009年<br>11月9日 | 6:00—24:00 | 《石景山新闻》、《记者视线》、《新闻盘点》、《生活与信息》、《走进演播室》、《艺海星光》、《教育新视线》、《法治聚焦》、《娱乐者》、《人口视窗》、《城管在身边》、《政协之窗》、《百姓明星》、《804影视剧场》、《环保前线》、《民间收藏》、《跟我走吧》、《前沿讲座》、《健康第一线》、《法制中国》、《金碟时尚》、《公益的力量》、《区县风采》 |

## 北京市门头沟区广播电视中心频道一览表

| 频道名称 | 开办时间 | 播出时间 | 主要节目栏目设置 |
|---|---|---|---|
| BTV<br>公共·新<br>闻频道<br>门头沟<br>时段 | 2002年<br>12月20日 | 首播<br>19:30—21:00<br>重播次日<br>7:30—9:00<br>12:30—14:00 | 《节目导视》、《门头沟新闻》、《视点关注》、《信息高速路》、《相约健康》、《电视门诊》、《京西科技》、《阳光组工》、《京西人口》、《工商在线》、《公共城管》、《永定河文化访谈录》等 |

## 北京市房山区广播电视中心频率频道一览表

| 频率频道名称 | 开办时间 | 播出时间 | 主要节目栏目设置 |
|---|---|---|---|
| 房山人民<br>广播电台<br>FM107 | 1989年<br>9月 | 6:00—24:00 | 《都市晨曲》、《音乐旅途》、《乐活乐购》、《乐活气象》、《96.9乐活书场》、《96.9资讯畅听》、《乐活丽人》、《周末慢时光》、《中华典故》、《好剧天天播》、《午休音乐坊》、《微博大家谈》、《LOHAS时间(乐活时间)》、《养生我知道》、《LOHAS Talk Show(乐活脱口秀)》、《知味男女》、《静夜思》 |
| 房山人民<br>广播电台<br>FM96.9 | 2010年<br>7月 | | |
| BTV<br>公共·新<br>闻频道<br>房山时段 | 2003年<br>1月 | 6:00—9:00<br>12:30—14:00<br>19:30—21:00 | 《房山新闻》、《早安房山》、《午后真谈》、《都市生活》、《曲苑大观》、《今古传奇》、《星火音乐放松》 |

## 北京市大兴区广播电视中心频率频道一览表

| 频率频道名称 | 开办时间 | 播出时间 | 主要节目栏目设置 |
| --- | --- | --- | --- |
| 大兴人民广播电台FM98.6 | 1995年1月 | 5:25—00:45 | 《健康与生活》、转播中央和北京电台新闻、《大兴新闻》、《娱乐大排档》、《选我喜欢》、《资讯BBS》、《播客王国》、《情感魔方》、《夜故事》、《评书》等 |
| BTV公共·新闻频道大兴时段 | 2003年1月 | 首播 19:30—21:00 重播次日 07:30—09:00 12:30—14:00 | 《大兴新闻》、《天天剧场》、《女子别动队》(含农贸快讯和天气预报)、《经典剧场》、《社会·大兴——社会关注、经济直通车、医林医道》、《互动京南——天下无双、我行我秀、开讲930、天生我才、粉丝大派送》等 |

## 北京市通州区广播电视中心频率频道一览表

| 频率频道名称 | 开办时间 | 播出时间 | 主要节目栏目设置 |
| --- | --- | --- | --- |
| 通州人民广播电台FM107.7 | 1991年12月 | 6:20—次日01:00 | 《通州新闻》、《靖楠心语》、《华彩通州》等 |
| BTV公共·新闻频道通州时段 | 1994年2月 | 首播 19:30—21:00 重播次日 7:30—9:30 12:30—14:00 | 《通州新闻》、《看通州》、《就业保障》、《红盾之光》、《运河桨声》、《民政民生》、《通州城建》、《生活》、《聚焦人口》、《古韵新绿》、《普法园地》、《健康365》、《安全》、《周末大舞台》等 |

## 北京市顺义区广播电视中心频率频道一览表

| 频率频道名称 | 开办时间 | 播出时间 | 主要节目栏目设置 |
| --- | --- | --- | --- |
| 顺义人民广播电台频率FM92.9 | 1998年1月20日 | 5:55—22:30 | 转播中央人民广播电台《新闻和报纸摘要》、《新闻60分》、《燕京书场》、《全球醉音乐》(直播)、《中国笑星》、《顺心 顺意》(直播)、《家庭教育大讲堂》、《越聊越开心》(直播)、《百年听书时间》、《纪实60分》、《西部往事》、《汽车天天会》、《悦耳聆听》、《爱生活》、《时尚生活》、《电台情歌》、《人之初》等 |

续 表

| 频率频道名称 | 开办时间 | 播出时间 | 主要节目栏目设置 |
| --- | --- | --- | --- |
| 顺义电视台一套 | 1994年9月2日 | 10:10—23:00 | 《顺义新闻》、《情动绿港》、《师说日》、《顺义时空》、《歌唱部落》、《音乐地带》、《时尚风景线》、《是非方圆》等 |
| BTV公共·新闻频道顺义时段 | 2003年1月1日 | 首播<br>19:30—21:00<br>重播次日<br>7:30—9:00<br>12:30—14:00 | 《顺义新闻》、《天气预报》、《顺义时空》、《情动绿港》、《师说日》、《歌唱部落》、《时尚风景线》、《音乐地带》等 |

## 北京市平谷区广播电视中心频率频道一览表

| 频率频道名称 | 开办时间 | 播出时间 | 主要节目栏目设置 |
| --- | --- | --- | --- |
| 平谷人民广播电台FM89.2 | 1992年3月11日 | 6:30—8:20<br>11:00—12:00<br>18:30—19:30 | 《平谷新闻》、《绿谷风采》、《老年之友》、《戏曲选粹》、《法制园地》、《相声集锦》、《岁月如歌》、《评书联播》、《健康》 |
| BTV公共·新闻频道平谷时段 | 2003年1月1日 | 首播<br>19:30—21:00<br>重播次日<br>7:30—9:00<br>12:30—14:00 | 《平谷新闻》、《气象预报》、《区县风采》、《旅游精点》、《警法在线》、《平谷卫生》、《药监长廊》、《生活周刊》、《希望田野》、《平谷医疗》、《走近医学》、《时尚消费》、《现代中医》、《视点》 |

## 北京市怀柔区广播电视中心频率频道一览表

| 频率频道名称 | 开办时间 | 播出时间 | 主要节目栏目设置 |
| --- | --- | --- | --- |
| 怀柔人民广播电台FM101.3 | 1996年11月 | 6:29—15:05<br>17:29—22:20 | 《怀柔新闻》、《行风热线》、《今日三农》、《快乐游怀柔》、《法制时刻》、《文化怀柔》、《安全在线》、《文明在身边》、《今日三农》、《新视野》、《健康有约》、《发展与改革》、《周日报道》、《成长》、《健康伴你行》、《音乐无限》、《政策导读》、《快乐60分》、《故事会》、《空中书场》等 |

续 表

| 频率频道名称 | 开办时间 | 播出时间 | 主要节目栏目设置 |
|---|---|---|---|
| BTV公共·新闻频道怀柔时段 | 2003年1月 | 首播<br>19:30—21:00<br>重播次日<br>7:30—9:00<br>12:30—14:00 | 《怀柔新闻》、《生活大观园》、《周日报道》、《法制时刻》、《文化怀柔》、《安全在线》、《文明在身边》、《今日三农》、《新视野》、《健康有约》、《发展与改革》等 |

## 北京市昌平区广播电视中心频率频道一览表

| 频率频道名称 | 开办时间 | 播出时间 | 主要节目栏目设置 |
|---|---|---|---|
| 昌平人民广播电台FM103.1 | 1987年7月 | 6:28—15:30<br>16:58—23:30 | 转播《新闻和报纸摘要》、转播《北京新闻》、《昌平新闻》、《音乐前沿》、《与法同行》、《评书开讲》、《环球旅行家》、《名家书场》、《双城情歌》、《经典小说》、《今古传奇》、《空中笑林》、《音乐风情之旅》、《咖啡时光》、《金手指乐翻天》、《现代小说》、《红色故事》、《长书剧场》、《景波说故事》、《戏曲天地》、《晚间书场》、《健康你我他》、《奥秘全接触》、《电影值班夜》、《空中笑林》、《健康罗盘》、《昌平红色档案》等 |
| BTV公共·新闻频道昌平时段 | 2003年1月 | 首播<br>19:30—21:00<br>重播次日<br>7:30—9:00<br>12:30—14:00 | 《昌平新闻》、《劳动就业信息》、《天气预报》、《真情故事》、《法制纪实》、《古今昌平》、《视角》、《农民课堂》、《相约》、《时空关注》、《百姓话题》、《周末21点》、《法治中国》等 |

## 北京市密云县广播电视中心频率频道一览表

| 频率频道名称 | 开办时间 | 播出时间 | 主要节目栏目设置 |
| --- | --- | --- | --- |
| 密云人民广播电台 FM94.1 | 1989年 | 6：30—23：30 | 转播《新闻与报纸摘要》、《密云新闻》、《教育园地》、《最佳现场》、《法制传真》、《我的社区我的家》、《今日密云》、《密云经济报道》、《三农有约》、《身在异乡》、《天气预报》、《生活百叶窗》、《平安伴你行》、《空中俱乐部》、《经典相约50分》、《小说与评书联播》、《天下故事会》、《我爱国粹》、《每周一歌》等 |
| BTV 公共·新闻频道 密云时段 | 2003年1月 | 首播 19:30—21:00；重播次日 7:30—9:00 12:30—14:00 | 《密云新闻》、《事事关心》、《经济一刻钟》、《檀州大舞台》 |

## 北京市延庆县广播电视中心频率频道一览表

| 频率频道名称 | 开办时间 | 播出时间 | 主要节目栏目设置 |
| --- | --- | --- | --- |
| 延庆人民广播电台 FM92.8 | 1997年1月1日 | 6:29—22:10 | 转播中央人民广播电台新闻和报纸摘要节目、转播北京人民广播电台《北京新闻》、《延庆新闻》、《生活导航》、《今日农村》、《快乐调频928》、《经典回顾》、《小说连续广播》、《广播书场》、《百佳书场》、《名家讲坛》、《工商进万家》、《检察在线》 |
| BTV 公共·新闻频道 延庆时段 | 1994年7月1日 | 19:30—23:30 | 《延庆新闻》、《生活全方位》、《一周新闻综述》、《一路平安》、《绿色家园》、《妫川说法》、《法庭内外》、《金盾之光》、《延庆教育》、《卫生新视野》、《检察视点》、《妫川故事》、《天气资讯》、《七彩连万家》、《快乐宝贝》 |

# 2011年北京市广播电视优秀节目栏目介绍

## 北京人民广播电台

### 年度热播节目栏目

《一路畅通》直播服务类栏目。2000年1月1日开办。北京电台交通广播周一至周日7：30—9：30、17：00—19：00播出，时长120分钟。该栏目是一档集路况信息、新闻资讯、出行提示、话题交流为一体的大型互动直播节目，是交通广播的标志性栏目。节目通过大密度播报路况信息、新闻资讯以及邀请听众通过短信平台参与主题讨论，达到协助交管部门疏导交通、服务听众的目的。该栏目2003年荣获中国广播电视新闻奖“十佳”公共栏目奖，2009年荣获“新中国60年有影响的60个广播栏目”，连续四届被评为北京电台“听众喜爱的名牌栏目”，连续十年荣获北京电台名牌栏目称号。

《一路畅通》栏目组

### 年度优秀节目栏目

《稀土为何卖了“白菜价”》新闻访谈节目。北京电台新闻广播2010年10月20日播出，节目时长25分钟。中国稀土资源长期处于乱开采、贱价卖的困局，供应商互相杀价，让国外收购方得以用“白菜价”购买。2010年开始，中国对稀土限制“配额”，马上一些西方国家指责“中国封锁稀土出口”。该节目邀请稀土问题研究专家用事实说话，驳斥了西方的无理指责。节目荣获“第二十一届中国新闻奖访谈类二等奖”。

《稀土为何卖了“白菜价”》作者方达

《北京最帅交警孟昆玉》新闻专题节目。北京电台交通广播2009年10月2日播出，节目时长15分钟。北京交警孟昆玉在工作中，摸索出别具特色的“孟昆玉交通疏导法”，用“换位”思考的人性化执法方式，让违法司机心服口服。记者通过长达两个月的跟踪采访，悉心捕捉到交警孟昆玉工作、生活的各种细节，展现了新一代年轻人的精神风貌。节目事例鲜活，逻辑清晰，叙事平易。获得“2009—2010年度中国广播影视大奖”，“第十九届北京新闻奖一等奖”。

《北京最帅交警孟昆玉》作者程艳、顾一菲

《资讯早八点》新闻资讯栏目。2006年1月2日开办。北京电台新闻广播每天8：00播出，时长60分钟。该栏目是北京新闻广播重点打造的一档早间新闻资讯节目。本着以实用信息为主，同时又超越了城市生活“柴米油盐”的微观实用信息的原则，囊括政策走向、消费、财经和文化娱乐资讯等实用信息。该栏目获得2007年、2009年北京广播影视大奖优秀栏目；第十九届北京新闻奖新闻栏目一等奖；2008年至2010年北京电台名牌栏目；第四届北京电台“听众喜爱的名牌栏目”；2011年中国广播影视大奖新闻名专栏。

《资讯早八点》栏目组

《英雄儿女》音乐专题节目。北京电台音乐广播2010年11月27日播出，节目时长27分20秒。该节目以作者父母的亲身经历为创作背景，通过第一人称的创作手法，将音乐和故事两条主线完美融合，表现了中国人民志愿军的勇士们在抗美援朝战争中所表现出的气壮山河的英雄主义气概。节目内容真实，细节感人，音乐大气动情，是一期感人至深的专题音乐节目。获得2009—2010年度中国广播影视大奖广播音乐节目大奖。

《英雄儿女》作者赵爽采访当年参加
抗美援朝老战士

《画虫儿》长篇故事连播节目。北京电台故事广播2009年11月22日至12月29日每天13:30–14:00播出，节目时长25分钟/集，编辑张璐。本书是著名京味儿作家刘一达历时五年，深入书画收藏界，潜心创作的有关书画行家“画虫儿”的长篇力作。人物栩栩如生，语言风趣老到，京味儿实足，底蕴丰厚，堪称当代京味儿经典。节目播出后收听率和市场分额大幅提升，听众好评不断。该节目获得2009—2010年度中国广播影视大奖广播电视节目奖。

《画虫儿》演播者梁言

《传奇拧老太》广播剧节目。北京电台文艺广播2008年12月播出，节目时长25

分钟（共4集）。该剧讲述了北京平谷县一个只有小学二年级文化水平的农村妇女张书英，在改革开放刚刚起步时，抓住机遇、办厂创业、克服重重困难，最终成了身家过亿的著名农民企业家的故事。节目获得第十一届“五个一工程奖”；2009—2010年度中国广播影视大奖广播电视节目奖。

《传奇拧老太》作者邵军、沈弘

《外省市声势浩大北京组团招聘，留京不再是毕业生的绝对选择》长消息。北京电台新闻广播2010年11月24日播出，节目时长3分50秒。该节目通过记者的眼光发现，外省市异军突起，以组团招聘的方式成为招聘会黑马，北京和中央的企事业单位不再是校园招聘的绝对主角，这种现象背后凸显出毕业生就业观念的日趋理性。节目获得2010年度北京新闻奖一等奖、2010年度北京市优秀广播电视节目消息一等奖。

《外省市声势浩大北京组团招聘，留京不再是毕业生的绝对选择》作者章萍

《莫让垄断形成腐败黑洞》评论节目。北京电台交通广播2010年7月24日播出。节目时长7分钟38秒。该节目以2009年年底起到2010年上半年，中国民航界掀起“反腐风暴”为背景，通过记者对民航业内专家的采访，从航线、航班时刻、机场建设、飞机引进等多方面层层展开，用夹叙夹议的方式揭开了不为人知的民航灰色内幕，揭示民航腐败案频发的根本原因。获得2009—2010年度中国广播影视大奖提名奖、2010年度北京新闻奖一等奖、2010年度北京市优秀广播电视节目评论一等奖。

《莫让垄断形成腐败黑洞》作者王敏

《追星逐月——对话航天大师孙家栋》社教类公众性节目。北京电台交通广播2010年4月24日—25日、5月1日播出，节目时长20分钟（共3集）。节目通过对“中国卫星之父”、2009年度国家最高科学技术大奖获得者孙家栋院士的采访，从我国航天事业的艰难起步谈起，围绕“东方红一号”的研制发射这一主线及我国航天进步的几个关键事件，再现了许多鲜为人知的历史片段，展示出新中国航天事业的艰难、壮阔和辉煌，表现了中国航天人的动人风采。获得2010年度北京新闻奖一等奖、2010年度北京市优秀广播电视节目新闻访谈一等奖、北京市第五届优秀科普作品最佳奖。

作者牛力、王世岭与孙家栋

《有你真好》社教类对象性节目。北京电台故事广播2010年2月23日播出，节目时长15分钟。节目通过记述年过六旬的左凯莉老人，十二年来对患有低分化细胞癌的丈夫的悉心照顾与鼓励，最后病危的丈夫身体慢慢好转甚至可以出门买菜的故事，展现了当代老年人顽强乐观的精神面貌，引起广大听众特别是老年朋友的强烈共鸣，突出了和谐家庭、和谐社会的主题。节目获得2010年度北京新闻奖新闻专题二等奖、2010年度北京市优秀广播电视节目广播社教一等奖。

《有你真好》作者于晓丹

《大地妈妈易解放》社教类公众性节目。北京电台故事广播2010年12月27日播出，节目时长21分钟。节目通过和科尔沁草原植树英雄易解放的对话，将她这些年的艰难心路历程一一呈现，道出这位被称为“大地妈妈”的女性背后的动人故事。节目主题明确、构思精巧、感人至深。节目获得2009—2010年度中国广播影视大奖提名奖、2010年度北京新闻奖新闻专题二等奖、2010年度北京市优秀广播电视节目广播社教一等奖。

《大地妈妈易解放》作者刘慧

《畅行新北京》现场直播节目。北京电台新闻广播2010年12月30日播出，节目时长120分钟。2010年12月30日，北京地铁房山线、大兴线、亦庄线、昌平线一期、十五号线一期五条郊区线集中开通，蒲黄榆路、阜石路二期和温榆河大道也同时开通。节目安排近二十位记者奔赴各个开通点报道这次北京交通史上前所未有的盛况，从不同角度关注了“地铁贯通背后的故事”，讲述了五个关于地铁新线的故事，向听众展示了在人们体验地铁便捷的背后有许多人的付出。节目获得2009—2010年度中国广播影视大奖优秀广播节目提名奖、2010年度北京市优秀广播电视节目广播社教一等奖。

《畅行新北京》主持人

《中加走过四十年》现场直播节目。北京电台外语广播、加拿大国际广播电台2010年10月13日—14日播出，节目时长60分钟（共2集）。2010年10月13日是中国与加拿大建交四十周年纪念日，北京电台与加拿大国际广播电台互派采访直播小组，历时七个月，推出了特别直播《中加走过四十年》。节目音响丰富、采访内容极具分量。节目在中国和加拿大通过广播和网络进行同步直播，特别是在加方反响巨大，反馈良好。节目获得2010年度北京市优秀广播电视节目广播境外播出类一等奖。

《中加走过四十年》创作集体

《新闻2010》新闻综合栏目。1996年开办，北京电台新闻广播周一到周日17：00—19：00播出，节目时长120分钟。该节目是北京新闻广播傍晚时段一档重要的新闻综合板块节目，分为国内、国际、北京三大部分。内设《夹叙夹议》、《时事对白》、《环球在线》等特色小栏目。《新闻2010》在始终坚持既有新闻理念的同时，逐渐强化了大信息量与重点报道相结合的原则，有点有面，增强了节目的贴近性。该栏目获得2002年获第三届中国新闻名专栏、1996年度全国城市广播新闻奖板块节目类二等奖、2010年度北京市优秀广播电视节目广播优秀栏目奖，多次被评为北京电台名牌栏目。

《新闻2010》栏目组

《市民热线》新闻服务类栏目。2005年3月开办，北京电台城市服务管理广播7：30播出早间录播版，16：00播出下午直播版。早间录播版时长30分钟，下午直播版时长60分钟。早间录播版《市民热线》概括为“声音、反馈、信息”，以“倾听听众的声音”为主，多播出听众反映的问题、记者电话追踪还有委办局做出的回应和反馈意见。下午直播版《市民热线》概括为“沟通、调查、互动”，以主持人和听众连线为主，同时播出“三方连线”。突出贴近性、服务性、生活意味。栏目获得2010年度北京市优秀广播电视节目优秀广播栏目奖、连续四年被评为北京电台名牌栏目。

《市民热线》栏目组

《今晚拍案》专题性纪实法制类栏目。2004年开办，北京电台故事广播周一至周日20：00—21：00播出，节目时长60分钟。栏目通过记者采编、访谈方式讲述真实案例，或以情景剧、广播剧形式表现案例故事。在保证导向正确的前提下，突出及时性、生动性和现场感。节目致力于探索故事性、新闻性、服务性相结合的道路，将法律知识的普及和法律意识的提高，有机地融入法律故事当中。栏目获得2010年度北京市优秀广播电视节目优秀广播栏目奖、2006年—2011年六次荣获北京电台名牌栏目评选“优秀栏目奖”，第二届、第三届“听众喜爱的名牌栏目”优秀栏目奖。

《今晚拍案》主持人崔李雷和嘉宾

《任仁好爱范美丽》迷你音乐生活剧。2009年4月开办，北京电台爱家广播全天逢半点滚动播出11次，节目时长1分钟。栏目从“家庭频率”定位出发，以原创的家庭趣事为内容，带给热爱生活的人们用幽默解决家庭问题的智慧。节目中文名《任仁好爱范美丽》与英文名《Everyone loves family》相辅相成，“任仁好”即Everyone；“范美丽”即Family（家庭），寓意人人好爱家。开播以来播出逾3000集，取得了良好的社会反响。栏目获得2010年度北京广播影视奖优秀栏目奖，中国广播电视协会 “广播娱乐节目”二等奖。

《任仁好爱范美丽》节目组

《广播之友》社教类栏目。1993年3月开办，在北京电台九个专业广播播出，播出时间新闻广播周六15：00，交通广播周六16：30，文艺广播周六19：00，爱家广播周六22：30，外语广播周日7：30，体育广播周日0：30，城市服务管理广播周日20：30，音乐广播周日4：00，故事广播周日1：00，节目时长23分钟。该栏目以“听众参与广播的园地，电台联系听众的纽带，听众和广播人沟通心灵的桥梁”为宗旨，在为树立北京电台形象、宣传北京电台优秀节目、引导听众收听、沟通与听众的联系等方面都发挥了积极的作用。2001年至2011年连续十一年在北京电台“名牌栏目”评选中荣获优秀奖；连续三次获得“听众喜爱的优秀栏目”称号；2010年获得“北京市优秀广播电视节目广播栏目”称号。

《广播之友》主持人 周晶

《求求你，表扬我》新闻访谈节目。北京电台新闻广播2010年8月3日播出，节目时长40分钟。西湖边57岁的何大妈晨练时因突然生病栽进荷花池中，82岁的孙老伯发现后和另一位伙伴救起何大妈。当何大妈及女儿去感谢孙老伯时，老伯说希望媒体宣传表扬一下。孙老伯要求表扬的举动应该引起我们对现在社会现象的哪些思考？节目对“做好事应该表扬”和“做好事为了表扬”两种现象从时代发展上作了分析。节目获得2010年度北京市优秀广播电视节目节目广播播音主持类一等奖。

主持作品《求求你，表扬我》主持人孙杨

《不能消失的历史——记北京台湾会馆重张》录音访谈节目。北京电台外语广播、澳洲广播电台、加拿大中文台（温哥华）、美国洛杉矶1300电台、美国纽约中国广播网、澳大利亚悉尼2A C中文电台、澳大利亚澳华之声(布里斯班)、新西兰华人之声广播电台（奥克兰）2010年6月播出，节目时长13分钟。

《不能消失的历史——记北京台湾会馆重张》节目作者

2010年“海峡两岸经济合作框架协议”签署后，台湾与祖国大陆之间的经贸文化往来更加紧密地联系在了一起。在这一大历史背景下，国庆节前夕，位于北京前门地区的台湾会馆正式对中外游客开放了，以会馆为中心的“台湾映像商务区”也开始对外招商。该节目在会馆正式开放的第一时间，通过多方采访，以大量生动的音响素材深入地介绍了会馆新貌、历史沿革以及有识之士对会馆的坚守。这是台湾会馆2010年重新开张后，北京媒体对这一京台历史联系见证物的最早的详细报道，在两岸关系新的发展形势下，这一题材具有特殊意义。节目获得2009—2010年度中国广播影视大奖提名奖，2010年度北京广播影视奖境外播出类二等奖。

《北国之春》新民乐节目。北京电台音乐广播2009年8月7日播出，节目时长4分07秒。器乐曲《北国之春》改编自一首日本民间歌曲，这是一首表现思念家乡的歌曲，抒发为了求学或谋生而离开北方农村的年轻人思乡的情怀。乐曲使用了中国的传统乐器，包括琵琶、中阮、古筝、二胡、扬琴、竹笛，衬以电子音乐，加以现代编曲手法，非常具有时代感。节目获得国家广播电影电视总局广播节目技术质量奖（金鹿奖）、音乐类录音技术质量奖三等奖、2010年度北京市优秀广播电视节目广播节目技术质量奖一等奖。

《北国之春》录制者曹漫

《早安北京》环绕声片花。北京电台文艺广播2010年1月19日播出，节目时长1分42秒。本作品是北京文艺广播每天早8:00播出的《早安北京》节目常用片花，该节目以当天的文化、新闻、趣事和北京近期的演艺近况为主要内容，片花在节目中起到了穿针引线的作用。该片花是在原立体声节目基础上改编成5.1环绕声，采用了国际上先进的设备和制作手段录制完成。获得国家广播电影电视总局广播节目技术质量奖（金鹿奖）、音乐类录音技术质量奖三等奖，2010年度北京市优秀广播电视节目广播节目技术质量奖一等奖。

《早安北京》录制者曹漫、贺西平

《关爱家人》环绕声宣传广告。北京电台城市服务管理广播2010年5月15日播出，节目时长1分52秒。该广告利用DTS环绕声制作方式。在广告的前半部分通过写实性与写意性音响的结合、声像移动变化与人声旁白，设计表达的主题为人生瞬间、所到地点、内心牵挂；后半部分内容则更多地尝试了五声部人声演唱与全部分轨乐器的环绕声音乐制作，并配合旁白表达关爱亲情的主题思想。获得北京市优秀广播电视节目广播节目技术质量一等奖。

《关爱人家》录制者 傅博

《交通新闻》交通专业性新闻栏目。1993年12月18日开办，北京电台交通广播7:05—7:15播出，节目时长10分钟。《交通新闻》坚持及时准确、客观公正、专业实用、贴近生活的报道原则。在实践中，追求三个“第一”：第一时间报道和追踪交通领域的突发事件，第一时间发布和解读交通领域的重大政策法规，第一时间发现和解剖交通生活中的热点难点等民生问题。在报道方式上，贯彻“三贴近”原则，无论是弘扬交通成就、讲述先进人物，还是解读交通法规、解剖热点难点，都尝试用平民化的视角去观察，去体验，去发现，去述评。该栏目获得第十七届中国新闻奖广播类节目编排一等奖，2007年被评为北京广播电视优秀栏目和北京新闻优秀栏目，连续多年荣获北京电台名牌栏目称号。

《交通新闻》栏目集体

《中国财经60分》新闻类栏目。2002年1月1日开办，北京电台城市服务管理广播周一至周五18:00－19:00播出，节目时长60分钟。该栏目是北京电台唯一一档财经新闻栏目，由北京电台城市服务管理广播和上海第一财经频率等25家电台联合采编制作，是第一个内地省级广播电台向香港地区常年提供财经新闻的栏目，截至2011年已播出12年，在全国有着广泛的听众。栏目2003年获得中国经济广播名栏目，2007年获得“中国原创广播电视栏目40佳”称号，连续多次被评为北京电台名牌栏目。

《中国财经60分》栏目组

《故事恳谈会》故事访谈类栏目。2010年开办，北京电台故事广播周一至周日21：00—22：00播出，节目时长60分钟。节目旨在还原故事的真实场景，聆听当事人的倾情讲述。通过直播访谈等形式，邀请事件亲历者做客直播间，讲述事件发生的过程。栏目获得2010年北京广播影视奖一等奖、北京新闻奖二等奖、2011年度北京电台名牌栏目。

《故事恳谈会》栏目组

《激情赛场》体育赛事现场直播栏目。2002年开办，北京电台体育广播播出，播出时间和节目时长随比赛时间而定。该栏目是北京体育广播最具特色的拳头栏目之一，通过解说员在赛事现场或直播间对体育比赛过程的形象描述，使听众能够在第一时间全程了解比赛进展情况和比赛结果。该栏目获得2008、2010年度北京电台优秀栏目和2011年度北京电台名牌栏目称号。

《激情赛场》解说员和特约嘉宾

《全球华语歌曲排行榜》音乐专题栏目。2001年9月28日开办，北京电台音乐广播每周六15：00－17：00播出，节目时长120分钟。该栏目是在全球华语歌坛驰骋十二年的著名品牌，它不仅全方位地呈现了华语乐坛的最新态势，同时对影响华语歌坛的人物、事件以及华语歌坛的流行趋势进行深度访谈和解读。该栏目连续四届被评为“听众喜爱的优秀栏目”，连续多年被评为北京电台优秀栏目。

《全球华语歌曲榜》栏目组

（北京电台）

# 北京电视台

## 年度热播节目栏目

《身边》专题服务类栏目。2004年4月5日开办。北京卫视（BTV-1）每周一至周五8:36播出，时长50分钟。

该栏目关注北京民生，关心百姓生活，节目风格生动活泼。从2011年开始，《身边》改版为大型演播室访谈类节目，现场邀请政府官员、权威专家、热点人物、草根达人、影视明星等，为观众提供政策解读、养生新知、事件剖析等最新信息。观众想要知道的、想要了解的大事小情，尽可以在《身边》获得。节目提供了最实用的生活小妙招，最独家的专家权威发布，最具亮点的民间智慧。栏目2011年平均收视率为1.95%。

## 年度优秀节目栏目

《北京新闻》新闻资讯类栏目。1979年5月16日开办。北京卫视、北京电视台BTV公共·新闻频道周一至周日18:30首播，时长30分钟。

“权威发布政策资讯，悉心关怀百姓冷暖”——该栏目作为北京市改革开放、经济发展、社会进步的重要窗口，资讯全面，报道及时，信息量丰富，报道角度新颖。强化主打新闻概念、运用新闻背景、组合报道等方式，不断扩大报道范围，丰富报道内容，改进时政新闻报道，精简一般会议新闻，加大资讯新闻报道量。每天报道融合消息、现场报道、新闻特写、本台短评等多种报道模式。2011年平均收视率为6.32%，是北京电视台收视率最高的新闻节目。

《大家说法》专题服务类栏目。2008年1月1日开办。北京电视台BTV科教频道周一至周日12:20播出，时长20分钟。

该栏目是一档法治新闻专题栏目，对北京地区发生的重大法制事件进行深度调查报道，旨在对法治事件进行深度刨析和提出警示，是对《法治进行时》报道内容的补充。该栏目用纪实的手法跟踪当事人亲历法治事件的过程，把观众带进当事人最生活化的状态当中，从而达到栏目普法、守法、用法和参与法律构建的目的。《大家说法》2011年平均收视率为6.31%。

《治安播报》专题服务类栏目。2004年8月开播，北京电视台BTV科教每周日12:00播出，时长20分钟。该栏目为《法治进行时》的周末版节目，以《法治进行时》日播的内容为基础，并针对日播节目播出后观众的反馈意见，在原有内容基础上加以精编，增强了系统性和针对性，以密集的信息点满足了观众的更多需求。该栏目2011年全年平均收视率为6.02%。

《法治进行时》专题服务类栏目。1999年12月27日开办。北京电视台BTV科教频道周一至周六12:00首播，时长20分钟。

该栏目致力于民生新闻的报道，关注百姓身边的法律故事，以独特的新闻视角和第一时间的现场报道真实记录鲜活的案例，帮助广大观众学法、守法、用法。节目时效性强、故事性强、现场感强、服务性强。该栏目2011年平均收视率为5.69%。

《第三调解室》专题服务类栏目。北京电视台BTV科教频道周一至周日12:45首播，时长20分钟。

该栏目以人民调解工作为宣传核心，让普通百姓和基层调解员、法官走进演播室，再邀请律师、评论员、心理专家，调动各方力量化解矛盾，解决冲突，签订调解协议，从而体现出构建和谐社会、弘扬人性道德的重要意义，更说明宣传人民调解工作的重要价值。该栏目2011年平均收视率为3.28%。

《特别关注》新闻资讯类栏目。2000年11月16日开办。北京电视台BTV北京卫视周一至周日12:30首播，时长28分钟。

该栏目定位于民生新闻的新闻栏目。始终坚持“关注社会发展、贴近百姓生活”的栏目宗旨。力求用特快的速度、特别的视角、特色的手段，报道百姓关心的事、身边的事、困难的事、烦心的事。真实客观地诠释新闻事件，理性细致地关注百姓生活。倾听百姓心声、反映社会热点，为百姓排忧解难，为政府搭建桥梁。该栏目2011年平均收视率为3.11%。

《选择》娱乐生活专题类节目。北京卫视BTV生活频道周一至周六21:52首播，时长30分钟。

该栏目是一档带有娱乐元素的大型演播室节目，展现不同人群去选择或者被选择的过程，带给观众人生的启迪。该栏目2011年平均收视率为2.45%。

《非常夫妻》生活专题类栏目。2000年4月开播，原名《夫妻剧场》，2009年1月1日更名为《非常夫妻》。北京电视台BTV科教频道每周四20:00首播，时长50分钟。

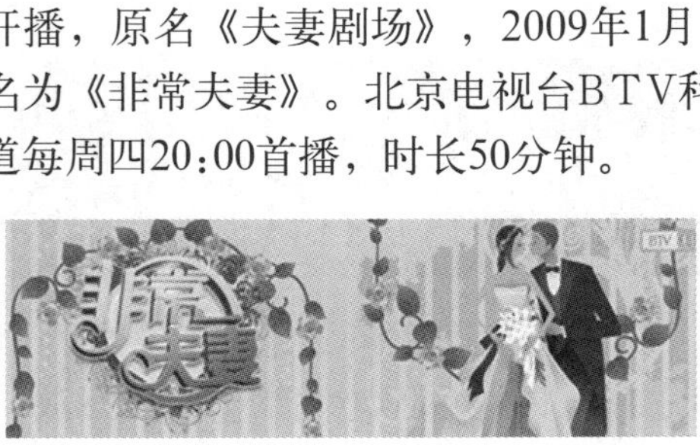

该栏目是一档以主持人与嘉宾夫妇的谈话为载体的大型谈话节目，栏目遵循轻松地探讨严肃话题，真诚地讲述真实故事的原则，在尊重嘉宾的前提下，讲述嘉宾自己的情感故事、共同探讨普遍存在的涉及恋爱、婚姻、家庭、情感方面的社会话题。该栏目2011年平均收视率为2.40%。

《养生堂》专题服务类栏目。2009年1月1日开办。北京电视台北京卫视周一至周日17:39首播，时长46分钟。

该栏目以传播养生之道，传授养生之术为宗旨，以演播室访谈加专题片为形式，请专家介绍科学的中医养生知识。栏目秉承传统医学理论，根据中国传统养生学“天人合一”的指导思想，系统地介绍中国传统养生文化，有针对性地介绍实用的养生方法，以弘扬中医文化、普及观众中医养生知识和防病治病知识。该栏目2011年全年平均收视率为2.39%。

《现场说法》法治专题类节目。2005年1月7日开播，北京电视台BTV科教频道周一至周日11:30播出，时长25分钟。

《现场说法》是一档法制题材的栏目剧，题材取材于真实发生的事件，经过艺术加工，提炼法律含量，由演员扮演剧中人物拍摄而成。以栏目短剧形式进行现场还原，讲述法律故事。该栏目2011年全年平均收视率为2.38%。

《谁在说》生活专题类栏目。北京电视台BTV青少频道周一至周日19:30首播，时长50分钟。

该栏目是国内第一档对青年关注的社会热点话题进行故事展示和电视辩论的节目，结合了故事体和论战体两种节目形态，内容选材以“新锐”、“贴近”、“冲突”、“好看”为基本原则，设置环环相扣的论战环节，风格特征鲜明，充满新鲜气息。在受众上，以青年人为中心，以其相关人群为轴线，拉动社会各阶层对青年生活状态的关注。该栏目2011年平均收视率为2.38%。

《生活面对面》生活服务类栏目。2002年1月开播，北京电视台BTV生活频道周一至周六18:57首播，时长28分钟。

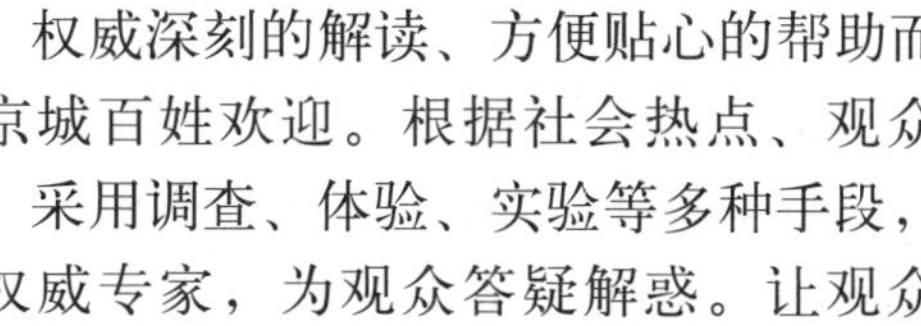

栏目贴近北京都市生活，服务北京大众民生。以清新质朴的风格、新鲜实用的信息、权威深刻的解读、方便贴心的帮助而受到京城百姓欢迎。根据社会热点、观众焦点，采用调查、体验、实验等多种手段，采访权威专家，为观众答疑解惑。让观众在“点滴之间体会生活，便利之间感受关怀”的同时，也得到精神上的抚慰和时尚生活的引领。该栏目2011年平均收视率为2.25%。

《非常说名》专题栏目。2004年1月开播，北京电视台BTV科教频道每周二20:00首播，时长50分钟。

“名人讲述名人的故事”是栏目的内容核心，邀请知名人士讲述他们和文化名人的故事，包括已故的和在世的，披露他们鲜为人知的趣闻轶事、爱恨情仇，探讨他们的成就与贡献，成功与失败。该栏目以浓厚的人文色彩和人情关怀为特色，突出怀旧色彩。栏目2011年平均收视率为2.19%。

《生活实验室》生活服务类栏目。2007年7月开播，北京电视台BTV生活频道周日19:00首播，时长30分钟。

该栏目内容涵盖大量日常的生活科普知识，主要以生活现象和物品实验为主，揭示与人们生活、健康、安全等相关的现象原理，从而得出正确结论，纠正人们的错误观念和认识。该栏目2011年平均收视率为2.17%。

《生活广角》情感类谈话栏目，2004年8月3日开播，北京电视台BTV生活频道周一至周五 22:24首播，时长30分钟。

该栏目以讲述百姓生活故事、生活遭遇、生活感受为主要内容，以外景采访和演播室讲述为主要表现方式，以现场观察员调解为主要渠道，从而反映人间真、善、美，化解矛盾并引发思考。该栏目2011年平均收视率为2.10%。

《非常接触》文化专题类栏目。2004年1月开播，北京电视台BTV科教频道每周三20:00首播，时长50分钟。

栏目以现场访谈方式，为嘉宾策划一本书为主要形式，讲述嘉宾的人生励志故事，展示嘉宾丰富多彩的人生经历，体现嘉宾与众不同的个性魅力。栏目现场为嘉宾出的这本书的内容包括：书名、封面、简介、序、目录、附录等内容，把嘉宾的人生经历在书中的各个环节里呈现出来，讲述嘉宾人生奋斗的励志故事。栏目2011年平均收视率为2.09%。

《快乐周末》生活服务类栏目。2004年5月3日开播，北京电视台BTV生活频道周日20:00首播，时长50分钟。

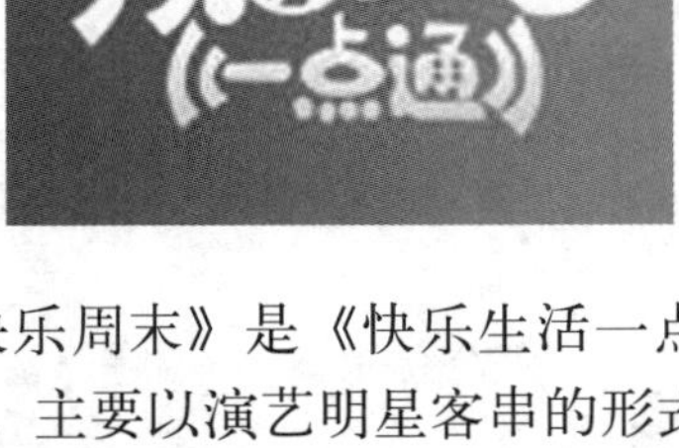


《快乐周末》是《快乐生活一点通》的周末版，主要以演艺明星客串的形式将《快乐生活一点通》播出一周所受欢迎的小窍门串连起来，内容精彩。该栏目面向广大市民，以实用的生活技巧为主要内容，以贴近生活、服务百姓为原则，通过快乐家庭向观众介绍生活中实用、科学、有趣味的小发

明、小窍门，倡导节约生活理念为宗旨的生活服务类节目。栏目2011年平均收视率为2.01%。

《大城小事》生活专题类栏目。2007年1月4日开播，北京电视台BTV生活频道周一至周六21:19首播，时长30分钟。

该栏目的最大特色是真实、感人、亲民、自然。面向京城百姓，捕捉日常生活中最真实、最感人的故事并将其进行艺术加工，着力描绘人性中的真、善、美，弘扬正义、诚信、友爱等精神追求和道德风尚，充分展现充满活力的北京人的精神风貌。栏目大量起用非专业演员参与演出，给普通百姓搭建最强势的表演平台，充分释放“民星”的才华，激发“民星”的潜力，真正做到“老百姓的故事老百姓演”。栏目2011年平均收视率为1.99%。

《非常网络》专题栏目。2009年1月开播，北京电视台BTV科教频道周一20:00首播，时长50分钟。

该栏目是一档以演播室为主、彰显网络文化的大型谈话周播节目，旨在讲述人们与网络之间发生的故事，展现网络文化，传达网络情感，表达积极快乐的网络生活，邀请的嘉宾都是国内各个领域重量级的明星和专家。栏目紧跟热点人物、热点事件，视角独特，观点犀利，集轻松娱乐与深度访谈于一体。栏目2011年平均收视率为1.97%。

（北京电视台）

## 北京北广传媒移动电视有限公司

《整点播报》新闻资讯类栏目。2005年8月15日开办，2009年7月改版。北广传媒移动电视周一至周日整点播出，每天4档，日播13次，时长5分钟。

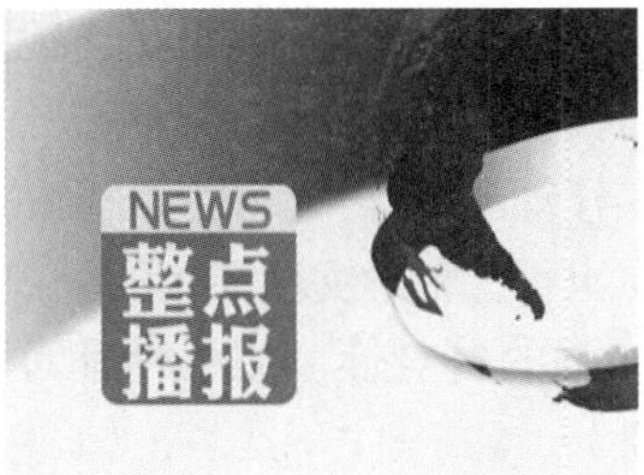


该栏目是一档集时政、民生、生活、娱乐、趣闻、自制新闻于一身的综合类资讯节目，为移动电视力推的自制节目之一。栏目快速、全面地充分利用北京各大媒体新闻资源，从服务的视点出发，为移动人群快速准确地提供最新的新闻报道和实用的服务信息，受到出行乘客的关注和好评。

《移动直通车》——路况直播资讯服务类栏目。2009年7月6日开播。北广传媒移动电视周一至周五播出，时长3分钟。

《绿动北京》专题栏目。2011年9月1日开办，北广传媒移动电视周一至周五播出，时长5分钟。该栏目内容以环保新闻、专题、科普宣传片和北京市重点地区空气质量情况为主，旨在进一步加大环境保护宣传力度，传递环境信息，增强公众环保意识，促进公众参与。

《畅行北京》交通专题类节目。2011年3月15日开办，北广传媒移动电视周一至周日播出，时长5分钟。

该栏目是与北京市公安局交通管理局、北京市交通委等部门的合作节目，充分发挥了电视信息发布的直观性，针对城市交通的参与者，建立全新的交通信息发布平台，使乘客能够直观地掌握城市交通服务信息和法律法规，提供保障老百姓安全出行的道路信息。

《尚周刊》生活服务类栏目。2011年4月4日开办，时长20分钟（共四个板块，每个板块5分钟）。

该栏目由北广传媒移动电视2011年初全新推出，兼具2010年以前《食尚》、《大城小家》、《玩转北京》等多档生活服务类节目的特色。全新整合后的《尚周刊》在核心表现上将过去节目专属的某消费领域（例如餐饮、家居建材、旅游度假等）的着眼点进行转移，扩大到北京更多的都市青年群体的消费观念中来，打造成为现在这样一档兼具可看性、知识性、咨讯性于一体的，指导市民时尚消费的电视栏目。

《百姓就业》生活专题类栏目。2009年5月15日开播，北广传媒移动电视播出，时长5分钟。该栏目以北京市人力资源和社会保障局政策和信息资源为背景，与北广传媒移动电视联合制作推出。及时、准确、权威发布保障资讯，解读社保政策，同时包括北京市职业介绍中心提供的就业岗位信息、公益资讯，让老百姓在出行途中轻松知晓有用信息，为百姓就业指引方向，传递政府声音，提供服务信息。每周1期，每天两次。

《96310》生活专题类栏目。2005年1月18日开播，北广传媒移动电视播出，每周3期，每期10分钟，每天播出两次。该栏目由北京市城市管理综合行政执法局主办，主要以行业新闻、热点追踪、案例分析为主，向广大市民讲述“城管的事”，在“平民新闻”及与市民互动中力求使百姓与政府进行有效的沟通。

《一路同行》生活专题类栏目。2009年7月21日开播，北广传媒移动电视每周一期，每天两次,时长5分钟。该栏目是北京公交集团与北广传媒移动电视合作，共同推出的一档服务百姓公交出行，倡导文明乘车的电视栏目。节目具有较强的针对性、服务性和可看性。通过《资讯》、《公交主干线》、《车上车下》、《车厢服务台》和《素丽提示》等板块，为百姓出行提供全方位的公交服务信息。

（北京北广传媒移动电视有限公司）

# 北京北广传媒城市电视有限公司

《城市播报》新闻资讯栏目。2008年12月15日开办。北广传媒城市电视每天7:00首播，时长3分钟。

该栏目以“好看、实用、服务”为特色，结合新媒体户外播出的特点，选取每日各类新闻资源中的重大新闻事件、重要资讯信息，第一时间发布，随时更新，全天高频次滚动播出。每条新闻都控制在20秒左右，加入新闻标题导视字幕板，更适合户外短暂收视，让观众在30秒之内就可以简单了解到三条标题新闻和一条简要解读的新闻。

《图片新闻》新闻专题栏目。2009年4月26日开办，北广传媒城市电视每天滚动播出，时长2分钟。该栏目通过播报图片新闻，观察世界、透视社会、讲述趣闻、介绍新知。

《演艺罗盘》专题服务栏目。2009年1月1日开播，北广传媒城市电视每周一9:53首播，时长10分钟。该栏目是城市电视与北京市文化局合作，推出的一档文化信息服务栏目，

该栏目由北广传媒城市电视公司策划制作，在北广传媒城市电视楼宇电视、户外大屏电视和北广传媒移动电视同时播出。该栏目以公益性为宗旨，服务首都文化市场和百姓文化生活。栏目主要围绕北京文化市场，以视频、图片、文字等多种形式相结合的电视手法，将文化演艺信息介绍给广大观众。

《城市之家》专题栏目。2010年8月2日开播，北广传媒城市电视每天播出三次，时长3分钟。该栏目是由城市电视小屏部及节目部共同自制的回馈老客户的栏目，因楼宇电视终端分布较广，客户涉及各个领域，衍生出涵盖“吃、喝、玩、乐”的用来介绍城市电视终端客户的《城市之家》。

《百姓就业》专题服务栏目。2009年5月开播，北广传媒城市电视每天播出两次，时长5分钟。该栏目是由北广传媒移动电视和北京市人力资源和社会保障局制作的一档服务类节目。该节目以政策和信息资源为背景，及时、准确、权威发布社保资讯，解读社保政策，提供北京市职业介绍中心的就业岗位信息及公益资讯。

《96310纪事》新闻专题栏目。2011年12月开播，北广传媒城市电视每天播出四次，时长10分钟。

该栏目以“报道城市管理，倾听百姓心声”为宗旨，以行业新闻、热点追踪、案例分析为主要内容，所有新闻报道贴近百姓、平实有趣。通过独特的报道视角、运用生动的表现形式，向广大市民讲述“城管的事”，在“平民新闻”及与市民互动中力求使百姓与政府进行有效的沟通。

（北京北广传媒城市电视有限公司）

# 北京北广传媒数字电视有限公司

《中医古法·婴幼养生》生活服务类栏目。2011年2月1日开办，北广传媒数字电视优优宝贝频道每周一、周三9：00播出，时长30分钟。该节目是一档由彭鑫博士主持的系列讲座，深入浅出、通俗易懂的表述，不仅让观众轻松掌握婴幼儿中医保健和治疗方法，还能以简单、低成本、无副作用的自然疗法保证婴幼儿健康，同时对观众进行中医知识普及。叶剑英元帅之女凌孜女士看到节目将中医古法运动到婴幼儿的日常保健中，激动地说：“儿童的健康关系民族和国家的未来，用中华祖先几千年医学的经验，科学地打好儿童一生健康的基础，是我们对后代、对民族神圣的责任。”

《家装总动员》生活服务类栏目。2009年4月16日开办，北广传媒数字电视置业频道每20：00播出，时长30分钟。该栏目是一档大型的家装真人秀节目，为每一个面临旧房改造、怀有家装梦想的家庭，提供公平竞争万元大奖的平台。参赛选手以家庭为单位，经过几个环节的比拼获得万元大奖的幸运家庭，将在专业设计师及施工团队的帮助下，在72小时内改装某个居住空间，实现家庭的好居梦想。该栏目以实用为第一原则，着力为观众展现装修创意、提供装修知识、演示装修技巧，并传达创意无限、低碳生活的生活理念。

《想钓鱼跟我走》生活服务类栏目。2011年1月21日开办，北广传媒数字电视四海钓鱼频道每周三21：00播出，时长25分钟。

该栏目以轻松幽默的方式向钓鱼运动的初学者传达钓鱼运动的理念、技术、经验，打破以往教学片枯燥的讲解模式，将主人公与钓鱼师傅们幽默的语言及生动的拜师学艺的故事主线有机结合，把钓鱼的技术与相关信息串联，节目从最基础的钓具知识逐步升级，提升钓鱼初学者的技术。

《在路上》生活服务类栏目。2011年8月19日开办，北广传媒数字电视四海钓鱼频道每周五晚10点播出，时长25分钟。该栏目是首度中韩合作路亚探钓系列片，韩国FTV电视台签约钓手李政九、中国职业路亚钓手王轩，一同带领观众探秘中韩两国野生水域，拜访水中神秘杀手。他们会为观众讲述各地的风土人情，领略各种不同的文化以及美食，更有很多钓鱼的故事。

《钓友汇》演播室访谈类栏目。2011年3

月18日开办，北广传媒数字电视四海钓鱼频道每周一22:00播出，时长25分钟。该栏目搜罗钓友非凡钓鱼经历，邀请钓界高手分享垂钓经验，及时播报最新钓坛资讯，让观众更快速地了解钓坛动向，提高钓技，丰富观众的钓“余”生活。主持人李灵希与嘉宾主持相声大师贾仑，共同为观众打造钓鱼人的专属舆论平台。

《钓具博览汇》专题资讯类栏目。2011年6月15日开办，北广传媒数字电视四海钓鱼频道每周三22:00播出，时长25分钟。该栏目汇集最新的钓鱼装备，通过主持人与嘉宾之间专业解读和幽默调侃，在帮助观众挑选合适钓具的同时，传授给观众相应的垂钓知识。

《新概念英语精讲（第二册）》专题服务类节目。2011年8月7日开办。北广传媒数字电视考试在线频道每周日22点10分首播，时长30分钟，共计96期。该节目由南京领航学校校长、北京人大附中网校特聘名师钟平主讲，以《新概念英语》（第二册）为内容，每期节目讲解一篇课文。节目针对观众需求设置了“单词一锅端”、“语法大赢家”、“大话西游”等环节，每一个环节各有侧重的知识点，内容涉及句型、语法、单词、异国文化等。

《高考易错题解析（2011版）》专题服务类节目。2012年1月30日开办。北广传媒数字电视考试在线频道每天四期，20:00首播，共有语文、数学、英语、物理、化学、生物、政治、地理、历史九个科目，每科十讲，每讲时长20分钟。该栏目由北京名校的特、高级一线教师主讲，精选2011年各地高考典型试题，由一道题推及一类题，讲解命题人的命题思路，帮助考生透析出题角度，捋顺答题思路，掌握答题方法。

《谢宏真道理》生活服务类栏目。2009年 1月1日开办。北广传媒数字电视优优宝贝频道每周六、周日11:30首播，时长30分钟。该栏目是唯一一档来自跨学界与产业界育婴专家主讲的专业大众访谈节目，从一个父亲、专家、从业者的角度，用通俗易懂的语言来讲述家庭生育、孩子的养育和成长教育的各类话题。这些话题是每一个新家庭都面临的切实问题，是每一对新父母急切想知道答案的问题。首席育婴专家谢宏从他的16年的育婴事业经验出发，从一种完全与众不同的角度以全新的理念，传达给观众另一种声音，提供另一种思路。

《画中话》文化专题类栏目。2006年1月28日开办。北广传媒数字电视环球旅游频道每周四至周六，22:00播出，时长30分钟。该栏目采用书画与山水结合相辅相成的方式，引领观众游览于山水间，领略各地不同的文化和风俗，给观众以耳目一新的感受。

全方位、多角度、深层面、风趣灵动的介绍交流和系统推介的访谈方式，对国内外书画界大家、新人新秀传世名画的传承者、著名专家等做出精彩访问。

《生活魔法师》生活服务类栏目。2011年5月14日开办。北广传媒数字电视新娱乐频道每日7:00首播，时长60分钟。该栏目以家庭主妇的直接需求为重点。由两位美女主持现场示范，介绍生活中省时、省力、省钱的各种小妙招。各路生活达人现场解密自己的生活魔法。绝对丰富的信息量，让观众随时随地看，随时随地学。

《非常设计》生活服务类栏目。2011年7月20日开办。北广传媒数字电视置业频道每晚20：30首播，时长30分钟。该栏目是一档专业装修装饰类节目，主要收视人群为热爱生活、崇尚个性、追求高品质、需要装修的家庭。作为建筑、家装行业内设计师展示自己的绝佳舞台，《非常设计》节目囊括各具风采的资深设计师、各具创意的精妙设计案例，采用创意解析、实例解读的节目方式，在为观众带来“美好家居”的同时，更提升观众审美情趣，集专业性、欣赏性、实用性于一体。

《“爱心雨花”北京首届老年才艺大赛》专题节目。该节目是一档观众互动参与的大型公益活动，由北京市福彩、北京市体彩和北京市社区服务中心与北广传媒数字电视公司共同组织开办，活动以在首都营造尊老、敬老、爱老、助老的和谐氛围，促进老年人的精神文明建设为目标，为老年人提供展示技艺、传递爱心的大舞台。大赛系列节目2011年10月17日开始播出，到2012年10月23日进行总决赛为止，共制作播出54期，每周1期，每期60分钟。

该活动面向北京地区所有社区、街道广泛招募参赛选手，邀请各社区居民作为热心观众现场观看比赛并参与投票。移动电视、城市电视、地铁电视和北京中广传播等新媒体单位在大赛期间每天提供6个时段，3分钟/时段播出比赛精彩片段。截至2011年年底，已有396组选手报名参与比赛，产生15个周冠军，5个月冠军，完成了4个公益爱心行动。

（北京北广传媒数字电视有限公司）

## 北京北广传媒地铁电视有限公司

1.十分开心　动漫类栏目。2011年5月16日开办，时长5分钟。作为2011年最“疯”超级减压动画爆笑节目，适合各个年龄层的观众收看。动画主持人脱口秀全新演绎，最雷人笑话、网络爆笑话题、动画大片，为观众奉上一份最幽默、最开心的电视精神快餐！

2.闪天下　动漫类栏目。2011年1月3日开办，时长3分钟。该栏目是国内首档可以看到动画片的青春时尚搞笑脱口秀节目，播放最搞笑最有创意的短片最流行的词语，最潮的玩意儿和最流行的明星都可以在天天都有的《闪天下》栏目看到。

3.**潮流现场**　生活服务类栏目。2011年6月27日开办，时长5分钟。该栏目是一档全新的综合性生活服务类、消费指南类电视栏目，紧密围绕都市生活群体日常消费领域，提供全面资讯服务。

4.**环球影讯**　生活服务类栏目。2011年6月6日开办，时长5分钟。该栏目是百度旗下的高清视频网站奇艺正式推出的一档高品质原创节目，通过独家解读的方式探秘热门电影和电视剧，以视频方式来解读国内外票房排行榜。

5.**环球财讯**　财经类栏目。2011年5月31日开办，时长5分钟。该栏目是一档快速报道综合财经信息的节目，及时准确反映国内外重要金融财经大势和财税、经贸、投资、消费等主要信息情况，并提供国家宏观经济政策、财经数据资讯。

6.**剧情推动力**　生活服务类栏目。2011年9月18日开办，时长5分钟。该栏目与北京电视台联合推出的一档全新节目，作为剧迷们了解电视剧的窗口，抢鲜播出新剧的精彩看点，成为观众与电视剧之间互动的平台。

7.**梦想孵化器**　谈话类栏目。2011年12月21日开办，时长5分钟。该栏目是由中央电视台著名主持人樊登主持的一档投资创业真人秀节目。每位选手需在指定时间内概述自己的创业项目，并回答投资人的提问，说服他们投资自己的商业计划。当创业者所需资金被全额认购才可以算成功，即可在现场与投资人签订投资意向书。如未能达成共识，也可在节目后继续与投资人洽谈。

8.**小羊肖恩**　动漫类节目。2011年12月23日开播，时长5分钟。该栏目是一部动画幽默哑剧，讲述了小农场上一只机智幽默的小羊肖恩和伙伴们的疯狂故事。该片无厘头式的英式幽默和对后工业化时代西方写意的田园生活的设定，有成为具有中国影响力的“都市休闲文化符号”的潜力。

9.生活一点通　生活服务类栏目。2011年5月16日开办，时长5分钟。该栏目记录百姓生活小发明、小窍门，通过快乐家庭的日常生活一一展现，使观众在轻松诙谐的家庭气氛中，便可学到简单实用的生活窍门。一个个奇思妙想，让生活充满幸福快乐；一个个新法窍门，让生活变得趣味无穷。最新的生活方式、最快乐的生活感受，尽在《快乐生活一点通》。

## 北京光线传媒股份有限公司 2011年投资制作并发行的电视节目栏目

### （一）日播节目

| 节目名称 | 播出长度／频次 |
|---|---|
| 娱乐现场 | 30分钟／每日 |
| 音乐风云榜 | 30分钟／每日 |
| 最佳现场 | 30分钟／每日 |
| 影视风云榜 | 30分钟／每日 |
| 我爱看电视 | 30分钟／每日 |
| 我爱看电影 | 30分钟／每日 |
| 笑傲江湖 | 30分钟／每日 |
| 健康宝典 | 30分钟／每日 |
| 大学生音乐联盟 | 30分钟／每日 |
| 时尚风云榜 | 30分钟／每日 |
| 天方夜谈 | 30分钟／每日 |
| 养生一点通 | 30分钟／每日 |
| 麻辣看天下 | 30分钟／每日 |
| 生活魔法师 | 30分钟／每日 |

### （二）周播节目

| 节目名称 | 播出长度／频次 |
|---|---|
| 大牌生日会 | 60分钟／每周 |
| 音乐现场 | 60分钟／每周 |
| 音乐学院 | 60分钟／每周 |
| 王牌群星汇 | 60分钟／每周 |

| 节目名称 | 播出长度／频次 |
|---|---|
| 全能综艺班 | 30分钟或60分钟／每周 |
| 激情唱响 | 90分钟／每周，辽宁卫视播出 |
| 梦想合唱团 | 120分钟／每周，中央电视台1套播出 |

**（三）颁奖典礼节目**

| 典礼名称 |
|---|
| 音乐风云颁奖盛典 |
| 电视剧风云榜颁奖盛典 |
| 娱乐大典 |
| 时尚风云榜颁奖盛典 |
| 新人盛典 |

**（四）专题节目**

| |
|---|
| 《电影往事》（30集大型电影人物专题系列节目） |
| 《欢笑60年》（10集大型娱乐人物专题系列节目） |
| 《2010中国年度娱乐人物报告》（120分钟巨型专题节目） |

# 2011年北京市区县广播电视中心优秀节目栏目

## 北京市朝阳区广播电视新闻中心

《朝阳新闻》电视新闻栏目。1995年1月开播，北京电视台BTV公共·新闻频道朝阳时段及朝阳有线801数字频道每天19:32首播，节目时长30分钟。该栏目始终坚持“三贴近”原则，关注时政、关注民生、关注生活，深度挖掘重要新闻事实，全方位、多角度播报时政新闻和本区域要事要闻，为推动全区社会经济大发展发挥了重要作用。近年来，栏目按照精准反映政府声音、不断满足百姓需求的要求，不断完善报道形式和风格，取得了可喜的成绩。

《和谐在线》电视访谈栏目。2005年4月开播，BTV公共·新闻频道朝阳时段及朝阳有线801数字频道每周日19：50首播，播出时长30分钟。该栏目采用主持人与嘉宾访谈的形式，直接传递人大代表、政协委员的真知灼见，解析人民群众关心的热点难点问题，搭建起政府与百姓之间沟通的平台，为构建和谐社会发挥舆论引导作用。该栏目是朝阳区广电中心的品牌栏目，得到朝阳区委、区政府和市广电局的肯定。

（北京市朝阳区广播电视新闻中心）

## 北京市海淀区新闻中心

《海淀新闻》电视新闻栏目。1995年5月开播，北京电视台BTV公共·新闻频道海淀时段及海淀有线802数字频道每晚19：30播出，时长25分钟。该栏目紧密围绕区委、区政府的中心工作，坚持“三贴近”新闻报道原则，深入宣传全区经济和各项社会事业的发展与成就，及时报道老百姓关心的热点问题，是加强政府与人民群众联系的桥梁与纽带，也是展示海淀形象的亮丽窗口。

《文明新发现》电视文化专题栏目。2009年11月开播，北京电视台BTV公共·新闻频道海淀时段及海淀有线802数字频道每周六19：40播出，时长15分钟。该栏目以倡导中华文明理念，传授文明生活常识，营造讲文明、讲礼仪新风尚为主旨，贴近百姓生活、寓教于乐，用轻松活泼的方式，宣传海淀文明新亮点，展示海淀文明的新形象，推崇本土文明生活新主张，引领百姓发现文明新海淀。栏目荣获2010年北京市区县广电中心弘扬中华文化优秀节目征集评比活动二等奖。

《警方在线》电视法制专题栏目。2002年5月开播，北京电视台BTV公共·新闻频道海淀时段及海淀有线802数字频道每周日20：00播出，时长15分钟。该栏目旨在通过一个个鲜活的案（事）件报道以及案件的预警提示，深入浅出、由表及里地剖析个案违法犯罪成因，揭露违法犯罪的手段，宣传普及法律知识。栏目分设《警方新闻》、《本期视点》、《治安播报》等多个板块，是海淀公安服务群众、展示人民警察良好形象的重要窗口。

（北京市海淀区新闻中心）

## 北京市丰台区广播电视中心

《丰台新闻》电视新闻栏目。1986年12月开播，北京电视台BTV公共·新闻频道丰台时段及丰台有线803数字频道周一到周五19：33播出，时长25分钟。该栏目旨在服务大局，关注民生，快捷播报时政新闻，大力宣传全区政治、经济及社会各项事业的新成就、新变化。2010年10月26日栏目作了较大改版，主要内容调整为时政、经济、文化、社会、民生新闻及资讯、媒体链接等，节目时长增至25分钟；周六《聚焦丰台》综述本周要闻、热点新闻、来自兄弟区县的报道等内容，节目时长20分钟。长消息《花乡草桥援建江油世纪奥桥小学今日落成》在2009年度北京市广播影视奖中获三等奖。

《丰台故事》电视文化专题栏目。2009年11月8日开播，北京电视台BTV公共·新闻频道丰台时段及丰台有线803数字频道每周日19：35播出，时长15分钟。该栏目以全面介绍丰台本土文化为主旨，通过深入探访区域人文古迹、阡陌民风，以今人的视角关注古人的故事，以古人的故事来表达今人的观点，多层面多角度展现丰台历史、地方传说、非物质文化遗产、人文风物等区域特质。栏目以新颖的形式展现悠久的历史文化内涵；以独特的栏目视角关注深厚的人文精神；以严谨的治学态度探寻历史文化的根脉；以诙谐和幽默的语言向观众讲述一段段历久弥新的丰台故事，成为沟通古今的纽带与桥梁。该栏目荣获2010年度北京市电视优秀栏目奖、“北京市区县广电中心弘扬中华文化优秀节目三等奖”， 主持人获得“北京广播影视先进个人奖”。

《丰台警方》电视法制专题类栏目。2005年7月31日开播，北京电视台BTV公共·新闻频道丰台时段及丰台有线803数字频道每周日晚20：02播出，时长15分钟。该栏目秉承“维护一方平安，服务地方百姓”的宗旨，紧密围绕区委、区政府的中心工作，贴近区公安分局、消防支队各阶段的重点工作，精心策划编制节目。通过播报各类犯罪案件和火灾案例，普及法律意识和消防知识，大力宣传政法、消防队伍中的优秀典范，成为百姓了解本区域公安、消防工作的重要窗口。该栏目主持人闫鹏荣获2010年北京市广播影视奖“电视节目播音与主持奖”。

《真情零距离》电视生活专题服务类栏目。2009年5月8日开播，北京电视台BTV公共·新闻频道丰台时段及丰台有线803数字频道每周六20：02播出，时长15分钟。该栏目旨在宣传区域残疾人事业的发展情况，展现优秀残疾人的风采，弘扬残疾人自立、自强的精神，并呼吁社会各届积极加入爱心行动，营造良好助残氛围，进一步促进精神文明建设构建和谐社会。该栏目以访谈形式为主，穿插深情讲述的短片，格调雅致、思想深邃，深受残疾朋友喜爱。

（北京市丰台区广播电视中心）

## 北京市石景山区广播电视中心

《石景山新闻》电视新闻栏目。1994年1月开播，北京电视台BTV公共·新闻频道石景山时段及石景山有线804数字频道每周一至周五的19：30播出，次日7:35、12:35重播，时长12分钟。该栏目围绕区委区政府工作重心，坚持服务大局、团结稳定鼓劲、正面宣传为主的方针，深入宣传落实科学发展观，全方位报道石景山区打造北京CRD，建设现代化首都新城区等重要时政新闻。2010年栏目成功推出大型新闻系列报道《话说永定河》；为展示“十一五”期间本区域繁荣发展突出成果，精心策划编播系列报道《这五年》。全年共播发新闻2205条。荣获“北京市广播影视奖”电视节目技术质量奖标清新闻类三等奖。

《法治聚焦》电视法制专题栏目。2009年6月开播，北京电视台BTV公共·新闻频道石景山时段及石景山有线804数字频道每周四20:10分播出，每周五8:10、13:10重播，时长15分钟。该栏目以普及法律，推进法治建设，维护公众合法权益为宗旨，注重法、德、情的融合，展现政法战线的风采与业绩，突出节目的本地特色，为石景山区经济社会发展营造了良好的法治环境。栏目主打板块有《直击现场》、《举案说法》、《法在身边》、《法制人物》、《警情提示》等。栏目经多次改版完善，内容鲜活，形式多样，报道及时、贴近百姓，深受大众喜爱。该栏目荣获2010年度北京市电视优秀栏目奖。

（北京市石景山区广播电视中心）

## 北京市门头沟区广播电视中心

《门头沟新闻》电视新闻栏目。1995年开播。北京电视台BTV公共·新闻频道门头沟时段每天19:30首播，次日7:30、12:30重播，时长15分钟。该栏目以全区中心工作为宣传重点，坚持“三贴近”原则，关注民生，服务大局，全面、及时、准确报道发生在门头沟区的新闻事件。栏目获评2008年度北京市广播影视奖电视节目技术质量奖、标清新闻类三等奖。

《视点关注》电视时政专题栏目。2010年7月开播，北京电视台BTV公共·新闻频道门头沟时段每周一、三、五19:50首播，节目时长13分钟。该栏目以“配合中心工作，宣传重点建设，多视角地关注身边变化”为宗旨，结合全区重点、中心工作翔实解读党的方针政策及本区有关决策，热心为群众释疑解惑，搭建政府与群众良性沟通的平台。

《京西风景线》社科类栏目。2009年7月开播，北京电视台BTV公共·新闻频道门头沟时段每天19:10首播，节目时长15分钟。该节目以深度挖掘本土旅游资源，推介旅游品牌，打造特色旅游为宗旨，翔实介绍全区的旅游景区、民俗风情、农家乐、土特产等吃、住、行、游、乐、娱全方位的旅游消费资讯。栏目口号“京西欢乐行，我在门头沟”。该栏目荣获2010年度北京市电视优秀栏目奖。

《文明进行时》电视专题栏目。2011年开播，BTV公共·新闻频道门头沟时段播出。该栏目以建设社会主义核心价值体系、弘扬社会主义荣辱观为出发点，以“培育城市精神、共建公共环境、塑造城市文明形象”为定位，以“做文明有礼的北京人”为主线，以“绿色出行、文明交通从我做起”和“垃圾减量、垃圾分类从我做起”主题宣传实践活动为重点，全面推进精神文明建设“五大工程”，以开阔广泛的视角介绍全区精神文明建设工作动态，普及文明礼仪常识，帮助本区域群众树立良好道德风尚。

（北京市门头沟区广播电视中心）

## 北京市房山区广播电视中心

### 一、广播栏目

《养生我知道》广播栏目。每天15:00—16:00播出，时长60分钟。作为重点打造的一档生活服务类直播访谈节目，《养生我知道》通过主持人与专家、嘉宾聊天互动的方式，普及健康常识、传授养生方法，针对听众提出的有关养生方面的疑问进行分析和解答，提高听众的养生意识，丰富听众的养生知识，提高听众的生活品质。节目每周分为七个不同板块，内容贴近城市生活、新鲜有活力，受众人群为25—50岁之间的城市人口，以中青年为主，兼顾老年人。

《乐活丽人》广播栏目。每周一至周五10:00首播，时长55分钟。该栏目倡导以乐活的视角看女人，以女人的视角看世界。女人要工作，女人更要家庭；女人要知性，女人也要柔情。女人要为自己的健康、美丽乐活前行。栏目关注健康，支持环保，鼓励受众快乐生活，做乐活丽人，拥抱精彩一生。

《午休音乐坊》广播音乐栏目。每天12:00播出，时长1小时30分。作为午间档音乐节目，旨在借助广播的听觉优势，释放受众的视觉，给受众在休闲的同时以纯净的音乐享受；释放压力、增加工作的动力，让受众在节目中娱乐放松。每期设置一个适合放松交流的话题，受众可以通过网络讨论版、手机短信等方式与主持人互动交流。

**二、电视栏目**

《房山新闻》电视新闻栏目。1988年7月开播。北京电视台BTV公共·新闻频道房山时段每日19:32首播，时长15分钟。是北京市郊区县中开播较早、影响较为广泛的一档日播型电视新闻节目。作为房山区权威性的新闻发布平台之一，《房山新闻》始终坚持正确舆论导向，宣传党和国家的大政方针，宣传房山区“三化两区”发展战略。围绕房山区委区政府的中心工作，全面报道房山区经济社会发展，服务全区改革发展大局；密切关注社情民意，反映民生，点滴记录房山百姓生活变化。栏目突出政治性、时效性、思想性和信息量，节目涉及区内时政消息、经济焦点、民生热点、百姓生活，信息量大，服务性强。2010年7月，栏目全面改版，分类设置了时政、经济、民生、综合等板块，从形式到内容实现了新跨越，编播质量显著提升。

《Morning FunHill——早安房山》电视新闻资讯栏目。2010年7月开播，北京电视台BTV公共·新闻频道房山时段每日7:35首播，时长30分钟。该栏目融新闻资讯、服务信息、民生话题于一体，重点报道“三化两区”新房山建设中的热点和焦点，播报全国各地的相关信息。说老百姓话，讲市民故事，服务民生。栏目立足市民视角，突出信息量，注重服务功能，强调故事细节。节目突出文化品位，风格轻松明快、大气、向上。分设《FunHill快报》、《FunHill关注》、《FunHill秀场》、《图说天下》等板块。

《午后真谈》电视新闻类访谈节目。2010年7月开播，北京电视台BTV公共·新闻频道房山时段每日12:34首播，时长30分钟。节目以宣传委区政府决策意图为宗旨，以关注社会热点、焦点事件、引导社会舆论为己任，打造符合房山经济社会发展方向，具有前瞻性的舆论平台。以“谈”为主，从受众关注的话题入手，谈出符合国家大政方针、能够准确传达区委区政府决策的真知灼见，谈出理性的分析和思考，谈出正确的、引导舆论的主流观点。

《都市生活》电视生活资讯栏目。2010年7月播出，北京电视台BTV公共·新闻频道房山时段每周一、三、五19:55首播，二、四、六重播。时长10分钟。栏目定位为面向都市民众，服务都市生活，凸显都市风采，融合时尚与消费以及健康生活理念，贴近百姓，服务百姓，热情传递科技、教育、商业、建筑、旅游、饮食、流行时装、娱乐健身、养生生活经验和技巧等生活服务资讯。栏目包含《美食美客》、《购物我开心》、《开心档》、《健康故事》、《我的低碳生活》等。

（北京市房山区广播电视中心）

# 北京市大兴区广播电视中心

## 一、广播栏目

《选我喜欢》广播资讯栏目。2010年7月开播，大兴电台每日播出，时长60分钟。该栏目以生活服务为主要内容，结合当下的流行元素，将广播可视化元素与生活服务信息相结合，帮助听众处理闲置物品，同时在网络音视频播出，打造全国首档可视化闲置物品交换节目。栏目还提供拼车信息，热心帮助上班族解决出行问题。

《音乐克拉步》广播音乐节目。2010年7月开播，大兴电台每日播出，时长60分钟。该栏目旨在展现最全面的流行音乐文化，其内容涵盖港台、内地、日韩和欧美各地区流行、摇滚、爵士、独立音乐。节目板块主要有话题音乐（如世界杯之歌、情歌女王等）、榜单情况介绍（美国billborad榜、台湾G-music榜及英国榜等榜单）、新歌推荐和音乐资讯等，力求更全面、更丰富、更有趣地贴近听众。

《播客王国》广播栏目。2006年5月开播，大兴电台每周七次播出，时长60分钟。该栏目整合播客、博客和微博，选取新鲜、时尚、有趣的元素，打造博客也可广播的特色品牌。同时，收集、播放有声音频，给听众搭建一个用声音展示才艺、发表观点的平台，形成大家播、播大家的全新广播形式。节目聚集大众智慧，内容思想性强，形式新颖独特，颇受听众喜爱。

## 一、电视栏目

《大兴新闻》电视新闻栏目。1995年1月开播，北京电视台BTV公共·新闻频道大兴时段每周七次播出，时长20分钟。该栏目以时政新闻为主要内容，通过时政新闻的“民本化”处理，突出“我们跟您最近”的节目理念，追求新闻报道更贴近、更迅捷、更生动之效果。栏目重要新闻报道配发“新闻背景”、“新闻链接”、“记者感言”等附加内容，以满足受众对资讯深层次、多样化的需求，使时政新闻更具震撼力和影响力。

《女子别动队》电视新闻栏目，2007年10月29日开播，北京电视台BTV公共·新闻频道大兴时段每周七次播出，时长25分钟。该栏目以民生新闻为主要内容，融合众多时尚和娱乐元素。栏目推出组合记者品牌概念，把五名集采、拍、编、播于一身的女记者授以“五朵金花”的概念，以打造明星的方式对她们进行大力推介；栏目通过精心设计、巧妙运作达到预期的品牌推广效果；栏目子板块《手机新闻眼》，其内容均为手机拍摄，在国内率先开创手机记者概念。该栏目记者长期深入基层，创作出大量且有一定社会影响力的新闻作品，曾获首届全国新农村电视艺术节“优秀对农电视栏目”一等奖。

《我行我秀》电视栏目剧。2006年5月开播，北京电视台BTV公共·新闻频道大兴时段每周五播出，时长45分钟。该栏目演百姓事、说百姓话、抒百姓情，用艺术的手法再现老百姓生活的方方面面。该栏目采用电视剧的剧情演绎方式，每一集独立成篇、扣人心弦、发人深省。节目既有平民的情感故事，也有社会现象的真实反映，更有精英人士的成功之道，并多以本土化的方式出现，多以方言配音，观众可参加演出，成为大众文化活动的一种新的娱乐方式。

（北京市大兴区广播电视中心）

## 北京市通州区广播电视中心

### 一、广播栏目

《华彩通州》广播专题栏目。2011年5月9日开播，通州电台每日播出，时长15分钟，是通州电台新开创的一档介绍通州古老历史，梳理通州发展脉络，展望通州未来发展前景的广播节目。内容从通州的发展历史、文物特产介绍、名人传记、民风民俗等多个方面入手，力求真实、全面、质朴地反映整个通州的历史、现状以及未来发展走向。节目风格沉稳、文化内涵深厚，受众定位于熟悉通州历史的老通州或是有一定文化素养的新通州人，以期让通州人民了解一个全面、立体、丰富的通州。

《靖楠心语》广播访谈栏目。2011年5月31日开播，通州电台每日播出，时长15分钟。栏目与受众直接交流，或讲述动人的情感故事，或分享励志的寓言哲理，或探究敏感的心理及家庭话题，以期达到和听众朋友们切实交流、真诚沟通的目的。节目风格清新、真诚、温暖、舒缓，受到了通州区很多普通百姓的关注和喜爱。

### 二、电视栏目

《通州新闻》电视新闻栏目。1994年2月6日开播，北京电视台BTV公共·新闻频道通州时段每天19:30播出，时长10分钟。该栏目按照“三贴近”的原则，对重要题材、重大事件、重要节日、重大活动等展开了全方位、多角度宣传报道。2011年《通州新闻》充分发挥广播电视优势，坚持为发展大局服务为宗旨，深化“走、转、改”系列活动，实现了在围绕中心、服务大局上有新亮点，在面向基层、服务群众上有新创造，在提高质量、改进风格上有新突破，特别是在围绕现代化国际新城建设、庆祝中国共产党成立90周年、新农村建设等方面的宣传报道工作中做到了宣传有高度、稿件有深度、观点有力度、播出有速度、事件有角度、短评有态度。

《周末大舞台》电视专题栏目。2010年6月开播，北京电视台BTV公共·新闻频道通州时段每周五19：45播出，时长20分钟。该栏目致力于打造运河岸边的百姓秀场，搭建属于普通老百姓尽展才艺的舞台，丰富广大群众的业余文化生活，展现通州现代化国际新城人民积极向上的精神风貌。节目已播出了85期，吸引了全区及顺义、密云甚至河北、黑龙江、吉林、内蒙等地的省外选手不远千里前来参加。2010年年底栏目举办了“首届通州百姓歌手大奖赛”，取得成功。2011年年底栏目又举办了“第二届通州区百姓戏曲大奖赛”，上至82岁高龄的老人下至7岁的儿童踊跃报名参加比赛。栏目深受观众喜爱，许多观众自发为栏目送锦旗。

《看通州》电视评论栏目。2007年9月6日开播，北京电视台BTV公共·新闻频道通州时段每周一19：45播出，时长20分钟。该栏目旨在贴近通州实际，关注社会民生，关注本区域现代化国际新城建设。节目立意新颖、角度独特、特点鲜明，由“记者视点”、“通州故事”、“聚焦新城”和“本周话题”四个板块组成。2011年栏目深入实践“走、转、改”，围绕“三贴近”原则，加强策划、创新力度，提高采访深度和广度，围绕群众关心关注的问题，推出了社区卫生服务站调查、垃圾分类调查、农药包装物回收调查等一系列调查性节目。为庆祝建党90周年，策划拍摄“走进乡镇，关注基层党建”特别节目，反映乡镇基层党组织建设情况和党员风采。为加大通州现代化国际新城建设的宣传，“聚焦新城”板块采取解读新闻+评论的形式多角度宣传新城建设，在观众中的影响力显著提高。该栏目被评为2009年度“北京广播影视奖”优秀电视栏目。

（北京市通州区广播电视中心）

# 北京市顺义区广播电视中心

## 一、 广播栏目

《新闻60分》广播新闻编排栏目。2009年开播，顺义电台每天7:00首播，11:30、18:00重播，时长60分钟。该栏目紧紧围绕“贴近实际、贴近生活、贴近群众”的“三贴近”原则，力求精准报道本区政治、经济、社会生活等各个领域的重要新闻，同时关注国内外要闻及生活资讯。栏目分设《顺义新闻》、《新视野》、《新闻博览》、《天气预报》等板块，以满足不同受众的需要。

《悦耳聆听》广播音乐栏目。2010年10月开播，顺义电台每天16:30首播，时长60分钟。该栏目旨在让悦耳的声音给受众带来最惬意的温暖，让动听的故事为受众送去最久违的感动，与受众相约一起用耳朵呼吸温暖的声音。

《越聊越开心》广播访谈栏目。2008年1月开播，顺义电台每天12:00首播，时长60分钟。该栏目以直播访谈方式，为忙碌的都市人提供有关时事要闻以及工作和学习、休闲与娱乐等各类资讯服务信息。

## 二、电视栏目

《顺义新闻》电视新闻栏目。1994年9月2日开播，北京电视台BTV公共·新闻频道顺义时段周一至周六19:40播出，周日为一周综述，时长12分钟。该栏目以有效联通政府百姓，广泛关注区情民生为主旨，注重从百姓视角解读新闻事件和大政方针，记录顺义变化，讴歌发展成就，关注群众生活，反映社情民意，成为顺义电视台最受群众关注的品牌栏目。

《情动绿港》电视专题栏目。2007年12月开播，北京电视台BTV公共·新闻频道顺义时段每周三19:50首播，时长15分钟。栏目定位为感人的题材，感动的故事，感慨的回味。以浓厚的人文关怀为宗旨，以各阶层人物的感人故事为主要内容，通过记录亲情、爱情、友情、社情、民情、敬业情以及喜、怒、哀、乐，透视人物的真情实感，启迪观众感悟人生。

《顺义时空》电视新闻评述栏目。2005年1月开播，北京电视台BTV公共·新闻频道顺义时段每周一19:50首播，时长15分钟。该栏目旨在围绕区委区政府中心工作开展专题宣传，形成正确的舆论导向，推进区域的城市化进程。重点播报重大节日安排、区内外各类重要事件、社会和经济要闻；以采访、主持、评论等多种形式深度报道顺义区日新月异的发展变化；特邀专家、领导和普通百姓共商解决社会热点、难点问题之策，使栏目成为百姓和政府沟通的桥梁。

（北京市顺义区广播电视中心）

## 北京市平谷区广播电视中心

### 一、广播栏目

《评书连播》广播专题栏目。1992年3月11日开播，平谷电台每日19：30首播，时长30分钟。该栏目以评书名家播讲的经典名作为主要内容，多年来所播节目深为广大听众所喜爱，多次获得区内优秀节目奖，成为品牌栏目。

《绿谷采风》广播专题栏目。2006年开播，平谷电台每周一、周三、周五18：50首播，时长5分钟。该栏目以“宣传乡风文明，倡导农村新风尚，塑造新型农民”为宗旨，深层次、多视角地宣传报道新农村建设取得的喜人成果，为营造和谐的新农村建设氛围发挥了重要作用。2009年度栏目成功推出“文明平谷人”板块，让一个个可亲、可敬、可信、可学的文明使者走进人们的视野。栏目注重播报农民自主创业、崇尚科学、健康娱乐、和谐邻里等典型事迹，引领新农村建设的和谐之风。

《老年之友》广播专题栏目。1995年开播，平谷电台每周一18:55首播，时长5分钟。该栏目贴近老年人生活，关注老年人健康，提倡健康的生活方式和养老方法，传播各类健康知识并提出老年人生活建议。节目内容涉及老年人生活的方方面面，为老年人保持身心健康提供知识，丰富了老年听众的精神生活。

### 二、电视栏目

《平谷新闻》电视新闻栏目。1992年5月开播，北京电视台BTV公共·新闻频道平谷时段每天19:35首播，时长15分钟。该栏目以“关注社会发展、贴近百姓生活”为宗旨，突出平民化、地域性、服务性的特点，深入宣传党的路线、方针、政策，紧密围绕区委、区政府的中心工作，快捷播报平谷社会经济文化等各领域的大事要闻，报道本区域的重大事件及动态。

《视点》电视新闻评述栏目。1999年开播，北京电视台BTV公共·新闻频道平谷时段周一20:00播出，时长10分钟。该栏目旨在聚焦时事经济、解读政策方针、关注社会民生、反映热点难点、适当舆论监督。栏目采用访谈、点评、记录等各种形式，深层次解读国家、市委市政府及区委、区政府的各项方针政策，深度挖掘社会热点难点问题，及时反映群众呼声，成为政府与群众互动的重要平台。

《警法在线》电视专题栏目。2001年6月3日开播，北京电视台BTV公共·新闻频道平谷时段周日20:05播出，时长15分钟。栏目突出“警法在线——在线警法故事”特质，采用纪实手法，叙述发生在百姓身边的警法故事。节目以案释法，深入普及法律知识；颂扬优秀干警，树立政法机关良好形象。2007年度增设子栏目《律师连线》，集合旧案例讲解法律条文的形式，进一步加大了普法力度；律师免费热线开通后，增进了与观众的互动，深受广大群众的欢迎。栏目日趋完善，已成为重要的普法阵地，有力地推动了本区域法制建设。

（北京市平谷区广播电视中心）

# 北京市怀柔区广播电视中心

## 一、广播栏目

《行风热线》广播热线栏目。怀柔电台2005年5月9日开播，每周一、三、五7：20首播，时长20分钟。该栏目特邀区政府职能部门主要领导轮流上线，倾听热线电话中普通百姓的意愿与呼声，直接受理群众投诉，快捷妥当地解决问题，以增进百姓与政府间互动、理解与沟通，达到加强民生保障，优化执政环境、监督政府工作之目的。该栏目为北京郊区广播电台中首个时政类直播节目，由怀柔区纪检会、区监察局和区广电中心合办，获评2006年度、2007年度、2008年度、2009年度（华彩杯）北京广播电视奖郊区优秀广播栏目奖。

《成长》广播教育栏目。怀柔电台2010年4月1日开播，每周四中午12：00播出，时长30分钟。该栏目以开展未成年人思想道德教育为宗旨，分设“一事一议”、“青青校园”、“青少年求助信箱”等多个板块。栏目就未成年人在成长过程中遇到的问题展开分析，帮助青少年走出困惑。以互动形式邀请青少年朋友走进直播间相互交流，分享高品位精神生活，该栏目深受听众喜爱。

## 二、电视栏目

《怀柔人口》电视专题栏目。2011年1月11日开播，北京电视台BTV公共·新闻频道怀柔时段每月第二周的周二首播，时长10分钟。

通过及时报道怀柔区人口和计生方面的工作资讯，深度解析人口和计划生育工作中所涉及的相关法律法规，综合报道有关妇女儿童健康、家庭教育、育儿知识等方面内容，大力宣传计生政策，倡导生育新理念。

《时代女性》电视专题栏目。2011年3月19日开播，北京电视台BTV公共·新闻频道怀柔时段每周五首播，时长10分钟。该栏目以关注支持妇女儿童工作为切入点，以宣传怀柔妇女工作取得的成就、先进集体和先进妇女的事迹以及妇联开展的各项活动等为内容，营造妇女儿童事业发展的良好氛围，引导全区广大妇女发扬主人翁精神，在经济社会各个领域中大展英姿。

《怀柔环境》电视专题栏目。2011年9月13日开播，北京电视台BTV公共·新闻频道怀柔时段隔周周二首播，时长10分钟。重点关注怀柔城乡市容环境、设施环境、生态环境、秩序环境的建设成就和经验，把握区域环境发展动向，点击环境热点话题，报道环境建设创新成果，在政府部门与民众之间建立沟通交流的平台，促进怀柔经济和社会发展，提升区域环境水平。

（北京市怀柔区广播电视中心）

# 北京市昌平区广播电视中心

## 一、广播栏目

《戏曲天地》广播戏曲专题栏目。2010年1月18日开播，昌平人民广播电台每天20:00播出，时长60分钟。该栏目以弘扬中华传统文化，尽显民族艺术瑰宝为宗旨，以重温梨园经典唱片为特色，精选播放戏曲作品中的优秀唱段，让听众声临其境地感受戏曲舞台上所体现的艺术境界和人物形象，感悟中国戏曲作品的艺术魅力，学习戏曲知识。栏目设置《粉墨人生》、《梨园留声机》、《戏迷俱乐部》、《梨园咚咚锵》等四个板块。

《与法同行》广播专题栏目。2009年1月开播，昌平人民广播电台每天上午7:50播出，时长10分钟。该栏目旨在向广大受众普及法律知识，解释法律规则，弘扬社会正气，警示违法行为。节目采取主持人与嘉宾对话的形式，讲述案发经过，追溯犯罪根源，诠释法律法规，点评案例争议，让法制观念深入人心，让知法、懂法、学法、守法成为人们日常行为的规范准则。所有案例均为本区发生的交通违法肇事、夫妻伤害赔偿、网络诈骗等刑事、民事案件。该栏目荣获2010年度北京市广播优秀栏目奖。

## 二、电视栏目

《古今昌平》电视专题栏目。2008年3月开播，北京电视台BTV公共·新闻频道昌平时段周三19：50首播，次日7:50、周五19:50、周六7:50重播，时长10分钟。该栏目以探寻人文古迹，留住文化根脉，传承历史文明，记录今日昌平为主旨，分系列多层次作梳理，使观众更多地认识昌平，从而激发热爱昌平，建设昌平的热情。截至2011年年底，共播出节目189期，其中“探秘十三陵”系列累计播出120期。

《真情故事》电视专题栏目。2008年8月开播，北京电视台BTV公共·新闻频道昌平时段周一19:50首播，次日早7:50、周三19:50、周四7:50重播，时长10分钟。该栏目以贴近百姓、贴近生活，弘扬主旋律为主旨。以人物为主线，讲述人与人、人与社会之间的真情故事；以平民姿态说百姓事、讲百姓话、让百姓说话，显示平淡中的伟大，琐碎中的崇高，展现人性的真、善、美。节目以情感人，以故事吸引人，以其真实、丰富的细节打动人。2011年共播出节目170期。该栏目中的“阳春白雪的故事”节目荣获中国广播影视大奖优秀电视节目奖，并荣获全国县级广播电视作品电视社教节目一等奖；“天堂的送行者”荣获北京广播影视奖专题片二等奖；荣获2010年度北京市电视优秀栏目奖。

《法治纪事》电视专题栏目。2008年10月开播，北京电视台BTV公共·新闻频道昌平时段周二19:50首播，次日早7:50、周四19:50、周五7:50重播，时长10分钟。该栏目旨在通过解析经典案例，讲述法理人生。以独特的新闻视角，真实纪录鲜活的法制案例，以案说法，帮助广大观众学法、守法、用法。2011年共制作播出节目160期，所选案例均为昌平区人民法院提供，既有邻里纠纷、财产纠纷、房产之争、情感纠葛等民事案例，也有交通肇事、入室盗窃、电信诈骗等刑事案例，其中有不少案例涉及农村。

《相约》电视访谈栏目。2009年8月开播，北京电视台BTV公共·新闻频道昌平时段每周六19:50首播，次日7:50重播，时长20分钟。该栏目以聆听心灵的细语，感受生命的悸动为特质，注重文化品格，彰显文化价值，通过人物访谈，历述嘉宾文学创作经历，寓情于事，倡导积极向上、乐观豁达的人生理念。节目面向关心地方文化事业发展的观众群体与有志于为昌平的文化建设作出贡献的专家，旨在提升大众文化素养。2011年共播出节目112期。

（北京市昌平区广播电视中心）

# 北京市密云县广播电视中心

## 一、广播栏目

《今日密云》广播专题栏目。密云县电台每周一7:10首播，时长20分钟。该栏目侧重于对密云的自然生态环境、历史文化和旅游业发展进行宣传，树立青山绿水生态密云的形象，努力为密云的物质文明、精神文明和生态文明建设营造舆论氛围。

《三农有约》广播专题栏目。密云县电台每周六7:10首播，时长20分钟。《三农有约》是密云电台对农宣传的精品栏目，着眼于密云县“三农”热点问题，聚焦农业发展、关注农村变化、反映农民生活，为听众随时了解密云的农业发展、农村环境变化和农民致富经验搭建平台。

《教育园地》广播专题栏目。密云县电台每周三7:10首播，时长20分钟。节目从学校教育、家庭教育和社会教育三结合的角度，着力宣传密云教育事业的发展成果。

## 二、电视栏目

《事事关心》电视新闻生活资讯类栏目。2006年1月开播，北京电视台BTV公共·新闻频道密云时段每周三20:11首播，周四重播；密云二套每周四首播，周五重播。该栏目始终以“发生在百姓身边、与百姓生活息息相关的事，就是我们关注的”为宗旨，围绕县委县政府的中心工作，尤其是为民办实事工程，解读政策、关注民生。栏目口号“事事关心，关心您身边的大事小事”已经在密云百姓中耳熟能详。该栏目成为密云电视台的名牌，收视率年年攀升。

《檀州大舞台》电视专题栏目。2008年1月5日开播。北京电视台BTV公共·新闻频道密云时段每周五、周六20:11播出，节目时长30分钟，《檀州大舞台》以“弘扬文化传统，挖掘文化底蕴，展示大众才艺，丰富百姓生活”为栏目宗旨，服务文化建设，实施文化惠民。依托音乐协会、曲艺协会、摄影协会等艺术团体，塑造文艺名人、名家、名品牌，实现文化活动广播电视化。

《经济一刻钟》电视经济专题栏目。1985年开播。北京电视台BTV公共·新闻频道密云时段每周一20:11首播，次日重播；密云二套20:11首播，次日重播。该栏目聚焦经济发展前沿，展示经济发展成果，宣传县委县政府的经济工作部署，引导高端化发展，助推品牌化经营。栏目覆盖全县17个镇、3个街道办事处，收视群体众多，是密云电视台电视专题品牌。该栏目荣获2010年度北京市电视优秀栏目奖。

（北京市密云县广播电视中心）

# 北京市延庆县广播电视中心

## 一、广播栏目

《延庆新闻》广播专题栏目。首播每天18:00，重播每天7:20、10:30、11:30，时长10分钟。该栏目是延庆电台的唯一一套新闻节目，围绕县委县政府的中心工作，分阶段开展宣传，一段时间一个重点，准确及时全面地反映了全县精神文明、物质文明和政治文明的情况。2011年全年共播出《延庆新闻》360期，播出稿件2600余篇。

《今日农村》广播专题栏目。2005年9月开播，首播18:10，重播20:40、7:30、11:40，时长20分钟。前身为《农村天地》，曾在2002年、2003年、2004年连续三年获北京广播影视优秀栏目奖。该栏目从单一的农业技术人员讲座，到为“三农”服务，以“三贴近”为原则，将视角放在农村的发展建设和农民的大事小情上，唤起了农民朋友的共鸣，2011年节目再次进行全新改版，改版后设《资讯快递》、《妫川新貌》、《信息大篷车》、《农博士走一线》、《妫川大舞台》五个板块。由于节目增强了时代性、参与性、互动性，加大了信息量，受到广大农民朋友的欢迎和好评。获2011年度广播影视系统“华彩杯”优秀栏目奖。”

《生活导航》广播专题栏目。2005年1月1日开播，首播18:30，重播21:00、7:50、12:00，节目时长20分。该栏目是一档生活服务类节目，为听众朋友提供生活资讯、健康指南、疑问解答、二手买卖信息等全方位的生活服务。节目以嘉宾访谈、现场报道、短信互动等多种形式，开办七年来，以时尚、轻松的节目定位和听众参与互动的节目形式，赢得了不同年龄段听众的喜爱,成为了延庆人民广播电台的品牌节目。栏目设置《生活一点通》、《健康指南》、《有问必答》、《1601信息服务台》、《大东说消费》五个板块。全年共播出162期，为听众提供二手商品信息服务达300余条。

## 二、电视栏目

《延庆新闻》电视新闻栏目。1991年1月开播，北京电视台BTV公共·新闻频道延庆时段周一至周五20:00首播，20:50重播，时长10分钟。该栏目内容包括时政新闻、社会新闻、简讯要闻、短讯快报，播出口号是“您所期盼的就是我们的希望所在，您所困惑的就是我们奋斗的目标，您所关心的就是我们关注的焦点”。

《一周新闻综述》电视新闻综述栏目。2002年6月开播，北京电视台BTV公共·新闻频道延庆时段每周六20:00首播，20:45重播，时长10分钟。该栏目通过集纳一周新闻重点，重新编排组合。集结各类信息要点，将客观评价与舆论引导融入其中，达到潜移默化而非直白说教的宣传效果。

《生活全方位》电视民生栏目。2005年1月1日开播，北京电视台BTV公共·新闻频道延庆时段播出，20:15播出，时长30分钟。每周一、三、五首播，二、四、六重播。栏目着重反映与百姓生命、生存、生活和生计息息相关的内容，大到形势政策，小到柴米油盐。栏目定位为延庆的经济社会发展服务，“有事找《生活全方位》”已经成为观众普遍的收视心理。2011年共播出156期节目，完成新闻制作1000余条，播出总时长达到4680分钟，帮助群众解决问题120件。

（北京市延庆县广播电视中心）

# 新媒体传播

2012/《北京广播影视年鉴》

——记录行业情况　服务业内和社会——

# 北京市广播电视新媒体发展情况

2011年，北京市广播电视新媒体通过资源整合，完善产业链，进一步推进数字付费电视、公交移动电视、城市楼宇电视、地铁移动电视、鼎视传媒电视、手机电视以及数字广播、网络电台等新媒体业务的发展和壮大，新媒体建设取得新的成效。

## 一、北京广播电视台直属新媒体

### （一）数字付费电视

数字付费电视由北京北广传媒数字电视有限公司承办，国有股份制性质。自2003年开办以来，进一步发挥“北广传媒数字电视节目集成平台”的技术优势，开展了视频、音频、数据业务等三大类的服务体系，产业发展形势良好。

《动感音乐》频道在播出

视频服务：开播自办付费电视频道《京视剧场》、《爱家购物》、《动感音乐》、《车迷频道》、《考试在线》、《优优宝贝》、《四海钓鱼》、《弈坛春秋》、《环球旅游》、《新娱乐》、《置业》11套，数字音频广播频道2套，其中覆盖全国6套，覆盖北京5套，每个频道每日24小时循环播出。

创办的优秀栏目有：《考试在线》频道的《高考易错题解析（2011版）》、《新概念英语精讲（第二册）》；《优优宝贝》频道的《谢宏真道理》；《置业》频道的《非常设计》；《环球旅游》频道的《画中话》；《车迷》频道的《名车档案》；《四海钓鱼》频道的《钓具博览汇》等，这些栏目受到观众的欢迎。

音频服务：开办了戏曲广播、爱家广播等2套付费广播频道。同时，还集成付费音频广播节目16套。

数据服务：开办了北京数字电视多媒体平台《北京之窗》。该平台为市民提供全面、权威、及时的电视政务服务，以及衣、食、住、行、游、娱、购等生活消费相关电视导购服务，采用“多路视频24小时轮播+互动图文”的播出方式，用户可自主选择观看节目或查询图文信息。《北京之窗》共设置“公益北京”、“首都政务”和“生活资讯”三个电视系列节目和五个图文栏目。其中，“公益北京”系列节目中的公益项目专题栏目《爱心公益行》、公益人物访谈栏目《真情手递手》和大型电视互动活动《爱心雨花》老年才艺大赛赢得了电视观众的普遍好评。

### （二）移动电视

移动电视由北京北广传媒移动电视有限公司承办，国有股份制性质。自2004年5月28

日开播以来，成功搭建了公交电视、出租车电视、社会车辆电视等媒体平台，充分发挥出发布政府政令、城市信息、城市预警等社会公共信息的传播优势。

《移动直通车》栏目片头

移动电视采用先进的DVB-T数字电视地面广播技术进行传播，由中央电视塔统一发射无线信号，全网络终端同步接收，实时播放节目。节目包括新闻资讯、时事热点、时尚娱乐等，每天播出时间17小时。全网络已在中央电视塔、京广中心、名人广场、491发射台建设了一主三辅四个数字发射机站，并完成多个信号直放站建设，形成全面覆盖北京六环路以内地区的地面数字电视单频网，日覆盖受众超过1300万人次。

2011年，移动电视坚持“三位一体谋品质提升，苦练内功促管理升级”的工作方针，积极落实各项指标及经营计划，继续加强与北京市公交集团合作，完成1000辆新换装公交车相关设备的采购，公交电视终端屏幕总量达1.15万块。

为提高节目栏目质量，进一步加强节目建设，年内改版播出的节目栏目有：《整点播报》、《移动直通车》——路况直播、《环球财讯》、《财经快车》、《剧情推动力》、《北京空气质量播报》、《绿动北京》、《畅行北京》、《百姓就业》、《数说北京》、《96310》、《一路同行》、《教育纵横》、《国家大剧院》、《环球影讯》、《演艺罗盘》、《全球娱乐通》等20余个，实现“资讯性、新闻性、服务性、娱乐性”为一体，受到首都市民的欢迎。

**（三）城市楼宇电视**

城市楼宇电视由北京北广传媒城市电视有限公司承办，国有股份制性质。自2005年开播以来，成功搭建了楼宇电视联播网、户外大屏电视联播网媒体平台，充分发挥出发布政府政令、城市信息、城市预警等社会公共信息的传播优势。

《城市播报》栏目片头

楼宇电视采用先进的DVB-T数字电视地面广播技术进行传播，由中央电视塔统一发射无线信号，全网络终端同步接收，实时播放节目。节目包括新闻资讯、时事热点、时尚娱乐等，每天播出时间17小时。联播网终端分布在北京市政府机关、金融系统、医疗系统、商业系统、餐饮休闲等数十个行业。户外大屏电视联播网是一个户外LED大屏幕电视的联网播出平台，巨型LED大屏电视分布于城区重要商业地点和人流聚集区，以丰富的内容和震撼的表现力让大众体验强烈的视觉感受。该网是世界上首个将电视台播出技术应用于户外大屏的传播载体，具有极高商业潜质。

2011年，城市楼宇电视终端屏幕总量达8400块，户外大屏幕电视建设进一步推进，中汇大屏于2月1日亮屏试运行，富力城大屏项目于4月下旬正式签约，至年底，户外大屏幕电视达10块，已经形成规模化、产业化的新媒体发展格局。

为提高节目栏目质量，进一步加强节目建设，年内改版播出的节目栏目有《城市播报》、《图片新闻》、《体育新闻》、《演艺罗盘》、《我的工会我的家》、《书香北京》、《城市之家》、《百姓就业》、《中歌榜》、《消防小提示》、《文明礼仪宣传片》、《廉政公益片》、《教育新闻》、《城市院线》、《环球财讯》、《96310纪事》等二十余个，实现“资讯性、新闻性、服务性、娱乐性”于一体，受到首都市民的欢迎。

**（四）地铁电视**

《环球财讯》栏目片头

地铁电视由北京北广传媒地铁电视有限公司承办，国有股份制性质，于2007年1月与北京市地铁运营有限公司共同组建。地铁电视配备先进的技术资源和优质的节目运营资源，成功搭建了政府的公共信息平台、城市的应急服务平台、市民的生活资讯平台和企业的理想广告平台。

地铁移动电视于2010年8月10日试播成功，播出时间与列车运营时间同步，日播出17小时。地铁电视与公交车、楼宇和户外大屏幕电视组成联播网，内容涵盖新闻资讯、生活服务、法制、娱乐资讯和公益宣传等，具有节目短小精悍、时效性强、信息量大的特点，受到首都市民的欢迎。

2011年，北京北广传媒地铁电视有限公司继续加大地铁电视的建设力度，在原有线路1、2、13、5、10号线、八通线和奥运支线的基础上，又相继开通了亦庄线、昌平线、房山线和15号线四条线路。新增线路的列车车载电视终端数量达到3404块，站台站厅地铁电视终端数量达到4153块，总量达到1.5万块。此外，还完成了八通线土桥车辆段车库场强覆盖、1号线古城车辆段车库场强补充覆盖、2号线太平湖车辆段车库场强补充覆盖 、1号线四惠四惠东区间信号补强覆盖等工程，让地铁电视信号的覆盖面得到了进一步的加强。同时，在节目制作上不断创新，按照“短、平、快”的原则，在原节目均为引进节目的基础上，增加集成、自制节目，如各类宣传片、广告、预警字幕提示等。据统计，集成、自制节目已经占到播出节目总量的60%。

**（五）鼎视数字电视**

鼎视数字电视由鼎视数字电视传媒有限公司承办，国有股份制性质。鼎视数字电视是节目集成传输型的电视新媒体，自2005年运营以来，向全国数字电视用户家庭提供付费电视节目。

鼎视数字电视传媒公司展台

2011年，鼎视传媒继续扩大节目落地区域，加大市场推广力度，尝试建立有效的销售网络，共集成传输33套数字标清、5套高清卫视节目。集成传输频道的总量规模在全国四家同类公司继续排名第二。节目产品已在196个区域落地销售，覆盖有线数字电视用户8113.21万户，约占全国现有有线数字电视用户数的76%；部分电视购物频道在81个地区落地播出，覆盖有线数字电视用户5130.5万户。

传输的33套数字标清节目有："鼎视多"节目包、"鼎视家和"节目包、"鼎视风尚"节目包、"鼎视单选频道"和"鼎视自选套餐"等，共包含《四海钓鱼》、《收藏天下》、《证券资讯》、《家庭健康》、《时代家居》、《时代美食》、《时代出行》、《时代风尚》、《碟市》、《职业指南》、《家庭理财》、《车迷》、《读书》、《新娱乐》、《环球旅游》、《人物》、《考试在线》、《快乐宠物》、《优优宝贝》、《财富天下》、《家政》、《电子体育》、《数码时代》、《中国气象》、《百姓健康》等25个数字付费频道。同时，还为《快乐购物》、《央广购物》、《优购物》、《时尚购物》、《风尚购物》、《家有购物》、《家家购物》、《环球购物》等8个数字电视购物频道提供集成传输及发行服务。传输的五套数字高清卫视节目有：北京卫视、湖南卫视、深圳卫视、广东卫视、黑龙江卫视。

（六）CMMB电视

CMMB电视由北京中广传播有限公司承办，负责北京地区的建设和运营，国有股份制性质。

2011年，CMMB电视在北京地区已建成大功率单频网站点23处，包括市区14个、郊区县9个，160余室外小功率直放站和200余处室内小功率直放站点。五环路内信号覆盖率达到98%，郊区信号覆盖率达到78%。与北京移动合作营销发展手机电视37.39万户，发展"晴彩中国"单向终端用户约12万户。节目内容平台转播CCTV-1、CCTV-5、CCTV-新闻、BTV卫视、"晴彩电影"、"晴彩天下"6个频道，自办"晴彩北京"综合频道。"晴彩北京"综合频道于2011年7月28日试播，每天播出18小时，开设有《晴彩城事》、《天天体育》、《这里是北京》、《晴彩天下》、《晴彩生活》、《晴彩文艺》、《首都经济》、《天下财富》、《开心一刻》、《晴彩金声》等21个核心栏目。此外，该频道还直播重要的体育赛事和重大活动，运用专门制作的页面及时发送政府的应急信息，发挥政府应急广播的强大功能，满足随时随地收看的需求。

CMMB"晴彩北京"频道试播

（北京广播电视台办公室）

## 二、北京人民广播电台新媒体

### （一）DAB数字广播

北京人民广播电台DAB数字多媒体广播于2005年3月开始试运行，2006年9月正式开播，2010年正式开始利用推送式广播技术播出音频和图文节目。2011年，DAB数字多媒体播出数字音频广播节目17套，视频节目5套。

2011年发展成果和主要工作是：

1.技术成果和信号覆盖取得新的进展。自主创新的推送式广播服务自2010年试播以来，已拥有12000多测试用户，获得了媒体及用户的广泛关注和好评。推送式广播系统于2011年4月正式取得国家技术专利，并获得“2010年度北京市广电系统科技创新奖”一等奖、“2010年度全国广电系统科技创新项目”一等奖、“BIRTV国际广播电影电视设备展”产品奖。在扩大信号覆盖方面，于2011年1月建成北京广播大厦发射点，有效覆盖CBD区域，并消除崇文门、方庄等区域的覆盖盲点。重点加强了房山、昌平、通州三个城区发射点的建设。全市已完成中央广播电视塔、名人、双桥、顺义、大兴、延庆、怀柔、密云、平谷、房山、广播大厦等11个发射点的建设，覆盖率达80%以上。

2．开展终端开发和前端完善工作。结合用户反馈与测试情况，开发出二代听立方终端。与一代听立方终端相比，二代听立方终端具有操作更便捷、信号更稳定、待机时间更长、处理速度更快等优点。此项工作，主要与北京海尔集成电路有限公司进行了DAB1.5M带宽的信道解调芯片的研发、测试，与深圳爱的声电子研讨了新一代DAB推送式广播终端机的生产事宜。此外，推送式广播在iphone终端的应用已经通过苹果公司的App程序审核，可使用户在多终端上接收推送式广播节目。

3．对推送式广播节目进行改版。1月，与飞渡财经建立了投资俱乐部信息频道；3月，与捷达旅游建立了捷达旅游图文频道；5月与北京移动合作建立了12580资讯信息频道。改版后频道的特色更加鲜明，节目内容更加丰富。截至2011年年底，推送式数字广播播出的节目包括17套实时音频广播节目、14套专业频道、25大类非实时音频节目、4大类资讯信息（涵盖音乐、戏曲、相声、评书、小说、时事、访谈、读报、教学、养生、亲子、英语、财经、旅游等类别）、4套视频节目及1套图文广播。

4．建立节目和广告业务两个子系统。对推送式广播前端播出系统进行了调整，将节目信息与广告业务进行分离，确保节目信息与广告业务相互独立，使整体业务运营工作更加清晰、明细。通过测试，汇集各方反馈意见重新制定了广告业务规范，丰富了广告业务子系统的功能，将原有的单一式广告形式扩展为立体式广告形式，满足各类数字广播节目的播出和商务运营需求。

5．探索商业运营模式取得成效。针对推送式广播广告灵活多样的特点，除传统广播广告外，图文广告可依靠专业集团客户实现销售，而彩信下发广告可依靠大众消费服务类商家客户实现销售。针对专业集团定向信息投递需求，分别与中国银行、太平洋保险、北京市政协、北京市科协等单位初步建立了客户合作关系；与大众消费服务类商家，如商超零售、餐饮美食、美容养生、婚纱摄影、宠物护养、企业培训机构等商户建立了客户关系。这些探索取得了一定实效和收益。

6．开展数字广播和听立方宣传活动。通过北京电台主持人评选活动、北京科技周科技成果展、BIRTV国际广播电影电视设备展等途径，组织了北京数字广播投资俱乐部的多次活动，扩大了数字广播的影响力，使更多的人了解数字广播和听立方。

（北京电台悦龙数字广播传媒科技有限公司）

### （二）北京交广传媒有限公司新媒体业务

北京交广传媒有限公司新媒体业务系北京人民广播电台开办的另一个“公众服务信息平台”。北京交广传媒有限公司成立于2006年3月，隶属于北京电台旗下的北京广播公司，2008年7月正式面向公众提供服务。

“交广传媒”整合以北京电台交通广播为主的强大资源，进行媒体产业化建设和多元化经营业务。主要包括数字广播媒体运营、智能交通技术研发及运营，移动新媒体终端研发及应用（新媒体机），基于CIF的客户资源管理和附加金融支付与消费增值功能的会员卡服务（易通卡），具备车辆、交通、日常消费引导、政务、商务信息咨询功能的呼叫中心，车险、救援、维修保养、美容装饰、汽车用品、二手车交易等项目的汽车服务，以公关活动及自驾游为主体的汽车文化活动，北京交通广播官方网站www.fm1039.com运营以及“1039”系列品牌产品的开发与经营。2011年北京交广传媒1039新媒体得到快速发展，在行业领域内创造了诸多优秀成果，并取得良好的市场成绩。

1．运营开发1039ETODAY多媒体机。1039多媒体机是除IPad外全球第一家采用全视角IPS液晶屏的平板电脑，同时采用全球最先进的NVIDIA双核A9 CPU-Tegra 2处理器，并有双USB接口，支持移动硬盘、1080P全高清视频播放等新技术。1039Pad-P3采用与IPad完全相同的9.7英寸IPS硬屏，而配置与功能方面，尤其在办公应用（预装全面兼容微软Office办公软件）、视频播放（支持Flash）、网络接入等诸多方面在行业内全面领先。中国Pad——1039Pad！打出了中国Pad的口号，完美诠释了从中国制造到中国创造的发展理念。

2．运营开发1039导航仪N50。N50标配5英寸液晶显示屏并采用镜面设计，16:9的黄金比例及480×272分辨率，保证良好的对比度和较高的清晰度，机身背部采用树脂耐磨防震材质设计，不但美观大方而且能为用户提供相当舒适的手感。在扩展接口方面，音频、USB以及支持TF存储的卡槽一应俱全，并且机体内置了大容量的存储空间满足用户需要。升级以后的N50采用图吧智能导航软件，四维最新地图，支持内容更新，查询范围更广。此外，还强化了全国限速提醒、MP3、MP4以及多款游戏等娱乐功能。

3．运营开发新媒体手机。新媒体手机为智能手机，其使用WINCE操作系统，内置加速芯片，除了拥有其他手机所有的所有基础功能外，还支持大屏幕触摸功能及mini USB标准接口、蓝牙、WIFI、USB host、GPS导航、路况信息、数字电视等强大功能，内置8G存储，是注重方便、快捷、获取互动信息的时尚群体的最佳之选。

4．运营开发Fm103.9 App 以及安卓应用。此款产品是针对苹果、安卓系统的客户端应用软件，苹果以及安卓用户下载并完成软件安装后，便可以通过客户端实时收听FM103.9节目、查看当日节目表。后期Fm103.9 App还会不断更新版本，增加客户端实现实时互动、查看节目资料等功能。

（北京交广传媒有限公司）

## 三、北京电视台BTV手机电视

2011年，北京电视台BTV手机电视全面接入中国移动、中国联通、中国电信三大运营商视频平台。受北京本地地网牌照所限，接入全网运营商平台的形式是以内容提供方的形式完成的。自主运营的主要是北京移动视频平台、北京联通视频平台以及以客户端为形式的苹果商城和3GBTV平台。见下表：

| 平台 | 接入运营模式 | 覆盖范围 | 用户数（截至2011年9月） | | 备注 |
|---|---|---|---|---|---|
| | | | 包月用户数（人） | 浏览次数（次） | |
| 北京移动 | 自主接入运营 | 北京地区 | 2460 | | |
| 北京联通 | 独立计费点自主运营 | 北京地区 | | | 需与华数传媒（全网牌照方）分成。11月初开始运营 |
| 中国移动 | 通过央广视讯 | 全国 | | 113,182次 | 内容提供 |
| | 国视传媒接入 | 全国 | | 51,000次 | 内容提供 |
| | 人民视讯接入 | 全国 | | 30,000次 | 内容提供（娱乐类） |
| 中国电信 | 通过央视接入独立计费点自主运营 | 全国 | 2294 | | |
| 中国联通 | 通过央广视讯接入wap业务 | 全国 | | 120,000次 | 内容提供 |
| | 自主接入联通iphone业务 | 全国 | | 200,000次 | |
| BTV手机电视苹果客户端 | 独立接入运营 | 全国 | | 830万次/月 | |

### （一）BTV手机电视经营

产品类型主要包括与移动运营商及牌照方合作的视频业务、自有平台的手机视频业务以及信息服务业务三块。运营商业务在移动、联通、电信等平台上的手机视频业务主要有直播、点播、生活服务等频道，直播包括北京电视台10套现有的电视节目，点播则包括影视、娱乐、新闻、体育、音乐、财经、动漫、生活、法治、综艺10个分类，细分栏目如下：

| | |
|---|---|
| 影视 | 尖端影院、全景剧场、宣传片 |
| 娱乐 | 名人趣谈、娱乐资讯、笑翻天、大大娱乐 |
| 新闻 | 焦点播报、时政要闻、百姓身边事 |
| 体育 | 体育资讯、天天体育、全民健身 |
| 音乐 | 新歌速递、老唱机、影视金曲 |
| 财经 | 股市行情、经济报道 |
| 动漫 | 经典剧集、快乐天地、酷乐地带 |
| 生活 | 生活时讯、美食、时尚阶梯、四海漫游 |
| 法治 | 焦点案例、现场说法、法制进行时 |
| 综艺 | 书香北京、网络春晚、大剧院 |

### （二）自有平台视频业务

IPHONE客户端业务主要内容涵盖新闻、综艺、娱乐、影视、财经、生活、体育、法治、音乐、北京特色节目及大型独家栏目，为用户提供各类视频内容的直播（北京卫视、青少频道、生活频道、财经频道、影视频道、科教频道、文艺频道）、点播、下载的服务。苹果用户通过App Store搜索“BTV手机电视”客户端下载安装，即可收看。3GBTV业务是京视中信公司打造的“集流媒体手机电视、无线互联网（CMNET）、无线增值业务为一体的全新的综合视频服务平台”。用户登录www.3gbtv.com，即可以收看北京电视台10套直播节目。除直播、点播外，还将要开通以关注百姓日常衣食住行为主的相关服务，包括健康、随身理财、旅游万事通、电子书城、电子商务、阳光政务等。财经客户端是京视中信专为BTV财经频道打造的一款手机客户端，提供BTV财经频道电视直播、财讯中国视频点播等免费内容。提供收费的理财产品包括，包括翔龙八涨、一阳指等。

CMMB数据广播内容业务与中广传播北京公司合作的一项数据广播业务，用户通过CMMB手机内置的客户端即可收看《晴彩生活》板块。主要内容如下：

| 一级分类 | 二级分类 | 采用模板 | 内容提供 | 备注 |
|---|---|---|---|---|
| 首页 | 尾号限行 | 首页合并模板 | 北京 | |
| | 小贴士 | | 北京 | |
| | 最新内容 | | 北京 | |
| 时尚 | 衣饰 | | 北京 | 附加:《时尚装苑》 |
| | 手机 | | 北京 | 附加:《在线e起来》 |
| 美食 | 餐饮(餐厅推荐) | | 北京 | |
| | 食全食美 | | 北京 | |
| | 馋嘴小吃 | | 集团 | 附加:《魅力周末》 |
| | 优惠券 | | 集团 | |
| | 菜价 | | 北京 | |
| 居家 | 装修 | | 北京 | 附加:《生活+》 |
| | 房屋 | | 北京 | |
| 出行 | 交通 | | 北京 | 附加:《我爱我车》《超级出租车》 |
| | 汽车 | | 北京 | |
| | 红绿灯 | | | |
| | 出行查询 | | 集团 | |
| 商旅 | 旅游 | | 北京 | 与《四海漫游》合并 |
| | 风景 | | 北京 | 与《京郊大地》合并 |
| | 京郊大地 | | | 附加:《这里是北京》 |
| | 四海漫游 | | | |
| | 去哪儿 | | 集团 | |
| 购物 | 商城 | | 北京 | |
| | 团购 | | 北京 | |
| 娱乐 | 演出 | | 北京 | |
| | 影视 | | 北京 | |
| 健康 | 医疗 | | 北京 | 附加:《养生堂》 |
| | 问诊 | | 北京 | |
| | 咱爸咱妈的美好时代 | | | |
| | 健康北京 | | | 附加:《健康大智慧》 |
| | 健康生活 | | | 附加:《快乐生活一点通》、《生活大调查》 |
| | 孝亲工作室 | | | |
| | 健康服务 | | 集团 | |
| 科教 | 科技 | | 北京 | 附加:《科学实验室》、《在线e起来》 |
| | 教育 | | 北京 | 附加:《中华文明大讲堂》 |
| | 法制进行时 | | | |
| | 魅力科学 | | | |
| 人才 | 人才招聘 | | 集团 | |
| | 职场 | | 集团 | |

**（三）信息服务业务**

除手机视频外，自有平台还大力发展用户急需的贴身信息服务业务，主要包括健康信息、随身理财、电子书城、电子商务等。

**（四）盈利模式**

主要有两种：第一种是单次点击或包月收费，主要针对与移动运营商合作的业务，通过其收费系统，对用户进行点击或包月收费，然后进行分成，分成比例多为50%:50%（其中移动所获比例为60%）。若作为CP提供内容给其他全网平台，则所获分成比例约为总收入的25%－30%。第二种盈利模式是与移动运营商深度开发项目，获得分成或运营商提供费用，如联通的视频手机报项目。截至2011年，收入较2010年同期同比增长102.4%。

（北京电视台京视传媒有限公司）

## 四、北京广播网情况

北京广播网创办于2001年8月22日，是北京人民广播电台对外宣传的官方网站。2011年，北京广播网利用建网十周年的机会举办系列活动，推出全新的个性化电台——北广菠萝台，邀请各级领导以及业内权威人士对网站发展进行全面梳理，不仅提高了电台官网知名度，同时也明确了发展思路。北京广播网多次与门户网站联动，共同策划举办社会活动，制作的节目在社会评奖活动中也有所斩获。北京广播网的世界网站平均排名在3800名左右。

**（一）舆论引导求“正”、求“雅”**

北京广播网作为北京电台宣传业务的组成部分，担当主流媒体面向新媒体的舆论引导任务。2011年共完成“建党90周年”、“辛亥百年”、北京“两会”、全国“两会”、“走基层、转作风、改文风”、“中国共产党第十七届中央委员会第六次全体会议”等近百项重大政治生活事件的报道，其中以网络专题形式报道的有60余个。2011年1月至2月，与新浪、搜狐等16家网站联合举办“网络过大年·中华年夜饭”活动，展现老北京民俗民貌，弘扬传统文化。春节期间，该专题点击超过18万人次，视频点击量达到118,890次，音频点击量达到20,031次，论坛留言数达到46条。由于北京广播网所报道内容的信息量和互动性均较为突出，被北京市互联网宣传管理办公室和北京网络媒体协会授予“最佳节目制作奖”。

**（二）网络电台求“新”、求“变”**

2011年8月22日，北京广播网菠萝台（bolo.rbc.cn）上线。菠萝台是全国首个支持多路广播节目混排、自定义各节目播放时间且节目内容时时更新的网络电台，它所搭建的个性化网络音视频分享平台，将广播节目的选择性收听转化为主动收听，将传统广播节目与网友个人创意相结合，从而激发网友的参与热情和创作激情。

菠萝台囊括北京人民广播电台全部16套广播频率的600余档直播、回放节目及北京广播网“听吧”中的内容。用户在这一庞大的音频资料库中自由定制喜爱的节目，形成专属的菠萝电台；网友可以对每个菠萝台进行评论或推荐。截至2011年年底，已有3500位“菠萝蜜”（菠萝台用户）建立了1600多个菠萝台，总收听量达7.6万次，频道点击量超过300万次。

北京广播网菠萝台首页

**（三）原创推荐求“独”、求“广”**

北京广播网全面分析电台在互联网业界的优劣势，实施广播与网络融合战略。

首先，努力挖掘专业广播节目音视频资源，按照互联网传播特点对全台十余档新闻、社教、娱乐节目进行日常深加工，使广播网首页资讯的原创比例比上一年度增加了60%。配合电台大型活动和重大事项采访制作视频新闻或者花絮报道，全年共制作原创视频短片300多个，总播放次数382万次。其中《厉小法追星聊公益，五阿哥点评新还珠》的单段视频的点击量三周达到18.9万次，深受网友好评。

2011年，北京广播网面向手机及平板电脑用户开发客户端程序，已开发完成的苹果和安卓直播客户端，累计下载量超过18万人次。2011年6月与北广传媒移动电视进行内容合作，在公交电视平台上开办电台视频节目《北播秀场》，至年底共播出20余期，每周累计播出时长达70分钟。2011年10月，与新浪、搜狐等网站签订战略合作协议，定量推送北京电台原创内容以及品牌活动，提高各专业广播以及北京广播网的知名度。

**（四）技术支持求“稳”、求“快”**

2011年，在保证网络安全无事故的基础上完成多媒体发布及播送平台项目的建设，整合北京广播网的优势多媒体资源，提高编辑工作效率，使北京人民广播电台在网络编发系统研发领域迈上一个新台阶。另外，优化现有基础设施，完成广州IDC及廊坊IDC的网间加速设备的测试工作，虽未增加带宽投入，但平均传输速率提高了三倍左右。

**（五）品牌活动求“炫”、求“实”**

2011年，北京广播网品牌活动覆盖人群逾百万，活动内容符合互联网受众特点，提高了北京电台及其官方网站的社会公信力和舆论影响力。

2011年5月20日至21日，北京大学主办、北京广播网协办了“互联网与社会：挑战、转型与发展”国际会议。2011年8月22日，北京广播网主办了“全媒体传播与新媒体变革：使命、愿景及发展——北京广播网十周年论坛”，互联网业界领军人物、专家及从业人员出席论坛并发言。《中国日报》、中新社 、新浪网等全国四十余家媒体报道了本次论坛活动。2011年4月22日至6月21日，北京广播网与爱家广播、搜狐母婴频道合办了“用爱点亮童年”第二届亲亲宝贝网络视频征集活动。活动报名人数达2200多人，共收到上传视频600多段，网络专题浏览量近29万次，在百度关键词展现超过72万次。由北京电台和共青团北京市委员会联合主办、北京广播网和青檬网络电台承办的“歌声与微笑”——2011第六届北京高校青春歌会于2011年10月15日至11月27日举办，活动覆盖45所在京高校、50万高校学生群体，来自国内外的800名学生歌手报名参赛，活动网络专题的点击量突破70万次。

（北京电台网络信息中心）

# 科技发展

2012/《北京广播影视年鉴》

——记录行业情况　服务业内和社会——

# 北京市广播电视系统科技项目鉴定和获奖情况综述

北京市广播电影电视局转播站工作总结会

2011年，全市广播电视系统以安全播出工作为重点，进一步加强科技创新与新技术应用，科技工作取得了新的成绩。

**一、八个科技项目技术鉴定获得肯定**

北京市广播电影电视局科技委组织国家广电总局和广播电视系统专家对《北京市高清交互数字电视需求与发展战略研究》、《北京市广播影视媒体资产管理共享交换平台》、《北京电视台网络化节目制播体系在线全面高清化改造》、《北京电视台制播网数据安全交换系统》、《北京电视台广告业务管理系统(BAMS)》、《WAP网站视听节目传播监管系统》、《宾馆饭店视频点播监管系统》、《数字电视内容集成和分发系统技术研究》等八个科技项目进行鉴定，专家认为在技术上有所创新，达到国内领先或先进水平。

**二、一批广播电视节目获技术质量奖**

经北京市广播电影电视局推荐参加国家广电总局2011年度广播节目技术质量奖（金鹿奖）和电视节目技术质量奖（金帆奖）评选的节目，在金鹿奖评选中，获得一等奖5个、二等奖2个、三等奖6个，北京人民广播电台获得综合奖；在金帆奖的评选中，获得一等奖3个、二等奖3个、三等奖4个，北京电视台获得综合奖。

**三、一批项目获2010年度国家广电总局科技创新奖**

北京市广播电视系统获得高新技术研究与开发奖一等奖1个，科技成果应用与技术革新奖一等奖1个、二等奖2个，工程技术奖二等奖1个，软科学奖二等奖2个，论文奖二等奖1个、三等奖1个，广播类科普作品奖一等奖2个、二等奖1个，影视类科普作品奖二等奖1个、三等奖3个等，共计17个奖项。

**四、一批项目获2011年其他全国性的评奖**

在2011年度中国新技联科技论文奖的评

奖工作中，获一等奖1篇（北京电视台），二等奖2篇（北京电视台）、三等奖5篇（北京电台3篇、北京电视台2篇）。在第五届“王选新闻科学技术奖”获奖项目中，获得一等奖2个（北京电视台1个、歌华有线公司1个），二等奖2个（北京市广播电视监测中心1个，顺义区广播电视中心1个），三等奖1个（北京市广播电视监测中心）。在中国电影电视技术学会的影视科技优秀论文评选中，北京电视台获得一等奖1个、二等奖2个、三等奖2个。

**五、一批广播电视节目获“华彩杯”技术质量奖**

广播节目分别按语言、音乐、戏曲、片花、环绕声和广播剧等参评，评出北京广播电视奖中的技术质量一、二、三等奖节目20个，通州区广播电视中心获得综合奖；电视节目分别按标清新闻、专题、综合问题、高清新闻、专题、综艺、声音和视频图形片头等参评出一、二、三等奖节目37个，房山区广播电视中心获得综合奖。

（北京市广播电影电视局科技处）

# 北京人民广播电台新技术应用和设备改造情况

2011年，北京人民广播电台圆满完成了安全播出、技术保障、技术建设和改造、技术管理和服务等各项工作任务。

**一、安全播出和技术保障工作**

1.保障了9套开路广播节目的播出，全年累计播出时间共计62692小时，停播率为2.2秒/百小时，可用度为99.9993%。同时还保障了15套有线调频广播、16套数字广播和DAB广播中的4套多媒体视频广播、17套数字音频广播的播出以及其他数据业务。通过技术系统的不断升级改造，设备的科技水平不断提高。全年四个季度测试播出通路运行技术指标均达到甲级标准，在国家广电总局“金鹿奖”评比中荣获播出技术质量一等奖和综合大奖。

2.全年通过光缆、ISDN和电话线路等传输方式完成台内、外大型实况转播、录播137场次，包括“北京市两会”、《城市零距离》市民对话一把手系列节目、“春节特别节目”、“汶川地震三周年特别节目”、“北京国际啤酒节”、“北京国际商务节车展”、“北京电台第五届听众喜爱的主持人颁奖典礼”、“交通广播台庆晚会”等。

3.全年对18个录音机房、35个小录制机房、全台所有的音频工作站系统、300套采访机以及所有会议扩声设备实施技术保障和维护；完成录制12小时春节节目；完成为春节期间调用添加的120个约60小时节目；完成台外录音、扩声24场次及会议室扩声170场次；完成每年例行的中考、高考等英语听力试题录制、播出的技术保障工作；完成音乐广播多次转播或录播境内外大型音乐会的技术支持工作。

4.重要保障期前夕，技术部门都要组织相关人员利用夜间停机检修时间，按照《北京新闻录制播出应急预案实施步骤》进行实操演练；协调有关部门，对电台播控中心两路供电系统进行全面检查；对发电机组进行维护保养，并实施启动实验，确保在意外断电情况下，2秒钟内自动发电提供技术用电；804发射台特别组织了汛期应急演练，并对两副中波天线的整体结构和拉线进行了全面检查和维护。

二、技术建设和改造项目

1.完成的播出系统技术建设和改造项目包括：外语广播网络播出机房的安装和文艺广播、城市服务管理广播播出机房升级改造工程，三个机房分别于2011年3月1日、8月16日和12月20日正式投入使用；气象局直播机房的播出、制作系统升级和更新。

2.完成的计算机软硬件及网络系统技术建设和改造项目包括：主楼2层新网络机房的基础设施建设，并开始投入使用；网络机房UPS电源电池组的更换；台内无线网络的搭建、调试工作，并在技术楼4层、主楼16层铺设了无线路由接入点，对无线接入进行了测试工作；音频制作系统指纹认证软件的开发，并在节目制作中心开始试运行；根据需求，新版采编平台增加了外网远程访问功能，添加了手机版等功能；继自行研发技术服务热线计算机登记软件后，又先后研发出主控机房设备状态记录软件及皂君庙调频发射台值班登记软件；各网络设备、应用软件、数据库的维护工作。更换新台式计算机近110台、便携式笔记本电脑53台，打印机11台；网络机房更新服务器9台，新增6台，更新磁盘阵列柜两个。

3.完成的录制、扩声系统建设和改造项目包括：对两个（109，209）专业录制机房模拟系统进行数字化升级改造，调音台更替为AIR3000系统；对143套采访机进行验收、设置和测试工作；安装调试43台笔记本工作站及56套桌面音频工作站。

4.完成的传输发射系统建设和改造项目包括：皂君庙调频发射机房（以下简称皂君庙机房）加装玻璃隔断，将值班区与设备区分隔开；继完成建外至中央发射塔、皂君庙机房微波机更新改造后，又进行了编解码器的更新置换，使微波传输系统设备全面更新；100.6MHz和107.3MHz调频同步广播系统备份改造工作；皂君庙机房的三工器安装并多次进行测试调整，机房UPS电源电池、电风扇更换工作，机房内各部发射机馈管的加固工作；102.5MHz在804台建立备用发射站点的安装调试以及远程遥控功能试机考验工作，实现了各个调频频率的发射站点都具备了异地互备的能力，提高了广播发射部分的安全可靠性；完成广播大厦第一演播厅（900$m^2$）到主控机房的音频传输光端机的更换、调试，并铺设转播专用音频电缆和连接线盘；协助歌华有线公司对台内共用天线系统干路进行升级改造，并对全台各科室电视机进行调试；对台内播出区、皂君庙机房播出区监控系统进行全面的升级改造；804发射台对中波发射机泻雷线路进行了改造，解决了雨季遭雷击时发射机掉高压的问题。

5.配合市广电局完成调频广播“村村通”无线覆盖项目验收工程，即北京DAB数字音频广播单频覆盖网扩容工程。继续完成各远郊站点的项目咨询准备、站点勘查、覆盖规划总体设计、系统设计、招标采购、安装调试、覆盖测试等一系列工作。

三、技术管理与服务

重新修订并完善质量管理体系中有关技术方面的管理规定及相关文件；完善工作流程作业指导书；每月从全台约210个独立节目中选取60余个节目对节目技术质量进行监听考评，并定期公布排名情况；继续为数字广播推送式业务提供项目实施所需要的技术支持；为台属各部门完成所需技术设备的咨询、选型与购置工作；完成电台技术工作年会的组织以及各种技术奖项的报送工作。完成对主持人、值班员培训与考核共计80人次。

（北京电台总工办）

## 北京人民广播电台“制、播、存”一体网应用情况

截至2011年年底，北京人民广播电台音频录制工作站和审听工作站约有技术设备210台；播出工作站约有30台，各直播间及主控机房播出工作站全部采用一主一备的工作方式，承担全台16套节目的播出；存储阵列19个，担负存储9个专业广播音频数据及音频素材，总容量约75TB。在保持电台音频业务网原有网络结构不变的情况下，从安全播出的角度出发，针对现有“制、播、存”一体网的不足，从四个方面对系统进行了软、硬件的升级改造。

1．自1998年使用“制、播、存”一体网以来，一直使用Access数据库。随着播出节目数量的不断增加、数据库信息量的加大，很多功能已不能满足使用需求。在这种情况下，联合软件开发商，基于SQLserver数据库，开发了S1版广告系统。经过反复修改及测试，在文艺广播率先升级。2011年，完成了北京电台九个专业广播中的五个广告系统升级工作。

2．随着各专业广播节目的调整，音频数据的存储量不断加大。2011年年底，完成了部分音频网数据磁盘容量的扩容工作。采用单片容量为450GB的磁盘，使每个阵列总容量达到6.3TB。扩容后，各专业广播音频节目存储容量由原来的800GB达到1.2TB，最大限度地保证了播出安全。

3．为了更好地管理音频网络，完成了音频制作软件指纹认证系统的研发工作，并在节目制作中心开始试运行。通过对电台节目制作人员进行验证，保证了音频网制播节目的安全。同时在音频网配合安装杀毒软件，使网络环境朝着更健康、更安全的方向发展。

4．更换了工作时间较长、稳定性较差的服务器9台，新增服务器3台、存储阵列2台，更换录制工作站30余台、播出工作站10台，保证了网络设备的运行稳定可靠。

（北京电台技术中心）

## 北京电视台新技术开发应用情况

2011年，北京电视台进一步加强高清电视、3D电视、IPTV集成播控平台等的建设力度，全台新技术开发应用工作取得新成果。

### 一、推进高清二期项目建设

2011年，高清项目组开始开展高清二期项目建设，组织召开项目组例会及专题

会共25次；配合进行了高清一期8大项、34小项、42包的验收测试；完成高清二期7大项、37小项中27小项的技术方案深化设计；协助完成高清二期8小项的招标工作；完成高清综合制作网、远程节目上载模块、高清新闻网改造共三个小项的搭建、调试和启用；协助完成支持公共·新闻频道高标清同播的技术准备工作。结合高标清同播发展要求，总结播出经验，修订了《北京电视台高标清同播流程及相关规范（暂行）》。

**二、开展3D电视制播试验**

在2010年6月成立3D电视实验小组的基础上，陆续拍摄了《北京新闻》、《BTV园区》、《温榆河荷塘》、《大觉寺》、《2010时尚大典》、《意大利超级杯足球赛AC米兰VS国际米兰》等3D电视实验短片。之后，3D电视实验小组克服困难，迅速搭建起3D电视拍摄制作系统，并于2011年年初拍摄制作了北京电视台第一部时长为45分钟的3D综艺电视节目——《2011年BTV环球春晚》3D版，播出后取得良好效果。该节目还在2011年8月下旬举办的BIRTV展会上展出，得到业界的肯定。2011年，3D节目储备已有20余小时，并能够保持每周7小时的增速。

**三、推进IPTV建设**

推进北京网络广播电视台技术方案的设计，于2011年7月完成了IPTV集成播控平台一期方案设计、实施、建设和运维工作，制定IPTV播控值班管理细则和应急方案。

（北京电视台总工办）

# 北京电视台“制、播、存”一体网应用情况

2011年，北京电视台继续加强“制、播、存”一体网建设与应用工作，拥有高标清节目制播体系包含高清新闻制播网、标清体育制播网、高标清兼容收录系统等18个，其中新台址17个、老台址1个。设备共计约900台服务器、1000台工作站。业务范围涵盖了与台内节目制播相关的所有工作流程。实现功能包括内容采集、后期编辑、文稿处理、演播室录制和播放、节目编排、内容存储、数据交换、资料管理等诸多方面。承载栏目约120个，编导用户超过2000人。2011年，高标清节目制播体系的业务运行基本数据如下：

节目首播和备播情况：节目日均首播数量约630条、时长约105小时。

资料管理和收录情况：制作系统日均归档节目约93条、归档时长约60小时。媒资系统调用资料日均约120条、调用时长约52小时。收录系统日均收录素材约81条、收录时长约33小时。

演播室素材准备和回采情况：演播室日均素材准备量约65条、时长约1小时；演播室日均节目回采约103条、时长约33小时。

本年度高标清节目制播体系的库存业务数据保有量如下：

总编室系统节目备播库：储存高标清节目约36万条、时长约7.4万小时，占用存储空间约0.56PB。

媒资系统资料管理库：共储存高标清资料约38万条，时长约17.9万小时，占用存储空间约3.85PB。

制播网高清第二期项目包含：主干系

统扩容改造、AVID后期制作系统高清化改造、高清体育网改造、高清高端制作网、公共·新闻频道高清制作网等16个项目。

（北京电视台总工办）

# 北京电视台引进亚洲第一辆3D转播车

3D电视技术在欧美发展得比较早，亚洲地区刚刚起步。北京电视台与SONY公司合作引进的3D转播车，是亚洲第一辆3D转播车。

北京电视台引进的3D转播车

这辆转播车采用双侧拉结构车体。为通行方便采用了10米长的车身，车体在英国著名专业制作转播车的SMITHS工厂制造。北京电视台12+6高清转播车的车体也是这家工厂生产，转播车的主要设备由SONY公司提供，使用的是目前世界上最先进的技术。具体设备主要有10台SONY HDC1580高清摄像机，2台SONY HDC3300高清高速摄像机，4台便携式SONY HDC P1高清摄像机，2套无线摄像机；2套8路EVS系统；2台SONY高清切换台；128X136大型矩阵，等等。

这辆3D转播车的主要特点是可以做到2D/3D同播，也就是说2D视频信号与3D视频信号可以互不干扰同时切换播出。在2D/3D同播的时候，可以组成5个3D迅道（如果加上两个2D转3D的迅道，最多能够达到7个3D迅道），9个2D迅道。2D/3D同播的系统配置如下：

5个3D迅道，4台便携式SONY HDC P1高清摄像机组成两路上下式结构的3D迅道，6台SONY HDC1580高清摄像机组成两路平行式结构的3D迅道、一路上下式结构的3D迅道，9个2D迅道，4台SONY HDC1580高清摄像机加5个3D讯道的左眼或右眼信号。而当此车只作为2D高清转播车使用时，可以组成12讯道（10个2D有线讯道加两个无线讯道）。

虽然此车系统集成工作还未完成，但北京电视台将前期到货的3D设备临时组成了一套3D系统，从2011年11月份开始，应3D试播频道的要求，录制了多期《养生堂》、《身边》等3D立体电视节目，为3D试播频道提供了大量片源。

3D转播车的引进，带来了新的技术、新的制作理念，同时也带来了新的机遇和挑战。

（北京电视台转播传送部）

# 北京歌华有线新技术开发应用情况

歌华有线公司完成“3D试验频道”落地试播工作

2011年，北京歌华有线电视网络股份有限公司紧紧围绕有线电视安全传输、高清交互数字电视应用工程、三网融合试点工作，积极开展技术交流，加强新技术应用创新，推动了有线电视建设和发展。全年，歌华有线传输网已集成数字广播电视节目164套、数字广播节目16套；敷设光缆3.96万公里、电缆24万公里（其中电缆干线12.43万公里）；有线电视注册用户数476万户，其中高清交互数字电视用户超过260多万户。新技术开发应用具体工作有12项：

1.参照下一代交互点播系统（NGOD）架构，完成基于内容分发网络（CDN）的《高清交互扩容系统平台的总体设计方案》研究与编制，完成15万并发流可支持300万用户基于内容分发网络（CDN）的高清交互系统平台研发、集成与建设。

2.编制《民用建筑通信与有线广播电视基础设施设计规范》及《建筑弱电工程施工技术规范》，首次将有线广播电视与通信行业进行了融合，体现了资源共享共建和三网融合的理念，为有线广播电视行业向三网融合综合业务运营发展提供了保障。《民用建筑通信与广播电视基础设施设计规范》标准已作为北京市地方标准颁布。

3.参与国家广电总局NGB（下一代广播电视网）工作组中战略与需求、体系架构、业务平台与分发、中间件与智能电视操作系统、内容与业务保护、业务基地、骨干网、接入网、家庭网、无线网、智能终端、互联协议与接口、运营支撑、标准和知识产权等14个专题组的研究工作。

4.交互电视系统技术体系总体架构及主要内容、内容分发网络（CDN）部分的功能与技术要求被行业标准采纳，交互电视系统测量评价方法初步完成。

5.歌华有线综合业务支撑系统（iBOSS）一期系统的研发和集成已完成，实现了对模拟电视、数字电视、交互电视和宽带业务的统一综合业务支撑。

6.积极开展超光网、中国的DOCSIS标准（C-DOCSIS）、3D高清电视等新兴关键技术的研究和论证工作，为下一代网络演进技术路线、提升用户体验等方面积累了一定的技术基础。

7.联合相关单位，基于有线电视网络和Wi-Fi覆盖，积极开展数据广播与互联网融合技术研究，开发基于交互多通道技术的跨屏服务相关应用，成功打造了歌华飞视业务，延伸了传统广播电视接受终端的广度与深度。

8.与上海文广互动电视公司联合开展基于内容分发网络（CDN）的异地节目分发与共享关键技术、节目元数据协议转换研究，并开办了歌华SiTV高清点播栏目，为总局“一三六工程”的建设提供了重要的参考。

9. 启动NGB（下一代广播电视网）多业务智能接入平台关键技术研究与应用示范、NGB（下一代广播电视网）总体架构和技术体系及测试系统建立研究、NGB（下一代广播电视网）内容分发交换关键技术研究与规模试验、NGB（下一代广播电视网）宽带接入关键技术研究与规模试验、NGB（下一代广播电视网）智能家庭媒体网络关键技术研究与应用示范、NGB（下一代广播电视网）智能社区关键技术研究与应用示范及家庭数字电影关键技术研究与应用示范平台七个项目的申报工作。其中牵头项目一个，参与项目六个，并积极争取基于有线电视网络的三网融合终端与平台系统研发及产业链构建项目在北京市科委的立项工作。

10.促进有线电视行业相关自主知识产权的申报工作，获得一个发明专利、一个实用新型专利及19个软件著作权。

11.对交互数字电视增值业务管理平台进行规划，并对如何建立交互数字电视增值业务运营管理业务规范、管理业务平台的总体方案进行调研。

12.通过机顶盒的第二个调谐器进行接收后，由机顶盒转成IP视频信号通过无线IP网络向PC机、PAD、智能手机、平板电视的视频显示设备提供视频服务，实现视频内容跨屏传输的小规模用户实验。

（北京歌华有线电视网络股份有限公司）

# 顺义电视台“制、播、存”一体网应用情况

顺义电视台综合业务网络系统由非编系统、文稿系统、媒资管理系统、收录系统、播出系统、新媒体系统共六个节目生产系统和管理子系统、户外大屏幕播出及远程控制系统组成。所有节目生产业务系统和管理控制系统全部连接到媒体服务总线平台上。各个业务系统既可独立工作，又能通过媒体服务总线平台进行所有的数据和信息交换，从而实现各个业务孤岛之间的互联互通。

顺义电视台综合业务网络系统承担了顺义全部节目的制作和播出任务；同时实现了电视制作网络系统与互联网的互联互通，承担了顺义广电中心多种媒体内容在顺广传媒网站上的发布任务。在一年的使用过程中，系统运行稳定，总体情况良好，各项技术指标和功能均达到了设计要求，为日后的系统升级和功能的扩展作了充分的准备，为将来的业务发展需求打好了基础。

新一代的非编制作系统具有科学、高效、安全、稳定、制作手段更加丰富的特点。这一制作系统的应用，使顺义电视台的节目，特别是城市形象宣传片、专题片、电视广告和大型晚会的制作能力和制作质量得到了明显提升。

媒体资产管理系统作为整个网络的核心存储部分，将电视、广播、报纸、网络的各种资源整合在一起，为节目制作提供了快速共享平台，不仅电视台各个栏目间素材可以交互使用，而且来自电台和网络的大量音像及图片素材也可以随时调用，极大地提高了节目制作效率，充实了节目的信息量，提升了节目质量，使节目形式更加多样化。

综合业务网络的建立大大提高了管理效率和工作效率，实现了三个统一：全台设备统一管理，全台节目统一管理，全台素材统一管理。尤其是技审系统投入使用以来，降低了人员审片的工作量，提高了审片质量，提高了管理效率和安全播出的指数。

（顺义区广播电视中心）

# 平谷区广电中心新技术开发与应用情况

2011年，平谷区广播电视中心进一步加强新技术开发应用工作，基础设施建设取得新的成果。

投资70余万元更新了《平谷人民广播电台》音频制播数字化系统，增加了直播和延时功能；投入210万元，采购高清摄像机和高清非编设备，完成了与北京卫视频道高清数字设备的对接，解决了北京电视台平谷记者站向上级台送新闻设备不配套的问题；投资25万元，新购全新录制电视设备，以更好地服务于平谷区重大活动和重要会议；完成了北京新闻广播补点覆盖工作，经过前期的走访、调查、测试、论证，在全区96个行政村建起了转播点，使村民能收听到清晰的北京新闻广播节目；配合市广播电影电视局完成了北京人民广播电台DAB发射机的回传监测系统建设；对中心部分机房进行装修改造，对影响安全播出的易损件进行升级和备份，增强了安全播出的可靠性。

（平谷区广播电视中心）

# 电 影

2012/《北京广播影视年鉴》

——记录行业情况　服务业内和社会——

# 2011年北京市电影制作、发行、放映及电影院线情况综述

2011年5月10日，中宣部副部长、国家广电总局局长蔡赴朝（前右二）到云南省施甸县外景地看望北京紫禁城影业公司电影《杨善洲》剧组演职人员

2011年，北京地区电影创作持续繁荣，全年生产创作电影《杨善洲》、《惊沙》、《兔侠传奇》等306部。在产量稳步增长的同时，电影作品的艺术质量进一步提升，类型化、多样化的创作格局不断巩固。《杨善洲》、《惊沙》等重点影片实现了思想性、艺术性、观赏性的有机统一；《倩女幽魂》、《最强喜事2011》、《画壁》、《鸿门宴传奇》、《武侠》等商业大片赢得良好市场业绩，共有15部电影票房过亿；《魁拔之十万火急》、《李献计历险记》等中小成本影片赢得良好社会口碑。国家广电总局庆祝建党90周年推出了28部献礼影片，其中北京市生产创作的《惊沙》、《传奇将军赵尚志》、《杨善洲》、《守望天山》、《建党伟业》、《少年邓恩铭》、《情怀》、《老家新家》、《吴运铎》等11部电影榜上有名。同时，北京市生产创作的《杨善洲》、《唐山大地震》、《山楂树之恋》、《钢的琴》、《十月围城》、《孔子》、《风声》、《海洋天堂》、《日照好人》、《玩酷青春》、《我们天上见》等11部电影荣获了中国广播影视大奖第14届电影“华表奖”相关奖项。

2011年，北京市加大对农村电影公益放映工作指导和管理力度。根据农村电影公益放映过程中出现的新情况、新特点，从年初开始即调整了放映场次，流动放映设备每年50场、固定放映设备每年40场，有效提升了放映质量，扩大了市场空间。向电影公益放映供片方提出了新的供片要求，提高新片比重。北京市广播电影电视局与北京市财政局联合下发了《北京市电影公益放映专项资金管理办法（试

行）》，对资金申报程序和补助标准、监督管理等内容作出规定，进一步加强了电影公益放映资金管理。组织开展各类专题放映活动。开展2011年度农村电影“三下乡”活动，组织区县文委在两节期间精心安排放映活动，丰富群众节日文化生活；举办庆祝中国共产党成立90周年优秀国产影片献映活动，放映优秀国产影片60部，4万场，惠及200多万基层群众。制定完善培训方案，提高电影放映从业人员的职业素养和业务能力，为全市农村公益电影放映员培训作好准备。2011年，北京市电影公共服务水平显著提升。截至年底，电影公益放映场次达24.45万场，观影人次达1433.4万人，国产新片放映率明显提高，观影效果进一步改善，公益放映水平继续位居全国前列。

2011年，北京市继续支持多厅影院建设，对2009年8月至2010年7月新建的符合补贴条件的九家影院发放总计2450万元的补贴，推动影院建设快速发展，推动多厅影院合理布局。北京市支持影院建设的得力政策措施和电影市场的快速发展带动了影院建设步伐的加快。2011年，在京建影院的院线增加3家，全市院线已达16家；新增影院16家，影院总数达118家；新增银幕107块，银幕总数达617块，人均银幕数位居全国首位；新增观影座位1.19万个，座位总量达11.44万个；IMAX巨幕5块。北京市常住人口银幕拥有率约为每3.2万人一块。电影院放映97.31万场，比去年同期增长34.1%，观影3206.11万人次，比去年同期增长15.6%。票房实现13.5亿元，比去年同期增加1.7亿元，增长14.4%，连续五年领跑全国各大城市。

2011年，北京市积极指导协调并支持了电影节展活动，对第18届北京大学生电影节、北京市青少年公益电影节、北京民族电影展等电影节展活动给予大力支持，并将以上三个电影节展活动纳入第一届北京国际电影季，在原有基础上融入了整体设计和统一风格，丰富了电影季的内容和形式，同时也为这些电影节展活动壮大了声势和规模，扩大了群众参与度，丰富了北京的电影文化活动；大力支持国际电影节展在京举办，先后有日本电影周以及俄罗斯、韩国、土耳其、法国、摩洛哥等二十多个国家和地区的电影展在京举办，为群众欣赏世界多样电影魅力创造条件，提升了北京电影业国际化水平和国际影响力；三是通过参加第61届柏林国际电影节系列活动和北欧影视交流活动，增进了北京电影同国际电影界的联系与交流，宣传了北京电影整体形象。

（北京市广播电影电视局电影管理处）

# 2011年度北京市部分优秀影片简介

《杨善洲》传记故事片。北京紫禁城影业有限责任公司出品。影片是一部歌颂优秀共产党员、弘扬时代精神、讴歌当代基层干部楷模的主旋律电影，讲述了原云南省保山地委书记杨善洲的故事，塑造了一个永远把人民群众利益置于个人利益之前的领导干部形象，是一部歌颂优秀共产党员、弘扬时代精神、讴歌当代基层干部楷模的电影。

影片《杨善洲》海报

《杨善洲》全国上映三个多月，观众人数超过了500万，票房收入过亿元。同时图书《杨善洲的故事》也在各地新华书店热销，销量突破了100万册。杨善洲的电影和图书叫好又叫座的事实再次证明，主旋律的文艺作品完全可以实现思想性、艺术性、观赏性的高度统一；证明在社会主义政治制度和马克思主义意识形态指导下，文化艺术创作和生产，完全可以实现社会效益、经济效益和文化艺术效益的统一。导演董玲，编剧董玲、丁宁、崔民，主演李雪健、李晨、奚美娟、胡明等。2011年8月荣获中国广播影视大奖第14届电影华表奖优秀故事影片奖，李雪健获得优秀男演员奖。2011年，国家广电总局为庆祝建党90周年推出的献礼影片之一。

《唐山大地震》灾难故事片。唐山广播电视传媒有限公司、中国电影集团公司制片分公司、华谊兄弟传媒股份有限公司、上海电影（集团）有限公司、浙江影视（集团）有限公司、寰亚电影有限公司、英皇影业有限公司联合出品。影片根据张翎的小说《余震》改编，讲述了一个“23秒、32年”的故事。1976年唐山地震中，一位母亲只能选择救姐弟之一；32年后家人意外重逢，心中的裂痕等待他们去修补的悲感情节，再一次勾起了当代人们对那一段惨痛灾难的回忆。

影片《唐山大地震》剧照

《唐山大地震》首日票房就超过了3620万，最终以6.73亿元创造了中国电影最高票房的新纪录。导演冯小刚，编剧苏小卫，主演徐帆、张静初、李晨、陈道明。2011年8月荣获中国广播影视大奖第14届电影华表奖优秀故事影片奖、优秀电影技术奖，徐帆获得优秀女演员奖。

《山楂树之恋》爱情与传记故事片。北京新画面影业有限公司、安乐（北京）管理咨询有限公司出品。

影片《山楂树之恋》剧照

影片根据艾米的同名小说改编，讲述了一个20世纪70年代“文革”时期的爱情故事。故事女主人公静秋是城市即将高中毕业的学生，她跟随教育革命实践小组来到一个名叫西坪村的地方，采集革命传统故事，编写教育新教材。静秋被派住在张村长家，认识了“老三”。老三也喜欢静秋，甘愿为静秋做任何事，给了静秋前所未有的鼓励。他等着静秋毕业，等着静秋工作，等着静秋转正。等到静秋所有的心愿都成了真，老三却得白血病去世了。那时候，1975年，老三他还很年轻……导演张艺谋，编剧尹丽川、顾小白，主演周冬雨、窦骁、于新博、李雪健、奚美娟、萨日娜、吕丽萍、孙海英、成泰燊。2010年定为第15届釜山国际电影节（PIFF）开幕影片，2011年8月荣获中国广播影视大奖第14届电影华表奖优秀故事影片奖。

《钢的琴》喜剧故事片。完美世界(北京)影视文化有限公司、大连鸿缘影视传媒有限公司、辽宁电影制片厂出品。

影片《钢的琴》剧照

影片讲述了一位父亲为了女儿的音乐梦想而不断艰苦努力，最后通过身边朋友的帮助用钢铁为女儿打造出一架钢琴的故事。故事背景设定在90年代初的东北，虽然物质条件有限，但是陈桂林积极乐观，为了留住女儿的抚养权，他召集了众工友在废弃的厂房里热火朝天地用废弃钢材铸造钢琴。通过这些平凡小人物的幽默与艰辛，展露一段感人至深的亲情和友情。导演兼编剧张猛，主演秦海璐、王千源、张申英、田雨、罗二羊、国永振等。2010年10月荣获第23届东京国际电影节最佳艺术贡献奖，王千源荣获最佳男演员奖。 2011年3月荣获第28届迈阿密国际电影节“最佳国际电影奖”。2011年8月荣获中国广播影视大奖第14届电影华表奖优秀故事影片奖。

《十月围城》历史与动作故事片。中国电影集团公司、上海文广新闻传媒集团、人人电影有限公司出品。影片讲述了孙中山1906年到香港筹募起义捐款，负责接待他的义士商人知道有一批清政府派来的刺客要来暗杀孙中山，所以立刻花钱请了一批身怀绝技的保镖护送。一群来自四面八方的革命义士，包括商人、乞丐、车夫、学生、赌徒等，在清政府和英政府的双重高压下浴血拼搏，最后顺利将孙中山安全送回广州的故事。

影片《十月围城》剧照

导演陈德森，编剧秦天南、阮世生、郭俊立，主演王学圻、梁家辉、胡军、王柏杰、谢霆锋、甄子丹、李宇春、巴特尔、黎明、范冰冰、曾志伟、任达华、周韵、张涵予、张学友、李嘉欣、吕中。2009年12月18日上映后，10天时间《十月围城》获得2.08亿票房。2010年荣获第29届香港电影金像奖，陈德森荣获最佳导演。2010年荣获亚洲电影大奖，谢霆锋荣获最佳男配角；2010年5月荣获第17届北京大学生电影节评委会大奖。2011年8月荣获中国广播影视大奖第14届电影华表奖优秀合拍影片奖。

《孔子》历史传记故事片。中国电影集团公司、大地时代文化传播(北京)有限公司、大地娱乐有限公司出品。

影片《孔子》剧照

影片讲述了东周末年，各个诸侯国均割据一方，为了达到称霸的目的而相互征战。思想家孔子为了理想率领众弟子奔走在列国之间长达14年之久，传播思想，只可惜霸道如此世间，不容其主张。影片重点描写了孔子51岁出任中都宰，治理中都、夹谷盟会、堕三都失败、问道老子、被迫出走、流亡卫国、会见南子、陈蔡绝粮、齐鲁决战、归国等故事。导演胡玫，编剧陈汗、江奇涛、何燕江、胡玫，主演周润发、周迅、陈建斌。影片2010年1月22日上映，至2月11日票房成功突破亿元大关。2011年8月荣获中国广播影视大奖第14届电影华表奖优秀合拍影片奖。

《风声》谍战故事片。华谊兄弟传媒股份有限公司、上海电影(集团)公司、天津电视台、华谊兄弟国际发行有限公司出品。影片改编自麦家同名小说，以1940年春，原中国国民党副主席汪精卫与日本政府媾和，以在南京成立新的“国民政府”为背景，讲述了中共地下工作者在日本和伪国民政府特务的严刑拷打和心理侦测下为了民族自由而斗争的故事。

影片《风声》剧照

导演陈国富、高群书，编剧陈国富，领衔主演周迅、李冰冰、张涵予、黄晓明，联合主演：王志文、英达、苏有朋。影片一举囊括2010年第46届台湾电影金马奖最佳女主角、最佳改编剧本、最佳美术、最佳造型和最佳视觉效果六项提名。2010年5月荣获第17届北京大学生电影节最佳影片奖。2011年8月荣获中国广播影视大奖第14届电影华表奖优秀合拍影片奖。

《海洋天堂》文艺和情感故事片。由北京数字印象文化传播有限公司、北京和禾和文化传媒有限责任公司、佳选有限公司联合投资拍摄，安乐影片有限公司、安乐（北京）电影发行有限公司、中国电影集团公司出品发行。影片讲述了一个父亲倾尽所有，一生守护孤独症儿子大福的故事。

影片《海洋天堂》剧照

当父亲王心诚得知自己身患绝症，只剩几个月生命时，完美安置儿子成了他最大的心愿。由于暂时还没有完善的成年残疾人托养机构，王心诚各处打听求助，终于为儿子找到一个“新家”。影片还以独特的视角展示了父子真情，真实的情感将会触动每一位观众内心最深处的情感线。导演薛晓路，编剧薛晓路，主演李连杰、文章、桂纶镁。2011年6月荣获上海电影节传媒大奖单元三项大奖，2011年8月荣获中国广播影视大奖第14届电影华表奖优秀合拍影片奖。

《日照好人》灾难故事片。中共日照市委宣传部、北京十月天文化传媒有限公司出品，中影新农村数字电影发行有限发行。

影片《日照好人》剧照

影片根据日照市莒县十位农民自驾农用三轮车赴汶川抗震救灾的故事改编。故事发生于2008年5月12日，四川汶川发生了特大地震。“一方有难、八方支援”，全国各地纷纷到达前线救灾，尽自己最大的努力救助受灾群众。山东省日照市莒县东皂湖村的十位农民，第一时间自发地驾驶自家农用三轮车，经历三天四夜，行程3000公里奔赴救灾前线。被网友亲切地称为“史上最牛救援队”。导演杨真，编剧卫捷，主演范雷、邵峰、李玉峰、李勤勤。2011年8月荣获中国广播影视大奖第14届电影华表奖优秀数字影片奖。

《玩酷青春》喜剧故事片，中国跑酷第一片。北京泛亚视觉文化传播有限公司出品、华夏电影发行有限责任公司发行。

影片《玩酷青春》剧照

影片聚焦激情四溢的80后和90后，讲述了一则青春冒险故事。高考前的北京城中，热爱跑酷的高三学生何志鹏，一个偶然的机会爱上了跑酷，与“城市猴子”跑酷团队的成员们一起投入了这项富有挑战性的极限运动，也因此与一心希望他用功学习并考上大学的母亲罗素芳产生了矛盾冲突，但终获保守母亲的理解。导演孔令晨，编剧袁野，主演吕丽萍、郭涛、盛超、李滨。2011年8月荣获中国广播影视大奖第14届电影华表奖优秀数字影片奖。

《我们天上见》传记故事片。文化中国传播集团、中联华盟文化传媒有限公司品。影片以一个孩子的视角，讲述了20世纪70年代末，一个小女孩和她的姥爷相依为命的感人故事，描述了姥爷乐善好施，教育她做一个诚实、正直、善良的人。这是著名演员蒋雯丽导演的处女作，也是她首次自导自演的作品，借助镜头，她表达了生命的传承和代代延伸。主演朱旭、蒋雯丽、刘烨、陈建斌。

影片《我们天上见》剧照

2009年12月荣获第一届澳门国际电影节最佳男主角和最佳导演奖。2009年10月第14届釜山电影节唯一一部入围“新浪潮”单元。2011年8月荣获中国广播影视大奖第14届电影华表奖优秀少儿影片奖。

《建党伟业》历史故事片，《建国大业》的姐妹篇。海南广播电视总台联合中影集团等机构共同拍摄。电影在北京、上海、长沙、横店、广州、法国巴黎、俄罗斯莫斯科等地实地取景拍摄。影片讲述从1911年辛亥革命后到1921年中国共产党成立这段时间内的历史故事与风云人物，主要以毛泽东、李大钊、陈独秀、张国焘、周恩来、蔡和森等第一批中国共产党员为中心，讲述他们在风雨飘摇的时代中为国家赴汤蹈火的精彩故事。

影片《建党伟业》海报

这段历史时期，全中国正处于大的变革和动荡中，所以除了以毛泽东为中心的共产党员以外，还包括其他一些影响历史变革的人物。以袁世凯、张勋为代表的北洋政府，以康有为、载沣为代表的保皇派，以孙中山、蒋介石、宋庆龄为代表的国民党，以胡适、梅兰芳、周树人、杨昌济、蔡元培为代表的文化名人，等等。导演韩三平、黄建新、李少红、陆川、沈东。编剧董哲、郭俊立、黄欣。主演刘烨、冯远征、张嘉译、陈坤、马少骅、李沁、周润发、赵本山、黄磊、吕良伟、刘德华、廖凡、董洁、周迅、范冰冰、张一山、王丹戎、李晨、黄轩、戚玉武、王学兵、周杰、王柏杰、董璇、叶璇、柳云龙、张家辉、范伟、方中信、冯巩、余少群、张涵予、李菁、陶泽如、侯勇、吴彦祖、王学圻、冯丹滢、徐峥、车永莉、王珞丹、陈道明、刘桦、井柏然、王力宏、刘佩琦、爱新觉罗 启星、韩庚、邓超、何平、李雪健、维塔斯、潘粤明、方力申、任达华、李湘、郭晓冬、姜武、杨阳、郭涛、句号、杨颖、张震。是2011年国家广电总局为庆祝建党90周年推出的献礼影片之一。

《惊沙》(原名：秦基伟血战临泽）历史战争故事片，红色史诗巨作。由央视电影频道节目中心、北京紫禁城影业公司联合制作出品。影片讲述了红军西路军“临泽突围”的真实历史。

影片《惊沙》剧照

1937年年初，国内革命战争时期，红军西路军高台失守，名将董振堂战死，第五军全军覆没。接着临泽被围，这时秦基伟临危受命，困守孤城。秦基伟将军率领的300多名西路军后勤部队战士在零下20度，衣不遮体、缺少弹药的情况下，对抗国民党马家军五个团7000余人的围攻，与敌人进行殊死搏斗，守城三日，最终胜利突围的一段鲜为人知的故事。导演安战军，编剧秦天，主演徐僧、国歌、高子泮、刘鉴、郭东文。是2011年国家广电总局为庆祝建党90周年推出的献礼影片之一。

《守望天山》军事题材故事片。由北京中侨联文化交流中心、八一电影制片厂、华夏电影发行有限责任公司联合出品。华夏电影发行有限责任公司、北京中侨联文化交流中心联合发行。影片根据党益民同名报告文学改编，真实再现一位普通共产党员、复员军人陈俊贵为当年修筑新疆天山公路而牺牲的168位解放军烈士义务守墓24年的感人故事。

影片《守望天山》剧照

这是一部能让全中国乃至全世界为之感动流泪的影片；这是一段被雪封了30年的鲜为人知的西部国防机密；这是一篇在雪域高原苦守了24年的跨越生死的感恩故事；这更是一幅折射人间大爱彰显淳朴忠厚品德的真实画面；一首褒扬中华民族忠信守义传统美德的壮丽赞歌。导演戚健，编剧柳建伟，主演周里京、艾丽娅、戚九洲、焦俊艳。是2011年国家广电总局为庆祝建党90周年推出的献礼影片之一。

《吴运铎》战争、传记故事片。中共包头青山区委员会、中国兵器工业集团公司和北京中视远图影视传媒有限公司出品，中国兵器工业集团公司、中共包头市青山区委员会、中国残疾人联合会、大连市残疾人联合会、北京中视远图影视传媒有限公司联合摄制。华夏电影发行有限责任公司发行。吴运铎是中国兵工事业的开拓者，新中国第一代工人作家。他撰写的自传《把一切献给党》，曾教育了整整一代人。吴运铎在生产与研制武器弹药中曾多次负伤，失去了左眼，左手，经过二十余次手术，身上还留有几十处弹片没有取出，被誉为中国的“保尔 柯察金”，被评为“100位为新中国成立做出突出贡献的英雄模范”之一。影片讲述了吴运铎在及其困难的战争条件下，带领兵工们克服种种困难，为前方部队制造急需的枪炮弹药的故事。成功地塑造了吴运铎为了民族解放和祖国的强盛，艰苦奋斗、身残志坚、无私奉献的光辉形象，和他周围极具风采的兵工英雄群像，展示了新中国成立前人民兵工战线的英模们的生命价值、献身精神和不朽的人格魅力。吴运铎是在大连战斗过的一代英模，2009年，被评为新中国60年大连英模

影片《吴运铎》剧照

谱60人之一。编剧杨俊彦、丛者甲，导演安澜，演员于晓光、王艺禅、墨阳、王晓晨、沈泰、曹璐、纪姿含。2011年，国家广电总局为庆祝建党90周年推出的献礼影片之一。

（北京市广播电影电视局电影管理处、史志办）

# 2011年部分电影制作机构作品统计表

## 华谊兄弟传媒股份有限公司

| 片名 | 出品单位 | 联合摄制单位 | 制片人 | 编剧 | 导演 | 主要演员 |
| --- | --- | --- | --- | --- | --- | --- |
| 老夫子之小水虎传奇 | 华谊兄弟传媒股份有限公司、老夫子控股公司、博美电影制作有限公司 | 华谊兄弟传媒股份有限公司 | 王中磊 | 老夫子<br>哈媒体 | 王泽<br>福富博 | 邓超<br>张涵予<br>冯绍峰<br>刘金山 |
| 全球热恋 | 华谊兄弟传媒股份有限公司、福斯国际制作有限公司、福斯国际制作（大中华）有限公司、骄阳电影有限公司 | 华谊兄弟传媒股份有限公司、福斯国际制作有限公司、福斯国际制作（大中华）有限公司、骄阳电影有限公司 | 王中磊<br>黄嘉莉 | 陈国辉<br>何敏文 | 陈国辉<br>夏永康 | 郭富城、陈奕迅、刘若英、桂纶镁、杨颖（ANGELABABY）井柏然、刘金山、杜海涛、徐帆 |

续 表

| 片名 | 出品单位 | 联合摄制单位 | 制片人 | 编剧 | 导演 | 主要演员 |
|---|---|---|---|---|---|---|
| 开心魔法 | 上海天娱传媒有限公司、华谊兄弟传媒股份有限公司、天马电影出品（香港）有限公司、北京美都博雅文化传媒有限公司、湖南天娱影视制作有限公司 | 上海天娱传媒有限公司、华谊兄弟传媒股份有限公司、天马电影出品（香港）有限公司 | 李磊<br>杨庭恺<br>彭玉琳 | 黄子恒 | 叶伟信 | 黄百鸣、闫妮、吴尊、吴京、古天乐、吴千语、松明 |
| 星空 | 华谊兄弟传媒股份有限公司、原子映象有限公司、汤臣国际娱乐发行有限公司、富兰克林文创创业投资股份有限公司 | 华谊兄弟传媒股份有限公司、原子映象有限公司、汤臣国际娱乐发行有限公司、富兰克林文创创业投资股份有限公司 | 王中磊 | 林书宇 | 林书宇 | 徐娇、林晖闵、刘若英、庾澄庆、桂纶镁 |

（华谊兄弟传媒股份有限公司）

# 北京紫禁城影业有限责任公司

| 片名 | 出品单位 | 联合摄制单位 | 制片人 | 编剧 | 导演 | 主要演员 |
|---|---|---|---|---|---|---|
| 杨善洲 | 北京紫禁城影业有限责任公司、云南电影集团有限责任公司、电影频道节目中心 | 北京紫禁城影业有限责任公司、云南电影集团有限责任公司、电影频道节目中心、中共北京市委宣传部、中共云南省委宣传部、北京市广播电影电视局、云南省广播电影电视局、北京电视台 | 许建海<br>岳晓湄 | 董　玲<br>丁　宁<br>胡瀚文<br>崔　民<br>陈争红<br>陈思青<br>董丹蕊 | 董玲 | 李雪健、奚美娟<br>艾丽娅、小陶虹<br>房子斌、李　晨<br>胡　明 |
| 惊沙 | 电影频道节目制作中心、华夏电影发行有限责任公司、北京华源顺通国际文化交流有限责任公司 | 北京紫禁城影业有限责任公司、北京华源顺通国际文化交流有限责任公司 | 小滨 | 小滨 | 安战军 | 徐　僧、国　歌<br>刘　签、高子沣 |
| 倩女幽魂 | 泰吉世纪（北京）文化传播有限公司、北京紫禁城影业有限责任公司、天津华唐文化传媒有限公司 | 泰吉世纪（北京）文化传播有限公司、北京紫禁城影业有限责任公司 | 黎俊奇 | 张炭 | 叶伟信 | 古天乐、刘亦菲<br>余少群 |

续 表

| 片名 | 出品单位 | 联合摄制单位 | 制片人 | 编剧 | 导演 | 主要演员 |
|---|---|---|---|---|---|---|
| 隐婚男女 | 北京紫禁城影业有限责任公司、英皇星艺（北京）文化发展有限公司、株式会社富士电视台 | 北京紫禁城影业有限责任公司、英皇星艺（北京）文化发展有限公司、株式会社富士电视台、华夏电影发行有限责任公司、新经典娱乐传媒、英皇电影有限公司、合艺典藏（北京）文化传媒有限公司 | 田原<br>瞿澄 | 哈智超<br>如小果 | 叶念琛 | 刘若英、陈奕迅<br>白　冰、庾澄庆 |
| 最爱（原名：魔术外传） | 兴隆环球集团有限公司、星美（北京）影业有限公司、北京和禾和文化传媒有限责任公司、天铭嘉业文化传媒投资有限公司、北京紫禁城影业有限责任公司、成都传媒集团先锋影视有限公司 | 兴隆环球集团有限公司、星美（北京）影业有限公司、北京和禾和文化传媒有限责任公司、天铭嘉业文化传媒投资有限公司、北京紫禁城影业有限责任公司、成都传媒集团先锋影视有限公司 | 顾长卫<br>陈小东 | 言老施<br>杨薇薇<br>顾长卫 | 顾长卫 | 章子怡、郭富城 |

续　表

| 片名 | 出品单位 | 联合摄制单位 | 制片人 | 编剧 | 导演 | 主要演员 |
| --- | --- | --- | --- | --- | --- | --- |
| 堵车 | 北京紫禁城影业有限责任公司、天津华唐文化传媒有限公司、北京奇新世纪影视文化传播有限公司、浙江世纪风采文化传播有限公司、昆明博奥投融资担保有限公司 | 北京紫禁城影业有限责任公司、天津华唐文化传媒有限公司、北京奇新世纪影视文化传播有限公司、浙江世纪风采文化传播有限公司、昆明博奥投融资担保有限公司、北京春光烂漫文化传播有限公司 | 钱重远 | 阿年 | 阿年 | 吴镇宇、陈志朋<br>孙海英、吕丽萍<br>巴哈古丽<br>倪大宏、葛思然 |
| 茶树飘香 | 北京紫禁城影业有限责任公司、福建万历影视文化传播公司 | 北京紫禁城影业有限责任公司、福建万历影视文化传播公司、中国共产党漳平市委员会宣传部 | 于晶龙 | 于晶龙 | 于晶龙 | 于浩、缪婷茹 |
| 古田1929 | 北京紫禁城影业有限责任公司、中国关心下一代工作委员会教育发展中心、北京文化艺术音像出版有限责任公司、电影频道节目中心 | 北京紫禁城影业有限责任公司、中国关心下一代工作委员会教育发展中心、北京文化艺术音像出版有限责任公司、电影频道节目中心、中共龙岩市委宣传部 | 杨洪广 | 林国良<br>傅柒生<br>齐　昕 | 赵继烈 | 王雯 、王伍福<br>谷伟 |
| 大路朝天 | 北京紫禁城影业有限责任公司 | 北京紫禁城影业有限责任公司 | 李可科<br>钱重远 | 赵毅维 | 郝琳 | 吕玉来、赵毅维<br>冯　砾 |

（北京紫禁城影业有限责任公司）

# 海润影视制作有限公司

| 片名 | 出品单位 | 联合摄制单位 | 制片人 | 编剧 | 导演 | 主要演员 |
| --- | --- | --- | --- | --- | --- | --- |
| 富贵千金 | 北京海润影业有限公司、上海凯羿影视传播有限公司 | | 邱子泽 | 杨子 | 杨子 | 赵　荣、方力申<br>刘羽琦、黄又南 |
| 公主的诱惑 | 北京海润影业有限公司、上海凯羿影视传播有限公司、福建恒业电影公司、建西岸传媒发展有限公司 | | 邱子泽 | 黄肖英 | 黄肖英 | 邓丽欣、田　亮<br>赵　柯、苏永康<br>黄又南、徐　杉 |
| 与妻书 | 北京海润影业有限公司、华夏电影发行有限责任公司、北京三祥国际文化传播有限公司、重庆广播电视集团（总台）大洋百货 | | 蒋译霆<br>黄　湛 | 张光照 | 王小列 | 许　晴、佟大为<br>李子雄、肖　聪 |
| 毒战 | 北京海润影业有限公司 | 北京海涯影业有限公司 | 邱子泽 | 韦家辉 | 杜琪峰 | 孙红雷、古天乐<br>黄　奕、高云翔 |

（海润影视制作有限公司供稿）

## 北京金英马影视文化股份有限公司

| 片名 | 出品单位 | 联合摄制单位 | 制片人 | 编剧 | 导演 | 主要演员 |
|---|---|---|---|---|---|---|
| 狐仙 | 北京金英马影视文化股份有限公司、厦门金鼎盛世影视文化有限公司 | 广西广电影视传媒发展有限责任公司、博纳影业 | 石宝峰 | 王佩晨 | 何可可 | 曾之乔<br>陈志朋<br>莫少聪<br>景岗山<br>何佳怡 |
| 食人草 | 北京金英马影视文化股份有限公司、厦门金鼎盛世影视文化有限公司 | 博纳影业 | 石宝峰 | 王佩晨 | 钱路劼 | 金俊浩、许绍洋<br>谭　卓 |
| 午夜旅馆 | 北京金英马影视文化股份有限公司、厦门金鼎盛世影视文化有限公司 | | 石宝峰 | 秦鹏<br>王佩晨 | 钱路劼 | 郝柏杰、张　彤<br>刘锡明、王　玉<br>莫少聪 |

（北京金英马影视文化股份有限公司）

## 北京小马奔腾影视文化发展有限公司

| 片名 | 出品发行 | 制作单位 | 制片人 | 编剧 | 导演 | 主要演员 |
|---|---|---|---|---|---|---|
| 将爱情进行到底 | 北京小马奔腾影业有限公司 | 北京小马奔腾影业有限公司、北京美丽春天文化传播有限公司、北京果然影视文化有限公司 | | 沈　巍<br>邢爱娜<br>某小丫<br>黄子珈 | 张一白 | 李亚鹏、徐静蕾<br>王学兵、杜汶泽<br>何　洁、程　伊<br>岳小军、崔达治 |
| 追梦3DNA | 北京小马奔腾影业有限公司 | 北京小马奔腾影业有限公司 | | | 孔玟燕<br>曲全立<br>张荣吉 | 五月天、刘若英<br>阿　信、林　雪<br>任贤齐 |

（北京小马奔腾影视文化发展有限公司）

# 北京光线传媒股份有限公司

| 片名 | 出品单位 | 联合摄制单位 | 制片人 | 编剧 | 导演 | 主要演员 |
|---|---|---|---|---|---|---|
| 最强囍事 | 北京光线影业有限公司、安徽广播电视台、天马电影出品（香港）有限公司（香港） | 北京光线影业有限公司、安徽广播电视台、天马电影出品(香港)有限公司、尚品电影有限公司 | 张昭 | 陈庆嘉<br>钱小慧 | 陈庆嘉<br>秦小珍 | 甄子丹、刘嘉玲<br>古天乐、张柏芝<br>黄百鸣、闫　妮<br>杜汶泽、熊黛林<br>郑中基<br>Angelababy<br>谢　楠 |
| B+侦探 | 银都机构有限公司、寰宇娱乐有限公司（中国香港）、北京光线影业有限公司 | 银都机构有限公司、寰宇娱乐有限公司（中国香港）、北京光线影业有限公司 | 帕比登<br>萨　莫 | 彭　顺<br>彭柏成 | 彭顺 | 郭富城、廖启智<br>徐正曦、谭耀文<br>张兆辉、林司敏<br>李　蕴、何浚尉<br>王梓一 |
| 夺命心跳 | 西安曲江影视投资（集团）有限公司、西安曲江文化产业风险投资有限公司 | 西安曲江影视投资（集团）有限公司、西安曲江文化产业风险投资有限公司 | 乔新风 | 张琦<br>黄苇 | 张琦 | 林熙蕾、梁家辉<br>安　雅、黄维德 |
| 画壁 | 北京光线影业有限公司、精英制作公司（中国香港）、安徽广播电视台 | 北京光线影业有限公司、精英制作公司（中国香港）、安徽广播电视台 | 李晓萍<br>张　昭 | 陈嘉上 | 陈嘉上 | 邓　超、孙　俪<br>闫　妮、邹兆龙<br>郑　爽、安志杰<br>柳　岩、谢　楠<br>曾志伟、包贝尔<br>莫小棋 |

续 表

| 片名 | 出品单位 | 联合摄制单位 | 制片人 | 编剧 | 导演 | 主要演员 |
|---|---|---|---|---|---|---|
| 梦游 | 山西电影制片厂(有限公司)、寰宇娱乐有限公司(中国香港)、北京光线影业有限公司、广州市英明文化传播有限公司 | 山西电影制片厂（有限公司）、寰宇娱乐有限公司（中国香港）、北京光线影业有限公司、广州市英明文化传播有限公司 | 陈梓存<br>帕比登萨莫 | 彭 顺<br>吴孟璋<br>彭伯成 | 彭顺 | 李心洁、霍思燕<br>杨采妮、李宗翰<br>马浴柯、黄德斌<br>鲍起静、段伟伦 |
| 鸿门宴 | 北京星光国际传媒有限公司、北大星光集团有限公司、江苏幸福蓝海影业有限公司、武汉常阳国际传媒有限公司 | 北京星光国际传媒有限公司、中国星光时代传媒有限公司（中国香港） | 宋光成 | 李仁港 | 李仁港 | 黎 明、张涵予<br>刘亦菲、冯绍峰<br>黄秋生、陈小春<br>安志杰 |

（北京光线传媒股份有限公司）

# 2011年北京市电影院一览表

（注：“★”为新增影院）

## 东城区

| 序号 | 电影院名称 | 地址 | 邮编 | 订票电话 |
|---|---|---|---|---|
| 1 | 北京市电影公司影联东环电影城 | 东城区东中街9号东环广场B座地下1层 | 100027 | 64185949 |
| 2 | 长虹电影院 | 东城区隆福寺街75号 | 100010 | 64050442 |
| 3 | 东城区图书馆会议中心 | 东城区交道口东大街85号 | 100007 | 64042764 |
| 4 | 东四工人文化宫 | 东城区隆福寺街47号 | 100010 | 84028490 |
| 5 | 北京影联百丽宫影院有限公司 | 东城区金宝街88号6～7层 | 100005 | 85221977 |
| 6 | 万国城百老汇电影院有限公司 | 东城区东直门香河园1号院北区4号楼 | 100028 | 85185804 |
| 7 | 新东安影院 | 东城区新王府井大街138号新东安市场6层 | 100006 | 65281898 |
| 8 | 中影恒乐新世纪影院有限公司 | 东城区东长安街1号东方广场地下1层、2层及夹层 | 100738 | 85186778 |
| 9 | 北京横店影视电影城 | 东城区王府井大街253号王府井百货8楼 | 100006 | 65231588 |
| 10 | 北京京站国运实业开发总公司 | 东城区北京站大楼综合楼内 | 100059 | 85236159 |

## 东城区（原崇文区）

| 序号 | 电影院名称 | 地址 | 邮编 | 订票电话 |
|---|---|---|---|---|
| 11 | 花市影联百老汇影院有限公司 | 崇外大街18号国瑞购物中心首层、地下1～2层 | 100062 | 67171338 |
| 12 | 北京搜秀影城有限公司 | 崇外大街40号搜秀城9层 | 100062 | 51671298-608/609 |

西城区

| 序号 | 电影院名称 | 地 址 | 邮编 | 订票电话 |
|---|---|---|---|---|
| 13 | 北京地质礼堂 | 西城区西四羊肉胡同30号 | 100034 | 66178928 |
| 14 | 北京青年宫电影城 | 西城区西直门南小街68号 | 100035 | 66152207 |
| 15 | 红楼电影院 | 西城区西安门大街156号 | 100304 | 66036309 |
| 16 | 胜利电影院 | 西城区西四东大街55号 | 100034 | 66160370 |
| 17 | 首都华融影院 | 西城区西单北大街131号，大悦城购物中心9-11层 | 100032 | 66018177 |
| 18 | 新影联首都时代电影城 | 西城区长安街88号首都时代电影城地下一层<br>首都时代电影城地下1层 | 100031 | 83913644 |
| 19 | 西城区工人文化宫 | 西城区月坛南街24号 | 100045 | 68583461 |
| 20 | 新街口电影院 | 西城区西直门内大街69号 | 100034 | 62256713 |
| 21 | 北京华利佳合实业有限公司西宫宾馆 | 西城区月坛南街24号 | 100045 | 68583461 |
| 22 | 北京华业伟成文化发展有限公司 | 西城区西单北大街180号西单文化广场B1层4D | 100031 | 66011347 |

西城区（原宣武区）

| 序号 | 电影院名称 | 地 址 | 邮编 | 订票电话 |
|---|---|---|---|---|
| 23 | 北京市工人俱乐部 | 虎坊路7号 | 100052 | 63533121/3123/63535390 |
| 24 | 大观楼影城 | 大栅栏街36号 | 100051 | 63037361 |
| 25 | 广安门电影院 | 白广路8号 | 100053 | 63522472 |
| 26 | 中华电影娱乐宫 | 天桥市场85号 | 100050 | 63034486 |
| 27 | 北京慧发隆超市数字影院 | 宣武区半步桥街14号 | 100059 | 83157582 |

朝阳区

| 序号 | 电影院名称 | 地 址 | 邮编 | 订票电话 |
|---|---|---|---|---|
| 28 | 中国电影博物馆 | 朝阳区南皋路9号 | 100015 | 64348100 |
| 29 | UME国际影城安贞店 | 朝阳区北三环东路36号安贞桥环球贸易中心3期商场一层 | 100013 | 58257733 |

续 表

| 序号 | 电影院名称 | 地 址 | 邮编 | 订票电话 |
|---|---|---|---|---|
| 30 | UME国际影城双井店 | 朝阳区东三环中路65号富力广场5～6层 | 100022 | 59037171—105/106/107 |
| 31 | 北辰实业集团公司北京剧院 | 朝阳区安慧里三区10号 | 100101 | 64910516 |
| 32 | 北京博纳优唐国际影城 | 朝阳区朝外大街三丰北里2号楼地下1层 | 100020 | 59775660 |
| 33 | 朝阳剧场 | 朝阳区东三环北路36号 | 100026 | 65072421 |
| 34 | 朝阳区文化馆影剧院 | 朝阳区朝外小庄金台路17号 | 100026 | 85993958 |
| 35 | 北京传奇时代影城 | 朝阳区朝阳公园路6号蓝色港湾国际商区SA-42 | 100025 | 59056868 |
| 36 | 世纪东都国际影城有限公司 | 朝阳区东四环中路195号华腾新天地（法国天地）5层 | 100022 | 87952960/64/67 |
| 37 | 北京枫花园露天电影院 | 朝阳区亮马桥路21号 | 100016 | 64329884 |
| 38 | 金典苹果派电影院有限公司 | 朝阳区黄渠东路二号院14号楼会所一层102 | 100024 | 65484467 |
| 39 | 北京电影家俱乐部（金鸡百花影城/影协电影院） | 朝阳区北三环东路22号 | 100013 | 64203483 |
| 40 | 劲松电影院 | 朝阳区劲松中街404号 | 100021 | 67709306 |
| 41 | 世界城星美国际影城 | 朝阳区金汇路8号B1层02室 | 100020 | 85907677 |
| 42 | 万达国际电影城CBD店 | 朝阳区建国路93号北京万达广场B座3层 | 100022 | 59603399 |
| 43 | 望京星美国际影城 | 朝阳区望京街9号望京国际商业中心A座4层 | 100102 | 59203788 |
| 44 | 北京新影联阳光电影城 | 朝阳区安立路68号阳光广场北门首层 | 100101 | 64896314 |
| 45 | 美嘉欢乐影城朝阳分公司三里屯店 | 朝阳区三里屯路19号B1 | 100027 | 64176118 |
| 46 | 木偶艺术剧院有限责任公司 | 朝阳区安华西里一区甲1号 | 100011 | 64247888 |
| 47 | 紫光影城 | 朝阳区朝外大街10号（蓝岛西区5～6层） | 100020 | 65992229 |
| 48 | 北京新影联华谊兄弟影院有限公司 | 朝阳区广顺北大街16号华彩商业中心B1F | 100102 | 57620488 |
| 49 | 北京嘉裕金逸国际电影城有公司朝阳分公司 | 朝阳区朝阳北路101号大悦城商场8层DD01号 | 100080 | 82486806 |

续　表

| 序号 | 电影院名称 | 地 址 | 邮编 | 订票电话 |
|---|---|---|---|---|
| 50 | 北京希杰星星国际影城有限公司 | 朝阳区湖景东路11号新奥购物中心地下一层 | 100101 | 84260800 |
| 51 | 北京橙天嘉禾三里屯影城管理有限公司 | 朝阳区工人体育场北路甲2号裙房4层403-2单元 | 100027 | 85715566 |
| 52 | 中国科技馆影院 | 朝阳区大屯北路5号 | 100012 | 59041542 |
| 53 | 北京跃活世纪文化传媒有限公司 | 朝阳区北苑路42号四层 | 100012 | 84939887 |
| 54 | 北京郎乐科技开发有限公司 | 朝阳区农展南路1号 | 100026 | 65958034 |
| 55 | 北京奥斯卡国际影城有限公司 | 朝阳区工体东路20号5层502 | 100020 | 65936538 |
| 56 | ★北京新影联天宝国际影城 | 朝阳区祁家裕子8号健翔大厦地下一层 | 100029 | 82994670 |
| 57 | ★北京百丽宫影院有限公司国贸店 | 朝阳区建国门外大街1号国贸商城三期地下一层3B120 | 100020 | 85351808 |
| 58 | ★北京今典比如影院管理有限公司 | 北京市朝阳区京顺路111号 | 100102 | 64304175 |
| 59 | ★北京万达国际电影城有限公司望京店 | 北京市朝阳区望京西路41号NOVO广场C座6层 | 100102 | 59778687 |
| 60 | ★北京数字光魔影院管理有限公司望京DMC国际影城 | 北京市朝阳区望京新城A3区宝星生活广场5层1号 | 100102 | 64319608 |

海淀区

| 序号 | 电影院名称 | 地 址 | 邮编 | 订票电话 |
|---|---|---|---|---|
| 61 | UME华星国际影城 | 海淀区双榆树科学院南路44号 | 100086 | 82111601-106/107 |
| 62 | 国安剧院 | 海淀区花园东路甲16号 | 100083 | 62026328 |
| 63 | 北京国图音乐厅 | 海淀区中关村南大街33号 | 100081 | 88545520 |
| 64 | 海淀剧院 | 海淀区中关村大街28号 | 100086 | 82533588 |
| 65 | 海淀区工人文化宫 | 海淀区万柳华府北街2号 | 100089 | 82567215 |
| 66 | 今典花园影院 | 海淀区文慧园北路9号今典花园9号楼空间蒙太奇大厦2层 | 100082 | 62211599-102 |
| 67 | 北京今日时代数字影院有限公司 | 海淀区西翠路5号今日家园8号楼F101室 | 100039 | 88283459 |

续 表

| 序号 | 电影院名称 | 地 址 | 邮编 | 订票电话 |
|---|---|---|---|---|
| 68 | 北京嘉裕金逸国际电影城 | 海淀区中关村大街19号新中关购物中心地下1层 | 100080 | 82486806-808/809 |
| 69 | 北京华诚美映影院有限公司（上地美麟影城） | 海淀区农大南路1号院上地华联购物中心4层 | 100084 | 62667799-700 |
| 70 | 五道口工人俱乐部 | 海淀区成府路23号 | 100083 | 62329810 |
| 71 | 北京名翔国际影院管理有限公司（星美国际影城） | 海淀区远大路1号金源时代购物中心5层 | 100097 | 88878696 |
| 72 | 美嘉欢乐影城中关村店 | 海淀区中关村大街15号中关西区购物中心E区三层 | 100082 | 59863777 |
| 73 | （北京中影电影有限责任公司）中影电影院 | 海淀区新外大街25号 | 100082 | 62215069 |
| 74 | 北京耀莱国际影城管理有限公司 | 海淀区复兴路69号华熙乐贸5层 | 100039 | 68188877 |
| 75 | 北京嘉禾万贸影城管理有限公司 | 海淀区巴沟路2号万柳购物中心5层 | 100089 | 4000080888 |
| 76 | 北京嘉华美瑞影城管理有限公司 | 海淀区学清路甲8号圣熙8号购物中心五层 | 100083 | 82732228 |
| 77 | ★北京今典四道口影院管理有限公司 | 海淀区四道口2号三层北侧 | 100081 | 62115530 |
| 78 | ★北京嘉裕金逸国际电影城有限公司海淀分公司 | 海淀区建材中路6号新都购物广场一层 | 100096 | 82936951/52 |
| 79 | ★洛阳新华角川国际影城有限公司北京大钟寺分公司 | 海淀区北三环西路甲18号 | 100098 | 68432655 |

丰台区

| 序号 | 电影院名称 | 地 址 | 邮编 | 订票电话 |
|---|---|---|---|---|
| 80 | 保利万源影城 | 丰台区东高地万源西里航天万源广场5楼 | 100076 | 68198833 |
| 81 | 丰台青少年剧场 | 丰台区西四环南路86号 | 100071 | 63814286 |
| 82 | 观唐佳影电影放映有限公司（糖人街影院） | 丰台区太平桥华源一街2号楼B1层 | 100076 | 63333755 |
| 83 | 北京金华建娱乐有限责任公司特别乐历险城 | 丰台区花乡大葆台世界公园内 | 100071 | 83612930 |
| 84 | 北京正华佳宇商城有限公司 | 丰台区政馨园三区5、6号楼-1层 | 100079 | 87688666 |

续　表

| 序号 | 电影院名称 | 地 址 | 邮编 | 订票电话 |
|---|---|---|---|---|
| 85 | 保利影业投资有限公司北京马家堡影城 | 丰台区南三环西路16号1楼 | 100077 | 87578532 |
| 86 | 北京博纳汇鑫影院管理有限公司 | 丰台区蒲黄榆28号 | 100078 | 67699909 |
| 87 | 北京恒英世纪文化传媒有限公司 | 丰台区莲花东路118号北京西站内三楼西四房间 | 100055 | 51933622 |
| 88 | ★北京阳光星美国际影院管理有限公司 | 丰台区成寿寺路2号 | 100164 | 67698585 |
| 89 | ★北京摩威秀科技有限公司 | 丰台区政馨园三区5号楼2层商业东区 | 100079 | 87640188 |

石景山区

| 序号 | 电影院名称 | 地 址 | 邮编 | 订票电话 |
|---|---|---|---|---|
| 90 | 古城电影院 | 石景山区古城南路15号 | 100043 | 68874790 |
| 91 | 万达国际电影城石景山店 | 石景山区银河大街鲁谷万达商业广场娱乐楼三层及夹层 | 100043 | 68663399-807 |

门头沟区

| 序号 | 电影院名称 | 地 址 | 邮编 | 订票电话 |
|---|---|---|---|---|
| 92 | 门头沟区影剧院 | 门头沟区新桥大街12号 | 102300 | 69842686 |

房山区

| 序号 | 电影院名称 | 地 址 | 邮编 | 订票电话 |
|---|---|---|---|---|
| 93 | 良乡影剧院 | 房山区良乡拱辰大街31号 | 102401 | 69352415 |
| 94 | 洛阳新角川国际影城有限公司北京房山分公司（新华国际） | 房山区良乡北关西路14号华冠购物中心5层电影院 | 102488 | 69351155-505 |
| 95 | 燕山影剧院 | 房山区燕山岗南路3号 | 102500 | 69344034 |

大兴区

| 序号 | 电影院名称 | 地 址 | 邮编 | 订票电话 |
|---|---|---|---|---|
| 96 | 大兴区影剧院 | 大兴区黄村西大街15号 | 102600 | 69252566 |
| 97 | 洛阳新华角川国际影城有限公司北京大兴分公司 | 大兴区黄村火圣庙商业中心E座5层 | 102600 | 81297050 |

通州区

| 序号 | 电影院名称 | 地 址 | 邮编 | 订票电话 |
|---|---|---|---|---|
| 98 | 通州区电影院 | 通州区西塔胡同1号 | 101100 | 69542229 |
| 99 | 西部牛仔汽车影院有限公司 | 通州台湖镇创业园路8号 | 100116 | 61539193 |

顺义区

| 序号 | 电影院名称 | 地 址 | 邮编 | 订票电话 |
|---|---|---|---|---|
| 100 | 顺义区影剧院 | 顺义区新顺北大街3号 | 101300 | 69447548 |
| 101 | 北京博纳顺景影院管理有限公司 | 顺义区新顺南大街18号 | 101300 | 60406016 |

平谷区

| 序号 | 电影院名称 | 地 址 | 邮编 | 订票电话 |
|---|---|---|---|---|
| 102 | 平谷区影剧院 | 平谷区平谷镇府前街3号 | 101200 | 69962434 |

怀柔区

| 序号 | 电影院名称 | 地 址 | 邮编 | 订票电话 |
|---|---|---|---|---|
| 103 | 北京炫影丽声电影放映有限公司 | 怀柔区富乐大街8号一层（怀柔区图书馆） | 101400 | 89681640 |
| 104 | ★北京银虹电影城有限公司 | 怀柔区青春路15号（亿万达商厦四层） | 101400 | 69627035 |

密云县

| 序号 | 电影院名称 | 地 址 | 邮编 | 订票电话 |
|---|---|---|---|---|
| 105 | 密云大剧院 | 密云县鼓楼西大街1号 | 101500 | 69041575 |

昌平区

| 序号 | 电影院名称 | 地 址 | 邮编 | 订票电话 |
|---|---|---|---|---|
| 106 | 昌平区影剧院 | 昌平区鼓楼南大街6号 | 102200 | 无 |
| 107 | 回龙观星美国际影城 | 昌平区回龙关镇西大街111号华联3层 | 102208 | 80771188 |
| 108 | 万达龙德电影城 | 昌平区立汤路186号龙德广场5层 | 102218 | 84844742 |
| 109 | 北京中影环银电影城有限公司（中影国际影城北京永旺店） | 昌平区北清路1号永旺国际商城购物中心3F | 102206 | 80700848 |

续　表

| 序号 | 电影院名称 | 地 址 | 邮编 | 订票电话 |
|---|---|---|---|---|
| 110 | 大地影院发展有限公司北京昌平分公司 | 昌平区水库路平菓岭假日广场四楼 | 102200 | 80100211 |
| 111 | 北京东方明姜影院管理有限公司昌平国际影城 | 昌平区鼓楼南大街6号佳莲时代广场4层 | 100076 | 51654966 |

**延庆县**

| 序号 | 电影院名称 | 地 址 | 邮编 | 订票电话 |
|---|---|---|---|---|
| 112 | 圣世苑培训中心影剧院 | 延庆县城东外大街71号 | 102100 | 69102121 |
| 113 | 广东大地影院建设有限公司北京延庆电影放映分公司 | 延庆县延庆镇妫水北街39号1幢H座一层 | 102199 | 87129439 |

**北京市经济技术开发区**

| 序号 | 电影院名称 | 地 址 | 邮编 | 订票电话 |
|---|---|---|---|---|
| 114 | 北京大料国际影院有限责任公司 | 经济技术开发区文化园东路6号 | 100176 | 67859009 |

（北京市广播电影电视局电影管理处）

# 电视剧

2012/《北京广播影视年鉴》

——记录行业情况　服务业内和社会——

# 2011年首都电视剧制作发行情况综述

2011年10月26日，北京市广播电影电视局和怀柔区政府联合主办的秋季（第九届）首都电视节目推介会作品展板

2011年，首都广大电视剧制作机构坚持弘扬主旋律，提倡多样化原则，坚持“二为”方向、“双百”方针和“三贴近”原则，坚持面向市场、面向生活，创作生产出一批叫好又叫座、特色鲜明、类型多样的优秀电视剧，有力地弘扬了社会主义核心价值观，促进了社会效益和经济效益的有机统一，较好地满足了人民群众多层次、多方面、多样化的精神文化需求。

2011年，首都影视制作机构创作生产的电视剧87部2721集，同比增幅28%，占到了全国总产量的19%。北京市广播电影电视局重点推出《风车》、《人到四十》、《咱家那些事》、《男人帮》、《护国军魂传奇》、《我的父亲是板凳》等一批优秀电视剧，在28届飞天奖评选中，北京地区共有九部作品入围，其中《媳妇的美好时代》、《我的青春谁做主》、《我是特种兵》荣获一等奖。建党90周年宣传期间，北京推出的《雪花那个飘》、《妈妈的罗曼史》、《我的父亲是板凳》、《天行健》、《大商城》、《80、90向前冲》等六部电视剧被国家广电总局列为庆祝中国共产党成立90周年优秀展播剧目，为建党90周年宣传活动营造了良好的氛围。另外，由北京出品的优秀电视剧《我是特种兵》、《咱家那些事》和《夏妍的秋天》分别在央视一套黄金时间播出。

北京市广播电影电视局在全面提高首都电视剧创作生产数量质量的同时，科学探索电视剧市场发展的规律，出台了一系列推优扶优政策规定，在政策和资金的双重扶持下，北京地区电视剧市场逐渐涌现出了一批品牌剧目和品牌企业，如《咱家那些事》、《永不磨灭的番号》、《人到四十》、《我是特种兵》等，以这一系列带有强烈类型特征的优秀剧目的持续热播为标志，在当前北京类型电视剧的创作生产在全国创出了品牌，形成了影响。北京电视艺术中心的都市情感剧，海润影视制作有限公司、小马奔腾影视公司的军旅题材剧，鑫宝源影视投资有限公司的青春系列剧等已经成为当前电视播出机构热捧、全国电视制作同行竞相效仿的电视剧行业标杆，对推动国内电视剧市场的发展和国产电视剧制作水准的提升作出了重要的贡献。

（北京市广播电影电视局宣传管理处）

# 北京市动画片及少儿节目生产情况综述

北京卡酷传媒有限公司生产的《我们小孩有力量》

2011年，全年经北京市广播电影电视局同意备案的京产动画片27部35087分钟，分别各占全国4.77%和7.13%。在29省市（含央视及中央直属）中排名第五。完成国产电视动画片20部、11168分钟。经北京市广播电影电视局推荐的7个动画、少儿节目作品获得了2010年度国家广电总局少儿精品发展专项资金及国产动画发展专项资金三个项目的奖励，奖金总额120万元。其中北京人民广播电台的《毛毛狗的故事口袋》和《爱星满天》两个栏目分获“优秀少儿广播栏目类”特等奖和一等奖；北京电视台卡酷动画卫星频道获“优秀少儿频道、动画频道类”特等奖；北京卡酷传媒有限公司生产的《我们小孩有力量》和《卡酷漫游记》分获“优秀国产动画片”二等奖和鼓励奖；北京浩昊科技发展有限公司生产的《文字国历险记——浩昊大闹无字城》和北京其欣然影视文化传播有限公司生产的《快乐小东西》获“优秀国产动画片”三等奖。

（北京市广播电影电视局宣传管理处）

# 北京市广播电影电视局<br>2011年《国产电视剧发行许可证》目录

| 序号 | 剧名 | 集数 | 制作单位 | 合作单位 | 发行许可证号 | 发证日期 |
|---|---|---|---|---|---|---|
| 1 | 家，N次方 | 30 | 北京金英马影视文化有限责任公司 | 北京鑫宝源影视投资有限公司 | (京)剧审字(2011)第001号 | 2011/1/14 |
| 2 | 傻春 | 34 | 北京金英马影视文化有限责任公司 | 北京鑫宝源影视投资有限公司 | (京)剧审字(2011)第002号 | 2011/1/14 |
| 3 | 婆媳大事 | 30 | 北京龙海星光文化传媒有限公司 | 北京通盈盛创影视文化传媒有限公司 | ((京)剧审字(2011)第003号 | 2011/1/18 |
| 4 | "80""90"向前冲 | 40 | 北京京都世纪文化发展有限公司 | 湖南广播电视台、湖南卫视 | (京)剧审字(2011)第004号 | 2011/1/25 |
| 5 | 我是你儿子 | 26 | 北京联盛嘉华影视文化传播有限公司 | 无 | (京)剧审字(2011)第005号 | 2011/2/21 |
| 6 | 王海涛今年四十一 | 28 | 北京天圆地方影业有限公司 | 北京电视台、海南电视台、东阳派格当歌影视文化有限公司、北京儒意欣欣影业投资有限公司 | (京)剧审字(2011)第006号 | 2011/2/24 |
| 7 | 香格里拉 | 36 | 北京阳光盛通文化艺术有限公司 | 东阳盛通影视有限公司、浙江华策影视股份有限公司 | (京)剧审字(2011)第007号 | 2011/3/7 |

续　表

| 序号 | 剧名 | 集数 | 制作单位 | 合作单位 | 发行许可证号 | 发证日期 |
|---|---|---|---|---|---|---|
| 8 | 风车 | 38 | 北京北广传媒影视有限公司 | 浙江燕风影视制作有限公司 | (京)剧审字(2011)第008号 | 2011/3/7 |
| 9 | 女马帮 | 32 | 北京鱼化龙文化传播有限公司 | 云南省委宣传部、北京福瑞天地影视文化传播有限公司、昆明市广播电视产业中心 | (京)剧审字(2011)第009号 | 2011/3/7 |
| 10 | 青城缘 | 33 | 北京百年华盛影视文化传播有限公司 | 中央电视台中视传媒股份有限公司 | (京)剧审字(2011)第010号 | 2011/3/7 |
| 11 | 三十而嫁 | 30 | 北京嘉和中天影视文化有限公司 | 上海翼翔影视文化制作有限公司 | (京)剧审字(2011)第011号 | 2011/3/7 |
| 12 | 古村女人 | 26 | 北京利群影视文化发展有限责任公司 | 中共安义县委宣传部、宸康科技（北京）有限公司、天津利达钢管集团有限公司 | (京)剧审字(2011)第012号 | 2011/3/23 |
| 13 | 雪花那个飘 | 38 | 北京电视台 | 西安普通人影视制作有限公司 | (京)剧审字(2011)第013号 | 2011/3/30 |
| 14 | 当婆婆遇上妈 | 30 | 北京东方在扬文化传播有限公司 | 华视影视投资（北京）有限公司 | (京)剧审字(2011)第014号 | 2011/3/30 |
| 15 | 一生守护 | 34 | 北京东王文化发展有限公司 | 北京圣田嘉禾文化传播有限公司、东阳乾道影视文化有限公司 | (京)剧审字(2011)第015号 | 2011/3/30 |

续 表

| 序号 | 剧名 | 集数 | 制作单位 | 合作单位 | 发行许可证号 | 发证日期 |
|---|---|---|---|---|---|---|
| 16 | 情洒嵩山 | 16 | 北京紫禁城影业有限责任公司 | 河南富强文化传播有限公司 | (京) 剧审字(2011)第016号 | 2011/4/1 |
| 17 | 摩登新人类 | 30 | 北京大汉天下传媒有限公司 | 无 | (京)剧审字(2011)第017号 | 2011/4/15 |
| 18 | 船来船往 | 46 | 亚太盛世文化传播（北京)有限公司 | 无 | (京)剧审字(2011)第018号 | 2011/4/15 |
| 19 | 大唐女巡按 | 38 | 北京京都世纪文化发展有限公司 | 无 | (京)剧审字(2011)第019号 | 2011/4/18 |
| 20 | 人是铁饭是钢 | 32 | 北京紫禁城影业有限责任公司 | 北京博瑞龙腾文化传播有限公司 | (京)剧审字(2011)第020号 | 2011/4/26 |
| 21 | 妈妈的罗曼史 | 35 | 北京盛世凯华文化投资有限公司 | 无 | (京)剧审字(2011)第021号 | 2011/5/3 |
| 22 | 水木清华 | 30 | 丹青四季文化发展（北京）有限公司 | 北京雨花石影视投资有限公司 | (京)剧审字(2011)第022号 | 2011/5/3 |
| 23 | 微风吹乱的爱情 | 36 | 北京紫禁城影业有限责任公司 | 浩安(北京)影视文化传媒有限公司 | (京)剧审字(2011)第023号 | 2011/5/10 |
| 24 | 一家不说两家话 | 25 | 北京小马奔腾壹影视文化发展有限公司 | 无 | (京)剧审字(2011)第024号 | 2011/5/10 |
| 25 | 我的父亲是板凳 | 36 | 华视影视投资（北京）有限公司 | 东阳大唐娱乐影视制作有限公司 | (京)剧审字(2011)第025号 | 2011/5/10 |
| 26 | 明珠游龙 | 34 | 北京东方飞云国际影视策划有限公司 | 无 | (京)剧审字(2011)第026号 | 2011/5/19 |

续 表

| 序号 | 剧名 | 集数 | 制作单位 | 合作单位 | 发行许可证号 | 发证日期 |
|---|---|---|---|---|---|---|
| 27 | 护国军魂传奇 | 37 | 海润影视制作有限公司 | 云南润视荣光影业制作有限公司 | (京)剧审字(2011)第027号 | 2011/5/30 |
| 28 | 剑侠情缘 | 33 | 北京润亚传媒股份有限公司 | 成都金山数字娱乐科技有限公司 | (京)剧审字(2011)第028号 | 2011/5/30 |
| 29 | 双城生活 | 32 | 中国国安文化传媒投资有限公司 | 上海电视传媒有限公司、北京紫禁城影业有限责任公司、宁波广播影视艺术中心 | (京)剧审字(2011)第029号 | 2011/5/30 |
| 30 | 天行健 | 32 | 北京春秋鸿文化投资有限公司 | 中凯文化传媒有限公司 | (京)剧审字(2011)第030号 | 2011/5/30 |
| 31 | 兄弟车行 | 30 | 北京新世邦文化传媒有限公司 | 无 | (京)剧审字(2011)第031号 | 2011/5/30 |
| 32 | 迷雾双龙 | 25 | 北京紫禁城信都电视文化有限公司 | 北京鼎诚光源文化传播有限公司 | (京)剧审字(2011)第032号 | 2011/6/1 |
| 33 | 匪娘 | 23 | 北京金英马影视文化有限责任公司 | 金英马影视文化股份有限公司、陕西文化产业（影视）投资有限公司 | (京)剧审字(2011)第033号 | 2011/6/2 |
| 34 | 大商城 | 23 | 北京紫金长天传媒文化有限公司 | 山东省临沂市兰山区人民政府 | (京)剧审字(2011)第034号 | 2011/6/21 |
| 35 | 世间路 | 36 | 北京履实文化发展有限公司 | 无 | (京)剧审字(2011)第035号 | 2011/6/21 |
| 36 | 密使 | 30 | 北京大唐辉煌影业投资有限公司 | 东阳大成影视传媒有限公司 | (京)剧审字(2011)第036号 | 2011/6/21 |

续 表

| 序号 | 剧名 | 集数 | 制作单位 | 合作单位 | 发行许可证号 | 发证日期 |
|---|---|---|---|---|---|---|
| 37 | 橄榄树 | 34 | 海润影视制作有限公司 | 中视影视有限公司、大连五洲影视有限公司、东方灏国际文化传媒（北京）有限公司 | (京)剧审字(2011)第037号 | 2011/6/21 |
| 38 | 永远的母亲 | 31 | 北京唐德国际文化传媒有限公司 | 无 | (京)剧审字(2011)第038号 | 2011/6/22 |
| 39 | 风云传奇 | 29 | 北京星辉煌影视投资有限公司 | 北京旗帜先锋影视投资有限公司 | (京)剧审字(2011)第039号 | 2011/7/7 |
| 40 | 小芳 | 18 | 北京大红年代文化传媒有限公司 | 无 | (京)剧审字(2011)第040号 | 2011/7/7 |
| 41 | 黄梅戏宗师传奇 | 25 | 北京中视精彩影视文化有限公司 | 黄梅县广播电视局 | (京)剧审字(2011)第041号 | 2011/8/1 |
| 42 | 战火四千金 | 31 | 北京金天地影视文化有限公司 | 无 | (京)剧审字(2011)第042号 | 2011/8/4 |
| 43 | 男人帮 | 30 | 北京鑫宝源影视投资有限公司 | 上海宝宏影视文化传媒有限公司 | (京)剧审字(2011)第043号 | 2011/8/9 |
| 44 | 民国烟云 | 44 | 北京东方飞云国际影视策划有限公司 | 无 | (京)剧审字(2011)第044号 | 2011/8/8 |
| 45 | 三十岁你好 | 30 | 北京紫禁城影业有限责任公司 | 御嘉世星影业（北京）有限公司 | (京)剧审字(2011)第045号 | 2011/8/12 |
| 46 | 扇娘 | 39 | 海润影视制作有限公司 | 无 | (京)剧审字(2011)第046号 | 2011/8/21 |

续 表

| 序号 | 剧名 | 集数 | 制作单位 | 合作单位 | 发行许可证号 | 发证日期 |
|---|---|---|---|---|---|---|
| 47 | 人到四十 | 38 | 北京源合圣影视文化发展有限公司 | 无 | (京)剧审字(2011)第047号 | 2011/9/16 |
| 48 | 谁来伺候妈 | 30 | 北京东仑国际文化传媒有限公司 | 北京霸王龙文化传媒有限公司 | (京)剧审字(2011)第048号 | 2011/9/19 |
| 49 | 风雨梵净山 | 38 | 北京世纪华融文化传播有限公司 | 《贵州日报》报业集团、黔森影视工作室 | (京)剧审字(2011)第049号 | 2011/9/19 |
| 50 | 财神有道 | 30 | 北京左岸影视投资管理有限公司 | 上海东汉文化发展有限公司、深圳市世纪映画传媒有限公司 | (京)剧审字(2011)第050号 | 2011/9/19 |
| 51 | 酸枣 | 7 | 北京金尊影视文化艺术有限公司 | 无 | (京)剧审字(2011)第051号 | 2011/9/27 |
| 52 | 家产 | 36 | 北京金英马影视文化有限责任公司 | 无 | (京)剧审字(2011)第052号 | 2011/9/28 |
| 53 | 七侠五义人间道 | 37 | 北京紫金长天传媒文化有限公司 | 无 | (京)剧审字(2011)第053号 | 2011/10/10 |
| 54 | 咱家那些事 | 33 | 星美(北京)影业有限公司 | 北京大唐辉煌影业投资有限公司 | (京)剧审字(2011)第054号 | 2011/10/10 |
| 55 | 母子连心 | 24 | 北京美丽海影视文化艺术有限公司 | 无 | (京)剧审字(2011)第055号 | 2011/10/12 |
| 56 | 后宫甄嬛传 | 76 | 北京电视艺术中心 | 东阳市花儿影视文化有限公司、北京星格拉影视文化传播有限公司 | (京)剧审字(2011)第056号 | 2011/10/25 |

续 表

| 序号 | 剧名 | 集数 | 制作单位 | 合作单位 | 发行许可证号 | 发证日期 |
|---|---|---|---|---|---|---|
| 57 | 五湖四海 | 28 | 北京北广传媒影视有限公司 | 浙江燕风影视制作有限公司、海润影视制作有限公司 | (京)剧审字(2011)第057号 | 2011/10/25 |
| 58 | 老蒲的春夏秋冬 | 21 | 北京世杰文化传播有限公司 | 金黄世纪国际影视文化（北京）有限公司 | (京)剧审字(2011)第058号 | 2011/11/11 |
| 59 | 新西厢记 | 33 | 北京新世邦文化传媒有限公司 | 中国国际电视总公司、中国广播电影电视节目交易中心 | (京)剧审字(2011)第059号 | 2011/11/11 |
| 60 | 笑 脸 | 34 | 北京电视艺术中心有限公司 | 哈尔滨新影文化传播有限公司 | (京)剧审字(2011)第060号 | 2011/12/7 |
| 61 | 偏偏爱上你 | 28 | 北京中视和展投资有限公司 | 中视影视制作有限公司、宁波东钱湖投资开发有限公司 | (京)剧审字(2011)第061号 | 2011/12/8 |
| 62 | 卜案 | 26 | 海润影视制作有限公司 | 北京市润亚影视制作有限公司 | (京)剧审字(2011)第062号 | 2011/12/9 |
| 63 | 女子军魂 | 32 | 星美(北京）影业有限公司 | 星美（北京）影业公司 | (京)剧审字(2011)第063号 | 2011/12/12 |
| 64 | 光荣大地 | 37 | 北京唐德国际文化传媒有限公司 | 无 | (京)剧审字(2011)第064号 | 2011/12/14 |
| 65 | 黄金密码 | 28 | 北京橙天嘉禾影视制作有限公司 | 北京杰龄合创影视文化传播有限公司 | (京)剧审字(2011)第065号 | 2011/12/14 |

续 表

| 序号 | 剧名 | 集数 | 制作单位 | 合作单位 | 发行许可证号 | 发证日期 |
|---|---|---|---|---|---|---|
| 66 | 辣椒与泡菜 | 26 | 北京水木高清影视文化发展有限公司 | 无 | (京)剧审字(2011)第066号 | 2011/12/15 |
| 67 | 你是我爱人 | 30 | 北京国立常升影视文化股份有限公司 | 浙江华谊兄弟传媒股份有限公司、北京升格文化发展有限公司、湖南广播电视台 | (京)剧审字(2011)第067号 | 2011/12/15 |
| 68 | 要过好日子 | 32 | 北京大唐辉煌影业投资有限公司 | 东阳大成影视传媒有限公司 | (京)剧审字(2011)第068号 | 2011/12/16 |
| 69 | 情感战争 | 32 | 北京世纪伙伴文化传媒有限公司 | 完美世杰（北京）影视文化有限公司 | (京)剧审字(2011)第069号 | 2011/12/15 |
| 70 | 女人做主 | 40 | 北京英氏影视艺术有限责任公司 | 北京久和成影视广告有限公司 | (京)剧审字(2011)第070号 | 2011/12/16 |
| 71 | 我们这拨人 | 32 | 北京泰格尔影视文化传媒有限公司 | 北京春秋时代文化有限公司 | (京)剧审字(2011)第071号 | 2011/12/21 |
| 72 | 追逃 | 30 | 北京华谊兄弟娱乐投资有限公司 | 浙江华谊兄弟影业投资有限公司 | (京)剧审字(2011)第072号 | 2011/12/22 |
| 73 | 最后一枪 | 32 | 北京华谊兄弟娱乐投资有限公司 | 浙江华谊兄弟影业投资有限公司 | (京)剧审字(2011)第073号 | 2011/12/27 |
| 74 | 敌后英雄 | 26 | 北京唐德国际文化传媒有限公司 | 无 | (京)剧审字(2011)第074号 | 2011/12/30 |
| 75 | 莲花 | 30 | 华视影视投资（北京）有限公司 | 北京和颂天地影视文化有限公司 | (京)剧审字(2011)第075号 | 2011/12/30 |

（北京市广播电影电视局宣传管理处）

# 北京市广播电影电视局
# 2011年《电视剧制作许可证(乙种)目录》

| 许可证号 | 电视剧名称 | 集数*分钟 | 制作机构 |
|---|---|---|---|
| 01450 | 女人装 | 40集*47分 | 北京春秋风云影视策划有限公司 |
| 01451 | 与时尚同行 | 25集*40分 | 北京星光国际传媒有限公司 |
| 01452 | 闺蜜战争 | 25集*40分 | 北京星光国际传媒有限公司 |
| 01453 | 神笔 | 25集*40分 | 北京星光国际传媒有限公司 |
| 01454 | 牵牛的夏天 | 30集*45分 | 北京天中映画文化艺术有限公司 |
| 01455 | 策反者 | 30集*45分 | 中国国安文化传媒投资有限公司 |
| 01456 | 争流 | 32集*45分 | 三湘兄弟国际传媒（北京）有限公司 |
| 01457 | 民国烟云 | 50集*45分 | 北京东方飞云国际影视策划有限公司 |
| 01458 | 填四川 | 50集*47分 | 北京如意吉祥影视策划有限公司 |
| 01459 | 冀中锄奸队 | 22集*47分 | 北京唐德国际文化传媒有限公司 |
| 01460 | 女人帮 | 30集*45分 | 北京西影汉唐传媒有限公司 |
| 01461 | 房战 | 30集*47分 | 北京广电影视传媒有限公司 |
| 01462 | 西南绝杀 | 30集*47分 | 北京幸福影视有限公司 |
| 01463 | 老妈的心愿 | 30集*45分 | 星美（北京）影业有限公司 |
| 01464 | 大学生公寓之女生公寓 | 100集*25分 | 汉禹星空文化艺术发展（北京）有限公司 |
| 01465 | 新拼住时代 | 30集*20分 | 北京东威丽音文化传播有限公司 |
| 01466 | 杨乃武与小白菜冤案 | 35集*45分 | 亚太盛世文化传播（北京）有限公司 |
| 01467 | 六扇门 | 30集*45分 | 北京时代先锋影艺投资有限公司 |
| 01468 | 我的母亲生于1912 | 30集*45分 | 北京时代先锋影艺投资有限公司 |

续 表

| 许可证号 | 电视剧名称 | 集数*分钟 | 制作机构 |
|---|---|---|---|
| 01469 | 女生万岁 | 80集*10分 | 北京鑫艺联合文化传媒有限公司 |
| 01470 | 四川往事之有多少爱可以重来 | 40集*48分 | 东方明晨（北京）影视投资有限公司 |
| 01471 | 两帝师 | 30集*45分 | 北京金尊影视文化艺术有限公司 |
| 01472 | 我为出嫁狂 | 30集*47分 | 中航新视界影视文化（北京）有限责任公司 |
| 01473 | 天下无贼 | 20集*45分 | 北京春秋鸿文化投资有限公司 |
| 01474 | 妈妈的抉择 | 35集*45分 | 北京盛世富华文化有限公司 |
| 01475 | 我不曾放纵的青春 | 40集*45分 | 天宝华映影业投资（北京）有限公司 |
| 01476 | 大道通天 | 42集*45分 | 天罡风华（北京）影视文化有限公司 |
| 01477 | 最后一枪 | 32集*47分 | 北京华谊兄弟娱乐投资有限公司 |
| 01478 | 情定大饭店 | 25集*45分 | 北京中视和展投资有限公司 |
| 01479 | 刑警博客 | 24集*45分 | 北京小马奔腾壹影视文化发展有限公司 |
| 01480 | 铁血男儿 | 30集*46分 | 北京星光联合传媒有限公司 |
| 01481 | 民兵葛二蛋 | 30集*45分 | 北京小马奔腾壹影视文化发展有限公司 |
| 01482 | 天下人家 | 30集*45分 | 北京盛达泰兴影视文化发展有限公司 |
| 01483 | 青海花儿 | 30集*45分 | 北京朝盛文化传播有限公司 |
| 01484 | 球王李惠堂 | 25集*45分 | 北京天道影视制作有限公司 |
| 01485 | 老蒲的春夏秋冬 | 25集*45分 | 北京世杰文化传播有限公司 |
| 01486 | 碧血江湖 | 30集*45分 | 北京星辉煌影视投资有限公司 |
| 01487 | 天下巨贾 | 30集*45分 | 华昌传媒（北京）有限公司 |
| 01488 | 喜来乐传奇 | 30集*45分 | 北京国爱影视文化有限公司 |
| 01489 | 离幸福就差半步 | 30集*45分 | 北京华联时代影视发展有限公司 |
| 01490 | 新青年 | 30集*45分 | 北京星梦工场文化传媒有限公司 |

续 表

| 许可证号 | 电视剧名称 | 集数*分钟 | 制作机构 |
|---|---|---|---|
| 01491 | 妈祖 | 30集*45分 | 北京网连八方文化传媒有限公司 |
| 01492 | 小洋楼 | 45集*45分 | 华熙盛大文化传播（北京）有限公司 |
| 01493 | 网商 | 23集*45分 | 北京金都城国际影视文化传播有限公司 |
| 01494 | 摩登女婿 | 30集*45分 | 北京响巢国际传媒有限责任公司 |
| 01495 | 情感战争 | 30集*45分 | 北京世纪伙伴文化传媒有限公司 |
| 01496 | 麻姑仙子 | 25集*45分30秒 | 北京中视精彩影视文化有限公司 |
| 01497 | 四手妙弹（第一季） | 40集*45分 | 北京响巢国际传媒有限责任公司 |
| 01498 | 五湖四海 | 28集*45分 | 北京北广传媒影视有限公司 |
| 01499 | 婆婆也是妈 | 30集*45分 | 北京诚成时代国际文化发展有限公司 |
| 01500 | 上阵父子兵 | 26集*45分 | 北京水木高清影视文化发展有限公司 |
| 01501 | 你是我的天空 | 26集*45分 | 北京世纪传承文化传播有限公司 |
| 01502 | 楚汉争雄 | 30集*45分30秒 | 北京中视精彩影视文化有限公司 |
| 01503 | 走出黑土地 | 21集*45分 | 北京汇铭鸿嘉影视文化发展有限公司 |
| 01504 | 火蓝刀锋 | 25集*45分 | 北京星梦工场文化传媒有限公司 |
| 01505 | 华丽一族 | 40集*45分 | 北京响巢国际传媒有限责任公司 |
| 01506 | 点金者 | 26集*45分 | 北京汇铭鸿嘉影视文化发展有限公司 |
| 01507 | 楚汉传奇 | 76集*45分 | 北京希世纪影视文化发展有限公司 |
| 01508 | 新八仙过海传奇 | 30集*45分 | 中视星锐（北京）国际文化传媒有限公司 |
| 01509 | 天下归心 | 40集*45分 | 北京盛世凯华文化投资有限公司 |
| 01510 | 隋唐演义 | 30集*45分 | 北京春秋鸿文化投资有限公司 |
| 01511 | 麻辣女兵 | 30集*45分 | 完美世界（北京）影视文化有限公司 |
| 01512 | 金陵照相馆 | 30集*45分 | 完美世界（北京）影视文化有限公司 |

续 表

| 许可证号 | 电视剧名称 | 集数*分钟 | 制作机构 |
|---|---|---|---|
| 01513 | 首付 | 25集*45分 | 北京世杰文化传播有限公司 |
| 01514 | 星光都市 | 30集*30分 | 北京华诚传媒有限公司 |
| 01515 | 幸福向前冲 | 35集*45分 | 北京若水彤云影视文化传媒有限公司 |
| 01516 | 杨光的夏天 | 36集*40分 | 北京泰合百联传媒广告有限公司 |
| 01517 | 人活一句话 | 25集*45分 | 北京尚品佳作影视文化有限公司 |
| 01518 | 瀛寰之志 | 40集*45分 | 中视星娱国际文化传媒（北京）有限责任公司 |
| 01519 | 兵法乡村 | 30集*45分 | 北京森林奇艺影视文化传媒有限公司 |
| 01520 | 光荣使命 | 38集*45分 | 天罡风华（北京）影视文化有限公司 |
| 01521 | 伏弩 | 30集*45分 | 华昌传媒（北京）有限公司 |
| 01522 | 葡萄藤下的玫瑰 | 30集*45分 | 北京小马奔腾壹影视文化发展有限公司 |
| 01523 | 而立之年 | 38集*45分 | 北京韶华映像文化传媒有限公司 |
| 01524 | 中国芯 | 33集*45分 | 亚太盛世文化传播（北京）有限公司 |
| 01525 | 买房夫妻 | 25集*45分 | 北京北广传媒影视有限公司 |
| 01526 | 激情永远燃烧 | 30集*45分 | 星美（北京）影业有限公司 |
| 01527 | 幸运兔精灵 | 40集*45分 | 北京天星亿源影视文化传播有限公司 |
| 01528 | 全家福 | 48集*45分 | 北京天星亿源影视文化传播有限公司 |
| 01529 | 气吞山河之岳飞 | 40集*45分 | 北京中恒星火影视文化有限公司 |
| 01530 | 薛丁山 | 45集*47分 | 北京依泓之信文化传媒有限公司 |
| 05131 | 大唐神医 | 25集*45分 | 北京中视太和影视文化传媒有限公司 |
| 05132 | 少林猛虎 | 36集*45分 | 北京金天地影视文化有限公司 |
| 05133 | 我就是角儿 | 30集*45分 | 北京小马奔腾壹影视文化发展有限公司 |
| 05134 | 我的传奇老婆 | 36集*45分 | 天罡风华（北京）影视文化有限公司 |

续 表

| 许可证号 | 电视剧名称 | 集数*分钟 | 制作机构 |
|---|---|---|---|
| 05135 | 推拿 | 30集*45分 | 北京禾谷川影视文化传媒有限公司 |
| 05136 | 大兵小将 | 40集*45分 | 北京春秋时代文化有限公司 |
| 05137 | 我的大水井 | 30集*47分 | 中视鸿歌（北京）影视文化传播有限公司 |
| 05138 | 刑名师爷 | 36集*45分 | 北京华影盛视文化传播有限公司 |
| 05139 | 忠义镇传奇 | 30集*45分 | 润禾文化传媒（北京）有限公司 |
| 01540 | 暗警 | 30集*47分 | 北京兄弟时代影视文化传播有限责任公司 |
| 01541 | 我的闺蜜婆婆 | 30集*45分 | 北京世纪传承文化传播有限公司 |
| 01542 | 香木虎 | 35集*47分 | 北京双华嘉丰影视文化有限公司 |
| 01543 | 岳母的幸福生活 | 30集*45分 | 北京银河昊星文化传媒有限责任公司 |
| 01544 | 我的太阳 | 30集*46分 | 北京东方美亚影视传媒有限公司 |

（北京市广播电影电视局宣传管理处）

# 北京市广播电影电视局 2011年《国产电视动画片发行许可证》目录

| 片名 | 集数 | 分钟 | 长度 | 制作机构 | 审查单位 | 许可证号 | 发证时间 |
|---|---|---|---|---|---|---|---|
| 字宝宝乐园 | 100 | 11 | 1100 | 北京冬雪教育文化发展有限公司 | 北京市广播电影电视局 | 京动审字2011001 | 2011.3.11 |
| 世界经典寓言童话歌曲集 | 26 | 3 | 78 | 东方良友影视传媒（北京）有限公司 | 北京市广播电影电视局 | 京动审字2011002 | 2011.4.15 |
| 大明王朝（第四季） | 60 | 12 | 720 | 北京万豪天际文化传播有限公司 | 北京市广播电影电视局 | 京动审字2011003 | 2011.5.24 |
| 熊猫宝宝的故事 | 52 | 6 | 312 | 北京密贴夏国际影视传媒有限公司 | 北京市广播电影电视局 | 京动审字2011004 | 2011.5.25 |

续 表

| 片名 | 集数 | 分钟 | 长度 | 制作机构 | 审查单位 | 许可证号 | 发证时间 |
|---|---|---|---|---|---|---|---|
| 淘小逃与梦幻小精灵(第一部) | 50 | 6 | 300 | 北京龙文鼎盛国际传媒科技有限公司 | 北京市广播电影电视局 | 京动审字2011005 | 2011.5.26 |
| 野生动物宝宝 | 52 | 13 | 676 | 北京万方幸星数码科技有限公司 | 北京市广播电影电视局 | 京动审字2011006 | 2011.6.28 |
| 孝孝龙奇幻记 | 120 | 13 | 1560 | 北京妙音动漫艺术设计有限公司 | 北京市广播电影电视局 | 京动审字2011007 | 2011.7.25 |
| 星游记(1—13) | 13 | 22 | 286 | 北京卡酷传媒有限公司 | 北京市广播电影电视局 | 京动审字2011008 | 2011.7.26 |
| 卡酷漫游记2 | 52 | 11 | 572 | 北京卡酷传媒有限公司 | 北京市广播电影电视局 | 京动审字2011009 | 2011.7.27 |
| 中华弟子规 | 60 | 25 | 1500 | 北京妙音动漫艺术设计有限公司 | 北京市广播电影电视局 | 京动审字20110010 | 2011.8.1 |
| 小马奇遇马家浜 | 26 | 11 | 286 | 北京三浦灵狐动画设计有限公司 | 北京市广播电影电视局 | 京动审字20110011 | 2011.8.9 |
| 文字国历险记—浩昊三战怪怪城 | 26 | 15 | 390 | 北京浩昊科技发展有限公司 | 北京市广播电影电视局 | 京动审字20110012 | 2011.9.5 |
| 星游记(14—26) | 13 | 22 | 286 | 北京卡酷传媒有限公司 | 北京市广播电影电视局 | 京动审字20110013 | 2011.10.10 |
| 侯氏大篷车 | 30 | 14 | 420 | 北京万方幸星数码科技有限公司 | 北京市广播电影电视局 | 京动审字20110014 | 2011.10.11 |
| 环保特勤组 | 26 | 4 | 104 | 北京万豪天际文化传播有限公司 | 北京市广播电影电视局 | 京动审字20110015 | 2011.10.19 |

续 表

| 片名 | 集数 | 分钟 | 长度 | 制作机构 | 审查单位 | 许可证号 | 发证时间 |
|---|---|---|---|---|---|---|---|
| 侠 岚 | 52 | 25 | 1300 | 北京若森数字科技有限公司 | 北京市广播电影电视局 | 京动审字20110016 | 2011.11.7 |
| 生活中的经济学 | 161 | 5 | 805 | 北京东方万象文化有限公司 | 北京市广播电影电视局 | 京动审字20110017 | 2011.11.8 |
| 魁 拔 | 10 | 11 | 110 | 北京青青树动漫科技有限公司 | 北京市广播电影电视局 | 京动审字20110018 | 2011.12.21 |
| 极光侠的故事 | 26 | 11 | 286 | 北京三浦灵狐动画设计有限公司 | 北京市广播电影电视局 | 京动审字20110019 | 2011.12.22 |
| 西游记的故事(1—7) | 7 | 11 | 77 | 北京金丁美奇动画有限公司 | 北京市广播电影电视局 | 京动审字20110020 | 2011.12.27 |

（北京市广播电影电视局宣传管理处）

# 2011年部分电视剧制作机构作品统计表

## 北京电视艺术中心有限公司

| 剧名 | 集数 | 出品单位 | 联合摄制单位 | 制片人 | 编剧 | 导 演 | 主要演员 |
|---|---|---|---|---|---|---|---|
| 川东游击队 | 30 | 中共重庆市委宣传部、重庆广播电视集团、重庆诗仙太白酒业（集团）有限公司、北京电视艺术中心有限公司 | 中共重庆市委宣传部、重庆广播电视集团、重庆诗仙太白酒业（集团）有限公司、北京电视艺术中心有限公司 | 马上<br>张斌 | 贾志刚<br>任蕴 | 郑晓龙<br>王保华 | 印小天<br>齐 欢<br>赵纯阳 |
| 甄嬛传 | 76 | 北京电视艺术中心有限公司、上海电视传媒有限公司、东阳市花儿影视文化有限公司 | 北京电视艺术中心有限公司、上海电视传媒有限公司、东阳市花儿影视文化有限公司 | 曹平<br>敦琪 | 流潋紫 | 郑晓龙 | 孙 俪<br>陈建斌<br>蔡少芬<br>李天柱<br>李东学 |

（北京电视艺术中心有限公司）

## 北京中北电视艺术中心有限公司

| 剧名 | 集数 | 出品单位 | 制片人 | 编剧 | 导演 | 主要演员 |
|---|---|---|---|---|---|---|
| 南国有佳人 | 39 | 北京中北电视艺术中心有限公司 | 陶玲玲 | 张巍 | 陶玲玲 | 刘 灿<br>陈怡蓉<br>焦恩俊<br>何美钿<br>翁 虹 |

（北京中北电视艺术中心有限公司）

## 北京北广传媒影视有限公司

| 剧名 | 集数 | 出品单位 | 联合摄制单位 | 制片人 | 编剧 | 导演 | 主要演员 |
|---|---|---|---|---|---|---|---|
| 买房夫妻 | 34 | 北京广播电视台、北京电视台、北广传媒影视有限公司、浙江燕风影视制作有限公司 | 浙江燕风影视制作有限公司 | 刘国华 | 何晴 | 张永新 | 陶 虹<br>王千源<br>吴 冕<br>方子春<br>马书良 |
| 风车 | 38 | 中共北京市委宣传部、北京市广播电影电视局、北京广播电视台、北京电视台、北广传媒影视有限公司、浙江燕风影视制作有限公司 | 浙江燕风影视制作有限公司 | 刘国华 | 刘雁 | 孔笙<br>张永新 | 李 晨<br>宋 佳<br>霍思燕<br>杨立新<br>丁志诚<br>韩童生<br>李 强 |
| 五湖四海 | 28 | 北京广播电视台、北广传媒影视有限公司、浙江燕风影视制作有限公司、海润影视制作有限公司、南京军区政治部电视艺术中心 | 浙江燕风影视制作有限公司、海润影视制作有限公司 | 刘国华 | 王培公 | 连奕名 | 连奕名<br>何政军<br>王千源<br>刘 琳<br>刘敏涛 |

（北京北广传媒影视有限公司）

# 北京紫禁城影业有限责任公司

| 剧名 | 集数 | 出品单位 | 联合摄制单位 | 制片人 | 编剧 | 导演 | 主要演员 |
|---|---|---|---|---|---|---|---|
| 错婚 | 36 | 浩安（北京）影视文化传媒有限公司、北京紫禁城影业有限责任公司 | 浩安（北京）影视文化传媒有限公司、北京紫禁城影业有限责任公司 | 安苏宁 | 刘跃军 | 安战军 | 曹炳琨<br>戴娇倩<br>郝　平<br>翁　虹 |
| 天道人道 | 32 | 北京丰联影业投资有限公司、辽宁广播电视台、北京紫禁城影业有限公司、华视影视投资有限公司 | 北京丰联影业投资有限公司、辽宁广播电视台、北京紫禁城影业<br>有限公司、华视影视投资有限<br>公司 | 教惟东 | 林和平 | 黄力加 | 王雅捷<br>侯天来<br>李　颖 |
| 人是铁饭是钢 | 33 | 北京电视台、北京紫禁城影业有限责任公司、北京博瑞龙腾文化传播有限公司 | 北京紫禁城影业有限责任公司、北京博瑞龙腾文化传播有限公司 | 许建海<br>潘颂 | 马军骧<br>唐大年 | 马军骧 | 冯远征<br>苗　圃<br>李梦男<br>李芯逸 |
| 李春天的春天 | 24 | 北京紫禁城影业有限责任公司、北京霸王龙文化传播有限公司、北京儒意欣欣影业投资有限公司、成都传媒集团先锋影视有限公司 | 北京霸王龙文化传播有限公司、北京紫禁城影业有限责任公司、北京儒意欣欣影业投资有限公司 | 黎悟非 | 庄羽 | 余淳 | 宋丹丹<br>许亚军<br>李崇霄<br>李佳璇<br>李凤绪 |
| 双城生活 | 30 | 上海电视传媒有限公司、中国国安文化传媒投资有限公司、北京紫禁城影业有限公司、宁波广播影视艺术中心 | 上海电视传媒有限公司、中国国安文化传媒投资有限公司、北京紫禁城影业有限公司、宁波广播影视艺术中心 | 嫣至萌 | 王丽萍 | 安建 | 马伊琍<br>涂松岩<br>张小磊<br>岳　红<br>丁勇岱 |

（北京紫禁城影业有限公司）

## 华谊兄弟传媒股份有限公司

| 剧名 | 集数 | 出品单位 | 联合摄制单位 | 制片人 | 编剧 | 导演 | 主要演员 |
|---|---|---|---|---|---|---|---|
| 川西剿匪记 | 44 | 华谊兄弟传媒股份有限公司、浙江华谊兄弟影业投资有限公司峨眉电影制片厂、峨眉电影集团 | 四川峨眉电影音像有限公司 | 易为平 | 孙浩 顾奕 | 白涛 | 张 桐、苏 岩 |
| 蝴蝶行动 | 32 | 浙江华谊兄弟影业投资有限公司 | 无 | 杨善朴 | 张琦 | 简川 | 唐一菲、齐 奎 丁 咛、高 鑫 徐成峰、谢 钢 |
| 最后一枪 | 32 | 浙江华谊兄弟影业投资有限公司 | 无 | 张海东 | 纪风 | 范冬雨 | 保剑锋、戴娇倩 李崇霄、李 解 刘 敏、涂黎曼 刘 钧、周明汕 |
| 夫妻那些事 | 34 | 华谊兄弟传媒股份有限公司、浙江华谊兄弟影业投资有限公司 | 无 | 庄立奇 杨善朴 | 耿旭红 高蓉蓉 于力 | 汪俊 | 黄 磊、陈 数 |
| 追逃 | 30 | 浙江华谊兄弟影业投资有限公司 | 无 | 石钟山 | 石钟山 | 李小明 | 印小天、任 帅 林在培、张蓓蓓 岳 红、钱勇夫 常方源 |

（华谊兄弟传媒股份有限公司）

## 海润影视制作有限公司

| 剧名 | 集数 | 出品单位 | 联合摄制单位 | 制片人 | 编剧 | 导演 | 主要演员 |
|---|---|---|---|---|---|---|---|
| 卜案 | 26 | 海润影视制作有限公司 | 海润影视制作有限公司、北京市润亚影视制作有限公司 | 陈铁铭 | 王学伟 | 王奕开 | 陈浩民<br>赵　珂<br>任天野<br>连奕名 |
| 戎装女人 | 32 | 海润影视制作有限公司 | 海润影视制作有限公司、北京市润亚影视制作有限公司 | 张森<br>陈铁铭 | 张延纪<br>许漫天 | 吴亚桥 | 徐　帆<br>高　明<br>郭冬临<br>金巧巧<br>贾　妮<br>李玲玉 |
| 木府风云 | 40 | 海润影视作有限公司、云南润视荣光影业制作有限公司 | 海润影视制作有限公司、云南润视荣光影业制作有限公司 | 蒋晓荣 | 王倦 | 于荣光 | 秋瓷炫<br>于荣光<br>吕良伟<br>潘　虹<br>朱晓渔<br>苏倩薇<br>孙　玮 |
| 雪狼谷 | 28 | 海润影视制作有限公司、江苏海润影视制作有限公司 | 海润影视制作有限公司、海润影视制作有限公司连奕名工作室、江苏海润影视制作有限公司 | 张彦 | 连奕名<br>苗申<br>孙允亭<br>唐义刚<br>张路 | 连奕名 | 连奕名<br>杜　淳<br>张嘉译<br>杨若兮 |
| 战雷神 | 30 | 海润影视制作有限公司 | 海润影视制作有限公司、山东电视台、河南电视台 | 赵浚凯 | 沙颂 | 刘国彤 | 王　挺<br>于　越<br>孙鹏滨<br>鲍　鲲<br>纪永青<br>柴　菁<br>葛亚明 |

续 表

| 剧名 | 集数 | 出品单位 | 联合摄制单位 | 制片人 | 编剧 | 导演 | 主要演员 |
|---|---|---|---|---|---|---|---|
| 惊雷行动 | 30 | 海润影视制作有限公司 | 海润影视制作有限公司 | 赵浚凯 | 张国华 | 崔俊德<br>赵浚凯 | 杜志国<br>鲍 鲲<br>何政军<br>郑卫莉<br>钱勇夫<br>孙鹏滨 |
| 英雄使命 | 35 | 贵州电视台、贵州创娱文化传媒有限公司、 海润影视制作有限公司 | 贵州电视台 、贵州创娱文化传媒有限公司、海润影视制作有限公司 | 蒋译霆<br>卢 燕 | 彭鹏华<br>郭媛媛 | 林建中<br>焦晓雨 | 王 珂<br>王 新<br>周楚楚<br>高 斯<br>邹涵虹<br>蒲冰墨<br>邹 娜<br>李雨泽 |
| 铁血使命 | 36 | 海润影视制作有限公司、贵州电视台、贵州创娱文化传媒有限公司 | 海润影视制作有限公司、贵州电视台、贵州创娱文化传媒有限公司 | 蒋译霆 | 彭鹏华<br>郭媛媛 | 林建中 | 王 珂<br>王 新<br>陈 蓉<br>周楚楚<br>高 斯<br>蒲冰墨 |
| 游击兵工厂 | 35 | 海润影视制作有限公司 | 海润影视制作有限公司、西安海润影视制作有限公司 | 魏 鉴<br>翟树理 | 徐 磊 | 石伟 | 郭家铭<br>贾 青<br>三浦研一 |
| 诡案组 | 30 | 海润影视制作有限公司、云南电视台 | 海润影视制作有限公司、云南电视台 | 赵浚凯<br>于婉琴 | 孙允亭<br>郑 晟<br>田 金<br>吴雨时<br>李晓奇 | 赵浚凯<br>吕德亮 | 于 滨<br>郭昊伦<br>赵子惠<br>张 粤<br>齐 峰<br>李 卓<br>许毛毛<br>吕沅轩<br>钱勇夫 |

续 表

| 剧名 | 集数 | 出品单位 | 联合摄制单位 | 制片人 | 编剧 | 导演 | 主要演员 |
|---|---|---|---|---|---|---|---|
| 我和我的经济适用男 | 30 | 海润影视制作有限公司、中天龙（北京）影视文化有限公司、北京博文美林文化传媒有限责任公司 | 海润影视制作有限公司、中天龙（北京）影视文化有限公司、北京博文美林文化传媒有限责任公司 | 袁晓牧 | 刘誉 | 蒋家骏 | 佟丽娅<br>李光洁<br>杜　淳<br>戚　薇<br>高　露<br>乔任梁 |
| 英雄 | 28 | 海润影视制作有限公司、北京当红文化传播有限公司 | 海润影视制作有限公司、 北京当红文化传播有限公司 | 周征源 | 耿直 | 赖建国 | 郑嘉颖<br>谢天华<br>朱孝天<br>颖　儿 |

（海润影视制作公司）

## 北京金英马影视文化有限责任公司

| 剧　名 | 集数 | 合拍单位 | 编剧 | 制片人 | 导演 | 主要演员 |
|---|---|---|---|---|---|---|
| 真爱谎言 | 36 | 无 | 彭美凤 | 刘建立 | 高林豹<br>梁胜权 | 薛凯琪、李宗翰<br>潘　虹、李易峰 |
| 深度秘密 | 26 | 无 | 张策 | 刘建立 | 陈权 | 沈晓海、马诗红<br>郑晓宁、孔　琳<br>赵　亮、曹海涛<br>高歆迪、杨舒婷<br>李　琦 |
| 幻影 | 26 | 无 | 张家恕 | 刘建立 | 孙文学 | 保剑锋、郭广平<br>张　颗、刘钇彤<br>陈佳佳、范　艳<br>王思懿、赵　亮<br>冯国庆 |
| 从军记 | 36 | 厦门金好风影视文化有限公司 | 刘海静<br>赵帅<br>刘芫君 | 杨利 | 张旗 | 林永健、凌潇肃<br>许亚军、沈佳妮<br>曾泳醍、秦　旋 |

续 表

| 剧 名 | 集数 | 合拍单位 | 编剧 | 制片人 | 导演 | 主要演员 |
|---|---|---|---|---|---|---|
| 家产 | 24 | 西安金画面影视传媒有限公司 | 马广源 | 刘春丽 | 张汉杰 | 刘莉莉、贾乃亮<br>孙 松、赵 君<br>范 雷 |
| 肉中刺 | 32 | 厦门金好风影视文化有限公司 | 俞钟 | 杨利 | 俞钟 | 宋春丽、斯琴高娃<br>孙 逊、唐一菲<br>任正彬、石兆琪<br>午 马、韩童生 |
| 怪医文三块 | 36 | 西安金画面影视传媒有限公司 | 牛静<br>张旸 | 刘春丽 | 唐大年 | 冯远征、杨立新<br>孙 茜、杨舒婷<br>刘彦君、于凌达<br>佘南南、赵环宇<br>方 旭、张倩如<br>齐白雪 |
| 小男人遇上大女人 | 30 | 西安金画面影视传媒有限公司 | 林密<br>高恬 | 刘春丽 | 杨影 | 梁爱琪、鲁 诺<br>卢思思、杨 青 |
| 大地情深 | 30 | 无 | 曲丽君 | 刘建立 | 曲丽君 | 宋春丽、陈 谨<br>冯宪珍、张小磊<br>奚美娟、杜 源 |
| 那一年，他们谈过的恋爱 | 30 | 厦门金好风影视文化有限公司 | 钱滨<br>易丹 | 郭宏 | 马功伟 | 郭晓冬、奇 道<br>曾 黎、代乐乐<br>秦 旋、任正斌<br>申军谊、王奎荣<br>王诗槐、谢 园 |
| 海峡 | 25 | 无 | 吴建新<br>钱滨<br>苏晓苑 | 井岗 | 董亚春 | 柳云龙、刘之冰<br>戴 娇、王思懿<br>杨舒婷 |
| 星 座方程式 | 24 | 厦门金云涌文化传播有限公司 | 邓芸 | 张云可 | 刘全玮 | 王啸坤、张 俪 |

（北京金英马影视文化股份有限公司）

## 北京鑫宝源影视投资有限公司

| 剧名 | 集数 | 出品单位 | 联合摄制单位 | 制片人 | 编剧 | 导演 | 主要演员 |
|---|---|---|---|---|---|---|---|
| 男人帮 | 30 | 北京鑫宝源影视投资有限公司 | 上海宝宏影视文化传媒有限公司 | 彭晓林 | 唐浚 | 赵宝刚<br>王　雷 | 孙红雷、黄　磊<br>王珞丹、汪　俊<br>隋俊波、张　俪<br>冯丹盈、王子文<br>姚笛等 |
| 家，N次方 | 30 | 北京鑫宝源影视投资有限公司、金英马影视文化股份有限公司 | 无 | 刘建立<br>彭晓林 | 胡非子 | 王　迎 | 宋丹丹、朱雨辰<br>王子文、贺　刚<br>白百合、高　露<br>任　重、赵宝刚 |

（北京鑫宝源影视投资有限公司）

## 北京京都世纪文化发展有限公司

| 剧　名 | 集数 | 编剧 | 制片人 | 导 演 | 主要演员 |
|---|---|---|---|---|---|
| 西施秘史 | 41集 | 李晓明 | 杨　群 | 尤小刚 | 马景涛、邬靖靖、马德钟<br>陈浩民、万妮恩、赵志瑶 |

（北京京都世纪文化发展有限公司）

# 2011年首都部分优秀电视剧简介

《媳妇的美好时代》35集都市情感题材连续剧。2010年3月北京卫视播出。由北京华录百纳影视有限公司、上海东方传媒集团公司、北京电视台联合出品。该剧通过描写两家人之间家长里短的家庭故事，反映了当代都市家庭的婆媳关系，以及拥有新式婚恋观的“80后”适婚年轻人的婚姻状况。该剧幽默温馨，现实意义深刻，热播后引发了广泛好评。编剧王丽萍，导演刘江，主演海清、黄海波、柏寒、林申、张佳宁等。2010年荣获第25届金鹰奖优秀电视剧奖、第4届东京国际电视节“最佳海外电视剧”奖。2011年荣获第28届中国电视剧“飞天奖”长

电视剧《媳妇的美好时代》剧照

篇电视剧一等奖、“2010年度北京地区优秀电视剧”称号。

《我的青春谁做主》32集都市青春励志电视剧。2009年4月13日中央电视台CCTV-1首播。由北京鑫宝源影视投资有限公司联合出品。该剧讲述了一个大家庭里三个表姐妹的成长故事。三个女孩的母亲是60年代末上山下乡的知青，三十年前，表姐妹的母辈、杨家第二代三姐妹各自成家立业，天各一方。三十年后，三个表姐妹齐聚北京，开始了各自青春的寻梦旅程。

电视剧《我的青春谁做主》剧照

她们在同一时间完成成人礼，成为社会人，从梦想走进现实，触摸生活实质甚至残酷的一面，每人都发现自己要面对一个超高难度的命题，生活等着看她们出洋相，可她们不服、不愤、不屈，不但要用智慧给出完美答案，还要翻越父母意志的高山阻挡，个性和理想是她们前往的彼岸。导演赵宝刚、王迎，编剧高璇、任宝茹，主演陆毅、赵子琪、王珞丹、朱雨辰、张铎、林园。2011年荣获第28届中国电视剧“飞天奖”长篇电视剧一等奖。

《我是特种兵》24集军旅励志题材连续剧。2011年1月中央电视台一套播出。北京小马奔腾影视文化发展有限公司和南京军区前线文工团联合出品。

该剧通过对战友情、兄弟情、爱情的描写，全景式地展现了中国人民解放军陆军最精锐的战斗集体——狼牙特别突击队残酷悲壮、铁血精诚的训练情景，真实再现了中国当代特种兵充满神秘和传奇色彩的军旅生活。

电视剧《我是特种兵》海报

无论是制作水准还是思想深度，该剧在军事题材的电视剧中都堪称一流。编剧、导演刘猛，主演侯勇、谷智鑫、王奎荣、任天野、刘晓洁、汤晶媚等。2011年荣获第28届中国电视剧“飞天奖”长篇电视剧一等奖、“2010年度北京地区优秀电视剧”称号。

《黎明之前》30集谍战题材连续剧。2011年8月在北京卫视播出。由北京华录百纳影视有限公司和杭州中赢影视传媒有限公司联合出品。该剧通过对国共双方情报人员多次生死较量的描写，真实再现了新中国成立前隐蔽战线复杂的斗争，体现了中国共产党广大干部群众团结一致，机智、勇敢地同国民党反动派进行斗争和不惜抛头颅、洒热血的牺牲精神。该剧被认为是《潜伏》之后最好的一部谍战剧，苍凉的结尾引发观众热议。该剧由刘江执导，编剧黄珂，主演吴秀波、林永健、海清等。

电视剧《黎明之前》剧照

该剧2011年荣获第28届中国电视剧“飞天奖”长篇电视剧二等奖、第17届上海电视节“白玉兰电视连续剧金奖”、“2010年度北京地区优秀电视剧”称号。

《永不消失的电波》38集红色经典题材电视剧。2010年8月在央视一套播出。由北京唐德凤凰影视传媒公司、八一电影制片厂联合出品。

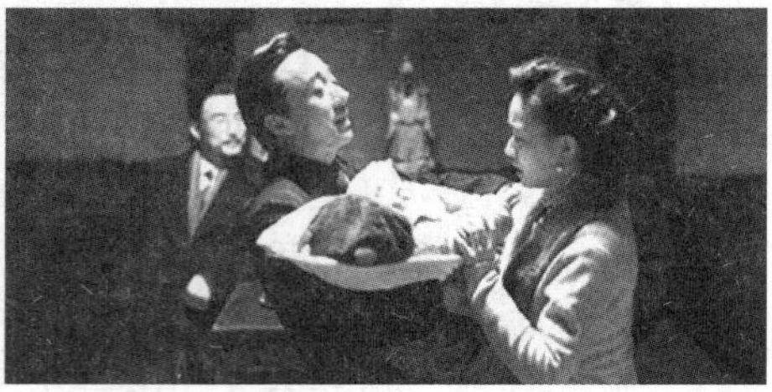

电视剧《永不消失的电波》剧照

该剧是为纪念中国人民抗日战争暨世界反法西斯战争胜利65周年量身定做。《永不消逝的电波》根据革命烈士李白的事迹改编，是一部优秀的反映中共地下工作题材的电视剧，将惊心动魄的革命斗争融于普通平常的家庭生活中，表现了共产党员英勇无畏、为了人民利益不惜贡献自己的一切的精神。导演智磊，主演赵立新、焦俊艳、吕行、邹涵虹、阎娜、李梦男、刘磊。2011年荣获“2010年度北京地区优秀电视剧”称号。

《金婚风雨情》51集现实题材连续剧。2010年12月在北京卫视播出。北京北广传媒集团、北京电视艺术中心、北京世纪星润影视投资咨询有限公司、东阳市花儿影视文化有限公司、北京电视台联合出品。

电视剧《金婚风雨情》剧照

该剧通过描述一对夫妻从年轻到年老，从相知到相爱，以及为人父母直至祖父母，相濡以沫携手走过充满坎坷的50年婚姻路的经历，告诉人们长久的爱不仅是浪漫激情还意味着包容、尊重和责任，具有强烈的现实意义。导演郑晓龙，主演王宛平、丁丁，编剧胡军、周韵。2011年荣获第28届中国电视剧“飞天奖”提名荣誉奖、“2010年度北京地区优秀电视剧”称号。

《婚姻保卫战》33集都市情感题材连续剧。2010年8月北京卫视播出。由北京鑫宝源影视投资有限公司出品。

电视剧《婚姻保卫战》剧照

该剧是一对都市男女对理想的夫妻关系、纯净的人类情感、健康快乐的人生进行不懈的探索和追求的故事，反映了现代人感情生活的跌宕起伏，情节轻松有趣，发人深省，引人入胜。为所有已婚的男女，在发生“战火”却得不到方法去冷静处理时，提供一本真正意义上的“婚姻教科书”。导演赵宝刚、王迎，主演佟大为、马伊琍、袁立、黄磊、刘金山、于娜、孟广美等。2011年荣获第28届中国电视剧“飞天奖”长篇电视剧二等奖提名荣誉奖、“2010年度北京地区优秀电视剧”称号。

《猎人笔记之谜》27集惊险悬疑剧。2010年4月在央视一套播出。北京中北电视艺术中心有限公司出品。该剧集惊险、功夫、人物命运为一体，表现了人类对和平发展的向往，对人性真、善、美的执著追求，对进步正义事业的褒奖，以及对犯罪者人性贪婪和邪恶的批判，是一部思想内容丰富、格调昂扬向上、引人入胜、充满视听娱乐元素又不乏人文思考的作品。

导演尤小刚，主演万妮恩、雷牧、陈小春、元华等。2009年荣获第12届欧亚电视论坛重大贡献奖、2011年荣获第28届中国电视剧“飞天奖”提名奖、“2010年度北京地区优秀电视剧”称号。

电视剧《猎人笔记之谜》剧照

《雪花那个飘》38集青春励志电视剧。2011年5月17日起在北京卫视、黑龙江卫视、吉林卫视、辽宁卫视和山东卫视同步首播。由北京电视台、西安普通人影视制作有限公司联合出品。

电视剧《雪花那个飘》剧照

该剧是是电视剧《北风那个吹》的姊妹篇，讲述了1977年中国第一代大学生的生活状态，从多位“大学生”的视角出发讲述那个特别年代年轻人的喜怒哀乐。聚焦恢复高考后的大学校园，以一所师范高校中文系一班为剧情中轴，串起了一个火热的年代，唤起国人的集体记忆，让人笑泪交融。这群特殊年代的大学生，通过四年大学生活的洗礼，走向真实，走向善良，走向成熟，走向理想，一起经历了那段令人难忘的青春岁月，从互不相识直至成为难舍难分的兄弟姐妹。编剧高满堂，导演安建，演员张译、潘雨辰、刘威葳、涂松岩、齐欢、赵君、毛孩、徐翠翠。2011年，该剧被国家广电总局列为庆祝中国共产党成立90周年优秀展播剧目之一。

《妈妈的罗曼史》35集情感电视剧。2011年5月11日在江苏卫视、乐视网播出。北京盛世凯华文化投资有限公司、北京东方瑞德生物公司和沈阳军区政治部电视艺术中心、上海浩学影视文化传播有限公司联合出品。

电视剧《妈妈的罗曼史》剧照

该剧是一部“迟到”的纯美爱情故事，以20世纪六七十年代“上山下乡”为背景，描写了二十年间两个家庭的悲欢离合。该剧以中国矿业发展史的大背景为依托，讲述了两代人之间的情感纠葛，最终所有人的干戈化解于真爱真情之下的故事。在剧中，吴京安与李琳、阿斯茹这对姐妹陷入迷离的三角关系中。导演朱正，编剧程文圃，主要演员吴京安、李琳、孙大川、阿斯茹、黄晓娟。2011年，该剧被国家广电总局列为庆祝中国共产党成立90周年优秀展播剧目之一。

《我的父亲是板凳》34集战争、近代革命电视剧。2011年7月19日起在天津、深圳、浙江、辽宁卫视开播。中国国际电视总公司、华视影视投资(北京)有限公司、东阳大唐娱乐影视制作有限公司、北京中视丰德文化发展有限公司联合出品。

该剧讲述的是1927年前后跑江湖的杂耍艺人“板凳”，在不知情的情况下保护了烈士遗孤“红儿”和她身上藏匿的中共绝密文件，并经历九死一生，最后在唐雪梅的感召下，毅然加入了革命队伍抗击敌人的故事。导演黄文利，编剧王俭，主演王宝强、陶虹、张子枫、午马。2011年，该剧被国家广电总局列为庆祝中国共产党成立90周年优秀展播剧目之一。

电视剧《我的父亲是板凳》剧照

《大商城》23集农村励志奋斗电视剧。2012年1月24日（初二）哈尔滨电视台新闻综合频道晚间黄金剧场全国首播。由北京紫金长天传媒文化有限公司、山东省临沂市兰山区人民政府联合出品。

电视剧《大商城》剧照

该剧是一部讲述农村青年独立创业的代表性作品，讲述了一群自从山东临沂农村走出来的青年男女在各自人生道路上创业的种种磨难和成功，反映了山东农民乃至全国农民在改革开放的浪潮中不懈努力和奋斗的历程。剧中人物性格和语言充满了浓郁的时代生活气息，大量的亲情、爱情、友情高潮起伏，对改革开放以来的社会生活进行了细致和真实的记录与重现。导演王大鹏，主要演员曹征、武文佳、王蔚、肖剑、汤镇业、杨树田、呼延晓辉、卢杰君。2011年，该剧被国家广电总局列为庆祝中国共产党成立90周年优秀展播剧目之一。

《天行健》32集历史电视剧。2011年4月清华百年华诞庆典之际在央视首播。由北京·秋鸿文化投资有限公司、中凯文化传媒有限公司联合出品。

电视剧《天行健》剧照

该剧讲述的是在中国内忧外患之际，一群有骨气的中国人谱写了建设清华大学的辉煌篇章。1904到1964年期间，从“庚子赔款”一直到原子弹升天，清华大学的风雨历程和清华风云人物的传奇往事，再现了“天行健，君子以自强不息；地势坤，君子以厚德载物”的清华风骨和人文精神。20世纪初，美国将“庚子赔款”中的多出部分退给中国办学，剧中首任校长周子轩以培养人才、强国兴邦为宗旨创办了清华学堂。其后，经历了“五四运动”、

“三一八惨案”、“一二·九运动”，两任校长周子轩、梅贻琦带领学生们为祖国的命运共同抗争。周子轩诚邀国内造诣最深的国学大师，克服了美国人的反对与阻挠，坚持成立了清华大学国学院。导演俞钟，编剧钟源，主演赵文瑄、孙逊、刘威、周晓鸥、孙飞虎、尹媗、赵阳。2011年，该剧被国家广电总局列为庆祝中国共产党成立90周年优秀展播剧目之一。

《80、90向前冲》40集青春励志电视剧。湖南卫视独家买断首播权。北京京都世纪文化发展有限公司、湖南广播电视台、湖南卫视联合出品。

该剧描写了两个80后的年青人，以他们毕业后的成长为轨迹，他们从叛逆中认识自己，在彷徨中寻找前途，在玩世不恭中认识到生命的真谛，在物质追求中寻找到精神归宿，解读他们真实的内心世界和寻找自我存在的过程。导演尤小刚，编剧杜诗筠，演员俞灏明、石小群、徐箭、陈彦妃、谭耀文、李勤勤等。2011年，该剧被国家广电总局列为庆祝中国共产党成立90周年优秀展播剧目之一。

电视剧《80、90向前冲》剧照

《爱在苍茫大地》51集现实题材连续剧。2010年12月北京卫视播出。由中联华盟文化传媒投资有限公司、金鼎影视文化有限公司联合出品。

电视剧《爱在苍茫大地》海报

该剧以“三线建设”为背景，讲述了两代工人不同寻常的人生经历及一脉相承的人生态度。通过幽默诙谐的方式来展现建设者乐观向上、充满大爱的精神和血浓于水的缠绵悱恻的情感。亲情、爱情、友情是该剧的主题。导演齐星，主演李幼斌、史兰芽、朱亚文、曹曦文等。2011年荣获“2010年度北京地区优秀电视剧”称号。

《不如跳舞》32集都市生活剧。2010年6月在央视1套播出。北京国立常升影视文化传播有限公司、重庆广播电视集团(总台)、中国电影集团公司制片分公司联合出品。

电视剧《不如跳舞》剧照

该剧是一部反映市民生活和国家和谐社区、和谐社会建设的现代都市轻喜剧，也是国内首次采用跳舞形式来展现普通市民生活态度的现代都市温情剧，围绕一群形形色色却又共同热爱跳舞的普通老百姓展开，让人们看到了平凡的人生也是需要梦想的，代表了简单最快乐的价值观。导演张国立，主演张国立、韩雨芹、刘蓓、范明、钟汉良。2011年荣获“2010年度北京地区优秀电视剧”称号。

《水浒传》86集古典名著改编剧。2011年8月在安徽卫视、东方卫视、山东卫视、天津卫视等播出。第一视频集团、山东电视台、天津电影制片厂、北京阳光盛通文化艺术有限公司、保利博纳集团、北京大有心怡影视公司、北京如意吉祥影业公司联合出品。

电视剧《水浒传》海报

该剧根据经典名著《水浒传》改编，讲述了北宋末年民不聊生，以宋江为首的梁山好汉杀富济贫，行侠仗义的英雄故事。导演鞠觉亮，主演张涵予、李宗翰、胡东、吕良伟、严宽、张迪、杜淳、安以轩等。2011年荣获第17届上海电视节“白玉兰观众票选最具吸引力电视剧奖”、“2010年度北京地区优秀电视剧”称号。

《老牛家的战争》30集都市情感剧。2011年5月在黑龙江卫视、云南卫视、吉林卫视、四川卫视播出。北京歌亮传媒有限公司、北京鑫宝源影视投资有限公司、北京天祺红影文化传媒有限公司联合出品。

电视剧《老牛家的战争》剧照

该剧讲述了老牛一家人因争房产、争金钱而爆发的家庭大战，深刻全面地反映了生活中“养儿啃老”这样残酷的老年人生存状况，融会了“啃老族”、“孝顺与赡养”等一系列当前热门话题。剧中所反映出的诸多现实问题和略显残酷的剧情惹来观众的热议。导演余淳，主演宋丹丹、秦卫东、张洪杰、王澜。2011年荣获“2010年度北京地区优秀电视剧”称号。

（北京市广播电影电视局
宣传管理处、史志办）

# 书报刊出版

2012/《北京广播影视年鉴》

——记录行业情况　服务业内和社会——

# 2011年北京市广播电视书报刊一览表

## 公开出版物

| 类别 | 报刊名称 | 主管单位 | 主办单位 |
|---|---|---|---|
| 周报 | 《北京广播电视报》 | 北京广播电视台 | 北京广播电视报社 |
| 周报 | 《北京广播电视报·人物周刊》 | 北京广播电视台 | 北京广播电视报社 |
| 周刊 | 《北京电视》周刊 | 北京广播电视台 | 北京广播电视报社 |
| 周报 | 《新广播》报 | 北京人民广播电台 | 北京人民广播电台 |
| 周刊 | 《音乐周刊》 | 北京人民广播电台、京报集团 | 北京广播公司 |
| 年刊 | 2011《北京广播影视年鉴》<br>出版时间：2011.12 | 《北京广播影视年鉴》编委会 | 北京市广播<br>电影电视局 |
| 年刊 | 2009《北京人民广播电台年鉴》<br>出版时间：2011.12 | 北京人民广播电台 | 北京人民广播电台 |
| 年刊 | 2011《北京电视台年鉴》<br>出版时间：2011.10 | 北京电视台 | 北京电视台 |

| 类别 | 书 籍 名 称 | 主管单位 | 作　者 | 出版单位 |
|---|---|---|---|---|
| 图书 | 《北京广播影视发展<br>研究文集(2011)》 | 北京市广播<br>电影电视局 | 北京广播电影<br>电视研究中心编著 | 北京出版社 |
| 图书 | 往事如歌——北京人民广<br>播电台企业文化故事 | 北京人民<br>广播电台 | 北京人民<br>广播电台编著 | 中国广播电视出版社<br>出版时间：2011.4 |
| 图书 | 《北京电视台发展<br>研究文集》 | 北京电视台 | 北京电视台<br>编著 | 中国广播电视出版社<br>出版时间：2011.6 |
| 图书 | 受众需求与当下中国电影<br>叙事能力——中国电影博<br>物馆2010学术年会论文集 | 中国电影博物馆 | 胡智锋、李道新<br>陈山、王一川等<br>编著 | 北京出版社<br>出版时间：2011.5 |

（北京市广播电影电视局史志办）

## 内部出版物

| 类别 | 报刊名称 | 主管单位 | 主办单位 |
|---|---|---|---|
| 月刊 | 《北京广播影视》 | 北京市广播<br>电影电视局 | 北京市广播电影电视局<br>北京市广播电视学会 |
| 半月刊 | 《宣传业务》 | 北京人民广播电台 | 北京人民广播电台总编室 |
| 半月刊 | 《听众反映专辑》 | 北京人民广播电台 | 北京人民广播电台总编室 |
| 月刊 | 《电视文摘》 | 北京电视台 | 北京电视台总编室 |
| 月刊 | 《影博·影响》 | 中国电影博物馆 | 中国电影博物馆 |
| 月刊 | 《北京广播影视研究》 | 北京市广播<br>电影电视局 | 北京广播电影电视研究中心 |
| 周刊 | 《信息参考周刊》 | 北京市广播<br>电影电视局 | 北京广播电影电视研究中心 |

（北京市广播电影电视局史志办）

# 2011年北京市广播影视书报刊简介

## 《北京广播电视报》

《北京广播电视报》是由北京广播电视台主管、北京广播电视报社主办的、公开出版发行的一份周报。其前身是北京人民广播电台于1953年4月12日创办的《广播周报》，后更名《北京人民广播电台节目报》。1976年1月9日停刊。

北京广播电视报
第29期
——对北京电视台主持人评选的社会反响调查
本报特别策划报道
给个理由
为什么喜爱他和她
专家、主持人、明星、观众各方人士发表不同见解
李幼斌激情出演
一个抗战老头的传奇故事
苏京平寻找当年战友
直播间里的神奇
北京电台主持人与海外听众空中相会
奖杯背后有三爱
降压新发明在北京获准上市
高血压 从此远离降压药
87798680

《北京广播电视报》2011年总第2150期

1979年9月14日复刊。1989年更名为《北京广播电视报》，是面向家庭，以导听导视为主的全方位的生活服务型周报。2011年，报纸的内容进行了调整。进一步强调要在为党的新闻事业服务、为广播电视事业服务的总原则下，强化为总台及所属单位的服务意识与服务自觉性。提出报纸要为主持人和编辑记者成名成家服务；要为提高广播电视节目收听收视率服务；要为听众、观众选择和认知广播电视节目服务。内部服务与市场运作相结合，找到广播电视报生存发展之路。报纸基本读者定位为广播电视的听众、观众。在充分发挥全面满足读者听广播看电视需要的节目预告功能之外，对其中的重点节目和重点内容进行补充延伸报道，增加报纸的实用性、可读性；此外，报纸的《健康周刊——健康

双行线》以其服务于家庭和百姓健康的特色而受到读者的喜爱。报纸为4开40—48版，国内统一刊号：CN11-0107。

（北京广播电视报社）

## 《北京广播电视报·人物周刊》

《北京广播电视报·人物周刊》是由北京广播电视台主管、北京广播电视报社主办、公开出版发行的一份系列周报，创办于2003年8月。主要内容为：报道新闻中的人物和人物中的新闻，用故事解读人生，在人生中寻觅故事。介绍真、善、美的情操感染人，揭示奋斗进取的精神鼓励人，挖掘不为人知的故事讲述给人，暴露丑陋劣质的人生经历警示人。刊物为4开28版，国内统一刊号：CN11-0107。

《人物周刊》2011年第7期封面

（北京广播电视报社）

## 《北京电视》周刊

《北京电视》周刊是由北京广播电视台主管、北京广播电视报社主办、公开出版发行的一份周刊，创办于1995年。1998年7月，由月刊改为周刊。是一本集文化、娱乐、消费生活于一身的进入大众家庭的杂志，同时是具有中国特色的电视收视精选手册。杂志封面上TVE三个英文字母就是英语“电视精选”的缩写。《北京电视》周刊的内容以收视热点、独家娱乐报道、情感故事、传奇揭秘、时尚生活几方面为主，具备可读性、耐读性和很高的传阅率。2011年，周刊继续在增加可读性方面作出相关调整，刊物为4开56页。国内统一刊号：CN11-3000/J。

《北京电视》周刊2011年第9期封面

（北京广播电视报社）

## 《新广播》报

《新广播》报是由北京人民广播电台投资出版的一份行业周报，于2006年1月9日创刊，其办报理念为“阅读声音，收藏广播”，是北京电台为实现声波与平面媒体的立体传播，进一步提高社会影响力，更好地服务听众，并为北京电台的广告客户提供落地服务而创办的。主要报道北京电台发生的、为听众所关心的动态消息、重点报道，推介重点广播节目和节目主持人，介绍听众不了解的广播幕后故事和广播的新技术、新发展，预报一周广播节目，登载广播精品节目及听众对广播节目的互动点评等。2011年主要栏目有：要闻简讯、台内台外、话筒前后、特别报道、听友天地、文娱生活、秀场时空、一周节目、居家才艺、健康养生、京味茶楼、车友出行等。

该报全彩印刷，8开24版，每周日出版，在北京五环路内各加油站免费赠阅。它是目前为止唯一一份在中石化、中石油两大加油系统内以及壳牌、中化道达尔、各民营加油站同步免费派送的报纸。同时该报辅以3000多处写字楼、娱乐、休闲场所展示赠阅，并有3000位订户。目前每期发行量为8万份。

《新广播》宣传册

国内统一刊号：CN11－0191。

（北京人民广播电台）

## 《音乐周刊》

《音乐周刊》2004年3月24日创刊，是由北京人民广播电台和北京《京报》集团合作、北京人民广播电台旗下的北京广播公司投资出版的全国第一本流行音乐类周刊，也是目前全国唯一一本音乐类周刊。由北京广播公司旗下的北京蓝火花音乐文化传播有限公司经营。该刊内容上与FM97.4北京音乐广播携手互动，做到文字与广播相互补充、相互延伸。遵循“时尚音乐资讯大全，青年娱乐消费指南”的编辑定位，锁定音乐目标，主打音乐特色，做好每篇文章，营造品牌周刊。并配合北京音乐广播举办“北京流行音乐典礼”颁奖活动，推出“中歌榜特刊”。

《音乐周刊》中歌榜特刊

2011年“七一”，《音乐周刊》配合北京电台完成马兰小乐队“七一”北京圆梦的主题活动和北京电台马兰小学爱心食堂落成活动。2011年，《音乐周刊》还与中国移动、中国联通、中国电信、期刊网、阅读网、人人网、i-pad、i-phone等进行资源合作，借助网络平台不断强化自身品牌效应。刊物为全彩色豪华纸张印刷，8开44页，国内统一刊号CN11—0191，全国发行。

（北京人民广播电台）

## 2011《北京广播影视年鉴》

2011《北京广播影视年鉴》是由北京广播影视年鉴编委会编纂（北京市广播电影电视局主持，北京广播电视台、北京人民广播电台、北京电视台、中国电影博物馆、区县文委及广电中心等协编）的一部综合性资料工具书和史料文献的大型年刊，创刊于2005年，每年编印一卷，由中国广播电视出版社公开出版发行。

《北京广播影视年鉴》以马克思列宁主义、毛泽东思想、邓小平理论、“三个代表”重要思想为指导，认真贯彻落实科学发展观，坚持实事求是的编辑方针，贯彻“贴近实际，贴近生活，贴近群众”的编纂原则，全面反映北京市广播影视的基本情况和发展变化风貌，客观记述上一年全市广播影视业的新情况、新资料，为广播影视从业人员、教学科研人员、决策管理人员以及社会各界了解和研究北京市广播影视业提供可靠信息。

2011《北京广播影视年鉴》封面

2011年版为第7卷，全书共有二十个篇目，分别为：图片、特载、专项纪事、概况、产业发展、广播电视覆盖、频率频道、节目栏目、新媒体传播、科技发展、电影、电视剧、书报刊出版、受众调查、组织机构、获奖作品、经验、统计、大事记、索引等。全书65.8万字，发行1300册。国内书号：ISBN 978-7-5043-6569-9。

（北京市广播电影电视局史志办）

## 2009《北京人民广播电台年鉴》

2009《北京人民广播电台年鉴》是北京人民广播电台编纂的一部综合性资料工具书和史料文献的大型年刊，由中国广播电视出版社公开出版发行。年鉴主要记载北京电台的基本情况和发展变化，反映一年中的重大事件以及各方面工作的情况。从1994年起，每年编印一册。2011年出版的2009《北京人民广播电台年鉴》全书43万字，主要内容有：图片、概述、特稿、重要会议、规章制度、宣传工作、节目设置、评奖、论文、经验、体会、听众工作、技术工作、管理与经营、外事外宣、机构、人物、出版物、大事记等。刊物为标准16开，国内统一书号：ISBN978-7-5043-6669-6。

（北京人民广播电台）

## 2011《北京电视台年鉴》

2011《北京电视台年鉴》是由北京电视台年鉴编辑委员会编纂的一部综合性资料工具书和史料文献的大型年刊，由《北京日报》报业集团同心出版社公开出版发行。

《北京电视台年鉴》以马克思列宁主义、毛泽东思想、邓小平理论、“三个代表”重要思想为指导，深入贯彻落实科学发展观，坚持实事求是的编辑方针，贯彻“贴近实际，贴近生活，贴近群众”的宣传原则，为广大电视工作者及社会各界了解和研究北京电视台提供可靠信息。年鉴以翔实的图文资料，客观记述北京电视台在宣传业务、技术工作、队伍建设、事业发展、产业经营等各个方面的基本情况，反映电视事业的发展变化。于2008年创刊，每年编印一卷，主要记录和反映北京电视台上一年度的宣传情况和事业发展成果。

2011年《北京电视台年鉴》主要栏目有：特载、概况、典型经验、技术管理和新技术应用、专辑、组织机构、频道、栏目、观众调查、获奖　表彰、节目播出时间表、大事记和索引等。刊物为标准16开，53.8万字，国内统一书号:ISBN 987-7-5477-0172-0。

（北京电视台史志办）

## 《北京广播影视》

《北京广播影视》是由北京市广播电影电视局和北京市广播电视学会主办的学术与信息相结合、内部出版发行的月刊，创刊于1988年。原名《北京广播电视研究》（季刊），1994年更名为《北京广播电视》（双月刊），2007年1月改版为《北京广播影视》（月刊），内容定位相应调整，担负着北京市广播电视局机关刊物和北京市广播电视学会学术期刊的双重职能。2011年，《北京广播影视》主要栏目有：专题、报道、名家视点、媒介管理、业者探究、随笔、瞭望、往事在说、咬文嚼字、业界动态等。为纪念建党90周年，2011年新设“我身边的共产党员”和“唱支山歌给党听”两个专栏，全年刊登征文30多篇，约6万字。《北京广播影视》全彩色印刷，刊物为大16开72页。免费赠阅业内单位及相关部门。

《北京广播影视》2011年12月号封面

（北京市广播电视学会秘书处）

## 《宣传业务》

《宣传业务》是由北京人民广播电台总编室主办，旨在促进台内外业务学习、交流的内部刊物。创刊于1992年1月15日。半月刊，标准16开，到2011年12月共编印507期。刊物下设栏目：专家评议、业务漫谈、探索与研究、体会与心得、听众论坛、业务动态等。《宣传业务》作为北京人民广播电台的内部业务刊物，既是业务交流的园地，也是学术、理论探讨的阵地。办刊二十年来，北京电台广大采、编、播人员及各相关职能部门紧密联系工作实际，全方位开展业务交流、学术探讨，撰写了许多优秀的理论文章。

（北京人民广播电台）

## 《听众反映专辑》

《听众反映专辑》由北京人民广播电台总编室主办，1984年创刊，1993年更名为《听众反应专辑》，半月刊，标准16开。2011年出版21期普刊，33期《听评月专辑》，共15万字。刊物遵循“精说成绩、细挑毛病、善提建议、建言献策”的方针，客观反映听众意见，登载听众对北京电台节目的意见和感受，对北京电台与听众沟通起到了桥梁作用，为北京电台调整节目、提高节目质量提供了积极、客观的参考。2011年刊物以专业广播分类设置栏目，并根据需要设置了临时性栏目，如“听众服务热线摘编”、“论坛摘编”、“短信精选”等。

（北京人民广播电台）

## 《电视文摘》

《电视文摘》杂志是由北京电视台主管、北京电视台总编室主办、内部出版的一本月刊，创刊于1998年1月1日。办刊宗旨是荟萃信息精华，浓缩真知灼见。2007年年底，该刊从内容编辑、栏目定位、版面设计等方面进行了改版。刊物的主要内容有：动态传真——电视界重要会议、重大改革举措、频道栏目建设以及经营管理等方面的最新动态；理论研究类——媒体改革探索、发展战略研究、节目经营管理、频道栏目技术理论文章及部分受众包括专家学者对电视发展、建设的建议和评论；业务指导类——电视台具有影响的节目策划、运作、选题和广告经营发展方面的经验；人物介绍类——电视从业人员成长过程、创业经历、个性特点和开拓精神；海外信息类——世界各国电视行业的发展现状、机构设置、管理模式及最新节目动态。刊物现为月刊，大16开，64页，每期印制500册。

（北京电视台总编室）

# 《影博·影响》

《影博·影响》（中国电影博物馆馆刊）是中国电影博物馆主办的一份独具特色的电影类综合性内部刊物，其宗旨是传播电影文化，拓展电影博物馆公共文化职能，开展电影文化教育和科普教育，服务电影、博物馆观众和行业人士，为电影观众、爱好者和业界搭建沟通桥梁。

《影博·影响》2011年第3期封面

2011年《影博·影响》增强策划，陆续推出“2010年国产电影回顾”、“2011年国产电影贺岁档扫描”等专题和“电影中的人生”以及电影与公益、电影与科技、电影与文学、电影与旅游等系列主题。积极响应全国新闻战线“走基层、转作风、改文风”的活动。进一步加强对电影界基层一线的关注力度，策划“他们在基层”等内容，深入一线采访，并报道基层人物、基层服务和活动。刊物密切联系业界，加强交流互动。独家采访和报道了黄会林、尹鸿、刘戈三、李前宽、于敏、黄建新、黄健中、宁海强、薛晓璐、萨日娜、颜丙燕、廖凡等近三十余位专家学者、导演、编剧、演员。刊物关注、报道国产影片创作动态。报道了《龙门飞甲》、《将爱情进行到底》等影片，并特别关注《秋之白华》、《钱学森》、《西柏坡》、《大太阳》等建党90周年献礼片和纪念辛亥革命100周年影片《辛亥革命》、《英雄喋血》的幕后创作花絮。刊物还及时报道电影业界和馆办重要活动，如报道中国电影诞生105周年暨中国电影博物馆成立5周年纪念会，派记者赴一线采访首届北京国际电影季、第14届中国电影华表奖、第14届上海国际电影节、第20届金鸡百花电影节等业界重要活动。邀请刘浩东、陈山、丁亚平、张同道等十余位专家就电影档期、贺岁片、贴片广告、网络发行、中国电影“冲奥”历程、3D立体电影、纪录片美学转型、电影票房、商业电影的文化反思、下基层与民生电影、微电影等热点话题进行探讨，引发对电影业发展相关问题的深入思考。

刊物增加了影人影事钩沉类文章，持续介绍馆内藏品，提升“藏品故事”的史实性、故事性，并开创“藏品征集笔记”栏目，增强藏品征集过程的纪实性。就影片《建党伟业》、《辛亥革命》、《功夫熊猫2》、《加勒比海盗4》等十余部重点影片开展观众问卷调查，组织影评人座谈评论，分析观众观影偏好，为电影研究、创作者提供数据参考。通过“电影解密”栏目系统展示电影幕后制作特技，在充分利用展厅内容资源优势的同时，积极联系、采访电影制作机构介绍影片特效制作技术，影评人俱乐部全年共举办14次活动。在内容上，既关注国产主流重点影片，又关注中小成本影片和艺术性较强的影片，吸引部队、高校影视专业师生和社团、企业员工等层次更加多样的电影爱好者参加，引导电影评论健康发展。在2010年“年度影人公益行动观众调研推荐”活动的基础上，进一步创新活动方式，与北京师范大学公益研究院开展合作，通过数千名观众的积极推荐、专家复审，“张曼玉赴四川关爱贫困儿童”等十项行动获得提名，并最终评出“众影人助力‘免费午餐’让孩子免于饥饿”等2011年度影人十大公益行动。组织“纪念建党90周年暨辛亥革命100周年”主题征文活动，陆续收到来自全国各地不同社会阶层、不同年龄作者的踊跃投稿，活动共评出优秀征文四十余篇。

2011年，《影博·影响》月发行量为4000册，其中固定读者群已超过75%。读者对刊物的满意率超过95%。

（中国电影博物馆）

## 《北京广播影视研究》

《北京广播影视研究》是由北京市广播电影电视局主管、北京广播电影电视研究中心主办的广播影视研究性月刊，属内部刊物。2009年8月由原广播影视《信息参考》更名为《北京广播影视研究》，以“开拓广电研究领域、探索行业发展规律”为宗旨，设有专稿特载、发展环境、公共服务、产业促进、行政管理、科技交流、区县论坛、境外瞭望、学术动态、观点摘编和小辞典等栏目。2011年9月改版，栏目设置更改为“特别刊载”、“节目创新”、“公共服务”、“产业发展”、“境外观察”、“观点摘编”。2011年12月，《北京广播影视研究》被列入北京市宣传系统编发的一级内刊建议名单。

《北京广播影视研究》2011年第10期封面

（北京广播电影电视研究中心）

## 《信息参考周刊》

《信息参考周刊》是由北京市广播电影电视局主管、北京广播电影电视研究中心主办的周刊。截至目前总计165期，以“信息开阔视野、周刊服务决策”为理念，设有广电总局、三网融合、聚焦版权、文化产业、中央台、新媒体、新技术、地方广电、电影和一句话新闻等小板块，及时、快速、有效地传递广播影视的最新动态和消息。

（北京广播电影电视研究中心）

## 《北京广播影视发展研究文集(2011年)》

《北京广播影视发展研究文集(2011年)》，是由北京市广播电影电视局主管、北京广播电影电视研究中心汇编、北京出版社出版的理论研究性图书。从2011年3月至2012年3月间北京广播电影电视局课题成果、科学发展观调研报告、处级以上干部理论文章和学刊发表的文章中，优选、编辑了来自北京广播电影电视局、北广传媒集团、中国电影博物馆、北京广播电视台、区县中心的最新优秀研究成果，汇编成63篇67万多字的《北京广播影视发展研究文集(2011年)》。该书分上、下册，含重点课题篇、广播篇、电视篇、影视剧篇、新媒体篇、产业篇、科技篇、管理篇等八部分，较系统地反映了北京广播影视业当前的发展状况和研究水平。共印刷1800册。

（北京广播电影电视研究中心）

## 《往事如歌——北京人民广播电台企业文化故事》

《往事如歌——北京人民广播电台企业文化故事》一书由北京电台编著，北京广播电视出版社2011年4月出版。该书收录98名北京电台员工撰写的稿件113篇，通过作者的亲身经历和感受，反映了北京电台从艰苦创业到不断发展壮大的历史进程中，几代广播人敬业奉献、拼搏进取、团结协作、创新创优的企业精神和文化传统，是一本进行电台文化传统教育的生动教材。

《往事如歌》封面

（北京人民广播电台）

## 《北京电视台发展研究文集》

《北京电视台发展研究文集(2010年)》是由北京电视台发展研究文集编辑委员会编辑出版的理论性图书。该文集迄今已由中国广播电视出版社结集出版两卷，上卷于2010年2010年10月出版、下卷于2010年2011年6月出版。该文集选自北京电视台各部门的最新优秀思考成果、研究心得共287篇，汇编成151篇百余万字的《北京电视台发展研究文集(2010年)》。文集分：专稿、编播心得、传媒科技、新媒体探究、媒介传播、创新求索、管理营销等七部分。

（北京电视台办公室）

# 《受众需求与当下中国电影叙事能力——中国电影博物馆2010学术年会论文集》

《受众需求与当下中国电影叙事能力——中国电影博物馆2010学术年会论文集》是中国电影博物馆第二部学术年会论文集，于2011年5月由北京出版社出版。

2010年10月30日，以“受众需求与当下中国电影叙事能力”为主题的中国电影博物馆2010学术年会在馆内举行。会后主办方将参会者论文结集成册，出版本书。书中共收录论文三十余篇，不仅有电影界权威专家和年轻学者的深度思考，更有一线从业者的实践感悟。主要内容包括：对当下中国电影叙事特征和问题进行宏观阐述和深入探讨；针对《阿凡达》、《盗梦空间》、《唐山大地震》、《山楂树之恋》等2010年影响较大的多部影片个案，从叙事角度进行剖析；立足国际和产业化背景，从哲学、社会学、心理学、伦理学、观众学、比较文化、类型化等角度探讨并提出了中国电影叙事能力的提升途径。

专家认为，该论文集充满了本土意识、问题意识和当下性，表达了作者们对于中国电影叙事强烈的关注与期待。

（中国电影博物馆）

# 受众调查

# 北京电台2011年收听调查分析报告

## 一、北京广播市场发展情况

2011年北京广播市场收听率为6.061%，较2010年上升了0.37个百分点。全年有627.2万人收听过广播，平均每天收听人数为420.1万人，较2010年的听众规模下降2.7%。平均每天听众收听广播时长为147.7分钟，比2010年上升了8.8分钟。

2011年听众在家收听率为3.776%，较2010年在家收听率3.64%有小幅上升。而平均每天在家收听广播人数达278.7万人，听众规模比2010年下降近3%。2011年人均收听时长为138.7分钟，较2010年增加了5.1分钟。车上收听率为1.877%，较2010年的1.552%上升了0.33个百分点，听众车上收听时长由去年的113.9分钟上升到127分钟，上升了13.1分钟。此外，车上听众规模仍然在增加，2011年每天有151.2万听众在车上收听，较2010年增加了7.6万人。

## 二、北京广播市场三大台的竞争

北京广播市场主要是北京电台、中央电台、中国国际广播电台在竞争。2011年，北京电台市场份额为69.228%，较2010年的66.374%相比，上升了2.854个百分点；中央电台市场份额为22.962%，比去年下降了4.522个百分点；国际电台市场份额为5.927%，延续了自2008年以来持续的增长态势。

从听众规模来看，北京电台较去年有小幅增加，平均每天有324.5万人收听。中央电台2011年平均每天有132.9万人收听，听众规模比2010年下降了约10%。国际电台听众规模增加明显，较去年上升了34.32%，在2011年每天有36.4万人收听。

从听众人均收听分钟数来看，2011年中央电台人均收听分钟数较2010年减少了3.5分钟，降至107.2分钟；北京电台和国际电台人均收听分钟数都有所上升，北京电台人均收听分钟数较2010年上升了8.2分钟，达到了132.3分钟，而国际电台则上升了5.3分钟，达到了100.8分钟。

## 三、北京广播市场各频率竞争态势

北京广播市场参与竞争的主要频率总数为19个。北京电台交通广播连续八年稳居市场份额第一，并与其他频率始终拉开较大差距。此外，交通广播2011年市场份额较2010年上升了五个百分点，达到27.106%，接近2007年的最高峰值27.295%。文艺广播较去年市场份额有所下降，从2010年的19.420%降至今年的16.932%，不过依然位于市场份额第二位。

北京电台新闻广播2011年市场份额上升了近一个百分点，排名也由去年的第四位升至第三。而故事广播、爱家广播和外语广播市场份额排名都有所上升，分列第十、第十四和第十八位。

在2011年之前，除了2008年以外，“中国之声”一直居于频率排行的第三位，而2011年“中国之声”下降较明显，市场份额由去年的11.024%跌至7.767%。排名也由第三位降至第四。

上升势头较快的频率有中央电台的“经济之声”，排名由2010年的第八位上升到2011年的第六位；国际电台的“环球资讯广播”，市场份额从2010年的1.085%上升到2.393%，排名也由第十五位上升至第十二位。

**2010年—2011年北京广播市场19个频率市场份额变化（%）**

| 频道 | 2010年 | 2011年 | 2011年 | 2010年 | 排名变化 |
|---|---|---|---|---|---|
| 北京人民广播电台交通广播（FM103.9/CFM95.6） | 22.102 | 27.106 | 1 | 1 | → |
| 北京人民广播电台文艺广播（FM87.6/CFM93.8） | 19.420 | 16.932 | 2 | 2 | → |
| 北京广播电台新闻广播（FM100.6/AM828/CFM90.4） | 8.007 | 8.951 | 3 | 4 | ↑ |
| 中央人民广播电台第一套节目中国之声 | 11.024 | 7.767 | 4 | 3 | ↓ |
| 北京人民广播电台音乐广播（FM97.4/CFM94.6） | 7.651 | 6.874 | 5 | 5 | → |
| 中央人民广播电台第二套节目经济之声 | 4.316 | 4.924 | 6 | 8 | ↑ |
| 中央人民广播电台第三套节目音乐之声 | 4.576 | 4.577 | 7 | 7 | → |
| 中央人民广播电台第九套节目文艺之声 | 4.749 | 3.464 | 8 | 6 | ↓ |
| 北京人民广播电台体育广播（FM102.5） | 3.389 | 3.214 | 9 | 9 | → |
| 北京人民广播电台故事广播（AM603/CFM89.1） | 1.870 | 2.674 | 10 | 11 | ↑ |
| 中国国际广播电台劲曲调频（CRIHITFM） | 2.343 | 2.452 | 11 | 10 | ↓ |
| 中国国际广播电台环球资讯广播FM90.5/AM900 | 1.085 | 2.393 | 12 | 15 | ↑ |
| 中央人民广播电台第四套节目都市之声 | 1.136 | 1.454 | 13 | 14 | ↑ |
| 北京人民广播电台爱家广播（AM927/CFM92.7） | 1.012 | 1.221 | 14 | 16 | ↑ |
| 中国国际广播电台轻松调频（CRIEASYFM） | 0.891 | 1.082 | 15 | 17 | ↑ |
| 北京城市服务管理广播（FM107.3/AM102.6/CFM91.9） | 1.640 | 1.068 | 16 | 12 | ↓ |
| 中央人民广播电台娱乐广播 | 1.174 | 0.465 | 17 | 13 | ↓ |
| 北京人民广播电台外语广播（AM774/CFM97.8） | 0.395 | 0.331 | 18 | 19 | ↑ |
| 中央人民广播电台第十套节目老年之声 | 0.508 | 0.311 | 19 | 18 | ↓ |

## 四、北京电台听众构成

北京电台2011年男女听众比例是55.5%:44.5%，与2010年区别不大。听众收入阶层较集中，1000元—3000元收入段为主要阶层，占到近80%。高收入听众比例有所上升，而2000元—3000元的中层收入听众占比重最多，达到31.7%，收入3000元以上的听众由去年的19%涨至23.1%。听众职业构成上，退休人员比例上升至31.2%，为最主要收听人群。排名第二的是公务员和白领，比例由2010年的25.1%下降到今年的19.8%，其次是工人（14.3%）以及官员管理者（10.5%），值得注意的是，学生听众比例近几年稳步上升，今年达到8%。此外，听众的教育程度和收入也在提高，接受过高等教育的听众比例每年都在提高，已经达到18.7%。

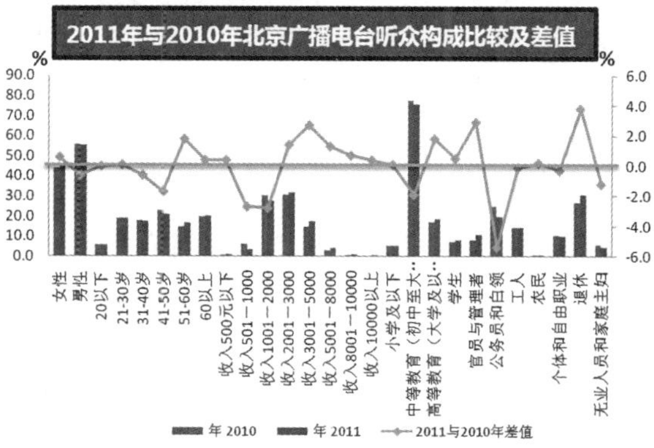


（数据来源：根据索福瑞北京地区广播收听数据）

（北京电台广播发展研究中心）

# 引领时代风潮　发挥先发优势

## ——2011年北京电视台网络春晚的调查与分析

2011年北京电视台网络春晚在播出

2011年，北京电视台从1月28日（腊月二十五日）至2月1日（腊月二十九日）打造出五台各具特色的“网络春节联欢晚会”，无论从整体设计，还是在节目内容、舞美表现、视听技术等方面，都有了新突破，给观众奉献了一场场一流的精神盛宴。

中国传媒大学北京广电节目专家评议及舆情研究课题组对2011年北京电视台的五台网络春晚节目进行了调查研究，并从八方面总结了“网络春节联欢晚会”的成功经验。

**一、引领时代风潮，在电视界率先推出网络春晚，既彰显了首都电视台的大台风范，也创造了自己在网络春晚领域的先发优势**

“网络春节联欢晚会”的雏形最早可追溯到2002年春节期间网易推出的“虚拟春节联欢晚会”；2006年年初，优酷网将网友们上传的节目做了整理编辑，正式取名“网络春节联欢晚会”；2009年1月10日，由聚橙网网友自发举办的“深圳山寨春晚”登台亮相，成为我国第一台正式上演的并全程通过网络同步直播，也是第一台完全“草根化”运作、没有专业演员、不带任何商业元素的“山寨春晚”。

2010年，作为主流电视媒体的北京电视台的积极介入，有媒体认为，这意味着“网络春节联欢晚会”已摆脱了草根身份，正向着娱乐主流的方向进军。

2011年，是“网络春节联欢晚会”向纵深发展的一年。2011年，除北京电视台继续举办了五场“网络春节联欢晚会”外，包括湖南、北京、山东、海南、深圳等地的卫视台网站，也推出了各自的“网络春节联欢晚会”节目，连央视也放下身段，首次大手笔投身“网络春节联欢晚会”，从大年初一到大年初六，央视综艺频道和中国网络电视台同步播出了六场不同主题、不同形式的“网络春节联欢晚会”。

**二、致力于内容创新，凸显鲜明的草根性和网络特色**

在对节目内容和演员的选择上，北京电视台“网络春节联欢晚会”基本颠覆了传统晚会一味追逐明星、大腕的固有模式，实现了演员为内容服务、内容为定位服务。为体现全民参与、草根主宰的创作原则，北京电视台“网络春节联欢晚会”力推新人新作。在“春晚e起来　我是大明星”地面活动中涌现出来的草根达人和人气很旺的网络红人，占据了“网络春节联欢晚会”舞台的半壁江山，与各种选秀中成名的年轻歌手及网友喜爱的年轻明星们一起绽放异彩。尽管舞台上没有多少明星、大腕，但经过编导们的二度创作和网络化的包装设计，民间达人和网络红人也具备明星的气质，呈现出完美炫目的舞台效果。北京电视台“网络春节联欢晚会”并不刻意安排戏曲、少儿、民族节目等网友不是特别喜欢的节目，使得节目整体上风格统一，没有生拼硬凑的感觉。

**2011年北京电视台网络春晚节目演员情况统计表**

（以节目为单位）

| 演员 | A明星 | B草根 | C主持人 | A+B+C | A+B | A+C | B+C |
|---|---|---|---|---|---|---|---|
| 数量 | 44 | 25 | 22 | 1 | 3 | 1 | 10 |
| 比例 | 41.5% | 23.6% | 20.8% | 0.9% | 2.8% | 0.9% | 9.4% |

表演者涉及演艺明星、草根演员（包括网络红人、民间艺术家和平民）和电视台主持人。从统计数据看在所有节目表演者中演艺明星数量是最多的，占到了41.5%；草根演员和主持人的数量差不多，分别占总体的23.6%和20.8%。其他节目则是由三者或其中的两者共同完成的，有草根参与的节目为39个，占节目总数的36.8%，这一数据要远高于传统春晚中草根表演者的比例。更值得一提的是“网络春节联欢晚会”请到的演艺明星，并非传统意义上的“艺术家”，而更多的是从众多选秀节目中脱颖而出的演艺新秀、年轻演员。这样的演出阵容在消除观众对“熟脸”审美疲劳的同时，也使晚会更加亲民。另外，北京电视台两届“网络春晚”所邀请的明星重复率也较低，基本保证了观众对演员的新鲜感。

**三、强化观众互动参与，携领大众狂欢**

北京电视台“网络春节联欢晚会”的另一鲜明特色是互动性、参与性。通过观众的积极参与和深度互动，栏目组致力于自己与观众和网友的“零距离接触、零门槛参与”；观众和网友成为晚会的主角，甚至在一定程度上决定着节目的内容及进程。在观众如此深度的互动参与下，“网络春节联欢晚会”很好地营造出携领大众狂欢的效果。

在舞台呈现方式上，北京电视台“网络春节联欢晚会”也充分照顾到了观众互动的需要，一改传统晚会“演员在台上演、观众在台下看”的僵化模式和刻板风格。舞台设计为开放式、互动式、分区域，观众围绕在舞台周围甚至将观众纳入表演区，营造出一种台上台下都是舞台的氛围。

**四、充分发挥主持人作用，主持人与节目浑然一体**

2011年北京电视台“网络春节联欢晚会”对主持人的成功使用，是其成功的一大法宝。与一般晚会主持人只负责串场、报幕不同，2011年北京电视台“网络春节联欢晚会”充分发挥主持人作用，将主持人作为节目内容呈现的一个重要内容，主持人与节目浑然一体，既在一定程度上提升了主持人的品牌形象和人气，也为主持人培养探索出了一些成功经验。

一是积极打造主持群的概念。五场晚会主持人尽可能有所变化，加入了新晋主持人，着力营造青春、时尚、活泼、靓丽的氛围，切合“网络春节联欢晚会”的气质和风格，还根据每场晚会的不同主题，为主持人设计了个性化的开场。

二是开拓性地开掘主持人资源。充分挖掘、培育主持人的演艺潜质，将主持人变为演员。正如前文中2011年北京电视台“网络春节联欢晚会”节目演员情况统计表所示，主持人单独表演的节目达到20.8%，参演的节目达到11.2%，两者相加一共达32%。而且针对不同主持人的个性，量身打造，设计参演节目，对有的主持人主推“唯美”风格，有的则主推“搞笑”风格，有的则体现“智慧”风格。

三是将网络投票人气颇高的兄弟电视台主持人邀到一起，打造了名嘴才艺群英会的网络春晚第四场《喜庆欢乐夜》。

**五、独家运用360度自由全景技术，首启沉浸式网络观赏体验，高度重视视觉设计，舞美灯光设计等力求完美**

2011年北京电视台“网络春节联欢晚会”首次应用了国际先进的360度自由全景技术，打破了传统摄像机只能反映现场某个局部画面的局限，可将现场情景360度进行全景展示。观众可通过鼠标或键盘拖动画面，交互地从前、后、左、右上5个不同观察点和方向了解晚会现场环境，任意选取自己喜欢的角度和画面进行观赏，使人产生身临其境的沉浸感。

同时，2011年北京电视台网络春晚对约100个节目均采用了独立包装，高度重视各单元节目的视觉设计。在视频制作、录音编曲、服装制作、道具选择、特效使用等方面，各节目都有较完美的呈现。据统计，五场“网络春节联欢晚会”共自制服装近600套，自制各种大型道具逾50种，音乐创作及编曲85首，使用群众演员约800人，这些都创下了北京电视台晚会的历史新高。尤其在第三场《魔幻传奇夜》中，通过舞美、LED、大型道具的结合，利用全息投影技术营造魔幻、穿越的3D视觉效果、强烈的视觉冲击力和超震撼现场音效为观众呈现了一台超级震撼的音乐盛宴。

**六、在晚会整体统一协调的同时，单元节目凸显不同风格**

作为主流媒体，北京电视台网络春晚主要选择一些在网络上广为流传、深受欢迎的内容，尤其是能体现“真、善、美”的真人真事。五台晚会整体上以时尚、动感、创新、分享为理念，相互间统一协调，均突出了网络晚会的特点，体现了最流行的时尚元素，符合节日欢乐的气氛，更反映了一种积极向上的生活态度和正确的价值取向。同时，以草根视角、青春情怀启用大量网络元素和创意，使得受众耳目一新。

但在每场单元节目的呈现上，注重凸显不同风格和个性化差异；栏目组梳理了网络世界中的林林总总，结合网络上所流行的各种文艺形式，依据年度网络热点确定了五场晚会的不同主题：《网络潮人夜》、《经典怀旧夜》、《魔幻传奇夜》、《喜庆欢乐夜》、《梦想希望夜》。

值得欣喜的是，年轻人成了这次北京电视台网络春晚的主力收视群，五场晚会主题设定的差异性也给受众提供更大的选择空间，体现了定位清晰、为受众服务的理念和特点。

**七、在尊重观众意愿的同时，有效把控节目内容，并巧妙设计网络呈现的形式**

以2011年北京电视台网络春晚第二场《经典怀旧夜》为例，围绕“经典”这一主题设计了“美声演绎经典儿童歌由”和“外国人唱中国红歌”两个节目。邀请极具网络人气的美声歌手和网络知名外国歌手进行演绎，即使有人临时因为档期或其他原因不能到场，也可“换人不换节目”，依托网络海量资源进行演员的替换。

北京电视台“网络春节联欢晚会”通过网络资源进行节目征集和创作，按照网友喜爱的节目内容、形态和风格进行原创节目的打造和包装，已然具有获得网友欢迎的先天优势。同时，在节目编排设计上，每场晚会在围绕各自主题设计环节时，都自觉契合新媒体传播的特点，很适合网络和手机视频呈现。2011年的五场晚会，每一场都有三分之一以上的原创节目，体现了“出奇、出新、出彩”的网络特色，带给观众不一样的视听感受；在强调晚会本身的整体性、连贯性的同时，编排上注意各节目碎片化拆分的灵活性，有助于在新媒体平台上的二度传播。以2011年北京电视台网络春晚第一场《网络潮人夜》为例，最短时间内玩转魔方的达人夫妇、眼神和表情极富表现力的表情帝、模仿各种乐器声音惟妙惟肖的口技表演者等都是来自网友推荐。这些来自民间的潮人高手在晚会现场一展绝活后，其各自表演的视频片段即被分拆上传至腾讯微博等网络平台，第一时间在网友中间进行二度传播。

**八、全媒体宣传造势，多方位推广渗透**

此次北京电视台网络春晚在合作媒体的选择上，采取了全方位、立体化的“组合拳”宣传推广策略。以信息到达率、内容黏度、参与互动的便捷性、口碑传播的速度、网络视频收看的流畅性等各个层面的需求为出发点，分析不同媒体的各自优势及其特定受众群体和用户使用习惯的差别，选择最合适的合作伙伴。晚会将各大网络媒体的拳头产品为己所用，彼此间相互配合，形成了对受众多层面的渗透和沟通，从而实现晚会宣传效果的最大化。

晚会在优酷网制作了很多短小视频推送至其首页“6+1”的显著位置，吸引了众多的网友关注。据统计显示，截至网络春晚播出前，点击率就已经达1800多万次。

此外，晚会还利用开心网、PPTV等网站，吸引受众主动参与并提供舒适收看体验。同时北京电视台推出活动官网，汇总推广信息。此次网络春晚在广播、报纸、手机、移动电视、地铁电视等媒体上都展开了大规模的宣传攻势，充分整合多种渠道，结合传统媒体和新媒体的传播优势，建立起一个全方位、立体化的宣传网络。

2011年北京电视台网络晚会还推出了“春晚e起来”之“我是大明星”和“我的榜样家庭”主题地面推广活动，选拔民间各类身怀绝技的草根达人，加入到晚会的创作中来。同时通过大规模的地面推广，增强普通百姓对此次活动的知晓度、参与度和影响力。北京电视台文艺频道自2010年12月19日起特地开播了同名周播综艺节目《春晚e起来·我是大明星》，将地面推广活动中涌现出的民间达人、原创节目搬上荧屏，提前为晚会预热，激发观众的收视期待。

（北京电视台、中国传媒大学北京广电节目专家评议研究课题组）

# 电影《建党伟业》观众调查问卷分析报告

2011年6月15日电影《建党伟业》正式公映

## 一、问卷调查基本情况综述

《建党伟业》展现了从1911年辛亥革命到1921年中国共产党成立这段时间内的历史故事，以毛泽东、李大钊、陈独秀、蔡和森、张国焘、周恩来等第一批中国共产党党员为中心，讲述了他们在风雨飘摇的时代为国家赴汤蹈火的精彩故事。影片由178位名演员参演的全明星阵容延续了《建国大业》基本风格，于2011年6月15日正式公映，上映第一周，全国票房就逼近1.5亿元。

为了解观众对《建党伟业》的评价与观影感受，本课题组在影片上映第一时间展开了调查。调查于2011年6月17日至19日分别在中国电影集团电影院、今典电影院和中国电影博物馆进行。共发放、回收问卷170份，其中有效问卷167份（其中141份来自普通观众，26份来自中国电影博物馆影评人），无效问卷3份，有效率为98.2%。

样本基本情况如下：性别比例方面，男性（50%）与女性（50%）持平；年龄构成方面，19至29岁的青年观众占了总样本的七成（74.7%），30至39岁的观众，占16.5%，40至49岁与50岁以上的观众各占4.7%、3.5%；学历层次方面，大本学历的观众占47.1%，研究生（含）以上学历的观众占40.6%；职业分布方面，学生占半数以上（55.6%），其次是专业技术人员（13%），继而是国家机关、党群组织、企事业单位负责人（7.7%），办事人员和有关人员(含公务员)（7.7%）和商业、服务业人员（6.5%）。

## 二、《建党伟业》观影行为分析

### 1. 网络为获取影片信息的主要途径

47.1%的观众以网络为主要获取信息的途径。另外，分别有31.8%、30.6%的观众通过海报广告和电视宣传获取信息的，这说明传统媒介依然具有一定的影响力。此外，报纸杂志、地铁广告和亲朋好友介绍等对传播影片信息也发挥了一定的作用。

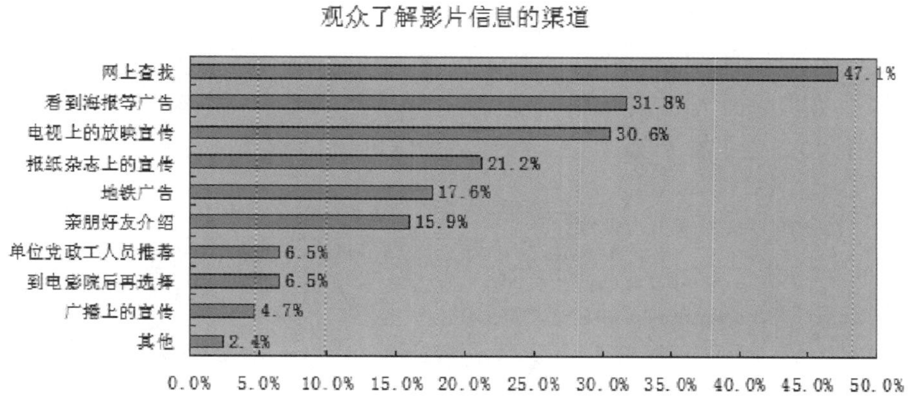


2. 多与他人结伴观影

75.6%的观众会找人陪伴共同观影，其中与朋友一同观看的人群占40.5%，与恋人一同观看的人群占13.1%，还有11.9%的观众是单位组织的，选择独自观看的有24.4%。

**表 1 观众预期花费与实际花费对比**

| | 40元以下 | 40—60元 | 60—80元 | 80—100元 | 100—120元 | 120元以上 |
|---|---|---|---|---|---|---|
| **预期花费** | 50% | 33.9% | 9.5% | 4.2% | 0.6% | 1.8% |
| **实际花费** | 56.3% | 35.9% | 6.2% | 1.6% | 0% | 0% |

3. 观众实际花费与预期基本吻合

在对影片单张票价花费的调查中(见表1)，50%的观众预期花费40元以下，33.9%的观众预期花费40—60元，只有不到两成的人群预期支付60元以上，这有可能与影片的题材和性质有关。在实际观影过程中，观众的花费大多集中在60元以下，平均花费47元，其中40元以下占56.3%，40—60元占35.9%，60—80元占6.2%，80—100元1.6%。

## 三、《建党伟业》观影评价

1. 宣传力度与明星阵容共同吸引观众走进影院

在受访的观众中，49.4%的观众是因为影片的宣传而走进影院。48.2%的观众是被明星阵容所吸引，可见明星阵容发挥了较强的号召力。此外，还有24.1%的观众是由于喜欢《建国大业》，因此也对《建党伟业》充满期待。另外，少部分观众也提到由于该片是献礼片，具有特别意义，是为了感怀那段历史而专门观看。大部分观众是自发走进影院主动观看《建党伟业》的。

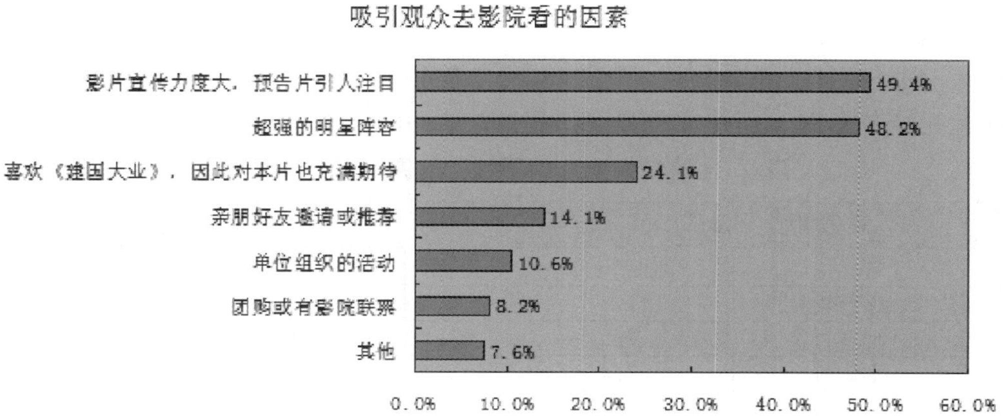

2. 叙事场面与影片主题最受观众称赞

超过半数(54.1%)的观众认为，该片最值得称赞的地方"场面大气恢弘"；"主题激励人心，催人奋进"居于第二位，得到46.5%的观众的认可；此外，人物塑造饱满和全面、客观还原建党史实等因素也分别以34.7%和26.5%的支持率位居第三、第四位。

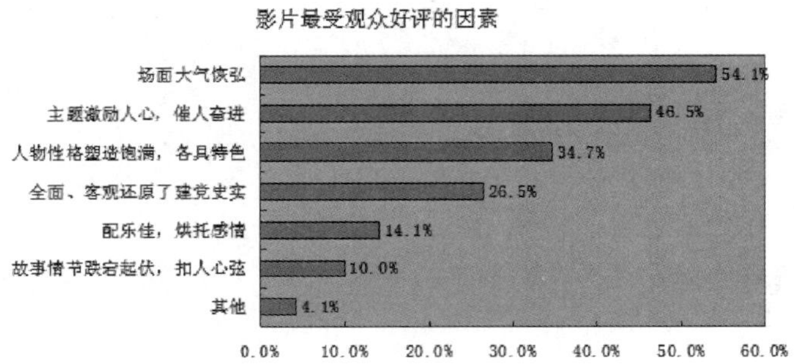


3. 印象最深刻的人物

调查结果显示，大多数观众(54.7%)对刘烨饰演的毛泽东印象深刻；还分别有41.8%、37.1%的观众对冯远征饰演的陈独秀和张嘉译饰演的李大钊印象深刻；另外在可以填写的开放性选项和随机拦访中，还有很多观众选择了刘德华饰演的蔡锷。

4. 年轻演员底蕴不足最受质疑

41.8%的观众认为，"年轻演员扮演伟人，底蕴尚显不足"是本片的主要不足，37.6%的观众认为该片"明星太多容易看花眼"，可见明星偶像阵容也是双刃剑。而"含有明显的说教成分"以及"人物性格不够饱满"各自受到33.5%和31.2%的观众的质疑，另有两成观众认为"叙事略显沉闷"。还有少部分观众提出该片存在情节不够连续、跳转太快、容纳事件过多、信息量过于饱满等问题。

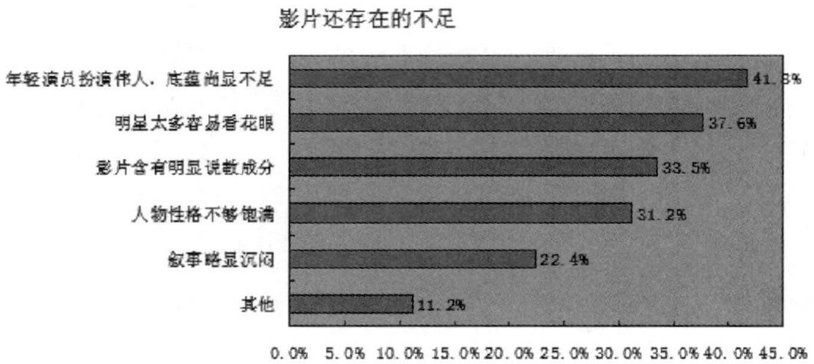


5. 影片思想性得分最高

总体上看，影评人的打分高于普通观众，而且无论是影评人还是普通观众，都对"思想性"评价最高，对"艺术性"评价最低。相比之下，影评人对"知识性"的评价要高于普通观众（见表2）。

**表 2 《建党伟业》"四性"的评分（各项满分10分）**

| 普通观众评分 | | | 影评人评分 | | |
|---|---|---|---|---|---|
| 排名 | 指标 | 平均得分 | 排名 | 指标 | 平均得分 |
| 1 | 思想性 | 7.8 | 1 | 思想性 | 8.4 |
| 2 | 观赏性 | 7.5 | 2 | 知识性 | 8.1 |
| 3 | 知识性 | 7.4 | 3 | 观赏性 | 8.0 |
| 4 | 艺术性 | 7.2 | 4 | 艺术性 | 7.6 |

6.《建党伟业》与《建国大业》难分伯仲

69.2%的受访者看过《建国大业》。认为《建党伟业》比《建国大业》好的占22.8%，明确表示《建党伟业》不如《建国大业》的占27.6%，表示两者差不多的为多数（49.6%）。

对于《建党伟业》，无论是影评人还是普通观众，均对影片的宣传效果、题材、思想内涵给予肯定；普遍认为故事情节不连贯，导演功力还有待提高。其中，影评人的整体评价较高，除故事情节外所有得分均超过8分，综合得分7.9。观众评分相对偏低，综合评分为7.8分，除了宣传效果和演员表演，其余均低于8分（见表3）。

**表 3 《建党伟业》各项指标评分（各项满分10分）**

| 普通观众评分 | | | 影评人评分 | | |
|---|---|---|---|---|---|
| 排名 | 影片 | 平均得分 | 排名 | 影片 | 平均得分 |
| 1 | 宣传效果 | 8.3 | 1 | 宣传效果 | 8.8 |
| 2 | 演员表演 | 8.0 | 2 | 题材 | 8.5 |
| 3 | 题材 | 7.7 | 3 | 思想内涵 | 8.1 |
| 3 | 思想内涵 | 7.7 | 4 | 特效制作 | 8.1 |
| 3 | 音乐音响效果 | 7.7 | 5 | 台词 | 8.1 |
| 4 | 导演功力 | 7.5 | 6 | 音乐音响效果 | 8.0 |
| 4 | 特效制作 | 7.5 | 7 | 演员表演 | 8.0 |
| 5 | 故事情节 | 7.4 | 8 | 导演功力 | 8.0 |
| 5 | 台词 | 7.4 | 9 | 故事情节 | 7.4 |
| | 综合评分 | 7.8 | | 综合评分 | 7.9 |

就《建国大业》而言，普通观众综合评分要明显高于影评人。普通观众对各项指标的评价与《建党伟业》相近，综合评价为8.0分。影评人对《建国大业》的评价全面低于《建党伟业》，综合评分仅为7.5分（见表4）。

**表 4 《建国大业》各项指标评分（各项满分10分）**

| 普通观众评分 | | | 影评人评分 | | |
|---|---|---|---|---|---|
| 排名 | 影片 | 平均得分 | 排名 | 影片 | 平均得分 |
| 1 | 宣传效果 | 8.3 | 1 | 宣传效果 | 8.5 |
| 2 | 演员表演 | 8.1 | 2 | 题材 | 8.4 |
| 3 | 题材 | 7.9 | 3 | 台词 | 7.9 |
| 4 | 思想内涵 | 7.8 | 4 | 思想内涵 | 7.8 |
| 5 | 导演功力 | 7.6 | 5 | 演员表演 | 7.7 |
| 5 | 特效制作 | 7.6 | 6 | 导演功力 | 7.4 |

续 表

| 普通观众评分 | | | 影评人评分 | | |
| --- | --- | --- | --- | --- | --- |
| 排名 | 影片 | 平均得分 | 排名 | 影片 | 平均得分 |
| 5 | 故事情节 | 7.6 | 7 | 故事情节 | 7.1 |
| 6 | 音乐音响效果 | 7.5 | 8 | 音乐音响效果 | 7.1 |
| 6 | 台词 | 7.5 | 9 | 特效制作 | 7.0 |
| | 综合评分 | 8.0 | | 综合评分 | 7.5 |

7. 《秋之白华》与《飞天》最受观众期待

由于档期等因素，虽然几乎没有影评人或观众看过表中列举的影片，但是都对《秋之白华》和《飞天》表现出较高的期待。相比之下，受访者对另外三部影片并没有强烈的期待（见表5）。

**表 5　对近期上映的同类影片的态度**

| 普通观众 | | | 影评人 | | |
| --- | --- | --- | --- | --- | --- |
| 其他同类电影 | 没看过<br>但很期待 | 没看过<br>也不期待 | 其他同类电影 | 没看过<br>但很期待 | 没看过<br>也不期待 |
| 《秋之白华》 | 62.2% | 37.8% | 《秋之白华》 | 56.3% | 43.7% |
| 《情归陶然亭》 | 47.2% | 52.7% | 《情归陶然亭》 | 35.3% | 64.7% |
| 《湘江北去》 | 42.7% | 57.3% | 《湘江北去》 | 47.1% | 52.9% |
| 《惊　沙》 | 42.1% | 57.9% | 《惊　沙》 | 41.2% | 58.8% |
| 《飞　天》 | 53.1% | 46.9% | 《飞　天》 | 52.9% | 47.1% |

## 四、结　语

《建党伟业》展现了“辛亥革命”、“袁世凯称帝”、“张勋复辟”、“巴黎和会”、“五四运动”等诸多历史事件，这加重了影片的历史厚重感，但是对这些事件的表现手法、情节安排和刻画力度还都有提升的空间。众多明星的串场难免将观众的焦点转移到偶像上，对演员产生底蕴不足、与真实人物形象不符等质疑，但是这部凝聚了中国电影人心血、汇聚了上百位明星的史诗巨制，的确是中国电影人一种饱含诚意的大胆尝试。

（中国电影博物馆研究部课题组）

# 组织机构

2012/《北京广播影视年鉴》

——记录行业情况　服务业内和社会——

（统计截至2011年年底，特殊情况延伸至2012年）

# 北京市广播电影电视局

**领导成员**

党组书记、局长：李春良
党组副书记、副局长：杨淑琴
党组成员、副局长：臧增祥
党组成员、副局长：庞微
副局长：杨培丽
党组成员、纪检组长：王立平
党组成员、副局长：丁百之
党组成员、副局长：王霞
党组成员、总工程师：何桂芝
党组成员、副巡视员：宋春华
巡视员：洪兵

**内设机构**

办公室（安全监管办公室）、政策法规处（产业促进处）、宣传管理处、电影管理处、传媒机构管理处、网络视听节目管理处、科技处（三网融合协调处）、计划财务处、组织人事处；另设机关党委、工会；市纪委监察局驻市广电局纪检组监察处

**部室主任**

办公室（安全监管办公室）
主任：杨春青；副主任：王海楠、钱富奎
政策法规处（产业促进处）
处长：李伟；副处长：李国新
宣传管理处
处长：索宇琴；副处长：韩云升
电影管理处
处长：王健；副处长：黄培
传媒机构管理处
处长：马德献；副处长：袁正领
网络视听节目管理处
处长：丁梅；副处长：夏斐、许立国
科技处（三网融合协调处）
处长：陈煜；副处长：安凭
计划财务处
处长：秦华；副处长：张秋生
组织人事处
处长：秦固生；副处长：解楠
机关党委
专职副书记：单志忠；副书记：刘民武
工会副主席：王学理
纪检监察处
处长：张大烨
地址：北京市朝阳区建外大街14号
邮编：100022　电话：010-65159068
网址：www.bjrt.gov.cn

# 北京市广播电影电视局工会

**领导成员**

工会主席：宋春华
工会副主席：王学理
工会委员会委员：宋春华、王学理、李伟、于娟娟
工会经费审查委员会主任：张大烨
工会经费审查委员会委员：秦华

**下属工会单位**

北京音像资料馆工会、北京市广播影视作品审查中心工会、北京市广播电影电视局信息中心工会、北京市广播电视监测中心工会、北京市广播电影电视局后勤服

务中心工会

地址：北京市朝阳区建外大街甲14号

邮编：100022

电话：010-85013302

## 北京市广播电影电视局离退休人员管理服务中心

**领导成员**

主　任：郭祥庚

副主任：车静

地址：北京市朝阳区建外大街甲14号

邮编：100022

电话：010-65159158

## 北京市广播电影电视局后勤服务中心

**领导成员**

主　任：王晶

副主任：邵顺荣

**内设机构**

综合科、房管科、保卫科、车管科

地址：北京市朝阳区建外大街甲14号

邮编：100022

电话：010-65159939、85013322

传真：010-65159939

## 北京市广播电影电视局信息中心

**领导成员**

副主任：郑新梅

地址：北京市朝阳区建外大街甲14号

邮编：100022

电话：010-65159034

## 北京市广播电视监测中心

**领导成员**

主　任：魏利明

副主任：朱祥锋、吉春

**内设机构**

综合科、监测科、安播科、技术科、网管科

地址：北京市朝阳区建外大街14号

邮编：100022

电话：010-65155241

## 北京音像资料馆（北京广播电影电视研究中心）

**领导成员**

副馆长：谢杰（兼研究中心副主任）

副馆长：马广胜（北京市广播电影电视局史志办主任兼）

副馆长：韩浩（兼研究中心副主任）

**内设机构**

办公室、资料部、制作部、研究部、史志部

地址：北京市东城区安乐林路18号

邮编：100075

电话：010-87258004

# 北京市广播影视作品审查中心

**领导成员**

主　任：智黎明

副主任：周红彦、刘文东

**内设机构**

办公室、节目审查科、信息资料科

地址：北京市东城区安乐林路18号

邮编：100075

电话：010-87254792、87259972

# 北京海外广播影视交流中心

**领导成员**

主　席：李廷芝

副主席：周溥雄、于知峰、刘敏、李春良、何桂芝、汪良、张晓爱

监事长：杨淑琴

秘书长：王学理

地址：北京市朝阳区建外大街甲14号

邮编：100022

电话：010-65159085

# 北京市广播电视学会第五届理事会

**领导成员**

会　长：张晓爱

常务副会长：李春良

副会长：洪兵、何桂芝、陆莹、张晓、赵多佳、张淼、李米莉

秘书长：索宇琴

副秘书长：孙巍、张恒、刘华

监事长：王立平

副监事长：赵泽勤、王云

监　事：秦固生、秦华

**内设机构**

秘书处、《北京广播影视》编辑部

地址：北京市东城区安乐林路18号

邮编：100075

电话：010-67218198

# 北京电影协会

**领导成员**

会　长：刘洪鹏

副会长：于冬、马月庆、王健、王长田、邓永红、叶宁、许建海、陆遥、高军、燕羽

秘书长：阎于京

监事长：张大烨

地址：北京市朝阳区建外大街甲14号

邮编：100022

电话：010-85013326

传真：010-85013326

# 中国电影博物馆

**领导成员**

馆长、党委副书记：杨永安

党委书记、副馆长：韩凯

党委副书记、纪委书记：李米莉

副馆长：邢建毅、李志斌

**内设机构**

办公室、财务部、组织人事部、保障部、保卫部、研究部（馆刊编辑部）、活动管理部（网络信息中心）、藏品部、社会教育部、展陈部、影院部、开发部（基本建设办公室）、服务督察和质量检查部

**部室主任**

办公室 主任：许鹰；副主任：孙丽

财务部 副主任：白俊峰

组织人事部

主任：许鹰（兼）；副主任 冯雪梅

保障部 主任：王宁；副主任:孙宇

保卫部 林青(负责人)

研究部(馆刊编辑部)

主任：邢建毅（兼）

活动管理部（网络信息中心）

主任：徐曙光

展陈部 主任：米兆田

开发部（基本建设办公室）

主任：徐曙光（兼）

影院部 主任：米兆田(兼)

藏品部 张树新

社会教育部 副主任：齐英

服务督察和质量检查部 主任：张浙

地址：北京市朝阳区南影路9号

邮编：100015

电话：010—64311588（办公室）

010－84355959（总机）

010—51654567（服务咨询电话）

传真：010—64311588（办公室）

网址：www.cnfm.org.cn

# 北京广播电视台

**领导成员**

党委书记：刘志远

党委副书记、台长：王晓东（兼北京电视台党委书记、台长）

党委副书记、常务副台长：汪良（兼北京人民广播电台党委书记、台长）

副台长：陆莹

副台长：王建琪（兼北京歌华文化发展集团党委书记、董事长）

纪委书记：王伟

副台长：郭章鹏（兼北京歌华有线电视网络股份有限公司党委书记、董事长）

副台长：苏仁先

**内设机构**

党委办公室、办公室、研究发展部、运营管理部、媒体管理部、技术部、法律事务部、财务部、纪检监察(审计)部、人力资源部、工会办公室

**部室主任**

党委办公室

主任：杨秀英；副主任：蔡廷杰；团委书记：李洪兴

办公室

主任：张常珊；副主任：李增明、李剑

研究发展部 主任：蒋虎

运营管理部

主任：陈乐天；副主任：石鸿印（正处级）、曹军（正处级）
媒体管理部
主任：金鹏；副主任：耿雪梅
技术部
主任：王建
法律事务部
主任：孙辉
财务部
主任：余维杰；副主任：姜春海
纪检监察(审计)部
主任：侯召国；副主任：刘惠
人力资源部
副主任：孟庆存（主持工作）、刘晓辉
工会办公室
主任：罗霄
地址：北京市朝阳区建外大街14号
邮编：100022
电话：010-85012020
传真：010-65157259
网址：www.bmn.net

# 北京人民广播电台

**领导成员**

党委书记、台长：汪良（北京广播电视台常务副台长兼）

总编辑、党委副书记：席伟航

常务副台长、副总编辑：王秋

党委副书记：赵泽勤

副总编辑：亢亚志、陈晓海、张松华

总工程师：常青

副台长：陈晓红、秦晓天(2011年8月起)

**内设机构**

办公室(保卫部)、总编室、党委办公室、纪检监察审计办公室、人事部、计财部、广告管理部、播音主持管理部、工会、技术中心、总工办、网络信息中心、八零四发射台、广播发展研究中心、节目制作中心、新闻广播、城市服务管理广播、故事广播、体育广播、音乐广播、文艺广播、交通广播、外语广播、爱家广播、广告经营部(属北京广播公司内设机构)

**部门领导**

办公室 主任：李晓晖
副主任：吴亚非（兼保卫部主任）、丑承培、路程、任怀珠
总编室 主任：孙巍
副主任：景兵、张苹、范晓茜
党办、纪检监察审计部 主任：周燕玲
纪检副书记：陈云；副主任：平建学
人事部 主任：柴修杰
副主任：游良婕（兼培训中心主任）、孙超
计财部
主任：陈春梅；副主任：李淼、吕放
广告管理部
主任：陈晖；副主任：张秋萍
播音主持管理部 主任：张树荣
工会 主席：牟燕文；副主席：谢建国
技术中心 主任：郭励（兼总工办主任）
副主任：阮勤、刘爽、张旭（兼总工办副主任）
网络信息中心
主任：蔡明可；副主任：边江、刘彤
八零四发射台
台长：张国强；副台长：曹昌、邓亚程
广播发展研究中心 主任：许秀玲
节目制作中心 主任：李捷（台长助理兼）
副主任：吕雪瑞、王为
新闻广播 台长：秦晓天（2011年8月止）

副台长：罗湘萍、张红力
城市服务管理广播
台长：李革；副台长：张晶宇
故事广播
台长：李唯唯；副台长：孟庆煜
体育广播
台长：边建；副台长：张友信
音乐广播
台长：陈京英；副台长：郑晓慧
文艺广播
台长：邵军；副台长：唐琼
交通广播
台长：李秀磊；副台长：罗霄兵
外语广播
台长：纪烈鸿；副台长：陈雪瑾
爱家广播
台长：陶津；副台长：傅珊珊
广告经营部
主任：郑金诗
副主任：李康、陆彤、罗燕萍
地址：北京市朝阳区建外大街14号
邮编：100022
电话：65159125
网址：www.rbc.cn

# 北京电视台

**领导成员**

党委书记、台长：王晓东（北京广播电视台台长兼）

党委副书记、总编辑：赵多佳

党委副书记、常务副台长、纪委书记：窦晓东

副台长：邵宣堂

总工程师：田方

副总编辑：张强、朱江、张亮

副台长：王澎

**内设机构**

党委办公室、办公室、监察审计办公室、人事部、保卫部、计财部、工会、行政部、基建办、总编室、广告部、研究发展部、经营管理部、总工办、制作部、播出部、转播传送部、动力部、技术设备管理部、信息网络管理部、卫视节目中心、新闻节目中心、海外节目中心、文艺节目中心、科教节目中心、财经节目中心、体育节目中心、生活节目中心、青少年节目中心、影视剧中心、公共频道节目中心、动画节目中心；艺委会、史志办、网络信息编辑室、老干部工作办公室、纪实高清频道筹备组、网络广播电视台筹备组

**部门领导**

副总工程师：李迅
党委办公室
主任：李志国；副主任：赵国旗
办公室
主任：宋莲；副主任：秦新春、钟强
总编室 主任：史椰森
副主任：陈晔、高譪、何蔚
研究发展部
主任：蒋虎；副主任：马克燕、宁文茹
总工办 副主任：刘宏亚、林平
人事部
主任：杨建忠；副主任：白艳军、李迎军
工会 主席：李珍；副主席：孟传妍
计财部
主任：孙成刚；副主任：汪红、齐学耕
监察审计办公室 副主任：周久兰
保卫部 副主任：赵修明、马世飞

行政部 主任：王开平；
副主任：纪勇、卢英锁、姚大禹；
主任助理：李雅涛
基建办
副主任：程云泽（主持工作）、张宇青；
主管工程师：朱晓宇
广告部
主任：钱毅
副主任：张晓耕、刘泓、赵峥峥
经营管理部
主任：孙洪斌；副主任：买剑平、王京梅
信息网络管理部
副主任；毕江、李湧
播出部
副主任：祝志超、王立冬、金强
制作部
主任：郑星；副主任：鲁高潮、王方、王浩
动力部
主任：王晓龙；副主任：刘颖
技术设备管理部
主任：周旭辉；副主任：章泽群、赵志成
转播传送部
主任：王喆；副主任：朱雨稼
卫视节目中心
主任：徐滔；
副主任：杨东、张丽、李利影、牛振青
新闻节目中心
主任：艾冬云
副主任：张庆、徐京玲、丁晓阳、袁子勇、黄璠、郝洪
新闻节目中心
新闻编辑部 主任：张庆（兼）；
副主任：王毅、周永萍
要闻采访部 主任：徐京玲（兼）；
副主任：张晓鲁
新闻评论部 主任：袁子勇（兼）；
副主任：刘民
社会新闻采访部 主任：丁晓阳（兼）；
副主任：袁朴
新闻专栏部 主任：黄璠（兼）；
副主任：史月光
综合管理部 主任：郝洪（兼）；
副主任：李大功
海外节目中心
主任：周泳；副主任：严崴
青少年节目中心
副主任：李文升、刘虎
文艺节目中心
副主任；李兰（主持工作）、翟建国、潘全心、齐建彤
科教节目中心
主任：杜研；副主任：张宾、张冬林
影视剧中心
主任：张恒；
副主任：曹力宁、郭跃进、严澍
主任助理：于金伟
财经节目中心
主任：宗燕红；副主任：岳民、宗昊
体育节目中心
主任：焦少波
副主任：邱大卫、宋健生、王少华
生活节目中心
主任：赵彤
副主任：刘学军、任友红、刘文燕
动画节目中心
主任：张帆；副主任：马宏、杨晓轩
史志办 主任：冯平；副主任：闫军才
艺委会
主任：刘冰；专职书记：赵福明
网络信息编辑室
主任：戴巧玲；副主任：张红
老干部工作办公室 主任：刘绍芬
纪实高清频道筹办组
陈大立（负责人）；副主任：曹征
卡酷传媒有限公司
总经理：帅民；副总经理：李果、高扬

京视传媒有限公司 总经理：霍胜
地址：北京市朝阳区建国路甲98号
邮编：100022
电话：010－85336688（总机转）
传真：010－85338000
网址：www.btv.com.cn

# 北京歌华文化集团

**领导成员**

党委书记、董事长：王建琪（北京广播电视台副台长兼）

副董事长、党委副书记：姜建秋

副董事长：苏春华

党委副书记、纪委书记、工会主席：黄光显

总经理：李丹阳

副总经理：葛立智、陈工、张莉

总经理助理：石海燕、周卫东、曾辉、王昱东

**内设机构**

党委办公室、集团办公室、人力资源办公室、计划财务办公室、文化创意产业中心、投融资管理中心、安保部、法律部、纪检监察部、审计部、研究宣传部

**部门领导**

党委办公室 主任：杨志华

集团办公室 主任：杨志华（兼）；副主任：牛海云

人力资源办公室 主任：朱会东；副主任：李丹芳

计划财务办公室 主任：秦玉良；副主任：李峰

文化创意产业中心 主任：曾辉（兼）；副主任：李雪（兼）

投融资管理中心 主任：黄春雷；副主任：肖红

安保部 主任：胡培生

法律部 主任：戴迎春

纪检监察部 主任:杨志华（兼）

审计部 主任：冯玉

研究宣传部 主任：邢树森

**直属机构**

北京歌华文化中心有限公司：

董事长：姜建秋（兼）；总经理：高颖；党总支书记：张滨

北京歌华传播中心有限公司：

董事长：葛立智（兼）；总经理：张谦；党总支书记：李大成

北京歌华科技中心有限公司：

董事长：陈工（兼）；总经理：曾辉；党总支书记：李雪

地址：北京市东城区东直门内北小街青龙胡同1号歌华大厦14层

邮编：100007

电话：010－84186060

传真：010－84186001

网址：www.gehua.com

# 北京歌华有线电视网络股份有限公司

**领导成员**

党委书记、董事长：郭章鹏（北京广播电视台副台长兼）

党委副书记、副董事长、总经理：卢东涛

党委副书记、纪委书记、工会主席：

张家祥

监事会主席：黄广泉

副董事长：马健

常务副总经理：王振华

副总经理：吴瞻民、康朝晖

董事、总会计师：胡志鹏

市场运营总监：罗小布

总工程师：何拥军

董事、副总经理、董事会秘书：梁彦军

总经理助理：王奇之

**内设机构**

董事会办公室、党委办公室、工会办公室、稽核管理部、总经理办公室、人力资源部、财务部、法务部、信息部、客服中心、市场营销部、计划部、设计部、传送部、设备器材部、网络建设部、维护管理部、数字电视技术开发部、总工办、网管中心、安全保卫部、战略发展部、数据业务部、媒资运营部、营帐中心。

另设：城中、朝阳、海淀、丰台、石景山、门头沟、房山、大兴、通州、顺义、昌平、怀柔、密云、平谷、延庆15个分公司；及北京视宽新创有线信息工程有限责任公司、歌华有线数字媒体公司、北京歌华益网科技发展公司、涿州歌华有线电视网络有限公司、歌华有线投资管理有限公司5个子公司。

**部门领导**

副总工：刘磊、李焕平、吴建林、曾春、唐文伟、石江明

副总经济师：田秋

党委办公室 主任：黄卫京

工会办公室 主任：赵国庆

稽核管理部 主任：刘宇明；

副主任:余孝纬

董事会办公室 主任：付蕾红；

副主任：于铁静、刘严

总经理办公室 主任：陈慕风；

副主任：玉宝华

人力资源部 主任：方丽；

副主任：李云鹏、荆志忠

法务部 主任：彦宏

财务部 主任：王琰；副主任：居冬辉

信息部 主任：吴建林（兼）；

副主任：刘夫涛

客服中心 主任：熊英；

副主任：孙灵芝、江庆红

市场营销部 主任：高巍；

常务副主任：陈锋；副主任：王苑苑、贾文杰

计划部 主任：钱正

设计部 主任：石江明（兼）；

副主任：黄国安、权晓宇

传送部 主任：王厚信；

副主任：耿玉树、黄美莹、徐长江

设备器材部 主任：刘中南；

副主任：石连成、张建新、白莹

安全保卫部 主任：李洪；

常务副主任：曲伟

网络建设部 主任：支百山；

副主任：满全安、卓志祥

维护管理部 主任：赵宏伟；

副主任：刘建平

数字电视技术开发部 刘磊（副总工程师主持工作）；副主任：沈彤

战略发展部 主任：韩霁凯；

副主任：黄铁军

数据业务部 副主任：刘光华、王芳

媒资运营部 主任：姜宏志；

副主任：史言、张婕、钟军

营帐中心 主任：孙景红；

副主任：吴春燕

网管中心 主任：卢春梅；

副主任：王野秋

总工办

主任：曾春（兼）；副主任：林霖

城中分公司 常务副总经理：潘铭（主

持工作）

朝阳分公司

总经理：于海旺；常务副总经理：王刚

副总经理：孟宇明、邹玉华

海淀分公司 总经理：邱纪

丰台分公司

总经理：陆野；副总经理：王军、冯玉国

石景山分公司 总经理：卞素霞；

副总经理：汤军

大兴分公司

总经理：徐继春；党支部书记：日秋（兼）

房山分公司 总经理：李昌俊；

副总经理：郑林、赵寿强

通州分公司 总经理：刘存明；

常务副总经理：黄枫；

副总经理：宋宝贵

门头沟分公司 总经理：贺春义；

副总经理：王艽军

延庆分公司：总经理：许文学；

副总经理：王国庆

顺义分公司 总经理：刘希成；

副总经理：王志亚、王晓光、郭国林

昌平分公司 总经理：李仲英；

副总经理：刘芳、李庆江

怀柔分公司 总经理：唐文伟（兼）；

常务副总经理：綫继东；副总经理：闫宝利

平谷分公司 总经理：姜体兴；

副总经理：李明生

密云分公司 总经理：白宝林；

副总经理：赵建生

北京视宽新创有线信息工程有限责任公司 董事长：王振华(兼)；总经理：鞠维铭；副总经理：黎江

歌华有线数字媒体公司 董事长：吴瞻民（兼）；总经理：刘光华（兼）

涿州歌华有线电视网络有限公司 董事长：马健（兼）；总经理：王法文；副总经理：赵守礼、王景辉、孙广智

地址：北京市东城区北小街青龙胡同1号歌华大厦7层

邮编：100191

电话：96196

网址：www.bgctv.com.cn

# 北京歌华有线电视网络股份有限公司城六区用户服务站一览表

| 编号 | 用户服务站 | 联系地址 | 联系电话 |
|---|---|---|---|
| 1 | 东城站 | 东城区青龙胡同1号歌华大厦1层101 | 96196 |
| 2 | 西城站 | 西城区西直门南小街133号楼西派国际公寓底商 | |
| 3 | 崇文站 | 崇文区幸福家园9号楼107底商 | |

| 编号 | 用户服务站 | 联系地址 | 联系电话 |
|---|---|---|---|
| 4 | 宣武站 | 宣武区南华里10-8号楼一、二层底商 | 96196 |
| 5 | 团结湖站 | 朝阳区六里屯西里3号院（妇产医院东侧团结湖北五条） | |
| 6 | 劲松站 | 朝阳区劲松三区328楼营业厅 | |
| 7 | 管庄站 | 朝阳区朝阳路财满街67号院8号楼0269、0270 | |
| 8 | 香河园站 | 朝阳区柳芳北里11号楼北侧（海通证券西侧20米） | |
| 9 | 望京站 | 朝阳区望京西路首开知语城312号底商106号 | |
| 10 | 苏州街站 | 海淀区西三环北路21号久凌大厦北座1层 | |
| 11 | 北太平庄站 | 海淀区新外大街19号京师大厦1层105房间 | |
| 12 | 五颗松站 | 海淀区西四环中路39号的万地名苑1层 | |
| 13 | 花园村站 | 花园村8号楼1层 | |
| 14 | 学清路站 | 清华东路2号农大东校区科贸楼107室 | |
| 15 | 科技园站 | 丰台区科学城恒富中街2号院1号楼 | |
| 16 | 马家堡站 | 丰台区角门18号枫竹苑2区1号楼名流未来大厦103室 | |
| 17 | 卢沟桥站 | 丰台区小屯路109号院6号楼底商 | |
| 18 | 云 岗 站 | 丰台区四方景园二区商铺2—6号房 | |
| 19 | 方 庄 站 | 丰台区长辛店镇二七厂路东南街3号 | |
| 20 | 古城营业厅 | 石景山区古城大街75号院曦景长安底商写字楼1层 | |
| 21 | 首钢站 | 石景山区苹果园路临时26号（苹果园四区9栋西侧） | |

# 北京电视艺术中心有限公司

**领导成员**

总 经 理：张平
艺术总监：郑晓龙
创作总监：李晓明
运营总监：张斌
项目总监：宋志鹏

**内设机构**

总经理办公室、计财部、事业总部、项目部、宣传发行部、技术部、剧本创研中心、演艺经纪部、音像出版社

地址：北京市海淀区皂君庙甲2号
邮编：100098
电话：010-62127625
传真：010-62115814
网址：www.btac.com.cn

# 北京中北电视艺术中心有限公司

**领导成员**

董事长：杨群

总经理： 陶玲玲

副总经理：刘沙

**内设机构**

办公室、财务部、经营部、宣传部、制作部、演艺音乐部、总编室（创作部）、经纪部、影视制作中心（拍摄基地）

地址：北京市朝阳区建外大街14号

邮编：100022

电话：010-65150607

传真：010-65150607

网址：www.zbtvart.com

# 北京广播电视报社

**领导成员**

社　长：李浩

总编辑：张彪

工会主席：宋杰

**内设机构**

办公室(组织人事部、研发部)、财务部、总编室、《北京广播电视报》编辑部、《北京广播电视报·人物周刊》编辑部、《北京电视》周刊编辑部、广告管理部、发行中心

地址：北京市东城区安乐林路18号

邮编：100075

电话：010-67117161

传真：010-67134365

网址：www.bgtv.com.cn

# 北京音像公司

**领导成员**

总经理：颜丙利

副总经理：王颖

**内设机构**

企划出品部、节目制作部、技术工程部、财务部、办公室

地址：北京市东城区安乐林路18号

邮码：100075

电话：010-67262518

传真：010-87268961

网址：www.bavc.com.cn

# 北京瑞特影音贸易公司

**领导成员**

总经理：何公明（兼北广传媒数字电视有限公司董事长、总经理）

市场总监：顾炜

工程总监：秦磊

财务总监：孟春敏

**内设机构**

办公室、财务部、市场部、工程部

地址：北京市朝阳区建外大街14号

邮编：100022

电话：010-65155284/ 65159086

传真：010-65155285

# 北京广播电视台服务中心

**领导成员**

主　任：郭长征

副主任：褚天元、常斌

总工程师：于进军

**内设机构**

办公室、财务部、物业管理部、设备工程部、开发经营部、餐饮部、皂君庙办公区、丰台总部基地办公区、北京声屏苑培训中心

地址：北京市朝阳区建外大街14号

邮编：100022

电话：010-85012302

传真：010-85012310

# 北京北广传媒数字电视有限公司

**领导成员**

董事长、总经理：何公明（兼北京瑞特影音贸易公司总经理）

副总经理：艾禾

**内设机构**

办公室、财务部、节目部、数据部、市场部、播出部

地址：北京市鼓楼外大街56号

邮编：100022

电话：010-84127979

传真：010-84135890

网址：www.bjdtv.com

# 北京北广传媒移动电视有限公司

**领导成员**

董事长、总经理：罗晓军

副总经理：许新德、张楠

**内设机构**

办公室、财务部、节目部、运营管理部、播出部、技术研发部、品牌策划部、项目内控组

地址：北京市东城区北小街青龙胡同1号歌华大厦A座809室

邮编：100007

电话：010-59260500　4008988859(热线电话)

传真：010-59260501

网址：www.bj-mobiletv.com

# 北京北广传媒影视有限公司

**领导成员**

董事长、总经理：刘亚辉

副总经理：郭涛、张光北

**内设机构**

办公室、财务部、策划部、制作部、发行部、演出部、演艺经纪部

地址：北京市东城区北小街青龙胡同1号歌华大厦B座821室

邮编：100007

电话：010-59260180

传真：010-59260181

邮箱：bamc_tv@bamc.com.cn

## 北京北广传媒城市电视有限公司

**领导成员**

董事长、总经理：张学朝

副总经理：罗艳红

总经理助理：高宇轩

**内设机构**

办公室（含财务部）、大屏部、小屏部、工程部、技术部、节目部、广告部

地址：北京市东城区北小街青龙胡同1号歌华大厦B座801室

邮编：100007

电话：010-59260088-8000

传真：010-59260066

客户专线：4007000086

网址：www.bj-citytv.com.cn

## 北京北广传媒地铁电视有限公司

**领导成员**

董事长：王伟

总经理：高踪阳

常务副总经理：阎伟力

副总经理：满向阳

**内设机构**

办公室、财务部、技术部、运营管理部、节目部

地址：北京市东城区北小街青龙胡同1号歌华大厦A座818室

邮编：100007

电话：010-62232209

传真：010-62232209

## 鼎视数字电视传媒有限公司

**领导成员**

董事长：苏仁先（北京广播电视台副台长兼）

总经理：蔡恒平

**内设机构**

总经理办公室、营销中心、产品中心、行政中心、财务中心

地址：北京市东城区东直门北小街青龙胡同1号B820室

邮编：100007

电话：010-59260099

传真：010-59260138

网址：www.topv.com.cn

## 北京北广置业有限公司

**领导成员**

执行董事：王伟（北京广播电视台纪委书记兼）

总经理：裴成虎

副总经理：张克英

**内设机构**

办公室、财务部、前期部

北京广播电视台授权管理单位：

北京影视城管理中心

北京现代电视艺术发展公司

北京东方艺苑物资仓储服务中心
地址：北京市朝阳区建外大街14号
电话：010－85012071
传真：010－85012070
邮箱：bjysc@yahoo.con.cn

# 北京中广传播有限公司

**领导成员**

总经理：张树桐

副总经理：陈炳岩、柳家旺

**内设机构**

综合部、市场部、技术部、节目部、广告部

地址：北京市朝阳区东三环北路亮马河大厦1座701

邮编：100004

电话：010－65900262

传真：010－65907257

# 北京紫禁城影业有限责任公司

**领导成员**

董事长：张强

总经理、书记：许建海

**内设机构**

办公室（财务部）、电影部、电视剧部、第一创作室

地址：北京市西城区北三环中路乙6号伦洋大厦901室

邮编：100120

电话：010－62019597、62014931

传真：010－62019597、62014931

网址：www.fcmovie.com

# 北京市东城区文化委员会

**领导成员**

主　任：李承刚

书　记：杨新

副主任：郑亚东、李志成、魏瑞峰、曾珊、龚萍

副书记：刘进、杨春兰

行政执法队队长：杨勇

工会主席：朱红旗

纪委书记：杨春兰（兼）

**内设机构**

党委办公室、行政办公室、人事科、财务科、群众文化科、文物科、市场管理科、行政审批科、演艺科、监察科

直属单位：

行政执法队、东城区第一、二文化馆、东城区第一、二图书馆、东城区图书馆会议中心、北京市钟鼓楼文物保管所、东城区文物管理所、北京市文天祥祠文物保管所、北京王府井古人类文化遗址博物馆、北京燕京评剧团、羊市口文化站、花市电影院、天坛南里文化娱乐中心、文化馆剧场、北京包装资料馆

地址：北京市东城区崇文门外大街7号正仁大厦二段

邮编：100062

电话：010–67091091、67091092

传真：010–67091093

邮箱：dcqwhw@163.com

# 北京市西城区文化委员会

**领导成员**

书记、副主任：宋伟

主任、副书记：李征帆（区委宣传部副部长兼）

纪检组长：李晓红

副主任：李兵、孟盼、吕丹、赵晓波、侯志伟、黄群

行政执法队队长：李克刚

**内设机构**

办公室、机关党委办公室、监察科、人事保卫科、文化科、文化市场管理科、文物科、文化产业科、财务审计科

直属机构：西城区文委行政执法队

北区地址：北京市西城区后广平胡同26号

邮编：100035

电话：010–66561230

传真：010–66561231

网址：wenhua.bjxch.gov.cn

南区地址：北京市宣武区长椿街9号

邮编：100053

电话：010–63035131

# 北京市朝阳区文化委员会

**领导成员**

书　记：李洋

主　任：黄晓伟

纪委书记：吕玫

副主任：徐伟、倪遥远、马骏

行政执法队队长：吴刚

**内设机构**

办公室、文化科、文物管理科、出版发行管理科、电视音像管理科、组宣人事科、文化行政执法队

地址：北京市朝阳区呼家楼北街36号

邮编：100026

电话：010–65014855

传真：010–65086844

网址：www.risingsun.org.cn

# 北京市海淀区文化委员会

**领导成员**

书　记：刘建朝

主　任：陈静

副主任：王强、张文涛

行政执法队队长：邱文忠

**内设机构**

办公室、文化文物科、审批管理科、法制督察科、著作权管理科

直属单位：文化行政执法队、海淀剧院、区电影管理处、区评剧团、区文化馆、区图书馆、区博物馆

地址：北京市海淀区中关村大街28–1号

邮编：100086

电话：010–51601028

网址：whw.bjhd.gov.cn

# 北京市丰台区文化委员会

**领导成员**

书　记：周衔临

主　任：王虹

副主任：卜荣梅

副主任、行政执法队队长：咸向东

副调研员：鲜岳

**内设机构**

办公室、文化科、文物科、文化市场管理科（出版发行科、版权科）、组织人事科、文化行政执法大队

直属单位：文物管理所、图书馆、文化馆

地址：北京市丰台区西四环南路64号

邮编：100071

电话：010-83811361

传真：010-83811360

# 北京市石景山区文化委员会

**领导成员**

书　记：翟培新

副书记、主任：高洪雁

副书记、工会主席：阮起良

纪委书记：付俊英

副主任：刘跃华、郭明(文联主席兼)、董聪慧

行政执法队队长：王援朝

**内设机构**

办公室、文化科、文物科、市场科、组织人事科、监察科、行政执法队（下设办公室、执法一、二、三分队）

地址：北京市石景山路18号

邮编：100043

电话：010-68607158

传真：010-88680857

# 北京市门头沟区文化委员会

**领导成员**

书记：李秋芳

主任：闫洪亮

副书记：马建吉

副主任：邓洪泽、刘文利、郑华军

执法队长：巩旭东

副调研员：张银星

**内设机构**

办公室、文化科、文物科、文化市场管理科、计划财务科、纪检监察科、政策法规科、文化行政执法队（下设信息举报中心、行政执法一分队、行政执法二分队、行政执法三分队）

直属单位：文化馆、博物馆、图书馆、影剧院、文物事业管理所

地址：北京市门头沟区门头沟路8号

邮编：102300

电话：010-69843315

传真：010-69860988

# 北京市房山区文化委员会

**领导成员**

主　任：李立新

副主任：赵润东、马京云、苏文江、陈光

行政执法队队长：江涛

纪检组长：姜品英

工会主席：崔杰

**内设机构**

办公室、文物科、文化科、市场科、行政执法队

地址：北京市房山区良乡西潞南大街甲12号

邮编：102488

电话：010-69352012、69352106

传真：010-69352106

网址：whw.bjfsh.gov.cn

# 北京市大兴区文化委员会

**领导成员**

主　任：王健

纪检组长：石铭远

副主任：马宪颖

执法队长：周武军

**内设机构**

办公室、人事教育科、文化文物科、文化市场管理科、行政执法队

直属单位：图书馆、文化馆、文物所、影剧院、新华书店

地址：北京市大兴区兴华大街3段15号大兴区综合服务中心16层

邮编：102600

电话：010-81296732

传真：010-81296734

网址：www.dxwh.gov.cn

# 北京市通州区文化委员会

**领导成员**

书记、主任：杜德久

副书记：赵益富

副主任：杨根萌、刘升、王绮茜

副主席：翁志宽

执法队队长：贾海科

**内设机构**

办公室、政工科、文化市场管理科、业务科、财务科、文化执法队（下设法制科、执法一队、执法二队）

直属单位：通州区文化馆、通州区图书馆、通州博物馆、通州区文物管理所、通州区电影管理中心、新华书店

地址：北京市通州区北关环岛齐天乐园院内

邮编：101100

电话：010-69553191

传真：010-69535234

# 北京市顺义区文化委员会

**领导成员**

书记、主任：刘振河

副主任：高源、王颖、陈永祥、王宏、赵保东

工会主席：杭志强

**内设机构**

办公室、政工科、计划财务科、文化文物管理科、文化市场管理科、著作权（广播电影电视）管理科、文化行政执法队、文化创意产业促进办公室

直属单位：文化馆、图书馆、文物管理所、北京焦庄户地道战遗址纪念馆、影剧院、电影发行管理处、新华书店

地址：北京市顺义区光明街拥军路

邮编：101300

电话：010-69443669

传真：010-69443757

网址:www.wenhw.bjshy.gov.cn

# 北京市平谷区文化委员会

**领导成员**

主任：王振国

副书记：陈永

副主任：贾桂贤

副调研员：刘东彪

**内设机构**

办公室、政工科、业务科、市场科

直属单位：文化行政执法队、图书馆、文化馆、文物管理所、陈列馆、电影中心、影剧院、新华书店

地址：北京市平谷区府前西街1号

邮编：101200

电话：010-69962871

邮箱：bgs2871@163.com

# 北京市怀柔区文化委员会

**领导成员**

主　任：焦安琦

书　记：陈宝明

副主任：郭大鹏、刘岩、田正科、王冉

纪检组长：鲍云贤

执法队长：曾春根

工会主席：彭春伶

**内设机构**

办公室、政工科（监察科）、文化科、行政许可和服务科、行政执法队、文化创意产业办公室、演艺活动服务中心

地址：北京市怀柔区开放路56号

邮编：101400

电话：010-69623483

传真：010-69633250

网址：www.hrwh.gov.cn

# 北京市昌平区文化委员会

**领导成员**

主　任：陈玉起

书　记：李志武

副书记：贾月林

纪委书记：王勇

副主任：王宝江、杨广文、胡南

行政执法队队长：刘庆华

工会主席：史功崎

**内设机构**

办公室、文化科、文物科、文化市场管理科、文化行政执法队

直属单位：文化馆、图书馆、文物管

理所、电影发行放映管理处、影剧院、新华书店

地址：北京市昌平区府学路10号（昌平区图书馆博物馆大楼）

邮编：102200

电话：010-69742257

传真：010-80110182

# 北京市密云县文化委员会

**领导成员**

主　任：李洪仕

文联主席：孙明舜

党委副书记：邓德喜

副主任：张玉齐、李东雨

行政执法队队长：李卫革

工会主席：柴军

**内设机构**

党政办公室、文化活动指导科、文化市场管理科、文化行政执法队

直属单位：文化馆、图书馆、文物管理所、大剧院、电影中心、新华书店

地址：北京市密云县西门外大街2号

邮编：101500

电话：010-69041925

传真：010-69085706

# 北京市延庆县文化委员会

**领导成员**

主　任：刘永强

书　记：马健壮

调研员：韩金辉

副主任：赵万里、孙立民、王燕青、刘满利

纪检书记：赵万江

行政执法队队长：王燕青（兼）

副调研员：程金龙、杨喜元

**内设机构**

政办室、财务审计科、文化科、文物科、文化市场管理科、文化行政执法队

**直属单位**

文化馆、图书馆、电影发行放映管理处、文物管理所、新华书店、后勤服务中心

地址：北京市延庆县高塔街57号

邮编：102100

电话：010-69182872

# 北京经济技术开发区社会发展局

**领导成员**

开发区工委委员管委会副主任，分管社会发展局工作：王合生

社会发展局局长：郑海涛

社会发展局副局长文教办负责人：袁长友

社会发展局分管广电负责人：李庆彬、郑浩

地址：北京经济技术开发区荣华中路15号

邮编：100176

电话：010-67885647

传真：010-67880347

# 北京市朝阳区广播电视新闻中心

**领导成员**

主　任：奚传斌（2011年7月免）

潘竞（2011年7月任）

党委书记：洪建基

副主任：洪建斌、孙帅、李昕宇

专职副总编：王曦

**内设机构**

办公室、总编室、人事科、财务科、新闻科、要闻内参科、采访部、编辑部、技术部、资料室、专题制作组

地址：北京市朝阳区六里屯西里3号

邮编：100026

电话：010－65025172

传真：010－65022498

网址：www.chynews.cn

# 北京市海淀区新闻中心

**领导成员**

主任、书记：牛爱忠

副主任：张春民、张文明、朱晓华、张庆洁、刘德兴

**内设机构**

办公室、人事科、财务科、总编室、编辑制作部、新闻采访一部、新闻采访二部、专题部、技术播出部、播音主持部、动漫制作部、媒资室、事业发展部、特刊部、要闻部

地址：北京市海淀区西四环北路11号海淀区政府第二办公区

邮编：100195

电话：010－88437116

传真：010－88487250

网址：www.hdonl.com

# 北京市丰台区广播电视中心

**领导成员**

书记、主任：谷卫（区委宣传部副部长兼）

副主任：王艳平、卢劼、李哲

**内设机构**

办公室（人事科）、计财科、总编室、新闻部、社会教育部、专题部、制作部、广告部、技术播出部

地址：北京市丰台区西四环南路64号

邮编：100071

电话：010－63821570

传真：010－63814362

网址：www.bjftrt.com.cn

# 北京市石景山区广播电视中心

**领导成员**

主　任：魏志安

副主任：刘长成、贺启公

**内设机构**

办公室、总编室、新闻部、广告专题部、节目部、技术播出部、经营部

地址：北京市石景山区古城大街61号

邮编：100043

电话：010－68849799

传真：010－68840434

# 北京市门头沟区广播电视中心

**领导成员**

书　记：张慧军

主　任：宋奇

副主任：王幸国、苏燕平、班书臣

**内设机构**

办公室、总编室、新闻部、专题部、制作部、播出部、广告部

地址：北京市门头沟区新桥大街36号

电话：010－69843348

传真：010－69843348

邮编：102300

# 北京市房山区广播电视中心

**领导成员**

主任、副书记：李晓梅

书　记：吕井财

副主任：张英、朱惠强、武宏

副书记：张连萍

工会主席：　吕志怀

**内设机构**

办公室、总编室、时政新闻部、电视专题部、电视文艺部、社会新闻部、广告经营部、电台直播部、电台专题部、事业发展部、网络运营部、新媒体建设部、技术科、播出部、评审培训部、财务科、人事科、后勤事务部、安保部。

**直属单位**

北京方正广告公司、北京方明广播电视器材销售中心

地址：北京市房山区良乡西潞南大街6号

电话：010－69374235

邮编：102488

邮箱：guangdian@bjfsh.gov.cn

# 北京市大兴区广播电视中心

**领导成员**

书记、主任：李岭涛（区委宣传部副部长兼）

副主任：巴洪栓、杜桂玲、卫东海

纪检组长：韩俊玲

**内设机构**

办公室、电台、电视台、节目管理部、研发培训部、事业发展部、人力资源部、计划财务部、媒体经营部、媒资管理部、网络运营部、全媒体运营部

地址：北京市大兴区兴政街7号

邮编：102600

电话：010－69244977

传真：010－69244977

网址：www.zhhxw.com

# 北京市通州区广播电视中心

**领导成员**

书记：陈立军（区委宣传部副部长兼）

主　任：王志刚

副主任：胡亚军、王雪征

副调研员：孙万良

**内设机构**

办公室、总编室、新闻部、专题部、评论部、技术科、播出部、财务科、广告

部、工会。

地址：北京市通州区新华西街1号

邮编：101149

电话：010－69545860

传真：010－69545860

## 北京市顺义区广播电视中心

**领导成员**

书记、主任：黄海鹏

副主任：李素华、杨文武、张海泉

**内设机构**

办公室、政工科、财务科、《顺义时讯》报社、广播电台（办公室、新闻专题部、文艺部、经济信息部）、电视台（新闻部、专题部、总编室、文艺部、经济信息部、播出发射部、户外媒体部）、《顺义时讯》报社（办公室、财务科、采编部、事业发展部）

地址：北京市顺义区拥军路4号

邮编：101300

电话：010－69466677

传真：010－69463670

邮箱：sytv1994@yahoo.com.cn

## 北京市平谷区广播电视中心

**领导成员**

主任、副书记：刘义华

书记、副主任：龚士宏

副主任：王久武、于刚

**内设机构**

办公室、政工科、财务科、总编室、新闻科、专题科、播音科、播出科、技术科、文艺科、广告科、后勤事务科

地址：北京市平谷区旧城街8号

邮编：101200

电话：010－69961255

传真：010－89983716

邮箱：guangdianzhongxing@163.com

## 北京市昌平区广播电视中心

**领导成员**

书记、主任：刘晓梅

副主任：刘大宾、王纲

纪委书记、工会主席：王洪

总工程师：王少冲

常务副台长：王江萍

**内设机构**

办公室、总编室、政工科、财务科、技术科、广播电视台、广播电视网络信息管理中心、广播电视节目制作中心、昌北音像广告中心、永安城影视传媒中心

地址：北京市昌平区南环东路1号

邮编：102200

电话：010－69746088

网址：www.cprt.com.cn

# 北京市怀柔区广播电视中心

**领导成员**

主　任：刘晓红

书　记：常金壮

副主任：刘金凯、杨桂霞、刘殿彬

工会主席：赵海清

**内设机构**

办公室、政工科、监察科、总编室、编辑部、新闻部、外宣部、专题部、文艺部、电台部、广告部、影视制作部、技术部、播出部、汤河口分站

地址：北京市怀柔区府前街19号

邮编：101400

电话：010－69632646

传真：010－69644232

邮箱：gdzx@bjhr.gov.cn

# 北京市密云县广播电视中心

**领导成员**

书记、主任：赵力杰

副主任：马士强、刘建军、王有利、鲁崇保、王慧平

**内设机构**

广播电台、音像资料室、差转台、办公室、党办室、总编室、人事科、财务科、技术科、新闻科、节目制作科、经济科、社教科、法制科、广告文艺科、行政事务科

地址：密云县西大桥路18号

邮编：101500

电话：010－89095645

传真：010－89095645

邮箱：mydt4531@sina.com.cn

# 北京市延庆县广播电视中心

**领导成员**

书记、主任：郭东亮（2011年9月任）

孟召旭（2011年9月免）

副主任：李桂霞、贺农林、季晓冰、张树清

**内设机构**

办公室、财务科、总编室、新闻科、专题科、编播科、技术科、播控科、广告部、文艺部、外线事业科、建设科

**直属单位**

延庆县电视转播站、 延庆县广播电视局记者站、延庆县广播电视服务部

地址：北京市延庆县高塔街73号

邮编：102100

电话：010－69103462

传真：010－69103462

网址：www.yanqingtv.com

# 北京光线传媒股份有限公司

**领导成员**

法人代表：王长田

**内设机构**

总裁办、财务部、人力资源部、法务部、行政部、品牌部、媒体合作部、艺人经纪部、电视节目事业部、综艺部、活动部、综合运营服务部、艺人关系部、光线影业、电视剧事业部、电视网事业部、发行部、英事达&包装工作室、互联网事业部、上海光线、电视节目事业部销售中心华东大区、电影事业部发行部华东大区、综合运营部、娱乐现场上海站、广州光线、粤港台办事处

地址：北京市东城区和平里东街11号3号楼3层

邮编：100013

电话：010-64516000

传真：010-84222188

网址：home.netandtv.com

# 华谊兄弟传媒股份有限公司

**领导成员**

法人、董事长兼首席执行官：王忠军

总　裁：王中磊

**内设机构**

电影事业部、电视剧事业部、娱乐营销事业部、艺人经纪事业部、影院事业部以及新业务板块：华谊音乐、华谊巨人（游戏）、华谊时尚、实景娱乐；财务部、人力资源及行政部、法律部、品牌运营部；签约冯小刚、陈国富、冯德伦、陈国辉、夏永康；杨善朴、石钟山、张海东、葛卫东、郝琳、庄立奇、易为平、吴晓、彭三源工作室，以及华谊兄弟天意影视公司

地址：①北京市朝阳区朝外大街18号丰联广场A座908室

地址：②北京市顺义区天竺温榆河楼台段

邮编：100020/101312

电话：010－65805800/64579338

传真：010－65881588/64571299

网址：www.huayimedia.com
　　　www.hbpictures.com

# 海润影视制作有限公司

**领导成员**

董事局主席：刘燕铭

总　裁：赵智江

副总裁：赵志红、张小军

上海海润公司总裁：曲光辉

广东润视公司总经理：闫旻

北京润亚公司总经理：陈铁铭
云南润视公司总经理：蒋晓荧
海南海润公司总经理：罗小凤
黑龙江海润公司总经理：李鸥
西安海润公司总经理：魏鉴
海润影视制作有限公司连奕名工作室
海润影视制作有限公司谭璐路工作室

**内设机构**

总裁办、制作部、发行部、法务部、文学部、宣传策划部、财务部、新媒体部、行政部

**部门负责人**

制作总监：蒋晓梅
发行总监：常君艾、陈迪、张培
文学总监：孙允亭
多媒体总监：张春雨
财务总监：陈艳
宣传策划总监：曹思东
法务总监：王文彬
行政总监：王存林
地址：北京市朝阳区安慧北里安园5号
邮编：100101
电话：010－64897799
传真：010－64935440
网址：www.hairunmedia.com

# 金英马影视文化股份有限公司

**领导成员**

董事长：刘文侃
总经理：滕站
常务副总经理：刘建立
副总经理：侯丽娟、耿双双、陈志康

**内设机构**

总经理办公室、影视制作中心（含8个工作室）、经纪拓展部、品牌战略合作部、公关企划部、品牌运营部、对外联络部、财务部、行政部、法务部

地址：北京市朝阳区北四环中路6号华亭嘉园E座23层
邮编：100029
电话：010－82858715/16
网址：www.jymys.com

# 北京京都世纪文化发展有限公司

**领导成员**

董事长：尤小刚
执行总经理：王正华

**内设机构**

办公室、财务部、经营部、演艺经纪部、影视基地

地址：北京市广渠门南小街1号领行国际2单元901室
邮编：100061
电话：010－67110812、67194406
邮箱：jd01@jdshiji.com

# 北京鑫宝源影视投资有限公司

**领导成员**

总经理：丁芯

副总经理：彭晓林、王驿、郐薪羽

总经理助理：焦云飞

财务总监：赵雅丽

艺术总监：刘红梅

宣传总监：焦红艳

**内设机构**

办公室、财务部、制片部、编辑部、演艺经理部、宣传部、发行部、公关广告部

地址：北京市朝阳区东四环中路78号大成国际中心A2座9层A09室

邮编：100022

电话：010－59626663*608

传真：010－59625952

邮箱：jiaoyunfei4369@163.com

# 获奖作品

# 2010年度“北京市优秀广播影视奖”获奖名单

（广播电视节目、报刊类）

## 一、广播类作品

**广播新闻（27个）**

**一等奖：6个**

消息：外省市声势浩大北京组团招聘，留京不再是毕业生绝对选择

北京人民广播电台：章萍

评论：莫让垄断形成腐败“黑洞”

北京人民广播电台：王敏

新闻访谈：追星逐月——对话航天大师孙家栋

北京人民广播电台：牛力、王世玲

短消息：木厂村成为北京首个领取林权证的村庄

昌平区广电中心：张金鑫、陈琴

长消息：大兴区探索保障性住房新思路　让闲置回迁房“变身”公租房

大兴区广电中心：杨景然、房晓鹏、靳石萌

评论：为农民的责任意识叫好

延庆县广电中心：郭金波、王玉玲

**二等奖：8个**

短消息：45辆高端消防车今天到京，提升高层火灾扑救能力

北京人民广播电台：左天驰

消息：“送温暖”送出的问题棉被

北京人民广播电台：王婷婷

评论：地铁自动人行道“短命”的警示

北京人民广播电台：马骏、谢先进

节目策划：北京印记——讲述我和新北京的故事

北京人民广播电台：李唯唯、王蕾、小丹等

长消息：调解钥匙开“心锁”　案结事了促和谐

顺义区广电中心：刘连茹、季元媛、赵福艳

短消息：顺义到北京市区只需半个多小时——“快速通道”地铁15号线一期运营通车

顺义区广电中心：徐亚楠、丁越

长消息：三千市民扎堆争办“经转商”手续

昌平区广电中心：张金鑫、王颖

长消息：草根DV爱好者传播怀柔风采

怀柔区广电中心：陈琪、苏春影、李晓红、杜治平、闫国强

**三等奖：13个**

消息：入夏以来，部分劳动者仍未领到高温津贴

北京人民广播电台：王婷婷

专题：定点医院变超市，谁来捍卫救命钱

北京人民广播电台：王婷婷

连续报道：触摸城市的夹层—唐家岭“蚁族”聚居区

北京人民广播电台：王婷婷

连续报道：韩村河“老年”社区出行不便 千户老人最终盼得公交通

北京人民广播电台：张瑞娟

连续报道：乡村建公厕，为何看着美用上难？

北京人民广播电台：王晓颖

新闻编排：《资讯早八点》2月23日

北京人民广播电台：陈彦旭、许丽贤

新闻访谈：地沟油之痛——我们离食无忧还有多远？

北京人民广播电台：孙畅

新闻访谈：稀土为何卖了“白菜价”——稀土保卫战的背后

北京人民广播电台：方达

短消息：会走的红绿灯

房山区广电中心：王磊、孙岩、原婧

长消息：果园街道司法所跨区法律援助彰显大爱

密云县广电中心：黄晨昭、王淑品

评论：值得警惕的违法贿选怀柔区广电中心：王学新、李晓红、郭福利、张佳玮、王德林、杜治平、冀莹

短消息：拆迁故事：三十年老树找到新家

通州区广电中心：丛林、张嘉康

长消息：农家子弟免费学提琴 提琴之音奏响“中国乐谷”

平谷区广电中心：徐霄、李肖英

**广播社教（18个）**

**一等奖：4个**

对象性节目：有你真好

北京人民广播电台：于晓丹

公众性节目：大地妈妈易解放

北京人民广播电台：刘慧、瑞芳

特别节目：畅行新北京

北京人民广播电台：集体

新闻性专稿：奉献之歌

密云县广电中心：王淑品、黄晨昭、王建敏、李优

**二等奖：5个**

对象性节目：的哥带您逛北京——动物专题

北京人民广播电台：李洋

知识性节目：食盐碘含量下调，我们真的“被补碘”了吗？

北京人民广播电台：董婉苏、白琳、王蓓

特别节目：世博直通车

北京人民广播电台：罗湘萍、杨洪、朱秦

新闻性专稿：农艺师路河的草莓世界

昌平区广电中心：张金鑫、张易柳、赵凯

新闻性专稿：为评剧安个“家”

通州区广电中心：田波、李欣、韩亮、继东

**三等奖：9个**

对象性节目：袁教授说“生命文化”

北京人民广播电台：成燕玲、苏京平、石秀冬

对象性节目：千万不要“走”太远

北京人民广播电台：王一

公众性节目：百姓生活故事：一路顺风

北京人民广播电台：李锐

公众性节目：花田半亩—生命的赞歌

北京人民广播电台：宏玖

知识性节目：多个物种、一颗星球、一个未来《城市零距离》世界环境日特别节目

北京人民广播电台：董婉苏、宋扬、高波

知识性节目：和知心老师解读第八套广播体操

北京人民广播电台：黄珊

新闻性专稿：爱的接力

房山区广电中心：李丹、陈婷、李盼、张佳佳

新闻性专稿：只手撑起一片天——全国十大杰出村官赵凤利创业富民纪实

延庆县广电中心：单新荣、王玉玲、温思源、杨亮

新闻性专稿：顺义在烟盒上写作的小小说家宋新华

顺义区广电中心：杨永玉、丁越、赵娜、李棣姣

**广播境外播出（3个）**

**一等奖：1个**

特别节目：中加走过四十年

北京人民广播电台：纪烈鸿、刘兴宇、李杨、洪新、赵黎、安迪

**二等奖：1个**

不能消逝的记忆——记北京台湾会馆重张

北京人民广播电台：戴蔚然

**三等奖：1个**

栏目：飞跃太平洋

北京人民广播电台：魏力新

**广播优秀栏目（8个）**

新闻2010　北京人民广播电台
市民热线　北京人民广播电台
今晚拍案　北京人民广播电台
任仁好爱范美丽　北京人民广播电台
广播之友　北京人民广播电台
与法同行　昌平区广电中心
人之初　顺义区广电中心
新城故事　通州区广电中心

**广播播音（10个）**

**一等奖：2个**

主持作品：求求你，表扬我

北京人民广播电台：孙畅

播音与主持：我有一双隐形的翅膀

通州区广电中心：李凡凡

**二等奖：3个**

播音作品：12月13日交通新闻早间版

北京人民广播电台：任春燕、郭炜

播音作品：儿童故事《跟上那头熊》

北京人民广播电台：左小群

播音与主持：生命的底色是那样鲜红——记中国徒步行走第一人雷殿生

昌平区广电中心：李娜

**三等奖：5个**

主持作品：我在你身旁——访宣武培智学校康复老师孙广宇

北京人民广播电台：马维

主持作品：中国的影视音乐怎么了

北京人民广播电台：于允

播音作品：《资讯早八点》4月29日

北京人民广播电台：许丽贤、彦旭、李锐

播音作品：新闻大视野5月27日

北京人民广播电台：东山博、酒杰

广播播音：房山新闻

房山区广电中心：原婧、薛君孝

**广播文艺（11个）**

**一等奖：2个**

音乐节目：《英雄儿女》

北京人民广播电台：赵爽、梁言、罗霄笑

广　播　剧：《传奇拧老太》

北京人民广播电台：张明媛、王波、邵军

**二等奖：3个**

音乐节目：《永远的电波——献给人民广播事业创建70周年》

北京人民广播电台：冯健、梁言、罗霄笑

小说连播：《北方佳人》

北京人民广播电台：晏积萱、武军、吕鲁波

综艺节目：《永远的雷雨，永远的曹禺》

北京人民广播电台：耿桦、郝卫群

**三等奖：6个**

音乐节目：《家园——五彩传说的童谣》

北京人民广播电台：张欣、刘菁、孟孟

音乐节目：《山水之韵》

北京人民广播电台：张欣、王卓

音乐节目：《挪威甘菊——极品女声藤田惠美唱片欣赏》

北京人民广播电台：贺春晓

文学节目：《当短信成为文学》

北京人民广播电台：郝卫群、周海燕、罗兵、张校茵

曲艺节目：《北京评书后继有人》

北京人民广播电台：刘继彤

综艺节目：你能接受镜子里的自己吗？

北京人民广播电台：朱红、盛博、高博洋、李宓

## 二、电视类作品

**电视新闻（45个）**

**一等奖：9个**

短消息：我国自主研发的超大规模数控机床首次投入使用

北京电视台：马国颖、金蕾、王陆华

长消息：耄耋老人与市委书记的约定

北京电视台：李烨、樊煜、尹磊、马国颖、李琪、赵金春

系列报道：第一场大雪

北京电视台：韩鹤、张璐、庄雷、魏常伟

组织策划：上海世博会宣传报道

北京电视台：张亮、艾冬云、白艳军、宗艳红、张丽、邵晶、王毅、周永萍、陈楠、李大功、陈栩、史慎、胡杨

专题：修车老人徐士银

北京广播电视台：曹君君

系列报道：绿色交通：还自行车路权

北京广播电视台：闫新疆、何赫、李信扬、侯超

电视长消息：村庄社区化管理 探索城乡统筹发展新路径

大兴区广电中心：徐晓斌、罗燕东、王赢、魏巍、彭涛

短消息：免费“法律诊所”进农村　解疑答惑为农民”

昌平区广电中心：王颖、王强、李康

电视长消息：“牛—蚯蚓—树”：循环农业让农民受益

怀柔区广电中心：陈琪、崔颖、吴占山、张艳文

**二等奖：13个**

短消息：文物安全会开成了“瞌睡会”

北京电视台：邓耀明、吴迪

长消息：三年迈出三大步 小灯笼走出大世界

北京电视台：张冬林、周永萍、闫丰涛、张虎

系列报道：《回眸“十一五” 展望“十二五”》系列报道

北京电视台：艾冬云、张冬林、周永萍、邵晶、李斌、李光军、李莲、邓耀明、曲馥

新闻编排：晚间新闻报道

北京电视台：张冬林、张文天、柏广群、李晓军、田涛、吴犁犁、胥兵、马迟、刘海宁、田刚、曹蓉

现场直播：“世界之城 美丽北京”第十二届北京国际旅游节开幕式

北京电视台：黄瑨、袁进、张炜、颜匀、谭朝霞、张妍、冯晓峰、姜力、闫秀恒、石健

短消息：移动信息灯保护学生过街双保险

北京广播电视台：王琛、李信扬

短消息：61条胡同安上了“文化标牌”

北京广播电视台：闫新疆、李敬、刘军、侯超

长消息：刘书葵老人的“特殊党费”

北京广播电视台：曹君君、花妍

长消息：变废为宝　丰台区建立绿化植物废弃物处理站

丰台区广电中心：陶亮、杨丽

长消息：告别千年采煤史　农民吃上生态饭

门头沟区广电中心：蔡彬、王正

长消息：现实版“开心农场”　都市现代农业发展新模式

海淀区广电中心：郑永龙、贾宇航

长消息：一位民警的最后40个小时

密云县广电中心：王建敏、刘成武

长消息：京广桥漏水事故快速处理 周边影响全面恢复

朝阳区广电中心：骆瑜鹏、罗强

**三等奖：23个**

长消息：供暖延长22天，居民“寒冬”变“暖冬”

北京电视台：李晓梦、蔡崴丞

长消息：一定要为人民做点什么

北京电视台：梁岚、张梦瑶、王晓龙、高超

系列报道：《城南新事》系列报道

北京电视台：张冬林、周永萍、李光军、江峰、陆放、白云

系列报道：《做文明有礼的北京人》系列报道

北京电视台：艾冬云、张冬林、周永萍、张晓鲁、刘非非、李光军
刘彤、周廉洁、石云、谢小岩、李玲、白云、朱晓彤

系列报道：《拯救小怡帆》系列报道

北京电视台：李晓军、刘建辉、王鑫尧、徐凌雪、潘塞拓、王贺群

新闻专题：“祸”从何来

北京电视台：陈晶磊、张辉

新闻专题：探月先锋

北京电视台：李烨、李琪

新闻访谈：我在阿富汗随美军采访30天

北京电视台：吴玮、段静欢

新闻访谈：绿色北京

北京电视台：郑长虹、颜莹、李丹、张平、张燕、郭婷

新闻访谈：我与共和国蓝天有个约会

北京电视台：吴玮、朱修阳、段静欢

短消息：北京游乐园公交站名更名征建议

北京广播电视台：王琛、刘军

短消息：醉酒司机违章行驶命丧110国道

北京广播电视台：闫新疆、李敬、何赫

短消息：延庆儒林街道工委给流动党员找“家”建“家”

北京广播电视台：王文平、杜 宽

长消息：走进学生内心的灵魂工程师

北京广播电视台：王文平、杜 宽

专题：地铁旁的绿色出行

北京广播电视台：李信扬、刘军、田甜

系列报道：党员在身边　劳动者之歌

北京广播电视台：张瀚文、吴迪、付原

长消息：新能源服务体系帮农民把低碳生活进行到底

房山区广电中心：高健、李硕、王鹏、刘连梅、安艳峰、朱晶

短消息：96岁老太排队9天 为重孙入托报名

昌平区广电中心：王颖、李娜、周大武

长消息：青山碧水缀成百里画廊，乡间农民化为生态园丁全国首个“镇景合一”4A级旅游风景区落户延庆

延庆县广电中心：宋红星、武增宇

长消息：平谷大集开进农展馆 市民买上放心货

平谷区广电中心：李肖英、张亮

长消息：李桥镇半壁店违建自拆率实现100%

顺义区广电中心：黄秋实、王桂斌、刘全军

长消息：农民发明家吴玉禄带着机器人“孩子”闯世博

通州区广电中心：唐浩、于亚辉

长消息：充满温情的判决

石景山区广电中心：杨国栋、李雪

**电视社教（32个）**

**一等奖：7个**

系列片：人民大会堂

北京电视台：俞恺、曹征、李力、陈大立、杨东
李安东、张胜友、潘旭、付琼、杜军

专题片：追忆钱伟长

北京电视台：李志国、蓝霖、高艺微、李维韦、潘续、付紫薇、晋熹微

系列片：金话筒传递的力量

北京电视台：赵蕾、潘黎萍、杨玉卓、郭毅、金昌、王鹏、王建、徐磊

系列片：和你在一起

北京电视台：袁子勇、刘民、吴群、陈岳、王劼、朱嘉、成强、
柴济东、李淼、王建、牛月华、孙宇、郭春亮

专题：社区里的天使

北京广播电视台：白宝林、杜宽、祁昱杰、赵芊

系列报道：农民笑着走向城市

大兴区广电中心：李凯、黄河、胡景胜、刘聪聪、苏健

专题：水库五十载　一曲大鼓书

密云县广电中心：石晓访、黄田园、张鹏、吕亚红、梁爽

**二等奖：10个**

短纪录片：为了首都的生命之水第一集—命脉

北京电视台：袁子勇、刘民、汪俊、郭景波、武奕
王建忠、郭毅、王建、徐磊、王鹏

专题片：我和“女儿”张怡宁

北京电视台：郑新、丁永文、李丹、王中泰

特别节目：母爱之歌——2010贝因美母爱总动员真情盛典

北京电视台：陈小健、冯乐、汪洋、赵然

特别节目：前门情思话古今

北京电视台：李欣、张妍、卢文龙、闫焓、唐远、
姜祺、谢侃、张晓达、国嘉

特别节目：《足球一百分》世界杯特别节目

北京电视台：宋健生、卢山、李京海、曹晓磊、
张洪、胡宁扬、 潘春

专题：玩转北京（第19期）

北京广播电视台：悦宁、吴蒙、侯超

专题：伟大人生　廉政楷模

北京广播电视台：付原、洪诚

专题：“天堂”的送行者

昌平区广电中心：刘洋、吴彩彬、赵凯、赵利、张易柳、聂淑芳

系列报道：《怀柔好人》百集大型系列报道

怀柔区广电中心：集体

专题：咱们村里的“打工合作社”

顺义区广电中心：张珏、赵涛、王秀华、李素华、李朔峥、王桂斌、陈学森

**三等奖：15个**

短纪录片：短纪录片：当60后遇到80后

北京电视台：曹坤凯、曹亚宾、张瑞、张军、倪大海

专题片：新解齐白石——从木匠到巨匠

北京电视台：彭程、李晓军、吕楠、王贺群

专题片：“郅”在必得——王治郅

北京电视台：杨子云、孙晔、左博、刘薇

专题片：尾货的尾巴有多“长”

北京电视台：岳民、李志兵、关月、马春梅、白磊、李宁、杨建群

特别节目：明天开学了

北京电视台：白红洁、郑新、卞祥、刘飒、马智超、李丹、
李尚、 张子悦、张晨曦、王中泰

特别节目：2010中国播音主持“金话筒奖”颁奖典礼

北京电视台：李丽君、王平久、林振宇

特别节目：书香北京文化盛典

北京电视台：李晓君、王旗、春妮、颉宇、屈博、许一

科普节目：生死一线

北京电视台：霍毓峰、宋志勇、郝帅、厉瑞艳

专题：《食尚》春节特别节目——60年餐桌上的变迁

北京广播电视台：闫新疆、 孙为、程絮、孙宇

专题：第六届人民满意的政法干警标兵——厉莉

北京广播电视台：黄诉、杜宽、花妍

专题：保安小贾

北京广播电视台：祁昱杰、赵芊、白宝林、杜宽

系列报道：我说这五年

房山区广电中心：李洋、张海莲、史建聪、张萌、孙亚琼

专题：水峪嘴村的三次选择

门头沟区广电中心：蔡笛、蓝盛斓

系列报道：与光荣同行

海淀区新闻中心：刘文英、程炎林、高雅娟、阙洁、杨萌、汪玲
冯永琦、安孔涛、肖为兵、张国春、赵铭

专题：山路

平谷区广电中心：马进、王瑞民、张春艳、赵怡斌

**电视境外播出（3个）**

**一等奖：1个**

境外播出：吴玉禄和他的孩子们

北京电视台：张晓彦、郑晓华、沈澜、周泳、严崴

**二等奖：1个**

境外播出：熊猫使者

北京电视台：吕敬、郑晓华、沈澜、周泳、严崴

**三等奖：1个**

境外播出：独家探访——北洋水师巨舰在日本遗迹

北京电视台：吴玮、朱修阳、陈立一

**电视优秀栏目（11个）**

档案　北京电视台
特别关注　北京电视台
这里是北京　北京电视台
天下财经　北京电视台

党建新闻　北京广播电视台
出行导航　北京广播电视台
丰台故事　丰台区广电中心
京西风景线　门头沟区广电中心
真情故事　昌平区广电中心
经济一刻钟　密云县广电中心
法治聚焦　石景山区广电中心

**电视播音与主持（13个）**

**一等奖：2个**

播音与主持：警法目录　北京电视台：王旭东

播音与主持：和谐在线　朝阳区广电中心：王妍卉

**二等奖：4个**

播音与主持：天下天天谈　北京电视台：罗旭

播音与主持：篮球风云路　北京电视台：王新星

播音与主持：《发展与改革》第32期　怀柔区广电中心：赵明霞

播音与主持：顺义新闻——端午文化特别节目　顺义区广电中心：任璐、袁俊杰

**三等奖：7个**

电视播音：北京您早　北京电视台：杨硕

电视主持：经济法眼　北京电视台：宁晓川

电视主持：生活面对面　北京电视台：高燕

电视主持：第7日　北京电视台：李向显

播音与主持：海淀新闻　海淀区新闻中心：刘伟曦

播音与主持：百里画廊　山水乐章　延庆县广电中心：滕薇、宋红星、古大鹏

播音与主持：新闻盘点　石景山区广电中心：康小利

**电视文艺（15个）**

**一等奖：4个**

综艺节目：2010北京电视台春节联欢晚会

北京电视台：段嵘、孙洪信、孙仝、孙勤、于守山、苗毅、张蕊、姜力、于洋、 张帆、翟建国、王晓东

综艺节目：2010北京电视台环球春晚

北京电视台：杜研、高扬、严崴、朱静、李蓓、蒋莉、高晰、楚孝义、胡京春、莫青、赵雪、杜芳、康健、寇建国、徐春梅、王威、白云涛、康凯馨

综艺节目：月上紫禁城——网络中秋晚会

北京电视台：张帆、李兰、孙仝、毕鲁克、孙勤、于守山、孙慕君

专题节目：碧水润京华——密云水库建成50周年主题晚会

北京电视台：裴晓林、翟建国、叶蔚宁、田利建

**二等奖：4个**

综艺节目：2010北京电视台网络互动春晚

北京电视台：段嵘、孙洪信、秦峥、许燕、袁文、张一弛、王杨、杨帆、李狄、 张帆、翟建国、王晓东、张强

综艺节目：玉树不倒　感恩祖国

北京电视台　高文曦、任卫新、吴瑕、甘秋涛、张帆、王晓东、赵多佳、张亮、李兰

综艺节目：欢欢喜喜过大年—春节百姓家庭DV才艺大赛

北京电视台：朱礼庆、王强、常群、王春华、陈姝燕、李林结、宫璇、佘金帆、孟玉、孙慕君、郭华、王欣欣、周广甫、马林骞

专题节目：做文明有礼北京人主题晚会

北京电视台：李兰、裴晓林、叶蔚宁、田利建

**三等奖：7个**

综艺节目：2009北京美丽乡村主题晚会

北京电视台：郝洪、裴晓林、宁馨儿、朱晓梅、李彬、张亚平、顾崇华、张国良、戚鋆、田利建、春妮、阿龙

综艺节目：智力大比拼

北京电视台：吴今越、杨庆晖

综艺节目：成长加油站

北京电视台：张翼、徐杨斌、杨建平、刘静、刘强、郭洋、邹昕昊、蒲文苑、林晨、张磊、赵欣艺、张楠、冯琪玮

广告节目：中国节中华情

北京电视台：袁子勇、吴群、王宇

广告节目：公共·新闻频道整体宣传片（揭匾篇）

北京电视台：胡阳、于丹、赵新生

专题节目：2010年第三届清明诗会

北京电视台：李雪萍、毕鲁克

专题节目：乱世奇宝 照鉴人心

北京电视台：刘佳

## 三、广电报刊类作品

**一等奖：1个**

评论：镜子、影子、碑

北京广播电视报社：张光

**二等奖：4个**

通讯：北京电视台记者和服刑人员一起过除夕

北京广播电视报社：陈文

通讯：央视名主播再战抗震一线

北京广播电视报社：鄢利平

通讯：除脏

北京广播电视报社：王青、陈文、鄢利平

通讯：婚恋节目开始回潮

北京广播电视报社：戴武、李枫、马丽、郭大志、夏茂平

**三等奖：7个**

通讯：字母用得确实多了

北京广播电视报社：王青、鄢利平、陈文

通讯：电影电视中，教师怎么没有了？

北京广播电视报社：王青、陈文、鄢利平

评论：抄袭等于自断经脉

北京广播电视报社：张光

评论：萝卜缘何高价？

北京广播电视报社：张琳

评论：普通人的愤怒难普通

北京广播电视报社：邢大军

通讯：以孩子的名义三问娱乐圈

北京广播电视报社：夏茂平、郭大志、李雄峰、戴武、李枫

通讯：媳妇——剧里剧外的话题

北京广播电视报社：李枫、李雄峰、戴武、夏茂平、马丽

# 四、广播节目技术质量类作品

| 节目名称 | 完成人 | 单位 | 奖励等级 |
|---|---|---|---|
| 北国之春 | 曹漫 | 北京电台 | 一等奖 |
| 环绕声片花《早安北京》 | 曹漫、贺西平 | 北京电台 | 一等奖 |
| 《关爱家人》 | 傅博 | 北京电台 | 一等奖 |
| 专题《天鹅之死》 | 罗霄笑 | 北京电台 | 三等奖 |
| 《家园》 | 王丽莉、孟孟 | 北京电台 | 三等奖 |
| 专题《魅力乡村，多彩延庆》 | 杨涛、杨亮 | 延庆县广电中心 | 三等奖 |
| 专题《微博大家谈》 | 石可、杨建国、卢双庆 | 房山区广电中心 | 三等奖 |
| 专题《荷塘月色》 | 王姝、宫宝文 | 通州区广电中心 | 三等奖 |
| 《黄河》 | 马笑宇 | 北京电台 | 三等奖 |
| 片花《外语广播宣传》 | 尹宝江 | 北京电台 | 三等奖 |
| 片花《汽车天下》 | 梁和芝 | 北京电台 | 三等奖 |
| 片花《世博宣传》 | 张校茵 | 北京电台 | 三等奖 |
| 片花《读史有学问》 | 王丽莉、杜丰 | 北京电台 | 三等奖 |
| 片花《春天花会开，关怀永远在》 | 赵坤、陈颖 | 通州区广电中心 | 三等奖 |
| 广播剧《暗战》 | 马笑宇、贺西平 | 北京电台 | 三等奖 |
| 通州 | | 通州区广电中心 | 三等奖 |
| 专题《时间的两边》 | 张校茵、张利华、傅博 | 北京电台 | 二等奖 |
| 专题《悲喜评书缘》 | 贺西平、于立良 | 北京电台 | 二等奖 |
| 唐毫舍序曲 | 陈小斌、陈曦 | 北京电台 | 二等奖 |
| D大调小提琴协奏曲第一乐章 | 陈小斌、陈曦 | 北京电台 | 二等奖 |
| 浏阳河 | 曹漫、程春 | 北京电台 | 二等奖 |

# 五、电视节目技术质量类作品

| 申报奖项 | | 单位 | 节目名称 | 完成人员 | | | 奖项 |
|---|---|---|---|---|---|---|---|
| | | | | 视频 | 音频 | 灯光 | |
| 标清 | 新闻 | 北京电视台 | 《北京新闻》 | 郝丽萍、隋如文 | 唐青、丁燕 | | 一等奖 |
| | | 门头沟区广电中心 | 《门头沟新闻》 | 孙伟、闫吉 | 梁杰 | 王鹏飞 | 二等奖 |
| | | 北京电视台 | 《首都经济报道》 | 黎晖、于旖旎 | 张远芳 | 于漫 | 二等奖 |
| | | 房山区广电中心 | 《房山新闻》 | 刘玉迎、穆晓凤 | 刘振明 | 张华 | 三等奖 |
| | | 延庆县广电中心 | 《延庆新闻》 | 武增宇、王春霞 | 林晓玉 | 马英华 | 三等奖 |
| | | 北京电视台 | 《生活大调查》 | 张媛 | 苏苏 | 李军、冉明 | 三等奖 |
| | | 石景山区广电中心 | 《石景山新闻》 | 刘红波、张金勇 | 乔焱 | 徐贵勇 | 三等奖 |
| | | 延庆县广电中心 | 《延庆新闻》 | 黄飞、肖克 | 马英华 | 苑佳 | 三等奖 |
| | | 顺义区广电中心 | 2010年6月14日《顺义新闻》 | 孙丽琼、高晓玲 | 董倩 | 阮红兵 | 三等奖 |
| | | 北广传媒移动电视 | 《移动播报》 | 孔源源、曲丽 | | | 三等奖 |
| | | 北京电视台 | 《保护大湿地》 | 刘旖旎、陈超<br>孟晴、张帆 | | | 一等奖 |
| | | 北京电视台 | 《魅力科学特别节目——月球探梦》 | 张宁、董薇<br>阳华、薛思邈 | | | 一等奖 |
| | | 房山区广电中心 | 《把握机遇，跨越发展》 | 杨建国、冯明耀 | 李岩峰 | 武逸洋 | 二等奖 |
| | | 门头沟区广电中心 | 《视频关注（点亮的人生）》 | 刘楠、吴楠囡 | 孙伟 | 闫吉 | 三等奖 |
| | | 北京电视台 | 《健康北京》 | 李娜、郭强<br>周旭、陈媛媛 | | | 三等奖 |
| | | 北京电视台 | 《快乐健身一箩筐》 | 王琳、倪萌、<br>胡瑞芳、杜月 | | | 三等奖 |
| | | 顺义区广电中心 | 《日子》 | 高梅、方攀 | 乔聪 | 范云迪 | 三等奖 |

续表

| 申报奖项 | | 单位 | 节目名称 | 完成人员 | | | 奖项 |
|---|---|---|---|---|---|---|---|
| | | | | 视频 | 音频 | 灯光 | |
| 标清 | 综合文体 | 北京电视台 | 《2011年北京电视台春节联欢晚会》 | 周宝伟<br>刘旖旎<br>韩蒙、孟晴 | 王剑伟刘瑞鹏 | 李普川<br>王萌 | 一等奖 |
| 标清 | 综合文体 | 北京电视台 | 《2011BTV网络春晚》 | 周宝伟<br>夏新颖、陈超<br>安志超、任战辉 | 李鹏<br>生硕<br>吴承皓 | | 一等奖 |
| 标清 | 综合文体 | 房山区广电中心 | 《房山区2011年新年音乐会》 | 熊京生<br>石　可<br>卢双庆 | 牛雪锋<br>刘玉迎<br>穆晓凤 | 张华<br>刘振明 | 一等奖 |
| 高清 | 新闻 | 北京电视台 | 《北京新闻》 | 德旻晖、苏红 | 骆建华<br>王健 | 崔歌平 | 二等奖 |
| 高清 | 新闻 | 北京电视台 | 《新闻晚高峰》 | 张捷、张洋 | 顾端<br>陈瑾 | 张文伊 | 三等奖 |
| 高清 | 新闻 | 北京电视台 | 《特别关注》 | 张毅、白爱华 | 曹帅<br>李岩 | 孙萌 | 三等奖 |
| 高清 | 专题 | 北京电视台 | 《首展　启蒙的艺术》 | 郑星、林平<br>邓乐、王倩<br>殷亮、覃刚 | | | 二等奖 |
| 高清 | 专题 | 北京电视台 | 《北京·2015》第一集首都服务 | 王崑、郭丽宏<br>徐靖、刘永青<br>梁爽、史文霞 | | | 二等奖 |
| 高清 | 专题 | 北京电视台 | 《这里是北京》 | 鲁楠、杨涛、<br>张猛、张皓、<br>王祥、高磊 | | | 三等奖 |
| 高清 | 综艺 | 北京电视台 | 《环球春晚》 | 鲁高潮、赵晨<br>张博、侯婷婷 | 樊思津<br>付兵<br>何雪松 | 史献宇 | 二等奖 |
| 高清 | 综艺 | 北京电视台 | 《2011年北京电视台春节联欢晚会》 | 王方、周宝伟<br>任战辉、叶恺<br>夏新颖、陈超<br>安志超、韩正雷 | | | 二等奖 |
| 高清 | 声音 | 北京电视台 | 《2011年北京电视台春节联欢晚会》 | | 姚银壮<br>张志杰<br>杨宣军<br>余勇平 | | 三等奖 |

续 表

| 申报奖项 | | 单位 | 节目名称 | 完成人员 | | | 奖项 |
|---|---|---|---|---|---|---|---|
| | | | | 视频 | 音频 | 灯光 | |
| 视频图形 | 片头 | 门头沟区广电中心 | 京西风景线片花《如诗如画门头沟》 | 李鹏、段云朝、孙伟 | | | 二等奖 |
| | | 北京电视台 | 援建什邡《和你在一起》片头 | 贺文林、黄锐、赵博 | | | 二等奖 |
| | | 北京电视台 | 《公共新闻频道整体包装》 | 赵新生、张晨阳、肖宏耀 | | | 二等奖 |
| | | 通州区广电中心 | 《中国年》 | 郭兴巍、王延伟、张丽莉、李焱 | | | 三等奖 |
| | | 北京电视台 | 《公共新闻频道春节主持人》宣传片 | 袁虹娟、刘通、李俭 | | | 三等奖 |
| | | 门头沟区广电中心 | 《下周荧屏抢先看》 | 高蕾、梁杰、孙伟 | | | 三等奖 |
| | | 北京电视台 | 《温暖一家亲》片头及宣传片 | 袁虹娟、刘通、李俭 | | | 三等奖 |
| | | 房山区广电中心 | 《“两会”特别报道》 | 刘瑜 | | | 三等奖 |

（北京市广播电影电视局宣管处）

# 2011年北京人民广播电台获奖作品一览表

| 奖项名称 | 获奖作品 | 体裁 | 届数 | 奖项等级 | 获奖部门及人员 |
|---|---|---|---|---|---|
| 中国新闻奖广播 | 稀土为何卖了“白菜价” | 新闻访谈 | 21届 | 二等奖 | 新闻广播 方达 |
| 中国广播影视大奖广播电视节目奖 | 北京最帅交警孟昆玉 | 专题 | 2009—2010年度 | 影视大奖 | 交通广播 程艳、顾一非 |
| 中国广播影视大奖广播电视节目奖 | 资讯早八点 | 栏目 | 2009—2010年度 | 影视大奖 | 新闻广播 陈彦旭、许丽贤、郭士荧、李独伊、李锐、谢玉凤、杨萌、张冰冰 |

续 表

| 奖项名称 | 获奖作品 | 体裁 | 届数 | 奖项等级 | 获奖部门及人员 |
|---|---|---|---|---|---|
| 中国广播影视大奖广播电视节目奖 | 英雄儿女 | 音乐节目 | 2009—2010年度 | 影视大奖 | 音乐广播 赵爽<br>体育广播 梁言<br>节目制作中心 罗霄笑 |
| 中国广播影视大奖广播电视节目奖 | 画虫儿 | 长篇连播 | 2009—2010年度 | 影视大奖 | 节目制作中心 张璐<br>体育广播 梁言 |
| 中国广播影视大奖广播电视节目奖 | 传奇拧老太 | 广播剧 | 2009—2010年度 | 影视大奖 | 文艺广播 邵军、沈弘 |
| 北京新闻奖 | 外省市声势浩大北京组团招聘，留京不再是毕业生的绝对选择 | 长消息 | 20届 | 一等奖 | 新闻广播 章萍 |
| 北京新闻奖 | 莫让垄断形成腐败黑洞 | 评论 | 20届 | 一等奖 | 交通广播 王敏 |
| 北京新闻奖 | 追星逐月——对话航天大师孙家栋 | 访谈 | 20届 | 一等奖 | 交通广播 牛力、王世玲 |
| 北京新闻奖 | 45辆高端消防车今天到京，提升高层火灾扑救能力 | 短消息 | 20届 | 二等奖 | 新闻广播 左天驰 |
| 北京新闻奖 | “送温暖”送出的问题棉被 | 长消息 | 20届 | 二等奖 | 城市服务管理广播<br>王婷婷 |
| 北京新闻奖 | 地铁自动人行道短命的警示 | 评论 | 20届 | 二等奖 | 新闻广播 马骏、谢先进 |
| 北京新闻奖 | 入夏以来，部分劳动者仍未领到高温津贴 | 长消息 | 20届 | 二等奖 | 城市服务管理广播<br>王婷婷 |
| 北京新闻奖 | 定点医院变超市，谁来捍卫救命钱 | 新闻专题 | 20届 | 二等奖 | 城市服务管理广播<br>王婷婷 |
| 北京新闻奖 | 世博直通车 | 新闻专题 | 20届 | 三等奖 | 新闻广播 罗湘萍、<br>朱秦、杨洪 |

续 表

| 奖项名称 | 获奖作品 | 体裁 | 届数 | 奖项等级 | 获奖部门及人员 |
|---|---|---|---|---|---|
| 北京新闻奖 | 触摸城市的夹层——唐家岭蚁族聚居区 | 连续报道 | 20届 | 三等奖 | 城市服务管理广播 王婷婷 |
| 北京新闻奖 | 韩村河老年社区出行不便，千户老人最终盼得通公交 | 连续报道 | 20届 | 三等奖 | 交通广播 张瑞娟 |
| 北京新闻奖 | 乡村建公厕，为何看着美用上难？ | 连续报道 | 20届 | 三等奖 | 城市服务管理广播 王晓颖 |
| 北京新闻奖 | 地沟油之痛——我们离食无忧还有多远 | 新闻专题 | 20届 | 三等奖 | 新闻广播 孙畅 |

注：获得“北京市优秀广播影视奖” 的作品未在此表刊登，详见2010年度“北京市优秀广播影视奖”获奖名单。

（北京人民广播电台）

# 2011年北京电视台获奖作品一览表

| 奖项名称 | 获奖作品 | 体裁 | 届数 | 奖项等级 | 获奖部门及人员 |
|---|---|---|---|---|---|
| 中国新闻奖 | 吴玉禄和他的“孩子们” | 国际传播电视专题 | 21届 | 三等奖 | 海外节目中心 |
| 金话筒奖 | | 播音主持 | 2011年度 | 电视播音主持人奖 | 卫视节目中心 |
| 白玉兰奖 | 黎明之前 | 电视剧 | 17届 | 电视剧金奖 | 影视剧中心 |
| 中国广播影视大奖·飞天奖 | 媳妇的美好时代 | 长篇电视剧 | 28届 | 一等奖 | 影视剧中心 |
| 中国广播影视大奖·飞天奖 | 黎明之前 | 长篇电视剧 | 28届 | 二等奖 | 影视剧中心 |
| 中国广播影视大奖·飞天奖 | 家常菜 | 长篇电视剧 | 28届 | 二等奖 | 影视剧中心 |
| 中国广播影视大奖·飞天奖 | 师傅 | 长篇电视剧 | 28届 | 二等奖 | 影视剧中心 |

续　表

| 奖项名称 | 获奖作品 | 体裁 | 届数 | 奖项等级 | 获奖部门及人员 |
|---|---|---|---|---|---|
| 中国广播影视大奖·飞天奖 | 同龄人 | 长篇电视剧 | 28届 | 提名荣誉奖 | 影视剧中心 |
| 中国广播影视大奖·广播电视节目奖（电视文艺“星光奖”） | 月上紫禁城——网络中秋晚会 | 电视综艺节目 | 22届 | 星光大奖 | 文艺节目中心 |
| 中国广播影视大奖·广播电视节目奖（电视文艺“星光奖”） | 人民大会堂 | 电视纪录片 | 22届 | 星光大奖 | 纪实高清频道 |
| 中国广播影视大奖·广播电视节目奖（电视文艺“星光奖”） | 做文明有礼的北京人 垃圾分类从我做起 | 电视公益广告 | 22届 | 公益广告大奖 | 科教节目中心 |
| 中国广播影视大奖·广播电视节目奖(优秀电视节目奖) | 文物安全会开成了“瞌睡”会 | 消息 | 2009—2010年度 | 优秀电视节目奖 | 新闻节目中心 |
| 中国广播影视大奖·广播电视节目奖(优秀电视节目奖) | 档 案 | 栏目 | 2009—2010年度 | 优秀电视节目奖 | 卫视节目中心 |
| 中国广播影视大奖·广播电视节目奖(优秀电视节目奖) | 吴玉禄和他的“孩子们” | 对外电视专题 | 2009—2010年度 | 优秀电视节目奖 | 海外节目中心 |
| 四川电视节“金熊猫”奖 | 劳拉的星星在中国 | 动画 | 11届 | 最佳国产影院动画片最佳编剧 | 卡酷传媒有限公司 |

续　表

| 奖项名称 | 获奖作品 | 体裁 | 届数 | 奖项等级 | 获奖部门及人员 |
|---|---|---|---|---|---|
| 全国电视文艺“百家奖” | 影视风云路 | 栏目 | 11届 | 二等奖 | 文艺节目中心 |
| 全国电视文艺“百家奖” | 2010天涯共此时BTV网络中秋晚会——月上紫禁城 | 综艺晚会 | 11届 | 二等奖 | 文艺节目中心 |
| 全国电视文艺“百家奖” | 母爱之歌——2010贝因美母爱总动员真情盛典 | 综艺晚会 | 8届 | 优秀舞美奖 | 文艺节目中心 |
| 全国电视文艺“百家奖” | 群星反串闹元宵 | 综艺晚会 | 11届 | 三等奖 | 文艺节目中心 |
| 全国电视文艺“百家奖” | 碧水润京华——密云水库建成50周年主题晚会 | 综艺晚会 | 11届 | 三等奖 | 文艺节目中心 |
| 全国电视文艺“百家奖” | 北京电视台《月洒万家情》中秋晚会 | 综艺晚会 | 11届 | 三等奖 | 文艺节目中心 |
| 全国电视文艺“百家奖” | 文明新北京——做文明有礼的北京人主题晚会 | 综艺晚会 | 11届 | 三等奖 | 文艺节目中心 |
| 全国电视文艺“百家奖” | 2010北京电视台网络中秋晚会《月圆青春梦》 | 综艺晚会 | 11届 | 优秀灯光设计奖 | 文艺节目中心 |
| 全国电视文艺“百家奖” | 2010天涯共此时BTV网络中秋晚会——月上紫禁城 | 综艺晚会 | 11届 | 优秀制片人 | 文艺节目中心 |
| 全国电视文艺“百家奖” | 影视风云路 | 个人 | 11届 | 优秀主持人 | 文艺节目中心 |

续 表

| 奖项名称 | 获奖作品 | 体裁 | 届数 | 奖项等级 | 获奖部门及人员 |
|---|---|---|---|---|---|
| 全国电视文艺“百家奖” | 《百姓秀场》之选星大师吕远 | 栏目 | 11届 | 三等奖 | 文艺节目中心 |
| 全国电视文艺“百家奖” | 2010北京电视台网络中秋晚会《月圆青春梦》 | 综艺晚会 | 11届 | 优秀舞美奖 | 文艺节目中心 |
| 全国电视文艺“百家奖” | 北京电视台第三届清明诗会 | 其他 | 11届 | 三等奖 | 文艺节目中心 |
| 北京新闻奖 | 我国自主研发的超大规模数控机床首次投入使用 | 短消息 | 20届 | 一等奖 | 新闻节目中心 |
| 北京新闻奖 | 安全会开成瞌睡会 | 短消息 | 20届 | 一等奖 | 新闻节目中心 |
| 北京新闻奖 | 市委书记与耄耋老人的约定 | 长消息 | 20届 | 一等奖 | 新闻节目中心 |
| 北京新闻奖 | 三年迈出三大步小灯笼走出大世界 | 长消息 | 20届 | 二等奖 | 新闻节目中心 |
| 北京新闻奖 | 一定要为人民做点什么 | 长消息 | 20届 | 二等奖 | 新闻节目中心 |
| 北京新闻奖 | 回眸“十一五”展望“十二五” | 系列报道 | 20届 | 二等奖 | 新闻节目中心 |
| 北京新闻奖 | 第一场大雪 | 系列报道 | 20届 | 二等奖 | 生活节目中心 |
| 北京新闻奖 | 《城南新事》系列报道 | 系列报道 | 20届 | 二等奖 | 新闻节目中心 |
| 北京新闻奖 | “世界之城 美丽北京”——直播北京国际旅游节 | 现场直播 | 20届 | 二等奖 | 新闻节目中心 |

续 表

| 奖项名称 | 获奖作品 | 体裁 | 届数 | 奖项等级 | 获奖部门及人员 |
|---|---|---|---|---|---|
| 北京新闻奖 | 供暖延长22天，居民“寒冬”变“暖冬” | 长消息 | 20届 | 二等奖 | 新闻节目中心 |
| 北京新闻奖 | 《做文明有礼的北京人》系列报道 | 系列报道 | 20届 | 二等奖 | 新闻节目中心 |
| 北京新闻奖 | 《拯救小怡帆》系列报道 | 系列报道 | 20届 | 二等奖 | 青少节目中心 |
| 北京新闻奖 | “祸”从何来 | 新闻专题 | 20届 | 二等奖 | 新闻节目中心 |
| 北京新闻奖 | 探月先锋 | 新闻专题 | 20届 | 二等奖 | 新闻节目中心 |
| 北京新闻奖 | 我在阿富汗随美军采访30天 | 新闻专题 | 20届 | 三等奖 | 海外节目中心 |
| 北京新闻奖 | 金话筒传递的力量 | 系列报道 | 20届 | 三等奖 | 新闻节目中心 |
| 2011年度科技创新奖（北京广播电影电视局） | 北京电视台广告业务管理系统 |  | 2010年度 | 科技成果应用与技术革新奖一等奖 | 广告部 |
| 全国电视法制节目创优评析（中国广播电视协会） | 离婚的代价 | 现场直播和特别节目 | 2010年度 | 三等奖 | 财经节目中心 |
| 全国电视法制节目创优评析（中国广播电视协会） | 经济法眼 | 栏目 |  | 全国十佳栏目 | 财经节目中心 |
| 新农村电视艺术节（中视协） | 《谈三农栏目在新形势下的创新》 | 论文 | 2011年度 | 二等奖 | 艺委会 |

续 表

| 奖项名称 | 获奖作品 | 体裁 | 届数 | 奖项等级 | 获奖部门及人员 |
|---|---|---|---|---|---|
| 2011年度主持人优秀论文评选（中视协主持人专业委员会） | 《新闻访谈主持人的思维——结合〈军情解码〉主持时间探讨当下主持人缺失与提升对策》 | 论文 | 2011年度 | 一等奖 | 海外节目中心 |
| 2011电视栏目优秀制片人（中视协电视节目制作委员会） | 最强阵容 | 栏目 |  | 2011年十大创新电视 | 青少·海外节目中心 |
| 纪念建党90周年——优秀电视文艺节目推选（中国文联、中视协） | 百姓秀场——首唱的故事 | 栏目 |  | 电视文艺特别节目好作品 | 文艺节目中心 |
| 2010年全民健身好新闻（中华全国体育总会） | 夜间锻炼，强身保健 | 专题 | 2010 | 一等奖 | 体育节目中心 |
| 纪念建党90周年——优秀电视文艺节目推选（中国文联、中视协） | 国风 | 专题 | 2011 | 一等奖 | 文艺节目中心 |
| 第二届全国2011年春节电视文艺晚会评选（中广协） | 《美丽乡村》2011年北京最美丽的乡村主题晚会歌曲《我爱京剧》 | 晚会 | 2009 | 最佳作曲奖 | 新闻节目中心 |

续 表

| 奖项名称 | 获奖作品 | 体裁 | 届数 | 奖项等级 | 获奖部门及人员 |
|---|---|---|---|---|---|
| 第二届全国2011年春节电视文艺晚会评选（中广协） | 《美丽乡村》2011年北京最美丽的乡村主题晚会主持人情景串联 | 晚会 | 2011 | 最佳节目创意奖 | 新闻节目中心 |
| 第二届全国2011年春节电视文艺晚会评选（中广协） | 《美丽乡村》2011年北京最美丽的乡村主题晚会 | 晚会 | 2011 | 二等奖 | 新闻节目中心 |
| 2010年度国产纪录片及创作人才扶持项目国家广电总局） | 人民大会堂 | 导演 | 2010年度 | 国产纪录片及创作人才扶持项目优秀导演作品 | 纪实高清频道 |
| 红旗飘飘九十年经典中国红色纪录片（中视协） | 人民大会堂 | 纪录片 | 2011 | 经典作品最佳撰稿 | 纪实高清频道 |
| 全国2011春节电视文艺晚会评选 | 2011BTV卡酷动画春晚 | 晚会 | 2届 | 一等奖最佳视频特效 | 动画节目中心 |
| 少儿节目宣传类金奖桂冠 | 2011BTV动画春晚之章鱼哥预“爆”系列宣传片 | 动画 | 2010年度 | 优秀导演作品 | 动画节目中心 |
| 2011年度中国游戏行业内最高级别专业奖项——“金手指奖” | 卡酷传媒有限公司 | 企业 | 2011 | 纪录片经典作品 | 卡酷传媒有限公司 |
| 首尔国际动漫节 | 星游记 | 动画 | 2011 | 最佳撰稿2011Promax＆BDA全球奖 | 卡酷传媒有限公司 |

续　表

| 奖项名称 | 获奖作品 | 体裁 | 届数 | 奖项等级 | 获奖部门及人员 |
|---|---|---|---|---|---|
| TV地标2011电视媒体覆盖传播力调研成果 | 卡酷传媒有限公司 | 企业 | 2011 | 最具覆盖传播力动漫频道 | 卡酷传媒有限公司 |
| 2011年中国广播电视协会“荧屏导视类节目创优评析活动” | 电视先锋榜 | 宣传片 | 2011 | 节目宣传类一等奖 | 总编室 |
| 2011年中国广播电视协会“荧屏导视类节目创优评析活动” | 端午节粽子篇 | 宣传片 | 2011 | 形象宣传类二等奖 | 总编室 |
| 2011年中国广播电视协会“荧屏导视类节目创优评析活动” | 网络一夏 | 宣传片 | 2011 | 节目预告类二等奖 | 总编室 |
| 中广协第十届百家电视台电视文艺节目创优评选 | 艺苑新视角 | 栏目 | 2011 | 二等奖 | 总编室 |
| 2011年全国安全生产月好新闻评选 | 北京市安监局对有限空间作业突击检查 | 新闻 | 2011 | 一等奖 | |
| 中国广播电视协会信息资料工作委员会第一届节目资料管理创新评析活动 | 传统媒体与新媒体的激情碰撞 | | 2011 | 二等奖 | 总编室 |

续 表

| 奖项名称 | 获奖作品 | 体裁 | 届数 | 奖项等级 | 获奖部门及人员 |
|---|---|---|---|---|---|
| 中国广播电视协会信息资料工作委员会第二届节目资料制作奖评析活动 | 国风（第一集 新生） | | 2011 | 三等奖 | |
| 2011年度全国春节文艺晚会及春节特别节目评选 | 2011年BTV环球春晚 | 晚 会 | 2011 | 创新作品<br>最佳作品 | 海外节目中心 |
| 纪念建党九十周年全国优秀纪录片评选 | 笔墨春秋 | 纪录片 | 2011 | 二等奖 | 科教节目中心 |
| 国家广播电影电视局2010年度科技创新奖 | 北京电视台基于全台网的节目代码管理应用 | 软科学奖 | 2010年度 | 二等奖 | 总工办 |
| 全国电视戏曲“兰花奖” | 庆祝京剧成功入选世界非遗暨2010年北京京剧票友段位评授季授段大典 | 晚 会 | 8届 | 一等奖<br>优秀撰稿奖<br>优秀舞美奖 | 文艺节目中心 |
| 全国电视文艺“百家奖” | 每日文娱播报 | 栏 目 | 11届 | 一等奖 | 文艺节目中心 |
| 全国电视文艺“百家奖” | 2010北京电视台网络中秋晚会《月圆青春梦》 | 综艺晚会 | 11届 | 一等奖 | 文艺节目中心 |
| “红旗飘飘九十年”经典中国红色纪录片 | 少年中国 | 纪录片 | 2011 | 最佳创意作品<br>经典作品 | 青少·海外节目中心 |

续 表

| 奖项名称 | 获奖作品 | 体裁 | 届数 | 奖项等级 | 获奖获奖部门人员及人员 |
|---|---|---|---|---|---|
| 全国电视法制节目创优评析 | 妈妈，再爱我一次 | 谈话故事类 | 2010—2011年度 | 二等 | 科教节目中心 |
| 全国电视法制节目创优评析 | 刘 佳 | 主持人 | 2010—2011年度 | 全国十佳主持人 | 科教节目中心 |

注：获得“北京市优秀广播影视奖” 的作品未在此表刊登，详见2010年度“北京市优秀广播影视奖”获奖名单。

（北京电视台）

# 2011年北京电视艺术中心有限公司获奖作品一览表

| 获奖作品 | 奖项名称 | 获奖等级 | 获奖部门及人员 |
|---|---|---|---|
| 金婚风雨情 | 2011年第28届飞天奖 | 提名荣誉奖 | 北京电视艺术中心有限公司 |

（北京电视艺术中心有限公司）

# 2011年北京中北电视艺术中心有限公司获奖作品一览表

| 获奖作品 | 奖项名称 | 获奖等级 | 获奖部门及人员 |
|---|---|---|---|
| 猎人笔记之谜 | 2011年第28届飞天奖 | 提名荣誉奖 | 北京中北电视艺术中心有限公司 |
| 内 线 | 2011年莫斯科国际侦探影视节 | 特别大奖 | 北京中北电视艺术中心有限公司 |

（北京中北电视艺术中心有限公司）

# 2011年北京紫禁城影业有限责任公司获奖作品一览表

| 获奖作品 | 拍摄年份 | 奖 项 名 称 |
|---|---|---|
| 第一书记 | 2010 | （2011）第14届中国电影华表奖优秀故事片奖提名<br>（2011）2010年度北京优秀电影奖 |
| 杨善洲 | 2011 | 第14届中国电影华表奖优秀故事片奖<br>第14届中国电影华表奖优秀男演员奖（李雪健） |
| 惊　沙 | 2011 | （2011）第14届中国电影华表奖优秀数字影片奖提名<br>（2011）第14届中国电影华表奖优秀男演员新人奖提名（徐僧）<br>（2011）第11届数字电影百合奖优秀影片一等奖<br>（2011）第11届数字电影百合奖优秀导演奖 |
| 李春天的春天 | 2011 | （2011）国家广电总局《2011年度中国优秀电视剧选集》优秀电视剧<br>（2011）“2011年度国剧盛典”十佳电视剧<br>（2011）北京电视台2011年度收视特别贡献奖 |

（北京紫禁城影业有限责任公司）

# 2011年北广传媒移动电视公司获奖作品一览表

| 获奖作品 | 奖项名称 | 奖项等级 | 获奖部门及人员 |
|---|---|---|---|
| 绿色交通：还自行车路权 | 2010年度北京新闻奖 | 三等奖 | 节目部 闫新疆、何赫<br>李信杨、侯超 |
| “移动信息灯保护学生过街双保险” | 2010年度北京新闻奖 | 三等奖 | 节目部 闫新疆、王琛<br>李信杨、 |
| “61条胡同安上了‘文化标牌’” | 2010年度北京新闻奖 | 三等奖 | 节目部 悦宁、刘军、侯超 |

注：获得“北京市优秀广播影视奖” 的作品未在此表刊登，详见2010年度“北京市优秀广播影视奖”获奖名单。

（北京北广传媒移动电视有限公司）

# 2011年北京广播电视报社获奖作品一览表

| 获奖作品 | 体裁 | 奖项名称 | 奖项等级 | 获奖人员 |
|---|---|---|---|---|
| 抄袭等于自断经脉 | 评论 | 20届全国省级广播电视报好新闻奖 | 一等奖 | 张光 |
| 除　脏 | 通讯 | 20届全国省级广播电视报好新闻奖 | 一等奖 | 王青 |
| 除　脏 | 通讯 | 20届全国省级广播电视报好新闻奖 | 一等奖 | 陈文 |
| 和服刑人员一起过除夕 | 通讯 | 20届全国省级广播电视报好新闻奖 | 三等奖 | 陈文 |
| 岳飞后人电台披露岳家秘事 | 通讯 | 20届全国省级广播电视报好新闻奖 | 三等奖 | 陈文 |

注：获得“北京市优秀广播影视奖” 的作品未在此表刊登，详见2010年度“北京市优秀广播影视奖”获奖名单。

（北京广播电视报社办公室）

# 2011年华谊兄弟传媒股份有限公司获奖作品一览表

| 获奖作品 | 奖 项 名 称 |
|---|---|
| 星空 | 第六届亚洲电影大奖最佳新演员提名（林晖闵）<br>第六届亚洲电影大奖最佳视觉效果提名（肖洋、常松、老A、李明雄、 李金辉） |
| 非诚勿扰II | 第十八届北京大学生电影节最受大学生欢迎导演奖（冯小刚）<br>第十八届北京大学生电影节最受大学生欢迎女演员奖（姚晨）<br>中国网络影响力2010年度十大电影<br>2010年度中国电影排行榜内地票房季军 |

续 表

| 获奖作品 | 奖项名称 |
| --- | --- |
| 狄仁杰之通天帝国 | 第五届亚洲电影大奖最佳造型设计奖提名（余家安）<br>第五届亚洲电影大奖最佳视觉效果奖提名（菲尔琼斯）<br>第五届亚洲电影大奖最佳美术指导奖提名（赵崇邦）<br>第三十届香港电影金像奖最佳影片奖提名<br>第三十届香港电影金像奖最佳导演奖（徐克）<br>第三十届香港电影金像奖最佳动作设计奖提名（洪金宝）<br>第三十届香港电影金像奖最佳女主角奖（刘嘉玲）<br>第三十届香港电影金像奖最佳美术指导奖（赵崇邦）<br>第三十届香港电影金像奖最佳服装造型设计奖（余家安）<br>第三十届香港电影金像奖最佳音响效果奖（王丹戎 赵楠）<br>第三十届香港电影金像奖最佳视觉效果奖（李庸基 南相宇）<br>第三十届香港电影金像奖最佳剪辑奖提名（邱志伟）<br>第三十届香港电影金像奖最佳原创电影音乐奖提名（金培达）<br>第三十届香港电影金像奖最佳男配角提名（邓超 梁家辉）<br>第三十届香港电影金像奖最佳摄影奖提名（陈志英 陈楚强）<br>第十八届北京大学生电影节最佳观赏效果奖<br>第20届上海影评人奖年度十大国产电影奖<br>中国网络影响力2010年度十大电影<br>2010年度中国电影排行榜内地票房第四名 |
| 线　人 | 第五届亚洲电影大奖最佳摄影奖提名（谢忠道）<br>第三十届香港电影金像奖最佳影片奖提名<br>第三十届香港电影金像奖最佳导演奖提名（林超贤）<br>第三十届香港电影金像奖最佳编剧奖提名（吴炜伦）<br>第三十届香港电影金像奖最佳男主角（谢霆锋）<br>第三十届香港电影金像奖最佳男主角提名（张家辉）<br>第三十届香港电影金像奖最佳剪辑奖提名（陈祺合 许伟杰）<br>第三十届香港电影金像奖最佳音响效果奖提名（曾景祥）<br>第十八届北京大学生电影节最佳影片奖提名<br>第十八届北京大学生电影节最佳导演奖提名（林超贤）<br>第十八届北京大学生电影节最佳男演员提名（谢霆锋） |

续 表

| 获奖作品 | 奖 项 名 称 |
| --- | --- |
| 唐山大地震 | 2010年度中国电影排行榜最佳票房贡献制片公司（华谊兄弟传媒股份有限公司）<br>第十届华语电影传媒大奖新世纪十年行业贡献奖（华谊兄弟传媒股份有限公司）<br>第二届“中国影协杯”优秀电影剧本<br>第五届亚洲电影大奖2010票房最高奖<br>第五届亚洲电影大奖最佳电影奖提名<br>第五届亚洲电影大奖最佳导演奖提名（冯小刚）<br>第五届亚洲电影大奖最佳女主角奖（徐帆）<br>第五届亚洲电影大奖最佳视觉效果奖（菲尔琼斯）<br>第三十届香港电影金像奖最佳亚洲电影奖提名<br>第十八届北京大学生电影节最佳影片奖<br>第十八届北京大学生电影节最佳女演员提名（徐帆）<br>第20届上海影评人奖年度十大国产电影奖<br>中国网络影响力2010年度最具知名度电影<br>中国网络影响力2010年度最具知名度导演（冯小刚）<br>第14届中国电影华表奖优秀故事片奖第一名<br>第14届中国电影华表奖优秀电影技术奖<br>第14届中国电影华表奖优秀女演员奖（徐帆）<br>第28届电影金鸡奖最佳故事片提名<br>第28届电影金鸡奖最佳导演提名（冯小刚）<br>第28届电影金鸡奖最佳编剧提名（苏小卫）<br>第28届电影金鸡奖最佳女主角提名（徐帆）<br>第28届电影金鸡奖最佳美术奖（霍廷霄）<br>第28届电影金鸡奖最佳音乐奖（王黎光）<br>第28届电影金鸡奖最佳女配角提名（张静初）<br>第28届电影金鸡奖最佳摄影提名（吕乐）<br>第28届电影金鸡奖最佳录音提名（吴江）<br>2010年度中国电影排行榜内地票房冠军奖<br>2010年度中国电影排行榜最具票房号召力导演（冯小刚） |
| 全城热恋 | 第三十届香港电影金像奖最佳新演员提名（井柏然）<br>第三十届香港电影金像奖最佳原创电影歌曲提名 |
| 风　声 | 第十四届电影华表奖优秀合拍影片奖 |

（华谊兄弟传媒股份有限公司）

# 2011年海润影视制作有限公司获奖作品一览表

| 获奖作品 | 奖项名称 |
|---|---|
| 永不瞑目 | 2011年中国广播电视协会、中国电视艺术家协会中国电视剧产业20年百部优秀电视剧 |
| 亮剑 | 2011年中国广播电视协会、中国电视艺术家协会中国电视剧产业20年百部优秀电视剧 |
| 震撼世界的七日 | 2011年中国广播电视协会、中国电视艺术家协会中国电视剧产业20年百部优秀电视剧 |

（海润影视制作有限公司）

# 2011年北京鑫宝源影视投资有限公司获奖作品一览表

| 获奖作品 | 奖项名称 |
|---|---|
| 我的青春谁做主 | 1．中宣部精神文明建设“五个一工程”奖<br>2．2011年第28届“飞天奖”一等奖<br>3．第二十五届中国电视金鹰奖优秀电视剧奖<br>4．“2009年度中国最具影响力电视剧”荣誉<br>5．第九届中日韩电视制作者论坛奖大奖<br>6．第四届华鼎奖，中国电视剧满意度调查偶像励志题材类最佳电视剧奖（2010年）<br>7．2010年中国广播电视协会全国十佳电视剧优秀作品 |
| 婚姻保卫战 | 1．2011年第28届“飞天奖”提名奖<br>2．2011年北京市广播电影电视局2012年度优秀电视剧奖<br>3．2011年首届亚洲彩虹奖（香港）喜剧类最佳男女演员奖 |

（北京鑫宝源影视投资有限公司）

# 经 验

2012/《北京广播影视年鉴》

——记录行业情况　服务业内和社会——

# 多措并举　创新求实
# 切实加强学习型党组织建设

## ——在第二届学习型党组织建设论坛上的发言

李春良

2009年9月，十七届四中全会提出建设学习型政党的重大战略任务。2010年2月，中办发出《关于推进学习型党组建设的意见》，强调建设学习型党组织是建设马克思主义学习型政党的基础性工程。市广电局作为宣传思想工作的重要部门，作为发挥首都全国文化中心示范作用的重要力量，在2010年至2011年两年间，坚持把建设学习型党组织作为全局的重点工作，采取多种措施推进落实，取得了积极成效。

**一、坚持不懈抓好中心组学习**

每年年初，局党组都结合实际制定中心组学习计划，从形势任务、行业管理、党的建设和队伍建设等方面作出安排，紧紧围绕深化文化体制改革、弘扬践行北京精神、“走、转、改”等一系列中心工作开展学习，确保在思想上、行动上始终与党中央保持高度一致。据统计，从2010年到2011年12月中旬，中心组学习39次，其中传达上级精神19次，请专家作报告或收看报告录像11次，专题研讨6次，考察调研3次。2011年8月14日，围绕如何落实胡总书记“七一”讲话和怎样开展“走、转、改”活动，班子成员和全体处长利用周日一天时间学习上级精神，研讨贯彻措施，并为区县广电发展解决实际困难。十七届六中全会闭幕后，党组及时组织三场系列辅导报告会，邀请有关领导作辅导，收看有关报告录像，分别从北京市文化产业和全国广电行业等不同方面帮助党员干部理解全会精神。我们还安排“学党史颂党恩跟党走”座谈会、《没有共产党就没新中国》歌曲诞生地主题教育。局班子成员纷纷动笔撰写学习体会，2010年11名领导同志上交的文章中，有7篇文章获奖。周密的计划、丰富的内容和务实的形式，使班子成员进一步统一思想、提高认识，增强了发挥首都全国文化中心示范作用的责任感和使命感，推动了首都广播影视各项工作，得到了市委宣传部的充分肯定。在2011年10月召开的宣传系统领导干部理论学习会上书面交流了中心组学习的工作经验。

**二、探索开展“学习三人行”活动**

为了解决局内单位相互间业务了解和理解不够的问题，从2010年开始，我们在局内开展了互相学习交流的“学习三人行”活动。年初由各支部推荐可以为其他单位讲课的小教员和具体课程，由机关党委汇总下发给各单位“点课”，根据点课时间和内容，机关党委从中协调，由听课方最后敲定时间讲课。因为每次都有机关党委、小教员和听课单位三方参加，同时也契合“三人行，必有我师”的古训，所以被称为“学习三人行”活动。讲课内容涵盖法律法规、影视业务、礼仪、思想教育等多方面内容，讲课中融入抢答、讨论等互动元素，充分体现出“小”、“快”、“活”、“实”、“换”的特点。小，就是每次学习可以是一个处室，规模可以很小；快，就是内部人讲、内部人听，可以快速安排；活，就是讲课形式不拘一格，讲课地点因地制宜；实，就是需要什么学什么，内容完全由基层自己决定；换，就是听课方从被动接受培训转换为主动组织学习，较好地解决了工学矛盾。从去年3月开始到现在，全局共有330多人次听课，平均每人听课两次。2011年被市委宣传部评为党建创新项目，《北京支部生活》、北京长城网、国家广电总局《广电党建》等都介绍了这一活动。

**三、认真组织党员干部集中轮训工作**

首先是抓好党支部书记培训。去年以“感受世博盛会，建设世界城市”为主题，开展支部书记培训，先在北京听取关于世界城市的知识讲座，收看关于世博会的报告录像，然后赴上海世博会观摩学习。今年，全体党支部书记先在北京学习“三网融合”等广电业务，然后到云南广电局交流工作，在杨善洲同志生前工作过的云南大凉山林场缅怀英雄、学习先进。

其次是抓好党员干部集中轮训。去年分三期举办党员干部培训班，然后分别赴上海、吉林、海南学习考察当地经济社会和广播影视发展情况，开展红色教育。2011年“七一”前后，在井冈山和怀柔共举办四期培训班，通过安排井冈山革命斗争史、胡锦涛总书记“七一”讲话辅导、提高执行力等课堂教学和井冈山烈士陵园、怀柔第一党支部纪念馆等地的体验式教学，党员干部进一步了解革命时期的艰辛和困苦，理解“七一”讲话的重要意义和内容，增强对执行力的认识和理解，受到了深刻的革命传统教育和素质能力教育。

**四、切实加强对党员干部的经常性教育培训**

首先是坚持领导干部上党课制度。两年来，每到“七一”期间，党组主要领导就结合形势任务，为全局党员上党课。2010年在党课中要求广大党员要始终“围绕一个中心”，就是首都广播影视大发展大繁荣；增强“两个素质”，就是政治素质、业务素质；提升“三种能力”，就是学习能力、合作能力、创新能力；大兴“四种作风”，就是密切联系群众之风、求真务实之风、艰苦奋斗之风、批评与自我批评之风。2011年，我们在党课中要求创先争优活动要实施好领航工程、聚力工程、先锋工程，党员干部要在品德、意识、素质、能力和作风五个方面加强学习和锻炼。此外，党组其他同志和党支部书记，也都结合实际开展讲党课活动，保证了党员教育的经常化。

其次是认真组织读书、观影教育活动。为党员和党支部、处级以上干部配发了《毛泽东箴言》、《中国共产党简史》、《马列主义经典著作选编》等不同书籍。结合红色教育和电影管理业务，组织党员干部观看了《复兴之路》、《建党伟业》、《杨善洲》、《辛亥革命》等主旋律电影。同步开展征文、座谈活动，让大家谈体会、说收获，广大党员干部心灵受到很大震动，认识得到进一步提高。

再次是强化对青年的教育培训。结合观看电影《第一书记》，举办了“立足本职、服务广电”主题教育活动，组织了党史知识问答、“学讲话、学模范、学身边人”——“让青春在岗位闪光”主题教育、“青春跟党走”——学习“七一”讲话培训班等活动，加大了对青年的教育力度。四季度团委成立了“学习论坛”，将进一步开展有针对性的青年学习活动。

最后是认真抓好业务培训。两年来，全市广电行业举办各类业务培训班120多个，培训1.3万人次。例如，市广电局为影视制作、卫星接收等单位培训约3000人次；到区县广电中心等单位开展“送专家下基层”活动，培训基层宣传业务骨干约1700人次。一个建设学习型党组织、学习型领导班子、学习型团队的热潮正在兴起。

（北京市广播电影电视局机关党委提供）

# 围绕中心推进学习型党组织建设 着力提高舆论引导能力

汪 良

近年来，我们根据自身工作职能，紧紧围绕新闻宣传这个中心工作筹划和推进学习型党组织建设，着力在把握正确舆论导向、提高舆论引导能力上下工夫，广大干部职工的政治、业务素质得到有效增强，节目质量得到进一步提升，促进了北京奥运会、国庆60周年、建党90周年等重大新闻宣传任务的圆满完成和电台的事业发展。在近几年的全国性评奖中，我台多个节目和作品荣获“五个一工程”奖、中国新闻奖、中国广播影视大奖，特别是2010年，北京市属新闻媒体所获得的两个中国新闻奖一等奖都来自北京电台。北京电台在北京广播市场竞争中保持绝对领先，占有近70%的市场份额。广告收入连续12年稳居全国电台第一，2011年达到7.8亿元，取得了社会效益与经济效益“双丰收”，为将来的持续发展奠定了坚实的基础。我们的体会主要有三点：

一是强化“喉舌”意识，着力提高把握正确舆论导向的能力。着眼打造党的合格新闻媒体，培养忠诚的新闻工作队伍，把提高思想政治素质作为推进学习型党组织建设的首要任务，从领导班子和处级以上领导干部抓起，突出一线采、编、播人员这个重点，大力加强党的创新理论、马克思主义新闻观、社会主义核心价值体系和上级宣传精神的学习。在认真落实党委中心组理论学习制度的同时，坚持每月举办一次处级以上领导干部学习报告会，处级以上领导干部每年撰写1——2篇理论文章，每年开展一次处级领导干部优秀理论文章评选，每周编前会集中传达学习上级宣传精神，台主要领导每年为干部职工上1——2次党课，着力提高政治意识、理论水平和思想道德水平。特别是注重把学习社会主义核心价值体系、宣传践行北京精神与弘扬我台优良传统结合起来，从2008年起开始实施企业文化建设，总结提炼出北京电台《企业文化理念体系》、《员工行为规范》，编辑出版《往事如歌——北京人民广播电台企业文化故事》，邀请我台老领导、老记者作传统报告，着力用我台优秀文化影响和熏陶广大干部职工。近两年来，还坚持每年突出一个主题，先后在全台开展了“知荣辱、讲奉献、重操守、懂礼仪，做高素质电台人”和“读故事、品人生，做电台优秀传人”教育活动。对新入台员工，坚持每年集中三天组织入职教育，学习党的创新理论和新闻宣传纪律、新闻工作者道德规范。在此基础上，组织他们到艰苦地区进行为期六周左右的实践锻炼和传统教育。

二是强化“竞争”意识，着力提高打造精品广播节目的能力。针对北京广播市场竞争日趋激烈的形势，坚持把出精品、推力作作为推进学习型党组织建设的根本目标，采取上下结合、内外结合的方式，广泛开展业务学习和培训。台党委每年组织一次专业化办台研讨会、创新节目研讨会和采编播人员脱产培训，围绕如何提高频率竞争力、怎样运用新媒体推动传统广播创新发展、怎么增强节目的贴近性等内容进行研讨交流。在每年的采、编、播人员培训班上，台领导都要对近一年来出现的节目差错进行分析，与大家共同研究改进措施和方法。为拓宽视野，学习先进经验，定期组织部分同志到国外相关知名媒体、院校学习参观。2010年－2011年，还由主要领导带队，分批组织处级以上领导干部和专业台台长助理、职能部门主任助理到有关兄弟省电台考察，学习新形势下媒体发展的新思路、新办法。为鼓励干部职工钻业务、出精品，专门建立了台长基金，帮助优秀骨干出版个人业务专著。各党支部也根据本部门实际开展了不少富有特色、富有成效的业务学习培训活动，等等。

三是强化“实战”意识，着力提高干部职工实际工作能力。确立“学为用”的理念，坚持把提高实际工作能力作为推进学习型党组织建设的根本落脚点，在“实用”、“管用”上下工夫。每年年初在制定学习培训计划前，都围绕学习内容、形式等，对广大员工进行培训需求调查；每次培训都发放培训效果调查表，根据大家的反映及时加以调整和改进，努力增强培训的针对性、实用性。同时，建立内部培训师制度，在全台范围内公开选拔部分理论功底扎实、实践经验丰富的同志担任台内培训师，根据全台及各部门的实际需要，每年担负一定的培训任务。特别是在全台建立传、帮、带机制，以“老师带学生”、“师傅带徒弟”的形式，加强对干部职工特别是新员工的实践锻炼和培训。每位首席记者、首席编辑、首席播音员、首席主持人都要带两名以上“学生”，对“学生”进行言传身教；每年的新员工培训结束后，都要由一名经验丰富的老同志做“师傅”，在实际工作中进行一对一、手把手的传、帮、带。此外，坚持把重大新闻宣传任务作为提高员工实际工作能力的平台，边干边学，边学边干，在具体的工作实践中提高业务、积累经验、成长成才。

（北京电台摘自2011年12月12日北京市建设学习型党组织工作示范点和品牌活动授牌大会上的讲话）

# 《红透半边天——我们身边的女共产党员》三大亮点

《红透半边天——我们身边的女共产党员》是北京人民广播电台爱家广播为纪念建党90周年，联合首都精神文明办、市妇联等单位推出的系列访谈节目,在爱家广播《说那过去的事儿》和《家里家外》两档节目以及北京广播网上播出，从生活、工作等侧面展现中国共产党女党员的坚强、奉献、积极、热情的风采。该系列访谈节目有以下三大亮点：

一是策划独到，主题集中。关注女性是社会进步的表现。该节目策划独到，将访谈对象设定为女共产党员，女性为“半边天”，共产党员是“红色”，一个“红透半边天”的短句非常精妙地概括了其独到策划及选题特色。在呈现这一特色选题方面，也较为成功。节目围绕“忆红色岁月”、“身边好人来做客”、“新岗位新形象”三个方面，选取老、中、青三代女性党员进行访谈，层次分明，材料丰富，说服力强。而在“忆红色岁月”方面，尽管不同老人讲述不同的故事，却都有一个相同的身份，那就是妇救会主任。节目集中采访了张国云、赵香婷、宋舜英、徐忠吉等多位妇救会主任，以她们为老一辈代表，多角度地展现相同身份的女性老党员不同的光辉事迹，主题集中，特点鲜明，节目效果也更多面化、立体化。

二是结构完整，内容丰富。一方面，节目结构较为完整。每期节目播出一至两个人物访谈，在访谈前后和访谈之间都穿插有主播串连词和宣传片花，及时让听众跟进节目内容，掌握进程。其中，节目宣传片花融合主持人口播和受访人物的同期声剪辑，配合以背景音乐，充分运用多元音响来提升宣传效果。另一方面，该节目在内容呈现上也颇具丰富性。比如对妇救会主任张国云的访谈中，不仅有以张国云老人为主体现场讲述其亲身经历和展现其好身手的同期声，还采访了张国云的小儿子，进行侧面了解。而补充采访的门头沟区妇联副主任，则从官方角度介绍了门头沟区老妇救会主任的总体现状，包括她们的生活情况和政府的相关政策等，使节目从个体访谈上升到群体关注，水到渠成地进行了主题升华。最后，主持人总结介绍妇救会的工作性质、角色定位等情况，进一步加深了听众印象。

三是善用音响，具画面感。在访谈中，该节目或通过观察员现场口述，或通过主持人后期补充，善于以人物音响来弥补画面感的缺失。主持人如此介绍妇救会主任张国云老人："86岁的张奶奶浓密的头发看起来至少比她实际的年龄年轻二十岁，精神矍铄，嗓门洪亮"；而在观察员走进另一位妇救会主任赵香婷家中时，则以一张照片为线索介绍了年轻时赵奶奶的形象："在赵奶奶的家里，摆着一张赵奶奶和老伴儿当年的照片。年轻时的赵奶奶面若银盘，眉目之间不乏秀气，笑容也很甜美。"来到直播间的社区舞蹈队队长刘继琴在说起舞蹈队活动时，又通过主持人口述介绍了一本带入现场的小册子："拿在手里沉甸甸的，这是舞蹈队的活动档案，翻开这个本子，里面有每一次活动的照片，然后还有一些文字上的记录，包括时间、地点，还有一些心得。"这些介绍都很好地为听众提供了画面感。

（中国传媒大学北京广电节目专家评议研究课题组）

# 探寻重大主题报道的特色创新模式

## ——北京人民广播电台故事广播"家有党员"报道经验

李唯唯

通过鲜活的、丰富的、有说服力和感染力的报道，"写出群众想读，说出群众爱听，播出群众可观"的作品，努力为纪念建党90周年营造良好的舆论环境，北京电台故事广播"家有党员"系列报道作了有益尝试。

**紧密结合频率特色，用故事展示平凡党员风采**

建党90周年的宣传涉及面广，承载的内容厚重，不同的主流媒体承担的任务分工也会有所不同。在进行建党90周年的宣传报道中，发挥自身特色，从2010年8、9月开始，经过几个月的酝酿策划，最终确定开展"家有党员"大型故事征集活动。2011年1月下旬，正式向全社会发起了"家有党员"故事征集，希望从家庭成员的视角，描述平凡共产党员的故事。

2009年，北京故事广播成立第一年，紧扣"新中国成立60周年"这一主题而举办的"60年胡同传奇"大型故事征集活动，成为北京市庆祝新中国成立60周年23项重点大型文化活动之一，得到主管部门和社会的普遍好评。顺着这个思路，2010年"十一五规划"收官之年，又策划了北京印记——"讲述我和新北京的故事”大型故事征集活动，激励人们在分享今天成果的同时，为美好的发展前景继续努力。

在总结了上述宣传报道经验的基础上，2011年北京故事广播“家有党员”大型故事征集活动，沿袭并进一步打造“大型故事征集”这一品牌活动样态，既巧妙配合建党90周年宣传，又在受众中深化北京故事广播的品牌影响力。

**采用“征集”的方式，激励大众参与，体现百姓情结**

在传播社会学中有一种理论，叫“社会参与论”，也叫“受众介入论”，其中的两个主要观点是：一，时代在发展，受众在变化，许多人已不满足消极地当一名接受者，一种试图积极参与报刊的编写、广播电视节目的制作与演播的自我表现愿望正在增长；二，让受众参与传播，正是为了让他们接受传播。因为“人们对于他们亲身积极参与形成的观点，要比他们被动地从别人那里听到的观点容易接受得多，且不易改变。”近年来，受众参与广播、电视节目受到广泛的欢迎。

“家有党员”大型故事征集活动，采用的策略是利用开放式的大众参与形式，利用多种渠道，使用多种方式，多管齐下：

1.多媒体宣传，大众自发投稿、提供线索；

2.通过定点地面活动，有目标地征集；

3.通过政府部门提供线索，进而制作成广播专题。

“家有党员”大型故事征集活动自2011年1月下旬启动，在三个月时间里，有来自于北京、山东、湖南、上海、河南等地的合乎征集要求的征文二百多件，还有听众提供的大量线索。群众积极参与的同时，又有政府部门的配合，中共东城区区委、西城区区委、海淀区委、朝阳区委都积极提供有典型性的线索和详细资料，使活动既有群众性，又有相应的权威性。

值得一提的是“家有党员”征文部分均来自于普通群众，为百姓创造了一个积极参与主旋律活动的平台。

**选择以“家”为切入点，突出新意和亲和力**

在“家有党员”大型故事征集活动的海报中，关于人物选择是这样描述的：“家里的共产党员，身边的共产党员，你了解的共产党员。可以是长辈，也可以是平辈，也可以是晚辈；可以是自己有血缘关系的亲属，也可以是生活中既成事实的亲人。”力求从家人的视角，关注党员朴素平凡的生活工作细节，聚焦丰富多彩的生活工作场景，从现实生活中挖掘生动事例，使报道更加入情入理。

截至2010年年底，中国共产党党员总数为8026.9万名。这足以形成“大手笔”、“大格局”式的宣传，而因他们又都是一名家庭成员，同样也能组成“小人物”、“小细节”式的报道。

在“家有党员”征集作品中，《你永远不会离开我》的主人公、干警张大庆，因劳累过度突发心肌炎抢救无效永远离开了亲人和同事，透过他妻子之笔，披露了丈夫临终前留给她的最后一句话“你给王队打电话了吗？我还有一个案子该报检察院了，要不就到期了。”《“完美的”女儿》，母亲描写的女儿是一名普通的小学教师，她热爱学生，每晚都要给学生写悄悄话；她关心家人，每天都要抽时间对父母、公婆嘘寒问暖，又悉心照顾；她生活简朴而低调，她坚持着、努力着，认真地生活。《丈夫的奉献》中的“丈夫”，为保住国家仪器，截掉了半个手指；为了国家的科研项目，退休后的他拒绝了私企的高薪聘请。别以为他是一个不顾家庭的“工作狂”，和他一起生活了53年的老伴觉得他“是一个好党员、好干部，也是好儿子、好父亲、好丈夫”。

只要抓取到生动鲜活的事例，把握群众脉搏，多联系群众身边的事例，多反映群众的切身感受，多用群众的语言，就能使我们的新闻宣传更加可触可感，可亲可信。

**利用典型党员启发引导，产生共鸣，感动人心**

“家有党员”大型故事征集活动立意是选择平凡的党员，但又不可能是泛泛的，应该是平凡而又典型的。“家有党员”系列节目中不乏生动感人的例证。李国平是创造了社区连续21年无刑事案件的全国公安机关爱民模范、“首都平安社区”管片民警。他的老母亲患有老年病，已经认不出他了，但每次看到电视里有民警的形象，老人就会自言自语：“国平，我儿子！”王志强是“全国孝亲敬老之星”、“北京市志愿服务终身荣誉奖”获得者、北京金助友家政服务有限公司总经理。他有一个“大家庭”，他服务的干爹干妈少说得有百十位，他的“爹妈”们逢人便说：“这个干儿子对我们，他比亲儿子还用心、还周到呢！”王志强一家现在住在地下室。全国优秀社区工作者、什刹海街道柳荫街社区党委书记辛俊高的妻子说：“他干社区11年了，没一年春节是在家过的。只要社区有事，甭管大小，只要一个电话，这边儿抬腿就走人！”他说：“百姓遇到事儿能想到我，说明在居民心中，我还是能够为大家办事儿的人。”

**环环相扣，形成“链式”效应，延伸宣传效果**

北京故事广播“家有党员”大型故事征集活动，历时半年，分为前期宣传、征集、评选、颁奖、出版发行、推广展示等环节，在实施过程中有计划、有步骤地逐项展开，每一步也都是宣传和扩大影响的契机。“家有党员”征集到的优秀作品系列节目于2011年6月中旬开始在广播中播出，持续了近一个月，“七一”前夕出版了《家有党员》同名作品集和纪念印刷品，为本次宣传报道留下可珍藏的纪念，也是延续“家有党员”的宣传及影响的理想载体。

（北京人民广播电台摘自《新闻与写作》2011北京媒体纪念建党90周年宣传报道新闻理论特刊）

# 北京电视台卡酷动画卫视打造动漫全产业链

2004年，国家广电总局批准北京电视台开办上星动画频道。同年，北京卡酷动画卫视动画专业频道正式开播。2006年，北京电视台创新体制、激活机制，组建北京卡酷传媒有限公司，依托卡酷动画卫视频道进行产业化运作。2010年，北京卡酷动画卫视在全国近百个大中城市落地，覆盖7.9亿观众；在国内五家上星动画频道中收视率大幅领先、稳居第一；4至14岁核心受众收视率稳居北京地区所有频道第一位。与此同时，卡酷传媒经济实力大幅增长；2010年全年总收入1.8亿元，总资产2.7亿元，净资产2亿元；与产业化探索之前相比，总收入增长5倍，总资产增长6倍，净资产增长4倍，国有资产四年累计净增1.6亿元。

北京卡酷传媒的产业化探索主要体现在以下三个方面：

**1．内容为王，推出自有知识产权的原创动画**

2007年，北京卡酷传媒借北京举办奥运会的契机，创作了百集原创动画片《福娃奥运漫游记》，实现全国百家电视台联播，全国铁路、航空、移动媒体全方位出击，收视率创国产动画片新高，赶超欧、美、日动画大片，成为当时国产原创动画最具影响力的品牌。

北京卡酷动画卫视是国家广电总局认定的全国十大原创动画制作机构之一，拥有《中华五千年》、《星游记》、《星系保卫战》等知名长篇动画作品的产权和品牌，更创作生产了《熊猫总动员》、《劳拉的星星》、《快乐奔跑》等动画电影作品，还有2010卡酷动画月球春晚、2011卡酷动画兔年春晚等大型动画节目品牌，先后获得“五个一工程”奖、电影华表奖、电视金鹰奖、电视星光奖等国家级大奖，在全国动画创作领域走在前列。

原创动漫形象为公司带来了巨大的品牌衍生效益。由卡酷动漫影视作品衍生的图书发行达400万册、DVD发行150万张，创造了骄人的业绩。国产原创动画商业大片《星系保卫战》引起了国际玩具巨头日本万代集团的浓厚兴趣，卡酷传媒公司以原创形象授权生产的方式，不仅获得500万元人民币保底收益，今后万代集团每卖一个玩具，卡酷公司还能得到7%的分账收益，成为中国动漫产品“走出去”的成功案例。

卡酷动画的成功得益于产业化运作。动漫产业高投入、慢回报的产业特性一直是制约发展的瓶颈。产业化探索前，卡酷动画制作资金来源于北京电视台的有限拨款和北京市委宣传部的扶持资金，频道年均自制动画片仅1—2部，既无核心竞争力，也无产业规模，自产自播。2007年卡酷传媒公司成立后，市场化的运作方式为原创动画注入了巨大活力。卡酷频道在加大自主投资的同时，实现动画投资主体的多元化、社会化、市场化。四年来，包括长篇动画片、动画电影、Flash系列作品和动画栏目在内的动画产量逐年上升，相较于产业化探索前1—2部动画作品的年产量，2010年产量达到近万分钟，增长近9倍。

**2．播出为重，打造强势动漫节目卫星电视频道**

2006年，北京卡酷动画卫视仅在北京地区播出，仅有8小时内容滚动播出，两档5—10分钟小栏目辅助。为改变这一落后状况，北京卡酷动画卫视进行了大胆而艰苦的改制创新。

北京卡酷积极推进电视动漫栏目建设，广泛调研国内外优秀动漫栏目节目，改革用人机制、管理体制，一个栏目分A、B组竞争上岗，所有栏目实施招投标制，严格以收视率为考核标准，员工收入与收视率考核紧密挂钩，使整个团队充满活力，在播栏目节目储备雄厚。

电视频道也是动漫电影的主要播出窗口。为此，北京卡酷加强频道的电视剧场栏目建设，以需求为导向，发挥播出频道在动画片市场的经济杠杆作用。在全国率先实行购片收视率奖励政策，对于收视表现良好的优秀国产动画片，除了支付购片价格外，还按照收视超标点数另外给予奖励，这是国内动漫业界唯一由电视媒体推出的对动漫电影的激励政策。

截至2011年上半年，北京卡酷卫视是国内动画专业频道中落地范围最广、收视人口最多、市场份额最高的动画卫视频道，拥有10档强档栏目、专门播出动画电影的8大动画剧场，实现每日首播近10小时、全天播出24小时的规模。2010年在全国35个城市省级卫视收视率大排名中，北京卡酷卫视最高收视率排名全国第八，创造了专业频道收视奇迹。

**3．产业拓展，构建全国最具规模的儿童动漫衍生产品销售体系**

北京卡酷传媒把握动漫产业衍生特性，积极进行产业拓展。他们改变卫视频道广告创收的单一盈利模式，开创了动画制作+频道播出+玩具制作+品牌店销售体系的产业模式，并进一步向“三网融合”的网络动漫体系、儿童艺术培训、动画主题公园等新兴业态拓展，打造动漫全产业链，实现多元化、规模化增长。

为实现产业拓展，2008年1月1日，北京卡酷传媒公司旗下子公司北京卡酷全卡通动漫文化有限公司正式运营。主要业务包括动画片的投资制作和运营、动漫衍生产品研发生产、动漫衍生产品全国总代理、动漫衍生产品批发销售、动漫衍生产品全国销售网络建设运营等。

几年来，卡酷全卡通公司实施品牌战略，积极开办连锁店，以卡酷品牌整合玩具和儿童用品连锁销售。到2010年年底，在全国各地建成15家卡酷全卡通旗舰店、212家卡酷全卡通特许零售店、24小时运营的卡酷全卡通网络旗舰店，以玩具产品全国总代理制为核心，形成了中国最具规模的动漫衍生产品销售体系。在这些店里，既有卡酷动漫衍生产品，也有加盟卡酷的其他名牌玩具或儿童用品。卡酷以这种商业模式，在国内动漫衍生产品市场领先实现了全国覆盖和全网运营，有效占领了动漫产业附加值最高的环节。

另一方面，北京卡酷积极拓展衍生品开发授权，发行大型儿童动漫全景月刊《卡酷全卡通》。构建以动漫手机电视、儿童社区网络、动漫视频下载“三网合一”的卡酷动漫新媒体平台，在卡酷卫视播出的动漫节目，能即时在网上参与互动。最近，卡酷又准备开发以动漫作品《中华五千年》为主题的动漫历史主题公园、以系列动画片《福娃奥运漫游记》为主题的体育科普主题公园，进一步拓展娱乐游戏产业。

在多元化产业格局下，2010年北京卡酷动画卫视全年收入1.8亿元，较产业化探索前的2006年单一广告总收入3050万元增长了5倍，真正实现了跨越式发展，焕发出现代企业的成长潜力。截至2011年上半年，北京卡酷动画卫视已成长为国内影响突出、业务形态完备的动漫全产业链运营平台，成为国内以“大动漫产业”为理念发展起来的龙头企业。

北京卡酷动画卫视的产业化探索及其对中国动漫产业的带动作用，得到了国家广电总局、文化部的高度肯定，连续四年获评国家广电总局优秀动画少儿频道一等奖，先后获评新浪网“2007年度中国最具投资价值动画电视媒体”、北京文博会“2008年度中国创意产业领军企业奖”、工信部中国游戏软件协会“2009年度中国动漫游戏行业优秀企业”、中国动画学会“2010年度中国最具影响力动画少儿媒体”、中国传媒年会“2010年度中国最具成长性媒体品牌”等。

北京卡酷动画卫视的动漫全产业链运营模式也获得了财经界、投资界的高度评价与认可。在国内颇具影响的“21未来之星”成长创新企业评选活动中，北京卡酷获评2010年度“21未来之星——最具成长性的新兴企业”。该活动十年来共评选出210家企业，约有30%的入选者发展成为所在行业的龙头企业，百度、腾讯、盛大、华谊兄弟等知名上市企业均曾入选。今年与卡酷一起获评“21星”的优酷网已于本月成功登录美国纳斯达克。工银国际、弘毅投资、渤海基金、易凯资本、中科招商、联想投资等国内最著名的投资机构也对北京卡酷倍加关注。2010年11月，联想投资经过严格、专业的市场调查，与北京卡酷全卡通动漫文化公司达成以每股注册资本20元的超高溢价参与增资的议案，此议案在报请北京电视台审批中。

（北京电视台摘自《求是内参》
2011年第9期）

# 重大主题宣传报道的一次成功实践

## ——BTV文艺频道“七一”系列特别节目创作经验

为庆祝建党90周年，北京电视台文艺频道推出了主题鲜明的各种献礼性节目，收到了较好的社会效果。

**一、提前筹划，巧妙布局，科学制定“合纵”、“连横”的整体方案**

用群众喜闻乐见的形式，做好建党90周年的宣传报道，北京电视台文艺频道高度重视，提前筹划，成立了相应工作团队，于6月下旬即启动了前置宣传报道。

为发挥本频道的优势，呈现自身特色，文艺频道巧妙布局，科学制定了“合纵”、“连横”的“七一”整体宣传报道方案。“合纵”即联合日播通档栏目，充分运用红色资源，推出一系列特别节目，全天纵向播出；“连横”即横向打通一周黄金档栏目，根据栏目特色策划多种节目形态。总体看，纵向、横向两条播出带互相交错，精彩纷呈的节目覆盖了文艺频道全天重要时段，主旋律文艺作品营造出浓郁的红色氛围，整个播出周期一直延续到8月上旬。据统计，为献礼党的90华诞，文艺频道共有15个栏目推出了130多期风格多样、形态各异的特别节目。这些节目本着“扎根人民、服务人民”的创作原则，在内容策划、创意设计、包装制作及宣传推广方面，既体现出了首都电视台的大气厚重，也不失青春时尚的频道特色。

**二、特别节目覆盖全天，营造浓郁红色氛围**

文艺频道七档日播栏目发挥专长，策划推出了系列特别节目。从中午12点一直到午夜，在一天不同时段均有献礼性节目贯穿始终。中午12点的《文化快讯》，为庆祝建党90周年的演出和活动进行快报，坚持“最大的报道范围”和“最小的采访着眼点”两大原则，速递首都演出资讯。从6月20日起，《文化快讯》每天将建党90周年献礼活动相关的演出信息作为头条新闻重点报道，包括庆祝中国共产党成立90周年文艺晚会《我们的旗帜》、舞蹈诗《延安记忆》、大型交响音乐诗画《长江》、大型交响合唱音乐会《长征组歌》、歌剧《永不消逝的电波》、大型民族歌剧《白毛女》、舞台剧《大地铭记》等演出资讯。为重点宣传《一切为了人民》主题展览活动，还派出记者赴展览现场，第一时间发回相关报道，详细介绍了展览内容和意义、活动现场观众互动环节、重点革命文物背后的故事、英雄人物的传奇经历等。

傍晚时段的《笑动2011》、《音乐风云榜》、《每日文娱播报》，分别推出社区红歌赛、千人歌友会、《红色记忆》专题片等系列特别节目，奏响歌唱党、歌唱祖国的时代旋律。其中，《笑动2011》举办了社区红歌赛，由两位主持人文文、李然带领小乐队和几位大众领唱，走进各大社区，借助唱歌这个低门槛、易传播、有群众基础的娱乐方式，来吸引大家对唱红歌的关注；节目采用互动音乐方式，通过比听力、比记歌词等环节，胜出的社区还获得奖品让台上台下的群众在欢乐的歌声中共度党的生日，调动了群众的积极性、参与性。《音乐风云榜》组织的千人歌友会，特别推出“蒙牛酸酸乳巨星梦想学院”期中大考“梦想公开课”，乐坛人气偶像付辛博、陈翔、刘惜君、胡夏纷纷到场“赶考”，用80后的个性化方式演绎经典红色旋律。《每日文娱播报》策划了系列节目《红色记忆》，田华、葛存壮、蒋大为、朱时茂、濮存昕、冯远征、郭达、谭晶、佟大为、张国强、谢芳、蒋勤勤、祝新运、姜昆、陈数等人先后亮相，一大批老中青三代艺术工作者讲述红色经典影片和歌曲背后的故事以及自己和父辈在燃情岁月中的成长经历，与观众一起回忆波澜壮阔的岁月，感受信仰与忠诚的力量。

晚间次黄金时段，《天天影视圈》、《最佳现场》利用各自的资源优势，分别企划了“荧屏英雄人物”、“演艺圈军旅精神”等专题节目。其中，《天天影视圈》策划了六期专题节目“忆红色年轮，寻榜样印记”，采访了曾给观众留下深刻印象的“荧屏英雄人物”的扮演者，如《烈火中永生》中饰演江姐的于蓝、《英雄虎胆》中饰演曾泰的于洋、《青春之歌》中饰演林道静的谢芳等。在谈话中，老艺术家们回忆了自己在扮演角色时走过的心路历程，以亲身经历畅谈自己感受到的时代变迁以及中国共产党给新中国带来的巨大变化和生机。《最佳现场》策划的系列节目，则采访了有军旅背景或拍摄过军旅戏的演员，并通过唱红歌分享作品表达的革命精神，用红色作品感动人生。

深夜档《快乐今宵》发挥资源整合的优势，相继推出《光辉岁月》、《歌声嘹亮》和周末版特别节目这三大系列共45期特别节目，以不同风格和形式，回忆中国共产党的光辉历程，表达对当下美好幸福生活的赞颂，为全天播出的特别节目完美收尾。《光辉岁月》系列以优秀电视片《岁月如歌》和《百花》的素材为基础，对党领导下的新中国文艺成就进行梳理，重温中国人共同记忆中那些难忘的影像、旋律、面孔、感动和激情，汇聚了老中青近300位艺术家的采访资料，展示了影、视、歌、舞、话剧等多个艺术门类优秀作品的经典片段，具有较强的文献性和欣赏性。《歌声嘹亮》系列分门别类整理了经典的红色歌曲，让几代中国人耳熟能详的红歌再次唱响荧屏。周末版特别节目邀请著名歌手进行歌唱互动，歌唱家邓玉华、梦鸽、宗庸卓玛、万山红，对话青年歌手黄英、扎西顿珠、吉杰和金美儿，两代歌手以不同方式演绎《映山红》、《唱支山歌给党听》、《北京的金山上》等一系列脍炙人口的红歌经典；军旅歌唱家胡宝善、耿莲凤、程志、王静首次面对常思思、刘和刚、李丹阳和李琼等新一代中青年军旅歌唱家的“挑战”，一起“拉红歌”、“赛军歌”、“比歌词”，用军队特有的文艺形式，唱响红歌。

周播黄金档栏目各展身手，传递“红色接力棒”。晚间21：25黄金档的周播节目，一直是文艺频道打造的重点。从周一到周日，每天一档形式各异的访谈类、互动类、综艺类、评论类节目，避免了黄金时段节目同质化，也为首都观众提供了更加多元的选择。此次“七一”特别节目，周播各黄金档栏目结合各自特点，制作了多期颂扬共产党的高水准的特别节目。

周一《百姓秀场》栏目策划了三集特别节目《首唱的故事》，追溯红歌传唱的源头，请来红歌的创作者，再现难忘的经典声音，品读红歌背后的故事。第一集特别邀请了郭淑珍、李光曦、方初善、胡宝善、于淑珍、邓玉华六位新中国的第一代歌唱家，为观众披露鲜为人知的金曲首唱的故事。第二集诚邀著名词作家阎肃，携第五代江姐扮演者王莉和刘和刚、蒋大为、孟广禄等人，讲述金曲创作背后的故事。第三集诚邀新中国培养的第一代著名作曲家吕远，深情讲述作品创作的历程，著名歌唱家关牧村、卞小贞、牟玄甫、魏金栋、柳石明现场唱响吕远的音乐作品，用歌声表达对党的热爱之情。

周二《光荣绽放》策划推出了以“唱支山歌给党听”和“银幕经典共产党员形象”为

主题的四期特别节目。“唱支山歌给党听”以时代来划分篇章，充分利用台内资源，邀请北京电视台26位主持人，演唱建党以来的红色经典歌曲。主持人们一改荧屏上的工作形象和状态，换上了红军军装、民族服装，以红色经典人物的装扮亮相。“银幕经典共产党员形象”采访了与中国共产党同龄的“江姐”扮演者于蓝和影坛泰斗秦怡，深入挖掘其投身革命的艰辛历程，展现她们作为共产党员与命运抗争的坚强意志，探讨不同年代演员的世界观、人生观、价值观，邀观众一同追忆情深意长的革命征程，畅想美好幸福的生活。

周三《影视风云路》在6月22日的节目中邀请热播剧《中国1945》中周恩来的扮演者刘劲和蒋介石的扮演者张国立两位主演及其他主创人员，共谈创作主旋律题材的心得感悟，解密剧组台前幕后的真实故事，畅谈对一代伟人的浓情记忆。6月29日的节目则邀请田歌、孔洁、向真、春妮、顾阳等北京电视台五位共产党员主持人，共同回忆他们从入党到成长的励志故事和红色记忆，共叙共产党员的光荣与梦想。

周四《神州音话》策划了三期风格不同但主题一致的特别节目。现场访谈《大地铭记》以特型演员卢奇、王莉、谷伟、徐敏作为访谈对象听特型演员讲述与领袖角色结缘的故事与情感，了解他们如何用生动准确的表演，在荧幕和舞台上塑造有血有肉、鲜活光辉的革命领袖形象。大型专题片《我知道光在哪里——濮存昕》，记录了优秀共产党员濮存昕的事迹，从事业、生活方面展现一个共产党员的敬业精神和伟大情怀。访谈加红歌互动节目《红旗歌手——刘媛媛》特别组织了党支部观众代表队，把唱红歌、听红歌作为过组织生活的一部分，“红旗歌手”刘媛媛、“部队歌手”王宏伟演唱自己的红歌代表作，刘媛媛还讲述了自己从文艺新兵成长为红旗歌手的故事。

周五《有一说一》的特别节目，聚焦了国家大剧院历时两年策划推出的献礼剧目《王府井》。回望“中华第一街”的兴衰沉浮，评述文化精品的内涵与价值，评述文艺作品如何更好地贴近生活，弘扬主旋律。

周六《星夜故事秀》发挥讲故事的专长，推出“红色故事”和“心中的英雄”两期特别节目，与观众一同重温历史，见证辉煌。“红色故事”一期节目邀请解放军后勤指挥学院党史、军史研究专家闫树军，讲述天安门广场上鲜为人知的历史故事。在节目现场，闫树军将天安门广场位置的最初情形，勾勒成一段精彩历史故事，用收藏多年的照片展示人民英雄纪念碑背后的传奇故事。“心中的英雄”则邀请了影视演员谢园、谢孟伟及歌手王莉，介绍抗日战争题材电影将孩子树立成英雄的缘由，介绍电影拍摄的艰辛历程。

周日《你好先生》策划了特别节目《你好党员！》，邀请三名明星党员常莉、胡亚捷、甄齐出场，介绍三名普通党员：1941年出生的王明华是浙江大学教授，是党的一大代表王尽美的长孙；1948年出生的王自强用自己的言行诠释着雷锋精神；1985年出生的王树光瞒着父母捐献骨髓，是北京市2011年优秀共产党员中唯一的一名在校大学生。用这三名不同年龄段的党员的先进事迹，讴歌党的先进性。

### 三、节目形态丰富，展现繁荣景象

为庆祝建党90周年，文艺频道策划推出的特别节目，涵盖了专场晚会、人物专访、主题歌会、综艺访谈、影视专题等多种形态，以百花齐放的姿态展现了文艺繁荣发展的景象。

文化内涵与主旋律有机统一。文艺频道策划播出的“七一”特别节目，注重节目文化内涵与主旋律的有机统一，艺术化地表达党的文艺方针政策，讴歌党的光荣伟大。如戏曲综艺栏目《欢天戏地》，联手北京市抗癌乐园，制作了主题为“国粹给我新生命，感谢社会感谢党”的特别节目，为病友中的票友搭起戏曲舞台，讲述他们学国粹、爱国粹、与病魔抗争的真情故事，通过病友们热爱生活、珍惜生命的精气神儿，表达对党的感恩之情。

深入基层、贴近群众，开掘文艺创作的源泉。在文艺节目的创作中，深入基层、走到群众中间去，为群众搭建表达思想情感的文艺舞台，是文艺创作的源泉和生命。《笑动2011》、《你好先生》两档栏目，都走进基层、走进社区，进行“七一”特别节目的创作，一个充满了歌声与欢笑，一个闪耀着普通党员的骄傲与自豪，节目中涌动的真情、传递的快乐，是群众发自内心对党的讴歌和赞美，用一种以小见大的方式反映了中国共产党的光辉历史和不朽功绩。

**四、突出主题，强化对特别节目的宣传推广**

面对“七一”特别节目多、播出时间变动大的特点，文艺频道在宣传推广上，采取了设计专用包装突出主题、分类汇总捆绑推出、点面结合系统宣传等多种手段。

制作专用包装，纵向横向两套宣传片交错滚动播出。围绕北京电视台“幸福中国，最美北京”的宣传主题，文艺频道精心制作一套“七一”特别节目的专用包装对其进行宣传。鲜明的主题、大红的色调和简洁明快的组接，不仅凸显出热烈喜庆、大气恢弘的氛围，同时也在第一时间吸引观众的目光。

《文艺导航》开辟特别板块，各栏目主播独家推介特别节目。自6月24日起，频道导视节目《文艺导航》打破常规，采取“一条主打节目的常规报道”加“‘七一’特别板块”的编排方式，对“七一”期间的重点节目进行集中报道。特别板块时长5–6分钟，由2–3条短片组成，所有短片统一采用各栏目主播独家推介的形式，与节目的常规报道形成互补。这种“短、平、快”的播报，使观众能够在短短一分半的时间里迅速捕获节目亮点。

（摘自北京市广电局《收听收看报告》）

# 历史性、故事性和艺术性的有机结合

## ——北京电视台《辛亥档案》受到好评

在辛亥革命100周年纪念日到来之际，北京电视台《档案》栏目在全国政协文史和学习委员会指导下，与人民政协报社合作，于2011年10月6日至13日播出了《辛亥档案》8集系列节目。该节目以不为人知的历史档案为基础，通过百年历史中的传奇人物和不为人知的生动故事，向观众展示了辛亥革命那段真实的历史，体现出历史性、故事性和艺术性的有机结合。

**一、历史性**

作为历史纪实类的电视节目，确保史实的真实至关重要。《辛亥档案》系列节目在这方面下足了工夫，确保了节目内容的历史性，为观众呈现了有关辛亥革命的颇具权威性的回顾和阐释。

按照历史进程铺陈节目内容，让观众概览真实的历史全貌。《辛亥档案》8集系列节目从1894年7月甲午海战开战开篇，一直讲述到1925年3月12日孙中山病逝，按照历史进程铺陈节目内容，分为《风起云涌》、《保路运动》、《武昌起义》、《袁氏出山》、《南北议和》、《清帝退位》、《复辟闹剧》、《孙中山最后的岁月揭密》8集，系统性地介绍了辛亥革命前后的重要历史事件，让观众能通过节目概览真实的历史全貌。

充分挖掘大量档案资料，靠史实说话。

为加强节目内容的权威性，《辛亥档案》强调用第一手的历史资料说话。讲述人每说到一个历史事件，都会找出相关的档案资料来进行佐证，无论这些历史事件是众所周知的，还是鲜为人知的，栏目组在制作节目过程中极其用心地从全国各地档案馆搜寻来了近千份珍贵的历史档案，其中有些是国家档案局特批的独家内容，来自中国第一历史档案馆、第二历史档案馆的部分档案在其他节目中从未出现过。

充分利用指导单位、合作单位资源，大量采用“三亲”史料。《辛亥档案》充分利用了指导单位全国政协文史和学习委员会和合作单位人民政协报社的资源，以全国政协文史和学习委员会编纂的系列丛书《亲历辛亥革命》为蓝本，大量运用了历史事件当事人和相关人的亲见、亲历、亲闻的“三亲”史料。如第3集《武昌起义》中采用了当晚起义的班长熊炳坤对当晚情况的详细回忆。第7集《复辟闹剧》中运用了袁世凯的三女儿袁静雪对袁世凯获悉袁克定印制假《顺天时报》后的反应。这些口述史资料，与档案资料有机协调，相得益彰，既深化了系列节目的历史厚重感，也让人觉得可信。

注意采纳专家观点，增强节目的权威性。《辛亥档案》特别注意采纳具有权威性的专家学者的观点。从其采访的专家来看，有北京大学、中国社会科学院、南开大学、河南师范学院等学术机构的历史学专家，都是当下研究辛亥革命具有一定权威性的学者，从而保证了节目的权威性。

**二、故事性**

多重叙事方式营造悬念。电视纪实片的创作手法在许多方面可以与文学艺术的创作手法相通。《辛亥档案》巧妙而灵活地借用了文学艺术顺叙、倒叙、插叙这三种叙述方式。从第1集讲述辛亥革命前中国的时局以及孙中山的行动一直到第8集孙中山逝世、中国共产党完成孙中山先生的事业，是顺着时间线来进行叙述的，这种叙事方式使得系列节目逻辑思路清晰明了。

但在具体的每一集当中，《辛亥档案》采用的是三种叙事方式混用的办法：顺叙依然是让整个主题清晰完整，而倒叙和插叙的运用则使整套片子波澜起伏、悬念叠生。具体来说，倒叙在整个《辛亥档案》当中所起的作用基本是背景资料的补充。如第3集《武昌起义》中，叙述者先说了武昌起义由文学社和共进会主导发起，之后又在武昌起义发起和发展之间插叙了文学社和共进会的基本情况，这便使观众对于武昌起义有了一个更加立体的认识。倒叙的作用在文学当中主要是用于制造悬念，使文章波澜起伏，而在《辛亥档案》中它也发挥了同样的作用。看《辛亥档案》时，一个最大的感受就是悬念不断、高潮迭起，引人入胜。如在第5集《南北议和》的开篇，讲述者说在1911年11月6日，北京法部大狱院内聚集了一千人，这其实是事件的结果，讲述者并没有开篇就说这个结果的原因，而是先抛出了结果，在引起人们的好奇之后，讲述者才说明原来这是人们在等待刺杀载沣的两个年轻人被释放，这样的一种叙述让整个故事变得更加生动引人。

“说书人”的角色设计与道具运用。在《辛亥档案》栏目当中，主持人存在着很大的表演成分，并且其语言也比较接近于口语，这些特点与说书人很相像。传统章回小说的说书人往往是一边讲故事，一边配以其肢体语言与面部表情，并时不时摹仿故事主人公的说话语气来增强故事的趣味性，这些做法的目的是为了引起听众注意，激发听众的兴趣。在《辛亥档案》中主持人讲故事的方式就好像说书人一样，唯一不同的便是其演示的手段更加多样化，不仅仅靠说和表演，还有图片、影像、道具和演员作为辅助，这就使整套节目更加丰富好看，也使整个历史故事更加生动形象，容易被观众记住。

在《辛亥档案》当中，能够看到大量道具的使用，比如孙中山被囚时的场景道具、载沣陷害袁世凯时的椅子、还有表现袁世凯剪发时房间旁边的屏风等。这些道具的使用，使观众能够用形象的思维来理解历史，同样便于提高节目的故事性。

**三、艺术性**

大历史、小切入的两极碰撞：从有形到无形。历史总是分为两个组成部分。一部分是历史事实，它是有形的；一部分是对于历史规律的理解和认识，它是无形的。作为一部严肃的电视系列片，《辛亥档案》必须要面对和解决的一个问题，就是如何在整套片子中，将历史事实的呈现和历史规律的发掘有机地结合起来，处理好有形和无形的关系。这也是决定这套系列片艺术性成就高低的一个重要评价指标。应当说，《辛亥档案》用大历史、小切入的两极碰撞，很好地完成了对历史事实的讲述和对历史规律的呈现。

《辛亥档案》系列节目的每一集基本都是先由一个具体并且有趣的事件作为因子，并逐渐将这个具体的事件扩大到当时整个中国的局势，之后再导向整集电视片的主题，其每一集的开篇，都是由一个简单而具体的小事件、小人物切入的。如第1集是由妈祖像引出甲午战争，之后又以甲午战争引入在辛亥革命前中国的局势以及孙中山的活动。第2集则以纤夫引出英国货轮的搁浅，从而引出列强在我国取得筑路权，于是便有了后面的保路风潮。

这种讲述历史的方式，是一种十分有效的艺术表现形式。首先，这种从小事到大事的叙述方式，从具体的感性体验到抽象的理性概括，符合人类认知的基本过程，使观众在观看节目的过程中思路清晰、逻辑通畅。其次，从一个故事开始讲述历史的方式，避免了人们在认识历史的过程中走向空洞的宏大叙事，而这种具体的事实更容易吸引观众的注意力，引导观众深入挖掘和认识历史规律。

大历史、小细节的两极转换：从抽象到具象，细节决定成败。其实在历史发展过程中，细节同样扮演着重要的角色，甚至可能成为推动历史进程的偶然因素。《辛亥档案》高度重视大历史、小细节之间的两极转换，用适合电视的表现方式，呈现从抽象到具象的历史过程，充满了讲述的魅力。

在《辛亥档案》系列节目中，栏目组对历史细节高度重视，多次借用细节描述这种常常用在文学当中出现的表现手法来重构历史。如第1集《风起云涌》中有一个细节——清政府花费7000英镑租了一艘船，目的仅仅是押解孙中山一个人回国，在清政府的文书当中也强调了这一点。这一细节内涵颇丰：它并非只是为了告诉观众清政府为了押解孙中山花了很多钱，而是暗示了当时的清廷已经摇摇欲坠，而国内的革命形势愈发猛烈，花重金押解孙中山说明了当时清政府对于革命者的恐惧和对清廷前途的担忧，同时也有力地映衬出孙中山先生的历史价值和地位。还有一个典型的例子，第8集《孙中山最后的岁月揭密》中，讲述者以中山装来诠释孙中山的革命理想，从中山装的衣兜到纽扣，其中的每个细微之处都体现着孙中山的理想。

与文学当中的细节描写能够吸引人一样，《辛亥档案》中历史细节的展示也同样引人入胜。一方面，细节的展现使整个历史不再像一副空空的骨架只有抽象的概念，而是将历史的血肉填了进去，使得整个历史过程更加生动，同时大大提升了系列片的艺术观赏性；另一方面，历史细节的体现其实为历史大事件的发生提供了一个基础和铺垫，即历史大事件并不是凭空发生的，而是有其根源的，而这些根源往往就存在于历史细节当中，如果将这些细节充分展示给观众，不仅能够让观众认识到更多的历史背景，也更能够支撑整个节目内容的可信性和真实度。

（摘自北京市广电局《收听收看报告》）

# BTV公共·新闻频道《锐》系列栏目特色鲜明

《锐》系列是北京电视台公共·新闻频道2011年推出的一档新闻评论系列栏目。采用5+1+1的布局：即周一至周五直播言论互动调查评论栏目《锐观察》+周六播出的影响力人物周刊《锐面孔》+周日播出的新闻周刊《锐周刊》，每天22:25～22:55播出，时长30分钟。栏目旨在利用新闻评论的方式，阐释北京走向世界城市过程中的法治与人文精神，关注前行中的城市步伐，为广大市民提供公共话语平台，以还原主流舆论的真实和温度。同时，对北京人生活、行为、思想产生影响的国际国内新闻进行点睛评论，在交锋和碰撞中进行探讨，以期得出有价值的判断和思考。该栏目自开播以来，以新颖的形式、独到的观点、犀利的语言受到不少观众欢迎。当然，作为一档新生栏目，《锐》系列也并非十全十美，在具体操作层面上尚有可待完善之处。

**一、栏目定位：定位准确，特色鲜明**

以言立台，填补空白。作为北京电视台公共·新闻频道重点打造的新闻评论类节目，《锐》系列在很大程度上填补了北京电视台在新闻评论领域的空白。年初，开办了《锐周刊》，梳理、点评一周大事，并针对一个焦点话题展开交锋式辩论。5月，又开设了《锐观察》和《锐面孔》两个栏目，前者定位为“观点鲜明具有独立媒体视角的调查式谈话类评论栏目”，强调调查的公共参与性与延续性，重点对当日的舆论热点事件、现象进行个性化评论；后者邀请当周新闻事件当事人或网络红人与主持人对话，以日常聊天式口吻谈事件原委、聊心路历程、叹感悟得失，对新闻事件和新闻人物做深度描摹，进而探究新闻事件背后的社会意识走向。三档节目虽各有侧重，但“评”与“论”的精神却贯穿始终，对每一个新闻事件、新闻人物，都不只是予以简单化、表面式的呈现，而是在告知、介绍的同时，对其出现的原因、体现的趋向、潜在的意义等进行揭示和评判，引领观众进行深度思考，树立正确的舆论导向。

个性言论，注重引导。作为以言为主的节目，《锐》系列在进行评论与解析时十分注重观点的个性化，强调与众不同的视角。如5月1日播出的《世纪大婚，谁是赢家？》，选择了当周最热门的英国王室婚礼作为话题，但是节目并没有拘泥于探讨婚礼的奢华、热闹，而是着重分析婚礼背后的经济、文化、政治意义，还特别谈到了其对中国的启示——利用仪式化的形式加强人们对传统文化的认识和价值认同感。这就使节目升华到了更高层次，不仅是呈现与解读，更有启发与建议，让观众在看热闹的同时，体会其中的门道，并进行由此及彼的思考。利用微博等形式与观众进行互动时，也不只是将微博的内容进行简单呈现，而是注重对其进行解析与评价。如针对一条“交警抱走被困车流中的小狗”的微博，评论员就做出了“温暖、有尊严的执法”、“细节提升形象”等点评，从小事中总结出“大道理”，进一步增强了节目的舆论引导价值。

关注本地，强化服务。栏目十分强调内容的公共服务价值。特别是《锐观察》，由于较多聚焦本地题材，又结合调查形式，因而可更多关注北京老百姓的衣食住行，为他们答疑解惑、提供建议。如5月24日播出的《公交优先，京通！今通！》，记者兵分三路，分别体验了公交、自驾走京通高速、自驾绕行三种出行方式，以亲身经历比较了各自优劣，为观众日后出行提供参考。又如8月17日播出的“京城楼市半年考”于北京住房“限购令”实施半周年之际推出，对北京楼市情况进行回顾展望，契合了时效性，更体现了对北京本地观众的贴近性和服务性。这些内容的引入，进一步提升了栏目的吸引力与价值。

**二、话题选择：注重时效，以人为本**

紧扣时事热点。《锐》系列以新闻·公共频道为播出平台，以“关注新闻当事人的公共价值、关注新闻事件的公共影响力、关注新闻传播者的公共视角”为宗旨，“公共性”自然成为节目制作的一大标准。而公共性首先体现于以公众为中心，以公众的关注度、与公共利益的密切度、对公共生活的影响力为选题标准。《锐》系列基本达到了这一要求，既秉持了新闻节目所应有的时效性原则，又兼顾了公共利益。《你被谣言忽悠了吗？》、《是谁“毁”了药家鑫？》、《酒驾的你，伤不起》等节目，皆以当时百姓们所热议的焦点新闻事件为对象展开讨论；同时，这些事件又具有很强的社会意义。描述谣言引发的食盐抢购风波、药家鑫杀人案、高晓松醉驾案……这些个案的背后深刻的社会原因，体现了社会转型期存在的种种社会矛盾。加深对这些事件的认识和理解，不仅对公民个人具有十分重要的意义，同时也是促进社会不断完善进步的重要推动力量。

反应迅速及时。作为时事新闻类栏目，能否对最新发生的重大新闻事件作出迅速及时的反应，也是十分重要的衡量标准。这一点，《锐》系列也做得不错。以“7·23甬温线动车追尾事故”为例。事件发生第二天，《锐周刊》便播出了《最惨痛的追尾》，此后两天，《锐观察》又连续推出了《聚焦7·23特大交通事故》、《高速时代更须系好“安全带”》两期节目，对事件进行了持续关注，构成了一个报道系列。更可贵的是，三期节目各有侧重，第一期感觉稍显匆忙，但巧妙地将主视角对准事故现场，关注救助过程中的人的感受和表现；第二期结合铁道部新闻发布会等最新进展，开始对事件背后所体现出的问题（包括政府部门信息公开、事故应急预案、高铁发展等方面）进行解读，并提出了一些引导性的观点；第三期则关注到更高层次，就微博在事故信息传播中的正负作用、民众对政府信任感的构建、国家经济发展中“速度与安全”的平衡等问题展开讨论。逻辑上由表及里、由浅入深，使观众对事件的认识也逐步得到深化和升华，起到了很好的引导效果。

彰显人文关怀。栏目在话题选择上很好地体现了人文关怀的精神，注重从人性化角度予以解读。特别是“锐荐”板块，所选取推荐的微博内容常常没有很强的新闻性和争议性，而更多强调趣味性和人情味。《救救女婴苗苗》、《可爱娃版〈春天里〉》、《母亲一个细节教人感动》等等，都从不同角度彰显了以人为本的理念，弘扬了人文意识和人文精神。《锐面孔》更是一档以人物访谈为主的栏目，其谈论对象不再是新闻事件本身，而是聚焦于事件中的人物；嘉宾与主持不再独立于话题之外从旁观者视角进行观察与辨析，而是融入其中，成为话题不可分割的一部分。人的观察、感悟成为主要内容，进一步凸显了人的主体地位。

**三、言论内容：观点鲜明，启发思考**

《锐周刊》开播伊始，常选择一个具有争议性的热点话题，由两位评论员进行交锋式辩论，两人观点截然对立，针锋相对，从而大大增加了论辩的精彩程度，提高了节目的观赏性。然而，或许是过于注重观点对抗与交锋的过程，论辩到最后往往没有明确的结果。如《慈善要不要有条件？》、《电影中可不可以植入广告？》等，论辩双方从道德、法律、理论、经验等各个方面进行了充分的论证，但谁也无法说服谁。这导致许多观众在看完节目后依然感觉云里雾里、莫衷一是。5月份进行改版后，节目更加注重解析性，强调对事件的原因、意义等方面的剖析，《日化巨头缘何涨价？》、《如何乐在“骑”中》、《猪肉价格还能“飞“多久？》、《股指暴跌，金融灾难来袭？》等，对同一事件予以多角度解读，回答观众心中疑问，启发他们理性思考。辩论色彩虽有所下降，但由于给出了确切答案，对于观众来说反而更易理解与接受，节目的舆论引导能力也得以加强。

**四、表现形式：文风活泼，符号多样**

语言浅显生动，文风活泼。《锐》系列的主持人和嘉宾对新闻进行点评时比较注重评论语言的生动性和贴近性，大量运用俗语、谚语等生活化语言及比喻手法。例如，在形容明星艺德修养的状况时，将其比喻为两边厚中间薄的“哑铃”，即艺人在刚入行和成为大师后，往往比较注重道德修养，在刚刚小有名气的阶段却常常存在骄傲自满、耍大牌等现象。阐述如何树立防患意识时，将“防”字解释为“耳”+“方”，一定要让人们知道方法……如此一来，抽象的道理就被表述得浅显生动、通俗易懂，方便观众理解。而排比句和诗文的运用，如“官哨不禁，黑哨不止；黑哨不止，钱哨不停；钱哨不停，赌哨不息”、“借问墓穴何处有，炒客遥指济南城”等，既增强了语言的气势与韵律，提高了论点的说服力，又使观众印象深刻。

（摘自北京市广电局《收听收看报告》）

# 独到策划　独家采访　娴熟叙事

## ——北京电视台庆祝建党90周年系列报道《红色地图》创作经验

为庆祝中国共产党成立90周年，北京电视台公共·新闻频道联合北京市委党史研究室、北京市旅游发展委员会精心策划了大型系列报道《红色地图》。该系列报道共90集，自5月4日至8月4日，每天在北京卫视以及北京公共·新闻频道中的《北京新闻》、《北京您早》、《特别关注》、《都市晚高峰》和《晚间新闻报道》等栏目中滚动播出，受到观众和专家广泛好评。

**一、主题鲜明，视角新颖，策划独到**

北京是一座历史文化古城，同时也是一座具有光荣革命传统的城市。在中国共产党艰苦卓绝的战斗历程中，无数先烈殷红的鲜血抛洒在古都的热土上，他们用铮铮忠骨为这座城市书写了骄傲。90年沧海茫茫，一座伟大的城市见证了一个伟大的政党发展、壮大的传奇。《红色地图》系列节目组正是基于这种认识，独家策划了该系列报道。

《红色地图》主题鲜明，视角新颖，策划独到，把镜头对准中国共产党90年革命历程中北京的一些代表性历史遗迹，讲述了共产党人在北京开展革命活动的历史事件、人物故事、活动遗迹等，生动展现革命先烈可歌可泣的英勇事迹。该系列报道在建党90周年前夕播出，时宜性很强，目的明确，通过编年体方式构建历史框架，逐年逐点寻觅、追忆、讲述，串接近90个北京党史地标，勾勒出一条中国共产党成长奋进之路，为观众呈上一幅幅生动恢弘的北京党史画卷。

90集节目呈现鲜为人知的历史遗迹，其中既有北大红楼、李大钊故居等京城著名的纪念馆，也有吉安所左巷8号毛泽东旧居、

《京报》馆旧址等隐藏在京城胡同中的地点；既报道了卢沟桥、焦庄户等京郊著名的红色景点，也挖掘了堂上村、马栏村等京郊大山里的革命故事，同时还涵盖了龙须沟、八宝山革命烈士公墓，首钢、“中国硅谷”中关村、国旗班等社会主义建设时期的内容；既有抗日名将，也有普通百姓……

如果将庆祝建党90周年的主题比喻为“规定动作”，是确定的，那么《红色地图》即是结合实际创新主题报道的“自选动作”。这一系列报道翻新花样，通过一个个地点，串成整幅“地图”，带领观众重温艰难困苦、光辉灿烂的革命历史。

**二、准备充分，独家采访，报道出彩**

《红色地图》这一系列报道因其权威性、厚重感获得观众认可，这不仅来自于党史专家、学者，还缘于“重量级”的采访对象——革命后代和亲历者后代的支撑。

第一，《红色地图》报道组的记者们案头工作准备较为充分。历史是一条长河，想要了解一段历史，最好的办法是置身于这条长河的大背景中，顺流而行，一个环节一个环节地了解。记者李莲在其采访手记中说，做《长辛店留法预备班旧址》节目时，先从梁启超欧洲之行，了解他“求一点学问，尽一份责任”的想法；再从“巴黎和会”中国对列强说“不”，了解当时的形势，进而了解到进步青年勤工俭学法兰西的一些基本情况。

第二，用真诚打动采访对象。如《吉安所左巷8号毛泽东旧居》这期节目中，因为如今这“红色地标”已然是普通民居，记者采访时，房东一开始连大门都没开就拒绝了采访，然而最终房东不仅同意记者拍摄，还接受了采访，为观众讲述了从祖辈那里听来的鲜为人知的故事，这就是记者的智慧。

第三，独家采访最出彩。《红色地图》率先在各媒体中掀起了纪念建党90周年的宣传热潮，通过记者的深入挖掘和大量采访，找出了很多新线索，采访到很多革命后代、史学专家，讲述了很多鲜为人知的故事，其中不少属于独家采访。如6月17日《北京您早》播出的《黑山扈战斗纪念碑》，已经96岁高龄的焦若愚同志讲述国民抗日军（平西游击队）打落敌机的往事，这位北京市老市长曾经是平西游击队的一名战士，一生从未接受过记者的专访，而今《红色地图》的独家专访，不仅让节目更加生动丰富，也为研究北京抗战历史记载下了珍贵史料。

**三、贴近群众，节目风格亲切**

作为严肃主题报道的《红色地图》，尽管基调厚重，显得深沉严谨，但在表现形式上不同于以往党史宣传报道的风格，节目贴近群众，风格亲切，进一步缩小了与观众之间的距离，在轻松活泼的气氛乐中发挥了积极的导向作用。

比如有观众收看《长辛店留法勤工俭学预备班旧址》后表示，通过电视画面，才发现他们工作、生活的这栋老楼原来是那么漂亮。还有居民说，能把本地区的光荣党史通过电视节目传播出去，能让更多人知道这些不能忘却的中国革命史他们觉得很自豪。一位徐老先生称，看到播出《鱼子山抗战纪念馆》这期节目时，非常激动，自己就是当年鱼子山地下兵工厂的负责人之一，曾经的峥嵘岁月历历在目。一位梅女士在热线中说，自己的爷爷曾是法国医生贝熙业大夫的司机，没想到《贝家花园》这期节目把那段被人淡忘的历史故事又重新挖掘出来，真是感慨万分。还有很多观众打来电话称，希望能到节目中报道过的地方去看看、走走，回味那些红色记忆。

《红色地图》系列节目之所以赢得了社会各界的广泛好评，正是因为采用了贴近百姓的角度，通过系列报道让他们知道了很多鲜为人知的党史故事，而这些历史就发生在他们所居住的这座城市，就发生在他们身边，因此产生亲切感。

**四、挖掘生动细节，钩沉珍贵史料**

用久远的历史吸引现在的观众，就需要好的故事，需要精彩的细节。但片子时长大多不超过7分钟，故事不可能讲太细太长，这就要求记者用镜头说话，选取能够“说话”、触动人心的细节。比如在5月13日《北京您早》播出的《李大钊故居》中就有这么一个细节——当年李大钊的工资条。其中有一段解说词是这样说的：“这是他在北大任教的一张工资条，一个月200元～240元的收入，这在当年绝对可以说是高薪。然而有很长一段时间李大钊家里却经常出现揭不开锅的情况。”显然“高薪”与“揭不开锅”是一对矛盾，记者正是通过这一冲突，抖包袱。还通过采访李大钊的孙女李乐群，揭开了这个细节中矛盾的真相，讲述了李大钊的故事——“他一个月大概给我奶奶30～50块钱作为家用，剩下的作为党的活动经费，资助贫困的学生工人，谁有困难就给谁了，以至于有时候我父亲和我姑姑开学了都交不起学费。有一年冬天特别冷，他们都没有钱买烧火的煤。”再比如《香山碧云寺孙中山纪念堂及衣冠冢》中爆出孙中山先生并非死于肺癌，而是胆囊癌转移，这样的具有解密性质的细节也是能够吸引观众的。

《红色地图》在钩沉历史资料上下了很大工夫。比如《正阳门东站》这期节目，当年在“九一八事变”之后，数百名学生从正阳门车站南下示威，让这里成为历史的节点。但如今车站已经彻底没有了，变成了中国铁道博物馆。记者联系了铁道部，又到博物馆的资料室仔细查找，费尽心思终于找到了十秒资料画面，就是这十秒画面，让观众能够通过电视荧屏看到当年火车站的样子。再如《没有共产党就没有新中国》这期节目中，曹火星生前接受采访的视频资料也被挖掘出来，充分利用，增加了历史的沧桑感。

**五、拓展节目资源，助推京城红色旅游**

在《红色地图》特别节目播出之后，有很多观众通过热线电话表示对节目中报道的红色遗迹很感兴趣，希望能沿着红色地图走一走，看一看。北京电视台公共·新闻节目中心抓住这一拓展节目资源的机遇，顺势启动了“游《红色地图》 揽京城名胜”活动，由北京电视台新闻主持人担当义务红色宣讲员，在每个周末，组织在校学生、社会各界人士沿着北京红色地图规划的经典路线参观学习，重温党史。6月12日第一批观众在主持人赵彬彬的带领下参观了北大红楼和李大钊故居；6月16日，数百名社区老党员来到平谷区鱼子山抗日战争纪念馆参观；6月18日主持人陆放，为观众讲解陶然亭公园里的高石墓和慈悲庵的故事……

《红色地图》“游《红色地图》 揽京城名胜”活动，大力助推了京城红色旅游，在一定程度上掀起了北京红色旅游的热潮，拓展了其他产业链盈利渠道，也增加了节目知名度、美誉度。北京市拥有大量的红色旅游资源，建党90周年是北京红色旅游产业再上台阶的重要契机；而《红色地图》无疑为挖掘北京红色旅游资源、扩大红色旅游影响起到了积极的作用。《红色地图》播出后，北京市旅游发展委员会联合各区县旅游局，共同打造了纪念建党90周年北京红色旅游系列活动，推出19条北京红色旅游线路，每条路线均包含《红色地图》中播出的若干个红色旅游纪念地或红色旅游景区，既是党艰苦卓绝的革命斗争的真实写照，也直观体现了在党带领下，当地人民改革、发展并走向富裕的真实面貌。该系列活动历时近半年，包含六个市级活动和十余个区县活动。

（摘自北京市广电局《收听收看报告》）

# 强化特色，精益求精，打造纪实类品牌栏目

## ——北京卫视《档案》栏目创办经验

北京卫视《档案》栏目自2009年2月4日开播以来，在全国掀起了“揭秘尘封历史”的热潮，培育起一批忠实的“档案迷”，并形成了自己特定的收视群体。随着2011年北京卫视的全面改版，《档案》栏目由周播改为日播，据《工人日报》1月15日的报道称，改版后仅四天，该栏目收视率便比去年同时段增长了125%，单期收视排名全国第二。2011年4月14日，《档案》被国家广播电影电视总局作为创新创优栏目向全国广电系统推荐。

### 一、鲜明的“揭秘”定位，活用各种元素全面还原历史

《档案》栏目以真实、客观、全面地还原历史为定位，为吸引对历史事件、历史人物感兴趣的受众群体，《档案》充分运用电视表现手段，灵活运用各种元素，如舞台元素、实物元素、音乐元素、影像元素等，全面还原历史。其中，栏目组想方设法找到的一些实物，给观众不少惊喜。如《长江 炮战之谜》这期节目里，故事情节中“紫石英”号上有一只受到英国军队表彰的名叫西蒙的黑猫。结果，栏目组找来一只黑猫“演员”，让主持人怀抱着它讲述这段背景故事；《迈克尔·杰克逊终极报告》中找来了迈尔克·杰克逊演唱会时曾用过的手套的仿制品。这些都有助于观众对历史事件建立更真实、完整的印象，对节目传达的历史信息更为信服。

《档案》栏目的录制现场是一个一千多平方米的演播室。它被分为几个区：一个大屏幕（30平方米的LED）、档案区、幻灯区、16毫米放映区、录音区、沙盘区、中央演示区和景片区。不同区域放置有专门的道具，讲述人运用翻阅、播放、展示、聆听、演示等丰富的现场手段，配合事件的讲述，最大限度地还原事实。这些看似微不足道的小细节变为故事讲述的必要环节和故事推进的关键手段，用以整体烘托现场讲述的氛围，强化节目的视觉元素。同时也充分体现了节目纪实性的特点，给人以真实可信的感觉。

只有充分地占有资料才能更为真实、客观、全面地还原历史，展示历史，使观众回到那个情境中并感同身受，从而进一步接受节目所要传达的信息。为此，《档案》和《中国档案报》等多家档案机构合作，力图大范围、多角度地在“故纸堆中找新闻”，挖掘一些独有的内容。如《张国荣死亡之谜》这期节目中，其中一个细节是以往有关张国荣之死的纪录片中没有提到的——关于张国荣“哥哥”这个称谓的由来。《档案》正是通过挖掘细节和以往被人们忽略的事实，使故事更全面、生动、有趣地展现在观众面前。

### 二、创新的节目形态，开创纪录片栏目化的新样式

《档案》的节目形态是由讲述者（主持人）在演播室现场讲述和展示，通过解密档案中的历史秘密，探寻解读各种历史人物和事件的缘由脉络，还原一个又一个惊人事件和传奇人物背后的真实故事。除主持人在演播室口述外，还会出具一个个真实档案物证或复制件，或现场播放有关历史事件、人物的影像资料，透着厚重的历史感。这样的形态既新颖，又能在有限的时间内传达更多的信息量。

《档案》既不同于深度反映某个主题的专题片，也不同于单纯呈现史料的纪录片，而是开创了纪录片栏目化的新样式。所谓纪录片栏目化，就是在电视栏目中运用纪实的手法和元素加以呈现。特别是运用故事性表达手法，层层设置悬念，结合“口述历史”的形式，通过主持人的讲述串联起历史的文件、书信、手稿、影像、照片、实物等纪实性的元素，带领观众一同揭秘。

**三、风格独特鲜明的主持人，成为栏目的品牌符号**

《档案》栏目的讲述者是节目内容呈现的主宰，由于没有观众的互动，讲述者的作用就变得非常关键。讲述者依据节目内容不断抛出悬念，成为节目吸引观众的最大卖点。讲述者根据内容设计演播室内的行动路线以及多种节目元素的使用，从而形成独特的戏剧化的呈现效果。讲述者主要由著名影视演员石凉担任，扎实的外语能力、睿智理性的气质、果断风趣的语言风格、富有磁性的嗓音等，使得他具有独特鲜明的主持风格，成为一个极具个性的主持人。他担任《档案》的讲述者既很好地发挥了他的个性优势，又快速地打造出栏目特色，起到了双赢的效果，大量“石凉迷”的出现也正说明了这一点。

（摘自北京市广电局《收听收看报告》）

# 以小见大观北京，层层剖析评时事

## ——北京卫视新栏目《北京观察》办出特点

《北京观察》是北京卫视2011年10月新改版后推出的一档电视新闻周刊类栏目，将深度报道与新锐评论相结合，以全新的视角关注发生在北京的重大新闻事件。整个栏目打破板块限制，采取多事件专题的组合报道方式，对重点新闻事件和话题进行层层剖析。同时以贴近性和关注度为着眼点，抓住百姓关心的民生话题进行多角度、全方位的解析，收到较好的社会效果。

**一、观察敏锐，选题具有较强的新闻价值**

作为北京卫视的全新栏目，《北京观察》的首批选题包括重阳节、老照片、周末车载蔬菜市场、永定河治理等一系列热点新闻，无论是对北京市民而言，还是从宏观政策角度来说，都具有很强的新闻价值。

重阳节过后不久，便推出了《老有所为才能老有所乐》专题，调查在老龄化社会越来越严重的当下，老年人如何通过基金会的集群集优效应来发挥更大的个人价值。而《体验半小时社区医疗服务圈》则播出于二十四节气中的霜降当日，正值北京秋冬交替的时节，气候的变化导致呼吸道感染、肠胃不适等常见病多发了起来。《北京观察》抓住这一由头，以社区医院这一较为新颖的就医渠道为主题，对其看病便捷性和专业性进行剖析。社区医院就是社区的卫生医疗服务机构，从政策层面来讲，国家正大力发展社区医疗服务体制；而从市民角度来讲，在家门口解决看病难的问题正是其渴望的。无论是时新性、重要性还是贴近性，这一选题的新闻价值都是很强的。

**二、以小见大，小人物命运铺陈大时代背景**

在选题策划上，《北京观察》如同望远镜，着力于窥探潜在的重要的热点事件；而在叙述方式上，《北京观察》又是显微镜，着力于放大小人物的命运，以呈现大北京的变化。这种叙述方式改变了传统意义上的宏观叙事视角，呈现出主角平民化、题材民生化的特点，更注重个人化感受，强调人性化理念。

《用声音寻找光明》专题中，从盲女董丽娜报考播音专业遭拒的个人经历说起，经丽娜之口呈现盲人群体的生活现状，用丽娜之行证明盲人群体的多样化能力。原本只是以按摩讨生计的盲女董丽娜，在偶然中接触并喜欢上了播音主持，凭借自己的努力赢得了社会的感动与帮助，教育考试院也终于同意她参加成人高考。董丽娜在节目采访中说道："盲人选择自己的专业特别窄，不是所有盲人都适合推拿，其实每一个个体都是有个性的。如果你给他们贴上标签，那真的对他们是一种抹杀。我们最需要的是真正的平等参与的机会。"这是个体的呼唤，也是整个盲人群体的心声。不需要更多的解说词和其他传播符号的渲染，人物的一句肺腑之言，就能在最大程度上感染受众，达到良好的舆论引导效果。

在《老有所为，才能老有所乐》专题中也有类似的小人物命运叙述法。老教师王举在退休后感到无法为社会贡献自身价值，便在基金会的帮助下，当起了支教志愿者。这就自然而然地让人感受到，无论是老教师，还是推广到老医生、老律师或者其他，老年人的二次就业能给社会创造不小的价值。

除此以外，《体验半小时社区医疗服务圈》通过陆大妈去社区医院看病，折射医疗制度的改革现状；《一颗蔬菜的"轻松之旅"》通过北航社区的周末车载蔬菜市场，折射产销对接的新型农贸流通模式；《把青春还给母亲河》通过郭大爷回忆小时候在永定河边的场景，折射母亲河对老北京市民的重要性。小事件呈现大变化，据事说理，有理有据，材料丰富，表现力强。

**三、层层剖析，符合受众接受习惯**

《北京观察》打破了板块的限制，采取多事件的组合报道方式。而在重点新闻事件的起承转合上，力求做到环环相扣，按照受众接受习惯层层剖析。如《一颗蔬菜的"轻松之旅"》专题中，记者为了摸清蔬菜运送环节的成本变化，兵分两路，分别在凌晨一点赶到延庆和大兴进行跟踪拍摄，并对每一个环节进行记录，以"算账"的方式给观众展现蔬菜沿路加价的全过程。在进行大量的前期采访与周边市场调查后，将周末车载市场的成本优势与普通市场的加价过程进行对比。而《老有所为，才能老有所乐》则从退休教师王举的志愿支教经历，引申出常青支教项目，指出专业的公益组织正帮助老年人实现老有所为，为老年人达到老有所乐提供了解决措施和途径。

**四、电视语言丰富，多种传播符号并用**

《北京观察》较为灵活自如地配合运用画面语言和声音语言。

善于通过画面+音效+同期+字幕的形式呈现每个小专题。《体验半小时社区医疗服务圈》的第一部分以挂号看病的具体时间节点作为线索，以字幕形式打在屏幕下方，配合以打字声音的音效，串联整个小短片，节奏紧凑，展现社区医院从挂号到取药共计27分钟的方便快捷。再加之同期讲解，非常直观地反映了社区医院的便利性。

善于利用图表、图饼、三维地图等形式使抽象内容具象化。《一棵蔬菜的"轻松之旅"》说到在海淀区、朝阳区、丰台区和石景山区四区开办的周末车载蔬菜市场试点时，运用三维立体图加以展现。还用对比图将周末车载市场与普通市场售卖蔬菜的加价过程进行对比，使普通市场上多出的物流成本、摊位管理成本、人工劳务成本显而易见地呈现出来。

演播室将每期节目的选题分别以封面杂志的形式，选用最经典的图片和标题表现出来，让人一目了然。标题的命名也颇为讲究，如《用声音寻找光明》、《体验半小时社区医疗服务圈》、《一棵蔬菜的“轻松之旅”》、《把青春还给母亲河》、《寻找家族记忆里的老北京》等。

运用拍摄技巧，调动受众兴趣。如《用声音寻找光明》的开端，以董丽娜优美动听的播音配合以抒情音乐，画面一直不出正脸，完全感受不到丽娜是一位弱视者；《一棵蔬菜的“轻松之旅”》则以一大清早的买菜场景作为开头，再切回到演播室的解说，给人以最直接的视觉感官，让受众猜想画面背后的故事。

（摘自北京市广电局《收听收看报告》）

# 北京卫视《大戏看北京》六大亮点

《大戏看北京》是北京卫视2011年10月新改版后推出的一档新型演播室互动访谈栏目，以电影、电视剧首映及经典影视剧的回眸为契机，聚焦热门影视作品、文化活动，邀请北京乃至全国的影视明星、导演、文学艺术界名家和普通观众共同做客演播室。栏目开播后受到了影视娱乐界的高度关注，也获得了不少受众的欢迎。

**一、定位服务化：节目联动**

《大戏看北京》配合北京卫视热播剧的宣传推广，并通过对热门影视作品、文化活动的关注，反映当下的社会面貌和社会心态，反映当前人民精神生活领域关注的重点。这一定位，带有很强的服务性和目的性，体现了北京卫视各节目间的呼应、配合和联动。如《〈男人帮〉爱情向左 友情向右》、《〈双城生活〉真爱可以跨越距离》、《荧屏夫妻携手〈人到四十〉》等分别针对《男人帮》、《双城生活》、《人到四十》等在北京卫视上映的最时新、最热门的电视剧进行宣传推广，以吸引更多的潜在观众，同时“巩固”已有的剧迷，提高忠诚度。

《大戏看北京》节目对热播剧进行了多层次的宣传推广。首先，在故事层面，介绍故事梗概或主要剧情，以吸引观众。如《荧屏夫妻携手〈人到四十〉》这期节目，通过较为完整的叙事，用镜头表达了故事梗概，即男主角查出癌症，仅剩半年生命，想通过冷处理方式让妻子远离，而妻子得知真相后不离不弃。其次，在结构层面，通过冲突化、对比反差等叙事手法，在短短50分钟尽可能地呈现给观众跌宕起伏、一波三折的看点，以吸引观众。第三，在语言层面，通过经典台词等展现时尚元素，在较短时间内吸引年轻人，制造良好的宣传态势。如《〈男人帮〉爱情向左 友情向右》每集都有一段顾小白内心独白，这部分经典语录会呈现在每集的片头上；另外还重现了在剧中一些颇为“后现代”的台词，譬如“还让不让人有气质了”，“战争的号角又吹响了”，“凭什么你们女人结婚就要我们男人有房有车啊，我们上辈子欠你们的啊”等，拉近了影视剧和年轻人的距离。

**二、活动营销化：量身定制**

《大戏看北京》栏目在为热播剧宣传的同时，更是与北京卫视宣传推广团队密切配合，通过整合优势资源，打造“独家”活动，在为热播剧打造声势的同时，提升了北京卫视的整体影响力。如最近一期《〈金陵十三钗〉电影书全球首发典礼》就是北京卫视独家打造的。《金陵十三钗》的导演张艺谋、出品人张伟平及栏目主创悉数亮相节目制播现场。这期节目制作非常精美，身着华美旗袍无限风韵的“十三钗”、全球首发的电影片段，规整书本式的“第一章”、“第二章”等设计，甚至每一小节之间的串联语，都精心设计，大气、厚重、华丽，给观众带来一种视觉震撼。

在活动营销宣传上，卫视宣传推广团队和新画面公司合力邀请了包括新华社、美联社、路透社等在内的300余名国内外媒体记者现场采访报道。同时，微博、论坛也呈现极大的活跃度。不到两天时间，微博覆盖人群已达2500余万，转发量7000余次。其中不乏粉丝超百万和在业内颇具影响力的“名博”，积极转发和评论；在论坛上，两天4篇论坛帖点击总数逼近25万，为节目的播出营造了强劲的收视期待。

**三、选题多样化：双向拓展**

《大戏看北京》以北京现时的电视剧、电影首映资源和戏曲、话剧、演出、展览、文化活动等资源为关注点和切入点。同时，对一些过去的经典电影、电视剧作品和大型演出以及传统文化经典作品展开回忆式的宣传报道，这就在选题上进行了双向拓展。如目前已播出的节目《〈男人帮〉爱情向左，友情向右》、《〈双城生活〉真爱可以跨越距离》、《荧屏夫妻携手〈人到四十〉》等属于时新选题，策划重点在于通过对电视剧的剧情介绍以及主要演员对自己戏中和现实中经历的讲述，向观众传递相信爱情、珍视友情等主题。《〈芙蓉镇〉25年再聚首》、《国粹传承一生缘》和《惊险奇绝，杂技盛宴》等选题则属于“旧题新做”，前者借“中国著名导演谢晋导演逝世三周年”这个由头，召集了谢晋的名作《芙蓉镇》的原班人马，通过刘晓庆、徐松子等人讲述当年拍摄电影时的珍贵记忆，缅怀谢晋，再现谢导的人格魅力和艺术追求。后面两期则分别聚焦京剧与杂技，一是邀请到了京剧琴师泰斗姜凤山先生和京剧梅派传人梅葆玖先生做客演播室。深情讲述他们与梅兰芳大师的友谊和故事，以揭秘中国京剧艺术的博大精深与中国京剧人的非凡技艺和人格魅力，引起人们对国粹的继承与弘扬；二是请到了中国杂技团的艺术家。通过现场表演、互动、连线访谈等方式，表现杂技的悠久历史，彰显杂技魅力。从选题层面来看，这种双向拓展一开始就奠定了节目的开阔视野。

**四、戏剧冲突化：设计感强**

《大戏看北京》将戏剧等选题进行冲突化处理，在戏里、戏外及其二者的对比上调动观众情绪，吸引人们的注意力。

首先，《大戏看北京》的戏剧冲突化体现“戏”里，利用事先剪辑好的电视短片，把戏里故事的局部或某种迹象与征兆向观众作预先提示，通过镜头语言表现人物冲突，展现故事的曲折性，在短短几分钟内调动起观众对该电视或电影的兴致，跟随剧中人物命运、遭遇而产生相应的或愉悦、或紧张等情绪，达到戏里故事与戏外观众“共鸣”的效果。

其次，《大戏看北京》的戏剧冲突化体现在“戏”外。如《〈双城生活〉真爱可以跨越距离》中女主人公郝京妮的扮演者马伊琍在现实中也面临异地甚至多地的婚姻恋爱生活，主持人梳理了“吃不到一块儿”、“聊不到一块儿（语言）”以及“距离”三大问题，清晰地展现矛盾，并通过马伊琍现身讲述真实的幸福生活——化解矛盾，设置节目的高峰和低谷。

最后，《大戏看北京》的戏剧冲突化还体戏里戏外的对比上。如《国粹传承一生缘》这期节目中，姜凤山先生爆料：戏里的梅兰芳动人、聪慧，将角色演绎得活灵活现，而戏外现实中的梅先生“笨”；周总理爱戏，爱梅派，外表俊朗的周总理是个顶天立地的男子汉，唱戏时却选择了旦角，邓颖超则唱老生。这些都是精心设计的故事点，通过对比、反差的叙事手法展现出来，更能激发观众的兴趣。

**五、细节典型化：以小见大**

《大戏看北京》善于从看似平凡的生活细节入手。受众在电视中看到的场景同生活中的场景有重合时，会产生共鸣。同时又以小见大，以细节表达人物的人格魅力。如《国粹传承一生缘》中有三个细节让人记忆犹新。一是梅葆玖讲述父亲的教导，梅兰芳告诫梅葆玖：“不许说爸爸在家是怎么唱的，老师怎么说就怎么唱”，这略显平常的一句话却让人领略到了梅兰芳尊师重道、谦逊敦厚的大师风范；二是于兰讲述姜凤山老先生感动她的一件事，即姜老先生在病房给李胜素讲了一个多小时的戏，以此来表现老一辈艺术家的平易及对京剧的热爱和尊崇；三是巴特尔爱看戏剧频道，有一次爸爸换台，巴特尔还咬了爸爸一口。这些细节生动、鲜活，比万千华丽的语言更让人心悦诚服。

**六、引导点睛化：恰到好处**

访谈节目需要故事、情节、细节各个层次的支撑，也需要主持人画龙点睛的点评和引导。如《〈大宅门〉十年再聚首》中，斯琴高娃对《大宅门》这部作品给予了很高的评价，称之为当代《红楼梦》，并提议大家为郭宝昌导演起立鼓掌。在场观众掌声热烈，此时栗坤插了一句小结：“金杯银杯不如老百姓的口碑，今天观众的掌声就代表了我们对这部戏的口碑。”这句话一方面肯定了观众的重要作用，一方面不卑不亢、不媚不俗地夸赞了作品，为之后顺利完成该期节目营造了良好的氛围，点评简洁到位，恰到好处。

再如，《荧屏夫妻携手〈人到四十〉》这期节目中，王思思在讲述跟王志文初识搭档时，仍显得有些局促、紧张，她讲起第一次看到王老师时脸红、紧张，但看到王老师一笑，心里觉得稍微好一些了。这时候，栗坤适时地插入一句：“王老师，您看您这一笑，给一个姑娘留下了多么深刻的印象。”一下子就逗乐了现场的观众，同时缓解了王思思的紧张情绪，访谈气氛显得松弛、愉悦、融洽了。

（摘自北京市广电局《收听收看报告》）

# 北京卫视《好人故事》真感人

《好人故事》是北京卫视在2011年10月推出的一档将演播室采访与外拍纪录片相结合的大型访谈节目。节目邀请到的嘉宾主要是具有非凡经历和动人事迹的普通人，讲述普通百姓“不平凡”的感人故事，通过他们身上种种闪光的美德，弘扬“真、善、美”的情怀，让观众感受人间真情，感悟人生真谛。

**一、走亲民路线，平凡之中见真情**

在全国新闻战线大力开展“走基层、转作风、改文风”活动的背景下，《好人故事》坚持走亲民路线，通过访谈对象的平民化、访谈话题的人性化和访谈环境的生活化来讲述好人们的故事，平凡之中见真情。

访谈对象平民化。以往访谈节目的访谈对象，大多具有较高的社会知名度，卖点首先在于“谁在说”，其次才是“说了什么”。《好人故事》选取来自基层的平民嘉宾，靠其具有一定话题性的故事吸引观众。

如《大爱无垠，润物无声——记首师大的好书记张雪》，讲一位以兢兢业业的奉献精神和工作态度而赢得人心的高校党委书记；《厚德载物，孝行天下》讲一位以奉献自我、孝敬长辈的孝心而触动人心的孝星；《坚强，不是一个简单的词汇——抗癌11年的奇迹缔造者李蕾》讲一位凭借坚强毅力抗癌11年而激励人心的女孩；《高墙内，风景因你而不同》讲一位忠于职守、以教育感化服刑人员为己任的监狱人民警察。《好人故事》力图把“人”作为节目运作的核心，关注嘉宾身上与普通百姓相通的人生境遇，找寻最纯真、最原始的人性本质，在情感上引起共鸣。

访谈话题人性化。话题的选择对节目成功与否起着至关重要的影响。《好人故事》宣扬的是一种普通人生活的人生哲学，话题的选择不仅有趣味，更有人情味。《大爱无垠，润物无声——记首师大的好书记张雪》节目中，访谈对象张雪在调到中国音乐学院任党委书记后，首都师范大学不少教师写信要求调其回来。中国音乐学院的老师联名签字挽留，退休老教授李文珍老师是唯一没有签字的人，她说：“看着她我真心疼，她太累了，该歇歇了！”《坚强，不是一个简单的词汇——抗癌11年的奇迹缔造者李蕾》节目中，跟很多女孩一样，李蕾也爱漂亮，尤其爱自己一头长长的秀发，家里有着各式各样美丽的发卡，然而为了治疗，李蕾不得不剃掉她的头发；《高墙内，风景因你而不同》节目中，一位精神病监区姓黄的服刑人员入狱九年多，亲人一直避而不见，而在狱警的感化下，黄某的女婿终于前来探监，感受到岳父九年来一直记挂家人的人性化一面。在访谈话题的择取中，《好人故事》呈现了很多充满人性化的故事，有血有肉，有感有情。

访谈环境生活化。电视谈话节目访谈环境的布局对于节目场的营造具有直接的影响，《好人故事》的演播室以柔和的蓝紫色调为大背景，中央高起的圆台上，相对摆放着白色和黑色两张长沙发，配色明快而悦目。两张沙发分别是嘉宾和主持人的座位，中间放了一个小圆桌。这样家庭会客厅般的节目现场能为嘉宾提供一个温馨舒服的交流场，营造一种生活化的氛围，有助于嘉宾愿意把心底深处的话讲给观众听。《300个孩子一个爸——石清华》节目开头，主持人与孩子们一起围坐在演播室中央的台阶上，娓娓道来这些孩子们共同的“爸爸”，也就是故事的主人公石清华。而《坚强，不是一个简单的词汇——抗癌11年的奇迹缔造者李蕾》这个节目，在主人公李蕾的母亲流下眼泪之时，主持人从沙发上起身给予她拥抱：“对不起，我今天真的不想揭您的伤疤，您原谅我，其实我最受不了的就是当妈的哭。”不拘束于传统访谈节目主持人与受访人的身份，在拉近两者关系的同时，也拉近了与观众的距离。

**二、内外场配合，访谈秀与纪实片相辅相成**

《好人故事》穿插大量的外拍素材和相关资料，用真实画面的纪录弥补现场访谈所不能呈现的画面故事。而演播室访谈则主要承担着抒发情感、升华立意的作用。访谈秀与纪实片交相编排，相辅相成。

内场访谈主持人掌控能力较强。主持人是电视谈话节目的核心，电视谈话类节目成功与否很大程度上取决于主持人的主持能力。《好人故事》主持人栗坤在内场掌控能力上较有经验，在她的巧妙引导下，《好人故事》呈现了真诚自然的谈话过程，变“采访”为“谈心”，于“平常”中显“深度”，使交流双方建立起一个彼此信任的平台，实现了情感和观点的双重交流。主持人栗坤表现出三个优点：一是善于倾听。在

《好人故事》内场访谈中，栗坤总是身体前倾地坐在沙发上，安静地注视着对方，时不时做出认同的动作，并保持良好的目光交流。二是善于追问。倾听的目的在于分析体会嘉宾话语的真正意味，抓住他们话语的闪光点，引导、启发嘉宾深入访谈主题。《厚德载物，孝行天下》节目中，丈夫离世后，妻子王书霞照料患有老年痴呆、生活不能自理的婆婆三十多年，不离不弃。主持人便追问："您爱人走的时候您还年轻，完全有重新选择的机会，而您每天守着婆婆，一把屎一把尿地料理她，忍受她的打骂，心里没委屈吗？"王书霞回答："没有，我觉得我应该伺候她。跟我婆婆过了三十多年了，我也离不开她，她也离不开我了。我就跟她过一辈子了。"朴实真诚的王书霞打动了观众，而这个回答也源自于主持人的追问。三是善于引导。如何控制访谈节目的走向，调动现场气氛，是很见主持人功力的一项能力。在《300个孩子一个爸——石清华》节目中，石清华为了照料流浪孩子亏欠了儿子，觉得愧疚而流泪。主持人说："我们的心里都特别难受。爸爸多不容易啊，为了你们放弃了自己全部的生活。还等什么呢孩子们，抱抱爸爸。"现场气氛一下子温馨起来，受访者也得到了最大的安慰。

外场纪实片制作较为精良。除了演播室内场访谈外，《好人故事》较为充分的前期采访提供了大量的外拍素材和相关纪录片，用事实本身来诠释故事，弥补访谈中缺失的画面感。一是善用剪辑手法。《300个孩子一个爸——石清华》中，灵活整合推拉摇移等多角度的拍摄镜头，运用渐入渐出等转场特效，配上相衬的背景音乐，展现了石爸爸和他收养的流浪孩子们在一起或艰辛或快乐的生活，并运用蒙太奇手法，呈现孩子们的张张笑脸，使得整场的纪实片都颇具可看性。二是长于叙事编排。《大爱无垠，润物无声——记首师大的好书记张雪》中，有一个短片记录了还处于癌症病人非常关键的恢复修养期的张雪，却坚持带病工作的敬业精神。片子以时间为序，记录了她一天从上午7:30开始一直忙活到深夜1点的忙碌生活。在开会会场，镜头聚焦在桌上一个已经剥开却还没来得及吃的橘子，以小见大，配合以解说道："这是张雪书记的一天，也是她的每一天。"三是活用镜头语言。《坚强，不是一个简单的词汇——抗癌11年的奇迹缔造者李蕾》中，几次播放了李蕾在患病期间，面对亲人的发誓视频："老爸你放心，我保证我绝对不会有事的，我说出来的话都算话。我给您，还有我奶奶、妈妈、姥姥养老送终，我发誓，我要是做不到，我就不是李蕾。我再也不哭了，我做您的好姑娘。下辈子我还做，咱俩拉钩，下辈子您还当我爸，说话不算数的是小狗……"，一边说，李蕾一边给爸爸擦眼泪。通过声画结合的镜头语言，李蕾的坚强和懂事一览无遗。

灵活转换的内外场衔接。在内外场的衔接上，《好人故事》实现了两者间的灵活转换。这为更好地服务访谈主题、表达节目组想法，提供了叙事形式和技巧上的帮助。

**三、策划用心，用细节展示人物形象**

嘉宾生动的个人故事，很大程度上需要靠细节来支撑。从看似平凡的细节入手，挖掘人物的内心世界，便容易抓住受众的注意力，见微知著，富有张力。《好人故事》在这方面十分用心，通过对一个个细节的强化，有效地展示了人物形象。同时，通过这些细节调动起不同感官的情感体验，丰富、深化了主题。

强调特定语汇。《300个孩子一个爸——石清华》中，由于经济问题，石清华长期以来能提供给300个流浪孩子的伙食只有白菜，便有了"白菜爸爸"的称号；《坚强，不是一个简单的词汇——抗癌11年的奇迹缔造者李蕾》中，反复通过李蕾的亲身经历强调“即使受到伤害，也要学会爱人”和“我要活着”的信念。

设置特别环节。《大爱无垠，润物无声——记首师大的好书记张雪》中，由于主人公张雪没有亲临演播室现场，受访者是与其有密切关系的同事和学生，于是让他们每人在卡片上写一句话，主持人抽一张念一张，由此引出一轮轮受访对象，推进节目进程。

展示特殊物件。《厚德载物，孝行天下》中，王大姐为观众展示了其照顾脑栓公公而自制的东西，如用旧雨伞面做的不渗水围嘴、防止长褥疮的垫子等。

抓取特写镜头。《坚强，不是一个简单的词汇——抗癌11年的奇迹缔造者李蕾》中，镜头多次切到李蕾紧紧握住母亲之手的特写。

**四、注重故事的延续性，积极报道最新情况**

《好人故事》善于在片尾跟进报道人物的最新情况，注重故事的延续性和完整性。《300个孩子一个爸——石清华》节目，以纪实片配合解说结尾：“10月2日，志愿者们为石清华和他的孩子们找了一个条件更好的家。这里有了暖气，孩子们冬天不会再挨冻了。石清华说，他还会带着他的孩子们一直走下去。相信有这么多人的帮助，会越走越好。相信也终会有一天，再也没有孩子在街头流浪。其实每一个孩子的心里都如同一个等待填满的百宝箱，希望我们能给予他们的是关爱、保护、温暖和无忧无虑。”结尾给人以温暖和希望。

《坚强，不是一个简单的词汇——抗癌11年的奇迹缔造者李蕾》节目，简要介绍了李蕾的抗癌经历后，提到在节目录制的前几天，她的身体出现了新情况：嗓子眼里脱落了一块看起来像是风化了的骨头，需要等待进一步的诊断。于是，节目组邀请了李蕾的主治医师拿着李蕾最新的检查报告赶到录制现场，并在节目最后请出他，告诉大家李蕾的最新身体状况，一切是良好的。结尾呼应开头铺设的悬念，又在最大程度上深化了“坚强”一词的内涵，强化了李蕾与癌症作斗争的激励作用。

（摘自北京市广电局《收听收看报告》）

# 2011年城市电视重大宣传活动报道经验

2011年城市电视对北京市“两会”、全国“两会”、京沪高铁正式运营、“心心相印”“七一”大型直播、都市晚高峰——特别节目《雨中进行时》等一系列重大活动进行报道，成为首都市民在户外获取各类消息的重要媒体平台。

**一、重点事件 全程直播**

现场直播是对于事件发生最直观的报道形式。城市电视作为新媒体占据着楼宇和户外大屏两大播出平台，面对流动的观众群，重大事件的现场直播可以将事件信息最直观、最直接地传递给观众。

无论是北京两会还是全国两会，政府的工作报告都是百姓关注的热点；同时，全国两会时期，国家总理答中外记者问也是观众期望收视的焦点；京沪高铁正式运营，以引进世界最先进的技术为基础，在高起点上推进我国高铁原始创新、集成创新和引进消化吸收再创新也是观众关心的话题。“心心相印”以“幸福中国、最美北京”为主题，以感动人、激励人为制作宗旨进行报道组织和策划制作。对于上述重大事件，城市电视在楼宇和户外大屏的平台上采取了同步直播的形式，将事件和活动最大限度地还原给观众，使其可以身临其境，或获取信息，或感受精彩。

**二、开辟专栏、重点解读**

北京市及全国两会期间，城市电视除了在新闻栏目《城市播报》中跟进报道两会的会议议程，还在新闻之外制作了专题类栏目《两会新闻报道》，对百姓关心的物价、住房、医改、教育、养老、社保等问题进行重点解读，对当天的议事议程、热点、焦点进行总结回顾，一方面体现了政治会议等事件的报道深度，另一方面，也让观众最直观地将国家或市政府的政策和自身的生活联系起来。

“心心相印”“七一”特别板块新闻，除与中央电视台并机直播庆祝中国共产党成立90周年大会外还在“时代航标”中，邀请党建专家解读胡锦涛同志重要讲话。在见证板块中，以中国共产主义思想的重要发源地和共和国首都北京为创作背景，以“一切为了人民——北京市纪念中国共产党成立90周年展览”为线索，分为“古都春晓”、“宏图初绘”、“改革新篇”、“科学发展”四部分。以专题片形式，通过北京市九十年的发展见证幸福中国，展示最美北京。在畅想板块中，集成北京卫视“名记者北京行”新闻行动专题片，从新闻工作者的视角见证幸福中国、最美北京。

**三、制作专题、丰富形式**

制作专题的形式适用于大型活动、赛事等重大事件。城市电视在这些事件中，大量制作了各种专题节目，选取不同的新闻点，分类报道、创新播出，力求将事件的多层面展现出来，在使观众更全面了解的同时，也使报道的手段显得既丰富又具多元化。如在北京及全国“两会”的宣传报道中，新闻栏目《城市播报》开辟两会特别报道，全天高频次滚动播出。选取《北京您早》、《特别关注》、《北京新闻》里两会的相关新闻信息，重新进行剪辑包装，从两会新闻、两会花絮、百姓看两会等多个角度，通过内容丰富、主题鲜明、形式多样的宣传报道，体现严肃、热烈、民主的氛围。

**四、滚动字幕、随时播发**

字幕滚动信息是对视频报道的一个文字补充，比视频播出的覆盖范围更为广泛，使得观众获取信息更为随时、更为高效。“两会”、世博会和世界杯期间，城市电视充分利用了L屏的优势，报道信息，发布议程，公布赛事结果和奖牌数量，随时发布，随时更新，使得信息的传递更为快捷高效。

在对2011年重大事件、主题事件的报道中，城市电视以内容为主，整合内容资源，凸显报道主题；重大政治性报道、主题活动报道，统一时间，统一栏目，统一推出，让主题宣传有声、有势、有效。

（北京北广传媒城市电视有限公司）

# 《城市播报》创办经验

《城市播报》作为城市电视主打新闻资讯栏目之一，以“快速播发、实用好看、服务民生”为特色，结合新媒体户外播出的特点，每日选取各类新闻资源中的重大新闻事件和民生信息，及时发布，随时更新。在城市电视楼宇及户外大屏两个播出平台上从7：00至22:00整点高频次滚动播出。

2011年，城市电视对其播出栏目进行整体改版。《城市播报》以新的面貌与广大观众见面。改版后，在整体频道播出上，顺应户外收视特点，强调新闻选取的必看性，播出形式更加碎片化，节目包装版式统一化，增强了平台内容传播的有效性。

**传播特色——快速、直接、简单、有效**

《城市播报》在充分研究楼宇户外收视的特点之后，将自己的传播方式定为“快速、直接、简单、有效”的实用传播方式，提高了信息传播的有效性。而这一户外媒体特有的传播特色，也正顺应了《城市播报》栏目新闻资讯信息的播发要求，形成与城市电视户外平台传播效应的呼应与互补。

**编排特色——“标题导视字幕版”**

《城市播报》在新闻内容的编排上，每条新闻的制作时长都控制在20—30秒左右，新闻与新闻之间，加入了“新闻标题导视字幕版”，每一屏字幕版含有三条新闻标题，除了对即将播出的新闻进行标题特殊提示外，也对前后两条新闻标题，进行同屏字幕提示。这种“导视”效果更适合户外短暂收视、流动收视的特点，可以使观众在30秒之内完成多条新闻的简要阅读。

**选取及更新——“日更三次”或以上**

《城市播报》在新闻内容的选取上，除了严格遵循统一的宣传口径外，还本着围绕大局、服务人民、改革创新的要求，坚持正面宣传，坚持实事求是，坚持贴近民生。每档新闻栏目尽量涵盖时政、财经、教育、医疗、交通等多个方面。全天随时收集新闻素材，于每日10点、15点、20点三个整点进行播报内容的整体更新替换，保证新闻信息的新鲜度和时效性。

不仅如此，如遇到重大事件、突发事件播报，《城市播报》内容则本着随时更新的原则，第一时间将事件的进展情况、最新消息进行播发。

**制作流程——“多岗合作、严谨安全”**

《城市播报》节目制作流程是多岗合作的典范，实行主管、导播、编辑“三位一体”制，即播出主管及时筛选新闻，直播编辑严谨剪辑制作，导播传输审看加载。这一流程里，对新闻制作方面也提出了更为严密的要求，如标题字体，大小、颜色统一规范，合语法、无歧义，新闻画面无夹帧、夹黑，集成新闻完整流畅等。多岗位的多次审查最终保证了栏目的制作质量和有效安全的播出。

（北京北广传媒城市电视有限公司）

# 统 计

2012/《北京广播影视年鉴》

——记录行业情况　服务业内和社会——

# 2011年北京市广播电视播出情况

| 指标名称 | 单位 | 合计 | 市级 | 区县 |
|---|---|---|---|---|
| 广播播出 | —— | —— | —— | —— |
| 公共广播节目 | 套 | 18 | 9 | 9 |
| 播出时间 | 小时 | 120292 | 69286 | 51006 |
| 播出自制节目时间 | 小时 | 98545 | 63518 | 35027 |
| 付费广播节目 | 套 | 2 | 2 | —— |
| 播出时间 | 小时 | 13140 | 13140 | —— |
| 电视播出 | —— | —— | —— | —— |
| 公共电视节目 | 套 | 25 | 11 | 14 |
| 播出时间 | 小时 | 113232 | 84255 | 28977 |
| 播出自制节目时间 | 小时 | 67773 | 45584 | 22189 |
| 电视剧播出数 | 部 | 479 | 449 | 30 |
| | 集 | 14954 | 13859 | 1095 |
| 付费电视节目 | 套 | 11 | 11 | —— |
| 播出时间 | 小时 | 96360 | 96360 | —— |
| 对外广播节目 | 套 | 1 | 1 | —— |
| 播出时间 | 小时 | 8760 | 8760 | —— |

# 2011年北京市广播电视制作情况

| 项 目 | 单 位 | 广播节目 | 电视节目 |
|---|---|---|---|
| 制作广播电视节目时间 | 小时 | 118222 | 100138 |
| 新闻资讯类 | 小时 | 15753 | 13410 |
| 专题服务类 | 小时 | 26921 | 49896 |
| 综艺类 | 小时 | 29595 | 13068 |
| 广播（电视）剧 | 小时 | 2046 | 7094 |
| 广告类 | 小时 | 19304 | 3561 |
| 其他类 | 小时 | 24603 | 13109 |
| 广播（电视）剧部数 | 部 | 3 | 87 |
| 广播（电视）剧集数 | 集 | 53 | 2721 |

注：此表的统计范围是指各类广播影视节目制作机构

# 2011年北京市广播电视播出传输情况

| 项　目 | 单位 | 2011年 | 2010年 | 增减量 | 增速（%） |
|---|---|---|---|---|---|
| 中短波转播发射台 | 座 | 1 | 1 | 0 | 0.00 |
| | 千瓦 | 160 | 160 | 0 | 0.00 |
| 调频转播发射台 | 座 | 15 | 15 | 0 | 0.00 |
| | 千瓦 | 40.95 | 40.95 | 0 | 0.00 |
| 电视转播发射台 | 座 | 15 | 15 | 0 | 0.00 |
| | 千瓦 | 101.3 | 101.3 | 0 | 0.00 |
| 广播综合人口覆盖率 | % | 100 | 99.99 | 0.01 | 0.01 |
| 电视综合人口覆盖率 | % | 100 | 99.99 | 0.01 | 0.01 |
| 有线广播电视传输干线网络总长 | 万公里 | 16.39 | 14.89 | 1.5 | 10.07 |
| 有线广播电视用户数 | 万户 | 475.9 | 448.12 | 27.78 | 6.20 |
| 数字电视用户数 | 万户 | 345.48 | 276.79 | 68.69 | 24.82 |
| 付费数字电视用户数 | 户 | 1235 | 521 | 714 | 137.04 |
| 有线电视入户率 | % | 95.97 | 91.68 | 4.29 | 4.68 |
| 农村有线广播电视用户数 | 万户 | 66.4 | 64.63 | 1.77 | 2.74 |
| 农村有线广播电视入户率 | % | 57.37 | 55.43 | 1.94 | 3.50 |
| 总人口 | 万人 | 1961.2 | 1755 | 206.2 | 11.75 |
| 农村总人口 | 万人 | 268.3 | 274 | −5.7 | −2.08 |
| 总户数 | 万户 | 495.9 | 488.8 | 7.1 | 1.45 |
| 农村总户数 | 万户 | 115.8 | 116.6 | −0.8 | −0.69 |

# 2011年北京市广播影视创收总收入情况

单位:亿元

| 项　目 | 2011年 | 2010年 | 增减额 | 增速(%) | 占总创收收入(%) |
|---|---|---|---|---|---|
| 总 计 | 185.90 | 154.53 | 31.37 | 20.30 | 100.00 |
| 1．广告收入 | 79.61 | 61.37 | 18.24 | 29.72 | 42.82 |
| 其中：广播广告收入 | 12.35 | 7.24 | 5.11 | 70.58 | 6.64 |
| 电视广告收入 | 41.81 | 42.54 | −0.73 | −1.72 | 22.49 |
| 2．有线广播电视收视费 | 9.83 | 9.40 | 0.43 | 4.57 | 5.29 |
| 3．付费数字电视收入 | 0.44 | 0.42 | 0.02 | 4.76 | 0.24 |
| 4．广播电视节目销售收入 | 28.83 | 21.76 | 7.07 | 32.49 | 15.51 |
| 5．电影票房收入 | 13.50 | 11.8 | 1.70 | 14.41 | 7.26 |
| 6．其他创收收入 | 79.14 | 61.37 | 17.77 | 28.96 | 42.57 |

# 北京市广播影视创收收入构成图

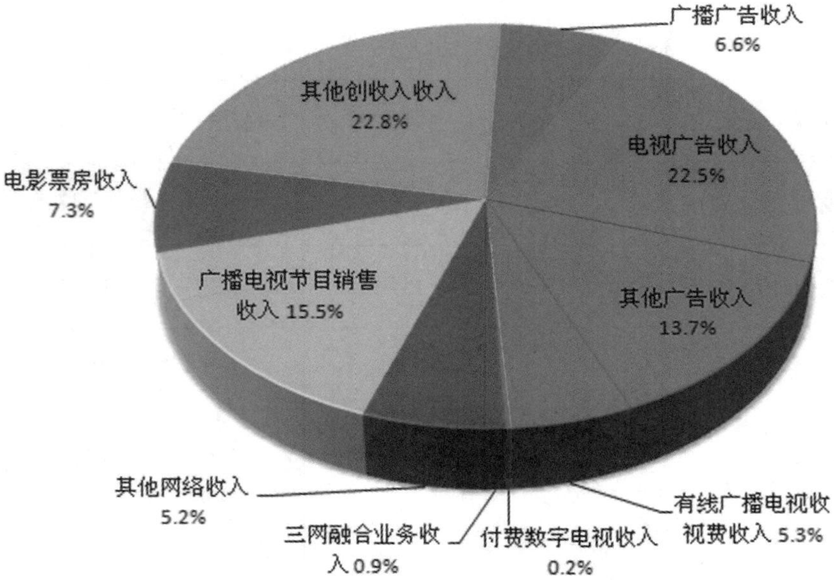

# 2011年与2010年北京市电影情况对比

| 项 目 | 计量单位 | 2010年 | 2011年 | 增(减)量(±) | 增(减)比率(%) |
|---|---|---|---|---|---|
| 电影院线数量 | 条 | 13 | 16 | 3 | 23.1 |
| 电影院数量 | 家 | 102 | 118 | 16 | 15.7 |
| 影厅数 | 个 | 510 | 617 | 107 | 21.0 |
| 银幕数 | 块 | 510 | 617 | 107 | 21.0 |
| 其中： IMAX巨幕 | 块 | 4 | 5 | 1 | 25.0 |
| 影院座位数 | 万个 | 10.25 | 11.44 | 1.19 | 11.6 |
| 院线放映场次 | 万场 | 72.59 | 97.31 | 24.72 | 34.1 |
| 院线票房收入 | 亿元 | 11.8 | 13.5 | 1.7 | 14.4 |
| 院线观众人数 | 万人次 | 2774 | 3206.11 | 432.11 | 15.6 |
| 二级市场放映场次 | 万场 | 1.7 | 0.11 | −1.59 | −94 |
| 二级市场观影人次 | 万人次 | 149.3 | 29.79 | −119.51 | −80 |
| 二级市场票房收入 | 万元 | 144.5 | 184.5 | 40 | 28 |
| 公益电影放映场次 | 万场 | 48.13 | 24.45 | −23.68 | −49.2 |
| 流动放映场次 | 万场 | 3.93 | 2.62 | −1.31 | −33.3 |
| 固定放映场次 | 万场 | 44.2 | 21.83 | −22.37 | −50.6 |
| 公益电影放映人次 | 万人次 | 2728 | 1433.4 | −1294.6 | −47.5 |
| 流动放映观众人次 | 万人次 | 328 | 257.6 | −70.4 | −21.5 |
| 固定观众人次 | 万人次 | 2400 | 1175.8 | −1224.2 | −51.0 |

# 2011年与2010年电影票房收入比较

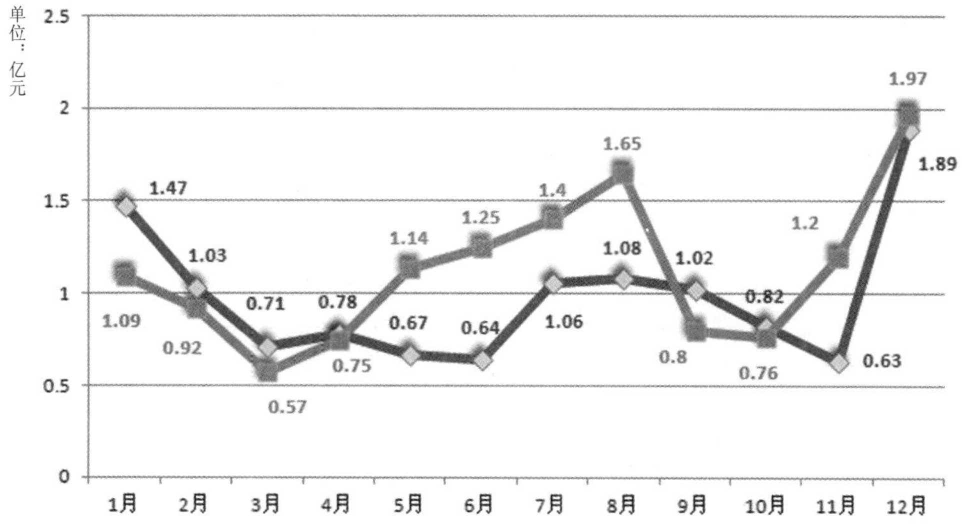

# 2011年北京市广播影视在全国的排位

| 项　目 | 单位 | 全国总量 | 北京市 | 排位数 | 北京市所占比重(%) |
|---|---|---|---|---|---|
| 资产总额 | 亿元 | 6263.36 | 571.04 | 2 | 9.12 |
| 增加值 | 亿元 | 1317.94 | 70.12 | 5 | 5.32 |
| 创收收入 | 亿元 | 2371.18 | 172.40 | 5 | 7.27 |
| 其中:广告收入 | 亿元 | 1122.90 | 79.61 | 3 | 7.09 |
| 收视费收入 | 亿元 | 364.17 | 9.83 | 15 | 2.70 |
| 节目销售收入 | 亿元 | 94.66 | 28.83 | 1 | 30.46 |
| 有线电视用户数 | 万户 | 20264.39 | 475.92 | 21 | 2.35 |
| 数字有线电视用户数 | 万户 | 11488.96 | 345.48 | 12 | 3.01 |
| 制作广播节目时间 | 万小时 | 693.70 | 11.82 | 23 | 1.70 |
| 制作电视节目时间 | 万小时 | 295.05 | 10.01 | 12 | 3.39 |
| 制作电视剧 | 集 | 20435 | 2721 | 2 | 13.32 |
| 电视剧投资额 | 亿元 | 71.13 | 30.21 | 1 | 42.47 |
| 电视节目国内销售额 | 亿元 | 86.71 | 27.80 | 1 | 32.06 |
| 电视节目出口总额 | 亿元 | 2.27 | 0.52 | 2 | 22.91 |
| 从业人员 | 万人 | 78.64 | 3.08 | 10 | 3.92 |

# 2011全国省级电台广告收入前十排名

| 单位名称 | 广告收入（亿元） | 2011年排 序 | 2010年排 序 |
|---|---|---|---|
| 北京人民广播电台 | 8.62 | 1 | 1 |
| 上海人民广播电台 | 5.66 | 2 | 2 |
| 广东人民广播电台 | 4.00 | 3 | 4 |
| 天津人民广播电台 | 3.97 | 4 | 6 |
| 江苏人民广播电台 | 3.72 | 5 | 7 |
| 浙江人民广播电台 | 3.33 | 6 | 5 |
| 黑龙江人民广播电台 | 2.83 | 7 | 9 |
| 陕西人民广播电台 | 2.63 | 8 | 3 |
| 湖北人民广播电台 | 2.63 | 9 | 15 |
| 山东人民广播电台 | 2.55 | 10 | 8 |

# 2011全国省级电视台广告收入前十排名

| 单位名称 | 广告收入（亿元） | 2011年排 序 | 2010年排 序 |
|---|---|---|---|
| 上海电视台（含东方电视台） | 57.69 | 1 | 1 |
| 江苏电视台 | 40.24 | 2 | 5 |
| 北京电视台 | 32.5 | 3 | 2 |
| 浙江电视台 | 31.95 | 4 | 4 |
| 湖南电视台 | 27.38 | 5 | 3 |
| 安徽电视台 | 24.58 | 6 | 6 |
| 广东电视台（含南方电视台） | 21.17 | 7 | 7 |
| 山东电视台 | 20.61 | 8 | 8 |
| 河南电视台 | 12.61 | 9 | 9 |
| 辽宁电视台 | 11.38 | 10 | 11 |

# 2011年北京市广播电视节目交易情况

| 项 目 | 单 位 | 数 量 |
|---|---|---|
| 全年广播电视节目销售收入 | 亿元 | 28.83 |
| 其中：电视剧销售收入 | 亿元 | 18.25 |
| 全年电视剧制作投资额 | 亿元 | 30.21 |
| 全年动画电视制作投资额 | 亿元 | 1.79 |
| 广播电视节目进出口总额 | 万元 | 5945.17 |
| 进口总额 | 万元 | 705.00 |
| 出口总额 | 万元 | 5240.17 |
| 广播电视节目进出口量 | 小时 | 6410.66 |
| 进口量 | 小时 | 98.33 |
| 出口量 | 小时 | 6312.33 |

（北京市广播电影电视局政策法规处提供，统计：吴彤）

# 大事记

2012/《北京广播影视年鉴》

——记录行业情况　服务业内和社会——

# 2011年北京市广播影视大事记

## 1月

1月1日　北京电视台公共·新闻频道开播。此频道率先推出两档新闻类节目——《新闻热线》和《锐周刊》，分别为民生类新闻节目和评论类电视节目。

1月1日　北京北广传媒移动有限电视公司推出特制的“四季L屏”。四季L屏分别为：“绿色盎然春意屏”，“冰爽清凉仲夏屏”，“金色丰收深秋屏”和“火红喜气暖冬屏”。四季L屏将在春分、夏至、秋分、冬至的四个季节性节气进行信息屏的肤色更换。

1月4日　北京北广传媒移动电视有限公司实现新闻资讯实时更新，《移动播报》每天从早9点开始到晚21点，每个整点播出，内容每档都有新变化。

1月6日　京城百家影院建成和新建影院补贴发放暨第一届北京国际电影季合作院线签约仪式在北京耀莱国际影城隆重举行。国家广电总局电影局副局长毛羽、北京市委宣传部副部长张淼、市广电局局长李春良、市广电局副局长庞微等领导出席仪式。仪式上，向第100家影院颁发了纪念证书，向9家获得补贴的影院颁发补贴证书，向著名电影艺术家翟俊杰、黄素影、陶玉玲、雷恪生颁发了第一届北京国际电影季特邀嘉宾证书，北京国际电影季组委会办公室与北京新影联、中影星美、万达、重庆保利院线北京分公司等京城四大落地院线签署第一届北京国际电影季合作协议。

1月11日　北京北广传媒移动电视有限公司气象生活服务图文节目《今天》开播，节目以介绍每日气象、二十四节气等相关信息为主，为市民出行提供生活实用信息。

1月12日　北京电视台2011年BTV《环球春晚》在BTV大剧院完成录制工作。BTV《环球春晚》以“牵手世界，欢动五洲——美丽北京欢迎您”为主题，来自十多个国家和地区的百名世界顶级艺术家参加了演出。《环球春晚》定于2月4日在北京卫视频道播出。

1月12日　北京市农工委、北京市农委、北京电视台联合主办的《美丽乡村——2010年度北京最美的乡村主题晚会》在北京星光影视基地完成录制工作。晚会反映了北京新农村建设五年来的成就。市委常委牛有成、副市长夏占义、市农工委书记、市农委主任王孝东、北京广播电视台台长兼北京电视台台长王晓东等出席晚会。2月6日在北京卫视频道播出。

1月14日至21日　北京人民广播电台在市“两会”举办地制作大型现场直播访谈节目《“两会”直通车》，以代表、委员为访谈嘉宾，以热点话题、议案提案为节目内容，以音视频共做、听众参与互动为播出形式，及时传递来自市“两会”的声音。节目共安排25场现场直播节目，其中政协12场，人大13场。

1月16日　北京电视台圆满完成北京市第十三届人民代表大会第四次会议开幕式直播任务。

1月20日　北京市广播电影电视局召开2011年《北京广播影视年鉴》工作会议。传达学习上级有关会议和领导讲话精神，总结2010年年鉴工作，对2011年工作进行部署。会议由局巡视员洪兵主持，局长李春良、副局长杨淑琴、市地方志办公室副主任、《北京年鉴》副主编张恒彬出席会议并讲话。

1月20日　北京人民广播电台体育广播在北京市体育局、北京市体育记者协会举行的表彰会上，获得北京市体育宣传突出贡献奖。这是体育广播自开播以来连续九次获得该奖项。体育广播贾萌等八人的报道分别获得2009年度体育好新闻特等奖、一等奖和二等奖。

1月20日　北京人民广播电台2011年“一心一意”广告客户答谢会在人民大会堂三层金色大厅举行。国家广电总局、北京市委宣传部、北京市广电局、北京市工商局、北京广播电视台、朝阳区工商局等相关部门的领导出席答谢会。北京广播电视台常务副台长兼北京电台台长汪良、总编辑席伟航等电台领导，以及各专业广播、北京广播网和各职能技术部门负责人出席此次活动，来自企业界的电台直接客户代表近500人参加。

1月21日　北京市十三届人大四次会议通过关于北京市国民经济和社会发展第十二个五年规划纲要的决议，将“创办北京国际电影季”写入规划纲要。

1月21日至23日　北京电视台体育节目中心对在北京老山自行车馆举行的国际自盟场地自行车世界杯北京站比赛进行了现场直播。该项赛事是这一年在北京举行的首项国际大型赛事。

1月22日　北京人民广播电台交通广播《百姓TAXI》栏目倡议组织的1039的士书画社开展送春联下乡活动。市总工会、市职工书画协会、北方北创公司的相关领导以及交通广播《百姓TAXI》栏目主持人李洋参加活动。书画社的成员把400多幅春联送到海淀区苏家坨草厂村。

1月23日　由北京电视台公共·新闻频道策划实施的“温暖一家亲——BTV春节大型记者关爱公益行动”在北京电视台41层阳光大厅举行启动仪式。北京电视台总编辑赵多佳，支持单位首都文明办、市总工会、市对口支援办公室、市民政局、市残联、市园林局等委办局领导，被关爱对象、文明引导员代表、心目影院的盲人代表以及参加报道的主持人、记者代表参加了启动仪式。从1月23日至2月7日，该节目在北京卫视的《北京新闻》、《特别关注》、《北京您早》和公共·新闻频道的《晚间新闻报道》、《都市晚高峰》中播出。

1月24日　北京人民广播电台召开获奖人员表彰暨首席聘任大会，对2010年度在各项社会评比中获奖的集体和个人进行表彰，并聘任牛力、冯健、曹力分别为首席主持人、编辑、记者。2010年，北京电台共有10个集体、66名个人、86件节目作品、广告作品、论文分获各类奖项120项。

1月25日　北京人民广播电台举办“杜绝虚假报道、增强社会责任”专项教育培训班，台长汪良给培训班讲党课。全国和北京市“三项学习教育”活动领导小组办公室专家组成员曹仁义做了“学习马克思主义新闻观、杜绝虚假报道”的报告。各专业广播、节目制作中心、总编室、网络信息中心、北京广播公司所属二级公司的编辑、记者、主持人、播音员和相关职能部门290多人参加。

1月25日　北京人民广播电台“广播三下乡、年货送农家”活动在延庆县井庄镇王木营村举行。“三下乡”慰问团由副总编辑亢亚志带队的一行三十多人，给当地乡亲们带去首都广播人的新春祝福，为全体村民提供4.2万元的医疗保险基金，慰问军烈属、五保户以及困难家庭45户。

1月25日　北京人民广播电台外语广播等12家单位在北京市人民政府外事办公室召开的表彰会上，被评为“2010年北京市民讲外语活动特殊贡献单位”。

1月26日至2月12日　北京广播网在北京网络媒体协会的组织下，携手新浪、搜狐等16家网站共同主办“网络过大年·中华年夜饭”活动。该活动以“中华年夜饭”为主题，16家主办网站各自精心烹制一道“吉祥菜”，为全球华人网民共同打造兔年网络饕餮盛宴。北京广播网以“欢聚一堂”为菜名，推出“过传统年，走时尚范儿”概念的“网络庙会”。

1月26日　北京市广播电影电视局召开收听收看中心2010年度工作总结会。会议总结了局收听收看中心2010年工作取得的成绩及存在的问题，对2011年度工作进行部署。

1月27日　北京人民广播电台研究中心与总编室共同举办“2010年度北京广播市场收听数据分析”报告会，对2010年度北京广播市场收听数据、广播受众需求变化及2010年新媒体发展亮点进行详细解读。总台总编、副总编、各专业广播、节目制作中心、网络信息中心等相关职能部门领导等47人参加报告会。

1月28日　北京市广播电影电视局局长李春良带队对北京电台、北京电视台、歌华有线公司移动电视公司等单位的主控机房、播出机房、新闻演播室等与播出、传输安全密切相关的重要环节和重点部位，以及歌华总前端配电系统的春节安全播出准备情况进行实地检查，为确保北京市448万户有线电视用户收看电视节目做好服务保障。

1月　北京北广传媒移动电视有限公司主办的“我是大明星”活动结束。通过网络报名、邮寄报名、现场报名等方式征集到150余名选手的视频作品，其中有43名选手的视频在移动电视上进行了展播，有6名选手登上“我是大明星”落地推广活动的舞台。选送的北大五行清唱团于2011年1月4日参加北京电视台网络春节晚会的录制工作，登上北京电视台网络春晚的舞台。

## 2月

2月1日　北京北广传媒城市电视有限公司第一块弧形屏——中汇大屏正式亮屏。中汇广场大屏地处东二环商务圈的核心位置，毗邻首都现代化立体综合交通枢纽——东直门交通枢纽，周边云集众多知名写字楼，地理位置十分优越。

2月1日　北京人民广播电台春节大联欢、长达6小时的“广播达人，为爱加油”在北京广播大厦1号演播厅上演，北京人民广播电台9个专业广播、北京广播网、DAB数字广播进行音视频直播。春节大联欢以“爱”为亮点，分为“广播达人爱新鲜、广播达人爱梦想、广播达人爱过年”三个环节，共34个节目，参演演员207人。

2月7日至13日　北京电视台打破传统的节目交流合作模式，探索外宣工作新思路。在北海道札幌日本札幌雪雕节上，与HBC北海道放送合作推出天坛大雪雕，这是北京电视台第一次以赞助方形式参加此类国际活动，是对民间外交进行的有益尝试。

2月10日　北京卫视频道和公共·新闻频道并机播出大型直播节目《风雪北京　与你同行》。截至10日23时直播节目总时间长度超过6个小时，将大雪中的城市组织管理、运行保障和市民文明素质呈现在电视屏幕上。直播综合运用SNG、3G、微博等多种新技术手段，增强了直播节目的实效性，现场感。

2月16日　全市广播影视工作会议在北京会议中心召开。会议由市广电局副局长杨淑琴主持，副局长臧增祥传达了全国广播影视工作会议和北京市宣传部长会议精神，市广电局局长李春良作了题为《抓住主题、把握主线、统筹兼顾、改革创新，在新的起点上全力推进北京广播影视繁荣发展》的工作报告，回顾总结了“十一五”及2010年度北京广播影视工作，分析了当前面临的形势和任务，部署了2011年重点工作。市委宣传部副部长严力强出席会议并讲话。

2月17日　中国电影博物馆召开全体干部会议，宣布市委、市政府关于韩凯、李志斌任职的决定：市委决定韩凯任中共中国电影博物馆党委书记；市政府决定李志斌任中国电影博物馆副馆长（试用期1年），并颁发任命书。市委宣传部常务副部长陈启刚讲话。

2月18日　北京市政府办公厅副主任吴大仓做客北京电台城市服务管理广播，解读北京市2011年“30件实事”，并与北京广播电视台常务副台长兼北京电台台长汪良、北京电台副总编陈晓海就如何继续办好城管广播进行座谈。

2月18日　北京国际电影季组委会办公室第一次会议召开。会上通报了北京国际电影季筹备情况、各项目进展情况，布置了下一步工作重点。国家广电总局电影局副局长喇培康、市委宣传部副部长张淼、市广电局局长李春良、市广电局副局长庞微出席会议。

2月22日　北京人民广播电台交通广播晚间版《一路畅通》在节目中紧急救助断指男孩。节目当中值班警官插播断指男孩被堵在复兴门桥南向北方向的紧急消息后，主持人杨洋、李莉快速做出节目调整，呼吁在西二环上的司机朋友主动为运送伤员的车辆让路。主持人顾峰听到节目后联系积水潭医院骨科医护人员做好手术准备。最终，载着断指孩子的面包车在交警的带领下，快速绕行平安大街到达积水潭医院抢救。

2月23日　北京市广播电影电视局召开2011年党风廉政建设工作会。会议传达了中央纪委十七届六次全会、市纪委十届七次全会和国家广电总局2011年党风廉政建设工作会议精神；总结了2010年党风廉政建设工作，部署了2011年工作任务。局党组书记、局长李春良与班子其他成员，局领导与分管处室、单位主要负责人分别签订《北京市广播电影电视局党风廉政建设责任书》。

2月24日　经北京市委宣传部和国家广电总局电影局批准，由中国电影博物馆和中国电影基金会联合承办的“中国电影诞生105周年暨中国电影博物馆成立5周年纪念会”在中国电影博物馆召开。国家广电总局电影局局长童刚、国家广电总局电影局副局长喇培康、北京市委宣传部副部长张淼、北京市广电局局长李春良、北京市广电局副局长庞微等出席纪念会。在纪念会上，李前宽、于洋、刘建中、陆兆亨、钟嘉禄五人获得“2006年—2010年中国电影博物馆公益事业突出贡献”奖；秦怡等86人获得“2006年—2010年中国电影博物馆公益事业贡献纪念”证章。

2月25日　由北京网络媒体协会、北京人民广播电台、北京电视台主办，北京文艺广播联合北京广播网、千龙网、新浪网、搜狐网、网易网等16家网站承办，新浪微博、搜狐微博等9家推广网站共同举办的“第六届原创新春祝福短信大赛”在广播大厦举行颁奖盛典。大赛共收到原创短信作品33665条，投票总数突破1360万，专题点击量突破1亿1810万，创历届大赛新高。

2月25日　北京市广播电影电视局召开特邀政风行风监督员工作会。会议通报北京市广播电影电视局2011年重点工作、北京国际电影季筹备情况，审议通过了北京广播影视系统2010年政风行风监督工作总结、2011年监督工作计划和《北京市广播电影电视局特邀政风行风监督员工作组意见（修订稿）》。局长李春良，局纪检组长王立平出席会议并讲话。

2月　北京电视台2011年BTV春晚系列节目圆满落幕。从农历腊月二十五至正月初五，北京电视台陆续推出7台12场春晚系列节目：腊月二十五（1月28日），网络春晚率先登场，连播五天，预热节庆气氛；大年三十，动画春晚别具特色，精彩呈现；正月初一，主春晚“感受温暖，传递幸福”，群星荟萃，峥嵘亮相；正月初二，环球春晚汇集中美演艺明星，演绎中国新春盛典；正月初三，政法晚会；正月初四，美丽乡村主题晚会；正月初五，首都迎新春双拥晚会。北京电视台春晚系列节目广受媒体关注。《人民日报》、新华社、《新京报》、《北京日报》、《北京晚报》及搜狐、腾讯等多家媒体予以报道。

## 3月

3月1日　北京人民广播电台城市服务管理广播开播六周年，副市长刘敬民率市政府有关部门负责人到城管广播调研，与城管广播中层以上干部进行座谈，并与市民代表和现场听众交流互动。北京广播电视台常务副台长兼北京电台台长汪良等陪同调研。

3月1日至31日　在北京人民广播电台城市服务管理广播开播六周年及问城网上线一周年之际，举办问城网“上线一周年，三重大礼等你拿”线上推广活动。活动分为“积分换大礼”、“问城达人”评选和“我与问城网”征文三部分。

3月1日　北京人民广播电台召开获奖听众表彰大会，共有130名听众受到表彰。大会为10位获奖者颁发“2010年度北京电台优秀听评员”奖励；为10位“听评月优秀评议稿件奖”一等奖以及5位“2010年度北京电台主持人节目展播听众评议奖”一等奖获奖者颁奖。大会上还颁发了2010年主持人节目展播最佳节目奖、北京电台2011年“广播达人，为爱加油”春节大联欢一等奖和春节节目大赛最佳奖。

3月2日　北京市广播电影电视局召开全市确保“两会”广播电视安全播出电视会议，进一步落实市委市政府和国家广电总局“两会”服务保障有关要求。从人员管理、沟通协调、措施保障、值班和通讯保障、信号监测、信息报送和“两会”驻地有线电视安全保障等八个方面进行了全面部署和动员，确保万无一失。

3月4日　北京人民广播电台召开思想政治工作会。北京广播电视台常务副台长兼北京电台台长汪良作工作总结报告，对2010年全台思想政治工作及开展“知荣辱、讲奉献、重操守、懂礼仪，做高素质电台人”主题教育活动情况作全面总结，对2011年思想政治工作进行部署安排。北京广播电视台党委书记刘志远到会并讲话。

3月4日　北京人民广播电台2010年度名牌栏目评选会举行。由台领导、专家、各专业广播副台长及台有关部门负责人组成的评委会，分成两个组，分别对由各专业广播送评和从北京电台播出监录系统中随机抽取的58个栏目进行认真听评。经过大会讨论讲评和投票，评选出2010年度的10个名牌栏目和20个优秀栏目。

3月6日　北京电视台青少频道以“年轻心，新青年”为宗旨全新改版，推出定位于都市青年观众的大型周末互动娱乐节目——《最强阵容》等新形态节目。

3月8日至9日　北京广播电视台召开2011年工作会议。全面总结成立以来的工作，部署2011年的工作。市委副秘书长、市委宣传部副部长严力强，市广电局局长李春良出席会议并讲话；台党委书记刘志远作总结讲话，台长王晓东作2011年北京广播电视台工作报告，台纪委书记王伟作2011年北京广播电视台思想政治工作报告。北京人民广播电台、北京电视台、北京歌华文化发展集团、北京歌华有线电视网络股份有限公司等单位在会上作了交流发言。

3月9日　北京广播电视台2011年度影视工作创新与发展研讨会召开。中宣部文艺局、国家广电总局电视剧司、市委宣传部、市广电局的有关领导出席会议。北京广播电视台台领导、台总部运营管理部、媒体管理部及台属十余家影视制作单位的负责人参加会议。

3月10日　北京市委宣传部副部长严力强等到北京人民广播电台视察调研。严力强等考察了广播大厦数字演播室、节目制作中心、广告经营部、管理部办公区和广告业务办理大厅，听取电台事业和产业发展的全面汇报，观摩北京交广传媒有限公司新推出的1039 Pad的现场演示。北京广播电视台常务副台长兼北京电台台长汪良和总编辑席伟航陪同调研。

3月10日　北京市广播电影电视局组织首都广播电视节目制作业协会开展“影视节目外销培训”活动。国家广电总局国际合作司、中国国际电视总公司、北京京都世纪文化发展有限公司、澳大利亚富曼传媒集团、香港丰德丽控股有限公司、墨西哥TELEVISA电视集团、北京华录百纳影视有限公司等单位有关负责人同与会的90多名制作发行业同仁交流了在进军海外影视节目市场过程中的经验和心得。

3月14日　北京电视台公共·新闻节目中心派出18人的报道团队，历时13天，按照“准确及时、创新进取”的报道宗旨，圆满完成了全国两会的宣传报道任务。

3月14日　由《求是》杂志社主办的《求是内参》第9期刊登《动漫产业化的可贵探索——北京电视台卡酷动画卫视打造动漫全产业链》一文，从发展历程、可贵探索、未来方向等方面介绍、分析了北京电视台卡酷动画卫视的发展壮大之路，肯定了卡酷动画卫视的做法、经验。中共中央政治局委员、中央书记处书记、中宣部部长刘云山在该文上批示：“当前动漫产业势头很好。可总结各地好的经验推动其健康发展。”中央宣传部副部长、国家广电总局党组书记、局长蔡赴朝批示：“请研究如何落实好云山同志批示精神，总结动漫产业发展经验并推动进一步发展。”

3月15日　北京国际电影季组委会办公室举行第一届北京国际电影季形象大使发布仪式。“第一届北京国际电影季形象大使推选活动”从2010年12月8日至2011年1月20日，采取“公众推荐”、“个人自荐”、“组织推荐”等方式，推选著名影星章子怡、成龙担任第一届北京国际电影季形象大使，参与电影季的重要活动。市政府副秘书长侯玉兰，组委会副主席、组委会办公室主任、市广电局局长李春良为其颁发了聘书。

3月15日　北京北广传媒移动电视有限公司上播一档自制专题类新节目《畅行北京》，节目以交通出行为宣传报道重点，同时关注与百姓生活相关的方方面面。

3月17日　北京市广播电影电视局召开2011年推广130万高清交互机顶盒工作部署会议。市广电局总工程师何桂芝总结了2010年高清交互机顶盒推广工作情况，部署了2011年各区县高清交互机顶盒推广工作任务。局长李春良主持了会议，市委宣传部副部长张淼、市政府办公厅副主任吴大仓参加会议并讲话。

3月17日至19日　北京市广播电影电视局、首都广播电视节目制作业协会、同怀柔区政府联合主办的“2011年春季首都电视节目推介会”在京举行。国家广电总局电视剧司副司长王卫平、网络视听节目管理司副司长魏党军、市广电局副局长臧增祥、杨培丽等出席开幕式，市广电局副局长庞微主持开幕式。推介会共推出250部8143集各类电视剧参展，数量比上届增长27.6%，新剧约占参展项目总量的80%。推介会吸引北京及各兄弟省市的140多家电视节目制作公司、国内80多家电视剧播出机构、30多家新媒体公司和10多家海外电视节目播出机构以及多家国内知名视频网站参与。

3月21日　北京人民广播电台城市服务管理广播“新五年、新规划、新期待”的“市民对话一把手”系列节目拉开帷幕。首位与市民对话的“一把手”是北京市发改委副主任卢映川。卢映川介绍，解决本市交通问题仍需发展公共交通，未来将通过发展轨道交通、地面公交和改善停车条件等举措让市民的出行更加快速便捷。

3月22日　北京电视艺术中心有限公司等单位联合拍摄、艺术总监郑晓龙执导的长篇编年体电视剧《金婚风雨情》摘取亚洲彩虹奖“最佳女演员奖”及“最佳编剧奖”两个奖项。

3月23日　北京广播电视台台长兼北京电视台台长王晓东、北京电视台总编辑赵多佳以及台办公室、总编室、研发部、公共·新闻节目中心负责人、编辑、记者一行17人，到北京市海淀区区委宣传部，与海淀区委常委、宣传部长李彦来等进行座谈讨论。这标志“北京电视台领导与编辑、记者走一线”活动正式启动。

3月23日至25日　鼎视数字电视传媒有限公司参加由国家广电总局主办的第十九届中国国际广播电视信息网络展览会（CCBN），携25套数字专业频道、5套高清频道和7套购物频道，引起了业界的关注。国家广电总局局长蔡赴朝、副局长田进等到鼎视展台视察指导工作。

3月25日　北京市老领导李志坚，市委副秘书长、市委宣传部副部长严力强和北京日报社的有关领导到北京电视台了解“国粹生香——北京京剧票友段位评授季”活动的相关情况。

3月25日　北京电视台驻青海玉树记者站举行挂牌仪式。

3月29日　北京市广播电影电视局召开广播影视行业调查研究工作会。会议总结2010年广播影视行业调查研究工作，提出2011年调查研究工作要求。各区县文委、广电中心、市属广播影视单位参加了会议。会议对2010年获得优秀调研成果的六个课题组进行表彰。

3月　北京北广传媒数字电视公司与英国媒体Framental就未来在中国市场推出符

合中国观众口味的高清电视频道的可行性及运行模式进行全方位的探讨与交流。

## 4月

4月1日 北京市纪委副书记、市监察局局长张厚崑率两位副局长及相关部门领导来北京人民广播电台调研。市政府办公厅副主任吴大仓、市广电局局长李春良、北京广播电视台党委书记刘志远、北京广播电视台常务副台长兼北京电台台长汪良等陪同调研。张厚崑局长一行参观了台史展、电台直播区、900平方米大演播厅和正在进行“市民对话一把手”节目的3号演播厅。

4月1日 北京广播电视台台长兼北京电视台台长王晓东、北京电视台总编辑赵多佳率台领导班子成员到中国国际广播电台，进行业务座谈交流。中国国际广播电台台长王庚年表示，北京电视台节目办得好，贴近性、时尚性强，希望今后继续拓展合作领域，深化业务交流。

4月1日 北京电视台动画节目中心与北京市科学技术委员会、北京工业设计中心合作开展的“2011北京·视界——城市动漫设计大赛”全面展开。面向全国征集有关北京城市建设和人居环境方面的创意设计构想。

4月2日 北京市市委常委、宣传部长、副市长鲁炜到北京广播电视台调研，听取了北京广播电视台党委书记刘志远、北京广播电视台台长兼北京电视台台长王晓东、北京广播电视台常务副台长兼北京电台台长汪良关于北京广播电视台、北京人民广播电台、北京电视台的工作情况汇报，并与台领导班子进行了座谈。座谈会后，市委宣传部常务副部长陈启刚，市委副秘书长、市委宣传部副部长严力强，市广电局局长李春良，市委宣传部副巡视员吕钦等领导一同看望了北京广播电视台干部职工。

4月4日 北京北广传媒移动电视有限公司新上播生活服务信息类电视节目《尚周刊》、图书鉴赏类节目《悦读时间》及娱乐资讯类电视节目《乐影磁场》。

4月4日至7日 北京市广播电影电视局北京副局长杨培丽率16家影视制作机构参展戛纳电视节。参展作品是：电视剧30部、电影3部、纪录片12部、动画片2部、电视栏目1个。有7家公司实现交易金额209.48万美元。

4月6日上午 北京市政府召开专题会议，市委副书记、市长郭金龙主持会议。会议研究了第一届北京国际电影季筹备工作。下午，市委常委会听取了第一届北京国际电影季筹备工作汇报。会议强调，要按照“安全、节俭、优质、文明”的指导思想，使北京国际电影季在展示中外电影文化成果的同时，体现先进文化的引导性，传播中华文明理念。要周密计划，总体设计，高标准、高质量、高水平办好北京国际电影季，使之成为首都建设中国特色世界城市的重点文化活动。要不断拓宽领域，逐步将北京国际电影季打造成在影视领域有世界影响力的品牌。市广电局局长李春良作关于第一届北京国际电影季筹备工作汇报。

4月6日和8日 北京歌华莱恩公司在北京工人体育馆和上海大舞台成功举办美国民谣之父鲍勃·迪伦演唱会。此次演唱会在中外媒体引起强烈反响，英国《独立报》网站、美国《华盛顿邮报》网站、英国广播公司网站等均给予正面、积极的报道。

4月11日 北京市政府召开第一届北京国际电影季筹备工作动员会，市委副书记、市长郭金龙出席会议并讲话，市委常委、常务副市长吉林，市委常委、宣传部长、副市长鲁炜，广电总局电影局局长童刚，市政府秘书长孙康林同志出席会议。会议研究了电影季举办期间城市运行、管理和保障方面工作。鲁炜同志宣布成立第一届北京国际电影季领导小组，郭金龙任组长，吉林、鲁炜任副组长，公布了各工作组组长和组员名单及工作职责。童刚代表国家广电总局讲话。市广电局局长李春良汇报了电影季活动安排、进展及总体运行情况。市委宣传部副部长张淼、市旅游委主任鲁勇、市公安局副局长高煜、市公安局公安交通管理局局长宋建国、首都旅游集团总经理刘毅分别按照各自职责介绍了筹备保障方案。北京国际电影季组委会协办、承办单位领导，北京市各相关单位负责人参加会议。会议由吉林主持。

4月12日　北京人民广播电台第五届“听众喜爱的主持人”大型评选活动在广播大厦举行新闻发布会。台长汪良、常务副台长王秋、副总编亢亚志等领导和各专业台、总编室、节目制作中心、研究中心、网络中心、播音主持管理部以及候选主持人的代表出席会议。评选沿用“广播星时代，用心播未来”的主题和“五心”评选标准，投票从2011年4月13日开始，截止到6月6日。来自二十多家新闻媒体记者参加新闻发布会。

4月17日至5月1日　北京电视台联手北京市总工会推出特别节目《幸福绽放——走近幸福的劳动者新闻行动》。“幸福绽放”系列节目在北京卫视及公共·新闻频道的《北京新闻》、《北京您早》、《特别关注》、《晚间新闻报道》播出，并在新浪网设立专题视频区，推出“随手拍幸福劳动者”、“随手写幸福感言”互动活动。被采访的首都劳模代表和普通劳动者的幸福感言将编辑成名为“十分幸福”的短片，4月30日开始在北京广播电视台所属新媒体上同步播放。

4月17日至26日　由北京人民广播电台总编辑席伟航带队，赴台湾参观考察“中国”广播公司、台北国际社区广播电台、高雄港都电台、台北流行音乐电台等媒体，与台湾广播电台经营管理和从业人员交流沟通，深入交换广电实务经验。参访台湾瑞迪广告事业股份有限公司，就广播节目的制作、推广与营销进行探讨。

4月19日　北京市广播电影电视局总工程师何桂芝带队到平谷区镇罗营镇张家台村、大华山镇挂甲峪村检查北京新闻广播远郊行政村无线覆盖建设工作。

4月19日　由北京电视艺术中心有限公司等单位联合摄制、根据网络畅销小说改编的《甄嬛传》在北京举行乐视网视频官网和新浪门户官网启动发布会。该片独家网络版权方乐视网副总裁高飞、导演郑晓龙、主演孙俪、陈建斌等出席启动仪式。

4月19日　北京电视台参与实施的“北京数字高清晰度电视地面广播实验工程项目”通过北京市发改委验收。

4月20日　北京电视台BTV大剧院举行为庆祝中国共产党成立90周年“唱响中国——群众最喜爱的新创作歌曲”北京演唱会。中国文联副主席李屹，文化部部长助理高树勋，市委常委、宣传部长、副市长鲁炜，市委宣传部副部长张淼，市广电局局长李春良，北京广播电视台党委书记刘志远、副台长苏仁先及北京电视台总编辑赵多佳、副总编辑张亮观看演出。

4月20日　北京人民广播电台城市服务管理广播被北京市总工会授予北京市工人先锋号称号。

4月20日至29日　北京人民广播电台副总编亢亚志等一行四人应台湾传播管理学会邀请，赴台湾中央广播电台、台中全国广播、高雄大众广播电台等三家电台，交流未来北京电台与台湾广播界的节目合作等问题。赴台小组还参访了慈济大学、真理大学、铭传大学传播学院，并与台湾《联合报》、中华电视等媒体进行广泛接触。此次访台后，北京外语广播台与台中市全国广播电台首次合作，于端午节前完成一档有关两地端午节的连线节目。北京电台节目首次在台湾地区落地。

4月21日 第一届北京国际电影季举办中外记者招待酒会。市委常委、宣传部部长、副市长鲁炜出席并致祝酒辞。国家广电总局电影局局长童刚，市委副秘书长、市委宣传部副部长严力强，市委宣传部副部长张淼以及市广电局和电影季组委会办公室领导出席招待酒会，市外宣办主任王惠主持招待酒会。新华社、《人民日报》等15家中央新闻单位驻京记者站负责人、《北京日报》等14家市属新闻单位负责人和境内外记约140余人参加招待酒会。

4月21日至28日 中国电影博物馆影院作为第一届北京国际电影季主体活动“北京展映”的二十家影院之一，于4月21日至28日，对包括国庆60周年献礼片《大河》、世博献礼片《海上传奇》、台湾电影《第36个故事》、美国巨幕纪录电影《大峡谷》和刚刚获得奥斯卡最佳女主角奖的美国影片《黑天鹅》等在内的十余部精彩纷呈的电影进行展映。由中国电影博物馆承办的“第一届北京国际电影季官方海报征集活动优秀作品”展览也于4月22日在中国电影博物馆开展，展出26套应征的优秀海报作品。

4月22日晚 市委常委、宣传部部长、副市长鲁炜到电影季指挥调度中心看望、慰问电影季工作人员，市委副秘书长肖培、市委宣传部副部长张淼，市广电局局长李春良、副局长庞微、纪检组组长王立平、副局长王霞等陪同；同日，鲁炜还到国家大剧院检查开幕式准备情况，市委副秘书长、市委宣传部副部长严力强、肖培，市委宣传部常务副部长陈启刚，市委宣传部副部长张淼，市广电局局长李春良、副局长丁百之等一同参加。

4月23日 由国家广播电影电视总局、北京市人民政府主办的第一届北京国际电影季开幕。电影季红毯仪式在国家大剧院水下长廊举行，电影季开幕式在国家大剧院歌剧院举行。中共中央政治局委员、北京市市委书记刘淇，中共中央政治局委员、中央书记处书记、中宣部部长刘云山出席，刘淇宣布电影季开幕，北京市市长郭金龙、国家广播电影电视总局局长蔡赴朝和威尼斯国际电影节主席马尔科·穆勒分别致辞。市委副书记、市政协主席王安顺，中宣部副部长孙志军，文化部副部长赵少华，外交部部长助理吴海龙，海关总署副署长鲁培军，国家广播电影电视总局副局长张丕民，新闻出版总署副署长邬书林，中国文联党组副书记覃志刚，市委常委、常务副市长吉林，市委常委、宣传部部长、副市长鲁炜，市政协副主席陈平等领导出席开幕式。

4月23日 北京人民广播电台故事广播发起，中国书店、西城区委宣传部、西城区教委、北发图书网等单位共同主办的“我喜爱的古典名著”推选活动在琉璃厂中国书店揭晓。《红楼梦》、《三国演义》、《聊斋志异》、《西游记》、《水浒传》、《诗经》、《人间词话》、《封神演义》、《阅微草堂笔记》、《镜花缘》十本图书最终成为读者推选的“我喜爱的古典名著”。

4月24日 第一届北京国际电影季“电影魅力·北京论坛”国际电影节主席论坛在北京饭店宝石厅举行。国家广电总局局长蔡赴朝、北京市市长郭金龙分别致辞，来自欧洲、美洲、亚洲（包括港台地区及内地）的二十余位国际电影节主席出席论坛，十位主席作为演讲嘉宾，围绕世界电影的多元化发展、电影艺术性与多样性、举办电影节与提升城市影响力等议题发言，广电总局副局长张丕民，市委常委、宣传部部长、副市长鲁炜，国家广电总局电影局局长童刚，市委副秘书长肖培，市政府副秘书长侯玉兰，市委宣传部副部长张淼，市广电局局长李春良，市广电局巡视员洪兵等领导出席论坛。

4月25日　北京人民广播电台与全国113家电台组成的环球旅游广播联盟共同主办，北京文艺广播、北京芭共乐文化传媒有限公司承办的“首届环球旅游热力榜——2011我最想去的地方”大型旅游票选活动正式启动。

4月25日和5月4日　北京歌华文化发展集团在清华大学和北京大学成功举行第26届世界大学生运动会圣火采集仪式、火炬点燃仪式暨火炬传递任务。

4月26日　第一届北京国际电影季电影项目洽商-电影投融资沙龙、电影项目洽商-签约仪式在北京国际饭店多功能厅举行，市委常委、宣传部部长、副市长鲁炜，广电总局电影局副局长喇培康，市委宣传部副部长张淼，市政府新闻办公室主任王惠，市广电局副局长臧增祥出席。市政府副秘书长侯玉兰致辞，市广电局局长李春良做总结陈词，仪式由市广电局副局长庞微主持。仪式上共有十个项目签约，总额达27.94亿元人民币。

4月26日　第一届北京国际电影季电影交响音乐会（第一场）在人民大会堂举行。文化部部长蔡武，文化部副部长赵少华，海关总署副署长鲁培军，广电总局副局长张丕民，全国政协科教文卫体委员会副主任蒋效愚，市委常委、宣传部部长、副市长鲁炜，广电总局电影局副局长毛羽，市委副秘书长肖培，市委宣传部常务副部长陈启刚，市委宣传部副部长张淼，市广电局局长李春良、副局长王霞等出席音乐会。意大利电影交响乐团、谭晶、雷佳、常石磊倾情演出，刘欢演唱了本届电影季主题歌——《你》。

4月28日　第一届北京国际电影季闭幕式暨第18届北京大学生电影节颁奖典礼在奥体中心举行。电影季活动参与总人数近10万，中外电影机构700多家，国内外嘉宾1263人，25个国家和地区的179家媒体参与新闻报道。囊括了专业论坛、项目洽商、影片展映、文化演出等多种形态。北京展映活动在20家影院放映来自42个国家和地区的近160部影片289场，展映活动共开设了12个展映单元，举办了俄罗斯、日本、韩国、美国等展映首映礼等活动6场。举办了“中外著名导演对话”、“国际电影节主席论坛”、“中欧电影合作之路”三场论坛和四场专业讲座，共有10个项目在洽商签约仪式上签约，成交总额达到27.94亿元人民币。“中欧电影合拍项目洽谈会”共有具备合作潜质的30个项目参加洽谈。第一届北京国际电影季闭幕式暨第十八届北京大学生电影节颁奖典礼总结电影季多方面成果，颁发“电影看世界”优秀纪录片荣誉，以及大学生电影节18个奖项。广电总局副局长张丕民，市委常委、宣传部部长、副市长鲁炜，北京师范大学党委书记刘川生、校长钟秉林，广电总局电影局局长童刚，市委副秘书长肖培，市政府副秘书长侯玉兰，广电总局电影局副局长喇培康，市委宣传部副部长张淼，市广电局局长李春良，市政府新闻办公室主任王惠，市广电局副局长庞微、王霞等出席闭幕式。鲁炜、钟秉林致辞，张丕民宣布电影季闭幕。

4月28日　北京市委副秘书长、市委宣传部副部长严力强到北京电视台调研。听取了关于纪念建党90周年、辛亥革命100周年等四部重点专题片的摄制工作情况汇报，就拍摄内容与主创人员进行了交流，对专题片的主体脉络、框架结构等方面提出了具体指导意见。

4月28日　北京人民广播电台交通广播在中华全国总工会庆祝“五一”国际劳动节大会上被授予“全国工人先锋号”称号。

4月30日至5月1日　北京歌华文化发展集团承办首届中国乐谷·北京国际流行音乐季在平谷区成功举行。

4月30日　北京电视台卡酷动画卫视与华纳兄弟娱乐公司、上海文广集团、北京郑致光三维动画设计公司和德国动漫影视公司合作，推出国际经典动画“劳拉的星星”系列电影第二部《劳拉的星星在中国》。《劳拉的星星》作为欧洲家喻户晓的卡通故事，曾被翻译成52种语言，在全球拥有1000多万读者。

4月至6月　北京人民广播电台新闻广播为纪念中国共产党成立90周年，推出大型系列采访活动《品伟人诗词，走革命之路》，派出七路近30名记者奔赴祖国各地，寻访历史，回顾党的发展历程。

## 5月

5月4日　由国务院办公厅、工业和信息化部、国家广电总局组成的国务院三网融合协调小组调研组在京开展三网融合工作调研。调研组一行听取北京市三网融合协调小组办公室以及北京市广播电影电视局、市通管局，北京电视台、北京歌华有线公司、北京联通公司、北京移动公司、北京电信公司等单位开展三网融合试点工作情况汇报，实地考察了北京电视台、北京歌华有线电视网络股份有限公司和北京联通公司等单位的IPTV集成播控平台、高清交互数字电视平台等三网融合工作情况，就有关技术问题和发展进行了研讨。市政府副秘书长戴卫主持调研活动。

5月4日　北京人民广播电台外语广播为庆祝北京外语广播网络电台开播3周年，推出连续9小时的视频直播特别节目。

5月4日　北京电视台纪念建党90周年90集系列专题片《红色地图》在北京电视台卫视频道和公共·新闻频道开播。节目以编年体的历史框架，选取中国共产党90年在北京的斗争、建设、改革和发展内容，以代表性历史遗迹，讲述共产党人在北京开展革命活动的历史事件、著名人物的故事。

5月6日　北京电视台与什邡市委市政府共同举办《有爱就有希望——什邡重建汇报演出》文艺晚会。市委常委、宣传部部长、副市长鲁炜，宣传部常务副部长陈启刚与什邡市领导观看了演出。北京广播电视台党委书记刘志远，北京广播电视台台长兼北京电视台台长王晓东等一同观看演出。

5月6日　北京北广传媒数字电视公司召开付费频道经营座谈会，帮助各频道探索创新经营模式及节目编排方式。

5月9日至6月7日　北京人民广播电台新闻广播参与“凝聚红色信念，声动旗帜中国”全国12家省级广播电台联合采访，从中国革命的红色摇篮陕西延安出发，途经浙江、贵州、江西等12个红色的省份。6月7日，联合采访活动结束仪式在国家广电总局491台举行。

5月10日　中宣部副部长、国家广电总

局局长蔡赴朝到云南省施甸县外景地看望慰问北京紫禁城影业公司拍摄的电影《杨善洲》剧组全体演职人员。

5月10日　北京歌华有线电视网络股份有限公司和中国移动通信集团北京有限公司签署了战略合作协议。双方将发挥各自的优势与特点，资源共享，着重从互为产品代理、资源互补、资源共享三个方面展开合作。北京广播电视台副台长兼歌华有线董事长郭章鹏出席签约仪式。

5月10日至21日　北京北广传媒地铁电视有限公司完成地铁1号线四惠站至四惠东站区间的场强覆盖工作。

5月12日　《北京广播电视报》推出《RBC北京人民广播电台第五届票选听众喜爱的电台主持人评选增刊》，配合北京广播电视台成立后首次举办的“北京人民广播电台第五届票选听众喜爱的电台主持人评选”活动。增刊为四开八版，以“为电台主持人铺设星光大道”为主题，刊登了本次北京电台参与此次评选活动全部101位候选主持人的照片、文字介绍以及主持感言，并刊登了评选选票。

5月12日　北京北广传媒地铁电视有限公司与北京电视台卡酷动画频道合作的卡通动漫类节目《卡酷》、《十分开心》、《小PUU》播出。

5月13日　中共中央政治局委员、中央书记处书记、中宣部部长刘云山在北京市委常委、宣传部长、副市长鲁炜的陪同下参观了北京文化部创意产业展区。北京市广播电影电视局局长李春良等相关委办局领导陪同参观。

5月13日　北京歌华有线电视网络股份有限公司入选中宣部发布的第三届中国“文化企业30强”名单。

5月14日　北京人民广播电台主办的庆祝建党90周年红歌大汇唱暨北京人民广播电台第五届“听众喜爱的主持人”大型评选活动在北京朝阳公园举行。活动共聚集3万多听众，与北京电台九台一网及主持人、编辑、记者共300余人共同庆祝中国共产党建党90周年。

5月16日　北京北广传媒地铁电视有限公司所编的体育类新闻《新闻地铁报——体育》和生活类节目《生活一点通》播出。

5月17日至19日　北京歌华有线电视网络股份有限公司以“三网融合、物联网应用”为主题在第十四届中国北京国际科技产业博览会上，展示了面向家庭的三网融合应用，包括可视电话、高清交互电视、CM上网、城市管理物联网应用等；并荣获本届中国北京国际科技产业博览会组委会办公室颁发的“最佳展示奖”。

5月18日　北京人民广播电台第二批援疆记者、节目制作中心主持人张晓东启程赴新疆和田，接替2010年12月25日赴和田的新闻广播记者章萍在北京市对口支援新疆和田指挥部的工作。

5月18日　北京电视台卡酷动画卫视原创出品的《卡酷漫游记》荣获第二届中国·福州海峡版权创意产业精品博览交易会“海峡版权（创意）精品奖”。

5月18日　北京北广传媒移动电视有限公司作为移动电视分会秘书处，在重庆举办移动电视分会一届八次常务理事会，同时启动“新媒体新重庆——2011全国移动电视重庆采访周”活动。

5月20日　北京电视台6集系列片《人民大会堂》获中国广播电视协会纪录片工作委员会举办的2011年度第五届“纪录中国”评奖节目类一等奖、《档案》获栏目类一等奖。

5月22日　北京广播电视台成功举办的可

佳•鹏程杯2011北京国际数独大奖赛圆满落幕，来自21个国家和地区的60名选手报名参赛。本次大赛采取电视录播决赛的方式，在世界数独大赛史上尚属首次。北京北广传媒城市电视有限公司在全力做好大赛的宣传报道的同时，还提供志愿服务。

5月23日　北京电视台记者尚怡雯、王建随同北京市援藏干部团一起奔赴西藏，这标志着北京电视台驻西藏拉萨记者站的工作全面展开。

5月23日至6月3日　北京北广传媒地铁电视有限公司完成土桥车辆段车库电视信号场强覆盖工作。

5月25日　北京市广播电影电视局组织召开2011年北京市广播电视安全播出（季度）工作会议。会议传达了国家广电总局今年以来全国重大事故通报，总结分析了一至四月全市广播电视安全播出情况，通报了安全播出管理规定实施细则自查评估情况，并对下一步工作进行了部署。市广电局副局长杨淑琴、市广电局总工程师何桂芝、北京广播电视台副台长苏仁先出席会议。

5月26日　北京人民广播电台举办“深入采访、文明采访、依法采访，转变采访作风”专项教育活动动员会。席伟航总编辑作动员讲话，亢亚志副总编主持会议，北京电台资深记者、主持人苏京平作题为“以记者的名义坚守主持的阵地”的报告。共有280多人参加专项教育培训。

5月28日　第一届北京国际电影季总结表彰大会在北京举行。广电总局副局长张丕民，市委常委、宣传部部长、副市长鲁炜，市委副秘书长、市委宣传部副部长严力强，中国电影家协会主席李前宽，广电总局电影局副局长喇培康，市委宣传部副部长张淼，市广电局局长李春良，北京广播电视台党委书记刘志远，北京演艺集团董事长康伟，市新闻办主任王惠，外交部和北京市第一届北京国际电影季领导小组各工作组、组委会成员单位、主要承办单位、中央和北京市有关部门的领导，好新闻奖获得者，组委会办公室全体工作人员200多人参加会议。大会由童刚主持，张丕民、鲁炜分别讲话。会上还对电影季先进个人代表和好新闻获奖代表颁发纪念证书。

5月28日　北京电视台和北京儿童艺术剧院有限公司联合推出的大型音乐互动儿童剧《红孩子》，在BTV大剧院首演，拉开该剧全国巡演的序幕。市委宣传部副部长张淼观看首场演出。

5月29日　北京人民广播电台体育广播携手腾讯微博推出2011赛季欧洲足球冠军联赛决赛大型特别直播节目——《决战不眠夜》，节目历时5个小时。

5月29日至6月3日　北京市广播电影电视局举办2011年公务员能力建设暨党员教育第一期培训班，30余名党员干部到革命圣地井冈山接受培训。市广电局副局长王霞、副巡视员宋春华带队参加培训。

5月30日　北京人民广播电台故事广播、希望公益基金会、中国德慧智国学基金共同主办的2011年“阅读点亮希望星光”大型公益活动启动。

5月30日　北京北广传媒移动电视有限公司播出由中国新华新闻电视网（中国电视网，CNC）制作送播的财经类节目《环球财讯》，这是与央属媒体在视频节目方面的首次合作。

5月30日　北京党建频道与《前线》杂志社合作推出《前线》杂志视频版，开设《前线访谈》、《前线点评》等板块。每月一期，首播时间为每月第二个周五。

5月31日　北京市广播电影电视局局长、市三网融合协调小组副组长李春良在市三网融合工作协调小组第三次会议上通报了北京市前一阶段三网融合工作的进展情况，部署了下一阶段工作任务。市政府副秘书长戴卫主持会议，市委常委、宣传部部长、副市长鲁炜，副市长苟仲文出席会议并讲话。

5月　北京北广传媒数字电视有限公司承办的福彩系列节目已播出10期，节目生产已初具规范化，选题内容逐步丰富，市场推广开始启动。

5月　北京北广传媒数字电视有限公司组织研发的“数字电视节目内容审查系统”日前开始投入使用。

## 6月

6月1日　北京歌华文化发展集团与北京市纪念建党90周年展览筹备工作领导小组办公室、中国共产主义青年团北京市委员会联合举办的“我们是共产主义接班人”主题教育活动在中华世纪坛隆重举行。

6月4日至6日　北京人民广播电台参与主办、北京文艺广播参与承办第六届北京延庆端午文化节开幕。文化节着重“非遗”文化的展示与交流，有来自湖北来凤县的摆手舞、秭归的峡江号子、内蒙古的呼麦和北京的霸王鞭等具有浓郁地方特色的非物质文化遗产演出。

6月9日　全国政协“北京地区博物馆建设与发展”调研组到中国电影博物馆调研。全国政协副主席张梅颖带队约45位全国政协委员参加调研，北京市政协副主席葛剑平等领导也出席此次调研活动。

6月9日　北京广播电视台召开《北京广播电视报》改版工作会，研究《北京广播电视报》2011年改版工作方案。

6月10日　北京电视台召开党委扩大会，成立庆祝中国共产党成立90周年宣传报道工作领导小组，部署庆祝中国共产党成立90周年宣传报道工作。明确北京电视台“七一”特别节目报道方案，以“心心相印”为主题，实现卫视频道、公共·新闻频道连续18小时并机，推出庆祝中国共产党成立90周年大型直播特别节目。

6月10日至15日　由文化部主办，中国非物质文化遗产保护中心承办的2011“文化遗产日”主题活动在中华世纪坛当代艺术中心举办。该活动的展陈设计、服务保障工作全部由北京歌华文化发展集团承担。

6月14日　北京市委书记刘淇创意，市委宣传部与市信访办牵头，北京电视台与市信访办、市非紧急救助中心联合开设的新闻专栏《12345需求与反馈》栏目顺利开播。该专栏每天1期，每期1分钟，在《北京新闻》播出。

6月15日　北京市广播电影电视局党组研究制定《北京市广播电影电视局关于组织党员群众参与反腐倡廉建设的意见》，并召开市广电局纪检监察工作会议，宣布成立第一届市广播电影电视局党员群众党风廉政监督员队伍。局纪检组组长王立平主持会议。

6月15日　北京市广播电影电视局组织全市130多家互联网视听节目服务持证机构高管人员进行年度互联网视听节目服务持证机构培训。

6月15日　北京电视台庆祝中国共产党成立90周年大会在BTV大剧院隆重举行。北京广播电视台台长兼北京电视台台长王晓东，北京广播电视台纪委书记王伟，北京电视台总编辑赵多佳、常务副台长窦晓东出席会议，来自全台23个部门的1000多名职工参加庆祝大会。

6月15日至7月10日　北京北广传媒移动电视有限公司在公交频道高频次播出《中国国家形象片——人物篇》，引起社会各界人士的广泛关注和热烈反响。

6月16日　北京人民广播电台与环球旅游广播联盟113家电台主办，旅游卫视联合主办的“2011我最想去的地方——首届环球旅游热力榜”揭榜盛典在北京举行，印度尼西亚巴厘岛等地成为中国人在2011年最想去的十个境外旅游地。

6月17日　北京市广播电影电视局召开全市广电系统信息工作会议。市广电局副局长王霞出席会议并讲话。

6月17日　北京市广播电影电视局召开广播影视统计工作研讨会，围绕广播影视行业统计范畴界定，统计科目、统计指标、统计数据归集及如何更好地发挥统计数据在推进广播影视事业产业发展中作用等问题与市统计局有关人员进行了交流和探讨。

6月17日　北京广播电视台和《光明日报》联合举办的大型系列公益活动“寻找最美乡村教师”在京启动。全国人大常委会副委员长、民进中央主席严隽琪，《光明日报》总编辑胡占凡，《光明日报》副总编辑方正辉，北京广播电视台党委书记刘志远，北京广播电视台常务副台长兼北京电台台长汪良，中国教师发展基金会秘书长杨春茂等参加启动仪式。此次系列公益活动包括“最美乡村教师”事迹与稿件征集、摄影展、农村教育发展论坛、颁奖仪式、出版画册等五项内容。

6月17日　北京电视台与青海电视台在青海省贵德县共同举办《第四届青海国际水与生命音乐之旅》大型晚会，青海省委书记、青海省人大常委会主任强卫出席晚会并接见了全体演职人员，北京电视台总编辑赵多佳陪同观看。

6月18日至20日　北京市委常委、宣传部部长、副市长鲁炜于18日到中华世纪坛检查北京歌华文化发展集团承办的“一切为了人民——北京市纪念中国共产党成立90周年展览”布展情况；北京市市委副书记、北京市政协主席王安顺于19日前往中华世纪坛检查布展情况；市委书记刘淇，市长郭金龙于20日前往中华世纪坛检查布展情况，要求进一步调整完善展陈，丰富讲解内容，使展览更具视觉冲击力和震撼力；要加大宣传力度，组织、吸引更多人参观展览。市领导叶青纯、吕锡文、李士祥、赵凤桐、傅政华、赵凤山，市政府秘书长孙康林，市委副秘书长、市委宣传部副部长严力强，市委副秘书长张建明等陪同检查。

6月20日　北京市政府副秘书长、市信访办主任薄钢到北京电台城市服务管理广播调研并座谈，北京广播电视台常务副台长兼北京电台台长汪良介绍了城市服务管理广播及电台整体发展工作情况。

6月21日　北京人民广播电台“美丽马兰　歌声嘹亮”帮扶革命老区马兰村系列宣传及公益行动的第一阶段正式开始。“寻梦北京‘七一’行”活动组驱车前往河北省阜平县的革命老区马兰村，接马兰小乐队师生14人到北京，安排他们观看升旗仪式，观人民日报社、鸟巢、水立方，参加音乐广播“红歌嘹亮　唱响中国”演唱会，与北京首师大附小学生共上音乐课等丰富多彩的活动。

6月21日　北京广播电视台召开纪念建党90周年暨表彰大会，对20个先进基层党组织、80名优秀共产党员、20名优秀党务工作者和8个优秀党建工作创新项目进行了表彰。北京广播电视台台长兼北京电视台台长王晓东主持会议，北京广播电视台常务副台长兼北京电台台长汪良宣读了表彰决定。

6月22日　北京市广播电影电视局召开2011年村村通有线广播工作部署会。会议对2010年村村通有线广播试点情况进行总结，部署2011年工作任务；与门头沟、昌平、密云、延庆四个区县签订《2011年北京市广播电视“村村通”工程建设责任书》，下发了《工程进度统计表》。市广电局副局长臧增祥出席会议并讲话。

6月22日　北京市广播电影电视局开庆祝建党90周年北京市电影公益系统优秀国产影片献映工作会议，部署献映活动具体安排。

6月22日　北京人民广播电台爱家广播、童趣出版有限公司在中国儿童慈善日联合举办“毛毛狗当上导盲犬”第二届爱家宝宝童趣故事会，在小人国少年儿童职业体验城举行评选活动颁奖典礼。

6月23日　北京市广播电影电视局纪检组长王立平带领局政风行风特邀监督员到平谷区广电中心进行调研。

6月23日　北京人民广播电台召开全台党员干部大会，隆重纪念中国共产党成立90周年，表彰2010——2011年度先进党支部、优秀共产党员、优秀党务工作者。北京广播电视台党委书记刘志远出席会议并讲话，北京广播电视台常务副台长兼北京电台台长汪良作党课辅导。北京电台常务副台长王秋宣读了台党委关于表彰2010——2011年度先进党支部和优秀共产党员、优秀党务工作者的通报。会议由北京电台总编辑席伟航主持，各支部正、副书记，全台处级以上领导干部，广播公司本部各部门及二级公司负责人，本年度评选出的优秀共产党员、优秀党务工作者以及部分干部职工代表参加会议。

6月23日　北京人民广播电台主办的“红歌嘹亮——北京音乐广播纪念中国共产党成立90周年演唱会”在广播大厦举行。演唱会通过音乐广播和北京广播网进行现场直播。音乐广播全体主持人参加演出。韩红、成方圆、李霄云、王啸坤、王铮亮、潘辰等前来助兴。

6月24日　北京市委宣传部、北京广播电视台、《北京日报》报业集团、北京市国有资产经营有限责任公司、北京演艺集团主办的北京市庆祝中国共产党成立90周年大型群众歌咏活动——“我爱我唱”在国家体育馆举行。中共中央政治局委员、北京市委书记刘淇出席歌咏活动。北京电视台负责活动的录制并在北京卫视频道播出。

6月24日　北京市庆祝中国共产党成立90周年主题晚会——“党在百姓心中”在北京电视台BTV大剧院举行。北京市委副书记、市政协主席王安顺，市委常委、市纪委书记叶青纯，市委常委、组织部部长吕锡文，市委常委、宣传部部长、副市长鲁炜等领导观看演出。晚会定于7月1日在北京卫视播出。

6月26日　由北京市委组织部、市委宣传部、市委党史研究室和市档案局（馆）共同主办，北京歌华文化发展集团承办的“一切为了人民——北京市纪念中国共产党成立90周年展览”开展。截至7月20日，展览历时67天，共接待观众590062人。

6月26日　由北京北广传媒移动电视有限公司、北京北广传媒地铁电视有限公司、党建数字电视频道联合主办，北京公交集团、北京市地铁运营有限公司共同协办的“为您而歌”——公交、地铁员工庆祝建党90周年红歌赛活动颁奖晚会在北京电视台录制完成。

6月28日　北京党建频道全面改版试播。改版更加突出党建理念传播的"专"、"精"和"深"，注重节目内容和形式的多样性，切合受众的收视习惯和需求。

6月28日　北京广播电视台在北京电视台大剧院举办庆祝中国共产党90诞辰《党在我心中》职工"红歌"汇演。北京电台、北京电视台、北京歌华文化发展集团、北京歌华有线公司等北京广播电视台近18个单位的职工代表队参加演出。

6月29日　由北京市委宣传部、北京市广播电影电视局主办的"党在我心中，献映为群众——北京市电影公益放映系统庆祝中国共产党成立90周年主题活动"，在密云县太师屯镇东田各庄数字影厅举行，现场观众观看了影片《歼十出击》。市委宣传部副部长张淼，市广电局局长李春良、副局长庞微，广电总局电影局市场处有关负责人，以及密云县委常委、宣传部长王春林，密云县副县长程文华出席活动。该活动在全市电影公益放映系统放映3.5万场电影，献映影片包括《杨善洲》、《建党伟业》、《第一书记》等六十部精品力作。

6月29日　北京人民广播电台故事广播主办的"家有党员大型故事征集活动"颁奖仪式在北京广播大厦举行。活动从2011年1月启动，历时近半年，产生一等奖1名，二等奖2名，三等奖3名，优秀奖6名，组织奖4名。

6月29日　北京电视台举行纪实高清频道开播仪式。该频道7月1日开播，每天上午10点钟播出，首播节目每天3小时，全天滚动播出14个小时。

6月29日　北京电视台大型特别报道《红色地图》影像文字资料许可使用权捐赠仪式在首都博物馆举行，首都博物馆向北京电视台颁发了《红色地图》捐赠证书。

6月29日　北京歌华有线电视网络股份有限公司召开庆祝建党90周年暨表彰大会，对先进基层党组织、优秀党务工作者和优秀共产党员进行表彰。

6月30日　北京紫禁城影业有限责任公司拍摄的电影《杨善洲》在人民大会堂举行盛大首映仪式。中共中央政治局委员、中共书记处书记、中组部部长李源潮，中宣部副部长、国家广电总局局长蔡赴朝，中共北京市委常委、宣传部部长、副市长鲁炜等领导出席首映仪式，并与剧组主创人员及杨善洲家属合影。

6月30日　北京市委副书记、市政协主席、市委政法委书记王安顺对北京电视台科教频道《第三调解室》栏目作出批示：《第三调解室》定位明确，效果良好。调成一个，教育一批。普及了法律知识，化解了社会矛盾，弘扬了和为贵文化。这种创新，很有意义和价值。要给予支持，越办越好。

6月30日　北京电视台、上海东方卫视、铁道部影视中心共同策划的大型直播报道节目《中国速度》在北京电视台公共·新闻频道播出。北京电视台全力以赴做好历时六个小时的京沪高铁大型直播报道。

6月下旬　北京北广传媒城市电视有限公司自主开发建设的中汇大屏广告代理招商工作圆满结束，经过多轮艰苦谈判，中汇大屏以远高于预期的代理价格成交，并获得一系列优厚的附加条件。

6月　北京北广传媒移动电视有限公司完成对《畅行北京》、《移动直通车互动板块》、《尚周刊》等十档栏目的整体包装制作。此外，还制作了《移动电视七周年》

宣传片，端午节、建党90周年15秒频道宣传ID，绿色出行系列宣传片；移动电视主题曲制作以及《伟大功绩 光辉历程》特别节目包装、制作工作。

### 7月

7月1日 北京电视台纪实高清频道改版播出。纪实高清频道是国内首家采用全高清格式播出的纪实频道，从7月1日起，每天上午10点钟开始播出，首播节目每天3小时，全天滚动播出14个小时，至24点结束。同时，卫视高标清频道、公共·新闻频道、纪实高清频道四个频道并机推出“心心相印”庆祝中国共产党成立90周年18小时大型直播节目，北京北广传媒移动电视、城市电视、地铁电视等4万多个户外电视屏，与北京电视台并机直播。

7月1日 北京北广传媒数字电视有限公司、北广传媒城市电视有限公司、北京北广传媒移动电视有限公司、北京电视艺术中心有限公司党支部分别召开以共产党员献爱心为主题的党日活动，同时组织党员、入党积极分子参与“共产党员献爱心”捐款活动。

7月7日 中宣部新闻局阅评组一行到北京电视台参观考察。阅评组一行对北京电视台多年来坚持正确舆论导向，弘扬主流价值观，特别是对建党90周年宣传工作给予了充分肯定，双方就北京卫视的改革、频道节目编排、机制创新等进行座谈。

7月7日至10月 北京电视台首届“观众喜爱的主持人”大型评选活动启动。从7日起至9月5日公众可通过网络、电话、纸媒三种方式参与投票，评选出自己喜爱的主持人。评选结果于10月揭晓。从2011年起，该活动将每两年举办一次。

7月7日 北京广播电影电视局召开“北京市广电局电视剧审查委员会交流座谈会”。国家广电总局电视剧司副司长王卫平、电视剧司审查处副处长刘梅茹以及中国人民解放军总政治部宣传部艺术局、北京市民委宣传处、北京市公安局政治部宣传处等单位的相关人员参加会议。市广电局局长李春良、副局长杨培丽主持会议。

7月8日 北京人民广播电台菠萝网络电台（bolo.rbc.cn）正式上线。菠萝电台拥有北京电台9套开路广播、15套有线调频广播的600余档直播、回放节目，网友可根据个性化需求，在这个庞大的音频资料库自由订制节目，形成自己的专属电台。

7月12日 北京市委常委、宣传部部长、副市长鲁炜到歌华大厦考察工作。市政府副秘书长侯玉兰，市委宣传部常务副部长陈启刚，市委宣传部副部长傅华、张淼，市广电局局长李春良，北京广播电视台党委书记刘志远，北京广播电视台台长王晓东等一同参加调研。鲁炜深入到歌华设计公司、歌华有线总前端机房、影视公司工作区、移动电视、城市电视、鼎视公司、地铁电视等新媒体公司，听取了各单位的工作情况汇报，就业务开展、项目研发、市场拓展和人才队伍建设等进行调查研究，并分别同歌华集团、歌华有线的领导班子进行座谈。肯定了歌华集团、歌华有线等单位在新闻宣传、安全播出、公共服务、文化体制改革、文化品牌塑造、资本市场运作、“三网融合”业务拓展、新技术研发应用、首都信息化建设、新型宣传人才培养和传统新闻单位转型创新等方面，取得了巨大成就，为北京文化事业和产业的发展作出了突出贡献。同时要求歌华集团要进一步打造核心业务，增强市场竞争力，将文化与科技、旅游、金融紧密结合，打造引领中国、影响世界的大型国有文化机构；歌华有线要着重抓好安全播出、用户服务、战略构想、创新能力、市场占有率、技术研发、“两个效益”、队伍建设、重大项目和企业文化等十个方面的工作；城市电视公司等新媒体单位要认真研究用户特点和规律，多做“短、平、快”的节目，积极占领市场。

7月12日　中央电视台发展研究中心主任李舒东一行九人到北京电视台参观调研。双方就北京电视台新址现代化园区建设理念、搬迁过程的具体细节及注意事项进行了交流沟通。调研组对北京电视台搬迁后的各项管理工作给予充分的肯定。

7月14日　北京市广播电影电视局召开第二轮《北京志•广播电视志》编纂工作启动大会暨编委会第一次扩大会议，研究部署第二轮北京广播电视志编纂工作。北京市地方志编纂委员会常务副主任、《北京志》主编段柄仁，北京市地方志办公室主任王铁鹏，北京市广电局党组书记、局长李春良，北京广播电视台党委书记刘志远，原市广电局党组书记、局长孙向东，北京电台总编辑席伟航出席会议并讲话。国家广电总局、中央电台、国际电台、中央电视台、中广史学会，市属地方志编委会、地方志办公室，市属广电系统播出机构、网络传输机构、影视制作以及音像、报刊出版等单位，区县广播电视中心和新闻中心，市广电局相关处室等100余人参加会议。北京市广电局巡视员洪兵主持会议。

7月17日　北京电视台承办的2011年度中国播音主持“金话筒奖”颁奖典礼在BTV大剧院举行，市委常委、宣传部部长、副市长鲁炜出席并与获奖代表座谈。本届“金话筒奖”共评选出播音作品10件，主持作品10件，广播播音员主持人10名，电视播音员主持人9名。其中，北京电台任春燕、郭炜获广播播音作品奖，杨洋获广播播音员主持人奖；北京电视台王旭东获电视播音员主持人奖。自2009年起，北京电视台已连续三年承办“金话筒奖”颁奖典礼及系列活动。

7月18日　文化部市场司副司长庹祖海一行到北京歌华文化发展集团调研。对歌华集团提出的“成为产权多元化、经营专业化、市场国际化的国内一流、国际知名的文化服务供应商”的目标给予了充分的肯定。

7月18日　北京市广播影视作品审查中心邀请国家广电总局和解放军总政治部电视剧审查委员会人员与北京市广电局电视剧审查委员会人员座谈军队题材审查问题。

7月19日　北京人民广播电台和中国广播电视协会联合主办、研究中心承办的第四届“赢在创意”全球华语广播栏目大赛评审会在长富宫饭店落幕。来自中国广播电视协会、中央人民广播电台、中央电视台、北京市新闻工作者协会、北京大学、中国传媒大学、北京广播电视台和北京电台的26位评审委员对70件栏目作品进行评审，《爱微博》和《热词扫盲班》分获原创类和创新类广播栏目金奖，《上课起立》等四个栏目获得银奖，《千谎百计》等六个栏目获得铜奖，《音画国学》等十二件作品获得优秀奖，《欢乐正前方》获得最佳栏目形象广告创意奖。经过网友投票，《新闻新考》获得最具网络人气作品奖。

7月19日　英国传媒公司FREMANTLE大中华区总经理到北京北广传媒数字电视有限公司座谈交流。

7月20日　北京市广播电影电视局组织局安全播出调度中心、丰台区文委、北京广播电视台、歌华有线公司等单位开展防范非法信号插播有线电视网络突发事件应急处置演练。市广播电视安全播出指挥部总指挥、市广电局局长李春良担任演练指挥，指挥部常务副总指挥、局总工程师何桂芝担任现场指挥。北京歌华有线电视网络股份有限公司应急处置队伍迅速到达事发地点，按时完成了事件的处置任务。

7月20日　北京市广播电影电视局组织开展2010年度北京优秀电视剧评选和北京优秀电视剧（动画片）剧本评选活动。评选活动共收到26部2010年首播的电视剧和8部电视剧（动画片）剧本参加评选。经专家评定，最终10部作品、7部优秀电视剧（动画片）剧本作品入选。

7月20日　北京歌华有线电视网络股份有限公司召开区(县)委宣传部部长、广电中心主任座谈会，通报了高清交互数字电视平台建设和高清交互机顶盒推广情况，征求各区县宣传和广电部门负责人的意见和建议。

7月20日至21日　北京市广播电影电视局召开全市影院安全监管工作会议。市广电局副局长王霞出席会议并讲话。各区县文委主管领导和部门负责人及全市115家影院的安全主管领导参加会议。

7月21日　北京北广传媒移动电视有限公司、北广传媒地铁电视有限公司与百度奇艺公司联合召开座谈会，双方就进一步加强户外电视与视频网站内容合作，深化在活动、营销推广、品牌支持等方面的合作进行深入交流。

7月22日　北京市人大常委会主任杜德印到北京电视台调查研究、指导工作。杜德印对北京电视台的各项工作给予了肯定，希望北京电视台充分发挥先进文化的引领作用，把电视台建设成为全市重要的文化建设阵地。市人大常委会副主任赵凤山，秘书长唐龙，副秘书长刘维林、高岩辉，办公厅副巡视员李文等陪同调研。北京电视台总编辑赵多佳、常务副台长窦晓东陪同调研。

7月24日　北京人民广播电台新闻、交通、城管广播在北京大雨期间紧急启动三台应急预案，新闻、交通强强联手，整合两台人力及新闻资源，派出18路记者赶赴有关政府部门及重要路段，采用两台并机直播的方式，快速反映雨情、发布最新路况和出行提示，及时发回连线报道80多篇、录音报道4篇。

7月24日　北京市委常委、宣传部部长、副市长鲁炜到北京人民广播电台、北京电视台慰问参与《都市晚高峰》特别节目——《雨中进行时》直播节目的工作人员。市委副秘书长、宣传部副部长严力强和北京电视台台长王晓东、北京电台台长汪良、北京电视台总编辑赵多佳、北京电台总编辑席伟航等领导陪同。

7月25日　北京人民广播电台与北京北广传媒移动电视有限公司联合推出《北播秀场》。该节目以视频节目为主，包括明星访谈、花絮集锦等内容。每周一期，日播两次。

7月25日　北京北广传媒移动电视有限公司上播节目《整点播报》，取代原有的《移动播报》节目。该节目是一档新闻资讯集成类节目，每档5分钟。

7月27日　朝鲜电视编辑局副局长洪锦植率朝鲜广播电视委员会设备考察团到北京电视台考察访问。

7月27日　北京广播电视台代表市宣传系统举办纪念建党90周年“红歌”汇演主题党日活动。来自全台18个单位和台总部各部室的350余人演唱了15首红歌，向党的90岁生日献礼。北京广播电视台纪委书记王伟出席，全台党员干部和职工代表共650

余人参加活动。

7月28日　北京中广传播有限公司举行《睛彩北京》频道开播仪式。该频道共开设《睛彩城市》、《这里是北京》等21个核心栏目，每天6点开播，全天播出18小时。至此，北京市民可以通过具有CMMB功能的手机、PDA、MP4、车载电视、笔记本电脑等各类手持移动终端适时收看新的电视节目。国家广播电影电视总局、新华社、市委宣传部、中广传播集团公司、市广电局、北京广播电视台等相关领导孙朝晖、李智、翟德罡、臧增祥、刘志远、陆莹、苏仁先出席仪式。

7月28日　北京广播电视台召开专题会议，听取北京北广传媒数字电视有限公司自有频道运营情况汇报，就数字电视公司的生存与发展问题展开探讨。台党委书记刘志远主持会议。

7月29日　北京党建频道与新华社《手机党校》栏目举行座谈会，就开办节目、内容生产和人员培训等方面的合作事宜进行交流洽谈。

7月29日　北京北广传媒移动电视有限公司召开第四届第一次董事会及2011年股东会。公司董事、监事及各股东单位代表参加会议，听取了公司经营工作汇报，审议通过利润分配方案，实现移动电视成立以来的首次股东分红。北京广播电视台党委书记刘志远、北京广播电视台台长兼北京电视台台长王晓东参加会议。

7月31日　中国电影博物馆举办“议佳作　谈发展——中央新影集团展映活动主题研讨会”。参加此次研讨会嘉宾有中国新闻社原副社长、资深纪录片编导陈光忠，中影集团原党委书记窦春起，中央新影资深编导、中央电视台审片组专家、国家广电总局重大题材审查小组成员吴金华，北京师范大学艺术传媒学院教授张同道，中国电影资料馆研究员单万里等，中央新影集团副总裁、总编辑郭本敏主持了此次研讨会。

7月　北京电视台圆满完成庆祝建党90周年宣传工作。北京电视台以“幸福中国　最美北京”作为宣传的总主题，统筹安排、突出重点，以两场直播、一个活动、两个系列报道、四部专题片、七部红色主旋律电视剧、二十个栏目特别节目、十一场晚会（歌会），全面构架北京电视台庆祝中国共产党成立90周年的主体宣传，各频道在重要时段安排播出主题宣传节目，营造了庆祝建党90周年喜庆热烈的氛围。

7月　北京人民广播电台故事广播与北京市希望公益基金会共同主办2011年“阅读点亮希望星光”大型公益活动，并向承德市多所学校捐助价值100万元的课外书和学习用品。

7月　北京电视台卡酷动画卫视制作的《2011BTV动画春晚之章鱼哥预“爆”系列宣传片》荣获国际电视包装行业最高奖“Promax&BDA全球奖”2011年度少儿节目宣传类金奖，迪斯尼摘得银奖。这是中国大陆地区媒体机构首次问鼎Promax全球奖金奖。该系列宣传片同时获得儿童节目多媒介整合宣传提名奖。

7月　北京电视台七色光艺术团荣获2011年“加拿大拉瓦尔国际合唱节”最高荣誉奖项“组委会特别奖”，并获得了该比赛以后赛事直接晋级决赛的通行证。

7月　北京电视台动画节目中心出品并创意制作的52集动画片《星游记》（Rainbow Sea）荣获第十五届“首尔国际动漫节”（SICAF 2011)动画作品类“最佳创意奖”。这是中国电视动画作品首次获此奖项。

## 8月

8月2日　北京人民广播电台和北京市“三项学习教育”活动领导小组办公室共同举办“情系马兰，深入基层”——“三项学习教育”主题报告会，同时启动“美丽马兰，歌声嘹亮”——北京电台主持人与革命老区马兰小学生“一帮一”结对子公益行动。电台台长汪良、总编辑席伟航、市记协常务副主席宗春启出席报告会。原《晋察冀日报》社社长、中共北京市委书记处书记邓拓和北京电台第一任台长丁一岚的女儿邓小岚作了题为《发扬革命传统、情系老区人民》的主题报告。常务副台长王秋主持报告会。

8月3日　北京北广传媒移动电视有限公司新上播娱乐节目《全球娱乐通》。

8月5日　北京歌华有线电视网络股份有限公司与北京移动公司召开联席会议。双方在多项合作领域均取得新进展，一是从8月份起，北京移动开放110个营业厅宣传歌华宽带相关产品，歌华有线在小区推广现场宣传北京移动相关产品。二是8月中旬实现歌华宽带在部分北京移动营业厅办理预约报装，2011年年底实现100家以上北京移动营业厅代办歌华宽带业务。三是双方实现千兆传输链路的互联互通。四是运用歌华飞视，实现多屏应用的优势，双方提出了将歌华飞视提供给北京移动用户的“CMCC-飞视”方案。

8月8日　第五届中国品牌节在北京人民大会堂大礼堂举行，北广传媒城市电视有限公司“户外大屏电视联播网”因其良好的表现形式、高质量的视觉冲击力以及巨大的传播效应受到广大专家和评审团的一致认可，被授予“2011品牌中国传媒行业金谱奖”。

8月8日　北京广播电视台与市文化局、市社会建设工作办公室、中华世纪坛管理中心联合主办，北京歌华中演文化有限公司、北京歌华中体文化体育发展有限公司承办的2011年“北京节拍”文化广场活动在中华世纪坛南广场正式开幕。该活动持续至21日，每晚6点至10点向社会免费开放，旨在全力打造集文化、体育、娱乐、消夏于一体的夏季文化广场。

8月8日　北京歌华有线电视网络股份有限公司与华为技术有限公司签署“三网融合”战略合作协议。双方将在“三网融合”相关技术、市场拓展、人员培训等方面开展合作交流，并研究组建下一代有线电视网络联合实验室。北京广播电视台副台长兼歌华有线董事长郭章鹏与华为公司副总裁洪天峰参加签约仪式。

8月8日　北京电视台承办的《京张心连心，两岸一家亲》大型文艺演出成功举行。演出由北京市委宣传部、河北省委宣传部、张家口市委市政府主办，北京电视台承办，在张家口市桥东区龙泉广场隆重举行。晚会定于8月14日在文艺频道播出。

8月9日　北京市市委副书记、市政协主席王安顺率港澳台侨委员会部分政协委员到北京电台调研。市政协秘书长闫仲秋、港澳台侨委员会主任孟秀勤及市政协委员冉丽，北京电台总编辑席伟航、常务副台长王秋、副台长陈晓红等陪同。王安顺听取电台工作汇报后，察看了部分机房。

8月10日　北京北广传媒地铁电视有限公司召开试播一周年座谈会，就如何提升地铁电视的节目品质和播出质量进行座谈交流。北京广播电视台党委书记刘志远出席并讲话。北京广播电视台纪委书记王伟、北京广播电视台副台长苏仁先和北京市国资委有关部门负责人出席会议。

8月11日　北京市农委委员张宏图到北

京广播电视台调研，北京广播电视台党委书记刘志远与来宾就进一步做好“三农”宣传工作进行座谈。张宏图委员代表市委农工委、市农委赠送了锦旗。

8月12日　北京广播电视台副台长苏仁先与台人力资源部、媒体管理部负责人到北京北广北京传媒城市电视有限公司调研。

8月13日　北京人民广播电台第五届“听众喜爱的主持人”大型评选活动举行颁奖典礼，王佳一、伍洲彤等16位北京电台主持人荣获新一届“听众喜爱的最佳主持人”称号，王一、高磊等20位主持人荣获“听众喜爱的优秀主持人”称号。中国广播电视协会会长李丹、国家广播电影电视总局传媒机构管理司和市有关部门负责人等出席。

8月13日　北京电视台公共·新闻频道直播以“盛世前门、天街亮宝”为主题的大型节目，直播历时两个半小时，描绘前门历史文化展示区传统与现代经济文化的融合。

8月15日　北京广播电视台召开2011世界数独锦标赛中国选拔赛新闻发布会，启动赛事报名工作。北京广播电视台是世界智力谜题联合会授权的唯一中国会员，负责在中国选拔和组队参加2011年11月份在匈牙利举行的第六届世界数独锦标赛和同期举行的第20届世界迷题锦标赛。中国选拔赛于9月份分别在北京、上海、南京同时开赛，前三名选手入选国家队赴匈牙利参赛。

8月16日至17日　北京市广播电影电视局召开2011年区县电影发展与管理工作座谈会。传达了全国县级城市数字影院建设工作现场会精神，听取了各区县上半年电影发展和管理工作情况的汇报，全面回顾了上半年电影事业、产业发展和电影公共服务工作开展情况，提出了发展和管理工作中存在的问题与建议，对全市下半年电影发展与管理工作进行了部署。市电影管理六方联席会议成员单位有关领导出席会议，各区县文委主管电影工作的负责人参加会议。市广电局副局长庞微出席会议并讲话。

8月16日　中国电影博物馆举行纪念建党90周年——全国少儿电影才艺展示活动颁奖典礼。本次活动自4月28日正式启动，是中国关心下一代工作委员会和中国电影博物馆共同举办的一项大型少儿公益活动。第十届全国人大常委会副委员长、中国关心下一代工作委员会主任顾秀莲，第十届全国人大常委会副委员长、中国关心下一代工作委员会顾问何鲁丽，中国关心下一代工作委员会副主任兼秘书长杨志海等领导以及著名电影表演艺术家田华出席并为获奖选手颁奖。来自全国26个省市自治区近10万名少年儿童参与和关注，40名选手分获“第二届少年儿童电影配音大赛”小金星、小银星、小铜星和小亮星四个奖项，并有12名选手获“优秀小配音演员”称号。重庆市关工委、新疆生产建设兵团农九师石河子市关工委、北京卡酷卫视和北京市怀柔区少年宫四个单位获得优秀组织奖。

8月17日　北京北广传媒城市电视有限公司董事长、总经理张学朝与共青团中央直属的中国光华基金会秘书长任晋阳分别代表双方单位签署媒体公益联盟（大音工程）战略合作框架协议，正式达成媒体公益联盟。

8月18日　北京市广播电影电视局组织有关部门到怀柔影视基地管理服务中心，为中心全体干部和怀柔区文委产业办、杨宋镇影视办等多个单位业务干部进行了专题培训。

8月18日　北京市广播电影电视局组织开展电子政务培训，邀请有关专家围绕“行政体制改革与电子政务的发展趋势”主题为与会人员进行辅导授课。

8月18日至19日　北京市广播电影电视局举办二轮修志特约编辑培训班，局巡视员洪兵做开班讲话，北京市地方志办公室副主任谭烈飞、北京市地方志学会副会长罗保平等主讲。国家广电总局办公厅、中央三台、中国教育电视台、市广电局部分处室和单位、北京广播电视台播出机构、网络传输机构、影视制作机构、音像报刊出版等单位、14个区县广电中心共50多人参加培训。

8月20日　北京北广传媒数字电视有限公司报送的《数字电视内容集成和分发系统技术研究》项目，在北京市广电局组织的《北京广播电影电视局科技创新奖》评比活动中通过专家的技术鉴定。

8月22日　北京人民广播电台举办“全媒体传播与新媒体变革”高峰论坛，庆祝“北京广播网”成立10周年。国家互联网信息办公室五局局长李伍峰、市互联网宣传管理办公室常务副主任佟力强和北京电台台长汪良出席并致辞。新浪、搜狐、人民网、新华网等27家网站负责人和互联网研究专家围绕媒体融合方向、媒体融合要素与途径等内容进行了研讨。

8月22日　北京广播网菠萝台（bolo.rbc.cn）正式上线。菠萝台是全国唯一一个支持多路广播节目混排、自定义各节目播放时间且节目内容时时更新的网络电台，它所搭建的个性化网络音视频分享平台，将广播节目的选择性收听转化为主动收听，将传统广播节目与网友个人创意相结合，激发网友的参与热情和创作激情。

8月23日　北京歌华有线电视网络股份有限公司“歌华飞视”项目荣获第二十届北京国际广播电影电视设备展览会应用大奖。并入围由中广互联与新浪科技发起的“2011年广电科技领域十大事件评选”活动。

8月23日至24日　北京电视台召开“全国地面频道节目创新与合作发展研讨会”。全国24个省45家电视台、64个电视频道、24家网络媒体的负责人参加。北京广播电视台台长兼北京电视台台长王晓东，北京电视台总编辑赵多佳、常务副台长窦晓东出席会议。

8月24日　中宣部副部长、国家广电总局局长蔡赴朝来到第20届北京国际广播电影电视设备展览会(BIRTV)北京广播电视台展区参观视察。听取了北京电台“听立方”和“1039多媒体机”等产品应用和市场推广，北京电视台3D电视拍摄技术及应用、歌华有线“飞视项目”市场发展等情况介绍，并对北京广播电视台成立以来取得的成绩予以充分肯定。北京电台台长汪良、歌华有线董事长郭章鹏、北京广播电视台副台长苏仁先陪同。

8月24日　北京电视台与内蒙古电视台共同签署战略合作协议，就版权经营达成战略合作关系。依照协议，北京电视台京视传媒公司将全权代理内蒙古电视台所有版权节目的发行业务。

8月24日至25日　北京市广播电影电视局召开2012年预算项目申报论证会，并举办财政预算管理培训班，为全局编制2012年预算打好的政策基础。机关各处室、局属各单位负责人和联系人参加论证及培训。

8月25日　北京电视台召开紧急会议，传达学习刘云山、刘淇关于“走、转、改”活动的批示精神以及鲁炜关于“走、转、改”活动的指示，迅速部署北京电视台“走、转、改”活动工作，进一步细化落实工作方案及实施流程。会议由北京广播电视台台长兼北京电视台台长王晓东主持，党委副书记、常务副台长窦晓东，副总编辑张强出席，党办、办公室、总编室、人事部、卫视节目中心、新闻节目中心等部门负责人及相关人员参加会议。

8月25日　北京歌华有线高清交互数字电视平台中的“颐和园”栏目正式上线。通过高清交互数字电视，用户足不出户，便可实时点播观看园内景色。

8月25日　北京电视艺术中心有限公司拍摄的51集长篇电视剧《金婚风雨情》荣获第28届电视剧“飞天奖”提名荣誉奖。

8月25日　北京市广播电影电视局纪检组长王立平带队到市政府网站“首都之窗”参加政风行风热线“走进直播间”节目，就北京市电影产业及电影市场发展、首届北京国际电影季的情况做了介绍。

8月25日　北京电视台总编辑赵多佳率春晚剧组赴平谷区采风。

8月26日　中共中央政治局委员、中央书记处书记、中宣部部长刘云山在视察第20届北京国际广播电影电视设备展览会北京广播电视台展区时，重点视察歌华有线公司推出的“歌华飞视”业务，并对这种业务模式给予了充分肯定。中宣部副部长、国家广电总局局长蔡赴朝，国家广电总局副局长田进、张培民，中央人民广播电台台长王求，北京广播电视台党委书记刘志远，北京广播电视台副台长兼歌华有线董事长郭章鹏，北京广播电视台副台长苏仁先等陪同视察。

8月26日　北京市广播电影电视局副局长丁百之率队赴西京集团有限公司开展专题调研。西京集团成立于1994年，是一家集团型民营企业。2009年西京集团全资收购了英国普罗派乐卫视，与BBC、ITV等英国主流媒体同在(BSKYB)sky-195播出，全天播出18小时英文节目，成为中国唯一一家进入欧洲主流播出系统的电视台，信号覆盖45个国家，欧洲电视用户2300万户。

8月26日　北京广播电视台召开研讨会，对北广传媒数字电视公司与视界（香港）有限公司合作成立北广视界高清节目有限公司，开展高清节目运营的可行性进行论证。

8月26日　北京电视艺术中心有限公司摄制的电视剧《甄嬛传》获得“2011乐视影视盛典”最具期待电视剧奖，郑晓龙导演获得唯一特别贡献奖。

8月28日　中国广播影视大奖第14届电影华表奖揭晓，北京市属单位出品及参与制作的11部影片获华表奖奖项。华谊兄弟公司拍摄的《唐山大地震》、北京新画面影业有限公司拍摄的《山楂树之恋》、北京紫禁城影业有限责任公司拍摄的《杨善洲》、完美世界（北京）影视文化有限公司拍摄的《钢的琴》荣获优秀故事影片奖；北京保利博纳电影发行有限公司拍摄的《十月围城》、大地时代文化传播（北京）有限公司拍摄的《孔子》、华谊兄弟传媒股份有限公司拍摄的《风声》、北京数字印象文化传播有限公司拍摄的《海洋天堂》荣获优秀合拍影片奖；北京十月天文化传媒有限公司拍摄的《日照好人》、北京泛亚视觉文化传播有限公司拍摄的《玩酷青春》荣获优秀数字影片奖；北京中联华盟文化传媒投资有限公司拍摄的《我们天上见》荣获优秀少儿影片奖；北京电影学院、北京世纪彩蝶动画制作有限公司拍摄的《唐山大地震》荣获优秀电影技术奖。

8月29日　北京人民广播电台“走基层、转作风、改文风”活动正式启动。北京广播电视台常务副台长兼北京电台台长汪良出席并讲话，总编辑席伟航就深入开展“走基层、转作风、改文风”活动作出具体部署。

8月29日　第二届北京国际电影季项目协调会召开。会议通报了第二届电影季部分项目设置情况。北京市广电局局长李春良、副局长庞微出席会议。中影集团、中国电影合作制片公司、市外宣办、北京演艺集团、北京歌华文化发展集团、首旅集团、搜狐公司有关负责人参加会议。

8月29日　北京歌华有线电视网络股份有限公司与台湾富邦集团共同出资成立的富邦歌华与家有购物集团运营合作正式启动。北京广播电视台副台长兼歌华有线董事长郭章鹏出席启动仪式。

8月30日　北京市广播电影电视局召开“走基层、转作风、改文风”推动北京影视创造繁荣发展座谈会。市委常委、宣传部部长、副市长鲁炜出席会议并讲话。

8月31日　北京市广播电影电视局组织市发改委、有关行业协会等单位的专家和特邀行风监督员、用户代表，专题对歌华有线公司启动高清交互数字电视视频点播和付费频道收费召开专家论证会。局纪检组组长王立平主持会议。

8月31日　北京市广播电影电视局组织126家2011年取得“制作经营许可证”的市属新批持证广播电视节目制作经营机构相关人员进行专题学习培训，副局长臧增祥出席会议并讲话。

8月31日至9月2日　北京电视台党委副书记、常务副台长窦晓东带领记者走进首钢京唐公司，深入基层，对一线职工进行全程跟踪采访。

8月31日　北京电视台召开专题治理同质化栏目研讨会。会议请来北京银汉文化传播有限公司主要负责人，面对面交流沟通，共谋节目发展。

8月　北京市委宣传部、北京市广播电影电视局主办的全市农村电影公益放映系统“庆祝中国共产党成立90周年优秀国产影片献映活动”圆满结束。展映期间，共放映包括《建国大业》、《天安门》、《第一书记》、《袁隆平》、《建党伟业》、《飞天》、《杨善洲》、《郭明义》、《惊沙》、《歼十出击》等推荐影片60部，放映场次近4万场，观影人次达204万人次。

8月　中国广播影视第28届电视剧飞天奖揭晓，北京市9部电视剧荣获第28届飞天奖。北京鑫宝源影视投资有限公司的《我的青春谁做主》、北京小马奔腾影视文化发展有限公司的《我是特种兵》获长篇电视剧一等奖；北京唐德国际文化传媒有限公司的《师傅》获长篇电视剧二等奖；北京鑫宝源影视投资有限公司的《婚姻保卫战》、北京电视艺术中心的《金婚风雨情》、海润影视制作有限公司的《沧海》、北京金英马影视文化有限责任公司的《半路兄弟》六部电视剧获长篇电视剧提名荣誉奖。

8月　北京电视台“自带干粮走基层”受到广泛好评。北京电视台“走基层、转作风、改文风”活动从实际出发，要求编辑、记者和主持人下基层采访费用、蹲点采访吃住费用自理。截至8月31日，第一批参加蹲点采访的150余名编辑、记者和主持人，分成二十个小组，带着米、面和食用油陆续抵达各联系点进行采访。

8月　北京电视台研究决定，对台动画节目中心与北京卡酷传媒公司实行分设，旨在贯彻国家广电总局“不允许频道、频率公司化、企业化经营”的政策规定，规范北京电视台内容生产和产业经营。

8月　北京电视艺术中心有限公司拍摄的电视剧《金婚风雨情》和北京中北电视艺术中心有限公司出品的电视剧《（猎人笔记）之谜》荣获2011年中国广播影视大奖第28届电视剧“飞天奖”提名荣誉奖。

8月　北京电视台纪实高清频道顺利完成2011年国家大剧院漫步经典音乐会的六场电视直播，首次在电视直播中实现立体声播出。

8月　鼎视数字电视传媒有限公司组织召开“鼎视传媒数字电视高峰论坛”，七家省级、三家地市级网络公司的二十余名相关负责人参加了会议。

8月　北京电视台出品的《媳妇的美好时代》荣获第28届中国电视剧飞天奖一等奖，《黎明之前》、《家常菜》和《师傅》获二等奖。

8月　北京北广传媒移动电视有限公司在2010年度中国移动电视创优评审中共获15个奖项。其中，一等奖4个，二等奖5个，三等奖6个。

## 9月

9月1日　原中共中央政治局常委、国务院副总理李岚清到中华世纪坛观看“重返巴洛克——那不勒斯的黄金时代”绘画艺术展并听取了歌华集团的工作情况汇报，对世界艺术馆依靠政府支持、文化产业集团资助、市场化运作三结合的方式表示赞同。

9月1日　北京广播电视台党委书记刘志远会见复星集团副董事长兼首席执行官梁信军，双方就新媒体发展、内容生产、产业链建设等方面进行了交流。复星集团是中国最大的民营企业集团之一，产业涉及医药、房地产、钢铁、零售、服务业及战略投资业务。梁信军表达了与北京广播电视台在新媒体领域合作的愿望。

9月1日　北京广播电视台与北京市福利彩票发行中心共同发起举办的“公益北京”节目研讨会暨理事会筹备会议在京民大厦隆重召开。

9月1日　北京北广传媒移动电视有限公司上播空气质量播报、预报类节目《北京空气质量播报》和新闻专题类节目《绿动北京》。

9月2日　北京广播电视台召开群众路线教育暨“走基层、转作风、改文风”活动推进会，各单位领导班子成员和总部全体职工共80余人参加了会议。北京广播电视台党委书记刘志远讲话，北京广播电视台常务副台长兼北京电台台长汪良主持会议。北京电台常务副台长王秋，北京电视台党委副书记、常务副台长窦晓东分别介绍了北京电台和北京电视台活动开展情况。

9月2日　北京电视台电视剧《永不磨灭的番号》署名评论文章《好看的故事，鲜活的人——看电视剧〈永不磨灭的番号〉》在《人民日报》文艺评论版刊登，给予高度评价。该剧于8月16日至9月1日在北京卫视频道播出，平均收视率9.04%，单集最高收视率达到12%，连续五天进入30城市省级卫视同时段排名第一。

9月3日　北京人民广播电台举办第二届全国“夏青杯”朗诵大赛北京赛区比赛首场比赛。大赛由北京人民广播电台主办，北京朗诵艺术协会协办，大赛设置成人和少年两个组别，最终评出的北京赛区优胜选手直接选送至全国总决赛。

9月4日　北京广播电视台与北京奥运城市发展基金会共同主办的2011世界数独锦标赛中国选拔赛初赛圆满结束，来自北京、上海、江苏等12个省市的287名选手参加比赛。

9月4日　北京人民广播电台城市服务管理广播主办的北京第五届（2011年度）魅力社区评选活动在朝阳区望京体育文化广场启动。北京市政府办公厅副主任吴大仓、市委社会工委副书记周开让、市社会办副巡视员王智玲、北京电台副总编辑陈晓海等出席启动仪式。北京城市服务管理广播台长李革介绍评选活动情况。

9月5日　北京市广播电影电视局召开电视剧审查工作座谈会。会议传达了蔡赴朝在全国广播影视工作会议上的讲话精神和国家广电总局电视剧司2011年上半年省级电视剧审查工作通报精神，邀请总局电视剧司审查处负责人就新印发的《电视剧内容审查实施细则》进行深入解读，观看了市影视系统“走基层、转作风、改文风”座谈会宣传片，组织审委就问题剧进行了案例分析，交流审查体会。副局长杨培丽出席会议并讲话。

9月5日　北京北广传媒移动电视有限公司上播体育类节目《棒球周刊》，该节目主要内容为美国职业棒球大联盟赛事精彩集锦、资讯、故事以及棒球知识。

9月6日　北京人民广播电台总编辑席伟航一行到新疆和田市肖尔巴格乡北京电台和田希望小学，参加学校2010－2011年度表彰大会。“北京电台和田希望小学”由北京电台2004年投资43万修建。

9月6日　北京人民广播电台文艺广播、北京市文联和北京市曲协共同主办“北京曲艺家走基层进怀柔演出”活动，北京市曲艺家协会主席李金斗带队前往怀柔区桥梓镇北宅村演出。

9月7日　北京电视台公共·新闻频道《2012美丽乡村》主题晚会区县采风行正式启动。

9月7日　北京市广播电影电视局召开专题会议研究部署全市直播卫星公共服务工作，贯彻落实中宣部、国家广电总局召开的全国直播卫星公共服务试点工作经验交流现场会议精神。会议强调，各区县文委要加强对直播卫星公共服务工作的组织协调，北京歌华有线电视网络股份有限公司作为公共服务运行维护的责任主体，深入山区农村，进村入户，认真摸排调查，做好数据统计上报工作，并着手建立直播卫星服务体系。副局长臧增祥出席会议并讲话。

9月7日至8日　北京广播电视台台长兼北京电视台台长王晓东与新闻节目中心基层蹲点记者一同来到密云县，进行蹲点采访活动，了解群众对北京电视台工作的要求和期待。

9月8日　北京广播电视台与《光明日报》社、中央电视台共同举办的“寻找最美乡村教师”颁奖典礼在北京隆重举行。全国人大常委会副委员长、民进中央主席严隽琪，教育部副部长郝平，《光明日报》总编辑胡占凡等领导出席典礼并致辞。活动开展两个多月来，在网友投票、组委会评议的基础上，从100名入围的乡村教师中评选出10名“最美乡村教师”和20名“特别关注乡村教师”，分别给予资助。《光明日报》副总编辑李春林、方正辉，中央电视台科教频道总监金越，北京广播电视台副台长苏仁先，中国教师发展基金会秘书长杨春茂等为10名“最美乡村教师”颁发了奖品和证书。颁奖典礼特别节目于9月9日晚在中央电视台科教频道播出。

9月9日　北京人民广播电台外语广播组织“中外友人庆中秋”活动，和来自七个国家的15位外国友人一起自制月饼和彩绘玩具“兔爷”，向他们讲述中秋节的文化背景、月饼的来源以及“兔爷”的传说。

9月10日　北京市委宣传部、市文化局、北京广播电视台等单位联合主办，北京歌华文化发展集团承办的《诗意中国——第三届中秋国际原创诗会》在中华世纪坛隆重举行。该活动是2011北京“卢沟晓月”中秋文化旅游节市级重点活动之一，来自英国、美国以及包括台湾、香港在内的国内部分地区的二十多位著名诗人及著名音乐人同台朗诵中秋原创诗作。

9月10日至11日　北京电视台体育节目中心全程直播“国际铁联铁人三项世锦赛系列赛总决赛”，并为国际铁联制作本次比赛的电视公用信号，在包括英国BBC、日本NHK、欧洲EUROSPORT等四十多个国家和地区的电视台同步播出。本项赛事是本年度国际铁联级别最高的一项赛事。

9月10日　北京电视台推出“说句心里话——BTV记者‘我在基层’中秋节大型新闻行动”，《北京新闻》、《北京您早》、《特别关注》、《都市晚高峰》、《晚间新闻报道》等各档新闻节目共同播出“说句心里话”特别报道。

9月12日晚　北京市委宣传部、市旅游委、市文化局、市文联、北京广播电视台等单位共同主办的《卢沟晓月　乐动中秋——2011北京月亮歌会》在卢沟桥广场隆重举行，北京市市委常委、宣传部部长、副市长鲁炜出席。北京电视台卫视频道和文艺频道同步直播。

9月13日　中共中央政治局委员、书记处书记、中宣部部长刘云山在中宣部召开的“新闻战线‘走、转、改’活动座谈会”上，表扬北京电视台9月11日《北京新闻》播出的《说句心里话：用双手“抹”出家的根基》报道。

9月14日　北京市人大常委会教科文卫体办公室副巡视员王小萍率部分人大代表到北京歌华有线电视网络股份有限公司调研高清交互数字电视推广工作，参观了歌华有线总前端机房，观看了“歌华飞视”、多屏融合和城市管理物联专网等业务演示，实地考察了昌平区高清交互机顶盒推广现场，并与社区居委会和用户代表进行了座谈。市广电局局长李春良、副局长王霞、总工程师何桂芝及歌华有线相关负责人等陪同调研。

9月14日　北京市广播电影电视局组织新浪网、搜狐网、百度网、千龙网、优酷网和酷6网等六家本市视听节目服务持证网站编审工作高管人员召开专题会议，部署下半年互联网视听节目服务宣传工作。

9月14日至15日　北京市广播电影电视局组织市广播电视安全播出调度中心以及东城区、西城区、朝阳区、延庆县、密云县文委和14个区县广电中心在延庆县举办防范非法无线广播电视信号插播演练。市广电局总工程师何桂芝指挥演练，市委有关部门领导现场观摩指导演练。

9月14日至22日　北京人民广播电台2011年度采编播人员培训班（第一期）于14日至15日、（第二期）21日至22日举办北京电台台长汪良从“强化导向意识”、“提高业务水平”和“开阔视野，提高素质”三个方面进行了培训动员。会议邀请中华全国新闻工作者协会党组书记翟惠生、清华大学新闻与传播学院副院长陈昌凤、中宣部舆情局副局长孙瑜和人民大学新闻与传播学院院长赵启正分别作了专题报告。北京电台总编辑席伟航、常务副台长王秋出席会议并讲话，全台260余名采编播人员参加培训。

9月14日至16日　北京市广播电影电视局副局长臧增祥带领一行人员赴密云山区入住农户实地走访，深入了解广播电视“村村通”系统运行状况，检查“村村通”有线广播工程建设情况，听取群众意见和建议。

9月15日　北京歌华文化发展集团所属中华世纪坛世界艺术馆与西蒙基金会及国内五家博物馆共同举办的“古典与唯美——西蒙基金会收藏雕塑、绘画展”在中华世纪坛世界艺术馆举行。

9月16日　北京人民广播电台在五棵松体育馆举办“生态行动、助力中国”公益行动演唱会，毛阿敏、韩红等三十余位歌手献艺。

9月16日　北京人民广播电台、北京电视台、北京曲协等单位共同举办的第二届北京青年相声节暨2011北京喜剧幽默大赛北京区预选赛正式开赛。该活动历时一个月，举办三十场演出，从中产生“十佳青年相声演员”和“十佳相声新作”参加2011北京喜剧幽默大赛。

9月17日　北京人民广播电台外语广播开播7周年之际，由北京电台外语广播、中国绿化基金会青少年工作委员会、北京广发青少年文化交流中心共同组织的第三届北京百校少年儿童外语艺术大赛决赛在北京广播大厦举行。《我心永恒》等18个节目分获金、银、铜奖，《魂断蓝桥》等72个节目分获一、二、三等奖，盖天博等360多位选手获优秀奖。本届大赛共有10万余人报名，近600人现场观看比赛。

9月17日　中国电影博物馆举行首届北京国际科技电影周开幕式。馆长杨永安、党委书记韩凯出席开幕式，党委副书记李米莉致词。电影周内容包括“电影的科学，科学的电影”开幕式、“科学与电影一起飞翔”北京国际科技电影周主创见面、“映像科学”巨幕国际科技电影展映、“科幻起来！”首都科学讲堂主题专场讲座等活动，其中《大峡谷漂流》、《神秘的尼罗河》、《亚马逊》、《深海火山》、《非洲探险》等来自美国、比利时的巨幕科技电影免费在中国电影博物馆巨幕影厅和4号影厅展映。

9月17日　“中国电影博物馆‘十二五’发展规划调研”专家座谈会召开。会议邀请了原国家广电总局电影局局长、中国电影博物馆布展领导小组组长刘建中，原国家文物局副局长马自树，中国电影资料馆副馆长饶曙光，电影艺术家、导演翟俊杰，北京电影学院教授陈山，北京大学教授李道新，北京市文物局博物馆处调研员哈骏，中国电影科研所常规电影技术研究室主任马思泽等八名专家，围绕中国电影博物馆“十二五”时期的发展目标、思路、重点项目工程座谈研讨。馆长杨永安、党委书记韩凯出席座谈会，副馆长邢建毅主持会议。

9月18日　北京北广传媒移动电视有限公司、北京北广传媒地铁电视有限公司联合推出新栏目《剧情推动力》，该栏目专门介绍北京电视台影视频道当日热播剧情并播出精彩片段。这是移动电视、地铁电视与北京电视台影视剧中心在视频节目制播上首次合作。

9月20日　北京人民广播电台2012年节目招标发布会举行，各专业广播共有58个免标节目，比上年增加10个，共发布招标书59份，比上年减少15份，新闻广播没有招标节目。

9月21日　北京市广播电影电视局举办“建设国家文化中心，打造首都影视航母，服务‘十二五’北京广播影视发展——文化影视传媒行业上市与资本运作专题讲座”，副局长丁百之、北京文化创意产业促进中心副主任吴锡俊和局机关处室、局属各单位，北京广播电视台相关人员，以及注册资金、经营创收超过500万元规模以上影视企业负责人150余人参加培训。

9月21日　北京电视台决定建立高校记者团。记者团将依托于共青团团市委、市学联的资源，在首都部分重点高校中选拔品学兼优的学生组成，首批记者团规模约数十人。

9月22日　北京市广播电影电视局局长李春良、副局长丁百之到西城区基层影视企业天下传媒公司进行调研，与西城区区委常委、宣传部部长刘洋和副部长孙劲松就西城区影视产业发展情况进行座谈。

9月22日　北京国际电影季组委会办公室与项目承办方就第二届北京国际电影季11个框架设计项目方案进行研究与磋商。在听取“北京展映”、“中外电影合作论坛”、“电影洽商”、“北京放映”、“电影音乐会”、“环境宣传”等项目方的汇报后，提出了具体的改进和完善意见。中影集团、中国电影合作制片公司、北京演艺集团、北京歌华文化发展集团、新影联影业公司、保利博纳等单位的有关负责人参加会议。

9月23日　北京人民广播电台出资6万元建成的“北京电台爱心食堂”在革命老区河北阜平县城南庄镇马兰小学正式开餐。北京电台总编辑席伟航带领30位北京电台与马兰小学孩子“结对子”的主持人及员工代表参加开餐仪式，并捐赠10台电脑电视一体机。北京电台结对子领导和员工每人每年捐资500元作为孩子们一年的爱心午餐费用；每年向对口帮扶的孩子赠送不少于12本（套）课外读物；每年至少访问一次马兰小学；每月至少和对口帮扶的孩子通一次关爱电话（或书信），做一次深度沟通。

9月23日　北京电视台与市“三教办”共同举办“走基层、转作风、改文风”主题报告会，邀请人民日报社经济社会部主任编辑、第17届“中国十大杰出青年”、全国优秀新闻工作者赵亚辉作题为《没有比心更远的路》的报告，进一步推动“走、转、改”活动深入开展。北京电视台党委副书记、常务副台长窦晓东主持会议，北京电视台各部门编辑记者及全市21个新闻单位的编辑记者代表共500余人参加报告会。

9月24日　北京广播电视台台长兼北京电视台台长王晓东带领2012年北京电视台春晚组工作人员，赴京煤集团大安山煤矿进行采访、采风，倾听矿工们对北京电视台节目的意见，并向矿工代表赠送了慰问品。

9月26日　教育部、文化部、中国文联和北京市政府联合主办，北京歌华文化发展集团、清华大学和北京工业设计促进中心共同承办的2011北京国际设计周暨首届北京国际设计三年展活动在中华世纪坛隆重开幕。本届设计周组委会主席、市委副书记、市长郭金龙与伦敦主宾城市代表团核心成员、英国商业大使团主席、英国能源与气候变化部部长乔纳森·马兰德勋爵出席开幕式并致辞。教育部副部长杜占元，文化部副部长赵少华，中国文联副主席冯远，英国驻华大使吴思田，市委常委、宣传部部长、副市长鲁炜，清华大学党委书记胡和平参加开幕式。

9月27日　中宣部新闻局副局长张富强、全国“三教办”内刊组组长马岑等率领检查组对北京电视台“走、转、改”活动情况进行检查指导，听取总编辑赵多佳的工作汇报。市委宣传部副巡视员吕钦，市记协常务副主席、市三教办主任宗春启和北京电视台常务副台长窦晓东陪同检查。

9月27日　北京歌华有线电视网络股份有限公司“走基层、转作风、改文风”专题在高清交互平台正式上线。

9月28日　北京歌华有线电视网络股份有限公司与上海文广互动电视有限公司签署战略合作协议，启动对文广互动公司增资入股工作，对节目内容市场进行资本整合。双方将顺应三网融合发展趋势，在技术、市场、内容三个层面联合，共同服务首都市民个性化的高清点播收视需求。

9月28日　北京中广传播有限公司CMMB数据新业务《睛彩视介》试运行，并于10月8日正式开播。

9月28日　中国传媒大学发展中国家国际传播硕士班一行31人到北京人民广播电台参观交流，总编辑席伟航接待来访师生。

9月28日　北京电台文艺广播“爱星满天——小雨姐姐录播间”在“青少年阅读体验大世界”书店正式启动。

9月28日　由北京电视台、海润影视制作有限公司、云南润视荣光影视制作有限公司联合摄制的36集电视剧《护国军魂传奇》在北京卫视举行首播新闻发布会。

9月29日　北京电视台举行第三届首都道德模范颁奖典礼《因为有你》，该活动由市委宣传部、首都文明办等单位共同主办。市委常委、宣传部部长、副市长鲁炜，北京市高级人民法院院长池强和北京市委副秘书长傅华、北京市政府副秘书长侯玉兰、北京市委宣传部副部长陈冬等出席典礼。历届全国道德模范及提名奖获得者、往届首都道德模范和首都各界群众代表500多人参加。晚会后，鲁炜看望了北京电视台值班的工作人员，听取了总编辑赵多佳的工作汇报。

9月　北京电视台举办的首届“电视节目创意季”活动结束。“创意季”组委会收到来自全台的三大类共152件创意作品，经初评、复评，4件作品荣获频道最佳创意奖，19件作品获优秀创意奖。

9月　北京广播电视台副台长陆莹、北京电视台总编辑赵多佳荣获第七届全国“德艺双馨电视艺术工作者”荣誉称号。

9月　北京北广传媒地铁电视有限公司和北京北广科技股份有限公司共同研发的双天线输入型电视接收机（机顶盒）通过测试，开始批量生产，解决了地铁1、2号线列车车载电视出现的卡屏、信号不稳定等问题。

9月　北京紫禁城影业有限责任公司出品拍摄的电影《杨善洲》获第十四届电影华表奖优秀故事片奖。

9月　北京人民广播电台制作的《路——关注山区儿童》在第十八届中国国际广告节中国公益广告黄河奖颁奖典礼上获得银奖，《说唱迎国庆 Rap度中秋》及《保护环境——我们能做什么》获得铜奖。

## 10月

10月1日　北京北广传媒移动电视有限公司推出《明星整点报时》ID。

10月3日　北京市委常委、宣传部部长、副市长鲁炜对北京电视台《北京新闻》提出表扬：“看了这几天18:30《北京新闻》十分高兴！精心策划、精心选题，精彩、精编、精播、精放……应予表扬！”

10月5日　北京市广播电影电视局局长李春良赴丰台区王佐乡和河北涿洲中央电视台影视拍摄基地，走访慰问明年“十八大”重点献礼剧目电视连续剧《天下归心》剧组。

10月5日至9日　北京电视台成功转播“2011年首届环北京职业公路自行车赛”，北京电视台组建的电视转播部负责向包括ABC、ESPN、SBS在内的多家世界知名电视机构提供公共信号，面向全世界现场直播本次环京赛。

10月8日　由北京歌华文化发展集团、中华世纪坛发展基金会主办，中华世纪坛当代艺术馆承办的“回望百年、展望百年”主题座谈会暨孙中山画像收藏仪式在中华世纪坛当代艺术馆举行。民革中央副主席郑建邦、联络部副部长李蔼君，中国社科院近代历史研究所副所长汪朝光、歌华文化发展集团董事长王建琪等出席活动。

10月9日　北京北广传媒数字电视有限公司与北京市福利彩票发行中心、北京市体育彩票管理中心、北京市社区服务中心和共同发起主办的“‘爱心雨花’2011—2012年度北京首届老年才艺大赛”正式启动。

10月10日　北京人民广播电台根据市委组织部、市委宣传部和市对口支援和经济合作工作领导小组办公室的总体安排，选派的第三批援疆记者抵达和田记者站，开始为期三个多月的采访报道。

10月10日　北京人民广播电台新闻广播与广州广播电视台新闻资讯广播、南京人民广播电台综合广播联合推出“纪念辛亥革命100周年”大型直播节目《世纪回响》。

10月10日　北京电视台组织制作的纪念辛亥革命100周年十集大型历史纪录片《辛亥》，在北京卫视和公共·新闻频道播出。

10月12日　中宣部政策法规研究室副主任杨笑山一行到北京电视台调研境外媒介代理公司情况，北京电视台党委副书记、常务副台长窦晓东陪同调研并介绍相关情况。

10月13日　北京市委常委、宣传部部长、副市长鲁炜到北京电视台听取十七届六中全会期间的节目安排时，针对各频道的节目编排和重点节目安排进行了梳理和点评。

10月13日　北京市委常委、统战部部长牛有成应邀到北京人民广播电台就深入开展　“走、转、改”活动进行调研指导工作。听取了北京电台台长汪良的工作汇报，并充分肯定了北京电台开展“走、转、改”活动以来取得的成效。市委宣传部副巡视员吕钦参加了调研座谈，电台中层以上领导干部60余人参加座谈会。

10月14日至16日　北京人民广播电台音乐广播专题音乐节目《永远的电波》在第十三届中国广播文艺音乐节目评选中获得一等奖。文艺广播的《快乐超级旅行之斐济蜜月之旅》荣获娱乐节目一等奖，《永远的〈雷雨〉永远的曹禺》荣获文学节目二等奖，爱家广播的《任仁好爱范美丽》获得“创优娱乐节目奖”。赵爽撰写的论文《新闻元素在广播文艺节目创作中的运用》获得中国广播文艺优秀论文二等奖。于允和麦麦分别获得全国十佳音乐DJ。文艺广播被中广协会广播电视文艺工作委员会评选为“评优创优先进单位”。

10月15日　北京人民广播电台主办的“广播新声代”2011主持人大赛正式开赛。

10月17日　北京市市委副秘书长、市委宣传部副部长严力强参加北京电视台大型历史纪录片《辛亥》创作心得交流座谈会。北京电视台总编辑赵多佳，大型纪录片《辛亥》、《笔墨春秋》、《国风》、《少年中国》主创人员，相关职能部室及节目中心人员参加了会议。大型历史纪录片《辛亥》是北京电视台与北京人民艺术剧院联手打造的百年辛亥史诗，于10月10日起在北京卫视、公共·新闻频道播出，并在多个时段重播。纪录片《辛亥》播出后，获得了知识界、文化界、媒体界、影视界人士的广泛关注。

10月17日　北京电视台节目主持人春妮到北京人民广播电台城市服务管理广播《京城帮帮团》节目客串广播节目主持人。9月，北京电视台《星夜故事秀》特别邀请《京城帮帮团》制作一期长达70分钟的访谈节目，由此双方策划了电视人参与广播主持的方案。

10月17日　北京广播电视台召开全面启动所属单位手机电视发展现状调研工作专题会议。全面了解国内外手机电视业务发展现状，深入研究本单位手机电视发展情况，通过对经营现状的分析，找出发展中存在的问题，提出解决问题的对策和建议。北京电台悦龙数字广播DAB手机电视、北京电视台京视传媒手机电视、北京中广传播有限公司（CMMB）手持电视等单位相关负责人参加了会议。

10月20日　北京市政协副主席陈平率市政协新闻舆论和社会舆情评议组到北京电视台调研。在听取了北京电视台总编辑赵多佳的工作汇报后，陈平对北京电视台工作给予了充分肯定。市政协文史和学习委员会副主任、北京电视艺术家协会主席孙向东主持座谈会，市委宣传部新闻出版处有关负责人，北京电视台常务副台长窦晓东及台各部门相关负责人参加。

10月20日　北京市政协教文卫体委员会主任牛继生带领14位政协委员就 “关于首都文化创意产业发展的提案”办理情况到北京电视台调研。市委宣传部副部长张淼、改革办副主任齐慧超和北京电视台党委副书记、常务副台长窦晓东陪同调研。

10月21日　北京市广播电影电视局到昌平区农村地区进行走访调研。调研组深入了解农村电影公益放映开展情况，以及城镇数字影院建设和发展状况，听取一线放映人员和农民群众、镇村干部的意见、建议。

10月22日至23日　2011年全国广播电视编辑记者、播音员主持人（北京地区）资格考试在京举行。北京考区共有考生2640名（其中，广播电视编辑记者考生2082人、播音员主持人考生558人），设考点4个、考场87个。国家广电总局副局长张海涛、人事司司长邹伟、监察局正局级纪检监察员张建军等到部分考点进行巡视指导，对北京考区的工作给予了充分肯定。市委宣传部副部长张淼，北京市广播电影电视局副局长杨淑琴、纪检组组长王立平、副局长王霞等陪同检查。

10月23日　北京市市委常委、宣传部部长、副市长鲁炜，市委宣传部常务副部长王海平、市委宣传部副部长严力强等一行到中国电影博物馆调研。馆长杨永安就2011中国（北京）电影学术年会筹备和中国电影博物馆二期工程设想等情况作汇报。

10月24日　北京北广传媒移动电视有限公司、北京北广传媒地铁电视有限公司联合市国资委宣传处制作推出《走基层、看国企》系列专题节目开播。

10月25日　北京市纪委驻市委宣传部纪检组组长丁力带队到北京广播电视台调研党风廉政建设工作，检查《中国共产党党员领导干部廉洁从业若干准则》贯彻执行情况和开展廉政风险防范管理“回头看”活动开展情况。北京广播电视台纪委书记王伟，北京电视台党委副书记、常务副台长窦晓东分别汇报有关情况。

10月25日　北京北广传媒城市电视有限公司技术部与移动电视播出部联合邀请中国传媒大学广播电视工程系主任、博士生导师姜秀华，就数字电视的基础知识等内容对相关技术人员进行技术培训。

10月26日　北京人民广播电台体育广播荣获北京市第八届全民健身体育节“优秀宣传报道奖”。

10月26日　北京大学师生到北京电视台参观实践，与各部门有关人员进行交流互动，还参观了多媒体实验室、新闻直播厅、1000平方米演播机房、BTV大剧院等。

10月26日　北京广播电视报社召开转企改制动员大会。会议传达北京市关于非时政类报刊转企改制工作主要精神，通报了转企改制工作的准备情况，对下一步工作做出安排。报社全体员工参加了会议。

10月26日至28日　北京市广播电影电视局和怀柔区政府联合主办的2011年秋季（第九届）首都电视节目推介会暨影视产业发展论坛在怀柔区举办。推介会推出了集“客房商务区”、“重点剧目专项推介会”、“影视节目展示长廊”、“商务俱乐部”、“冠名公益活动”、“看片会”、“发布会”等交易模式，北京及各兄弟省市的160多家电视节目制作公司、国内80多家电视剧播出机构、20多家新媒体公司和27家海外电视节目播出机构参加活动。共计推出310部9000集各类电视剧，其中新剧200余部，约占剧目总数的75%。广电总局电视剧司副司长王卫平、市委宣传部副巡视员吕钦、北京市广播电影电视局副局长杨淑琴和怀柔区委书记张建东、区长齐静以及首都广播电视节目制作协会等单位有关领导出席活动。

10月27日　北京歌华有线电视网络股份有限公司与上海文广互动电视有限公司合作推出的“歌华——SiTV高清”节目包测试上线，内容包括高清电影、高清电视剧、高清专题、高清娱乐和高清体育节目等五个板块。该节目包计费方式分为包月和按片付费两种。

10月27日至28日　北京市广播电影电视局纪检组组长王立平和局政风行风特邀监督员到房山区对农村广播小调频建设情况进行调研。

10月28日　北京人民广播电台主办的第二届全国“夏青杯”朗诵大赛北京赛区的比赛决赛及颁奖仪式举行，共有12名选手分别获得成人组及少年组一、二、三等奖。组委会将所有入围本次北京赛区决赛的50位选手全部推荐至“夏青杯”全国大赛。

10月29日　中共中央政治局委员、中央书记处书记、中宣部部长刘云山到北京电视台调研“走、转、改”活动开展情况，看望坚守岗位的干部职工。中宣部常务副部长雒树刚，中宣部副部长、国家广电总局局长蔡赴朝，文化部副部长赵少华，新闻出版总署副署长阎晓宏及中宣部有关部门负责人甄占民、左中一、张宏参加调研，中共中央政治局委员、市委书记刘淇，市长郭金龙，市领导李士祥、鲁炜，市有关部门负责人崔述强、严力强、李志军、傅华、王海平、余卫国、陈冬、张淼、丁力等陪同调研。北京广播电视台台长兼北京电视台台长王晓东随行汇报。北京电视台领导班子成员、各部门负责人和部分职工代表参加了调研活动。刘云山对北京电视台进一步做好各方面工作，努力发挥首都全国文化中心示范作用提出四点要求：新闻立台，人民至上，内容为王，创新制胜。

10月31日　北京电视台《在路上——2011中国记者节》大型电视节目录制顺利完成。来自中国记协、市委宣传部、北京市记协以及在京的二十多家新闻媒体的领导、老前辈、新闻同仁到场。市委副秘书长、市委宣传部副部长严力强，中国记协党组副书记、书记处书记高善罡，北京市记协主席刘牧雨，北京电视台总编辑赵多佳、副总编辑朱江以及来自首都新闻媒体和北京电视台各节目中心的编辑、记者、主持人共300多人参加晚会录制。

10月　北京人民广播电台各频率和北京电视台各频道在黄金时段和整点新闻节目中，共开设《学习贯彻六中全会精神、发挥首都文化中心示范作用》、《发展示范作用·建设文化北京》、《文化之都·魅力北京》、《多彩北京·文化先行》等15个专题专栏，北京电视台还制作播出10集文化专题片《文化北京》。移动电视、城市电视、地铁电视、手机电视、党建频道和北京广播网、BTV在线等新兴媒体，同步传播电台、电视台宣传六中全会有关报道，并制作播出相关宣传片，形成了传播传统媒体和新兴媒体各展所长，形成了强大声势和整体效应。

10月　北京电视台节目生产管理系统经过十个月的成功试运行后，正式投入使用。该系统是根据节目生产管理流程设计、开发并实施的节目生产综合管理平台，实现了全台节目生产各环节的信息联通和共享。

10月　北京人民广播电台新闻广播推出“行走永定河”大型系列报道。以永定河城市段的四湖一线治理工程初步完成为契机，10月31日开始，行走永定河系列录音报道在《北京新闻》中推出。

10月　北京电台制作的《路——关注山区儿童》在第十八届中国国际广告节中国公益广告黄河奖颁奖典礼上荣获银奖，《说唱迎国庆Rap度中秋》及《保护环境——我们能做什么》荣获铜奖。

10月　北京北广传媒城市电视有限公司与北京市公安局合作，利用城市电视楼宇电视媒体平台，正式搭建公安宣传平台。

10月　北京广播电视台副台长陆莹慰问看望北京电视艺术中心有限公司《女人帮》和《夫妻买房》剧组，实地察看了演职人员的工作和生活情况，对剧组前期拍摄工作予以充分肯定，勉励剧组齐心协力，高质量完成拍摄任务。

### 11月

11月1日　北京广播电视台台长兼北京电视台台长王晓东主持召开北京电视台“推动技术创新”专题会议，深入贯彻刘云山调研时指示精神，围绕BTV信息化发展、艺术与技术融合、技术人才培养、安全播出等方面进行研讨。党委副书记、常务副台长窦晓东以及各部门负责人参加会议。

11月2日　北京市广播电影电视局召开建议提案办理工作培训交流会。会议总结2011年建议提案办理工作情况，交流研讨办理工作中的经验体会。副局长王霞出席会议并对进一步做好建议提案办理工作提出了要求。2011年市广电局办理建议提案共计28件，完成率达100%。

11月4日　北京人民广播电台新闻广播方达（李哲勇）主持的《稀土为何卖了“白菜价”》在第二十一届中国新闻奖、全国优秀新闻工作者颁奖报告会上，获得中国新闻奖广播访谈二等奖。

11月5日　北京人民广播电台与北京大学“媒体资产管理系统”签约暨启动仪式在北大博雅国际酒店举行。北京人民广播电台台长汪良、北京大学校长周其凤院士共同签署了“媒体资产管理系统”合作研发协议。电台总编辑席伟航、副总编辑亢亚志、北大秘书长杨开忠、社科部常务副部长萧群等领导及百余位师生出席签约仪式。

11月5日　国家广电总局电视剧司司长李京盛、中宣部文艺局副局长孟祥林、市委宣传部副部长张淼在北京市广电局局长李春良、副局长庞微陪同下，到丰台区王佐乡拍摄地探望慰问电视连续剧《天下归心》剧组，看望慰问了正在紧张工作的演职人员，对该剧的拍摄工作给予充分肯定。

11月7日　北京人民广播电台陈彦旭、傅珊珊、章维、梁洪蕾、冯健在北京市新闻界庆祝新中国第十二个记者节暨表彰会上，获得北京市优秀新闻工作者荣誉称号；北京人民广播电台的消息《外省市声势浩大北京组团招聘，留京不再是毕业生的绝对选择》、评论《莫让垄断形成腐败“黑洞”》、新闻专题《追星逐月——对话航天大师孙家栋》等16篇作品获奖。

11月8日至10日　北京广播电视台台长

兼北京电视台台长王晓东率队赴上海、无锡等地，调研上海文广集团百视通公司、中国物联网中心、天脉聚源研发、云计算中心和节目制作基地等新媒体建设水平领先的机构，深入了解全媒体综合发展、新老媒体融合、“私有云”建设、新媒体演播室互动技术等方面的情况。

11月8日 北京歌华有线电视网络股份有限公司高清交互数字电视平台中的“湖光山色门头沟”栏目正式上线。该栏目由门头沟区委、区政府与歌华有线公司共同举办。

11月8日 新任以色列驻华使馆发言人、新闻与公共外交事务主任Ran Peleg先生一行来北京电视台参观交流。副总编辑张亮及青少·海外节目中心有关人员与以方就中以两国间新闻、文化领域的交流与合作交换了意见。

11月9日 北京文博会组委会办公室和北京市广播电影电视局主办的第六届中国北京国际文化创意产业博览会开幕式暨文艺晚会在人民大会堂拉开帷幕。开幕式由市长郭金龙主持，新闻出版署署长柳斌杰致辞，全国人大副委员长华建敏宣布开幕。全国政协副主席张梅颖、文化部副部长励小捷、国家广电总局副局长张丕民出席开幕式。

11月9日 北京广播电视大学胡晓松校长一行到北京歌华有线电视网络股份有限公司座谈交流，双方围绕高清交互数字电视平台联合开展“教育进家庭”服务，有线网络及机顶盒向首都市民提供继续教育、素质教育服务等进行了深入交流，拟合作在高清交互平台开设“开放大学”、“终身学习”等栏目，供市民学习。

11月9日 北京市政府办公厅副主任吴大仓到通州区高清交互机顶盒推广现场指导调研，了解宣传推广、现场发放和入户安装情况，并与通州区政府代表、社区代表、用户代表和北京歌华有线电视网络股份有限公司员工代表座谈。市广电局纪检组组长王立平、总工程师何桂芝和北京广播电视台副台长兼歌华有线董事长郭章鹏等陪同调研。

11月9日 北京市委副秘书长傅华、首都文明办副主任卜秀均、市委宣传部宣传处处长荣大力做客北京人民广播电台城市服务管理广播，在《城市零距离》节目中解读“北京精神”。

11月10日 北京广播电视台所属北京人民广播电台、北京电视台、歌华集团、歌华有线、北艺公司、中北公司、数字电视、移动电视、城市电视、地铁电视、北京中广传播等14家单位整体亮相第六届文博会，以“技术创新媒体 融合成就发展”为主题全面展示事业产业发展成就及媒体科技融合发展的新成果。

11月10日 全国人大常委会副委员长司马义·铁力瓦尔地、国家档案局局长杨冬权在市人大常委会副主任赵凤山、副市长程红的陪同下来到第六届中国北京国际文化创意产业博览会北京广播电视台展区，参观体验了展区的“菠萝台”、听立方、3D电视拍摄互动、歌华“飞视”、户外新媒体电视、台网互动、小剧场院线等业务，对北京广播电视台一年来的工作给予了充分肯定。

11月11日 第六届中国北京国际文化创意产业博览会广播电影电视论坛在中华世纪坛举办。论坛邀请有关专家学者围绕“建设全国文化中心，打造首都文化航母”主题，对首都广播影视在打造全国文化中心进程中所应承担的功能与作用，影视文化发展与全国文化中心建设的关系与意义，中国文化对世界的影响力，媒介融合背景下广播电视新媒体发展现状和前景分析等议题进行了深入分析和解读。国家广电总局，北京市委、市政府所属机构，市相关委办局，中国电影博物馆，市区广播影视制作经营机构，视听网站，专业院校，社会专业人士及首都各大新闻媒体等单位400余人出席论坛。北京市广电局副局长丁百之在论坛上致辞，局领导杨淑琴、何桂芝、宋春华出席论坛。

11月11日　北京歌华有线电视网络股份有限公司高清交互平台“北京精神”专题正式上线，该专题以视频形式生动地诠释了“北京精神”的内容、精髓及核心。

11月13日　第六届中国北京国际文化创意产业博览会落下帷幕。由北京市广播电影电视局承办的开幕式、广播电影电视展览、广播电影电视论坛和2011年(秋季)首都电视节目推介会四个项目，签约总额53.75亿元，占文博会签约总额的6.8%。其中展览现场签约24.53亿元，比2010年增幅8倍多；秋季首都电视节目推介会平台首次进入市场的节目，可预见交易成果29.4亿元。

11月14日　北京电视台《北京新闻》推出全新“走、转、改”专栏《我在基层——记者区县行》。此系列节目播出16期，分别展现北京市16个区县的发展成果和发展思路。

11月16日　北京市门头沟、昌平、延庆、密云四个区县的7个乡镇、195个行政村，2011年“村村通有线广播”工程全部按计划完成工程建设任务。为确保工程质量，北京市广播电影电视局组织相关区县文委、歌华有线公司及区县分公司领导、村村通技术小组成员召开会议，总结相关区县村村通有线广播工程建设情况，全面部署工程检查验收实施方案。副局长臧增祥参加部署会并讲话。

11月15日　北京电视艺术中心有限公司携手北京西影汉唐传媒有限公司等共同制作的大型现实题材时尚季播剧《女人帮》，第一季之“男人男人我爱你”的全体主创人员在北京798艺术区举行新闻发布会。该剧已被各大卫视、网站看好，纷纷购置。

11月15日　北京市广播电影电视局获得国家广电总局中国广播电视年鉴第27届年会2009—2010年度年鉴工作先进单位称号，北京市广播电影电视局已连续11年荣获此奖项。

11月16日　由北京市委宣传部、北京市援疆和田指挥部、北京市新闻工作者协会共同主办的北京市对口支援和田宣传思想干部培训班一行45人到北京电视台参观播出机房、新闻高清演播室、41层观光大厅和大剧院等。北京电视台党委副书记、常务副台长窦晓东向培训班成员介绍了电视台机构设置、节目生产、技术设施等情况。

11月16日　北京电视台财经、生活、公共·新闻三个频道在新台址顺利开播，实现了电视台“陆续搬迁苏州街台址播出中心、集中在大北窑新台址一地播出”的总体播出规划目标。

11月16日　北京电视台在41层观光大厅举行“2011中国时尚大典”启动仪式新闻发布会。总编辑赵多佳、副总编辑张亮出席启动仪式。时尚大典是北京电视台与时尚传媒集团联合主办的年度时尚人物、事件大型评选颁奖活动，已成功举办两届。

11月17日　北京电视台纪实高清频道与中视协纪录片学术委员会率先联合发起、主办的“红旗飘飘90年”红色经典纪录片推选新闻发布会在北京人民大会堂举行。全国政协常委、中国文联副主席、中视协主席赵化勇出席发布会。北京电视台总编辑赵多佳在发布会上致辞。

11月17日　北京歌华有线电视网络股份有限公司应邀参加“首都之窗”走进直播

间访谈活动，围绕节目内容、交互功能使用、宽带上网服务、“歌华飞视”业务等内容与网民进行了交流。

11月18日　北京市纪委、市委宣传部主办，中国电影博物馆承办的“风清气正扬宗旨——北京市反腐倡廉教育影像展览”在中国电影博物馆开展。市委常委、纪委书记叶青纯，市委常委、宣传部部长、副市长鲁炜，中央纪委宣教室副主任杨小平，市纪委副书记王海平，市委宣传部常务副部长王海平和电影演员娜仁花等参加了影像展的开幕仪式。

11月20日　北京电视台首届“观众喜爱的主持人”评选颁奖晚会在BTV大剧院举行。春妮等10人荣获“观众喜爱的十佳主持人”奖，桑朝晖等20人荣获“观众喜爱的优秀主持人”奖。该活动以“心悦百姓行为民生”为宗旨，共吸引100万观众参与，收到选票83万张。北京广播电视台党委书记刘志远，北京广播电视台台长兼北京电视台台长王晓东，北京市广电局副局长庞微，北京广播电视台副台长陆莹、苏仁先，北京电视台总编辑赵多佳等出席晚会并颁奖。

11月22日　北京人民广播电台交通广播联合北京市交管局新闻办公室举办路德日活动，来自不同行业的志愿者代表分别以乘坐地铁、公交等方式体验出行，并参观交通广播直播间。北京市交管局副局长李少明、交管局新闻办主任张景春、北京电台副总编亢亚志、交通广播台长李秀磊等出席活动。

11月22日　几内亚国家广播电台、电视台的高层管理人员、技术人员一行15人到北京电视台参观考察。国家广电总局国际合作司副司长张朴宽和北京电视台相关负责人陪同参观。

11月24日　北京市市委常委、宣传部部长、副市长鲁炜来到北京电视台与全体主持人座谈。北京广播电视台台长兼北京电视台台长王晓东主持座谈会。北京市广电局副局长臧增祥，北京广播电视台党委书记刘志远，北京电视台领导赵多佳、朱江、张亮、王澎及市委宣传部有关处室、北京电视台各有关部门负责人参加座谈。

11月24日　北京市广播电影电视局召开2011年度北京市优秀广播电视节目颁奖暨宣传管理工作会议。会议表彰了2010年北京市优秀广播电视节目和2011年区县广电中心纪念建党90周年优秀节目，邀请北京广播电视学会、中国传媒大学和北京广播电视台等专家领导对获奖作品进行点评。市广电局局长李春良、副局长庞微、总工程师何桂芝、巡视员洪兵，北京广播电视台副台长陆莹、苏仁先及北京电台、北京电视台、各区县广电中心的负责人及获奖代表参加会议。

11月25日　北京广播电视台副台长陆莹到密云看望慰问北京电视艺术中心有限公司《女人帮》剧组。

11月25日　北京北广传媒城市电视有限公司召开频道改版及品牌宣传讨论会。北京广播电视台副台长苏仁先，中国传媒大学广告主研究所所长杜国清、方式策划总经理陈华亮，IMI市场信息研究所所长兼中国传媒大学广告学院教授黄京华，北京中北电视艺术有限公司副总经理刘沙，郁金香传媒副总裁徐刚及相关传媒界同仁参加会议。

11月25日　北京北广传媒移动电视有限公司收到走失老人张桂芹的家属专程赠送的“服务于千家万户，为百姓排忧解难”锦旗。移动电视第一时间为其发布信息，最终帮助其寻找到失踪母亲。

11月26日　中国电影博物馆举办“传达集体情感，讴歌美好人生——纪念鲁彦周同志逝世五周年活动”。邀请鲁彦周之子、安徽文艺出版社副编审鲁书潮，儿媳、国家一级编剧王丽萍，与中国电影博物馆会员和北京电影学院文学系学生150余人，共同观看鲁彦周编剧的电影《天云山传奇》、《廖仲恺》，并交流座谈。鲁书潮、王丽萍还向中国电影博物馆捐赠了《鲁彦周文集》及鲁彦周生活照。

11月26日 中国电影博物馆举行以“全媒体传播视野下的电影生态”为主题的2011中国（北京）电影学术年会开幕式暨高峰研讨。北京市委常委、宣传部部长、副市长鲁炜出席并讲话。国家广电总局电影局局长童刚、北京市广电局局长李春良分别致辞。北京市委宣传部副部长张淼，中国电影家协会主席、著名导演李前宽，八一电影制片厂著名导演翟俊杰，国家广电总局原副总编辑黄勇，中国电影集团、长春电影集团、上海电影集团公司、天津北方电影集团、潇湘电影集团公司、峨眉电影集团公司、广东珠江影业传媒股份有限公司、西部电影集团公司等多家知名电影机构及多所高校参加会议。

11月27日 北京人民广播电台和共青团北京市委员会联合主办、北京广播网和青檬网络电台承办的“歌声与微笑——2011第六届北京高校青春歌会”总决赛在北京西城文化中心落幕，中国石油大学选手获冠军。北京电台总编辑席伟航、团市委副书记刘震、团市委副书记杨海滨等领导现场观看比赛并颁奖。本届歌会覆盖首都45所高校近60万大学生，官网点击量62.6万次，网络投票22.5万票，选手参赛视频总收看量112.9万次，均创历届之最。

11月27日 北京人民广播电台城市服务管理广播举办的北京第五届（2011年度）魅力社区评选活动举行颁奖典礼，评出十大“魅力社区”和十个“魅力社区单项奖”。北京电台总编辑席伟航，市委社会工委委员、市社会办副巡视员王智玲，北京电台副总编亢亚志，市政府督查室副主任邢千里出席活动并为获奖社区颁奖。

11月30日 北京市委宣传部、市民政局和首都慈善公益组织联合会主办，北京电视台承办的第四届首都慈善晚会《善行天下》在北京电视台大剧院举行。民政部部长李立国，市委副书记、市长郭金龙，民政部副部长窦玉沛，中纪委驻民政部纪检组组长曲淑辉，市委常委、市总工会主席梁伟，市人大副主任李昭玲，副市长丁向阳，市政协副主席赵文芝等出席晚会。北京电视台总编辑赵多佳陪同观看演出。

11月 北京北广传媒移动电视有限公司召开2012年节目改版与品牌建设研讨会，围绕移动电视节目定位、收视特性、内容形式、节目编排、整体趋势和媒体融合等展开探讨。北京广播电视台副台长苏仁先，中国人民大学、中国传媒大学专家及国内顶级4A公司和全国知名传媒机构代表参加研讨。

11月 北京电视台总编辑赵多佳到平谷区、怀柔区调研采访，与两区负责人进行座谈，听取对北京电视台新闻宣传工作意见，确定了一批新闻报道的重点选题。

11月 北京人民广播电台城市服务管理广播《市民热线》节目推出新栏目《热线生活故事》，以每期10分钟的专题报道，着力报道乐于助人的道德楷模、积极坚强的人物故事、志愿服务的人物群像等。北京人民广播电台交通广播从11月19日、20日开始，在每周末《1039新闻早报》、《一路畅通》、《新闻直通车》节目中推出《身边的温暖故事》系列节目。

11月 北京歌华文化发展集团与国家开发银行北京市分行签署规划合作协议。

11月 北京人民广播电台在由北京市新闻学会联合北京市新闻工作者协会、北京广播电视学会、《新闻与写作》杂志社共同举办的短新闻写作竞赛中，共有五篇作品获奖，其中两篇获一等奖，两篇获二等奖，一篇获三等奖。

## 12月

12月1日 北京市广播电影电视局局长李春良、副局长庞微分别听取了北京国立常升影视文化传播有限公司的重点电视剧《老兵》筹备工作情况和北京大唐辉煌影业有限公司发展现状和相关电视业务开展情况汇报，针对电视剧精品创作、海外发行、投融资及扶持政策等重点问题进行深入探讨。

12月1日 北京歌华有线电视网络股份有限公司高清交互数字电视“劲松街道资讯平台”正式上线，劲松地区4万余户高清交互数字电视用户实现了打开机顶盒就能了解到街道的公开政务资讯。“劲松街道资讯平台”设有“社区新闻”、“社区文化”、“社区DV”、“便民服务”和“生活百科”五个板块，为用户提供了劲松街道及社区的公开政务信息、新闻资讯及日常生活所需的健康、教育、安全等方面资讯。

12月2日 第二届北京国际电影季召开第一次组委会会议。会议听取组委会办公室关于第二届电影季前期筹备工作和总体方案以及有关项目承办单位代表对项目筹办情况的汇报。北京国际电影季组委会常务副主席、国家广电总局副局长张丕民，北京国际电影季组委会常务副主席、市委常委、宣传部部长、副市长鲁炜，以及组委会相关单位、中央和北京市有关部门领导出席会议。

12月2日 北京市政府副秘书长周正宇做客北京人民广播电台《一路畅通》直播间，通过节目与出行市民沟通，提示出行安全。

12月3日至4日 北京人民广播电台“广播新声代”2011主持人大赛复赛举办。来自全国24个省、市、自治区、特别行政区以及加拿大、美国等海外地区的200名选手赶到北京赛场参加为期两天的比赛，最终产生“全国40强”。

12月4日 北京电视台文艺中心《每日文娱播报》栏目在BTV大剧院举行“文娱十年影响力”庆典，以“肩负媒体责任，彰显品牌力量”为主题，总结了开播以来为推动文娱事业发展作出的努力与贡献。近百位演艺明星出席庆典，北京广播电视台台长兼北京电视台台长王晓东、总编辑赵多佳参加庆典。

12月5日 北京广播网流媒体演播室正式启用，并进行首次视频访谈节目直播。演播室位于北京人民广播电台主楼20层，为三讯道广播级高标清视频演播室，主要用于网络视频直播。演播室具有独立的视频导播室，具备图文点屏系统，并可实现光盘、1920×1080P高码流视频文件、磁带等三种方式的节目储存方式，实现了高码流视频文件通过光纤直接传送至视频编辑机房。

12月5日 北京广播电视台党委书记刘志远到北京北广传媒移动电视有限公司、北京北广传媒城市电视有限公司调研，听取两家公司2011年工作情况和2012年工作思路的汇报。副台长苏仁先及相关部门负责人陪同调研。

12月5日至15日 北京人民广播电台根据ISO9001：2008标准要求及电台2011年度管理评审计划，开展电台2011年度管理评审工作，最终形成并发布《北京电台2011年度质量管理体系运行报告》和《北京电台2011年度管理评审决议》。

12月7日 北京人民广播电台外语广播

与团结湖外语协会举办“2012新年联谊会”。台副总编辑亢亚志出席联谊会，为首都师范大学CET学术项目主任、美国志愿者老师莫大伟颁发荣誉证书和纪念品并发表讲话。来自朝阳区文明办、朝阳区外办、朝阳区教委、朝阳区社区学院等二十个部门的领导以及来自多个国家的外国友人参加联谊会。

12月7日　北京市广播电影电视局总工程师何桂芝带领总局广播科学研究院、广播电视设备生产厂商专家一行，到门头沟区对无线覆盖工作情况进行调研。

12月8日　首届华北五省区市省级电视台联席会议在京举行。北京电视台与天津电视台、河北电视台、山西广播电视台、内蒙古电视台共同签订了《华北五省区市省级电视台战略合作框架协议》，将在节目生产、技术合作、版权交易、人才流动等方面开展深层次合作，共同打造中国电视版图“华北板块”，实现区域资源整合、优势互补，形成区域文化合理，增加区域文化软实力，提升华北地区文化综合实力和竞争力。会议还确定了2012年五家电视台合作项目。国家广电总局传媒机构管理司司长陶世明、市委宣传部副巡视员吕钦、市广电局副局长王霞、北京广播电视台党委书记刘志远、北京广播电视台台长兼北京电视台台长王晓东、北京电视台总编辑赵多佳及五省区市省级电视台相关负责人出席会议。

12月9日　北京市广播电影电视局组织新浪、搜狐等八家网站举办座谈研讨会。会议总结《网编大讲堂》开办以来的情况，认真听取各网站意见建议，针对如何办好2012年《网编大讲堂》、提高《网编大讲堂》的质量进行了深入研讨。副局长臧增祥出席会议并讲话。

12月10日　北京电视台与北京市教工委联合组建的“BTV首都高校记者团”正式成立，在启动仪式上，市教工委副书记王民忠和北京电视台总编辑赵多佳等领导向清华大学、北京大学、中国人民大学、北京师范大学等首都二十所高校的45名学生通讯员颁发了证书。

12月12日　北京人民广播电台在北京市委召开全市建设学习型党组织工作示范点和品牌活动授牌大会上，作为全市宣传系统唯一入选示范点的单位被确定为“北京市建设学习型党组织工作示范点”。北京广播电视台常务副台长兼北京电台台长汪良作为“示范点”单位领导以“围绕中心推进学习型党组织建设，着力提高舆论引导能力”为题，介绍北京电台的工作经验。

12月13日　北京人民广播电台音乐广播联合中国人民抗日战争纪念馆等单位发起“纪念中国人民抗日战争全面爆发75周年暨抗战馆建馆25周年、民族之魂——中国人民抗日战争纪念馆馆歌征集活动”。征歌活动将于2012年5月31日结束，7月举行颁奖仪式和获奖作品演唱会。

12月13日　北京市人大常委会副秘书长刘维林到北京电视台与新闻中心“两会”报道组就做好全市“两会”宣传报道工作座谈。刘维林同志在听取了北京电视台“两会”报道方案汇报后指出，北京电视台“两会”报道方案全方位、多角度，形式新颖，让人耳目一新。

12月13日　首都影院联盟暨北京电影协会第一次会员大会召开。会议选举产生了北京电影协会第一届理事会、监事会，选举北京新影联影业公司董事长刘洪鹏担任会长。国家广电总局电影局、中国电影制片人协会、中国电影发行放映协会、市广电局领导、北京市相关电影组织负责人及165家会员单位代表参加会议。

12月13日　北京电视台和时尚传媒集团

联合主办的“2011中国时尚大典”在北京电视台BTV大剧院举行。北京电视台总编辑赵多佳、常务副台长窦晓东、副总编辑张亮、时尚传媒集团总裁刘江等参加活动。

12月14日　北京北广传媒地铁电视有限公司获得第26届北京市企业管理现代化创新成果一等奖。

12月15日　北京电视台联合主办的第五届“北京影响力”评选活动颁奖仪式在北京展览馆举行，市委常委、常务副市长吉林，市委常委、宣传部部长、副市长鲁炜出席。这届“北京影响力”突破往届模式，采取民意调查、节目参与评选等方式，累计投票1675万人次，其中网络投票1510万人次，报纸选票150万张，创历届新高。

12月15日　国务院“三网融合”安全评估专家组到北京电视台和北京歌华有线电视网络股份有限公司对北京市“三网融合”试点工作进行评估。市政府副秘书长戴卫、市政府副秘书长侯玉兰、北京市广电局局长李春良、北京广播电视台台长王晓东、市“三网融合”协调小组成员单位及试点单位相关负责人参加评估会。戴卫同志从组织保障、制度建设、技术建设、重点业务安全管理和安全保障等方面详细介绍了北京市三网融合安全自评情况。专家组了解了北京市推进“三网融合”的工作经验和问题，从IPTV集成播控平台、监管平台两部分进行了评估。

12月16日　北京瑞特影音贸易公司接到市广电局为卡塔尔使馆国庆招待会安装临时接收卡塔尔卫视节目的紧急通知后，立即派出骨干技术人员与卡塔尔使馆核实接收参数，迅速与酒店进行对接，制订技术方案，提前完成设备安装调试，保证了招待会的成功举办，受到卡塔尔使馆的赞扬。

12月16日　北京人民广播电台组织召开由北京大学、清华大学、中国人民大学、中国传媒大学四所大学生实习合作高校校方领导和实习工作负责人参加的座谈交流会。台总编辑席伟航、党委副书记赵泽勤和人事部主任柴修杰与来宾进行交流。

12月16日至18日　中国电影博物馆和中国广播艺术团（中国电影乐团）共同主办的“电影让音乐更美”——中国电影博物馆第五届青年论坛之青年电影音乐人论坛在中国电影博物馆内举行。活动由主题论坛、中国电影博物馆之夜——中外电影新年音乐会、电影音乐展示欣赏活动和电影大讲堂四部分组成。

12月17日　首都影院联盟等五大联盟正式成立。中央政治局委员、北京市委书记刘淇出席成立大会，市委副书记、市长郭金龙出席并讲话。解放军总政治部副主任杜金才、中宣部副部长孙志军、文化部副部长王文章、国家广电总局副局长张丕民、新闻出版总署署长阎晓宏为五大联盟授牌。中国文联副主席杨承志，国家文物局副局长宋新潮，总政治部宣传部副部长黎国如，北京市市委常委、秘书长李士祥，市人大常委会副主任刘晓晨，市政协副主席陈平、赵文芝，市政府秘书长孙康林等出席成立大会，大会由市委常委、宣传部部长、副市长鲁炜主持。

12月17日　北京人民广播电台体育广播主办的“京都球侠　北京第一届（2011年度）球迷喜爱的三大球运动员”评选活动举行颁奖仪式。共颁出“人气王奖”、“最受球迷喜爱的足球运动员奖”、“最受球迷喜爱的篮球运动员奖”等九大奖项。

12月17日　鼎视数字电视传媒有限公司召开2011年付费频道、电视购物业务交流会，江苏省网、云南省网、陕西省网、四川省网、合肥市网、福建泉州地网等地方网络公司参会，围绕付费频道经营、电视购物业务现状和发展趋势等方面进行研讨。

12月17日　北京歌华文化发展集团中华世纪坛数字艺术馆与英国艺术机构onedotzero联合举办的“创意未来”多媒体展在京揭幕，数字艺术馆围绕“创意未来”这一主题展开系列活动。

12月18日　北京电视艺术中心有限公司出品的《编辑部的故事》、《北京人在纽约》、《贫嘴张大民的幸福生活》等电视剧获“中国电视剧产业二十年”优秀电视剧奖。

12月20日至30日　北京歌华有线电视网络股份有限公司在清华大学开办高清交互机顶盒推广现场，截至12月30日，已推广完成5500余户，高清交互整转率达到86%。

12月20日　北京北广传媒城市电视有限公司与北京市城管执法局战略合作签字仪式暨《96310》栏目开播仪式在城市电视隆重举行，市城管执法局副局长王连峰、北京广播电视台副台长苏仁先出席签字仪式。

12月21至22日　北京北广传媒数字电视有限公司利用举办《“爱心雨花”老年才艺大赛》的人才资源，组织大赛中的优秀选手组成演出团，走进通州光荣院、房山光荣院、丰台南苑乡敬老院、燕山养老院、北京SOS儿童村和北京第二儿童福利院进行新春慰问演出。

12月22日北京电视台主办的《2011——2012文化北京·年度盛典》跨年晚会在国家奥林匹克体育中心体育馆录制。市委宣传部常务副部长王海平及市广电局相关领导出席晚会，北京电视台总编辑赵多佳陪同观看了晚会。本台晚会以“核心价值的力量”、“双轮驱动的创新”、“文化产业的航母”、“精品力作的丰收”、“走向世界的脚步”、“名家人才的汇聚”等北京文化改革发展六大核心战略为主线，全面展现了2011年度首都文化作品和事件。中央芭蕾舞团、中国杂技团、北京歌舞剧院、国家京剧院、北京人民艺术剧院、国家话剧院等演艺团体参演。晚会定于12月31日19:40在北京卫视播出。

12月22日　北京人民广播电台交通广播组织所有主持人赴中国国际广播电台轻松调频（FM91.5），与该台主持人就节目主持、听众互动、节目定位、节目包装等进行交流。

12月22日　由中国曲艺家协会、北京电视台联合主办，北京曲艺家协会协办的“2011北京喜剧幽默大赛”在BTV大剧院举行，历时近三个月的大赛落下帷幕。中国文联副主席、中国曲协主席刘兰芳，中国曲协分党组副书记、秘书长刁惠香，北京电视台总编辑赵多佳、副总编辑张亮，北京曲协副主席李立山、副秘书长田静等出席颁奖晚会。冯巩、郭达、巩汉林、魏积安、宁静、沈傲君、尚敬等明星也纷纷到场祝贺。

12月23日　北京人民广播电台在由国家广电总局主办、中国广播电视协会承办的2009—2010年度中国广播影视大奖广播电视节目奖评选中，获得优秀广播节目五个，优秀广播节目提名六个。

12月23日　河北省委宣传部副部长王景武一行到北京歌华文化发展集团调研。双方就抓住文化大发展大繁荣的良好机会，共同推动北京市、河北省在文化产业方面的合作，打造文化产业发展平台和文化品牌项目等问题进行了积极深入探讨。北京广播电视台副台长兼歌华集团董事长王建琪出席座谈。

12月23日　北京电视台首批巡视组成员进驻并开展巡视工作，采取听取汇报、民意调查、个别谈话、问询座谈、查阅资料等方式对北京电视台贯彻执行党的路线、方针、政策和市委市政府决策部署情况、干部选拔任用情况、贯彻落实党风廉政建设责任制情况以及基层党建工作情况进行巡视。北京广播电视台台长兼北京电视台台长王晓东出席见面会。

12月26日　北京电视台举办《首善媒体　大美品质——2012 BTV新年媒体答谢会暨奇幻光影之夜》大型主题活动，中央及市属媒体单位有关负责人、记者近百人出席活动，北京电视台台长王晓东、总编辑赵多佳出席。

12月27日　北京市委宣传部和市科委共同主办，北京电视台、北京科技协作中心承办的“2012首都科技盛典”在北京电视台举行。科技部党组成员王志学，市委常委、教工委书记赵凤桐，市委常委、宣传部部长、副市长鲁炜，副市长苟仲文，市委宣传部副部长张淼，12位中科院、工程院院士等出席了典礼。“2012首都科技盛典”活动以评选推动“北京创造”的十大科技人物，大力弘扬践行“爱国、创新、包容、厚德”的北京精神为主题，全面展示了首都在科技创新、科技成果产业化中涌现出的先进人物和先进成果，传播扩大了科技的社会影响力。北京广播电视台台长兼北京电视台台长王晓东、总编辑赵多佳陪同观看演出。

12月28日　北京人民广播电台新闻广播主办的2011北京榜样颁奖典礼举行。邓小岚、王伟力、刘玉珍、魏桂英等10人获选“北京榜样”人物。出席评选活动的领导有北京市委宣传部副部长、首都精神文明建设委员会办公室主任陈冬。共青团北京市委副书记杨立宪、民政部社会福利和慈善事业促进司副司长徐建中、北京广播电视台党委书记刘志远、北京广播电视台常务副台长、北京广播电视台常务副台长兼北京电台台长汪良、国防大学军队政治研究室副主任公方彬、搜狐公司董事局主席兼首席执行官张朝阳和观复博物馆馆长马未都等为10位榜样人物颁奖。

12月29日　北京市委农工委、市农委与北京电视台联合主办的“2012春节美丽乡村”主题晚会在大兴星光影视基地举行。副市长夏占义，市委副秘书长赵金玉，市委农工委书记、农委主任王孝东，北京电视总编辑赵多佳出席晚会。晚会于大年初四19:40在北京卫视播出。

12月30日　北京歌华有线电视网络股份有限公司完成“3D试验频道”落地试播工作。“3D试验频道”采用DS-40频点播出，频道号为701，按照国家广电总局的要求，“3D电视试验频道”定于2012年元旦试播，2012年春节正式播出。

12月　北京电视台3D EFP切换系统搭建成功，实现了通过大屏幕3D画面，直接进行信号切换、节目制作和录制，大幅缩短了节目制作周期，降低了制作成本。

12月　北京人民广播电台推出春节特别节目。“九台一网”联动以“和美北京人·广播过大年”为主题，在“两节”期间陆续推出“寻找和美北京人”大型新闻行动、“迎新春　走基层”春节新闻行动等特别节目。“寻找和美北京人”大型新闻行动采取征集、走访、探寻等多种方式，深入挖掘“北京精神”，选取代表首都形象的“和美家庭”；除夕特别节目“和美北京人·广播过大年”春节大联欢晚会，时长5小时；春节节目展播将以“迎新春　走基层”春节新闻行动专题节目、春节大联欢音频版、春节系列文艺节目、央视春晚精彩节目集锦为主干，在七天长假里为广大听众呈现一个欢乐喜庆祥和的春节；春节系列活动颁奖礼延续以往的成功做法，把春节优秀节目颁奖礼与北京电台获奖听众表彰结合起来，总结2012“广播过大年”春节系列活动，表彰奖励各项优秀节目和活动。

12月　北京电视台根据各频道特点、栏目特色和节日期间公众文化需求，在

《北京新闻》、《好人故事》、《光荣绽放》、《咱爸咱妈的美好时代》、《快乐生活一点通》、《这里是北京》等50余个栏目中推出元旦、春节特别节目。BTV卫视从12月26日起，连续九天安排播出特别节目、晚会和大型活动，营造“跨年周”编排概念，并于2012年1月17日起每天播出一台晚会，打造“春晚播出带”强势播出平台；青年频道采用全球直播迎新年、重点栏目大盘点等形式，通过大板块节目带的编播覆盖，突出频道青春、时尚、动感、活力的全新定位；卡酷少儿频道每天安排近10个小时的热门动画片连播，《幼乐园》、《酷播萝》、《笑口常开》、《动漫地带》等崭新亮相；纪实高清频道采取差异化编排策略，整合频道纪录片资源，对节日期间白天10小时的节目进行动态编排。

12月　北京歌华有线电视网络股份有限公司所属子公司涿州歌华收到涿州市政府关于调整有线数字电视基本收视维护费的请示批复，于2012年1月调整有线数字电视基本收视维护费价格，第一端基本收视维护费由月18元调至月26元，与河北省内各市县价格实现同步。

12月　北京歌华有线电视网络股份有限公司申报的《基于高清交互数字电视平台的“歌华飞视”新媒体服务示范项目》获第二批中关村现代服务业试点项目资金支持。该项目总投资10476万元，市财政补助1000万元，将形成支撑教育、文化等现代服务业的公共服务平台。

12月　北京北广传媒地铁电视地铁一号线古城车辆段信号覆盖延伸工程于近日完工，进入调试阶段，标志着地铁电视信号已覆盖地铁一号线全程。

12月　北京人民广播电台《易通1039新媒体机及业务运行系统》、《利用数字音频广播技术开展推送式广播服务的相关技术研究》在2010年度国家广播电影电视总局科技创新奖评选中分别荣获高新技术研究与开发奖一等奖和科技成果应用与技术革新奖一等奖，广播节目《解码2012》、《心理医生谈抑郁症》获科普奖（广播类）一等奖。

12月　北京电视台动画电影《劳拉的星星在中国》在2011年度中国动画“美猴奖”评选中获“最佳动画长片大奖”，《星游记》获“最佳动画系列连续片提名奖”。

12月　北京北广传媒地铁电视有限公司的《构筑北京地铁电视建设的发展的管理模式》在市国资委召开的北京市推进国有企业管理创新工作会暨第26届北京市企业管理现代化创新成果发布会上，获第26届北京市企业管理现代化创新成果一等奖。

12月　北京人民广播电台外语广播荣获国家广播电影电视总局颁发的“广播影视‘走出去’工程”先进集体荣誉称号。

12月　北京北广传媒数字电视有限公司《数字电视内容集成分发系统》获得“软件著作权登记证书”。

# 2011年北京市区县广播影视大事记

## 1月

1月1日　丰台区广播电视中心《丰台新闻》全新改版播出，由原先每日15分钟增至25分钟，内容涵盖时政、经济、社会、文化、民生等多方面信息，引入媒体链接及资讯板块，屏幕下方增加热点信息滚动字幕。

1月1日　怀柔区广播电视中心《怀柔新闻》改版，节目从片头音乐、字幕、背景板到片尾都进行了调整，新增《主播给您说节气》、《公报要点》等板块。

1月1日　昌平电视台开办的大型普法日播栏目《法治中国》开播。

1月1日起　密云电视台对自办节目进行全新改版，将原有《经济视点》、《今日观察》、《檀州采风》、《社会纵横》和《科技信息之窗》每周播出专题节目调整为每日播出专题性新闻。《密云新闻》节目由原来的每日15分钟增加到25分钟左右。

1月5日至9日　圆满完成平谷区人大、政协“两会”报道。

1月10日至13日　丰台区广播电视中心组织20余人报道团队圆满完成区人大、政协“两会”报道任务。

1月11日　怀柔区广播电视中心与区计生委联合开办的新栏目《怀柔人口》在怀柔电视台播出，每月第二周的周二播出。

1月12日　密云县委常委、宣传部部长王春林到县广播电视中心检查指导工作，要求进一步提高广播电视节目质量，为全县经济社会发展营造良好的舆论环境。

1月14日　延庆县广播电视中心组织专门报道团队，开设县人大、政协“两会”专题栏目，圆满完成报道任务。

1月15日　通州区广播电视中心跨年度系列报道《我的“十一五”》播出结束，共播出12篇，通过身边人、身边事，记录全区“十一五”建设成就。

1月19日　房山区广播电视中心召开工作总结及表彰大会，大会对2010年度先进集体、先进工作者、优秀播音员、优秀主持人、优秀编辑、优秀记者进行表彰。区委常委、宣传部部长赵佳琛出席会议。

1月21日　房山区广播电视中心技术科被北京市广播电影电视局评为2010年度广播电视技术维护先进单位，许亚辉被评为先进个人。

1月25日　延庆县广播电视中心召开2010年度总结表彰会，中心党组书记、主任孟昭旭作工作报告。

1月26日　在房山区先进表彰暨春节团拜会上，房山区广播电视中心荣获2010年度“服务‘三化两区’建设先进单位”荣誉称号。

1月28日　石景山区广播电视中心完成“2011年石景山区春节联欢晚会”录制。

1月29日　丰台区广播电视中心首次启用六讯道转播系统，圆满完成　“丰台区2011年春节团拜会”资料拍摄、实况录制和编辑播出任务。

1月30日　石景山区广播电视中心召开2010年总结表彰会，并与各部门签订2011年任务书。区委常委、副区长付生柱，区委常委、宣传部部长王文光出席会议并讲话。

1月31日　门头沟区委书记刘云广到门头沟区广播电视中心调研并慰问职工。

1月31日　通州区委书记王云峰，区委常委、宣传部部长张秀余，副区长刘淑华到通州广电中心调研。

1月　房山区广播电视中心被房山区委、区政府评为2010年度文明单位标兵。

1月　大兴区广播电视中心圆满完成区党代会、区人大、政协“三会”新闻报道任务。

1月　通州电视台拍摄的“中国年”MTV、“大拜年”、“通州模范人物拜年”等系列电视片制作完成，在春节期间黄金档播出。

1月　顺义区广播电视中心电台、电视台采制的40集大型系列报道《回首“十一五”，展望“十二五”》播出，全方位、多角度反映了顺义区“十一五”发展成就。

1月　顺义区委书记张延昆到区广播电视中心调研并看望慰问工作人员。

1月　顺义电台举办“声音传递精神，电波凝聚力量”台庆13周年活动。

1月至3月　延庆县广播电视中心共制作播出公益广告50余条，占全部播出广告的30%。其中涉及环保方面18条，节约能耗方面12条，社会公德方面10余条，绿色出行方面10余条。

## 2月

2月1日　房山区委书记刘伟，区委副书记、区长祁红，区人大常委会主任史全富，区政协主席唐淑荣，区委副书记张祝华，区委常委、常务副区长高言杰，区委常委、宣传部部长赵佳琛等到区广播电视中心慰问春节期间坚守工作岗位的一线工作人员。

2月1日　平谷区委常委、宣传部部长闫维洪代表区委区政府到区广播电视中心走访慰问，对广电职工一年来的辛勤工作和取得的成绩给予肯定。

2月1日　延庆县委副书记郭振清、副县长赵志萍到县广播电视中心看望慰问工作人员。

2月15日　平谷区广播电视中心完成《“中国乐谷”首届欢乐节》特别访谈节目录制。

2月16日　昌平区广播电视中心举办广播电视采编人员业务培训。

2月17日　平谷区广播电视中心完成第二十一届平谷区秧歌花会进城大拜年活动暨“中国乐谷”首届欢乐节电视直播。

2月20日　昌平区广播电视中心新增两台高标清兼容的非编设备，非编室增加P2采集一台，并完成安装调试工作。

2月22日　顺义区广播电视中心到延庆县广播电视中心就未来广电事业发展、强台立台标准等工作进行调研。

2月23日　昌平区广播电视中心引进的大洋媒资设备正式投入使用，实现从北京媒资中心上传、下载节目。

2月25日　丰台区广播电视中心召开党组扩大会，制定推出2011年度频道、节目建设、拓宽宣传平台、安全播出等五方面33项重点工作，中心党组书记、主任谷卫主持会议。

2月26日　通州电视台举办的第一届百姓歌手大奖赛决赛圆满落幕，历时40天，40名选手参赛。来自通州区的64岁的农民张庭和密云雾灵山的农家女儿韩艳丽获得一等奖。区领导李玉君、张秀余、刘淑华及广电中心主任王志刚为获奖者颁奖。

2月28日　昌平电视台正式播出14区县联播节目《区县风采》。

2月28日起　14区县广播电视中心播出区县联席会议确定的《区县风采》电视栏目。

2月28日起　丰台区广播电视中心播出区县联席会议确定的《区县风采》电视栏目。

2月28日　丰台区广播电视中心与中科大洋科技发展股份有限公司签订高清电视

采编政府采购项目合同117万元，与北京中广电系统工程有限公司签订高清电视设备合同268万元。

2月至12月　大兴区广播电视中心面向全国范围内的211院校，引进1名博士、3名硕士生和5名主持人，并送到北京电视台、山东齐鲁电视台进行为期1个月的岗前培训。

2月　朝阳区广播电视新闻中心出资冠名“2011朝阳国际风情节”，以“朝阳传媒”作为冠名名称。

2月　石景山区广播电视中心在《石景山新闻》开设系列报道《开局“十二五”》，深入宣传石景山区今后五年规划、目标和任务。

**3月**

3月1日　密云县广播电视中心召开2010年度工作总结暨表彰大会，中心党组书记、主任赵力杰作工作报告，县委常委、宣传部部长王春林出席会议。

3月5日　京市广播电影电视局局长李春良、副局长王霞、总工程师何桂芝一行到延庆县广播电视中心检查降蓬山无线覆盖转播站建设情况，县委副书记郭振清、县委宣传部领导以及房山、平谷、怀柔、密云、延庆等五个区县广电中心领导陪同检查。

3月5日　中央电视台“两会动车组”开进石景山区老山街道，在央视《新闻直播间》栏目对老山街道全民健身活动进行直播报道。

3月9日　密云县广播电视中心召开基层记者站工作总结表彰会，对在2010年广播电视宣传报道工作中作出突出贡献的穆家峪镇记者站等10个获得广播电视宣传优秀奖的记者站、25名优秀记者进行表彰。

3月15日　房山区广播电视中心举行“我看‘三化两区’征文颁奖大会暨古镇图志首发式”。广电中心选送的九篇征文作品中，四篇荣获二等奖、两篇荣获三等奖、三篇荣获优秀奖，并入选《扬帆——我看‘三化两区’主题征文获奖作品集》集结出版。同时广电中心被房山区委宣传部评为 “三化两区主题征文”组织奖。

3月19日　朝阳区广播电视新闻中心在日坛公园举办第五届春分朝阳民俗节暨朝阳传媒幸福传递社区行首站朝外站。

3月19日　由怀柔区广播电视中心与区妇联共同开办的新栏目《时代女性》在怀柔电视台播出,每周六播出。

3月22日　丰台区委常委、区宣传部部长顾晓园到区广播电视中心实地考察，了解办公环境和机房设施情况。

3月25日　由通州区广播电视中心制作的反映通州精神、通州速度、通州形象的专题节目，在北京电视台《区县风采》栏目中播出第一期。

3月26日　门头沟区广播电视中心和新闻中心2011年工作会召开。区委宣传部常务副部长、中心党组书记、新闻中心主任张慧军作题为“振奋精神　凝聚力量　不断加强和改进新闻宣传工作”的工作报告，对两个中心2010年度17名先进个人进行表彰。区委常委、宣传部部长陈国才，副区长姚忠阳出席会议。

3月28日　丰台区委常委、区宣传部部长顾晓园到北京人民广播电台、北京电视台调研，区广播电视中心主任谷卫陪同调研。

3月28日　通州电视台在《看通州》栏目中新开设“聚焦新城”、“调查性报道节目”两个子栏目开播。

3月至10月　大兴区广播电视中心承办区《十大品牌人物创业故事评选活动》。

3月　通州电视台《健康人生》栏目改版，新栏目分《非常食客》、《快乐健身无界限》、《名医诊室》、《心海漫步》、《健康快讯》五个板块。

## 4月

4月1日　国家广电总局保卫司司长宋卫民、副司长梁小燕、市广电局副局长王霞到平谷区景台山广播电视转播站就广电设施保护、安全监管等情况进行检查，平谷区委常委、副区长王晓光陪同。

4月14日　丰台区广播电视中心召开以“开局之年、共话发展”为主题的2011年街乡镇单位通联工作会，21个街乡镇的负责人及宣传干部参加会议。

4月18日　北京市广播电影电视局副局长王霞率队到怀柔汤河口转播站检查施工安全工作。

4月19日　北京市广播电影电视局总工程师何桂芝等一行到平谷区镇罗营镇张家台村、大华山镇挂甲峪村，就北京新闻广播远郊行政村无线覆盖建设工作进行检查，对无线覆盖前期工作给予肯定。

4月21日　朝阳区广播电视新闻中心在太阳宫公园举办第二届太阳休闲文化节暨朝阳传媒幸福传递社区行太阳宫站。

4月22日　朝阳区广播电视新闻中心召开“2010年度双十人物和事件”表彰大会。

4月25日　东城区文委召开全区2011年整治非法卫星电视接收设施专项行动工作部署会。

4月28日　丰台区委常委、区宣传部部长顾晓园到区广播电视中心调研，从确保安全播出、加强栏目建设、加强窗口建设、研究规划发展等方面提出了具体要求。

4月29日　朝阳区广播电视新闻中心《朝阳报》创办的《文明创建专刊》出版，到9月19日共出刊59期，刊发文字约105万字，图片约500张。

4月　在北京市“科技宣传周”活动期间，平谷区广播电视中心与区科学技术协会合作，分别于14日和16日在演播厅举办两场大型科普讲座，讲座内容在平谷电视台连续播出。

4月　海淀区新闻中心《海淀科技园区周刊》更名为《核心区周刊》，并改革和调整相关内容。

## 5月

5月1日　海淀区新闻中心引进100部红色经典电影在海淀电视频道推出“爱国主义教育影片展播”。

5月1日　通州电视台开辟建党专题栏目《不朽航船》播出，栏目以建党90周年为背景，面向全社会征集优秀党员的事迹，每周一15:00—15:10播出。

5月1日　昌平人民广播电台开播七档新节目。分别为：9：30播出《双城情歌》，12：00播出《音乐风情之旅》，13：00播出《金手指乐翻天》，18：30播出《红色故事》，19：40播出《景波说故事》，22：00播出《在清华听演讲》，22：30播出《电影值班夜》。

5月4日　通州区区长办公会听取区广播电视中心关于建立区委、区政府主导的通州新媒体——网络媒体情况的汇报。会议要求通过建设通州网络，整顿通州网络资源，提高通州政府的信息化水平，成为市民服务的平台。

5月14日　朝阳区广播电视新闻中心积极参加“区千名干部下基层”活动，推出“记者走一线”专栏，对突发事件、重点工程、特殊行业、典型人物进行全新风格的报道。

5月18日至10月7日　朝阳区广播电视新闻中心在建外soho广场及关联街道举办建外地区第五届CBD文化节暨朝阳传媒幸福传递社区行建外站。

5月19日　北京市广播电影电视局局长李春良，副局长杨淑琴、臧增祥，纪检组组长王立平，总工程师何桂芝一行到房山百草畔转播站调研，并慰问转播站一线工作人员。

5月20日　国家广播电视总局组织国际广播电视记者研修班学员到顺义区广播电视中心参观。

5月23日　通州电视台新增《走进乡镇关注基层党建》特别节目，以纪念建党90周年,每期节目走进一个乡镇，反映基层党组织建设情况和党员风采，播出时间历时两个月。

5月30日　石景山区广播电视中心制作的《走进演播室特别节目——与党旗对话》开播。

5月　房山区广播电视中心孙静、孙亚琼、李安琦、王猛、都琳制作的《田园清洁工程让你的餐桌更“绿色”》荣获“第五届北京市优秀科普作品奖”广播电视科普节目类优秀奖。

5月至8月　门头沟区广播电视中心围绕建党90周年，在新闻节目中开设《创先争优　为党旗增辉》、《党史上的今天》、《争先创优　为党旗增辉》、《颂歌献给党》、《庆祝建党90周年，建设现代化生态新区》等栏目，共播出专题报道378余条，专题访谈栏目十多部，制作播出《红色记忆》系列专题片共六部。

## 6月

6月7日　顺义区广播电视中心派出专门报道组全方位报道顺义第20届燕京啤酒节。

6月13日　通州电视台系列报道《我心向党》在《通州新闻》中开播，共10期。

6月14日　平谷区委组织部在区广播电视中心演播厅举行平谷区纪念建党90周年“党旗指引我前进”演讲比赛决赛，区广电中心负责全场录制，时长90分钟。

6月15日　朝阳区广播电视新闻中心在蓝色港湾举办2011北京·朝阳麦子店国际社区文化节暨朝阳传媒幸福传递社区行麦子店站。

6月17日至30日　通州电视台制作播出建党特别文艺节目《综艺奇芭》，共14期，每日一期。

6月19日　由石景山区广播电视中心承办的《颂歌献给党——北注协庆祝建党90周年文艺晚会》在国图会展中心现场录制。

6月21日　由怀柔区广播电视中心制作的10集《锦绣怀柔党旗红》专题片播出，同时刻制光盘3000盘、出版书籍3000册。

6月22日　房山区委书记刘伟，区委常委、宣传部部长赵佳琛，区委常委、区委办公室主任赵军等到房山区广播电视中心调研。

6月23日　由石景山区广播电视中心与区国资委系统联合举办的《庆祝建党90周年表彰大会暨文艺晚会——展风采创辉煌》在首钢文馆现场录制。

6月29日　《石景山区庆祝建党90周年文艺晚会——光辉的旗帜》在石景山区广播电视中心现场直播。

6月　顺义区广播电视中心电台、电视台和《顺义时讯》开设《党旗飘扬　顺义希望》栏目，记录顺义所发生的翻天覆地的变化。

## 7月

7月1日　朝阳区广播电视新闻中心出版“朝阳报纪念中国共产党成立90周年珍藏版”。

7月1日　由顺义区广播电视中心主办，顺义区文委、团区委、教委协办的“绿港党旗红”顺义区庆祝建党90周年“主题党日”活动在中华世纪坛圆满落幕。顺义区委书记张延昆、区长王刚、区人大主任马庚良、区政协主席陶宝金和北京广播电视台党委书记刘志远等出席。

7月2日　昌平电视台在区委宣传部、区

委党史办、区档案馆等部门的协助下，开设大型系列电视文献片——《昌平红色记忆》日播栏目，共102集，每集6分钟，并成功摄制DVD集出版发行。昌平人民广播电台同步播出。

7月4日　海淀区新闻中心召开“七一”表彰大会。

7月7日　丰台区广播电视中心认真落实市委组织部建党90周年丰台区主题党日活动保障工作，并完成短片《历史上的今天》、丰台区党史档案和“七•七”主题党日活动”诗朗诵视频、劳模介绍视频等。

7月13日　延庆县广播电视中心举办“新闻直播报道、现场报道”培训班。

7月17日　通州电视台《通州新闻》改版，实现《通州新闻》天天播报新闻。改版后的周日《通州新闻》时长继续保持10分钟，内容基本分为民生新闻和新闻现场两个部分。

7月22日　延庆县广播电视中心电视栏目《生活全方位》播出1000期。

7月30日　门头沟区广播电视中心举办一期高清设备学习培训班。

7月　房山区广播电视中心被北京市委宣传部评为北京市纪念建党90周年宣传工作先进集体，王超被评为先进个人。

## 8月

8月1日　昌平电视台《昌平新闻》开播《昌平区“十二五”规划解读》系列报道。该系列报道共141期，每期播出时长5分钟，配合相关图片、视频资料等，共分六个部分。

8月3日　丰台区广播电视中心邀请中央电视台军事频道相关负责人就区电视频道建设进行座谈。

8月4日　石景山区广播电视中心召开半年工作总结会，区委常委、宣传部部长王文光出席会议并讲话。

8月初　昌平电台、电视台在《昌平新闻》中开设《区级生态文明户　文明有礼昌平人》新闻专栏，每周播出1～2期，有针对性地对生态文明户创建工作的安排和措施进行系列报道。

8月6日　石景山区广播电视中心召开建党90周年宣传活动总结表彰会，区委常委、组织部部长李文起出席会议并讲话。

8月8日　怀柔区委书记张建东到区广播电视中心调研，区委常委、区委办公室主任田文杰，区委常委、宣传部部长彭丽霞，副区长周东金等陪同调研。

8月14日　通州区广播电视中心生活服务栏目《健康365》改版播出，改版后的内容包含三个板块：《快乐健身》、《周周美食》、《中医养生》或《健康快车》。

8月20日　怀柔区广播电视中心举办怀柔电视台成立20周年文艺演出。副区长周东金主持开幕式，市广电局副局长庞微，区委常委、宣传部部长彭丽霞，国家广电总局、中央电视台、北京电视台、北京广播电视学会、13个区县广电中心及本区有关单位的领导观看了演出。

8月22日　延庆电视台综合频道实施滚动播出，《延庆新闻》每天20:00、21:10、22:20三次联播，《生活全方位》每晚两次联播。

8月25日至28日　北京市广播电影电视局组织专家对公共广播信号无线覆盖工程进行验收。该工程在平谷区一共建设99个站点，涵盖黄松峪、熊耳寨、镇罗营、金海湖、刘家店等大部分乡镇。

8月26日至28日　房山区第二届长阳音乐节开幕，区广播电视中心运用现场直播、多点直播、现场报道、快讯快报、访谈、专题、系列报道等手段进行全方位的报道。

8月30日　门头沟区委书记韩子荣到区

广播电视中心、新闻中心调研并检查指导工作。

8月 房山区广播电视中心被全国县域经济研究中心评为2009——2010年度“文化惠民工程”先进单位。

8月 海淀区新闻中心《核心区周刊》并入《海淀报》，每期出版一个园区版面。

8月 海淀区新闻中心改革和调整《海淀文艺》、《海检播报》、《健康海淀》电视栏目。同时，引进播出《向尚看齐》和《影视界》栏目。

## 9月

9月1日 密云县广播电视中心举办新闻业务培训班，特别邀请北京广播电视学会会长张晓爱、原北京市广电局副局长于知峰为中心编辑记者以及各乡镇、街记者站信息员一百余人进行授课。

9月7日 昌平区广播电视中心调试安装完成新奥特三维实时编播系统，实现实时字幕编播功能。

9月7日 昌平区广播电视中心派出六路记者全面报道2011年北京铁人三项世界锦标赛，在昌平电视台《昌平新闻》和昌平广播电视网播出。

9月8日 大兴区、房山区文化执法和城管执法部门联合整治京良路非法兜售卫星天线违法行为，共收缴卫星天线78面、瓦楞纸板广告46块。

9月9日至12日 丰台区广播电视中心派出四组记者完成《北京月亮歌会》全程资料拍摄录制工作。

9月10日至11日 门头沟区广播电视中心组成二十余人报道团队，对昊华能源杯第二届北京国际山地徒步大会进行全程报道并播出。

9月13日 怀柔电视台与怀柔区城乡环境建设委员会联合开办的《怀柔环境》栏目播出，隔周二播出，时长10分钟。

9月19日 海淀区委巡视组组长李中南一行四人到区新闻中心检查工作。

9月20日 ISO14001环境管理体系外审工作组到延庆县广播电视中心进行环境管理体系工作复审，中心顺利通过外审二次复查。

9月21日 北京电视台艺委会一行六人到平谷区广播电视中心进行“走基层、转作风、改文风”调研。

9月26日 昌平区委常委、宣传部部长余俊生，宣传部副部长周文健、孙士军等一行到区广播电视中心调研。

9月至11月 大兴区广播电视中心组织策划的“金秋大兴、美丽我家”手机拍大兴摄影大赛圆满完成。

9月 顺义人民广播电台荣获全国县级广播电视系统“十佳广播电台”。

9月 平谷区广播电视中心在《平谷新闻》开设“记者走一线”专栏，突出展现平谷区“一区四化五谷”建设中涌现出来的新人新事新面貌新典型。该栏目9月5日首播，每期时长2分钟，每周一、三、五播出。

9月 怀柔区广播电视中心投资272万元搭建高清综合网，实现向北京电视台传送高清节目。

9月 怀柔区广播电视中心协助市广电局、北京广播电视台和北京电台先后在旦子山建设DAB（数字广播）机房，安装了DAB、CMMB（手机电视）设备，开通了手机电视、数字广播业务。

## 10月

10月5日至6日 石景山区首届《百姓明星》歌曲、戏曲大奖赛决赛在广电中心演播大厅举行，并进行现场直播。

10月14日 怀柔区广播电视中心被北京市第八届全民健身体育节组委会授予“优秀宣传报道奖”。

10月17日　延庆县广播电视中心电视栏目“百姓直通车”正式开播，每周一在《延庆新闻》中播出，节目时长3～5分钟。

10月26日　北京市广播电影电视局副局长臧增祥带队检查延庆县永宁镇和张山营镇有线广播“村村响”工程，实地抽查了永宁镇镇政府机房、和平街、吴坊营和孔化营等村机房及村内音箱安装、覆盖情况，对延庆县有线广播“村村通”工作给予了充分肯定。

10月26日至27日　密云县文委举办“2011年文化市场法律法规综合培训班 ”。

10月27日　平谷区委常委韦小玉到区广播电视中心调研。

10月28日　昌平广播电视中心举办百集大型主题系列片《昌平红色记忆》座谈会。

10月31日至11月1日　平谷区广播电视中心和北京广播电视学会联合举办全区广播电视业务培训班，邀请原市广电局副局长于知峰等专家，对全区一百多名新闻工作者进行培训。区委常委、宣传部长闫维洪做开班动员，中心主任刘义华主持开班仪式。

10月　海淀区新闻中心举办全区新闻理论与实践培训班，采取培训授课、案例讨论、观摩教学相结合方式，对一线业务骨干、街乡镇基层记者站、部分委办局相关人员进行业务培训。

10月　大兴区广播电视中心拓宽和延伸宣传大兴的平台，与千龙网联合开设千龙网“大兴 · 亦庄”板块，与京视传媒合作，在3GBTV上开辟大兴专区。

10月　大兴区广播电视中心投资580万元建成大兴手机台。

10月　大兴区广播电视中心《动画剧场》开播。

10月　顺义区广播电视中心邀请中央电视台《新闻联播》栏目主播郎永淳做“新闻宣传工作者职业素质培训”讲座。

## 11月

11月1日　密云县广播电视中心举办电台数字化改造工程竣工暨广播节目全面改版开播仪式。

11月4日　记者节前夕，房山区委常委、区委宣传部长赵佳琛等领导代表区委、区政府到区广播电视中心慰问在一线的工作人员。

11月10日　由海淀区文委主办的2011年海淀区“四海一家惠民电影月”正式启动。

11月10日　延庆县广播电视中心举办庆祝第十二个记者节晚会，自编自演了一台以“‘走、转、改’，走进广电，我是记者我快乐”为主题的文艺晚会。县委常委、宣传部部长张素枝观看了演出并向全体人员致以节日的问候。

11月11日　海淀区人大常委会主任周来生，常务副主任王纪表，副主任蔡长敏、李松波等到海淀区新闻中心调研。

11月15日　昌平区广播电视中心举行安全播出演练，内容包括突然停电、信号源故障及一般故障排除的演练，播出部、技术部全体人员参加。

11月18日　北京市广播电影电视局、顺义区广播电视中心领导到小塘村开展“走、转、改”、“一助一”活动，市广电局局长李春良、顺义区委书记张延昆、副区长燕瑛等参加活动。

11月21日　海淀区政协领导到区新闻中心进行交流座谈。

11月21日至27日　由石景山区广播电视中心精心策划达两年时间的中央电视台《对话》栏目在广电中心演播厅录制。该节目通过首钢集团董事长朱继民、区委书记荣华的对话，就石景山区和首钢集团在转型过程中如何利用首钢土地资源等话题，进行了思考与探索。该节目27日在中央电视台播出。

11月22日　丰台区委常委、宣传部长顾晓园和副区长张婕听取丰台区广播电视中心2011年度重点工作完成情况和2012年度工作计划。

11月25日　朝阳区广播电视新闻中心召开《北京社会报 · 社区生活》读者座谈会。

11月28日　北京市广电局科技处、中质协会及朝阳、密云、怀柔广电技术部门负责人到平谷区广播电视中心审核检查安全播出管理体系建设情况，中心主任刘义华陪同检查。

11月29日　通州电台录制的广播片花《春天花会开，关怀永远》获2011年度国家广电总局广播节目技术质量奖（金鹿奖）广告片花类录制技术奖三等奖。

11月　朝阳区广播电视新闻中心召开记者节座谈会，就朝阳区广播电视新闻事业发展问题进行研讨。

11月　朝阳区广播电视新闻中心成立区“党代会”、“人代会”、“政协会”报道组，对“三会”进行集中宣传报道。

11月　房山区广播电视中心改版《周末相声》栏目，更名为《曲苑大观》，每期30分钟。

11月　大兴区广播电视中心资讯频道改版开播，播出时间6:00至24：00，增加电视剧与娱乐节目的播出比重，每天播出时长达到18小时。

11月　怀柔区广播电视中心被北京市安全生产月活动组织委员会授予2011年北京市“安全生产月”活动“优秀新闻报道奖”。

## 12月

12月11日　房山区城乡数字广播信息平台开通仪式举行，区委副书记、区长祁红，区人大常委会主任史全富，北京市广播电影电视局副局长臧增祥，区人大常务副主任李福田，区委常委、宣传部长赵佳琛，区人大副主任刘顺林，副区长卢国懿等出席启动仪式。

12月12日至20日　丰台区广播电视中心组织阵容强大的编辑记者队伍，投入区党代会、人大和政协“三会”报道。

12月19日　通州区人大副主任张秀余，区委常委、宣传部部长王杰群到区广电中心调研。

12月19日　平谷区委常委、宣传部部长韦小玉到平谷区广播电视中心慰问参加区第四次党代会、区四届人大一次会议和区政协四届一次会议报道组全体同志。

12月22日　昌平区广播电视中心对区第四届人民代表大会第一次会议首次实现电视直播。

12月27日　平谷区委常委、副区长屈志奇到区广播电视中心调研，听取中心主任刘义华的工作汇报，对中心取得的成绩和今后发展予以充分肯定。

12月29日　石景山区广播电视中心举行纪念石景山有线电视开播20周年座谈会，新老广电人欢聚一堂，忆往昔，话未来。区委书记荣华发来贺信，区领导王文光、付生柱、司马红、刘国庆出席座谈会。

12月30日　丰台区广播电视中心新闻演播室改造工程完工，按照频道高标清同步播出和节目建设要求，集新闻、访谈、录播于一体。

12月31日　丰台区委副书记、区长冀岩到区广播电视中心录播新年致辞，并看望值班员工。

12月31日　通州区区长岳鹏到区广电中心调研并看望值班工作人员。

12月　朝阳区广播电视新闻中心与朝阳区残联合作创办报纸《春雨》。

12月　门头沟区广播电视中心集中全力对区第十一次党代会、区人大、政协三会进行报道。

12月　大兴区广播电视中心投资近700万元建成的“高标准媒资管理系统”通过验收，并投入使用。

12月　大兴区广播电视中心宣传片《跨越》历时半年拍摄制作完成并播出，片长15分钟。

年内　海淀区委宣传部扶持近200万元资金改造的区新闻中心演播厅工程——中演播厅完工。

年内　门头沟区广播电视中心杨成被中央宣传部、中华人民共和国司法部评为2006—2010年度全国法制宣传教育先进个人；宋奇被北京市委宣传部评为北京市纪念建党90周年宣传工作先进个人；北京市门头沟区广播电视中心被北京市委宣传部评为北京市纪念建党90周年宣传工作先进集体。

年内　怀柔区广播电视中心建立62个小调频站点，完成62个村的小调频覆盖工程，怀柔大部分山区接收不到北京新闻广播和城市管理广播的问题得到了解决。

年内　密云县广播电视中心加强自办节目栏目建设，对《经济一刻钟》、《事事关心》、《檀州大舞台》、《就业直通车》等具有一定影响力的栏目进行了全新改版。

年内　延庆县广电中心完成高清设备购置及高清非编与制作网络互联，实现了向北京电视台传送高清新闻节目的要求。

# 索 引

2012/《北京广播影视年鉴》

——记录行业情况　服务业内和社会——

# 索 引
# INDEX

## 汉语拼音索引

A



B

Z



## 数字索引



## 字母索引